东方欲晓

新民主主义革命记忆

上

上海市档案馆 编

徐未晚 主编

上海人民出版社　学林出版社

序

上海市档案局局长、上海市档案馆馆长　**徐未晚**

中国共产党的历史从上海开篇。上海是党的诞生地、初心始发地和伟大建党精神孕育地，中共中央长期驻扎于此，党的第一座中央级秘密档案库"中央文库"也在此建立。一百多年来，一代代中国共产党人践行伟大建党精神，在这里形成了丰富的红色资源。这些红色资源是我们党艰苦而辉煌奋斗历程的见证，是最宝贵的精神财富。

近年来，上海档案工作者深入学习贯彻习近平总书记关于档案工作的重要批示精神，充分发挥档案存史、资政、育人的功能，依托馆藏红色档案资源，以发布档案、举办展陈、汇编史料、出版书刊、拍摄视频、组织报告会等多种形式，推出了一批有社会影响力的红色档案文化精品。当前，在深入学习贯彻落实党的二十大精神，学习贯彻习近平新时代中国特色社会主义思想主题教育开展之际，我们编辑出版《东方欲晓——新民主主义革命记忆》一书。全书收录六十八篇文章,精选自上海市档案局(馆)主办、公开发行的文史类杂志《档案春秋》的历年刊载,是以图书形式将优秀力作结集整理,二次传播的又一红色文化成果,在出版体例上,与本馆两年前编辑出版的《换了人间——共和国记忆》一书形成系列。

全书分"忆人""叙事""说物"三册,内容主要聚焦建党时期和中共中央在沪期间,追忆建党先驱、体现先烈的情感世界、展现革命者之间的深厚情谊、反映艰苦卓绝的对敌斗争……其中吸收了不少近年党史研究的新成果,归集了部分亲见、亲闻、亲历者的回忆记录,不乏一些鲜为人知的历史细节。全书选配图片近三百幅,图文并茂,以人示范、以事寄情、以物证史,助力将红色基因融入城市血脉、厚植人民心中。

档案工作为党管档、为国守史、为民服务,未来我们将立足专业,用好、用活红色档案资源,继续深入挖掘红色档案的文化价值和时代价值,尽力为读者奉献更多的红色档案编研读物。

目

录

上

篇

导　言

　　中国新民主主义革命,历经四个阶段,即中国共产党的创立和大革命时期(1919—1927)、土地革命战争时期(1927—1937)、全民族抗日战争时期(1937—1945)与全国解放战争时期(1945—1949)。1949年中华人民共和国的成立,标志着中国新民主主义革命的基本结束和社会主义革命的开始。上海是近代中国最大的城市,工人阶级大本营,在新民主主义革命各个阶段,都发挥了极其重要的作用,是近代中国光明的摇篮。其特点可用"阔、深、雄、奇"四个字概括:

　　阔,广阔、丰富。从1919年至1949年的30年间,上海在历次革命斗争中,都有突出表现。1919年北京爆发五四爱国运动,上海各界奋起响应,声势浩大,作用突出。从1921年起,中国共产党共举行过七次全国代表大会,其中三次在上海举行,即第一次、第二次与第四次,另有六届二中全会、三中全会、四中全会等多次中央全会也是在上海举行的。中共中央领导机关首尾有12年设在上海。在全民族抗日战争与全国解放战争时期,上海都有许多杰出表现。上海留下的红色革命文化旧址、遗址,多达612处。

深,深邃、深远。中国共产党发展史上许多重要的思想、理念,是在上海酝酿、产生的,党史上许多具有重要意义、深远影响的事件,是在上海发生的。中国共产党诞生,以马克思主义为指导,选择社会主义道路,这是最具思想深度的实践。中共二大,通过了中国共产党第一部党章,规定了党内生活和党内关系的一系列基本原则,标志着中国共产党从此有了自己的最高行为规范。1923年,陈独秀与孙中山在上海商定国共合作原则,在国共合作历史上有相当重要的影响。1925年在上海举行的中共四大,第一次提出无产阶级要掌握民主革命运动的领导权,提出工农联盟等问题,这在党史上都具有里程碑意义。

雄,英勇、雄壮。1925年,中国共产党领导的五卅运动,对帝国主义列强展开勇猛无畏的斗争,沉重地打击了帝国主义的嚣张气焰,对中华民族的觉醒和国民革命运动的发展,起了巨大的推动作用。1926年至1927年,中国共产党先后在上海发动三次工人武装起义,打击了帝国主义和军阀的反动统治,显示了中国工人阶级的顽强战斗精神和强大组织力量。从建党初期,到上海解放,众多的革命先烈,如刘华、陈延年、赵世炎、林育南、何孟雄、李白等,面对敌人的刑讯逼供,志坚如钢,视死如归,表现出崇高的英雄主义气概。

奇,奇特、奇妙。中国共产党领导的革命斗争,特别是地下斗争,利用上海政出多门、事权不一的特殊格局,创造了许多奇迹。党先后多次在上海举行大会,由于隐蔽工作做得周密,基本没有出过大的危险。相当一段时间,党在上海的各级机关都以商店、住家、医院、写字间等形式出现,住留机关和来往机关人的穿着、语言、活动等,都巧为化装隐蔽,有效地进行了对敌斗争。1933年党中央迁离上海以后,党继续利用上海城市的特点,设立地下电台,沟通与共产国际的联系,出版红色刊物,为陕北根据地推荐医生,提供药品医疗器材,向新四军输送人才与物品等。

以上四点,综合反映了上海在新民主主义革命中的重要性、先锋性、崇高性与灵活性,这是上海红色文化的时代光芒。

近些年,《档案春秋》杂志刊登了数量可观的红色题材文章,它们不限于上海,但以上海为主。本书从中遴选了68篇精品,汇集为《东方欲晓——新民主主义革命记忆》出版。书分三卷,分别为忆人、叙事与说物。

本卷为忆人,25篇。所忆人物,既有中共早期的重要人物或党史上知名人物,如李大钊、陈独秀、俞秀松、陈望道、王尽美、刘少奇、方志敏等,来自共产国际的尼科尔斯基,参与中共一大事务的王会悟,曾被关在提篮桥狱中的著名理论家吴亮平,"珍贵党史资料守护者"张人亚,革命烈士陈延年、陈乔年兄弟,何孟雄、缪伯英夫妇,牺牲在黎明前夜的王孝和与李白;还有较少为人所知,或知之不多的革命志士,如具有丰富革命经历、从"五四"新青年到秘密交通员的王一知,战斗在生活书店的共产党人徐伯昕、胡愈之、张仲实等,隐姓埋名的地下工作者庄健安、王行夫妇,活跃在上海保险业的中共地下党谢寿天、陈巳生、蒋学杰等,在狱中受尽折磨、坚贞不屈的向顷,武汉东湖宾馆主任、红色资本家周苍柏,巧妙利用上海政出多头、事权不一特点进行地下工作的薛蔚芳。

所忆所记,有的详史所略,如陈延年、陈乔年兄弟,方志敏,吴亮平等人在上海的经历,所记远比一般党史书籍翔实;有的补史所缺,如陈独秀、瞿秋白等早期珍贵影像的发现,在党史研究中有重要价值。有的起连点成线的作用,如刘少奇曾多次在上海进行革命活动,这在一般的刘少奇传记里都有记述,但是,将这些经历单独抽离出来,集中论述,可以使人们对刘少奇与上海的关系有更为清晰的了解。有的有填补空白的意义,薛蔚芳《我的地下交通岁月》,

所记公共租界、法租界因公交系统不同、如何在交接时产生缝隙,地下工作者利用了这道缝隙进行革命斗争,很有上海地方特点。

所忆所记,范围广泛,发掘深入,持论有据,或依据档案和可信文献,或得自亲历亲闻,义笔流畅,生动可读。本书对于丰富、允实上海红色文化内涵,彰显上海红色文化特色,对于资政育人,都具有重要价值。

李大钊与陈独秀的交往情谊

齐卫平　陶佳宁

　　李大钊与陈独秀是中国共产党的主要创立者,对建党作出了重要贡献。最近央视一套热播的《觉醒年代》电视剧中,李大钊和陈独秀作为主要角色引人注目,他们的密切交往成为历史叙事的重头戏。关于李大钊与陈独秀之间的个人情谊,有学者曾根据目前出版的他们的私人信件集,以未发现两人有单独来往通信为理由,认为李大钊与陈独秀虽然政治上志同道合,但在私人关系上交际不多、关系并不亲密融洽。这个结论似乎有点机械和简单化,并不符合

李大钊(1889—1927,河北乐亭人)(上海市档案馆藏)※

陈独秀(1879—1942,安徽怀宁人)(上海市档案馆藏)

※ 本书图片除特别标注由作者提供外,其余均为上海市档案馆藏。

事实。本文通过查阅相关文献史料认为，李大钊与陈独秀不仅是政治上的好搭档，在日常生活中也是亲密的好伙伴，两人交往颇多，友谊甚笃。

《甲寅》相识以文结友

说到李大钊与陈独秀的相识，不得不提及章士钊和《甲寅》杂志起的牵线搭桥作用。章士钊生于1881年，年龄上与陈独秀相仿，比李大钊要大8岁。他早年曾担任过《苏报》的编辑，先后在日本、英国留过学，对近代西方政治法律思想比较熟悉。

陈独秀与章士钊相识于世纪之交，他们曾一同创办了《国民日日报》，一起参加了暗杀团，于1908年一同留学日本，可谓是患难与共的老朋友了。1914年5月，章士钊在日本东京创办了《甲寅》杂志。该刊物主要是宣传西方民主主义，批判袁世凯的专制统治，对当时社会思想产生了很大的影响。由于这层关系，章士钊便邀请陈独秀于1914年夏天赴日协助《甲寅》杂志的编辑出版工作。

李大钊与章士钊的相识也与《甲寅》杂志有关。1913年冬天，李大钊为了寻求救国真理，与郭须静等同学一起东渡日本留学。1914年2月，李大钊考入东京早稻田大学政治经济学本科。当年6月，李大钊向《甲寅》投稿，首篇文章题目为《风俗》，发表在6月10日出版的《甲寅》上，署名李守常。此后，章士钊便约其见面。据章士钊自述："吾二人交谊，以士相见之礼意而开始，以迄守常见危致命于北京，且十有四年，从无间断。"章士钊形容二人友谊"情同昆季""岂寻常风义所可限哉"，可见两人有着非比寻常风义的交际。虽然政见不同，但从未妨碍私交。

1914年11月，陈独秀在《甲寅》杂志上发表了署名"独秀"的《爱国心与自觉心》一文，直指当时的中国尚未形成"近代国家观"，国人也没有爱国的自觉心,认为这样的国家存之无所荣,亡之亦无所惜,其中表达的悲观情绪引起社会强烈反响,一些进步人士纷纷对此文进行批评指责。李大钊认为陈独秀在这篇文章中用激进的语言发泄了对现实的极度不满,作为朋友,他从这篇文章中读出了陈独秀的拳拳爱国之心,又感到其激进情绪散发的悲观情绪会对人们产生负面效果,便撰文作出回应。

1915年8月,李大钊撰写了《厌世心与自觉心》一文刊发在《甲寅》上,呼吁人们不要放弃爱国主义的信念,要提振信心,"即在改进立国之精神,求一可爱之国家而爱之,不宜因其国家之不足爱,遂致断念于国家而不爱",委婉地对陈独秀的文章作了批评。章士钊将该文交给陈独秀看,陈独秀表示非常感激李大钊的好意,他读出了李大钊文章中"申独秀君言外之旨"的意思。尽管自己表达的角度和方式不同,但在爱国主义立场和思想上与李大钊完全是一致的。陈独秀对章士钊说:"近日我在筹办新杂志,正合守常'奋生花之笔,扬木铎之声'之说。至于宿命论,肚子一填饱,早已丢到爪哇国去了。"这就表示他与李大钊的观点并无矛盾冲突之处。

李大钊与陈独秀的交往始于日本期间,主要是《甲寅》杂志上的以文会友的神交,相同的志向和观点把他们联系在一起,从而奠定了两人共同奋斗的基础。由此可见,李大钊与陈独秀的交往在五四新文化运动之前就已经开始,他们回国后即成为同一战壕里的战友是情理之中的事情。

携手共同奋斗的北京大学合作经历

1915年9月,陈独秀在上海创办了《青年杂志》(第二年改为《新青年》),他在创刊号上发表了《敬告青年》一文,宣告了新文化运动的肇始。当时还在日本的李大钊立即给予支持,他写了《青春》一文寄给陈独秀作出呼应。李大钊在文章中提出了"青春"的人生观,认为要把革命的希望寄托在青年身上,号召青年"冲决过去历史之网罗，破坏陈腐学说之囹圄，勿令僵尸枯骨，束缚现在活泼泼地之我，进而纵现在青春之我，扑杀过去青春之我，促今日青春之我，禅让明日青春之我。"思想观点完全与陈独秀契合。

1916年春大，国内反对袁世凯的斗争如火如荼，李大钊感到"再造中国之不可缓"，于是在当年5月从日本回国，满腔热情地投身反袁斗争中。1917年1月，陈独秀应北大校长蔡元培多次邀请，赴北京就任文科学长，并把《新青年》杂志从上海带去北京出版发行。李大钊又给《新青年》写了《青年与老人》一文，文章中说："老人一闻青年之行动，辄骇为危险。青年一见老人之行为，辄嗤为腐败。"陈独秀读毕，立即写了几句读后感："吾国之老人，当敬让少壮。愚甚望现时诸老人，其勿误会李君立论至旨。"随后便将此文刊载在了4月1日的《新青年》三卷二号上。

至1917年底，李大钊主办了《晨钟报》，也担任了《甲寅日刊》的编辑，其间也不断给《新青年》写文章。由于李大钊的革命思想和斗争精神深深打动并影响了一批青年学生，北京各校学生纷纷要求聘其到学校讲学。1918年1月，经章士钊推荐，李大钊接替其担任了北京大学图书馆主任。这样，李大钊与陈独秀便有了一段在北大共事的经历。

1918年3月，《新青年》被列入北大校本刊物。当年中秋后，蔡元培召开本校编译处会议，陈独秀、李大钊等人一同参与。据蔡元培回忆，会议结束后，他见到李大钊与陈独秀两人在刚刚竣工的红楼前闲谈。当时，他们谈及各自闲时都喜欢作诗。陈问李最近是否还作诗，李回说许久未作。陈独秀说李大钊的诗"朴实中有英雄气"，很像其为人。李大钊说："癸丑年到日本，大家心情都不好，我也闷得慌，那时写的东西都脱不了一个愁字。"陈独秀认为李大钊写东西很容易随季节变化而受到影响，李大钊表示同意。一番交流后，两人握手道别，临别前李大钊表示："近日图书馆忙搬迁，闲时我即多作几篇。"

创办《每周评论》是李大钊与陈独秀合作做的一件重要事情。这是一个针砭时弊的战斗性刊物，它与《新青年》相互配合，相互补充，协同作战。之所以会办《每周评论》这个刊物，是因为《新青年》出版周期长，影响新思想及时传播，而且时任《新青年》编委的胡适公开表示不愿意谈论政治，于是李陈两人协商创办新的刊物《每周评论》。

1918年11月27日，李大钊与张申府、周作人、高一涵等人齐聚陈独秀办公室，讨论创办《每周评论》事宜，李大钊表示大力支持，并最终定于下月出版，每人每月助刊3元。12月上旬，陈独秀到红楼一层东南端图书馆主任室，李大钊正在低头读书，陈独秀与他又谈了《每周评论》筹备问题。李大钊请陈独秀尽快把次年的《新青年》论辩顺序公布出来，能让他安排《每周评论》出刊的

1918年12月22日，李大钊和陈独秀在北京创办《每周评论》。(上海市档案馆藏)

时间。陈独秀还怕李大钊忙不过来，便写了几封信向周作人、鲁迅等人约稿。12月22日，《每周评论》创办，其发起者和编者是陈独秀和李大钊。李大钊和陈独秀在这个刊物上发表文章，进行反对军阀和帝国主义的政治鼓动，宣传反封建的文化思想。研究者评价《每周评论》"在五四运动的思想准备方面起了重要的作用"。

1919年春，守旧顽固势力开始围攻《新青年》，矛头直指主编陈独秀，掀起新旧思潮大论战。李大钊和陈独秀予以坚决回击，面对各种谩骂污蔑决不退让。4月上旬，陈独秀被免去文科学长职务。《新青年》内部的团结面临严重考验，思想分歧也随之产生。李大钊始终力挺陈独秀，坚持与守旧顽固势力斗争，同时，他看出胡适的一些做法不利于《新青年》同仁的内部团结，就致信胡适谈团结问题，说："我觉得外面人讲什么，尚可不管，《新青年》的团结，千万不可不顾。"力图做一些调解工作，以便共同作战。总之，在北京相处的日子里，李大钊与陈独秀经常碰头开会商讨工作，议论时势，交流看法，关系密切。张申府回忆说："陈独秀在北京时，他和守常以及我经常在一起，他常到北大图书馆李主任办公室（在红楼一层靠东南角的两间房子里），观点一致。"李大钊与陈独秀的友谊在北京大学共事期间得到进一步加深。

营救战友见真情

1919年5月4日，是个值得被历史铭记的日子。李大钊、高君宇、邓中夏、张国焘等人率领五千多名学生为反对北洋政府的卖国外交行为在天安门前集会，爆发了伟大的五四运动。这场运动中，李大钊系真正的领导者和组织者，而陈独秀又被毛泽东称为"五四运动的总司令"，他们两人这样的历史地位无疑也是相互密切关系很好的注脚。

五四运动后，李大钊与陈独秀继续高举反帝反封建的旗帜，向帝国主义、

1919年6月,陈独秀和李大钊起草的《北京市民宣言》

封建主义进行不妥协的斗争。6月11日,李大钊与陈独秀两人相约分头散发前几日起草的《北京市民宣言》。当日晚,陈独秀在新世界楼顶散发传单时被捕。此时,李大钊正在城南游艺园散发传单。知悉陈独秀被捕,成为其心头一件大事,他立刻给章士钊拍了电报,请他找龚心湛代总理说情释放陈独秀。

陈独秀被捕引起了全国范围内的震惊,政府的倒行逆施更引起全国各界爱国人士的愤怒,纷纷发电致函北京政府各有关方面,要求释放陈独秀。李大钊为营救陈独秀竭尽全力,他一方面四处托人请求帮助,7月23日,《民国日报》刊登了《陈独秀案之大疑团》,披露了邮局扣押李大钊致章士钊电文一事。另一方面又用文字唤醒民众的革命斗志,制造舆论对政府施加压力。

李大钊接连3期在《每周评论》上发表文章。在第28号上,他发表了《牢狱的生活》一文,表示现在的生活还都是牢狱的生活,"仲甫是小监狱,我们是大监狱"。在第29号《是谁夺了我们的光明》一文中，他指出："我们对于世界的新生活，都是瞎子。亏了贵报的'只眼'(即陈独秀笔名——引者注)，常常给我们点光明。我们实在感谢。现在好久不见'只眼'，是谁夺了我们的光明?"在第30号上，他发表了《真正的解放》一文，写道："真正的解放，不是央求人家'网开三面'，把我们解放出来……不是赖那权威的恩典，给我们把头上的铁索解开，是要靠自己的努力，把它打破，从那黑暗的牢狱中，打出一道光明来。"这三篇文章都是声援陈独秀的战斗檄文，字里行间洋溢着对陈独秀的深厚感情。

9月16日，在全国舆论压力以及李大钊等人的努力营救下，北洋政府被迫同意陈独秀保释出狱。对于战友被释放，李大钊按捺不住心头喜悦与激动的心情，他在《新青年》上发表了热情洋溢的长诗《欢迎陈独秀出狱》："你今出狱了，我们很欢喜! 他们的强权和威力，终竟战不胜真理。什么监狱什么死，都不能屈服了你;因为你拥护真理，所以真理拥护你。"当晚，在陈独秀卧室里，李大钊坐在藤椅上与躺在床上的陈独秀闲谈。在家休息二十多天后，李大钊还邀请陈独秀出门走走。这样的感情很细腻，令人感动。

"南陈北李，相约建党"

牢狱生活让陈独秀冷静地分析和研究中国社会的现实和未来。12月，章士钊邀请陈独秀回南方办西南大学。他就此事与李大钊进行了交流，李大钊认为他回南方是有好处的，但是担心因为其还在保释期间，出京会有些麻烦。原本打算直接回上海的陈独秀因临时受邀赴武汉进行演讲，华中报纸将其行程公布，北京警察厅知悉后准备再次逮捕陈独秀。听闻消息后的李大钊派人去车站等陈独秀，没想到陈独秀下了车直接回家，但因为门口有警察，就去到胡适家，又因为胡适家人多，去到李大钊家中。听了陈独秀回家遇险之事，李

李大钊在《新青年》第六卷第五、六号发表的《我的马克思主义观》（1919）（上海市档案馆藏）

大钊非常担心他的处境，希望让他尽快回南方。

李大钊连夜雇了一辆骡车，亲自送陈独秀去天津坐船回上海。陈独秀佯装成病人，由于坐了几个月牢胃病发作加上路途劳累，像极了病人，而李大钊则佯装成收账的生意人，带了店家的红纸片子和账本。一路上，两人就在骡车里议论了筹划建党的事宜。李大钊询问陈独秀中国是否也走苏俄的道路，成立 Bolshevism（布尔什维克）式的政党，陈独秀表示同意。而就在上个月，陈独秀刚刚在《〈新青年〉宣言》中说，永远不加入"眼中没有全社会的幸福的政党"。李大钊问他为什么发生了转变，陈独秀打趣道："我声明不加入这样的党，并没有声明不发起一个自己信仰的党啊！""好！"李大钊表示赞同。据罗章龙回忆，"他（按指陈独秀——引者注）出狱后，革命思想更为坚定，终于成为社会主义的信徒,他和守常已就组织党的问题进行过交谈"。据记载,陈独秀到上海后给李大钊写了一封报平安信。史称"南陈北李,相约建党"就是从这段轶事演绎而来。

陈独秀抵达上海后便立马着手开始筹建共产主义组织,并做工人的思想宣传工作,向他们传播马克思主义。而另一边,李大钊于1920年3月秘密组织了北京大学马克思主义研究会。正如北京早期共产主义组织成立时他的身份未被公开一样,在这个秘密组织中,李大钊也被没有公布其真实身份。中共一大后,北京党支部决定将马克思主义研究会的活动公开,取得合法地位,并于当年11月17日在《北大日刊》发布了启事。在这则启事中,李大钊这位组织者也没有被列为发起人。时人后来回忆:"是因为当时我们组织上考虑到,他是党的领导人,对外界说他是以一个教授和一个马克思主义理论家的身份出现,所以开始时李大钊同志并未出头露面,而只是在党内指导。"

1920年春,第三国际东方局派代表维经斯基来中国了解情况,协助中国建党。同行的还有其秘书、夫人及担任翻译的旅俄华侨杨明斋。维经斯基在北京与李大钊见面并讨论了建党的事宜,李大钊表示赞成并建议其赴上海与陈独秀相见。李大钊为说明维经斯基来华目的,写信请杨明斋转交陈独秀。"陈独秀凭那信封上刚劲有力而熟悉的笔迹,就判定是李大钊的亲笔信。"信中写道:要联络中国共产主义运动的领袖人物。维经斯基见到陈独秀后问他与李大钊是否常有接触,陈独秀点了点头,他俩的关系于此可见一斑。

1920年8月,中国共产党最早的组织由陈独秀在上海发起建立。10月,北京共产党早期组织在李大钊的领导下发起建立。由此,南陈北李遥相呼应,进一步加快了建党的步伐。其间,陈独秀因为拿不定党起什么名称为好,还写信给李大钊与张申府征求他们的意见。张申府与李大钊是同乡,又是陈独秀主持的《新青年》《星期评论》的积极参与者,因此相互关系都十分密切。据他回忆:"这封信写得很长,主要讲创党的事。"信中意指此事只有张和李可以谈论。后经张申府与李大钊讨论,由张申府回信陈独秀,定名"共产党"。

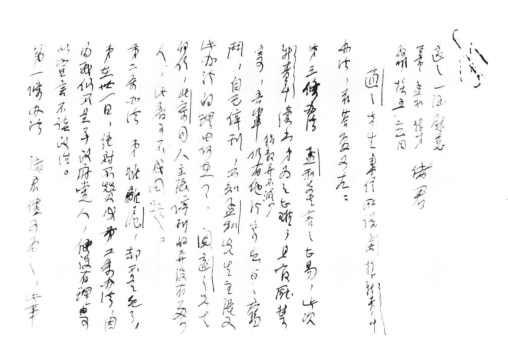

1921年1月9日,陈独秀致胡适(适之)、高一涵、张祖训(慰慈)、李大钊(守常)、陶孟和、鲁迅(豫才)、周作人(启明)、王星拱(抚五)、钱玄同

当年底,陈炯明邀陈独秀赴广州任教育委员长,陈独秀表示感兴趣,但是考虑到正在进行建党工作,他又写信征求李大钊的意见。李大钊致信回复:"广东是孙中山的革命活动中心,在广东发起组建共产主义小组,有特别的意义。"因此,陈独秀决定赴广州。1921年7月,中国共产党第一次全国代表大会在上海召开。李大钊与陈独秀都因工作关系未能出席,但这并不影响他们两人在中国共产党创建中的重要地位。

毛泽东后来回忆说:"1921年7月,我到上海去出席共产党成立大会。在这个大会的组织工作中,起主要作用的是陈独秀和李大钊,这两人是当时中国知识界领导人。我在李大钊手下担任国立北京大学图书馆助理员的时候,曾经迅速地朝着马克思主义的方向发展。陈独秀对我在这方面的兴趣,也起过作用。"毛泽东是中国共产党建立的亲历者,他对李大钊和陈独秀在建党中发挥的作用作了充分肯定,这也从一个侧面说明李陈两人是同一条战壕里的战友。

国共合作中李陈两人的友谊

1922年7月16至23日,中国共产党第二次全国代表大会在上海召开,会议讨论了中国的政治、经济和当前的革命任务,提出了党在现阶段的任务是打倒军阀推翻帝国主义的压迫,实现中华民族的独立。为了实现这个任务,大会通过了《关于"民主的联合阵线"的议决案》,决定与国民党合作建立统一战线。

中共二大召开时,陈独秀主持了大会,李大钊没有出席。8月中旬,李大钊到上海,此行的目的是与陈独秀讨论国共合作的相关事宜。当时的陈独秀刚刚经历了一次磨难,9日,他因宣传布尔什维克等"过激思想"再次被上海法租界公董局逮捕,后于18日重获自由。19日,陈独秀出狱回家,李大钊已在他家中等候。两人见面十分高兴,聊了情况后他们就去找国民党代表张继"商结合'民主的联合战线'……与反动派决战"。20日,李大钊、陈独秀、马林、张太雷等一行7人赴杭州召开"西湖会议",商议中国共产党党员应以个人身份加入国民党以实行国共两党的党内合作一事。会议结束后,陈独秀提议李大钊留在上海一段时间,便于与国民党建立起联系。正是在上海,李大钊通过张继的介绍拜见了孙中山,提出了关于"振兴国民党以振兴中国"的主张,让孙中山十分兴奋。后经孙中山同意,李大钊由张继介绍以个人身份加入国民党,陈独秀随后也以个人身份加入国民党,他们两人为国共第一次合作做了大量工作。

当年9月,李大钊回北京前,在渔阳里2号陈独秀寓所与其告别。陈独秀就共产国际希望将中央机关迁去广州一事询问李大钊,李大钊表示并不合适。陈独秀认为李大钊在北京办马克思主义研究会,不断发表介绍马克思主义的学说,北京的政治氛围要比广州更为合适,表达了想去北京发展的意思。临别时,李大钊叮嘱陈独秀不要与马林关系搞得太僵。

10月初,陈独秀经北京赴莫斯科参加共产国际四大,同时他还将中央机关迁到北京。遇见李大钊时,陈独秀拉着他的手说:"我的事总是给你们添麻烦。"这个话应该是指李大钊为其筹集诉讼费一事。陈独秀被捕后,讼费及销毁书籍版费损失达2 000元以上。9月24日,李大钊联合同人共14人在《晨报》发表《为陈独秀君募集讼费启事》一文,且北京的捐助由李大钊本人亲自收取转交,真是患难见真情,陈独秀感怀于心。

1923年1月,陈独秀和瞿秋白从莫斯科一同回京。当月下旬,北大开始放寒假,李大钊接到了湖北教职员联合会的邀请赴武汉讲学,他便征求陈独秀的意见。陈独秀表示赞成,一来是可以完成讲学的邀约,二来是想请李大钊赴武汉会一会当地的同志,了解一下情况。几天后,"二七"惨案便发生了,当时李大钊正在武汉讲学,北京学生代表朱务善表示武汉已经很危险了,希望李大钊尽早离开。吴佩孚发出对陈独秀、马林等人的通缉令,陈独秀认为中央机关在北京已不安全,便将中央机关秘密迁回上海。

4月下旬,李大钊经上海回京。1923年夏天,中央机关已迁至广州,中国共产党第三次全国代表大会在广州召开。这一次,李大钊和陈独秀两人都参会了。大会上,李大钊被选为中央局驻京委员。他在广州停留了一个月,在此期间,孙中山还特邀李大钊见面,商讨广东革命政府的外交政策问题。孙中山对李大钊的信任也加速了国共合作的进程。

1924年1月20至30日,国民党"一大"召开。在会上,李大钊被孙中山指定为主席团成员,并当选国民党第一届中央执行委员。当时,共产国际指示中国派代表参加共产国际五大,于是陈独秀立马决定请李大钊作为中共首席代表,率代表团去苏联开会。李大钊接到中央来信,非常高兴,于是冒着被缉拿的风险回到北京,与其他五位代表会面商讨了出国方案后奔赴苏联。

1926年夏天,中共中央决定迁去武汉,陈独秀考虑到李大钊在北京工作十分危险,想叫他也离开北京去武汉,于是写了一封亲笔信交给中央秘书处同志专程由沪至京。李大钊对罗章龙说:我的意见,你先去,我暂留北京,至少要成立一个北方区委。后来,北方区委开会,同意了李大钊的意见。而陈独秀仍然担心李大钊的安全,又再次以中央名义去信催促,但李大钊仍坚持留在北京。他表示:"离开北京是并不困难的,就是现在的工作离不开。我是不走的……你要知道,现在是什么时代,这里的工作是怎样的重要……那能离开呢?"9月,李大钊在苏联大使馆住室里给陈独秀写了一封信,谈及国民政府迁都武汉的事宜。当时,陈独秀给粤特委写信,主张政府仍留在广东,但李大钊主张武汉局面一旦稳定,就迁到武汉,可以进逼北京政府。他在信中写道:"此策所关甚巨,幸锺兄详加讨论决定之。"为了安全起见,李大钊在信中将"仲"写成了"锺",代指陈独秀。尽管陈独秀仍不主张将广州政府迁到武汉,但收信后,还是将李大钊的这封信以《守常政治报告》为题,刊在了当月《中央政治通讯》第三期上。在第一次国共合作期间李大钊和陈独秀保持着密切的工作交往，他们的友情日益加深。

"北李"被杀与"南陈"感怀

1927年4月6日，奉系军阀张作霖勾结帝国主义，在北京逮捕李大钊等80余人。在狱中，李大钊备受酷刑，但始终严守党的秘密，大义凛然，坚贞不屈。28日，北洋军阀政府不顾社会舆论的强烈反对和谴责，将李大钊等20位革命者绞杀在西交民巷京师看守所内。临刑前，李大钊慷慨激昂："不能因为反动派今天绞死了我，就绞死了伟大的共产主义，共产主义在中国必然得到光辉的胜利。"

李大钊牺牲时，党中央正在汉口秘密举行第五次全国代表大会，陈独秀因大革命的受挫、许多同志的牺牲，受到出席大会的同志们的指责，心情已经十分压抑。听闻李大钊遇害的消息，陈独秀更是"悲怆万分，久久不语"。毕竟两人是亲密的战友和同志，情同手足，何况李大钊还比自己年轻，却因为革命而早早牺牲了，为此深感痛心。

陈独秀和蔡和森等人主持的中央机关报《向导》第195期头版，发表了魏琴撰写的《悼李大钊同志》一文，指出："李大钊同志是创立中国共产党之一人，又是国民党的政治会议一委员。他是最勇敢的战士，为推翻一切反动势力而奋斗。他的名字早就为全中国革命者所认识了。他及其他同志的名字将为几百万北方的群众所牢记不忘。我们的英勇同志之死，愈加继起革命运动向前进展！"《中国青年》第163—164期也刊登了一篇悼念文章，文中写道："无数英勇苦战的共产党和青年团同志，已在敌人的铁骑之下，牺牲生命，以鲜血去培溉革命之花了！""敌人在北京用绞刑惨杀在北方领导民众、从事革命的李守常同志！"并号召广大青年"担负已死同志之未完的革命事业，下不共戴天的决心,向屠杀我们同志的帝国主义者、反革命的资产阶级、封建军阀作战"。这些悼念文章虽然不是陈独秀主笔撰写,但也能表达他对李大钊遇难的哀悼之情。

1932年,陈独秀被国民党逮捕入狱。在狱中他对人谈起李大钊时,表示"非常钦佩,十分敬仰",认为李大钊是"一位坚贞卓绝的社会主义战士"。还说:"守常是一个难得的好人。他的生平言行,如日月经天,江河行地,光明磊落,肝胆照人。"对一个人作出如此高的评价在陈独秀的言论中是罕见的,虽然李大钊已经牺牲了很多年,但陈独秀依然念念不忘,自己身陷囹圄还表达对他的敬佩之情。

结 语

李大钊与陈独秀两人在中国共产党历史上的地位已有公论,他们是革命战友,无论是对传播马克思主义还是建党实践都作出了不可磨灭的重要贡献。同时,他们之间的私交也很深,历史事实证明两人是相互关照的好朋友。至于目前尚未发现他们之间单独交往的信件,这是完全可以理解和解释的。其一,在中国共产党处于秘密状态的情况下,像李大钊和陈独秀这样身份的人为安全起见,很可能不会保存交往信件。其二,即使在一般情况下,保存信件也往往是个人习惯,更何况李大钊与陈独秀常常四处奔波,流动性大,交往又多,要把所有信件都保存下来的可能性几乎没有。其三,不能排除因某些原因还存在没有发现和披露他们两人信件的情况。因此,以李大钊与陈独秀之间没有单独的信件往来为理由否定他们之间的友谊,这样的观点不能成立。

(本文发表于2021年5月)

陈独秀、瞿秋白等
早期珍贵影像发现记

翁海勤

2011年，中国共产党建党90周年纪念日前夕，上海音像资料馆通过多年努力，成功地获取了中国共产党早期领导人陈独秀、瞿秋白以及出席中共"一大"的代表王尽美、邓恩铭、刘仁静、张国焘等建党初期重要人物的影像资料。这批尘封海外近90年的珍贵影像得以重见天日，其过程宛如沙里淘金。

长期以来，涉及中国共产党建党初期重要人物和重大事件的历史资料主要都是文献文物和照片，影像资料几乎是一片空白。2005年，上海音像资料馆的珍贵影像采集团队在中国社科院党史研究专家李玉贞教授的帮助下，获得了李大钊1924年在莫斯科参加会议期间现场演讲的历史影像。这启发了团队成员们将采集方向对准俄罗斯。

据李玉贞教授回忆，她曾经在俄罗斯看到过中共创始人之一陈独秀的活动影像，上海音像资料馆经过对俄罗斯众多档案机构的仔细研究和查找，终于和相关机构取得了联系，并逐步获得了对方发来的影片目录、影像截图和样片。正是在这批截图和样片中，几位中共早期领导人的珍贵影像浮出水面。

经过对片中俄文字幕的翻译，采集人员发现其中的两段影像尤为珍贵，这就是1922年初远东劳动人民代表大会和1922年底共产国际第四次代表大会在莫斯科召开期间的影像资料。在这两段时长共20多分钟的画面中，有几位我党在共产国际第四次代表大会上所作《关于中国形势的报告》，刊载在《共产国际有关中国革命的文献资料》第一辑（1919—1928）（上海市档案馆藏）

人物酷似中共早期领导人陈独秀、瞿秋白以及中共一大代表刘仁静、张国焘。于是采集人员立刻投入对影像的考证工作。

根据《共产国际有关中国革命的文献资料》等一手资料，时任中央局书记的陈独秀、青年学生刘仁静和工人代表王俊出席了共产国际四大。他们一路辗转到达莫斯科时已经错过了在彼得格勒举行的开幕式，因此只参加了11月9日起在莫斯科克里姆林宫召开的会议。陈独秀时年43岁，这是他唯一一次去苏联，他在大会闭幕后当选为共产国际执委会委员。23岁的瞿秋白作为陈独秀的俄语翻译出席会议。年仅20岁的刘仁静当时还是北大学生，英语流利，因此他还代表陈独秀在大会发言，作了关于中国形势的报告。

远东劳动人民代表大会可以说是中国共产党正式成立后第一次在国际政治舞台亮相。参加这次会议的中国代表有44位，共产党人有14位，他们中就有一大代表王尽美、邓恩铭和张国焘。据史料记载,时年25岁的张国焘当时是中国代表团的团长,因此坐在主席台上。这与活动影像中的场景完全吻合。

为了进一步确认影像中的人物,采集人员尽可能找出片中人们在同时期留下的照片,从脸型、五官、神态等多角度将照片和活动影像进行反复比对。由此可以十分肯定地确认,他们确实是陈独秀、瞿秋白、刘仁静和张国焘。照片上陈独秀较高的发际线,张国焘的国字脸,瞿秋白的书生模样,刘仁静的眼镜、发型等都有助于证实影像。另外,当时正在莫斯科的彭述之也曾撰文描述见到陈独秀时的情景,文中描写陈留着小胡子,目光炯炯有神,笑声爽朗,这些特征也与影像非常吻合。

据文献记载,出席远东劳动人民代表大会的一大代表还有王尽美(24岁)和邓恩铭(21岁,中学生),然而他们都是作为与会代表坐在台下,这给影像辨认带来很大的难度。经过逐一排查,反复比对照片,采集人员在众多来自中国、日本、朝鲜、蒙古等远东各国的代表群像中,终于艰难地辨认出他们的影像。王尽美的大耳朵和邓恩铭的娃娃脸特征,都比较明显。

1922年共产国际四大影像截图中的刘仁静

陈独秀(1879—1942,安徽怀宁人)(上海市档案馆藏)

瞿秋白(1899—1935,生于江苏常州)(上海市档案馆藏)

由于影像中王尽美的发型和照片中不同,采集人员特地拜访了王尽美的儿子等后人,请他们来帮助辨认。在他们的指认下,终于确认了王尽美的影像。王尽美的孙子也说,他自己年轻时有一张照片和影像中的祖父非常相似。考虑到当时王尽美1921年11月就出发前往苏联,经过寒冷的西伯利亚,再和其他代表一起转移到莫斯科,会议开始时已经是1922年1月22日。将近三个月的旅途奔波,加上会议召开时正值隆冬,因此影像中他留着头发保暖是极有可能的。

为了得到学术界的认可,采集团队还特地去北京拜访了相关的专家学者。中央档案馆副馆长、国家档案局副局长李明华,中共中央党史研究室副主任章百家以及中国社科院党史研究专家李玉贞教授都对这批影像资料进行了论证和肯定。

可以说,通过用影像、文献和照片互相比对的"三重论证法"进行严谨细致的考证,再加上专家和部分后人的认定,采集团队才能得出确切的结论。最终,上海音像资料馆一举发现两位中共早期领导人和四位一大代表在1922年的活动影像,成就了历年来党史影像中发现人物最多、影像年代最早的巨大突破。

(本文发表于2012年7月)

传播红色火种：
俞秀松的上海往事

徐光寿　徐　敏

　　俞秀松（1899—1939）是中国共产党创始人之一、中国社会主义青年团主要创始人。他出生于浙江省诸暨县大桥乡（现为诸暨市次坞镇）溪埭村的一个普通耕读世家。1916年9月，17岁的俞秀松考入位于省会杭州的浙江省立第一师范学校（以下简称"一师"），来到革命思想氤氲的省城，恰逢新文化运动席卷全国，享誉浙江思想界的"一师"成了浙江新文化运动的中心。

位于上海福寿园内苍松翠柏中的俞秀松雕塑

1919年底1920年初，即将毕业的他在五四运动感召下，离开杭州来到北京，进入北京大学旁听哲学，并参加无政府主义性质的工读互助团。1920年3月27日俞秀松来到上海，见到了陈独秀，马克思主义在中国传播和中国共产党创建大业，把两代人紧紧连在一起。纵观俞秀松40年的短暂人生，尤其是革命生涯20年，陈独秀无疑起到了人生导师和革命领袖的引路作用，两人亦由此结下了终身友谊。

诸暨—杭州—北京—上海

一方水土养一方人。深厚的历史和文化成就了人才辈出的近代诸暨。俞秀松之父俞韵琴（1879—1973）是思想开明的清末秀才，不但主张新思想倡导新文化，而且身体力行积极推广，为诸暨新式教育事业的发展作出了广为人知的贡献。优良的家庭教育熏陶，使俞秀松自幼就展现出忧国忧民的家国情怀和胸怀大志的政治抱负。他在求学余暇带领弟弟妹妹们开展田间劳动时，一面以"海瑞"为例教导他们热爱劳动、尊敬父母和拒做"吃姓"，一面立志"将来，我还要领导老百姓，把那些'吃姓'，统统打倒"。在民族危机、国家动荡的背景下成长的俞秀松，求学临浦高级小学期间愈发刻苦专注，他时常阅读康有为、梁启超等谈论时局的文章，这些为他以后不断接受新思想、最终追随陈独秀创建中国共产党，奠定了思想基础。

青年俞秀松最早知晓陈独秀的大名，应从他进入求学期间开始，而且是通过《新青年》杂志。

二次革命失败后，陈独秀应老友章士钊之邀赴日，参与《甲寅》杂志编辑工作，结识了包括同为主要撰稿人李大钊在内的一批进步知识分子，并首次以"独秀"为名发表文章。1915年6月陈独秀怀着"启蒙民智，激发群情，唤起国民魂"的宏愿从日本返回上海，着手创办一份杂志，自信满满地表示"只要十年、八年的工夫，一定会发生很大的影响"。同年9月，《青年杂志》(次年9月改名《新青年》)在上海创刊，标志着新文化运动的开端，也标志着陈独秀从资产阶级革命派经激进的资产阶级民主主义者，并在五四以后迅速转向马克思列宁主义者的重要跨越，即启动了其政治思想的"第三次跨越"。

《新青年》高举"民主""科学"大旗，具有鲜明的进步倾向。冥思苦想救国道路的俞秀松第一次接触到了《新青年》，仿佛在大海漂泊许久的孤船终于看到了灯塔指引的光芒，"认为它里面讲的话，有许多是自己想说而还未来得及说的，有些则是自己尚未想到的，于是他省吃俭用，订阅了一份《新青年》"。俞秀松对《新青年》爱不释手，对陈独秀的敬仰与日俱增，称他是世界上最博学的人，仰慕之情溢于言辞。

五四运动中俞秀松逐步成为杭州学生运动的领袖。1919年1月18日，第一次世界大战的各战胜国在巴黎召开"和平会议"。以战胜国身份参加和会的中国代表团，提出取消日本帝国主义与袁世凯订立的"二十一条"等不平等条约的要求，被帝国主义列强操纵的巴黎和会，不但拒绝中国的要求，而且把德国在山东的特权全部转让给日本。消息传至国内，举国震怒，尤其是进步的知识分子和青年学生更是义愤填膺。同年5月4日，陈独秀在《每周评论》20号发表了《两个和会都无用》等文，号召"直接解决"，鼓励学生继续走上街头宣传，轰轰烈烈的爱国运动从北京蔓延开来。北京学生游行示威的消息传到浙江省，率先响应的是杭州中等以上学校学生。5月9日晚上杭州中等以上学校齐集各校代表召开集会，俞秀松正是其中之一。他声情并茂地向在场的学生代表介绍了北京学生的壮举，对软弱的军阀政府野蛮镇压游行学生的行为表示了极大的愤慨。随后于12日上午8时，率领3 000多名爱国学生在湖滨公众运动场(今湖滨公园)展开了一场声势浩大的游行示威活动。在全国"五四学潮"中，俞秀松凭借他卓越的组织宣传动员能力，在一众莘莘学子中崭露头角。而得知全国各地爱国学生风潮四起的陈独秀，对此倍感欣慰。不过，慌乱的北洋当局借"扰乱社会治安、煽动人心"之名逮捕了陈独秀。陈独秀被捕的消息一经报界披露,如一颗重磅炸弹,更加激起了全国各地的愤慨浪潮,对陈独秀敬重万分的俞秀松更是对当局的腐朽有了深刻认识,同各地进步青年一起对当局谴责施压。强大舆论压力之下,遭受98天牢狱之灾的陈独秀于9月16日被释放出狱。

陈独秀最早关注俞秀松,是从俞秀松1919年10月参与创办《双十》杂志(后改名《浙江新潮》)开始的。

在五四运动推动下,在杭州进行斗争的俞秀松等人开始创办刊物,促进新文化的普及。1919年10月10日,在陈望道等进步教师帮助下,俞秀松等又以"一师校友会"之名,正式出版《浙江省第一师范学校校友会十日刊》,简称《双十》半月刊,继续宣传新思想,批判旧思想。《双十》不久更名《浙江新潮》,并成立"浙江新潮社",俞秀松被推举为负责人。年仅20岁的俞秀松亲笔撰写了《发刊词》,提出了"四种旨趣""二种意思",基本精神不仅完全符合陈独秀在《青年杂志》发刊词《敬告青年》中对青年提出的六点希望,而且符合五四运动后陈独秀关于"无产的劳动阶级"联合斗争等务实、实干的新思想,尤其"本报的旨趣,要本奋斗的精神,用调查、批评、指导的方法,促进劳动界的自觉和联合,去破坏束缚的、竞争的、掠夺的势力,建设自由、互助、劳动的社会,以谋人类生活的幸福和进步"这些崭新而又重要的思想,受到了陈独秀的关注,并引发陈独秀的共鸣。《浙江新潮》成为浙江受十月革命影响而最早出现的宣传社会主义思想的进步刊物,凭借其版面新颖、见解独到而广受关注,但也引发了守旧派的普遍恐慌。虽被反动当局下令禁止,以致仅仅发行4期就被迫停刊,但却引起了远在北京大学的陈独秀的关注。

此时,陈独秀刚从北京军警囚禁中保释出狱,闻讯立即著文评价给予鼓励。陈独秀将自撰的《〈浙江新潮〉—〈少年〉》短文,以"独秀"真名公开发表在1920年1月1日出版的《新青年》7卷2号"随感录"栏目的首篇,该文不仅称赞"《浙江新潮》的议论更彻底"，尤其称赞施存统的《非"孝"》和沈端先（夏衍）《攻击杭州四个报》两篇文章"天真烂漫，十分可爱，断断不是乡愿派的绅士说得出的"。陈独秀还用饱含感情的炽热话语对《浙江新潮》给予了热情的勉励和指导，他说："我祷告我这班可敬可爱的小兄弟"，就是报社被查封了，也要从别的方面发挥"'浙江潮'的精神"，"永续和'贫困和黑暗'奋斗"。陈独秀等新文化名流的热情鼓励，给了俞秀松等以极大的鼓舞，坚定了俞秀松、施存统、沈端先（夏衍）等进步青年的革命信念。

当然，陈独秀这里所称的"小兄弟"，显然不是指具体的人，而是指由浙江省立第一师范学校俞秀松、施存统、宣中华，浙江第一中学查猛济和浙江甲种工业学校沈乃熙（沈端先）等20多位学生联合创办的《浙江新潮》，称该刊是《新青年》的"小兄弟"。平心而论，对于此时的陈独秀而言，这样的称赞无疑是难能可贵的，因为，囿于北洋军警的禁令，此时陈独秀不仅不便公开发表此类言论，而且就此时的思想状态而言，他对出版杂志已有"进一步的感想"，即不仅反对"千篇一律"重复办刊，倡导"办性质不同、读者方面不同的杂志"，而且主张从中国实际出发，去做"实在的事业"，应该就是他自己已经开始并正在经历的从激进的民主主义者向马克思主义者的重要转变。

带着对"甘美、快乐、博爱、互助、自由……的新生活"的向往，1920年1月初，俞秀松与同学施存统从杭州乘火车抵达北京，10日，他加入北京工读互助团第一组。在体验了两个月的"身体很棒，精神很好"的工读生活，并在北京大学哲学系旁听学习后，俞秀松感到"生活非常难以维持"，认定北京工读互助团不是长久之计，北京亦非久留之地，决定离开北京另觅他处。3月26日，怀着"不想做个学问家（这是我本来的志愿），情愿做个'举世唾骂'的革命家"的志向，俞秀松离开工读互助团，离开北京，打算经上海去漳州，再考虑远赴南洋或俄罗斯。

工读互助团—《星期评论》社—厚生铁厂

经一个昼夜的奔驰，27日，俞秀松抵达上海。一到上海，通过浙江"一师"同学沈玄庐见到"一师"老师、浙江老乡戴季陶、陈望道，并寄居在戴季陶任主编的《星期评论》社，地址是法租界白尔路三益里17号。更为重要的是，通过戴季陶和陈望道，俞秀松见到了仰慕已久的《新青年》主编陈独秀，从而改变了自己此后的人生走向。因为此时的陈独秀已经朝着信仰马克思列宁主义的方向迅速转变，并决定在中国，具体地说是在上海，推动马克思主义与中国工人运动相结合、创建中国共产党了。

陈独秀热情洋溢的鼓励给了青年俞秀松和他的战友们以巨大的鼓舞。

"十月革命"一声炮响，给中国带来了马克思列宁主义。许多进步分子开始了对马克思主义的研究，在它的影响下，产生了"工读主义"思潮并渐渐风靡一时。空想社会主义代表王光祁发起了以"本互助精神，实行半工半读"为宗旨的工读互助团，并且得到诸多知识分子的支持，如陈独秀、李大钊等。此时深受新思想影响的俞秀松，却因父母包办婚姻的举动而思绪万千，恰逢北京工读互助团的兴起，立志改造社会、做个利国利民的人的俞秀松也被此吸引，并且陈独秀等人此时也在北京，俞秀松更是希望能借此机会与"偶像"有更多的接触。

俞秀松和施存统等同学怀着"实现我的思想生活，想传播到全人类，使他们共同来享受这甘美、快乐、博爱、互助、自由……的新生活才算定事"的希冀，在其师陈望道等人的援助下，兴致勃勃地北上加入了工读互助团。陈独秀等人也前来看望，并询问浙江五四运动的情况。当陈独秀听到凌姓学生创办《独见》杂志恶意攻击《浙江新潮》刊登的新文化思想观点时，气得一把将瓜皮帽脱下，掷到桌子上，愤怒地说："这当然是顽固派教师在捣鬼，你们为什么不反对？"虽然语气严肃，但是爱护之心溢于言表。此后，俞秀松一行便在陈独秀等人的支持鼓励下，斗志昂扬地开始了在北京工读互助团的生活。

好景不长，空想社会主义性质的工读互助团的实践陷入了资金上的困境，而历时三个月的实践暴露出来的一系列问题，让俞秀松意识到了脱离社会实际的空想是站不住脚的，也是无法改造社会的。他从这次的失败中总结了经验教训，开始向马克思主义的方向转变，并打算采用"急（激）进的方法"改造社会，立志"做个'举世唾骂'的革命家"。1920年3月26日他和志同道合的浙江同乡施存统准备南下去漳州，继续寻找存身立世乃至改造社会的法子，并且在出发前将打算告知了原来在"一师"的老师沈玄庐。与陈独秀关系密切的沈玄庐，得知陈独秀对俞秀松的赏识，随即把俞秀松等即将抵沪的消息告诉了陈独秀。而2月中旬陈独秀在北京返回上海途中就与李大钊讨论了建党等问题，抵达上海后便开始筹备建党事宜，得知俞秀松一行打算的陈独秀，认为挽留这群优秀青年留沪，不仅能够帮助他们解决生计之难，更是紧锣密鼓建党大业的需要，于是委托沈玄庐、戴季陶前去火车站接应并挽留27日抵达上海的俞秀松一行。一番推心置腹的交流后，俞秀松听从了陈独秀、沈玄庐、戴季陶的建议，放弃了去漳州甚至下南洋的计划，留在了上海。

认识陈独秀不仅改变了俞秀松南下的行程，也改变了他一生的命运。不仅让一直上下求索的俞秀松结束了颠沛流离的生活，而且坚定了他追随陈独秀信仰和传播马克思列宁主义、推动马克思主义与上海工人运动相结合、创建中国共产党的理想信念。一方面出现了俞秀松这样勤劳朴实的后生晚辈，另一方面创建中国共产党也需要工作助手，陈独秀不仅留下了俞秀松，也有意进行了培养。在陈独秀的介绍下，俞秀松开始在戴季陶的《星期评论》社工作，并暂居在《星期评论》社。作为反映工人阶级近况的《星期评论》使俞秀松愈发了解到中国工人阶级的阶级性和革命性，政治觉悟不断提高。加上陈独秀等人的耐心启发，俞秀松渐渐跳出了无政府主义的泥潭，从认识和实践上完成了社会主义信仰的转换，并积极参与《星期评论》社的诸多调查工作，开始用马克思主义的基本观点来总结之前的活动。

在陈独秀引导下，俞秀松渐渐不满足于《星期评论》社获得的见识，他决定"改名换服"深入工人群众来探索改造社会的新途径。对于他的这打破知识阶级眼界的举动，陈独秀十分支持肯定，更加庆幸自己当时慧眼识珠。有了陈独秀的支持和戴季陶的安排，带着近距离观察现在工人的生活状况、组织起小的工人团体目的的俞秀松，随即到位于虹口东鸭绿江路351号半的厚生铁厂开始了做半天工的日子。在此期间，俞秀松基本上是工厂、《星期评论》社两头跑，两边的工作也毫不耽误，并且他还经常跟工人聊天，向工人宣传新思想。经过切实的考察研究，俞秀松开始真正地走上与工人阶级相结合的社会改造的道路，而深受他"启蒙"的工人们也逐渐有了政治意识的觉醒。这也为5月1日，上海众多工人成功召开"五一"劳动节大会奠定了一定基础。

1920年4月，俄共（布）代表维经斯基抵达上海会见陈独秀，推动建党。将俞秀松的成长看在眼里的陈独秀，决定对俞秀松委以重任——委派他担任维经斯基的向导和助手，以及二人的联络员。5月间，陈独秀组织发起了上海马克思主义研究会，以学习和研究马克思主义的理论，酝酿建党问题作为主要任务。经过多次学习，俞秀松更是对科学社会主义抱有极大的热情，并由一名革命的民主主义者彻底转变为一名坚定的马克思主义者。6月份，备受陈独秀器重的俞秀松更是参与了最具有影响力的《共产党宣言》的翻译出版工作。在维经斯基的帮助下，陈独秀加快建党的筹划。由于之前参与座谈会的人对建党态度不一致，为了排除干扰，陈独秀和李汉俊一致决定率先吸收从北京工读团来的三名优秀青年——俞秀松、施存统和陈公培，共同酝酿建党大计，于是有了上海共产党早期组织的5位发起人。经过这次会议详细讨论，1920年8月，陈独秀、俞秀松、施存统、李汉俊、陈公培等人，首先成立了上海共产党早期组织（在陈独秀与李大钊通信后正式确定为共产党），陈独秀当选为书记。而在上海共产党早期组织发函后，各地党的早期组织便如雨后春笋般破土而出。

在陈独秀身边工作

在陈独秀的思想教育和政治引领下，俞秀松逐渐成为足以信任的建党工作助手，并被指定为上海共产党早期组织的最早发起人之一，参与了党纲的起草。陈独秀自然希望给予这个看好的青年更多的机会，来锻炼他。

上海共产党早期组织建立后，工人运动的开展愈加有条不紊。1920年8月15日由陈独秀、李汉俊创办的《劳动界》（周刊）是专门宣传马克思主义的通俗刊物，俞秀松也是主要编辑。随后应上海"工商友谊会"提出的创办《上海店员周刊》（后更名为《上海伙友》）的请求，俞秀松更是被陈独秀和李汉俊选中参与编辑，为培育一批坚定的马克思主义者贡献了自己的力量。上海共产党早期组织建立不久，陈独秀离开上海，俞秀松作为上海早期共产党组织的主要骨干，承担起上海党组织日常工作以及与其他城市早期党组织的联系工作。据俞秀松撰写的《自传》记载："陈独秀被委派负责四大城市（上海除外）成立我们的组织。我作为上海的领导成员之一，实际上是一个人承担了上海的工作。"

共产国际代表维经斯基来华，肩负两个重任——帮助中国建立正式的共产党组织和协助中国青年团的创建。五四运动后，全国各地的进步青年纷纷齐聚《新青年》社、《星期评论》社等渴盼陈独秀、沈玄庐等人指点迷津，来追求自我人生价值与新的理想的实现目标。考虑到五四运动期间诸多青年知识分子的觉醒，上海共产党早期组织的成员们、维经斯基和他的翻译杨明斋于1920年8月22日，在上海南昌路渔阳里2号《新青年》编辑部，协商成立中国第一个青年团——上海社会主义青年团，来吸纳进步的青年们，为党组织的发展提供庞大而优质的后备军。经过热烈的讨论,陈独秀、俞秀松等一致认同青年团的组建是对社会主义极佳的宣传,并且团结进步青年的时机也已经成熟,于是在会上,上海社会主义青年团宣告成立。经过长时间默默考察、深信俞秀松工作能力的陈独秀,当场指定俞秀松担任上海社会主义青年团第一任书记。俞秀松不由得暗自一喜,这无疑是自己所钦佩之人对自己以往努力的肯定,他更加振奋精神下定决心,定不辱陈独秀所托。而在陈独秀看来,俞秀松的那股"奋发的精神"尤为难得,身为最年轻的一位社会主义组织的骨干成员,由他来宣传带动一批批优秀青年,并将进步的青年团结起来无疑是最佳选择。由于青年团无年龄限制要求,于是共产党早期组织成员均为团员,时过40岁的陈独秀也就变成了俞秀松的"下级"。陈独秀此举,对俞秀松的培养和信任可见一斑。

青年团成立后,俞秀松并始积极发展团员,四处奔波之余还对团员和进步青年进行马克思主义的教育宣传。除了废寝忘食处理团务事宜,他还热衷虚心请教早期党组织中对马克思主义理论颇有造诣的学者,如李达。多次接触下来,李达也不由得对俞秀松赞赏有加,更对陈独秀重视培养俞秀松有了深入的了解。俞秀松领导下的上海青年团由于工作出色,不仅被任弼时等革命骨干充分肯定,也受到青年团共产国际东方部书记格林的高度称赞,这成为俞秀松代表上海社会主义青年团赴莫斯科参加青年共产国际第二次代表大会的主要原因。

在青年团如火如荼发展时,为掩护党团活动,并方便培养诸多进步青年,俞秀松与陈独秀等人商量提议创办外国语学社。1920年9月,在上海社会主义青年团成立的老地点,俞秀松与杨明斋挂上了"外国语学社"的招牌,俞秀松继续发挥他的长处担任秘书长一职,管理学社内外大小事宜。同时他还与入社学习的一众学生一起攻读俄文,并时常向"同学"们讲解马克思列宁主义基本知识,这为他熟读马列经典著作、赴苏联学习打下了坚实的基础。同年11

月21日，陈独秀、俞秀松等人组织成立了第一个由共产主义知识分子指导的新式工会"上海机器工会"。之前俞秀松"改名换服"深入工人群众的厚生铁厂，成为参与单位之一，俞秀松也成为工会的名誉会员，并继续推动工人运动的发展，坚定不移地走与工人阶级相结合的革命道路。

1921年3月，应青年共产国际的邀请，俞秀松在29日启程只身前往莫斯科，出席青年共产国际第二次代表大会以及共产国际第三次代表大会，并且以中国社会主义青年团书记的身份与苏俄方协商我党进步的革命青年赴苏俄学习等相关事宜。此时陈独秀因受陈炯明之邀在广东建党，两人均错过了中国共产党第一次全国代表大会。俞秀松在国际会议上大放光彩，他所做的《中国社会主义青年团的报告》更是让各国革命者深入了解了中国青年团。会议前后，他也充分利用这次机会，到莫斯科东方共产主义劳动大学（东方大学）深造，直到1922年3月受组织的指示回国，参加全国各地社会主义青年团组织的恢复和整顿工作。不久，他服从组织安排回到家乡杭州，筹建杭州社会主义青年团组织。在他的多方奔走、宣传动员下，不少进步青年加入了团的组织，中国社会主义青年团杭州支部很快建立起来，弥补了杭州没有建立党的早期组织的缺憾。与此同时，他还与沈玄庐等人创办了平民夜校，进一步促进了马克思主义的传播和工人群众阶级意识的觉醒。

中共二大通过了第一部《党章》，标志着中国共产党成为一个具备完整形态的现代政党，也标志着中国共产党完成了创建阶段的使命。正是在中共二大闭幕后的1922年8月，年仅23岁的俞秀松有幸参加中央执行委员会会议。同月29日，中共中央在杭州召开了讨论国共合作问题的特别会议，经过激烈争论，最终接受共产国际指示，决定在孙中山取消"打手模"仪式和宣誓效忠个人的要求后，共产党员和青年团员以个人名义加入国民党，与国民党结成国民革命统一战线。会后，俞秀松以中国社会主义青年团书记的名义，追随陈独秀、李大钊、蔡和森等中央执行委员会委员，以个人身份加入国民党，以推动国民革命统一战线的建立。此时的俞秀松已如陈独秀所希望的那样独当一面，二人此时的关系完全转变为统一战线的同志。

"我同他自始至终有很好的关系"

作为陈独秀亲手培养并一直信任的年轻党员，在国共合作统一战线中虽然积极投身党所领导的工农运动，包括组织领导浙东衙前一带的农民群众开展反对地主剥削的斗争，组织领导了支持孙中山北上的国民会议运动，还参与指挥了著名的五卅运动，但是，俞秀松并未长期留在国内从事复杂的斗争，而是奉命长期留苏担负重要使命。此项任务从1925年10月开始，中共中央和陈独秀任命他为旅苏党团组织临时委员会书记、中山大学中国学生领导人，率领经过层层筛选的党团员和革命青年奔赴苏联留学。而两人都没想到的是，俞秀松此次赴苏一去就是十年，这一分别就是两人的永别。而且原本志同道合

俞秀松的"革命牺牲工作人员家属光荣纪念证"

的两人也在这十年之间渐渐走上了完全不同的两条道路，有了截然不同的政治归宿。

终其一生，俞秀松实现了从"学问家"梦想到"革命家"现状的华丽转身。在其短暂而辉煌的一生尤其是关键时刻，从思想转变到政治选择，年长他20岁的陈独秀无疑发挥了关键性的引领作用。不仅启蒙了他的新思想，引导了他的人生方向，磨砺了他的工作能力，而且提携他逐步成为那个时代的佼佼者。直到隔空相望乃至政治分途之后，俞秀松仍然坚称他与陈独秀"自始至终有很好的关系"，两人结下了终身友谊。

（本文发表于2019年7月，图片由作者提供）

望道先生的望慕之道

——专访陈望道之子陈振新教授

陈振新（口述） **昂俞暄**（采访整理）

　　回顾中国共产党发展历程，可谓栉风沐雨，薪火相传；筚路蓝缕，玉汝于成。在点燃最初星星之火的人当中，我对于陈望道先生总抱有更多的敬慕和好奇：作为同乡校友的望老是如何走上革命道路的；他为何要将《共产党宣言》翻译介绍到中国；除了翻译宣言外，他在建党前后为共产主义事业曾做过怎样的贡献……最重要的是：望道先生究竟凭借何种信仰一生为党的事业而奋斗？

陈望道与陈振新在上海市国福路 51 号

"陈望道不仅是中共创始人之一,而且是中共的重要创始人之一。"中央党史研究室专家霍海丹如是说。在望道先生之子、复旦大学教授陈振新看来:这一评价是迄今为止对自己父亲的最高评价。在复旦恒隆物理楼,一说起父亲的往事,如今也已退休的陈振新老师精神振奋、一丝不苟地为我们讲述了一整个上午。也许,从他的追述中,我们可以追寻到望道先生所望慕之道的踪迹……

从文化运动的"金刚"到制度改革的先驱

1919年,随着"赛先生""德先生"和"费小姐"的粉墨登场,五四运动大幕拉开,新旧潮流相互冲撞,涤荡着社会生活的各个角落。

也就是在这样一个时代,远赴日本留学的陈望道在获得日本中央大学法学士学位后回国,同年6月,受时任浙江省立第一师范学校校长经亨颐的邀请,来到浙江一师担任国文教员。正是在这里,望道先生投身新文化运动:反对旧文学、文言文,提倡新文学、白话文;反对盲目崇拜,提倡思想解放;反对封建专制主义,提倡自由平等思想。在改革国文教授的过程中,陈望道和刘大白、夏丏尊、李次九等语文教员采取诸如传授注音字母、出版国语丛书的改革办法,还编辑了在一师内部发行的《校友会十日刊》,成为"五四"时期浙江的一颗明星。大刀阔斧的改革举措也令四人得了个"四大金刚"的名号,而仇视革新的顽固分子甚至扬言要枪毙他们。不久,一师学生施存统在《浙江新潮》第二期上发表题为《非孝》的文章,一石激起千层浪,反动当局视其为洪水猛兽,省教育厅出面给"四大金刚"冠以所谓"非孝""废孔",甚至"共产、共妻"等罪名,责令撤职查办。经亨颐校长的坚决抵制却招致撤换校长、改组学校的高压政策,一师师生与反动当局的冲突在1920年3月29日达到高潮:省长齐耀珊下令出动军警包围学校,将学生逼到操场,欲强行解散一师。是时刚过29岁的陈望道一腔热血，他告诉学生："我和大家在一起，你们不要哭"，遂并肩与军警对峙。"一师风潮"激起了全国各地，尤其是北京、上海等地师生的公愤，纷纷起来声援。迫于压力，当局不得不做出让步，"一师风潮"取得初步胜利。然而"四大金刚"和经亨颐、进步学生施存统、宣中华等人也不得不离开学校。

经历"一师风潮"洗礼的望道先生意识到自己在一师的改革，"实际上只是宣传文学革命，至于社会改革问题，只是涉及一些而已"。仅因为这一点，反动当局就不惜大动干戈，可见"所谓除旧布新，并不是不推自倒、不招自来的轻而易举的事情"。他也因此进一步看到，"单讲'新'是不够的，应该学习从制度上去看问题"，"不进行制度的根本改革，一切改良实施都是劳而无益的"。事实上，陈望道早在郑振铎主编的《时事新报》副刊《学灯》及《浙江一师校友会十日刊》等发表多篇文章，运用辩证唯物的观点来解释扰乱与进化的关系、新旧战争的差异，以及对社会改革的一些具体设想，成为当时探索制度改革的一位先驱和促进社会革新的一员闯将。

哪个主义才能救中国？

"我信仰马克思主义！"

20世纪20年代，贫穷落后的中国为军阀割据、列强瓜分，人民生活苦不堪言，一大批先进的知识分子、热血青年，都在寻找救国强国之路。作为各种新思潮和新主义试验的五四运动，问出了摆在中国人面前的问题，并提供了解决这些问题的各种可能性。当时，社会上风云际会，各种社会思潮蜂拥而至：胡适宣传的实用主义，梁启超、张东荪宣传的基尔特社会主义，刘师复等宣传的无政府主义，还有新村主义、工读主义等等。当然，也包括马克思主义。这些先进知识分子、热血青年，既激情勃发又不免踌躇迷茫，不知道哪个主义才能够救中国。渴望改变中国，有所作为，必须首先解决信仰的问题，找到正确的路径。

早在留日期间，陈望道就结识了日本著名进步学者、早期的社会主义者河上肇、山川均等人，十分喜爱阅读他们翻译介绍的马克思主义书籍和文章，并很快接受了新思潮的影响，热烈向往十月革命的道路。浙江一师的风波渐平，望道先生也"对于新旧逐渐有所区别和选择"，深刻认识到必须"有一个更高的判别准绳，这更高的辨别的准绳，便是马克思主义"。基于"一师风潮"的锻炼和启发，陈望道回到故乡浙江义乌分水塘村去，进修马克思主义，并且试译《共产党宣言》。

《共产党宣言》的翻译其实并非始于陈望道，在他之前一些为救亡图存向西方寻求先进思想的进步国人，其中试译过《共产党宣言》的就有孙中山、宋教仁、李大钊等，但无一例外，他们都只是节译。换言之，在望道先生之前，中国人从没有见到这本书的全貌。这种情形下，迫切需要有人把马克思、恩格斯的这部经典著作完整地介绍到中国来。恰在此时，1920年3月，当时尚在浙江一师任国文教员的望道先生接到了《民国日报》邵力子先生的来信，得知《星期评论》社戴季陶先生想请他来翻译《共产党宣言》。邵力子同时给了陈望道由戴季陶提供的日文版《共产党宣言》和李大钊从北大图书馆借来的英文版《共产党宣言》。

邵力子先生结识交往的人很多，为何选择了陈望道而不是别人呢？原本戴季陶先生很想由自己来完成这一工作，但又觉得力不从心，因为他觉得要完成这本小册子的翻译，起码得具备三个条件：一是对马克思主义有深入的了解；二是至少得精通德、英、日三门外语中的一门；三是有较高的语言文学素养。而望道先生在日本留学期间就认识了日本早期社会主义者，熟读他们从苏俄翻译过来的文章，并接受马克思主义学说；他日语和汉语的功底又都很深厚，所以自然是邵力子先生能想到的第一人选。这看起来似乎是一个偶然的机遇。但其实,这还与望道先生在浙江第一师范开展的语文教育改革有关,与他在"一师风潮"中令人瞩目的表现有关,与他先前已在报刊上刊出的、翻译介绍马克思主义的文章有关。作为浙江"一师风潮"中"四大金刚"之一的陈望道,曾在报刊上刊出《扰乱与进化》(1919年3月)、《我之新旧战争观》(1919年5月)、《改造社会的两种方法》(1920年1月)等文章,以及由他翻译的马克思主义文章《唯物史观的解释》(1920年1月)。望道先生之思想境界和翻译功底从中可见一斑。

1920年翻译《共产党宣言》时的陈望道

陈望道翻译《共产党宣言》时的旧居——浙江义乌分水塘村

1920年3月底，望道先生回到了义乌分水塘村着手翻译工作。为了能避开各种干扰静下心来专心译书，他躲进了离住宅不远的柴屋内。柴屋因年久失修破旧不堪，再说农村的早春天气十分寒冷，尤其到了晚上，刺骨的寒冷冻得他手足发麻。柴屋里只有几件简单用具，一块铺板和两条长凳。开始译书后，一日三餐和茶水都是母亲送来的。由于夜以继日、孜孜不倦地工作，陈望道消瘦了许多。母亲看在眼里，疼在心里，特地包了粽子，配上义乌盛产的红糖，给他补补身体。母亲在屋外大声问陈望道是否还要加点红糖，他连连回答："够甜，够甜了！"后来母亲进来收拾碗碟，却见他满嘴墨汁，不禁哈哈大笑起来。原来陈望道全神贯注于翻译，竟将砚台里的墨汁当作红糖蘸着粽子吃了！这个流传甚广的趣闻正说明了望道先生工作时思想精神之集中。

1920年4月底，望道先生终于完成了《共产党宣言》一书的翻译工作。虽然只是一本小册子，但他翻译此书是没有任何的译本可供参考的。即便如此，陈望道依然做到了较为准确地表达原著的含义。1920年初，北京大学马克思学说研究会组织成立，其中有个翻译部，罗章龙时任翻译部德文组组长。据他回忆，当时他们想直接从德文版翻译《共产党宣言》，但在翻译第一句时就遇到了困难，只得加了一段文字说明。而陈望道译《共产党宣言》的第一句是这样处理的："有一个怪物在欧洲徘徊着，这怪物就是共产主义。"以后的多个版本，对第一句的译法都不尽相同。现在我们可读到华岗1932年版《共产党宣言》的第一句是这样的："有一个怪物正在欧洲徘徊着——这怪物就是共产主义。"他的译法也与望道先生的译法几乎一致。由此可见，陈望道的译文是经得起推敲的。

望道先生首译《共产党宣言》已是近一个世纪前的事了，那时候虽然已开始反对文言，但是之乎者也一类的文言还是使用很多，而且陈望道从小就在村上的私塾里跟随老先生攻读四书五经等传统书籍。可是，从头到尾读完这本《共产党宣言》，却感觉非常通顺，因为陈望道一直反对文言文，提倡白话文。

45

翻译过程中，因为他反复思考如何翻译才能使人觉得简明易懂，所以花了比平时译书多五倍的功夫。

呕心沥血首译宣言，陈振新教授却回忆说原本话就不多的父亲几乎从未谈过此事，也不说自己过去做过什么事。唯独新中国成立后，当时的陈望道是复旦大学校长、上海市政协副主席，在一次接待外宾的外事活动中，一位外国记者问道："那个年代，中国各种主义都有，您怎么就翻译了《共产党宣言》？"望道先生未加思索即回答说："因为我信仰马克思主义！"

"红头本""蓝头本" 共产党人的入门本

1920年5月，同村的人进城回来，给陈望道带来了一份电报：《星期评论》社邀请他到上海担任该刊的编辑工作。于是，望道先生带着刚刚完成、凝结着一个月来心血的译稿来到上海。在评论社三楼阳台上，望道先生见到了《星期评论》的"三驾马车"戴季陶、李汉俊、沈玄庐，以及沈雁冰、李达等人。他到上海后就住在三益里李汉俊家，并把译稿连同日文、英文版《共产党宣言》交给了李汉俊校阅。李汉俊校完后，又给住在环龙路老渔阳里2号的陈独秀再校，最后由望道先生改定。原准备在《星期评论》上连载《共产党宣言》，但因该刊的进步倾向被当局发现后勒令停办。《共产党宣言》直到1920年8月，在共产国际的资助下，才由辣斐德路（今复兴中路）成裕里12号的"又新印刷所"以社会主义研究社的名义，作为社会主义研究小丛书的第一种得以出版。此书首版仅印1 000册，目前国内仅存11本（上海图书馆、上海一大会址纪念馆、上海鲁迅纪念馆、上海市档案馆、中国国家图书馆、北京市文物局、中国国家博物馆、延安革命纪念馆、浙江上虞市档案馆、温州图书馆、山东东营历史博物馆）。初版本封面上印着马克思半身水红色坐像，被称作"红头本"，因为书名错印成《共党产宣言》，所以1920年9月又再版重印1 000册，同时把书名改正过来。二版封面

陈望道译1920年8月初版本《共产党
宣言》书影（上海市档案馆藏）

《共产党宣言》重印版（上海市档案
馆藏）

上的马克思像变成了蓝色，因此这一版也被称为"蓝头本"。

　　1975年1月，陈振新陪同陈望道赴北京参加全国人大会议时曾一起到北京图书馆（今国家图书馆）协助鉴定馆藏《共产党宣言》中译本的版本。那时的北图副馆长鲍正鹄是陈望道的学生，他让工作人员拿来了宣言的多个早期版本，但版权页均已缺失。陈望道告诉他："这个红的是初印的，那个蓝的是后印的。"于是鲍正鹄请陈望道在初版本上题字留念。望道先生推辞说："这是马恩的著作，我题字不合适。"鲍馆长恳切请求说："这本书是您翻译的，上面还印着您的名字，您就签个名吧。"陈望道最后在二版译本的内页上签了自己的名字。

　　由于中国共产党建党初期传播马克思主义的需要，继又新印刷所之后，平民书社、上海书店和新文化书社等出版单位又相继大量出版《共产党宣言》，仅平民书社在1926年1月至5月就重印了十次，到5月已是第十七版了。第十七版封面不同于首版,书末的版权页上翻译者也改为陈佛突。在白色恐怖下,陈望道曾先后以陈佛突、晓风、仁子、V.T 等不同的笔名来署名,但版本多袭用"又新"印刷所版。在北伐战争年代,《共产党宣言》印得更多,随军散发,几乎人手一册。陈望道译《共产党宣言》成了国民党统治时期国内流传最广、影响最大的一部马克思主义的经典著作,它对于宣传马克思主义起到了非常重要的作用。在中国共产党成立前,上海共产党早期组织领导陈独秀曾发函至北京、武汉、长沙、广州和济南,要求他们也建立共产党早期组织,同时寄去了陈望道译《共产党宣言》。各地共产党早期组织的成员通过传阅、学习《共产党宣言》,引起热议甚至辩论,为1921年中国共产党的创立奠定了重要的思想理论基础。

陈望道译《共产党宣言》的出版和广为传播,影响了毛泽东、刘少奇、朱德、周恩来、邓小平等整整一代人。1920年夏天,毛泽东从湖南到上海拜访陈独秀时,在陈独秀的住处看到他正在校对的陈望道《共产党宣言》译稿,这是毛泽东第一次看到完整的马克思主义经典著作。十多年后,在延安的窑洞前,毛泽东对外国记者斯诺说:"有三本书特别深地铭刻在我的心中,建立起我对马克思主义的信仰……《共产党宣言》,陈望道译,这是用中文出版的第一本马克思主义的书。"1939年,毛泽东还曾对党内同志感慨道:"《共产党宣言》,我看了不下一百遍,遇到问题,我就翻阅马克思的《共产党宣言》,有时只阅读一两段,有时全篇都读,每阅读一次,我都有新的启发。我写《新民主主义论》时,《共产党宣言》就翻阅过多次。"

1920年8月上海共产党早期组织成立后,创办了一所干部学校,对外宣称"外国语学社",刘少奇、任弼时、罗亦农、萧劲光、柯庆施等都是这里的学员。那时,每个学员都发一本《共产党宣言》,并由文化教员陈望道给他们讲解。刘少奇在回忆那段经历时讲过,"那时我还没有参加共产党,正在考虑入不入党的问题。当时我把《共产党宣言》看了又看,看了好几遍……从这本书中,我了解共产党是干什么的,是怎样的一个党,我准不准备献身于这个党所从事的事业,经过一段时间的深思熟虑,最后决定参加共产党,同时也准备献身于党的事业。"

《共产党宣言》流传到国外,对当时在国外勤工俭学的青年也产生了重要的影响。陈振新教授说,他去德国旅游时还见到过当地保存的、流传出去的中文版《共产党宣言》。周恩来就是在法国勤工俭学时读到《共产党宣言》的,因为这一点,他在1949年召开的全国第一届文代会上,当着代表们的面对陈望道说:"陈望道先生,我们都是您教育出来的。"朱德也回忆说:"1922年11月我在德国由周恩来介绍加入中国共产党后,正是在柏林支部学习了陈望道译的《共产党宣言》后才走上革命旅程的。"邓小平1992年在南方视察时也谈到过:"我的入门老师是《共产党宣言》和《共产主义ABC》。"

曙光来临前的沪上星火

陈望道译完《共产党宣言》来到上海后,在参与编辑《新青年》的同时,又与陈独秀、李汉俊、李达等在一起,酝酿组织上海共产党早期组织。望道先生曾清晰地回忆道:"我于1920年四五月间到上海……同时,陈独秀也从北京被赶到上海。我们几个人,是被赶出来的。此外,邵力子在复旦大学文学院任中文系主任,大家住得很近(都在法租界),经常在一起,反复地谈,越谈越觉得有组织中国共产党的必要,于是便组织了马克思主义研究会。这是一个秘密的组织,没有纲领,会员入会也没有成文的手续(参加者有:陈独秀、沈雁冰、李达、李汉俊、陈望道、邵力子等),先由陈独秀负责,不久陈到广州去。1920年年底以后,当时就称负责人为'书记'。要紧的事,由李汉俊、陈望道、杨明斋等人讨论(不是全体同志参加),组织仿俄国共产党"。又说:"在上海共产党早期组织成立之前,陈独秀、李汉俊、李达和我等先组织马克思主义研究会。研究会吸收会员，起初比较宽，只要有兴趣的都可以参加，后来就严格了。五六个人比较机密，总共不到10人……马克思主义研究会是对外的公开名称，内部叫共产党，有组织机构，有书记，陈独秀就是书记。陈独秀、李汉俊和我等是研究会的核心，我还当了三个月的劳工部长（也叫工会部长）。"

马克思主义研究会成立后的活动，主要是组织工会和编辑刊物，进行马克思主义的宣传。最先组织的是邮电工会和纺织工会。上海的纺织工业发达，工厂集中，人数众多。邮电工人要送信送报纸，有点文化，所以先把他们组织起来。由于工人的文化程度低，组织工会后不大用文字宣传，主要是口头宣传。马克思主义研究会成立后，陈独秀任主编、陈望道任编辑的《新青年》就成为研究会的刊物，办公地点就在研究会所在地的楼上。陈望道采取了"把新的放进来，把马克思主义的东西放进来"的办法，对《新青年》进行了改组。他在《新青年》开辟了一个"俄罗斯研究"专栏，在这个专栏上刊登介绍马克思主义的翻译文章。宣传马克思主义必须有平台，他还通过邵力子把《民国日报》副刊《觉悟》争取过来，进行游击性的战斗，刊登过自己翻译的《马克思底唯物史观》等。

1920年8月，在马克思主义研究会的基础上成立了上海共产党早期组织，地点在法租界老渔阳里2号《新青年》编辑部所在地。参加者有陈独秀、李汉俊、陈望道、沈玄庐、杨明斋、俞秀松、施存统、李达、沈雁冰、林祖涵、沈泽民等，陈独秀任书记。函约各地社会主义分子也组织支部（或小组），为党成立做准备。1920年下半年陈独秀去广州后，陈望道为代理书记。上海共产党早期组织，这个中国共产党的上海早期组织，实际上成为全国各地建党活动的联络中心，起着中国共产党发起组的作用。

上海共产党早期组织成立后，在办刊物、办学校和发动工人方面都做了许多工作。在办刊物方面，1920年9月后出版的《新青年》（第八卷第一号）正式成为党的机关刊物。除了《新青年》和《民国日报》副刊《觉悟》，为了在工人中进行马克思主义宣传，当时还办了《劳动界》和《共产党》月刊两份杂志，陈望道参与了这两份杂志的编辑工作，并且在《劳动界》杂志上发表了多篇文章。为什么要发行《劳动界》这个刊物？在《劳动界》创刊号上专门刊出了一篇题为《为什么要印这个报？》(署名：汉俊)的文章，文章说："工人在世界上已经是最苦的，而我们中国的工人比外国的工人还要苦。这是甚么道理呢？就因为外国工人略微晓得他们应该晓得的事情，我们中国工人不晓得他们应该晓得的事情。我们印这个报，就是要教我们中国工人晓得他们应该晓得的事情。我们中国工人晓得他们应该晓得的事情了，或者将来要苦得比现在好一点。"简言之，就是为了对劳苦大众进行阶级意识的启蒙教育，让他们知道为什么生活这么苦，如何才能苦得比现在好一点。在19册《劳动界》的"演说"专栏内，要数身为劳工部长的陈望道撰文最多，共有5篇，陈独秀、沈玄庐皆为4篇。《劳动界》一共出了24册，时间跨度为1920年8月15日至1921年1月23日，它的出版，为1921年中国共产党成立前发动工人群众，创造了基本的条件。

上海共产党早期组织还筹办了一个青年学校和一所平民女校。青年学校当时称外国语学社，实际上是社会主义青年团的机关所在地。陈望道是社会主义青年团成立时的负责人之一。平民女校是为收容因反对三从四德而从家庭或学校逃出来的青年女子开办的，丁玲就曾是平民女校的学生。陈望道白天在复旦大学教书，晚上就到平民女校去上课。

上海共产党早期组织当时的工运工作是启蒙性的，边学习马克思主义边做工运工作。初期的工运，主要是启发工人阶级的觉悟，支持他们搞经济斗争。通过为工人办的刊物《劳动界》进行宣传。身为劳工部长的陈望道，在1920年11月21日领导成立了上海机器工会，邀请陈独秀到会发表演说。同年12月，上海印刷工会也宣布成立。

上海共产党早期组织上述系列活动的经费，主要来自成员发表翻译作品所得的稿酬。望道先生与李汉俊、沈雁冰、李达一起翻译，稿子译出后交给商务印书馆，一千字四五元。几人一夜之间可以译出万把字。正是星点薪火的积聚，迎接来了中国共产党成立的曙光。

庶事草创：建党前后的信仰实践

1921年6月，共产国际派马林等到上海，与上海共产党早期组织成员李汉俊、陈望道、李达等取得联系。经过几次交谈，他们一致认为：正式成立中国共产党的条件已经成熟，应尽快召开党的全国代表大会。李汉俊、陈望道、李达与陈独秀、李大钊联系后，决定在上海召开中国共产党第一次全国代表大会，并随即写信通知全国各地党组织选派代表出席大会，就此开始了中共一大的筹备工作。李汉俊、李达被推选为上海地区的一大代表。

7月23日，来自北京、汉口、广州、长沙、济南和日本的各地代表13人汇聚上海。从7月23日到31日，中国共产党第一次全国代表大会正式召开。大会通过了中国共产党的第一个纲领和决议，选举产生了党的领导机构——中央局，陈独秀担任书记，张国焘负责组织，李达负责宣传。中共一大后，陈独秀以中央局书记的名义发表了《中国共产党中央局通告》，要求上海、广东等地建立区执行委员会。11月，中共上海地方委员会成立，陈望道被推选为上海地区执行委员会的委员长，实际上就是中共上海市地委的首任书记。在担任上海地委书记的这段时间里，陈望道为庶事草创的中国共产党做了许多工作。

同年8月，陈望道创办、主编《民国日报》副刊《妇女评论》，年底又出任党创办的平民女校的文化教员，为党培养妇女干部，宣传妇女解放。1922年旧历新年，中共上海地委组织了一次向行人及沿街各家各户分发共产主义贺年信的活动，该贺年信正面印着"恭贺新禧"四个大字，背面以花边为框，框内印着一首陈望道起草的《太平歌》。这次活动，陈独秀、陈望道、沈雁冰、李汉俊、李达等都参加了。看了贺年信，人们惊呼："不得了，共产主义到上海来了。"

1922年1月15日，陈望道出席中共上海地委在宁波会馆召开的"德社会学者纪念会"，并发表演说。4月23日，为纪念世界无产阶级革命导师马克思诞辰104周年，陈望道随同中央书记陈独秀前往吴淞出席中国公学马克思学说演讲会，并在会上发表了演说。5月5日，中共上海地委在北四川路怀恩堂举行纪念会，陈望道又偕同沈雁冰到会发表演说，介绍马克思主义学说。

中共三大后，陈望道将工作的重心转向党的文化教育工作。1923年8月，受中央书记陈独秀委派赴党创办的上海大学出任中文系主任，当时陈望道接到了一张署名"知名"的条子："上大请你组织，你要什么同志请开出来，请你负责。"他一看笔迹，就知道是陈独秀写来的。在20世纪20年代，上海大学与黄埔军校一样名声大噪，它实际上是由共产党直接创办的一所新颖的干部学校，在中国共产党的历史上和党的教育史上留下了光辉的篇章。在学生眼里，讲课的都是最新的人物，他们的言论、思想、风采和才干，给学生们留下一生难忘的印象。1925年五卅运动爆发，此时的望道先生接任上大教务长和代理校务主任，他率领上大师生，几乎全数参加到反帝爱国运动中。直到1927年四一二反革命政变后，大革命失败，学校被国民党当局查封。在陈望道肩负党的重任在上海大学工作的四年内，为党培养了许多优秀干部，如阳翰笙、丁玲等都是这所学校的毕业生。

1928年中共党组织又接收了一所办得很不景气的中华艺术大学，并请陈望道担任中华艺术大学校长一职。对于陈望道就任中华艺大校长，鲁迅给予热情的支持，1930年二三月间，他先后三次应邀前往中华艺大讲演。望道先生就任中华艺大校长期间，学校的政治气氛十分活跃，师生们经常深入到工厂、社会中去发动各种运动，投入各项社会改革。这里成为20年代末至30年代初左翼文艺运动的中心所在地，中国左翼作家联盟（简称"左联"）的成立大会，正是于1930年3月2日在这里召开的。种种倾向性很强的活动的举办，使中

53

华艺大仅办了一年多即被当局查封了。

望道先生以充满热忱的种种实际工作践行了自己所坚定信仰的马克思主义。采访之中，陈振新教授回忆起母亲蔡葵女士当时告诉自己的话："你别看他平时很严肃，话也很少，实际上他可是一只热水瓶，外面摸上去冷冰冰的，里面可热了。"我想，望道先生内心的热度，大概就来自他一生望慕之道——马克思主义，这是他坚定的信仰，不变的初心。正如陈振新自己对父亲的评价：陈望道始终是一位坚守马克思主义信仰的共产主义战士。

（本文发表于2016年7月）

最早辞世的中共一大代表

——追忆我的父亲王尽美

王 杰（口述） **张晶晶**（整理）

王尽美（1898—1925），原名瑞俊，又名烬美、烬梅，字灼斋，中国共产党的创始人之一，山东党组织最早的组织者和领导者，中共一大、二大代表。王尽美同志有两个儿子：长子王乃征是吉林省军区原副司令员，已于2009年去世；次子王杰，现居上海。

王杰，原名王乃恩，1922年出生，1938年参加革命，1939年4月加入中国共产党，曾任中共义乌县委书记、华东局组织部组织处副处长、川沙县委副书记、上海市交通办党委副书记等职，1992年离休，是上海市各次党代会的列席代表。

纪念建党九十周年前夕，《档案春秋》记者在华东医院的病房拜访了王杰同志。年近九十岁高龄的他须发皆白，一口山东乡音不改，历历往事，娓娓道来。

父亲命运的拐点

我的老家是鲁东南的莒县北杏村，现属山东诸城市。我们村当时是一个有300户人家的大村，有地主十余户。我们家是佃农出身，家中男丁不多，到我父亲这辈是两代单传。我的爷爷早逝，父亲是遗腹子。家里的经济条件很困难，饭都吃不饱，父亲小时候靠给地主的儿子陪读，才获得了读书的机会。

王尽美

王尽美烈士故居

1921年春，王尽美、邓恩铭等成立济南共产党早期组织。图为济南共产党早期组织活动地点——全胜街22号（上海市档案馆藏）

不料,父亲陪读的两个地主的儿子先后暴病身亡,父亲被看成是克星而失学。后来,父亲进了学费低廉的村塾学习,辛亥革命后村塾被废,成立了新式的初等小学,父亲因为成绩特别优秀,由校长圈定免除全部学费。毕业后进入镇高等小学,又因为表现出众,成为学校唯一的免费生。1915年毕业,回乡务农,由我奶奶做主,父亲与我母亲成婚。但是父亲一直没有断了继续读书的念头,1918年,他考取了位于济南的山东省立第一师范,这是一所官费学校,不交学杂费和食宿费,特别受贫家子弟的欢迎。我奶奶本是极力反对独子远走他乡,但拗不过我父亲,只好勉强答应了。

1918年春天,20岁的父亲告别家乡,赴省城济南求学,命运就此改变。在济南他接受了新思潮的洗礼,从此走上了一条与普通农村青年截然不同的人生道路:投身五四运动闹学潮,建立山东第一个共产党早期组织,参加中共一大……直至被学校当作"危险分子"开除,成为一名职业革命家。

我的小名叫"来信"

1922年,父亲和邓恩铭等人远赴莫斯科参加远东各国共产党及民族革命团体代表大会,会后在苏联参观考察了半年,回国后又去上海参加了中共二大。半年音讯全无,把奶奶和母亲急得不得了。终于有一天,望眼欲穿的她们等来了父亲的一封报平安的信,悬着的心总算放下了。那时我刚出生不久,所以我的小名就叫"来信"。

1924年秋天,父亲积劳成疾,不幸染上了肺结核,但他在病中仍坚持工作,亲自指挥了济南、青岛的工人罢工,并取得了胜利,1925年3月还去北京参加了孙中山先生的葬礼。回来后他的病情就恶化了,1925年6月党组织让他回家静养,因为病情加重得很快,一个月后只好又离家,住进了青岛医院。这年8月19日,他与世长辞,留下的遗言是:"全体同志要好好工作,为无产阶级和全

济南革命烈士陵园内的王尽美烈士墓

人类的解放和共产主义的彻底实现而奋斗到底！"

　　父亲去世时很年轻，只有27岁，我才3岁，我哥哥6岁。我对父亲的印象很模糊，只记得党组织派人把父亲的灵柩送回村里安葬的那一天，母亲带着哥哥和我到村口去迎灵，将父亲落葬在村东南的墓地。1959年，政府将父亲的坟墓从北杏村迁移到济南四里山（现改为英雄山）烈士陵园。

父亲的照片，奶奶的秘密

　　父亲去世的第二年，母亲也病故了，是奶奶一手把我们哥俩拉扯大的。本来党组织打算把我们带走抚养，但奶奶说什么也不同意。地主看我们家里没有劳动力，要把租给我们的土地收回，奶奶带着我去向地主求情，地主才答应保留一小块地给我们。为了维持家中生计，奶奶不仅要下地干活，逢年过节还要到地主家帮佣。就是在这样艰难度日的光景下，奶奶还是坚信读书上学才会有出息，因为实在供不起两份学费，所以我留在家帮奶奶种地，我哥哥出去上学。奶奶年轻时守寡，本该安享晚年之时又丧子，尽管悲痛，但她没有被命运击倒，在她身上集聚了北方农村妇女坚毅勤劳善良能干的品质。

奶奶陆陆续续对我说了些父亲的事，她很自豪地说起父亲十分聪明好学，能书会画，还能作歌谱曲，演奏琵琶、二胡、笛子等乐器。奶奶不识字，没上过学，对于我父亲所从事的革命工作，她并不了解，但她坚信自己的儿子走的一定是正道，绝不会干坏事。

1923年，父亲从北京托人捎来一张半身照，看到儿子的照片，奶奶又惊又喜，同时也担心照片被发现会招来不测，她当然也不忍心把照片毁掉，思来想去，她把照片封藏在了我们住的屋子的土墙里。这屋子不是我们家的房产，是地主堆杂物的偏房，借给我们住的。奶奶把土墙挖了个小洞，把照片用布小心地包好，放进洞里，在外面糊上泥巴。这个秘密直到新中国成立初期政府征集档案时，奶奶才说了出来。政府赶紧派人去找，果然还在土墙里。这是我父亲存世的唯一一张清晰的照片，也就是现在历史书上常见的那张，现存中央档案馆。

新中国成立初期，毛主席和董必武同志十分想念我父亲这位早年的战友，根据毛主席的指示，山东省委把我奶奶接到了济南居住，派专人照顾生活起居。1953年奶奶病故，享年73岁。

天南地北、分布各行各业的王家后人们

我的哥哥王乃征1937年入党，在我们老家组建抗日游击队，全国解放战争时期调往东北辽东军区，就一直留在了东北。1966年初，在吉林省军区任参谋长、副司令员，1983年离休。1995年，哥哥送给我一幅字："父辈拓荒燃火种，兄弟继业奔西东。今朝双双古稀岁，相约誓学不老松。""不老松"是1961

年董必武在《忆王尽美同志》一诗中对我们父亲的赞语。哥哥以这首诗与我共勉,保持革命传统,继续为党的事业发光发热。

哥哥于2009年6月8日在沈阳去世,享年90岁。他的女儿王枫是深圳某医院的儿科主任;长子王毅在大连边防检查站工作;次子王军是信息工程专家,在沈阳开了一家计算机公司。

我的老伴于2009年病逝,她是我的同乡,结婚后受我的影响读书认字,也参加了革命。我们育有四个子女。长子王明华是浙江大学的教授、博士生导师,光电子学专家,为国家培养了许多高层次的人才;次子王立华在一家日企工作;长女王建华是上海铁路系统的退休职工;次女王爱华是第二军医大学长征医院临床实验诊断科主任技师、教授。我这几个子女的名字都是有寓意的:长子生在新中国成立前,取名明华反映了我们期待光明早日到来的心情;两个女儿和小儿子出生在新中国成立初期,他们的名字象征着建设祖国、热爱新社会的决心。

我们的后辈有的在事业上取得了很大的成就,有的在平凡的岗位上默默奉献,他们都是以专业技术安身立命的,没有人从政,能有今天的成绩与我父亲的身份没有关系,都是靠自己的努力,一步一个脚印走过来的。我的女儿王建华从部队转业后,到上海铁路系统做了一名普通职工,直到退休前她的工作还需要三班倒,但她从没想过利用特殊的家庭背景换一份舒服轻松的工作。我的侄子王军年轻时当兵,驻守中朝俄交界的长白山脚下,在基层连队摸爬滚打,也没有向组织提过特殊要求。

如今,我和哥哥的第三代也都成长得健康幸福,在各自的岗位上实现他们的人生价值。奶奶和父亲母亲若泉下有知,一定会感到欣慰。

（本文发表于2016年7月）

王会悟：中共"一大"唯一的女性参与者

孔海珠

王会悟（1898.5—1993.10），浙江桐乡乌镇人，自小接受新思想、新文化，思想进步，一生积极倡导妇女解放，是我国最早的社会主义青年团团员之一。

由于时代的局限，中共"一大"没有妇女代表，但在这一重大历史进程中，中国女性并未留下空白，王会悟以"一大"代表家属的身份为中国共产党第一次全国代表大会的顺利召开和中国共产党的创建作出了不可磨灭的贡献。她不仅是中国共产党成立的见证人，也是中共"一大"唯一的女性参与者。

作为中国著名马克思主义理论家李达同志的夫人，王会悟一生积极协助丈夫宣传马克思主义，从事革命活动，和李达一起为中国革命和马克思主义在中国的传播作出了重要的贡献，被毛泽东同志称为"真正的人"。

在浙江省桐乡市乌镇的西栅，有个叫灵水居的院落，风景优美，绿树成荫，迈步其间心旷神怡，在秀色中可以发现有座二层的古典木建筑，门楣上挂着"王会悟纪念馆"的牌匾，王会悟可是乌镇著名的女性，大凡讲述中共党史，都要提到她。

有幸的是，笔者曾在1990—1991年，两次赴京期间拜会过她，并且，承她老人家邀请，在她家小住，亲承教示，聆听往事，感受亲情，这样的时日难以忘怀。

书香门第

17岁的王会悟

1898年5月20日，乌镇观后街14号，一幢普通的民宅内，晚清秀才王彦臣家的第五个孩子，一个女婴诞生了，王彦臣为其取名"会悟"。

王氏家族世代以教书为业，名闻乡里。王彦臣在乌镇东栅办有私塾，在当地颇受欢迎，茅盾小时候也曾在该私塾读过书。

王会悟的母亲贤淑能干，勤劳善良，先后生养了九个孩子，但存活的只有四女一男。

王会悟从小没有缠过脚，这在她这个年纪并不多见。在崇尚"女子无才便是德"的旧社会，她无疑是幸运的。由于父母思想比较开明，四个女儿中有两个（王会悟与小妹王会贞）没有像其他旧社会妇女一样被封建思想禁锢在家中，而是外出求学，接受新知识、新思想。

然而，不幸的是，父亲涉讼蒙冤，发配东北关外，最终客死他乡，时年41岁。家中生活靠母亲绣花度日，故孩子的教育也因家道中落受阻。王会悟只得从省立（嘉兴）二中师范科辍学回家。

回到乌镇后，王会悟接替父业在家乡教书。她向本镇宝阁寺的和尚借了一个殿堂，独自办起了桐乡县（今浙江省桐乡市）第一所女子小学，学生们亲切地称她"小王先生"。其时，这位小王先生只读过一年多的师范，年龄只有13岁。

没过多久，由于王会悟受新潮思想影响，她办的女子小学反对童养媳，倡导新风俗，鼓励女孩子剪辫子、放脚，破除缠足等陋习，这些倡议引起了镇上保守乡绅的不满，王会悟的女子小学遭到了当地顽固势力的激烈反对，学校被迫停办。

1917年，王会悟以半工半读的方式进入湖州湖郡女校读书。这是一所由美国人创办的教会学校，以学英文为主。

王会悟曾对我说起："我与嘉兴师范的女同学一起去的。这位同学的丈夫出国去了，我们结伴想找求学的地方。正巧在路上碰到一个在湖州教书的外国人，他中文很好，讲湖州也有类似上海的中西女塾，还介绍这学校怎么怎么好，并说，可以马上写信给他太太介绍我们。"

于是，王会悟进了这所学校，一边学习英语，一边兼做清洁工作以补贴学费，后来经过考查，校长决定让王会悟为在校牧师的夫人们教习中文，办一个"娘娘班"，这样王会悟便有一份比较适宜的勤工俭学工作。

当时，王会悟学习英语是很刻苦的，据她说，每天早晨独自朗读两个多小时，所以英文很好，她还有出国留洋进一步深造的想法，因为学校免费保送。但是，学校有规定：必须信教。对于外教人，不会考虑。所以，这条出国路也只是空中楼阁而已。有意思的是孔德沚也到湖郡女校来读过书。

我的姑妈孔德沚，与沈雁冰结婚以后，因为王会悟在这所学校读书的关系，婆婆让她来看看，试一下。但是，这学校上课用英文，讲话也用英文。每天早上起来都讲英文。孔德沚连基础的ABC也不懂，从小学读起年龄又偏大，实在没有决心读下去，三个月后便回到家乡转进别的学校读书了。

在学校里，王会悟接触了大量的宣传新思想、新文化的书刊，其中陈独秀创办的《新青年》，是她最喜欢的杂志之一。她勇敢地用白话文给陈独秀写信，表达自己决心为民主自由而战的豪情壮志。陈独秀欣喜地回信说："没想到我们的新思想影响到教会学堂了。"

笔谈恋爱

五四运动以后，王会悟结束了湖郡女校三年（一说四年）的学业，来到了新思想荟萃、先进人物聚集的上海。经上海学联介绍，王会悟在上海中华女界

63

联合会担任文秘工作。这是她真正从事妇女解放工作的开始。

1920年，王会悟在上海加入社会主义青年团，成为最早加入青年团的成员之一。由于她思想进步，又是青年团成员，深得陈独秀赏识。陈独秀派夫人高君曼来接王会悟参加他们的工作。由于工作关系，她经常出入陈独秀的寓所，在这里，她遇到了对她一生影响最大的人。

从日本留学归来的李达（1890—1966），字鹤鸣，常发表介绍马克思主义的文章，宣传革命。1920年，李达与陈独秀、李汉俊在上海发起成立共产党早期组织，主编《共产党》月刊，积极指导全国各地的建党工作。当时，李达寄住在陈独秀寓所，根据形势需要，写下大量宣传救国、针砭时弊的文章，王会悟帮助誊抄付印。他们二人志趣相近，接触又多，遂萌生爱情。据说他俩相识还是沈雁冰介绍的。

64

1921年4月，这一对志同道合的革命情侣，在上海法租界环龙路（今南昌路）渔阳里2号陈独秀家的客厅里，举行了朴素简单的婚礼，只办了一桌酒席，请了几位朋友，陈独秀的夫人高君曼成为他们婚礼的见证人。婚后不久，他们移居成都路辅德里625号（今成都北路7弄30号）。

李达是湖南人，王会悟是江南乌镇人，他们之间话语交流会有一定的困难，不知怎么谈恋爱的？我的这个问题真是问到点子上了，王会悟向我回忆，他们恋爱是从笔谈开始的。

幕后功臣

李达是中国共产党创始人之一，王会悟为中国共产党的建党，特别是为中共一大改址南湖作出过重大贡献，被誉为中共一大幕后功臣。中共一大后，李达为党中央三位领导人之一，担任宣传主任。其时中央局书记陈独秀任职广州，各地与中央联系多找李达，辅德里寓所成为中央秘密办公地点和通信联络站。忙于工作，李达遂辞去中华书局的职务。王会悟协助李达做了大量党务工作。第二年的中共二大就是在辅德里李家秘密召开的，王会悟同样为大会竭尽全力。

沈雁冰和孔德沚夫妻与王会悟有亲戚关系，王会悟对我说："德沚应叫我姑妈，然一直叫我王会悟。"在乌镇时两家是邻居，相当熟悉。所以，王会悟刚到上海，曾找到沈雁冰家，她说："我本来想住到雁冰家里的，他妈妈讲，你好好教书不教，跑出来作啥！"这是老长辈说的话，很真实。于是，王会悟住到中华女界联合会黄兴夫人徐宗汉家里。

当时，出席中共"一大"的代表分散各地，住宿的选定让王会悟着实费了一番心思，调动了她的社会关系。因为她在中华女界联合会任职，得到会长徐宗汉的器重，徐还兼任博文女校董事长。由于这层关系，王会悟选择位于法租界白尔路389号（今太仓路127号）的博文女校。她考虑这里正值学校放暑假，师生离校易于保密，于是就以"北京大学暑期旅行团"名义向校长黄绍兰租借了该校的三间教室，因为相识，黄校长爽快地同意了。

代表中除上海代表住在家中，陈公博夫妇住大东旅社外，毛泽东、董必武、何叔衡、陈潭秋、王尽美等都下榻于此。

会址的确定，考虑还是"李公馆"比较合适。李汉俊本人是会议筹备人，其胞兄李书城在法租界望志路上的一幢老式石库门房子，环境僻静，人员行动十分方便，又有李书城当"大官"的身份，可起掩护作用，用来开会再好不过了。

1921年7月23日晚，中国共产党第一次全国代表大会在"李公馆"的小客堂里如期举行。在7月30日晚举行的第六次会议开始不久，一个陌生的中年男子从虚掩的后门闯入，正在警惕望风的王会悟立即问他找谁，那人随口报了一个显然臆造的名字，说声"对不起"便匆忙离去。王会悟马上报告了这一可疑情况，正在发言的共产国际代表马林建议会议立即停止，代表们抓紧时间撤离了会场。

事实证明，王会悟的报警十分重要。那个神秘男子正是受雇于法租界巡捕房的侦探，仅过十多分钟，法租界巡捕房就开来警车，全副武装的巡捕和士兵包围了房子。代表们因为及时疏散，未受到任何损失。事后李达对王会悟竖起了大拇指："你立了大功！"

嘉兴南湖

显然，李书城的寓所已不能开会了，到哪儿去继续把会开完呢？代表们意见不一：有的建议在上海找个旅馆，有的则主张到杭州西湖。值此紧急关头，王会悟献上良策："我的家乡嘉兴有个南湖，离火车站很近，湖上有船可以租。如果到南湖租条船，在船上开会，又安全又方便。游南湖的人，比游西湖的人少，容易隐蔽。"她的提议令代表们豁然开朗：借游湖为掩护在船上开会，在当时无疑是"万无一失"的选择，大家纷纷投了赞成票。

于是，王会悟立即受命了解上海到嘉兴的火车班次，又先行赶往嘉兴安排一切之后，便到车站迎接代表们的到来。

关于王会悟在嘉兴操办的一切，近年有新史料出现，韦韬、陈小曼著《我的父亲茅盾》一书写道：

> 由于经常为《共产党》写稿，父亲（茅盾，笔者注）与李达的交往也就日趋密切……党的一大召开时，临时把会址转移到嘉兴南湖，就是王会悟出的主意；而在嘉兴租借南湖的游船，则是父亲的内弟孔另境（当时他正在嘉兴中学念书）出力联系的。

其实，关于南湖租船人的史事，笔者早年已从父亲孔另境口中得知，只是没有文字记载可以佐证。现在，有这样明确叙说，孔另境是"一大"在嘉兴南湖开会时的租船人，他曾配合过王会悟的秘密工作。可以想象，王会悟突然回到久别的家乡，寻找当地的熟人亲戚协助办事，这样顺当并安全多了。

再说，为了确保会议安全进行，王会悟做了周到细致的安排。她让船主把船撑到离烟雨楼东南方向二百米左右比较僻静的水域用篙插住，让代表们围坐在中舱客堂间的八仙桌前安心开会。她自己则坐在船头望风放哨，一旦有别的游船靠近，就哼起嘉兴小调，手指敲着舱门打节拍，提醒代表们注意。为掩人耳目，她还特意准备了一副麻将牌，放在代表们开会的桌上。就连作为午餐预订的酒菜，她也让船主用拖梢船送至大船。

王会悟虽然不是正式代表，也不是共产党员，但她用自己的机智和勇敢出色地确保了"一大"会议的顺利召开和圆满结束。

国共分裂

在上海两年多以后，1922年11月，李达应毛泽东邀请，带王会悟及女儿去长沙任湖南自修大学学长，主持教务。王会悟在该校所属补习学校教英文。两人与毛泽东杨开慧同住清水塘一个多月。

由于湖南自修大学红色旗帜鲜明，引起了当时的湖南省省长赵恒惕的不满。1923年4月，自修大学被武力封闭。之后李达继续在武汉、长沙等地讲课授学，坚定不移地宣传马克思主义。

1923年夏为国共合作问题，李达去上海，王会悟因怀第二胎患病，也同回上海。李达与陈独秀在国共合作方针问题上发生严重争执。陈大发雷霆，打茶碗，拍桌子，骂李达说："你违反党的主张，我有权开除你！"李达也倔强地说："为保住无产者的革命政党，被开除不要紧，原则性决不让步，我也并不重视你这个草莽英雄！"从此李达就不和中央往来了，他也未参加不久召开的第三次全国代表大会。

20世纪30年代，王会悟的三个儿女在上海

　　同年李达仍回湖南工作。虽然他已脱党，但长沙方面的党员仍将他当作党内同志一样看待，有什么工作仍交给他做。1927年底，由于遭到国民党的搜捕，王会悟一家从长沙逃至上海法租界的一条偏僻弄堂里。

　　1929年起，李达任上海暨南大学教授，讲马克思主义哲学、政治经济学，后任社会系主任。1931年，九一八事变后，反动势力更为嚣张。一日，李达进校上课，还遭特务暴徒毒打……

　　在白色恐怖的笼罩下，李达夫妇于1933年以王会悟的笔名"王啸鸥"组建笔耕堂书店,这时,李达全家迁至北平,王会悟在宗帽三条买下一四合院,全家过了几年较安定的生活,一直到全民族抗日战争爆发。这是一个用来冲出反革命文化"围剿"、对付国民党书报检查的挂名书店,编辑、出版、发行只有李达夫妇两人,自己出钱、自己买纸、自己托人代印,然后署上"笔耕堂书店出版"这个空名,再找人把书转销出去。他们冒着极大的风险,大胆又巧妙地出版了大量马克思主义著作。

1937年5月,笔耕堂书店出版了李达的著作《社会学大纲》,为了这本书的印刷和发行,王会悟花了许多心血,还设法把该书迅速送往延安。毛泽东收到书后,反复阅读了几遍,还做了详细眉批,并向延安的哲学研究会和抗日军政大学推荐这本书。毛泽东在给李达的复信中称赞他们夫妇:"你们是真正的人。"

流离生活

1937年,卢沟桥事变爆发,日军占领北平,李达先去湖南家乡暂避,王会悟带子女留守家中,又将李达书稿及有关抗日救国的书籍装箱埋入院中地下,但不久仍遭日本宪兵和伪警的检查殴打拘留。日本宪兵的目的是逼迫她交出李达躲藏的地址,在家里因为没有查到什么,就把她用绳子五花大绑押了出去,押上汽车后,在她头上蒙住一块黑布,车就开走了。揭去黑布,才发现已进了一个大公寓,随即进来一个高大汉子,凶狠地问"你们是不是抗日的,李达到哪里去了"等等。

王会悟说:"我当时因面部被打肿了,很痛,牙又出血,就没有搭理他。"宪兵又进来揪她出去,把一只手表式的东西套在她的手上,她立即感到晕头转向,就失去知觉了。

等她醒来,发现自己被扔在有树有草地的大院子的墙脚边,起身出门就到街上,便壮着胆跳上人力车回家了。

14岁的心田

后经友人相助,于8月下旬,王会悟带子女逃出北平,经天津南下,从此开始了多年艰苦的流亡生活。

1938年冬,王会悟一家辗转逃至贵阳,在郊区花溪镇暂住。年底,长女心田因长期惊慌劳苦,病逝旅途。

关于长女的意外病逝,时过半个多世纪,王会悟讲述时仍痛心疾首。她对我说:"解放前,我一个老大没有了,那时抗战逃难,在桂林,我女儿发烧38度,一天半就病死了,才17岁。李达发疯似的要和孩子一起躺在棺材里。"

有了长女去世这次教训,为了保护孩子,让孩子有好的读书环境,王会悟不惜夫妻分居两地。她说:"别人看,你们介好的患难夫妻为什么要拆散?是为了孩子们读书。"

1944年,湖南零陵沦陷,李达和王会悟失去了联系,是年冬,日寇侵入黔南,儿子李心天随校去了重庆,王会悟带着二女儿李心怡准备再逃难。于是王会悟便带着女儿心怡在中共组织的帮助下赴重庆参加当地妇女界进步活动。

返回故土

1946年春,王会悟回到阔别多年的故乡养病,与亲友劫后重逢,见古镇战后多处庐舍成墟,经济凋敝,乡邻生活艰难,她又喜又愁。对家乡的姐妹仍然受着封建礼教的束缚,她深感不安。她不顾体弱力衰,四处走访发动,并与童年女伴于1947年秋组建乌镇妇女会,以座谈会、联欢会、演讲会等多种形式开展活动,争取恢复生产,保障妇女权益。

笔者查到1948年5月《桐乡民报》副刊《青镇妇女》,由青镇妇女会编。5月16日是"母亲节特刊",王会悟署名"一个母亲",在该刊发表了一首散文诗。她用向女儿倾诉的散文诗《哭点儿》,表达失去17岁女儿的痛惜,对不义战争的痛恨,及抗战胜利回到家乡的心情。

再说李达在组织上脱党后,党内旧友仍与之长期保持着联系。1948年底,全国革命胜利在即,李达身体康复,地下党转来一封毛泽东亲笔信函——"吾兄为我公司发起人之一,现本公司生意兴隆,望吾兄速来加入经营。"看到此信,李达心情无比激动。

他转道香港经天津到达北平后,与准备参加新政协的代表们住在一起,中共中央特派一辆专车把身穿蓝布长袍和布鞋的李达单独接到香山。终于,李达将王会悟母女接去北平,这对久别的患难夫妻才得以重逢。

笔者查到李达下榻在北京饭店412房间时写的一封信,这封信以毛笔直行书写,满满四页。这封充满诚挚关爱的邀请王会悟北上的信件,现据手迹抄录。

悟妹夫人:

五月十四日,我到达天津,拍了一电给心怡,询问你的平安。十五日,我写了一信给心怡,内夹寄一信给你。嘱她转寄。同日接得心怡复电。说乌镇尚不通邮。至于心怡的回信,现在还不曾到达。我想你在乌镇必是平安的,只不知你在乌镇解放之前受到惊吓没有。但我从前预测乌镇方面不至于发生战事一节,却是猜对了。

我被招待住在北京饭店412号,一切都安。雁冰夫妇也住在这里,还有刘王立明,及其他女界先觉,也很有几人住此,大都你是认识的。现组有妇运会。

……你来北平是当然的,只看你身体如何?目前交通大致恢复。南京到苏州的火车已通。由乌镇乘船到达苏州,便可由苏州到南京,到了南京以后,再计划由南京到达北平这一段的旅行。

我以为如果你的身体能够支持,第一步你到了南京再说,柯庆施(即怪君)现任南京副市长。你到了南京以后,就去找他,一切食宿等项,当然由公家招待;你来平的旅途上一切也是由公家招待的,你到了南京以后

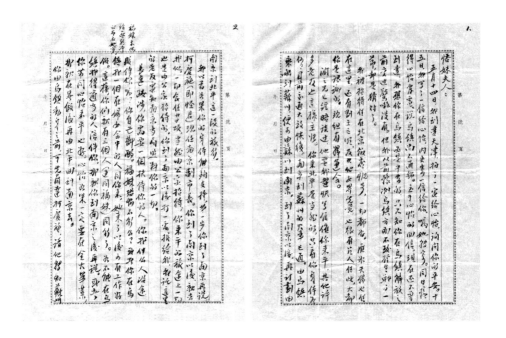

李达邀请王会悟北上的信件（1—2页）

打电报给我，我托这里的老友电知南京当局照料你的一切。

……

你由乌镇动身之前，可先函达柯庆施，请他转知苏州当局招待你，一切可不必操心了。

我已另函柯君，托他照料心怡，给心怡一点钱应用。

我由长沙动身来北平，沿途耗费一个月时间。在这一个月时间内，饮食起居极不方便，胃病似未全（痊）愈。前星期去德国医院照X光片，据说十二指肠处有些溃疡痕迹，却又不能确切断定。该院内科主任主张我到协和再照一次X光片云云。我打算到协和去拍照透视，看是如何。如果有必要，就去协和去住院（住院费由公家支付的），否则就自己静养。我目前仍在休养着，老友们嘱我暂时不要工作（实在工作要做是不多了）。

至于将来我的工作方面和地点，现在还不能预定，且等胃痛全（痊）

愈之后再看。

……

北京饭店是招待著名的民主人士之所，你母女两人来此，当然一同居住，至于别人附带同来，人数多了，无房可住，并且也不好意思烦他们招待这许多人。所以前信所说会真母子伴你来平之说，可以作罢。顶好托柯君为他们母子找工作。

……心怡十五日写来的信，二十五日才到。平通信往返，约需二十天，但不知快信如何？

我的胃病，因了旅途劳顿，又有点欠佳，前去德国医院照X光片，据云有一处新溃疡形迹，又说不确定。因此我准备去协和再照X光片。医药费可由招待处支付（我无钱）。

余详前信。

兄　鹤鸣　五月二十八日

73

心同道分

1949年8月，湖南和平解放后，儿子心天来到北京，全家团聚。新中国成立前夕，李达经毛泽东等证明，刘少奇介绍，并且经中共中央特许，没有预备期，重新加入中国共产党。

中华人民共和国成立后，毛主席欲留李达在京工作，因热爱教研，李达婉辞。1950年2月，李达出任湖南大学校长，后调任武汉大学，并兼任中国哲学会会长，为发展党的教育事业和马克思主义理论作出了卓越的贡献。

王会悟曾一度在法制委员会工作，住北河沿法制委员会大院里，不久该机构被精简撤销，王会悟因多年劳顿，体弱多病，请求离职休养，为节省国家开支，主动退出公房，搬回曾被敌伪占据过的原宗帽三条旧居居住。

王会悟

1966年"文化大革命"开始,李达被"造反派"迫害致死(1980年平反,骨灰迁入北京八宝山革命公墓),王会悟也受到了牵连,一家被扫地出门。但她坚信如此是非颠倒的混乱日子终将过去,教育子女相信党、相信马克思主义,坚持革命。"文化大革命"结束,李达平反后,也恢复了王会悟的名誉,王会悟作为参与中共一大的重要见证人重新被世人所认识。

耄耋晚年

进入耄耋之年的王会悟,左眼已盲,仍每日用放大镜阅读政协发下的学习材料,对来访者总是热情接待。她晚年做得最多的一件事是整理党史资料,党的十一届三中全会以后,她虽已八旬高龄,仍积极为党史、妇女运动史、中共一大会址提供宝贵的第一手资料。

前文讲过,我有幸在1990—1991年,两次拜会过王会悟姑婆。如今翻阅我的日记本,其中有关王会悟和她女儿的记载,这份史料现在读来仍倍感亲切。现摘录几段,应该是对老人晚年生活状态的鲜活而真实的补充。

1990年11月19日　周一　晴

我拎了二个包,换了三部车,才找到灵通观国务院的房子,这里是王会悟和她女儿的新住址。有位阿姨开门,李心怡接待,我称她姑姑。在我来之前,陈阿姨已经与她们通了电话,告知我的身份。心怡很健谈,说话声音响亮,很豪爽。可惜双眼瞎了。她们家很宽敞,问我办事的一些情况,家里的情况,问我住在何处?说家里可以住,前阵子也有客人住在这里,而阿姨晚上要回自己的家。她进另一间和王会悟姑婆通话后,姑婆出来说"欢迎欢迎！"这样，我就留宿在她们家里。她们有现成的床和被子，与心怡同屋，在靠窗的两边放两张单人床，中间有张写字台，条件不错。还说，你如果有更好的地方可以搬走。说话很有条理，逻辑也强，她曾在外交部工作过。

王会悟今年已93岁了，1898年5月出生的，身体硬朗，似瘦了些，牙齿只剩下两颗了，用牙床吃东西，一般老年人对近事记忆衰退，对过去的事却记忆力很强，她也这样。对于另境（她这样称呼我父亲），她说很熟悉。举例说，在乌镇他们吃粉丝油面筋、油氽豆腐干等。还说，另境在乌镇还替她拍过照片。虽是久远的事，印象深刻。她很怕冷，虽然屋里暖气很足，她在棉袄外面还穿着棉背心，显得很臃肿。

我把昨天从陈云裳阿姨那里得来的老照片给她看，她用乌镇土话说："这人面善"，好像认识，但一时又叫不出来……说着又打起京腔官话来了，她以为这是普通话，但说话间乌镇口音仍很重。这种口音我熟悉，我姑妈孔德沚说话也是这样子的……

11月20日　周二　阴

昨夜刮了一夜的西北风，气温骤降。白天出外办事，晚上回到王家。在书店买了几本新书，有关于丁玲的，姑婆很有兴趣，说丁玲是她平民女校的学生。虽然姑婆只有一只眼能用，还是要我把书留在她手边，她要翻翻。还说，她年轻时写了不少文章，用的化名也不少，李达也用过不少化名。

因为时间太晚，心怡把姑婆劝回去休息。姑婆走后，心怡和我说了二个多小时的话，靠在各自的床上谈心。我虽然感到很疲劳，然而一直在听她的讲述，很为她难过。她因为生脑瘤，开刀后，视神经被破坏了，导致双目失明。现在，相依为命的母女俩，只有一只可以用的眼睛，生活多不方便呀！

11月22日　周四　晴

心怡说我老是外出，不在家陪老太太。这样，今天上午在家，我们的谈话录了音。下午出门，晚上回家买了一只烤鸭，心怡很高兴，让阿姨做薄饼，由我动手把鸭子皮切成薄片。一大盘子，有酱有葱，弄到七点才开饭。

晚上，姑婆到我和心怡的房来说话，显得很高兴。说我爸爸家的事，也说自己家的事。谈话间脑子很灵，也很兴奋，我也录音了几小段。心怡让她妈回去睡觉，老太太说，我还不想睡，把身子摇摇，真是可爱。

11月23日　周五　晴

晚上我替心怡剪了手指甲和脚指甲，她很感谢。我很为心怡今后的生活担忧。她没有结婚生育过后人，也没有继承人，因为有残疾，对人总有戒心，这是很自然的。然而，生活在黑暗中心里很孤寂，很欢迎人们去看望她，说说话，我还没有走，她已经打电话给别人，让他们来看望她。那电话是她联络外界的得力工具。她的记忆力很好，许多电话号码都能背出来，运用电话的拨盘，已经很熟，能准确无误地拨打。真的很佩服她。

11月24日　周六　晴

今天整理行李，准备上火车。趁空闲，我提出与她们拍照。没想到心怡最高兴，她说，照片洗出来，一定要给她们寄去。她看不见，但姑婆能看见。还带着我摸索上楼，找她的好邻居，说要与他们合影。接着自己梳理了一番，问我和邻居，衣服的颜色搭配是否好？而姑婆，也换上了干净的衣服，坐在沙发上等着。我心里在嘀咕，这次一定要拍好，实在太难得了。

下午，真的要动身了，姑婆一次次地来关照注意事项。我买了一只"心里美"的萝卜，洗净了切片，准备在路上吃。上海没有那么甜而脆的"心里美"。在他们家尝到后，就想再多吃一些。姑婆说，吃萝卜要放萝卜屁，在公众场合很不雅，还是不要带这种，其他水果带一些。她的规劝，讲得我笑死……

因为行李多，姑婆关照蒋阿姨送我进站，并一再关照，到上海的家后，一定要挂电话报平安。这些暖人的话，比起其他的亲戚，真让我感动。他们是需要人去关怀，去帮助的老人、残疾人，更不用说，老人还是个"国宝"，对我这个第一次上门的小辈，却是这么的爱护，让我感到亲人的温暖。

不幸的是，1993年11月19日，《文汇报》刊登了王老逝世的消息，标题是"李达同志的夫人王会悟在京逝世"，下文"新华社北京11月18日电，王会悟同志因病于1993年10月20日在北京逝世，终年96岁。王会悟同志是中共创始人之一李达同志的夫人。她在党的一大筹备期间，做了很多有益的工作。新中国成立后她因病在家休养。"

史学家称王会悟为"中国共产党第一位会务工作者""第一位安全保卫工作者"。她对中国共产党的诞生所作出的特殊贡献，为中国妇女解放事业所建树的功绩，将永远被后人所铭记。

（本文发表于2008年12月，图片由作者提供）

俄罗斯专家揭秘

中共一大"神秘外宾"

[俄]**卡尔图诺娃**(文)　**李佳威**　**田　聿**(编译)

　　译者的话　2011年7月1日,中国共产党成立90周年纪念日,这一天对于中国人来说有着非同寻常的意义。许多历史资料证明,共有两名共产国际人员参加了中国共产党第一次全国代表大会,他们是G.马林和尼科尔斯基。如果从知名度与国际活动情况来说,荷兰人马林无疑占尽先机,而化名"尼科尔斯基"的那个俄罗斯人则一直鲜为人知。几十年来,苏联(今俄罗斯)科学院远东分院首席研究员、历史学博士阿纳斯塔西娅·伊万诺夫娜·卡尔图诺娃一直苦苦追寻尼科尔斯基的足迹,希望为中共以及整个国际共产主义运动史册弥补不该缺失的一页。以下便是卡尔图诺娃关于调查过程与成果的自述,文中所说的"我"即指卡尔图诺娃自己,小标题系译者所加。

苏共档案文献里的尼科尔斯基

　　20世纪80年代,破裂长达二十余年的中苏两党和两国关系出现恢复的迹象,为了给这一难得的历史机遇锦上添花,两国党史工作者开始有了更多的交流与接触。1987年,苏共中央国际部的一位秘书应中共中央的邀请访问中国,回国后,他交给我当时所在的苏共中央马列主义学院一项重要研究任务,即寻找1921年参加中共第一次全国代表大会的那位俄国代表尼科尔斯基的生平履历与照片,最后学院将这项艰巨的任务委托给我,因为我已经对中共早期党史进行了长期研究,尤其对当年苏俄(1922年改称苏联)支持中共建党及促成第一次国共合作的历史进行了很长一段时间的跟踪,积累了一部分资料。1972年,我曾经出版了一本名为《亚洲与非洲人民》的书籍,其中涉及中国共产党从1921年建党到1927年大革命失败前的一些历史档案研究成果,其中就有关于尼科尔斯基身份考证的内容。

1987年秋,我开始一头扎进苏共中央马列研究院党中央档案馆(今俄罗斯国家社会政治史档案馆)内,研究所有可能涉及尼科尔斯基的文件与档案。1989年,我发表了一份关于那次研究成果的论文,即《被遗忘的中共一大代表》。在那篇论文中,我列举了尼科尔斯基于1921年夏在上海参加中共一大的事实,其中包括他在一大上的讲话内容。在文章结尾处,我专门请求尼科尔斯基的后人及朋友将有关他在中国工作的情况通知给我们。经过几十年的不懈努力,在俄联邦安全局(FSB,即著名的克格勃继承者)中央档案馆的帮助下,我接触到俄国内所能找到的所有与尼科尔斯基有关的资料,其中包括他前往中国之前及返回苏俄后的内容,所以才有了下面这篇足够充实的文章,可以让人们清晰地认识这一位"尼科尔斯基先生"。

据我掌握的线索,这位神秘的"尼科尔斯基",他在苏联档案文献里出现了好几个称呼,一个是"弗拉基米尔·阿布拉莫维奇·尼科尔斯基",又叫"弗拉基米尔·阿布拉莫维奇·涅曼-尼科尔斯基",但他的真实姓名应是"维克多·阿列克谢耶维奇·别尔格",1889年2月10日出生在后贝加尔边疆区巴尔古金区奇特坎村的一个犹太人家庭。他在赤塔商业学校学习三年后便告别了平静的农村生活,1912—1916年间,他来到赤塔的私营商店当店员,还在西伯利亚大铁路的阿穆尔河(黑龙江)段斯别尔格车站工作过一段时间。1916—1917年,尼科尔斯基被沙皇政府强征入伍,先在第16西伯利亚后备役步兵团里面当一名普通士兵,后来又转入乌法地区的第516步兵团。1917年,俄国发生二月革命和十月革命,在士兵苏维埃运动的冲击下,原沙皇军队的基层建制宣告崩溃,大批士兵逃亡或返乡务农,尼科尔斯基在复员后流落到赤塔、符拉迪沃斯托克等地,当过好几个私营商业公司的业务员。1918年,协约国武装干涉俄国革命,捣毁了俄国远东的苏维埃政权,组建起一系列白卫军组织,尼科尔斯基被强征进白卫军的第31赤塔步兵团,随后又成为白俄军官谢苗耶夫领导下的"满洲特别纵队"中的独立犹太惩戒连列兵。

1920年4月(一说1919年底),尼科尔斯基与整个犹太惩戒连一起向远东共和国(这是苏俄政府成立的一个政治实体,旨在充当苏俄与协约国之间的"缓冲国",但它在各方面都是苏维埃政权的一部分)革命军投诚。1920—1921年,尼科尔斯基成为革命军雅各布森游击队的一名战士,后来又转战至第4游击队和远东共和国革命军第24阿穆尔起义团(一说为第15团)。从1921年起,尼科尔斯基成为一名俄共(布)党员,并在1921—1923年间在远东共和国革命军情报处工作,随后又进入远东第5集团军情报处。由此可见,尼科尔斯基在来到中国前,从事过军事情报工作。

包惠僧、张国焘记忆中的尼科尔斯基

在研究尼科尔斯基生平的过程中,我还参考了一些中国当事人的材料,其中在1921年作为陈独秀代表参加中共一大的包惠僧的回忆文章对我帮助很大。1957年,包惠僧以"栖梧老人"的笔名出版了一本著名的回忆录,名为《中国共产党成立前后》,其中写道:"1921年6月,俄国共产国际代表马林来到中国,同行的还有一位'红色工会国际'代表尼科尔斯基。"正是受这篇文章的影响,后来几乎所有中国书籍和论文中都将尼科尔斯基的身份确定为"红色工会国际代表"。我在1972年和1983年专门就此事做了两次调查,最后确定尼科尔斯基其实是以"共产国际远东书记处工作人员"的身份被派到中国去的,在远东共产国际其他工作人员之间的往来文件与书信中,尼科尔斯基往往以"瓦西里"或"瓦西里耶夫"的化名称呼。

我还在俄罗斯国家社会政治史档案馆里发现了一份档案,揭示了尼科尔斯基在1921年前往中国的目的与任务,即与马林一起帮助中国马克思主义者筹备召开中共一大。他的另一个身份是"红色工会国际代表",该组织准确的名称应为"国际工会委员会",尼科尔斯基所在的分部位于后贝加尔的赤塔市。尼科尔斯基手中掌握一笔经费,主要发放给在中国工作的共产国际人员和俄共(布)党员。马林在后来呈送给共产国际执委会的报告中写道:"我与尼科尔斯基同志一起在上海工作期间,我的工作内容仅局限于共产国际远东书记处委派的任务,而这些任务也都是由尼科尔斯基安排给我的。为避免不必要的混乱,我从不擅自扩大工作范围。"从中可以看出,马林是完全接受尼科尔斯基领导的。接下来,马林还记述了一些内容,称尼科尔斯基从伊尔库茨克(即共产国际远东书记处所在地)带来一本工作条例,其中明确写道:"尼科尔斯基同志必须参加各国共产党召开的所有代表会议。"从中我们可以得出这样的结论,即尼科尔斯基不仅参加了中共一大,而且还参加了同一时期朝鲜流亡的马克思主义者在上海召开的代表会议。

中国出版的"中共一大通报"中有这样的记录:"斯尼夫列特(即马林)和尼科尔斯基参加了中共一大,并做了重要指示。斯尼夫列特同志主要讲了自己在荷属东印度殖民地爪哇岛进行活动的经验,建议我们重要的是要成立一个专门的组织。尼科尔斯基则向我们通报了共产国际远东书记处的组织结构情况,同时讲述了自己对于俄国革命的认识。随后,在尼科尔斯基的建议下,代表大会向伊尔库茨克发去电报,汇报了大会的召开情况。"而包惠僧则在自己的回忆文章中写道,尼科尔斯基在一大上主要讲述了自己在红色工会国际中的工作与任务,显然与上面的记载有出入。

尼科尔斯基，摄于20
世纪20年代

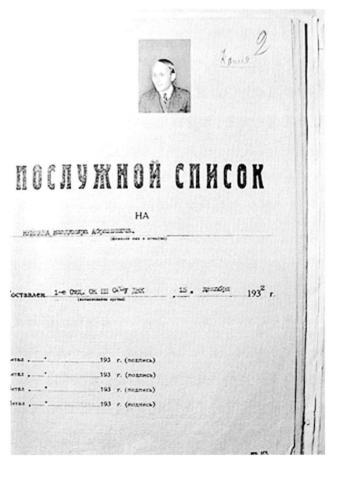

有尼科尔斯基照片的档案封面

还有一个关于马林与尼科尔斯基参加一大情况的版本,那就是中共一大代表张国焘(1938年被中国共产党开除)在回忆录中的记述,称是在马林的坚决要求下,尼科尔斯基被邀请来参加中共一大。马林一直想在一大上发表一次重要演说,但当他正准备发言的那天晚上(据张国焘回忆,应该是一大开始后的第八天),突然有陌生人闯入提供会场的李汉俊家中,当天在这里举行的会议不得不立即停止,与会人员立即疏散。结果,马林再也没有机会发表演说了。张国焘还写到,在一大召开前,也就是1921年6月,马林和尼科尔斯基曾会见过准备参加中共一大的中国马克思主义小组代表,其中包括李达、李汉俊和张国焘等人。而在马林呈送给共产国际的报告中也没有提到自己在中共一大上的演说,可以推测马林和尼科尔斯基在一大召开前曾经在一些代表前作过演说,所以后来在一大上,只有尼科尔斯基一个人发表演说了。

关于会议结束的情况,马林还向共产国际写过一份报告,其中提到了尼科尔斯基。但是我找遍了俄联邦安全局中央档案馆的各个角落(该档案馆收藏的共产国际档案是最齐全的),没有一份马林撰写的报告、书信和电报中留有尼科尔斯基的签名,只是在这些文件中,我看见马林提到尼科尔斯基曾向共产国际提交了两份财务支出报告,但遗憾的是,我始终没有找到报告的原件。

我倒是在俄罗斯国家社会政治史档案馆内找到一份由尼科尔斯基签名的文件,这是一份由他交给张国焘使用的身份证明信(形同今天的护照),张国焘借此在1922年1月前往苏俄参加远东共产主义革命组织第一次代表大会。张国焘在回忆录中也提到这件事,称:"他(即尼科尔斯基,张国焘称'尼古拉耶夫斯基')给我勾画了一张中国满洲里地区(车站)和中俄边境的草图,然后又问我有没有足够暖和的衣服。我告诉他自己早就准备好了,随时都可以出发。于是,他从书桌抽屉中拿出一张某商行的公文用纸,这张纸看上去与普通纸没有什么区别。他交给我后嘱咐道,'这就是你的护照(证明信),上面都是由大头针压出来的标记,那是我们的秘密符号'。随后,他又详细地告诉我如何将这张纸交给满洲里车站一个理发店的华人老板,他将会带我出境。"

张国焘就是带着尼科尔斯基交给他的这张证明信来到伊尔库茨克的,随后又前往莫斯科参加了远东共产主义革命组织第一次代表大会。本来尼科尔斯基自己也应该参加这次会议,但是不知什么原因他没有去。

一位悲剧人物的档案综述

1987年秋,我与苏共中央马列研究院党中央档案馆的研究员R.I.帕拉季佐娃对所有可接触到的尼科尔斯基的档案材料又进行了一次非常细致的梳理和研究,此次研究的主要目的就是想弄清楚尼科尔斯基参加完中共一大离开上海后去了哪里。当时,我们得出的结论是:1921—1925年间,尼科尔斯基在有"小莫斯科"之称的中国东北边城满洲里从事地下工作,目的是策反流亡中国的白俄,并破坏反对苏维埃的反动组织,1926年夏回到苏联远东,相继在哈巴罗夫斯克、赤塔等地从事党务和军事工作。

但近几年通过认真的调查和新获得的资料来看,上面的结论并不准确。事实上,1921—1923年,尼科尔斯基在远东共和国人民革命军司令部情报处工作,随后进入远东第5集团军情报处,此后他的命运一直与苏联远东情报机关与反谍报工作密切相连;1922—1925年,尼科尔斯基在苏联国家政治保卫总局(格别乌)远东全权代办处情报科工作;1925—1926年,调入该代办处反谍报科,担任特派员;1926—1927年,他来到格别乌赤塔处反谍报科工作;1927—1929年,到格别乌符拉迪沃斯托克处反谍报科,任特派员和首席特派员;1929—1930年,尼科尔斯基出任格别乌符拉迪沃斯托克处格罗杰科沃站(就在中国著名边城绥芬河市的江对岸)特派员,负责对付持反苏反共立场的中国东北地方当局;1930—1932年,他在格别乌远东边疆区全权代办处反谍报处担任科长,负责对侵略中国东北的日本关东军开展反渗透工作;1932—1933年,任格别乌远东边疆区全权代办处外事科科长;1933—1935年,他进入内务人民委员会(英文缩写NKVD,后来演变为克格勃)远东边疆区局工作;1935—1937年,调入NKVD国家安全总局第7处。

然而,这样一位对革命忠心耿耿的党务专家和情报战线工作者却没能得到善终。1938年2月23日,尼科尔斯基在哈巴罗夫斯克被NKVD特工逮捕,罪名竟然是"间谍、破坏、暗杀与托(洛茨基)派组织的积极参与者"。同年9月21日,苏联最高法院军事委员会巡回法庭对尼科尔斯基做出如下判决:自1931年起尼科尔斯基积极参加了"NKVD远东机关内的反苏维埃托派恐怖组织的活动,同时为日本情报机构充当间谍"。随后,尼科尔斯基被判处极刑,就在判决书下达的同一天,尼科尔斯基在哈巴罗夫斯克被执行枪决。在被逮捕之前,尼科尔斯基已晋升为NKVD大尉军衔。直到1956年11月8日,苏联最高法院军事委员会才作出平反裁定,因缺乏犯罪事实,尼科尔斯基被改判无罪,并恢复名誉。

在研究过程中,我们一直试图从档案中找到一张尼科尔斯基的照片,但最终也没能成功。我们只能通过见过他的中国共产党人的描述来认识一下他了。据包惠僧回忆,"尼科尔斯基有着一副典型的工人外表,说话缓慢,声音低沉"。张国焘则觉得,尼科尔斯基是一个"说话简练、看上去很普通的人",并且还用不怎么流利的英语与张国焘交谈过。后来,张国焘还在回忆中写道:"我认为,尼科尔斯基是一个能力较强、为人谨慎、经验丰富的组织者。"

在本文即将结束的时候,我请求俄罗斯特别是远东和西伯利亚地区的档案员和学者们,一旦发现尼科尔斯基的照片后,请发给我们或位于中国上海的中共一大博物馆。作为本文作者,我也非常感谢俄联邦安全局中央档案馆的工作人员,他们向我提供了大量关于尼科尔斯基的重要档案资料。

　　编后记：2007年夏天，卡尔图诺娃教授的热心呼吁终于有了回应，在俄罗斯和蒙古两国学者坚持不懈的寻找下，尼科尔斯基的照片在俄罗斯鄂木斯克州被发现，并被送往上海"中共一大"会址纪念馆。首先发现照片的是俄罗斯远东国立大学历史学教授布亚科夫，他在鄂木斯克州档案馆找到了尼氏的人事档案和一份带有尼氏本人头像的履历表。巧的是，一个月后蒙古国的共产国际史专家达西达瓦也在鄂木斯克州的专业档案馆里找到了尼氏的另外一张照片，与俄罗斯学者提供的照片正好相互印证。历史的悬念自此解开，中共一大参加者重新"团聚"在"一大"会址纪念馆，15位参加者的展示图片中，尼氏名字上方原本那个醒目的空白不复存在，尼科尔斯基在时光的另一头朝我们意味深长地微笑着。

（本文发表于2011年7月）

20世纪30年代：
刘少奇的上海岁月

容　子

大革命失败后重返上海

1925年春天，刘少奇从湖南回到中共中央所在地上海。

5月15日，上海内外棉七厂的日本资本家为了镇压工人的罢工斗争，枪杀了中国工人顾正红，激起上海工人极大的愤怒。中共中央决定在学生和工人中发动大规模的反帝示威活动，为了领导好这场运动，决定派中共上海地区职工运动领导人李立三筹建上海总工会，刚刚成立的全国总工会也委托副委员长刘少奇赶到上海建立"中华全国总工会上海办事处"。5月30日，公共租界巡捕向南京路上游行示威的工人、学生开枪，上海爆发了20余万工人罢工的大规模反帝运动，即五卅运动。

6月1日上海总工会成立，地址在闸北宝山里403弄2号（为罢工工人指挥部），刘少奇受命担任总务主任。7月6日，中华全国总工会上海办事处成立。这期间，刘少奇指导解决了罢工运动面临的诸多困难和复杂问题，制订了"复工九项基本条件"等，当时刘少奇27岁。这场罢工运动一直持续到1925年9月底。经过3个月的斗争，日商、英商工厂的资本家答应了工人提出的部分条件，这时以邢士廉为司令的上海戒严司令部和警察局已强行封闭上海总工会。在工会的统一安排下,工人们有序宣布复工。

五卅运动是在中国共产党领导下,由上海总工会组织的大罢工,是中国工人运动史上席卷全国的反帝爱国运动,沉重打击了帝国主义和军阀势力,使大革命开始进入高潮。

1925至1930年间,作为职业革命家的刘少奇亲历了大革命及中国工人运动波澜壮阔的时期,辗转广州、武汉、上海等地工作。大革命失败后,他又经历了血雨腥风的残酷斗争考验,随后去了顺直、满洲工作。他曾两次被捕入狱,最后凭着沉着冷静的应对和多方营救,才化险为夷。

1930年3月下旬,刘少奇离开满洲省委,调回上海工作。

回到上海后,有一个短时期,刘少奇到上海原来工作过的沪东区从事工人运动。先后在恒丰纱厂、公大纱厂建立起党的支部,并逐步扩展到杨树浦自来水厂等处。在上海工作期间,刘少奇了解到上海是中国最大的工业城市,集中了中国近三分之一的近代产业工人,约80万人,工人组织程度之高是其他城市难以比拟的。帝国主义国家在上海设立租界,开办工厂,残酷地压迫和剥削中国工人。上海工人早就深怀怨愤,反抗帝国主义压迫的斗争时有发生。

刘少奇的妻子何宝珍也随刘少奇一起来到上海,这时她已是3个孩子的妈妈。刘少奇与何宝珍是在安源从事工人运动时相识、相恋、结婚的。为了革命工作,多年来何宝珍追随刘少奇辗转南北,只好将两个孩子送回家乡寄养。这次回到上海,何宝珍当过交通员,住过机关,搞过联络,守过店铺,任过教员,进过工厂。她不顾个人安危,任劳任怨,出色完成各项任务。刘少奇有忙不完的工作,晚上何宝珍就坐在灯下,默默地为他抄写文件。

当时日商经营的纱厂里有一种"包身工"制度,那些赤贫的包身工女性,工作和生活的状态极为悲惨。这些从外地农村买来的女工,栖身于鸽子笼式的简陋住处,吃喝拉撒都在一室,卫生条件极其恶劣,有些人就睡在马桶边上;一日三餐食不果腹,吃的是霉味杂碎米汤,却要从事繁重的体力劳动。

天不亮就被工头叫起，运货、扛包、拆包、摇线、纺纱、挡车、织布……一直干到星夜；没有人生自由，不能随便离开厂房，不能随便外出走动，甚至工作时也不能随便上厕所（上厕所规定时限）；被搜身、检查、训斥、辱骂、殴打更是家常便饭。

刘少奇和何宝珍了解到日商纱厂工人的状况，痛心不已，义愤填膺。他们深知：上海这座城市的工人阶级富有鲜明的反帝反封建的光荣传统，流淌在工人阶级血液中的不屈不挠的斗争精神、可歌可泣的先锋力量，将会像火山爆发那样喷涌而出。自参加革命以来，刘少奇一直从事工人运动，上海是他曾经学习、工作过的地方，再次回到上海从事工运工作，他越发感到责任重大。

领导沪西工人大罢工

1931年秋，刘少奇从莫斯科回到上海，正值中共中央决定成立中央职工部，以加强对城市工人运动的领导。刘少奇被任命为中央职工部部长、中华全国总工会组织部部长，这是他回到上海后接受的新工作、新任务。

这年秋天，上海的局势十分严峻，发生了许多重大变化。党的组织机构因顾顺章、向忠发相继叛变，遭到严重破坏，党的工作处于艰难时期。王明准备去莫斯科，周恩来也准备前往中央革命根据地，留在上海的政治局委员只有工人出身的卢福坦一人。共产国际远东局决定成立中共临时中央，由博古负责。这期间，党内受共产国际和王明路线的影响，存在工人运动尽早武装起义、赤色工会应组织暴动的"左"倾冒险主张。对此，刘少奇并不赞成。1931年10月至次年3月，他结合局势写了许多调查报告和分析文章来论述工运形势和赤色工会的工作方向及罢工策略。

1932年1月28日，日本帝国主义进攻上海，国民党十九路军奋起抵抗，淞沪抗战爆发，形势变得复杂多变。1月的上海，寒风凛冽，但一·二八抗战烽火燃烧着上海的土地,抗日救国的热浪阵阵扑来。

淞沪抗战爆发后,中共临时中央发表了《中国共产党关于上海事件的斗争纲领》,旗帜鲜明地举起抗日大旗。中共江苏省委领导组织上海各业工人举行总同盟罢工,开展各种形式的抗日救国活动,支援十九路军。

中共沪西区委先后建立了"沪西区罢委会"及各日商纱厂"罢委会",具体组织和领导沪西工人反日罢工斗争,把原先反对取消月赏和反对关厂停工的经济斗争,转变为反对日本帝国主义占领上海的抗日总同盟罢工。刘少奇来到上海后,十分关心沪西工人抗日总同盟罢工。他具有丰富的工运领导经验,对工人运动的发展持有敏锐而全面的判断。认为上海工人抗日总同盟罢工很有必要、也很有意义,"像这样数万人的大规模罢工,在大革命失败以后,是多年未有的。应该抓住这个难得的机会,对工人进行一次政治训练,让工人群众经受一次锻炼,也给日本帝国主义一次沉重的打击"。他一方面在赤色工会中发动群众,号召工人阶级团结起来组成抗日同盟;另一方面,又提醒各级工会:上海工人的力量尚未强大到可以直接推翻国内外反动势力,因此在斗争中要注意策略,不可冒进。

1932年2月14日,设在上海的中共临时中央召开政治局会议,会上对上海工运形势的判断过于乐观,存在武装暴动的"左"倾冒险主张。许多人认为上海工人运动已迅速发展起来了,把工运任务的方向看作是进攻性的,要把沪西大罢工变成大规模的总同盟武装暴动。对此,刘少奇持不同意见,他在会上坦率陈述自己的看法:目前举行武装暴动,群众还没有发动起来,条件不成熟。现在上海工人既没有武器,斗争力量也没有成熟到可以举行武装暴动的地步。因此,武装暴动与支持十九路军的抗日行动是不同性质的问题。

2月中旬的一天,刘少奇来到沪西会场,领导召开了上海各业工人代表大会,成立了上海各业工人反日救国联合会(简称"工人反日会"),他为"工人反日会"起草了章程。大会号召上海工人阶级站在反对日本帝国主义的最前

九一八事变后，进步人士在街头宣传抗日

上海工人救国会领导申新一厂工人等参加抗日示威游行（上海市档案馆藏）

中共领导的抗日救亡团体在上海街头宣传抗日

线，各厂工人成立日货检查队，没收日货；封锁对日本军队、机关及资本家的一切供给；设法截断对日本军队、机关及资本家的水电供给。

这年的刘少奇34岁，性格沉稳，思想深刻，对工人阶级怀有深厚感情。他和罗登贤、张浩、饶漱石、帅孟奇等中央及省委领导来到沪西，为区"罢委会"的同志分析形势，指导沪西工人反日大罢工。刘少奇感到，沪西工人在反日罢工中作出了重大牺牲，本来就一无所有，靠微薄的工资度日，罢工以后更是毫无分文收入。3万余罢工工人，连同家属近10万人，吃饭、住房都是重大而迫切的问题。他及时纠正罢工初期党内某些人空喊武装斗争口号、忽视群众生活问题的倾向，指示沪西区"罢委会"深入细致做好群众工作，重视解决罢工工人的生活问题。沪西区"罢委会"根据刘少奇的意见，一方面组织罢工工人向社会局、地方维持会要求发放救济米，迫使社会局和地方维持会拿出救济款大洋3 000元和救济米600担；另一方面组织宣传队和募捐队走上街头，开展反日罢工宣传和募捐活动，为大罢工提供支持和保障。

宋庆龄获悉数万工人坚持反日罢工斗争，吃饭住宿十分困难，便亲自筹措了2万元经费，直接将支票交给"上海民众反日救国联合会"党团书记，请他转交沪西"罢委会"，并嘱咐转达她对罢工工人的支持和敬意。后来还订购沪西一家米号的粮食，专做罢工工人的救济米，又带头捐助大洋1 500元。

在前线作战的十九路军官兵也被上海工人阶级的爱国主义精神感动，从民众捐助的慰劳金中提取部分款项资助沪西罢工。远在江西苏区的苏维埃政府也汇款来帮助沪西罢工工人。沪西"罢委会"把救济米和社会各界的捐款通过各厂，按月份分发给罢工工人及家属，并利用募捐款盖起一批简易草房，让无家可归的工人及家属有家可住，为反日大罢工创造了物质条件。

因蒋介石采取不抵抗政策，十九路军被迫撤出市区，沪西反日大罢工被推向斗争的前沿，沪西成为上海人民反日斗争的中心。中外反动派调动武装军警，严密监视和镇压工人反日斗争，派出工头挨家挨户诱骗工人复工，还从大批难民和失业工人中招收新工，挑拨工人群众的团结，企图动摇罢工阵线。沪西区"罢委会"及时采取新的斗争策略，一方面组织力量进厂揭露厂方的复工阴谋，派工人纠察队警告和打击工贼的破坏活动。另一方面，在英华里、梅芳里、富来里等（今长寿路一带）罢工工人聚居的地方开办大锅饭，免费供应罢工工人伙食，时称"大锅饭运动"。这一举措发挥了重要作用，使罢工运动一直坚持到5月初结束。

1932年4月下旬，资方勾结国民党政府和租界捕房，派出警察没收大锅饭餐具，捣毁炉灶，封闭各级"罢委会"，逮捕罢工领袖；巡捕和包探进驻各厂，监视工人动态……"工人反日会"于1932年2月秘密成立，但因"色彩过红"，被资本家、国民党视为眼中钉，遭到镇压破坏，于5月被迫解散。

事实证明，刘少奇领导沪西反日大罢工的策略是对的，但很遗憾，他却遭到了临时中央的批评指责。1932年3月14日，中共临时中央召开政治局会议，政治局负责人之一的卢福坦（1933年1月叛变投敌）转达了共产国际对刘少奇的批评，给他扣上"右"倾机会主义的帽子。临时中央政治局撤销了刘少奇中央职工部部长的职务，派康生接管工作到沪西检查。康生批判刘少奇在沪西大罢工中"只是天天注意要米、要救济、要募捐……这样下去，必然走到经济主义、工团主义的机会主义道路上……"

刘少奇不屑争辩，他连续给中央起草了两封信和一份总结报告，坚持阐述他关于中国工人运动的策略思想。

夜深人静，他仍在奋笔疾书。拂晓，写完报告，停下笔。抬头望向窗外，东方已见鱼肚白。"历史将会证明"，刘少奇在心里重复着那句从莫斯科返回上海途中、在穿越西伯利亚原野的火车上曾经默默说过的话。

1932年寒冬，刘少奇告别妻儿，离开上海，秘密前往中央革命根据地。

尾 声

何宝珍(20世纪30年代)

刘少奇离开上海后,根据党组织的决定,何宝珍留在上海坚持地下斗争,任全国互济总会的领导兼营救部部长,化名王芬芳。她以教师身份作掩护,四处奔波,争取社会力量,千方百计地营救被捕同志。她的营救活动引起了国民党当局的注意,1933年3月她在上海被宪兵逮捕,后被押往南京宪兵司令部监狱。由于叛徒告密,何宝珍的身份暴露。面对敌人一次又一次的酷刑拷打,她坚贞不屈,严守党的机密。1934年秋,何宝珍在南京雨花台英勇就义,年仅32岁。

刘少奇到达苏区不久后,在上海已无法立足的临时中央和负责人博古、张闻天等也从上海抵达瑞金。不久,临时中央同中共苏区中央局合并,称为中共中央局。中华全国总工会机关从上海迁到中央苏区后,也相应同全总苏区执行局合并,改称中华全国总工会苏区中央执行局,设在瑞金城里的双清桥,既领导苏区的工运工作,也领导全国的工运工作,由刘少奇任委员长,陈云任党团书记。

1941年,毛泽东撰文《关于一九三一年九月至一九三五年一月期间中央路线的批判》指出:"刘少奇同志的见解之所以是真理,不但有当时的直接事实为之证明,整个'左'倾机会主义路线执行时期的全部结果也为之证明了。"

(本文发表于2021年5月,图片由作者提供)

提篮桥监狱中的
吴亮平

徐家俊

　　吴亮平，又名吴黎平、吴励屏等，1908年7月生于浙江奉化忠义乡吴家埠村一个清贫的知识分子家庭。少年时期他就开始接触进步书籍，接受革命民主主义思想。12岁离开家乡入上海南洋中学读书，15岁考入厦门大学，后又到上海大夏大学就读，曾任上海学联总务部部长。1925年5月吴亮平参加五卅运动，11月加入共青团，经恽代英推荐赴莫斯科中山大学学习。1927年转

上海中外研究学会印行《国家与革命》(上海市档案馆藏)

为中国共产党党员。他曾赴德国、法国学习,在德、法期间,他和张闻天等人合作翻译了《法兰西内战》《国家与革命》等著作,并翻译列宁的《社会主义从空想到科学的发展》。

1929年秋,吴亮平辗转经由欧洲回到处于白色恐怖中的上海,被分配在党中央宣传部主编的《环球》周刊,任中央宣传部文化工作委员会成员。他以《环球》周刊为阵地,介绍国际共产主义运动和各国民主革命情况,参加过中央文委的领导工作,还代表党组织和鲁迅洽谈成立中国左翼作家联盟的事宜。1930年,他根据德文原版,并参照俄文本及日文本,首次将恩格斯的《反杜林论》全书译成中文,由上海的江南书店出版,不久该书还在各地翻印,并流行于全国。他还编写出版了《辩证唯物论与唯物史观》,以通俗的方式传播马克思主义哲学思想。

1930年11月,吴亮平在上海公共租界的马路上遇到大学里的同学邵华。不料当时已当了国民党中央委员的邵华,立即招呼巡警扭住吴亮平押送巡捕房,以"共产党嫌疑犯"予以逮捕。被捕后,吴亮平的父亲闻讯来沪探望,对吴亮平讲:"亲不亲,故乡人。我们是奉化人,蒋介石及不少军政高官也是奉化人,中国历来讲究乡情乡谊。有人劝自己托托奉化老乡关系,走走门路,你就可以释放。"吴亮平听后坚决不同意父亲去找国民党官僚求情。在外国人的法庭上,经过一个多月的审讯,吴亮平严守党的秘密,使敌人抓不到任何证据来查清他的真实身份,就以"进行不合三民主义的宣传"为罪名,判处他有期徒刑二年,关押于华德路监狱(即提篮桥监狱),狱中番号为1644。吴亮平对此番号不由微微一笑,联系中国历史,还风趣地说1644年是李自成进入北京、明朝灭亡、清朝入关的年份,今天居然给我作番号;而且1644左右各两个数字,数值平衡,4乘以4等于16。

提篮桥监狱启用于1903年,初期仅有两幢监楼,后来随着被关押人数的不断增加,从1918年起进行了改建扩建。新建的"LM"监(今5号监)的五楼,20世纪30年代初期集中关押政治犯。白天看守人员来回巡查,警戒森严,只是到了夜晚,印度看守力量稍显薄弱。政治犯就借机活动,他们活动的方法很特殊,把嘴凑到铁栅边上与隔壁牢房的犯人轻轻地交谈,传递消息。如果听到看守巡查的皮鞋声,靠近楼梯牢房负责"放哨"的人员,就发出特殊暗号,如咳嗽、轻轻敲打铁门等,大家就停止活动。

当时曹荻秋(化名张云卿)、彭康(化名彭子劫)、杨放之、周立波等人都关押在这里。囚室很小,每间3个多平方米,关押一人或三人,室内放一个便桶;严冬酷暑,日夜都坐卧在水泥地上。当时的提篮桥监狱,上层管理者为英国人,看守主要为印度人,还有少量俄国人、中国人等。犯人伙食很差,分量少,常常吃不饱。终日饥肠辘辘,使吴亮平得了严重的胃病。监狱当局对于政治犯特别残暴苛刻,不让他们外出参加劳动,不让他们读书看报。狱中无书可读、无报可看。当时管理当局曾给被关押的近百名犯人两本《圣经》,经过许多人的翻阅,看了又看,几乎把书都翻烂了。其他书籍,监狱不仅不给,还不让外面送进来,使许多革命同志难以忍受。有一次,吴亮平实在忍不住,他向英国籍的典狱长,用英语提出了我们要求读书、要允许家中送入书籍、改善狱中生活的合理要求。不料,典狱长听后勃然大怒,用英语训斥吴亮平,还命令看守把吴亮平关入"黑牢"禁闭一个月。

所谓"黑牢",就是"禁闭室",系狱中骇人听闻的"风波亭"。那里是一个仅有3.2平方米的地方,位于一幢监楼的五楼(顶层)。监室内除了铁栏、铁门外,外面还有两扇厚厚的木门。夏天闷热难熬,冬天冷风、雪花从天而下,有时还布置人员故意用水龙头把三面的墙壁浇湿。犯人关押黑牢中,不仅阴森恐怖,而且还每天减少伙食的定量,是一个折磨、摧残人的地方。但是,他还是与难友一起同监狱当局进行斗争,并得到外界人士的支持,监狱管理者最后被迫让步,允许经过严格审查后的书籍送入狱中。吴亮平得到一位友人送入的《资治通鉴》,彭康得到一本德文版的哲学史书。于是大家就天天读书。由于狱中

华德路监狱始建于1900年，俗称"外国牢监"，位于虹口长阳路
提篮桥（上海市档案馆藏）

华德路监狱内景（上海市档案馆藏）

书少人多,多数人无书可读,有的难友还是文盲,不识字。狱中就成立了难友互助组织,吴亮平和彭康曾被推选为学习小组成员。有的囚室关押三个人,就单独设立一个小组,有的囚室关押一个人,就与左右囚室的难友合成一个小组。

入狱前,吴亮平曾编写过一本通俗哲学读物《辩证唯物论与唯物史观》,在大家提议下,他对此专题进行了系统的讲课。入夜以后,看守一般不大来回巡逻,吴亮平或彭康等几个负责学习的同志就站在铁栅栏边上给牢房两边的难友讲,每讲两句,左右邻室的人依次向两边传达,一个晚上讲一段,讲后各小组讨论消化。讲话时两端牢房的难友望风,听到看守巡逻的脚步声,就马上敲墙壁,告诉讲话人停讲,大家主要利用这一时间学习。"狱中开课"是一段感人的党史篇章,多年以后,吴亮平回忆这段牢狱生活时,说道:"反动派做梦也想不到,监狱成了共产党人读书的学校。还不只是读了几本书,艰苦的狱中生活,复杂的斗争方式,这本身也是学校,使我们的意志锻炼得更加坚强,头脑更健全!"

在提篮桥监狱中,吴亮平认识了贵州毕节青年党员林青。1931年林青到上海,和当时在上海劳动大学中学部读书的同乡缪正元住在一起,林青在沪东区一家锁厂当学徒。缪、林二人先后与共青团沪东和沪西区委接上了组织关系,并参加地下活动。不久两人转为中共党员。1932年缪正元曾被囚禁于龙华监狱,同年林青在组织工人罢工时被英租界巡捕逮捕,被判刑两年,囚禁于提篮桥监狱。在林青和吴亮平短短相处的几个月里,林青从吴亮平那里学习了马列主义的一些基础知识,思想觉悟进一步提高,同时两人结下了深厚的友谊。

1932年8月吴亮平被营救出狱,10月,吴秘密取道广东来到江西瑞金中央苏区。林青也于1933年出狱和缪正元一同回到贵州毕节。次年,在贵州毕节成立了第一个中共地下党支部,林青任党支部书记。1934年10月吴亮平随中央红军长征,1935年1月到达遵义。此时,林青也从毕节来到遵义,在一个偶然的场合,吴亮平与林青相遇,两人分外高兴。吴亮平带林青去见中央组织部部长李维汉。李维汉听取林青的工作汇报,随后向中央报告并经研究决定,批准成立

吴亮平1937年在延安

了中共贵州省工作委员会，任命林青为中共贵州省工委书记兼遵义县委书记，邓止戈、秦天真为省工委委员。从此，贵州地下党就在党中央的领导下开展革命活动，贵州地下党的活动进入了一个新的阶段。

吴亮平到达陕北后，曾任毛泽东与美国记者斯诺谈话的翻译；斯诺此后写成《红星照耀中国》（又名《西行漫记》）一书，在海内外引起强烈反响。斯诺曾在该书中写道："在上海，吴亮平在华德路监牢里关了两年。"吴亮平给毛泽东和斯诺当翻译是他革命生涯中的一段精彩篇章。吴亮平曾被毛泽东称为"我党第一代马列主义翻译家""功盖群儒""功不在禹下"。吴亮平系中共"七大"代表。全国解放后，曾任上海沪西区、普陀区委书记，华东局企业管理委员会副书记。1953年调北京，先后任中央财经委员会组长、化工部副部长、国家经委委员。1976年10月以后，历任中国社会科学院领导小组成员、中共中央顾问委员会委员、第五届全国政协常委、中共中央党校顾问、中顾委委员等职。1986年10月3日去世，享年78岁。

（本文发表于2020年10月）

从上海共舞台到南京雨花台

——记肖万才、曹顺标烈士

经盛鸿

　　1932年10月1日清晨，国民政府首都南京城南道署街（今瞻园路）戒备森严的警备司令部（又称宪兵司令部）监狱，一片杀气腾腾。宪兵看守班长打开号子门上的大铁锁，叫着一个个被判处死刑的"犯人"姓名。随后用麻绳捆绑"犯人"，押上囚车。

　　这天，有13名被判处死刑的"犯人"，他们都是1932年7月17日上海"共舞台案"被捕的"要犯"，将被押向雨花台刑场枪杀。第一个被叫出的是一位52岁的男性，他也是13名临刑的"犯人"中最年长的一位。他黝黑和布满皱

1932年7月17日，沪西共舞台的大批青年被捕，次日，《申报》作了较大篇幅的报道

纹的脸上，流露着威武不屈的神态，率领着12位难友走向刑场。他就是在著名的"共舞台案"中，全家4人被捕、同堂审讯、严守机密的老工人共产党员肖万才。"犯人"中最年轻的一位是曹顺标，只有18岁。他与两天前刚被调到另一囚室的温济泽等难友隔窗互相看了一眼，以作永诀，从容地离开了囚牢。此外，还有11人，分别是邱文治、王德盛、许清如、柳日均、崔阿二、徐阿二、陈士生、陈山、钟明友、杨小二子、许金标。

13位革命战士被押到雨花台刑场。他们迎着如血的晨曦，迈着从容镇定的步伐，高唱《国际歌》，高呼"共产党万岁"的口号，英勇就义。

工人肖万才与青年曹顺标

曹顺标

肖万才，江苏阜宁人，1880年生，穷苦出身，很早就随着难民大潮从苏北来到上海谋生。他是社会最底层的人力车夫，每天像牛马一样拉着人力车，在十里洋场的上海滩上奔波，足迹踏遍了大街小巷，仍养活不了家人。1932年，他加入了中国共产党，并先后担任上海南洋肥皂厂党支部书记、闸北区民众反日救国会分会发行部长，还担任中共闸北区委的秘密交通联络工作。他经常以拉人力车为掩护，在闸北区大洋桥一带，将党组织交给他的文件、宣传品，按照规定分送给各个不同的单位和不同的人。在肖万才的带动下，他的全家都投身党的秘密工作，他的家就是中共江苏省委的一个秘密联络点。他的妻子肖郎氏是盲人，负责保管和传递党的文件和材料，散发传单，联络同志。他的儿子肖明山、女儿肖明也参加了共产党。由于家庭的穷困与条件的限制，肖万才竟没有留下一张照片。

曹顺标，真名曹均，1913年出生在浙江萧山县（今浙江省杭州市萧山区）

城厢镇；1926年秋他考入上海八仙桥中法学堂；1927年，转入上海立达学园。他接触了一些共产党员和进步人士，学习了马列主义，思想进步很快，立志献身共产主义；1928年他加入了中国共产主义青年团；1931年春，17岁的曹顺标因传阅马列主义书籍暴露，被迫辍学，成为一名职业革命者，是中共党组织领导的"上海中学学生联合会"负责人之一。

1931年九一八事变发生后，全国人民掀起了汹涌澎湃的抗日救亡运动。在1932年上海一·二八淞沪抗战期间，支援十九路军抗战的群众运动风起云涌。当时在上海前线支援抗战的义勇军就有5 000多人，其中最强大的一支义勇军，是中国共产党领导的由"上海民众反日救国联合会"（简称"上海民反会"）组织的义勇军。他们在支援淞沪抗战中发挥了重要的作用。

1932年5月5日，中日《淞沪停战协定》签订，南京国民政府作出重大让步，从上海撤出所有正规军队，把上海定为非武装区，即所谓"自由市"，而日军却可以在上海租界区驻扎。此协定遭到中共领导的中华苏维埃共和国临时中央政府和许多进步人士的谴责和反对。国民政府当局加紧镇压抗日运动。

当时上海的党组织由中共江苏省委领导。在严峻的形势下，中共江苏省委决定，通过"上海民反会"和"上海反帝大同盟""上海大、中学联"等数十个抗日团体，联合发起成立"上海民众反对停战协定援助东北义勇军联合会"（简称"上海民联"），继续组织和领导上海人民的抗日斗争。曹顺标被组织上调到设在云南路的"上海民联"青年部，任专职干事，协助青年部部长温济泽主持青年部的日常工作。因温济泽是在校学生，担任复旦大学的共青团支部书记，不能经常来青年部，青年部的事多由曹顺标来做。

自从1931年4月下旬中共中央特科原负责人顾顺章叛变，1931年6月中共中央总书记向忠发叛变，给党在上海的组织与工作造成很大的破坏与压力。周恩来等领导同志不得不撤离上海，前往各苏区工作。上海的中共组织成立了以博古为首的临时中共中央。这个临时中央很不成熟，受到王明"左"倾路线的很深影响。1932年6月初,临时中央指示上海的各级党组织,定于1932年8月1日"反帝战争日"那天,在上海召开各抗日群众组织的代表大会,成立"全国反帝大同盟",以统一和推动全国的反帝斗争,掀起新的运动高潮。

共舞台集会　惨遭被捕

由于租借会场遇到困难,"江苏全省民众援助东北义勇军反对上海自由市代表大会"被推迟到7月17日召开,以举行义演募捐援助东北义勇军为由,租借沪西劳勃生路(今长寿路)和胶州路交界的共舞台(又名共和大戏院)作为会场。会场是曹顺标奉命去向戏院老板租来的。在这戏院门前的十字路口,高耸着一座大自鸣钟,外地来的代表是很容易找到的。曹顺标还被任命为大会主席团成员。集会前一天的7月16日,肖万才接到组织通知,约定次日前往共舞台集会。肖万才决定,届时带着她16岁的女儿肖明,一起前往参加会议。

"江苏全省民众援助东北义勇军反对上海自由市代表大会"在共舞台开会的事,早已被租界和国民政府的特务侦察到了。1932年7月17日,一早就有大批中西便衣特务在会场周围窥探。

17日清晨,曹顺标作为"江苏全省民众援助东北义勇军反对上海自由市代表大会"筹备处的工作人员,提前赶往共舞台戏院,布置会场。他带着一捆为大会准备的文件和传单,其中有《大会宣言草稿》《大会致江西瑞金中华苏维埃共和国临时中央政府电稿》《大会致中国工农红军电稿》《大会致全国同胞书草稿》等。这些文件草稿待大会通过后,就要作为正式文件,发向全国和全世界。曹顺标在约定地点与温济泽会合。他俩急匆匆到达会场后,却警觉地发现,戏院四周有一些形迹可疑的人在活动与监视。他们即刻将所带的文件、传单,藏到一个墙洞里,然后立即去找到准备担任大会主席团主席的陈祖骞(真名刘芝明),对他说:"现在已经很危险。不如赶快疏散撤退,另外找到安

共舞台外景（20世纪30年代）（上海市档案馆藏）

全的地点再开。"陈祖骞说："不开也不行了。"这时，大批国民党的武装警察和便衣侦探，分乘三辆大汽车疾驰而来，将共舞台会场包围。

当肖万才和女儿肖明按照预先规定的暗号，走进共舞台戏院时，发现里面陆续进来了上海全市几十个反日团体的共产党员、共青团员和积极分子，以及从南京、无锡、南通和崇明来的代表，共一百多人。

上午9时许，会议正式开始。这时，一个年轻人走过来，对肖万才低声说："戏院中有不少身份不明的人，估计有叛徒。但集会既然已经开始，我们还是要坚持下去。不过要小心了，必要时……"话音未落，突然哨声四起，事先埋伏在戏院周围的大批警探特务，手持武器，迅速地冲进戏院，凶猛地抓捕与会人员。

共舞台戏院，只有一个大门，没有边门和后门。当大批警察与侦探冲进来后，集会人员往后院撤退。参会代表陈荣，人称蔡大哥，是刚从法国回来的华工，身材魁梧，多年的海员生涯练就了一副高大强壮的体魄。他让大家聚到后台，踩着他的肩膀从窗子翻出去。肖万才则指挥一部分人用各种方法挡住警探，迟缓警探的行动。

当军警终于控制了会场时，集会人员中已经有五六十人逃了出去，包括准备担任大会主席团主席的陈祖謇。肖万才在混乱中也得以脱险。但肖万才的女儿肖明却没能走出去。当时，她与同是16岁的女共产党员易朝德以及曹顺标，都留在前院。不幸，曹顺标和易朝德、肖明三人，最后都被敌人抓捕。

这次共舞台集会共有88人被捕，史称"共舞台案"。这是1927—1937年土地革命战争时期，在上海被捕人数最多的两个大案之一。

军警们将被捕的人每两个用一根麻绳绑在一起。曹顺标与温济泽被捆在一起。他们被用汽车押到上海市公安局，进行了3天审讯。被捕的人按照事先的约定，统一口径，都说："共舞台大戏院义演，捐款援助东北义勇军，我们是去捐款看戏的。"军警们将被捕的88人移押到龙华淞沪警备司令部；又经过一次审讯，以"案情重大"，于7月29日夜，全案人员被押上两列专车，移解到南京的军政部军法司，经审讯后，再解到南京警备司令部（也称南京宪兵司令部）看守所，作最后的审讯判决。

十三位烈士献出宝贵生命

到了南京警备司令部之后，绝大多数人在法庭上、在监狱中，被吊打、坐老虎凳，但他们始终坚贞不屈。

16岁的肖明十分机警。她刚开始受审时，按照与战友们预先编好的口径，化名王小宝，装成一个世事未明的小姑娘，说："我叫王小宝，是来找戏院老板家的妞妞玩耍的，我想回家。"说着，肖明哭起来，审讯人员被搞得一头雾水，束手无策。曹顺标则按照预先编好的口径，说他是看到海报，共舞台大戏院义演募捐援助东北义勇军，就去捐款看戏，才进入戏院，别的什么都不知道。

国民党中央党部调查科（中统的前身）插手审讯。他们从上海调来了3个叛徒：一个叫唐桂生，一个是他的老婆唐王氏，一个叫车组东，让他们来当庭指认。这时，88个同案人中，也有4个人经不住考验，叛变投敌，其中有李鸿春，中共沪西区委宣传部干事；王灿，上海反帝大同盟组织部部长、党团书记。

王灿出卖了曹顺标，供出曹顺标是共青团团员，是"上海民联"的青年部部长，并说大会准备的各种文件和传单，就是曹顺标带到会场的。其实，如前所说，"上海民联"的青年部部长是温济泽。但曹顺标为了保护温济泽，保护同志和难友，立即承认了他的革命者身份，承认他是"上海民联"的青年部部长，承担了所有"罪责"。

两个与肖万才家熟悉的叛徒唐桂生和李鸿春，出卖了肖明。他们供出了肖万才家的地址和革命活动情况。南京警备司令部立即派人到上海，把肖万才和他的妻子肖郎氏以及儿子肖明山一起抓来南京。同时还抓捕了另外4人。这样，"共舞台案"全案被抓捕的共达95人。肖万才被关进南京警备司令部看守所后，就被剃光了头，胸前挂上写着"赤匪"两个大字的纸牌子，照相，在登记表上按指纹，先按十个手指纹，又按十个脚趾纹，然后戴上沉重的脚镣，关进囚室。每个囚室都架着双层床，上下都是通铺，两层睡十几个人，要紧挨紧挤着睡。那里蚊蝇乱飞，臭虫乱爬，使人难以入眠。

1932年9月的一天，严酷的审讯开始了。警探们将肖万才一家4人先后押进来。这一家人为了严守党的机密，不牵连别人，不给敌人利用的把柄，按照事先的约定，装作互相不认识，更不承认是一家人。警探们为了让肖万才屈

南京老虎桥监狱,很多革命志士关押于此

服,有一次竟当着他的面给他的女儿肖明上刑,百般折磨。肖万才看在眼里,强忍悲痛,不说一句话。警探们转而向肖明提问,肖明勇敢顽强又机警聪明,故作糊涂,答非所问,使得警探们十分狼狈,只得草草收场。

1932年9月27日,军法官宣判,肖万才、曹顺标等13人被判处死刑;肖万才的女儿肖明以"危害民国罪"被判处死刑,只因年龄未满18岁,"未达到刑事责任年龄",减为有期徒刑18年,关进南京第一模范监狱(即南京老虎桥监狱);肖万才的儿子肖明山20岁,被判有期徒刑12年;肖万才的妻子肖郎氏与肖万才同龄,52岁,因没有暴露,又双目失明,被判交保释放。肖郎氏被交保释放后,曾到监狱看望过自己的子女一次,此后就下落不明。肖万才全家投身革命事业,肖万才甚至献出了自己的生命。

1932年10月1日清晨，肖万才走在最前面，率领着12位难友走向雨花台刑场。事后，有一个押送的看守，流露出同情的神色对人说："这13个人真是有种！个个不怕死！有的身中10多枪，还在大喊'共产党万岁'！"

曹顺标牺牲后，他的战友易朝德痛彻心扉，并把自己的名字改为"纪均"，以示他永在自己的心中，因为"曹顺标"真名曹均。易纪均与肖明被关在南京狱中数年。直到全民族抗战爆发，周恩来、叶剑英来到南京，经全力营救，"共舞台案"中最后11个人，才于1937年9月25日出狱。肖明和易纪均到八路军驻南京办事处，经组织审查后，即奔赴延安，进入中央党校十三班学习。党校结业后，肖明被分配到机要部门从事译电工作。

（本文发表于2021年3月）

全民族抗战时期活跃
在上海保险业的中共地下党

万立明

  1937年11月国民党军队西撤，上海租界成为被沦陷区包围的"孤岛"。此后，在上海公开的抗日活动因而受到限制。中共上海党组织考虑到保险公司与各行各业的联系相当广泛，通过保险公司的业务活动，又可与各行各业中的中上层人士发生和保持经常的联系，有利于开展党的抗日民族统一战线工作，还可利用保险公司这一组织，掩护党员和党组织的秘密活动。因此，中共上海党组织利用保险业与各业联系广泛的这一特点，积极开展了一些保险活动，不仅有利于开展党的抗日民族统一战线工作，而且还有利于推动上海华资保险业的发展。其中中共党员谢寿天同志发挥了重要作用。

组织成立上海市保险业业余联谊会

  上海租界成为"孤岛"以后，中共上海党组织根据当时的情况，决定抽调程恩树、林震峰两位党员组成保险业党支部，筹备建立上海市保险业业余联谊会（简称"保联"），开展组织抗日民族统一战线和广泛发动群众的工作。

  1938年7月1日，"保联"成立大会在宁波同乡会召开。在胡咏骐（保险同业公会主席、宁绍人寿保险公司总经理）、谢寿天（天一保险公司经理）等中

1942年12月27日保险联谊会学术部主办的保险学术讨论全体师生合影

上海市保险业业余联谊会组织的保险业消费合作社社员证

上层人士的号召下，参加的会员有三百余人。大会通过章程，并选举胡咏骐、谢寿天、朱懋仁、郭雨东、李言苓、关可贵、程恩树、林震峰等为保联会第一届理监事；下设会员部、总务部、娱乐部、学术部，另外组成出版、图书、福利等委员会。会址设在爱多亚路（今延安东路）160号保险业同业公会隔壁。历届保联会，虽经历了不同时期保险公司有增有减的变化，会员一直保持在一千人左右，最高时曾达一千五六百人，占保险界全部职工的百分之八十左右。

保联会历届的理监事均由上中下各阶层人士担任，理事会的主席大多由各保险公司的总经理、副总经理担任。宁绍人寿保险公司的胡咏骐、陈巳生、龚渭沅，中国保险公司的过福云、孙广志，永安保险公司的容受之，宁绍保险公司的方椒伯、李言苓，太平保险公司的王伯衡、朱懋仁，天一保险公司的谢志方、谢寿天，外商保险公司的朱孔嘉、邱菊夫、过杰庆、曹骏白、胡树白、林绳佑等，均担任过征求委员、征求队长或理事会主席、常务理事等职务，这样在开展会务活动的同时，也开展了统一战线工作。

上海市保险业业余联谊会，是中共上海党组织领导下的团结保险职工和中上层人士的群众团体，以"联络感情，交换知识，调剂业余生活，促进保险业之发展"为宗旨。它的成立标志着上海保险业的职工运动在广度和深度上向前迈进了一大步。"保联"在全民族抗日战争爆发以后，利用公开合法团体的地位，根据不同形势和保险业的特点开展工作。通过政治经济时事形势的宣传教育，激发保险业职工的爱国热情，积极投入抗日救亡活动，有的转入大后方，有的进入解放区，奔赴抗日前线。同时，通过保险讲座和学术研究班的形式，培训了一批保险业务技术人员，不但满足了广大青年职工学习保险技术的需求，而且适应了保险公司大量发展业务的需要。通过各项活动，广泛而又密切地联系保险业职工，团结一切可以团结的力量，使"保联"日益发展壮大，在上海保险业职工运动史上留下了光辉一页。

创办《保联月刊》（后改为《保险月刊》）

"保联"成立后，为扩大影响，加强与会员和广大职工的联系，1938年11月创办出版了关可贵、林振峰主编的《保联月刊》。1940年1月改为《保险月刊》，成为纯学术性刊物。该刊主要刊载有关保险学术及保险实务方面的论文，辟有"保险论坛""保险浅说""保险杂谈""保险信箱""保险问题研究""保险判例"等专栏，发表保险理论和实务方面的文章，为广大保险职工提供学术研究和实务方面的学习资料；同时结合形势，宣传抗战的意义，报道演唱救亡歌曲、排演抗日内容的进步话剧和举办青年知识讲座等活动情况，刊载动员保险业资金转移到大后方，宣扬坚持长期抗战的舆论。其中《保联月刊》

共出版了14期,《保险月刊》共出版了12期。

《保联月刊》和《保险月刊》作为我党直接领导下办起来的刊物,虽仅出版了2卷26期,但对于宣传党的政策,团结教育保险业广大职员群众,扩大抗日民族统一战线,提高保险理论水平,都起到了积极作用。

成立大安产物保险公司

太平洋战争爆发后,日军占领上海租界,原控制上海保险市场的英美商保险公司被迫停业,在沪的日商保险公司因实力薄弱,一时难以取代英美各公司的地位。这是一个发展民族保险事业的大好时机。当时谢寿天向上海党组织职员运动委员会(简称"职委")书记陆志仁提出创办保险公司的建议,经过党组织领导同意,由谢寿天出面,邀请郭雨东、陈巳生、关可贵、董国盾、龚渭清、全家瑜等为发起人,定名为大安产物保险公司。自1941年10月19日开始筹备,分头负责,筹集股金,注册资金50万元,实收25万元,于1941年11月28日举行创立会,选举董监事,孙瑞璜(新华银行副总经理)当选为董事长。公司地址设在广东路51号大莱大楼内(后迁至北京路356号四楼宁绍人寿保险公司原址)。1942年5月正式开业,经理郭雨东,副经理董国清、李晴斋,总稽核谢寿天。开业后,在天津、南京、广州、青岛、烟台、北平设有分公司,并在武汉、无锡、苏州等地设有代理处。

大安产物保险公司是一个不满30人的企业,它的高中级职员,多属中共各系统的党员,如谢寿天、陈巳生、蒋学杰、赵帛、孙文敏、蔡同华、吴福荣、施月珍等。他们都在大安保险公司的职业掩护下,从事革命工作,作出了各自的贡献。谢寿天、陈巳生经常参加上海金融界、工商界和知名人士组织的座谈会、聚餐会,开展统战工作,联系和团结爱国民主人士。大安保险公司在大力发展业务的同时,遵照上海党组织的意图,为掩护党员从事革命活动,开展统一战线工作,以及支持上海保险界群众团体——上海市保险业业余联谊会的各项活动,作出了显著贡献。

发起、推动建立大上海分保集团

上海沦陷时期，英、美、法等国的保险公司已被迫关闭，华商保险公司的分保关系中断，因此，唯一解决分保问题的办法就是华商联合起来，走自力更生的道路。经保险业同仁的共同努力，在平等互利的基础上，相继成立了六个完全由华资保险公司组织的分保集团。

大安保险公司决定发起、推动建立大上海分保集团，以便依靠华商自己的力量，团结互助，妥善解决集团各公司的溢额分保问题。1942年2月，大上海分保集团正式成立，参加公司有大上海、大安等19家保险公司。其实力仅次于太平分保集团。该分保集团每年将纯利润提成充作赔款准备金，借以增强集团组织力量和维护保户的保障。此举有效地解决了民族保险业的危险分散问题。这是民族保险业团结互助、反日控制和业务经营上的重要建树，有力地推动了华商保险业的自主经营。

总之，中共上海党组织在特殊时期和特殊环境下利用保险这一特殊行业，积极开展活动，先后组织成立了"保联"，创办《保联月刊》和《保险月刊》，成立大安产物保险公司，并发起、推动建立大上海分保集团等。上海党组织根据"隐蔽精干，长期埋伏，积蓄力量，以待时机"和"勤学、勤业、交朋友"等方针，采取上下结合，有效地利用保险活动同日军和国民党反动派展开了斗争，并长期保存了党的组织，发展壮大了党的力量。同时，中共上海党组织的保险活动，加强了保险业之间的团结，抵抗了日本帝国主义妄想控制上海保险市场的企图，促进了华资保险业的发展。

（本文发表于2005年8月）

李白：牺牲在黎明之前

吴基民

1949年5月30日，上海解放仅3天时间。深夜，日理万机的陈毅市长突然接到中共中央情报部代部长李克农发来的密电，恳请他帮忙火速寻找一位名叫李静安的同志。说这位同志对于他而言极为重要，如活着一定要安排可靠的同志，火速把他护送到北平；如牺牲了，望尽可能找到他的遗体……

李静安是谁？为什么上海解放只有3天时间，就惊动了陈毅和李克农？

李静安，原名李华初，又名李扑、李霞，广大读者最熟悉的名字叫李白。

李白，1910年5月7日出生于湖南浏阳。他15岁加入中国共产党，17岁跟随毛泽东参加秋收起义，20岁加入中国工农红军。他作战勇敢，屡立战功，再加上他既年轻又有文化，24岁被调到瑞金，被派到刚刚成立不久的中央军委无线电学校电讯班学习，从此和电波结下了不解之缘。

1934年10月，中央红军开始长征，李白被派到第五军团担任电台台长。这支全部由宁都起义部队组成的军团，由董振堂将军担任军团长，是红军中装备最为精良，战斗力很强的一支部队，在长征中一直承担阻击敌人的后卫工作。在异常激烈的战斗中，李白始终对他的战友们讲："只要我们在，那么电台就在，电波就不能中断……"这句话成了他一生的誓言。

李白烈士与家人

1937年10月，李白化名李静安，由李克农亲自点名，跟随他从陕北延安来到上海，建立一个秘密电台，负责党中央与上海地下党之间的联系，一直到他牺牲……

1939年10月，女工出身、当时年仅23岁的中共党员裘慧英，接到上级指示，让她到苏州河畔与一位同志接头，与他组成一个"家庭"，掩护他完成极为秘密的工作。一心想着要到江南新四军去的裘慧英很不情愿地来到了苏州河畔，为我们留下了李白当时的形象：他人很瘦，个子蛮高的，模样很清秀，但身着长衫……当时只有资本家才穿长衫，我怎么能和他住在一起呢……

领导对裘慧英讲："这里是上海，李白作为掩护的职业是职员，你让他身穿八路军军服，还是苦力打扮……"裘慧英听了不好意思地笑了。她跟着李白走了，两人住在一起，她目睹了李白日夜辛劳的工作，了解了他的身世，渐渐产生了感情。1940年经组织批准，他们结为了夫妻。

李白先是住在贝勒路（今黄陂南路）148号三层楼的一个阁楼里，后搬到威海卫路（今威海路）338号与中央特科重要成员涂作潮一起开的福声无线电公司。他住在二楼，白天是账房先生，晚上是谍报员。1942年初李白搬到了法租界福履理路（今建国西路）福禄村10号一幢颇为考究的小楼里，租下了顶层带一个小阁楼的房间,从事谍报工作。

当时的上海,环境复杂,是世界有名的间谍中心。英、美、苏联等国外,除了中共,还有蒋介石的军统、中统等,均有间谍在活动。除此以外,还有大量的商业电台,为远在重庆、消息闭塞的商家巨头提供国际股市、汇市及各种商业信息。太平洋战争爆发后,日本侵略军占领了英美租界。当时虽然还保留着维希政府的法租界,但真正的统治权均在日本人手里。日本侵略者加紧了对各种电台的侦测与搜捕,终于在这一年初秋的一个深夜,根据测到的信号,闯进了李白家里,将他与裘慧英一道抓走了。万幸的是在日军闯入前,李白将做了改装的无线电收音机以及收报用的两团天线迅速拔掉扔了,塞上电子管,成了一台普通的收音机。

在北四川路(今四川北路)的日本宪兵司令部,李白备受酷刑,但他始终只承认自己是个商业电台,只负责夜晚向重庆发送每天的商业信息,不用收报。一般而言,抓到商业电台,只需没收发报机并处以重罚即可放人。但日本人看到他坚贞的意志、沉稳的态度,以及老练的发报技术,不相信他是个商业电台。他们专门从东京调来了无线电专家,对从李白家里缴获的所有电讯设备细细检查,断定除了发报机外,只有一台普通的收音机,无法收报。这是典型的商业电台特征,便将李白移交到汪伪政府特务机关76号处理。于是组织上对他展开了大营救,潘汉年亲自出马,甚至找到了汪伪特工总部镇江站的负责人,婉转提到了李白……终于在1943年的5月将李白营救出狱。

1944年初,潘汉年亲自出面,在静安寺附近的一家咖啡馆与李白见面,转达了李克农的指示。因为李白的电台是直接受在延安的中央军委领导的,李克农指示先养伤,再继续工作。潘汉年把李白夫妇接出上海,转移到了浙江国民党统治区淳安。当时的淳安极其繁荣,是上海与重庆间物资的重要通道,也是人员与情报的转运中心。国民党专门从事战略情报收集与研究的国际问题研究所上海办事处也设在这里,负责人是国民党少将顾高地。

于是李白便随着办事处的漂泊，在国民党的心脏里搜集情报，并将这些情报经过筛选源源不断地发送到延安……1945年抗战胜利，他随办事处搬回上海，把家安在了黄渡路107弄6号，平时就在巨籁达路（今巨鹿路）上的国际问题研究所上班，各种机密情报照样源源不断地通过电波传递到延安。国民党特务知道有人在国际问题研究所内发报，但慑于这个机构的神秘与重要，连问都不敢问。一直到1948年初国际问题研究所撤销。其实当时隐蔽在国际问题研究所内从事秘密工作的除李白外，还有著名报人、中华人民共和国成立后担任过解放日报社社长的恽逸群等，这是李白、裘慧英动荡的一生中生活最安逸的一段日子。他们的孩子李恒胜就诞生在这一时期。

李白从国际问题研究所出来以后，搬了个家，住在了黄渡路107弄15号的一幢小房子里。同时在复兴岛渔业管理处找了个电器设备修理工的职业。当时李白不仅担任了中共上海电台的台长，还接受中央军委负责情报工作的李克农的指挥。鉴于李白电台的极端重要性，而国民党特务已经注意到了他的电台，于是李克农让他的电台"静默"一段时间，一直到1948年8月……

此刻辽沈战役正处在十分关键的时刻，上海地下党获悉了大量情报，尤其是蒋介石调兵遣将，准备派兵在葫芦岛登陆，对林彪赴锦州的部队形成夹击之势。上海局决定启用李白的电台，静默多时的李白重新发报，红色电波彻夜不断，这才有了辽沈战役中著名的塔山阻击战。经过李白的电台传递出去的情报还有淮海战役时黄维兵团的组建与动向，长江天险的防务，江阴要塞的兵力部署，吴淞口要塞的兵力部署……每一份电报每一个字都价值万金……但是中共方面并不知晓，刚刚破获北平地下党总台，造成了北平、西安等整个北方地区地下党重大损失，被毛人凤誉为"金耳朵"的原北平电监科科长叶丹秋已经调到上海。他利用美国提供的最先进的电台测讯车，日夜监听测讯，终于找到了发出红色电波的准确位置。在1948年12月30日这个寒风凛冽的深夜，一大队军警闯入了黄渡路107弄15号，把李白带走了……

李白烈士所用的发报机

整整三天三夜，特务们用尽了所有的酷刑，但李白始终没说一句话，令特务们大失所望。只好将他关在警备司令部的死牢里……此刻蒋介石已经下野，李宗仁上台，鼓吹与共产党和谈，气氛有所缓和……

1949年4月22日，裘慧英突然收到李白寄来的信，托她带点酱菜。信中还说"我在这里一切自知保重，尽可放心。家庭困苦，望你善自料理，好好抚养孩子"。过些天，李白又托人带来口信，让她抱着孩子到看守所旁一幢民居的后天井阳台去看他。这里正对着李白所羁押的牢房。碰到看守疏漏甚至能说上几句话。5月7日中午，阳光妩媚，裘慧英永远不会忘记这一天：她抱着儿子来到此处阳台。李白在狱友的帮助下，站立在铁栅栏杆封着的小窗口，果然见到了她和儿子李恒胜。李白对裘慧英讲："天快亮了，我所希望的也等于看到了。今后我回来当然最好。万一不能回来，你们和全国人民一样，就能过上幸福的日子……"哪晓得就在这一天，身处复兴岛的蒋介石下令，对那几个被抓获的共产党谍报人员，"坚不吐实，处以极刑"！当天夜里，李白就和他的战友秦鸿钧、张困斋等12人一起被押到浦东戚家庙一个偏僻的小土坡前，统统被杀害了……这一天正好是李白39岁的生日，离上海这座伟大的都市，中国工人阶级的摇篮，中国共产党人心灵家园的完全解放仅20天！

1949年8月28日，中共上海市委在交通大学举行张困斋、秦鸿钧、李白三烈士追悼会。这是当时抄录的各界人士悼念烈士挽联内容（上海市档案馆藏）

安葬张困斋、秦鸿钧、李白三位烈士大会现场（上海市档案馆藏）

1949年8月，韩慧如（左）与裘慧英（右）和张困斋家属（中）在安葬大会上的合影。（上海市档案馆藏）

陈毅发动全市公安民警日夜奋战,1949年6月19日终于在戚家庙这个土坡后的深坑里,找到了李白等烈士的遗骸。当晚他万分悲痛地给李克农发了份电报,并发出了铮铮誓言:一定要抓到杀害李白等烈士的凶手！1950年9月,经过缜密侦查,终于抓到了潜伏很深的侦破李白电台、秦鸿钧电台的国民党中校叶丹秋,为烈士报了血仇。

五月的鲜花开遍了原野,鲜花掩盖着志士的鲜血……如今祖国的大地姹紫嫣红,到处都是盛开的鲜花,这鲜花真的是千千万万烈士用鲜血灌溉的。

（本文发表于2019年5月）

妻子心中的王孝和

忻玉英(口述)　**昂俞暄**(整理)

　　整理者言　1948年4月21日，上海杨树浦发电厂工人、共产党员王孝和遭叛徒出卖被捕。在狱中，他坚贞不屈，于同年9月30日牺牲。王孝和烈士的最后影像是《大公报》记者在特刑庭和烈士赴刑场途中记录下来的。他慷慨陈词、从容赴刑，那张年轻俊朗的脸上浮现出的笑容是革命精神最好的诠释。

　　王孝和祖籍浙江鄞县(今宁波市鄞州区)，1924年2月出生在上海虹口师善里4号底楼一个灶间；1938年考入励志英文专科学校；1941年，17岁的他加

1948年9月30日，王孝和被押赴刑场

入中国共产党；1943年他进入杨树浦发电厂控制室当抄表员，并一直从事上电系统党的秘密工作。

60多年过去了，本文整理者来到提篮桥监狱王孝和烈士就义纪念碑前凭吊，并找到了他的妻子忻玉英，听她讲述一个妻子心中的王孝和。

订了"娃娃亲"

1946年，我与王孝和结婚，我们只拍过一张结婚照，照片上他穿的那件衣服是向邻居借来的。

我们怎么会认识呢？我和她妈妈都是宁波东乡人。他妈妈家与我妈妈家是隔堵墙的邻居。我7岁时，他的妈妈和外婆都看中了我，为我和王孝和订了婚，那时他才11岁。订婚的时候，我们两个人都不知道。乡下结婚都是父母做主，不像现在可以自由恋爱。当时大人讲好，最迟我16岁、他20岁时就要办婚事。

那时的封建社会，女孩子一般都不会送到学校读书，更何况我们乡下，我也从没读过书。他在上海，我一直在宁波乡下。按乡下的常规，订了婚的女儿到了15岁，男方就要送聘礼，16岁正式结婚。一直到我18岁那年，既没有收到聘礼，也没有他的消息，双方大人都很着急。以后才知道，孝和在上海听人说我在乡下既信佛又嗜赌。他曾写信给他的表妹（因我不识字），信的意思是，个人的终身大事不能是父母做主的，就如一盘菜，你不喜欢吃而要硬吃下去也会吐出来的。他的表妹接到信后却没有转告我。旧社会，姑娘订婚后被夫家退婚，是很不光彩的，邻居会认为姑娘一定是有什么不检点的地方，在背后是会有许多闲言闲语的。双方家长不同意解除婚约，我妈妈就陪我到上海来找他。我这是第一次到上海，我暂住在我姑妈家。他的家在汉口路云南路，我姑妈家在"大世界"对面的一个弄堂里。我妈妈先将他妈妈请到姑妈家，要她说明原因，为什么变卦了？儿子的事情做母亲的也难知道，更难做主。最后商量好第二天让他与我直接碰面。此时他已在杨树浦发电厂工作，那几天是做中班。第二天上午，他睡在床上，迟迟不肯起来，他的阿姨将他从床上叫起来，硬要他来找，他出于无奈，让大的弟弟妙富陪同到我姑妈家，他们到姑妈家（姑妈家在二楼）后，他自己不上来，让弟弟上来告诉，说他哥哥已经来了，在门口，要我下去。我妈妈很生气，好大的架子！到了门口也不上来，还要我们下去！妈妈陪着我到楼下，我也是第一次见到他成人后的模样，看他穿着一件土黄色灯芯绒夹克衫，显得很精神，而我全是一副乡下姑娘打扮。他准备带我出去走走，我妈妈对他说，我不认识上海的路，要他送我回来时还是送到这里。随后他带着我从大世界走到跑马厅（现在的人民公园），一路上，他问了我许多问题，问我信不信佛，平时喜欢什么，乡下的局势怎么样，等等。我说，我不信佛，在乡下就一直帮母亲织布，国民党很坏等等。那一天我们谈得很投机，不知不觉到了吃午饭的时间，他带着我到远东饭店吃了一顿中饭。那一顿饭给我留下了不可磨灭的印象，我们一共点了4个菜，其中一个是蹄髈，蹄髈上还盖了一些草头，因第一次在一起吃饭，大家都有些拘束，那个蹄髈一动也没有动，至今我还会经常想起那次的约会。下午，他要去上班了，他将我送到姑妈家，还偏要送到楼上，并且将姑妈家的传呼电话号码记下来。第二天他就打电话约我和妈妈出去吃饭，以后的几天，几乎天天打电话找我。我因是乡下姑娘，不会使用电话，他就一定要我听，还说听听就会听的。姑妈家人多，房子小，我们住着很不方便，准备回乡下去了。他就让我住到他们家，但他们家的房子更小。

看来他对我还是满意的，但他还得要征求组织的意见。领导他的人名叫沈鸿春。有一次约会，沈鸿春就在马路对面看我，他看了后说，乡下姑娘好，朴实、单纯，对我们开展工作有好处，不识字更有利于我们的工作。结婚后，我就协助他们搞地下工作，我们家就是地下组织的一个联络站。这些都是我在他牺牲之后才知道的。

工资分四股

孝和住的房子是在汉口路（当时称三马路）一个只有五六个平方米大的房间，这个房间的周围都是煤球炉子，房间里睡了人，其他人就不能再活动了，床是用几块铺板拼起来的，床尾还锯了一段，因要放一个马桶。当时家里有他妈妈、爸爸，还有两个弟弟。虽然他爸爸在船上工作，不是每天回家，一个弟弟在外面学生意，也不天天回家的，但日常生活中三个人在这么个房子里居住也够挤的。到了晚上，床上睡不下，就睡在地上，地上也没有多大的地方，有空的地方就睡，甚至钻到床底下睡。

我们准备结婚了。考虑到工作的方便，家里又增加了一口人，他准备在外面租房结婚。带有严重封建思想的孝和母亲觉得儿子是婆媳妇，应该住在自己家里，尽管房子很小也要挤在一起过日子。他妈妈觉得家里地方是小，但再搭一块铺板，挤挤也能凑合的。他不同意，执意要在外面租房。他妈妈见儿子不听她的话，很不开心，说既然你在外租房子，家里什么东西都不让带走，包括孝和自己的换洗衣服和生活用品。

结婚之后，他去婆婆那里拿以前穿的衣服，婆婆不肯给，说要留给他的两个弟弟。王孝和是大儿子，也是个孝子，结婚后，我没有工作，每月的生活费全靠他。我们将他的工资分成四份，一份还债，一份给他妈妈，一份日常开销，还有一份陆续添置必要的日常生活用品。

记得在我们结婚的第一个月，因孝和有事没按时将生活费送去，她母亲就在发工资的第二天到厂门口闹，说儿子有了媳妇忘了娘，对他的工作带来不利的影响，他很生气。但从此后再有什么事情，发工资那天婆婆的钱是一定准时送到的。

有时候外面罢工，他定期捐钱，他是一心一意为工人阶级的。

那时候我们只有一个房间，开始连饭桌都没有，后来还是杨树浦发电厂几个同事凑钱，买了一张八仙桌，四把椅子（现存于提篮桥监狱陈列室）送给我们。结婚以后，总有一批批人到我们家里来，而且都是夜里来。家里有一张桌子，他们就弄一副麻将牌摆着，看上去是在搓麻将。我当时还不懂，想穷人家，你怎么还搓麻将。他就说："我们不玩，你到外面去，如果有陌生人来了，你就敲三下门。"我问："搓麻将为什么还这么偷偷摸摸的？"他说："你出去看着，防止有人来抓赌。"我就搬着小凳子出去在楼下的门口坐着，有时候进去上厕所，看到他们根本不在搓麻将。孝和就说："我们等下就好。"实际上，他们是在开会。开完会以后有材料，第二天让我送出去。怎么送，送给什么人，我也不能问。那时候，隆昌路申家滩一带是有山有坟地的。他告诉我在什么地方，看到有人拿着锄头锄地的就把东西给他。有时候，是一个人咳嗽吐口痰，就把东西塞给这个人；有时候有个人摸出一块手绢，擦擦鼻子，就把东西给这个人。接头的人各种各样，我都认识但叫不上名字。还有一些材料，藏在我们阳台上的一个洞里，洞口放了烂泥巴和砖头。要用了，就把洞再挖开来。前几年我去看，阳台上的洞还在的。

那时候家里弄点酱油汤、炒青菜，人的精神蛮好，也蛮开心的。孝和在家里待的时间比较少，常常在外面工作、开会。他在家里，经常想事情、看书、写东西。有时写好以后，就让我到阳台上放好。虽然我们在一起没出去玩，也没看过一场电影，但是两个人感情很好。他教我写自己的名字、门牌号，还不时跟我说说英文，"Byebye""Hello"都挂在嘴边。有时，他自己也开玩笑说："怎么回事，我吃中国饭，放外国屁。"他不仅英文很好，还会说日语。他在杨树浦发电厂控制室工作，控制室相当于发电厂的头脑，里面有各种仪表。在控制室工作的大多是外国人，只有几个中国人，都是说英文的。控制室工资高一点，才能分四股开支，否则我们饭都没吃了。

孝和也常做我的思想工作，跟我说："你在乡下多少苦，我们穷人要团结起来就有力量了。这就等于一根筷子一拗就断了，单打独斗是没用的，国民党就要压迫你。但团结起来，一束筷子就拗不断了。"那时，楼下邻居都在问我说：

127

"你们王先生是共产党员哦,怎么进进出出那么多人。"我就回答:"不是的,都是朋友、同学。"确实,我那时也不知道他干什么,只知道他是好人,不会干坏事的。王孝和看到我帮助他工作也很开心,总说:"你协助我工作,帮了我大忙。"

他一直跟我说:"阿英你人真好,跟了我,我对不起你。"我说,只要有口饭吃就可以了。生活苦一点,等债还掉就会好起来。但谁知道债刚刚还掉,生了个小孩,家里刚去定做了被箱,他就被捕了。

黎明前的黑暗

我们结婚后,他说不要生孩子,以后我才理解他是担心他万一被捕我会受苦。我不同意,因为公婆要说,女人家怎么可以不生小孩?于是,我们就有了第一个女儿佩琴。女儿出生后,我们请了几个同事来家里吃饭。孝和的爸爸买来一张会摇的铁床,我妈妈买来一个五斗橱,他自己因为工作需要,买了一只三五牌的钟(现在放在龙华烈士陵园),家里光景也渐渐好了起来,除了同事送的桌椅,我们又定做了放被子用的木制被箱,可惜还没拿回来,孝和就被捕了。家里断了经济来源,我只好把被箱退掉。

王孝和被捕前,国民党驻厂特务万一来过我们家很多次。他来劝说孝和:"你为什么要跟着共产党走?共产党都是穷人,你干吗要这么苦呢?你到我们这里来,毛森,我们的头头很看重你的。"万一还对我说:"嫂嫂你做做他工作,你为什么要在这种地方生煤球炉子?我们头头房子已经给你们弄好了,可以烧煤气,干吗要这么苦呢?"我问孝和:"我看不懂了,我们乡下的国民党横行霸道,抓人抢东西,上海的国民党怎么那么好呢?还让我们去住洋房,叫我不要用煤球炉了。他们到底搞什么?"孝和告诉我:"天下乌鸦一般黑,他们是想利用我。"

1948年4月19日夜里,万一到我们家里来发出最后警告:"孝和你当心。

已经要动手了。"孝和理直气壮地说:"动什么手,我做什么了? 我就是为杨树浦发电厂工人谋一点福利。"万一说:"孝和兄,你这个人相当好,但是我和你党派不同,我是国民党,你是共产党。"万一告诉孝和说:"你已经走不开了,明天去自首还能有一条命。"还说他很同情我们。我把万一送走以后,看到外面有很多人。我就跟孝和说,外面便衣警察有很多,前面后面都有。孝和也知道国民党要动手了。那天夜里,他把家里写了字的东西,对共产党不利的东西,要烧的就烧掉,要藏的东西就藏在阳台上的洞里,泥巴挖开来,藏进去。收拾好已经半夜了,他让我把烧剩下的灰出去倒掉。我出去倒灰的时候,外面还有很多人,我知道真的要抓孝和了。我求他快点走啊,但他一直没接到组织让他撤离的通知,坚决不走,还一直对我说要让我受苦了,我们俩抱在一起哭。

他说:"你奶水足,我抓进去以后你可以去做奶妈;小孩可以交给我妈妈去养。生活困难,家里凡是有的东西,五斗橱、衣柜都可以卖掉。我如果有一天能出来,都会把这些东西买回给你。但是平常我让你做的事情、认识的人,绝对不可以讲出来。"他讲了很多话,交代我应该怎么做。他说我从乡下来,人思想单纯,年纪又轻,在上海大城市不要受骗上当。他如果出不来,我年纪轻,要另找忠实可靠的对象,只要把我们的女儿佩琴养大。

其实,他不知道,我怀上第二个孩子了。王孝和被抓进去之前,我就开始有呕吐反应了。他还说:"你怎么会吐呢,等我空了陪你去看看医生。"我说看什么医生,吐吐终归会好的。哪里知道是有喜了。我们结婚只有一年九个月,他就被抓进去了。这第二个女儿是他牺牲以后才生出来的。

"只能喊冤枉"

1948年4月21日,孝和被抓去威海卫路国民党警备大队。与平时早上去上班一样,他从楼梯上走下去,我们十个月大的女儿就站在床铺边上扶着走,脚还不时地蹬蹬地,临别时孝和还跟她说"Byebye"。

王孝和坐了5个多月的牢,在监狱里写了五十几封信给我,他一直说对不起我,让我为了他吃苦。他被关进去以后,地下党一直没有跟我断过联系,组织上的一些东西也是我从监狱递出来送进去的。

有一天,国民党把我叫到杨树浦发电厂里去,凡是他们怀疑的对象都被叫进来开会。万一对我说,你看这里有谁认识的,我将孝和每月的工资交给他,让他带给你。我看了一下,在座的有很多人虽然叫不出名字但他们经常来我家,我是认识的。但我想起孝和被捕前叮嘱我的话,我把头抬起来说:"认来认去,就认识你万一。你经常到我们家里来。别的人我都不认识。"后来上海工

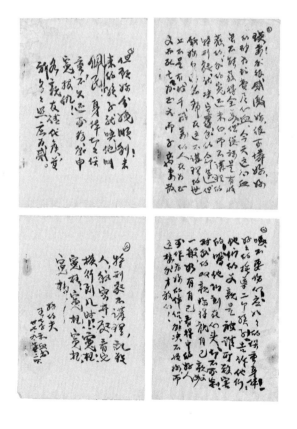

王孝和在狱中写给妻子忻玉英的遗书(1948年9月)(上海市档案馆藏)

人文化宫有一位李姓领导，他说："我们几个人的性命，都在忻玉英嘴里。她虽说是一个乡下人，当时万一让她认人的时候，我们很多人她都认识的，但她一个都不说。"

王孝和被捕以后，国民党到处抓人，地下党很难开展工作。党组织派人悄悄带话给我，让我去救孝和，当时我也管不了许多，就到处去告去闹。国民党警备司令部把我叫去，问我认得什么人，是什么人教我这么做的。我说："没有人教我，我这么做是因为我要给王孝和洗冤，他是个好人。你们不讲道理，乱抓人。"我在国民党政府门口，在大光明电影院门口闹，在杨树浦发电厂门口闹了三天。9月27日前，报纸刊登特刑庭准备对王孝和执行死刑的消息，监狱门口也贴着执行枪决告示。我马上抱着孩子，挺着肚子，带着婆婆到监狱门口去闹。围观的人越来越多，造成监狱门口交通阻塞。提篮桥监狱的警卫用宽皮带抽我，新闻记者就上来围着拍，围观群众也愤怒起来了："你们打她干什么，她那么大肚子，还抱着小孩，她又没有犯罪！"很多人自发赶来，抗议国民党的暴行。特刑庭害怕了，宣布改期执行。中华人民共和国成立后才知道，我是起到了地下党不能起到的作用。

在威海卫路147号国民党警备大队，王孝和遭受酷刑"磨排骨"、坐老虎凳……"磨排骨"就是拿一根粗糙的木棍，从肋骨上用力往下压、摩擦下去，血都会渗出来。他被捕19天后，家属获准去监狱里探视。他戴着脚镣手铐，一步一步拖着走出来，本来很神气的一个人，竟然变样不认得了。我看到他，就一下子哭出来了。可是他反而安慰我说："不要哭，要好好保重身体。"我把他的衣服换出来的时候，他的白衬衫上都是渗出的血迹。后来他的狱友告诉我，他在监狱里坚强得不得了，很痛的时候就紧紧捏牢拳头，咬咬牙。他就这么能吃苦，没出卖一个人。孝和牺牲前，组织上让他不要喊共产党万岁，只能喊冤枉。因为当时国民党就希望王孝和承认自己是共产党，诬陷共产党破坏发电机。所以他到死都没有喊"共产党万岁"。

刽子手在颤抖

9月30日,国民党对孝和进行秘密执行死刑。执行任务的刽子手说自己这双手不知道打死过多少人,但就是枪杀王孝和下不去手。为什么呢?刽子手说:"我太同情他了。他一路上讲的道理感动我,我下不了手,却让他受痛苦。我打了三枪,没打准,我的手在颤抖。"当时,《大公报》记者记录下了王孝和最后的斗争情形。特刑庭判决王孝和死刑,问他有什么话要说。他说:"你们既没取证,我又没有律师出庭,你们这是暗杀。"他们无言以对。孝和还用英文向外国记者揭露国民党的行径。他当众解开衬衣,露出身上血迹斑斑的伤痕,揭露国民党酷刑逼供。他还说:"天就要亮了,我王孝和一个人倒下去,会有千百万个人站起来。"

庭长气急败坏地大叫:"不许多说,现在已经判决,立即执行。"24岁的王孝和牺牲了。给他做了"三七"后的两天,我因来不及去医院,就在我家隔壁的一个保健站生下了我们的二女儿。两个女儿的名字都是王孝和取的。他在遗嘱里面写着,未来的孩子就叫佩民。他说:"阿英,你只要告诉孩子,不要忘记他们的爸爸是被什么人杀害的,我就感激你了。"

现在,共产党给我享受离休待遇,日子很好过了。我时常和二女儿佩民说:"解放了,妈享受到共产党的优厚待遇,但是你爸爸是最苦的,一点没享受过。"

王孝和牺牲后,家里没有钱开销了。我就住到婆婆那里去,日子也不好过。一开始,会有地下党来,塞一点钞票给我。威海卫路警备大队的大队长(也是中共地下党员),他以国民党军官的身份来看我。我吓坏了,也不知道他的真实身份,结果倒没什么。新中国成立后,他对我说,他当时心里在暗自伤心,没办法,不能哭出来,也不能给我钱。

那时候我每天哭,受到刺激太大,都有点神经错乱了。一天到晚要跑出去找王孝和，有时会打小孩。后来在人民印钞厂工作的时候，有时候在印钞票，我就哈哈笑说："这么多钞票，我们孝和呢？"接着就趴在钞票里哭。

新中国成立后，党组织让我去大光明后面的长征医院看病，终于治好了我的病，还让我去夜校读书。1952年我去正规学校学习，在上海电力专科学校，脱产读了四年中专。杨树浦发电厂也帮我解决了工作。组织上给我在小南门分配了房子，是两间厢房的石库门房子。我搬到那里以后还是天天哭。我后来的老伴陆祖兰当时住在我楼上。他看楼下这个女同志哭得这么伤心，还带着两个小孩。陆祖兰也知道王孝和的事情，很同情我。后来就这样认识了。他当时还是小青年，未婚，比我小三岁。他不顾家人反对，和我结婚了。

我在"文化大革命"时期也受到很大冲击，老伴被说成是走资本主义道路的当权派。造反派说我是叛徒家属，又重新结婚，思想反动。我不肯写材料，说："我是去人民政府登记结婚的，光明正大。"

新中国成立后，每逢清明，上海市民都要前往烈士陵园悼念革命先烈。图为王孝和烈士墓前的市民

忻玉英(右)与两个女儿(中为王佩琴,左为王佩民)在王孝和烈士墓前祭扫

一个甲子过去了,大女儿王佩琴从音乐学院附中毕业后在上海芭蕾舞团拉小提琴,现移居澳大利亚。我们的小女儿王佩民退休前从事地方志工作。现在,祖国繁荣昌盛,普通人的日子越过越好,我为身处盛世而欣慰。

(本文发表于2014年10月)

母亲向顷在狱中

王 岳

母亲向顷，1947年9月19日因"富通"事件被捕，至1949年5月6日上海解放前夕出狱，在国民党监狱被关押了整整596天，经受了酷刑和死亡的考验。2019年，已100周岁的母亲，对这段刻骨铭心的经历，记忆依然清晰。

向顷（1945年摄于上海）

国民党当局下达密令

1947年7月，国民党政府的"戡平共匪叛乱总动员令"刚一发布，南京最高当局就接到特务机关的密报：

以"上海工人协会"等团体名义，秘密印发的《反对"戡平共匪叛乱总动员令"告全市同胞书》正在社会上流传；上海的工人、学生和各界人士正在开展一系列"反内战、反迫害、反饥饿、求生存"的群众运动。

在此国共双方战火正烈之时，上海出现的秘密传单和反内战行动，使南京最高当局感到异常恼怒和惊慌，一道"立即彻查破案"的密令火速下达。

党通局（原中统局）上海办事处接到密令后，立即组成专门班子，迅速集中侦破专家，研究侦查方向，部署破案行动。

特务们首先对传单纸张的产地进行分析,得出纸张产于上海的结论,进而推断传单是上海印刷的。

其次是对传单的印刷质量进行分析,得出印刷质量较高的结论,进而推断传单是具有一定规模的公开营业的中型印刷厂印制的。

最后是对传单的铅字特点进行分析,竟然发现其中的两个铅字存在明显异样,即"国"字比较狭长,"党"字左上角缺了一点,于是立刻将上海公开发行的所有报刊拿来比对,又进一步发现,比较进步的《妇女》杂志,用的同样也是这两个铅字。

"富通印刷公司",特务们看着《妇女》杂志承印商的署名惊呼起来,他们终于找到了彻查破案的目标。然而特务并没有贸然动手,而是又通过其他关系,从富通印刷公司借出一批铅字,再与传单上的字进行反复比对,最终作出结论:《反对"戡平共匪叛乱总动员令"告全市同胞书》就是富通印刷公司印制的。

于是,党通局特务迅速制定行动方案:打入富通印刷公司内部,摸清中共组织的全部情况,以便在全市范围内对中共组织实施全面打击。

然而,属保密局(原军统局)系统的上海市警察局,也获知了类似情报,想抢在党通局之前采取行动,党通局因此不得不放弃"打入内部"的迂回策略,决定提前下手,并破例在白天实施较大规模的行动。

党通局所指向的目标富通印刷公司,确实是中共领导的一个文化机构,也是中共的一个联络机关,它位于威海卫路(今威海路)587号,是一栋三层楼的建筑,一楼为书店,二楼为印刷厂,三楼为编辑部和二房东的寓所。

9月19日下午2时许,党通局的30多名特务,在一名彪形大汉的带领下,突然袭击了富通印刷公司。遭袭击后的富通印刷公司,大门外依然保持着平静,看不到有任何的异常,大门内则戒备森严,特务迅速控制了楼内的所有人员,控制了能与外界联系的电话,并安排重兵把守大门,专等楼外的人进来,企图对楼内楼外的人一网打尽。

当日晚上7时许，母亲来到富通印刷公司，进入大门后顿时觉得气氛不对，只见屋里站着许多人，他们既不说话，也不走动，神情紧张，面容呆滞。守候的特务劈头就问："你来找谁？"母亲急中生智，顺手指了一个富通印刷公司的职员。特务又问："你来做什么？"母亲说："'双十节'快到了，我们教师打算开联欢会，我是来印请柬的。"特务当然不会相信，一把夺过母亲的手提包搜查，从中搜到了一份《七七宣言》，这是中共中央纪念抗日战争胜利两周年的宣传文件，主旨是争取广大群众，建立反对国民党的统一战线。特务如获至宝，逼问："是谁给你的？"母亲回答："这是从邮局寄来的，我们学校的老师都收到了。"特务当然还是不会相信，立即给特务机关打电话，说："抓到了一名女共产党员。"母亲的回答是有据可查的，因为全市的市校教师，也包括国民党员身份的校长，确实都从邮局收到过教委系统共产党员寄发的《七七宣言》。

母亲1946年9月由上海市立比德小学调入上海女子师范学校，继续以教师身份为掩护，从事党的工作。母亲当时是两个团体的党组书记，一个是"上海市市校教师福利促进会"（简称市校福利会），一个是"上海市市校教师维护权利联合会"（简称市校护权会）。市校福利会成员是上海市各市立学校的教师，市校福利会是以进行事业性活动为掩护，以开展宣传教育、提高教师觉悟为宗旨，并设有社会名流参加的理事会，以扩大社会影响。市校护权会成员大多是市校福利会会员，市校护权会是以市校福利会为掩护，以维护教师权利为宗旨，主动出击，同国民党进行政治的、经济的等等各种形式的斗争。当日晚上母亲去富通印刷公司，是为了取回数天前委托承印的《上海市市校教师维护权利联合会宣言》，不幸被捕。

母亲自被捕的那一刻起，就真切地意识到：最严酷的考验已经到来。但是她并没有害怕，也没有想得太多，唯一牢记的就是"党的利益高于一切，宁可牺牲自己，决不叛党"，始终坚信的就是"人民的力量一定战胜独裁"，因此下定决心：决不承认共产党员身份，决不讲出一个关系，决不写悔过书，要同敌人作韧性的斗争。

当晚，党通局特务将在富通印刷公司上班的员工、二房东及其保姆，以及守候期间进入富通印刷公司的人员全部抓捕归案，这就是全国解放战争时期轰动上海的"富通事件"。

经受酷刑死亡的考验

母亲被特务单独塞进一辆囚车，驶往亚尔培路（今陕西南路）2号，这是党通局的机关，也是专门审讯和临时关押疑犯的地方。母亲刚一下车，一个特务就说："知道这是什么地方吗？这个地方进得来出不去啊！这里有36种大刑，72种小刑啊！"母亲被带往二楼审讯室时，看了一眼楼梯拐角处的立式大钟，时针正指向9时。

主审特务叫苏麟阁，原本是早期的中共党员，后被捕叛变，成为特务，是党通局行动组组长，也是专门审讯知识分子的老手。他除了按惯例询问母亲的年龄、籍贯、职业外，重点是追查到富通印刷公司去做什么，手提包里为什么会有中共中央的《七七宣言》。母亲照例用在富通印刷公司被捕时的话语来回答，并强调学校可以证明《七七宣言》是从邮局寄送的。特务认定母亲没有说真话，自信可以用酷刑撬开母亲的嘴。

严酷的刑讯开始了。

首先是夹手指。特务将棱角分明的方形竹筷，夹在母亲的十个手指间，用细绳将手指和竹筷子捆绑在一起，然后在细绳上插入一块用作手柄的木板，施刑者手握木板开始绞细绳，由慢到快，逐渐加力，越绞越紧，捆绑着的手指，在竹筷子锋利棱角挤压和摩擦的作用下，顿时就皮开肉绽，鲜血直淌，竹筷子紧夹着皮肉破裂以后的指关节,再加上嵌入手指的细绳的不断绞动,十指连心,痛不欲生。但是母亲明白,只有强忍剧痛,决不屈服,才是唯一选择,所以当特务乘势逼问母亲说不说时,母亲回答:"已经说了。"特务说:"不行。"母亲继续回答:"说一百遍也是一样。"特务见母亲拒不承认,就又更换刑具。

接着是绞头。特务用布条缠住母亲的头,一边用手握住布条外端的木棍,使劲转动,一边恶狠狠地说:"绞死你,绞死你。"布条立刻勒进肉里,头疼得跟裂开似的,母亲晕了过去,特务口含冷水喷在母亲脸上,将母亲弄醒,然后继续逼问,继续绞动,面对凶残的敌人,母亲咬牙坚持,并且下定决心,不再回答特务的任何提问。特务见母亲拒不回答,就继续变换花样。

又接着是捏淋巴。这一次是主审特务亲自动手了,他一边用手猛捏母亲颈部的淋巴,目的是破坏淋巴周围的神经,一边大声地说:"你还不承认呀!再下去肯定是要终身残废了,你不要命了啊!"母亲忍受着贯穿全身的痛,硬是咬着牙,坚强地挺着,依然不再说话。特务见三种刑罚都没能让母亲招供,就更加疯狂起来,马上改用大的刑具。

再接着是踩竹杠。特务强迫母亲跪在地上,两条手臂被两个特务拽着,然后在小腿上放上一根竹杠,让两个特务在竹杠上踩踏,这根承载着数百斤重量的竹杠,在母亲的小腿上来回滚动,小腿和膝盖又被地板顶着,腿骨几乎到了断裂的程度,母亲艰难地忍受着已经到了极限的剧痛,横下一条心,就是不开口,气急败坏的特务,只得再次更换刑具。

最后是坐老虎凳。特务将母亲的大腿捆在长凳上,两条手臂被两个特务拽着,小腿处加入一根木棍,两个特务抬起木棍,开始往脚后跟处垫砖块,锋利的砖块立刻将脚后跟磨得鲜血淋淋,双眼布满血丝、额头青筋突爆的特务完全疯了,他们不停地吼叫,不停地垫砖块,母亲在惨痛中一次一次地昏死过去,又一次一次地被特务用冷水喷醒,最后一直被加到6块砖块老虎凳的极限高度才算罢休。此时母亲的膝盖已完全脱臼,特务将砖块去除后,又给母亲脱臼的膝盖复位,撕心裂肺般的疼痛又使母亲昏死过去,特务再将母亲用冷水喷醒,从老虎凳上放下来。

此时特务已无计可施,只得停止刑讯。

母亲被警卫拖着下到一楼,交给了临时女牢中的难友,然后说:"这个女的真行,上了6块砖,又夹手指,又绞头,一个字都不说,只是喊和嚎,没有眼泪⋯⋯"此时已是9月20日凌晨5时15分。

此时的母亲已完全不能动弹,同牢的难友告诉母亲一定要站起来行走,否则受伤的双腿将来会失去行走的功能。于是母亲忍着剧痛,在难友的搀扶下,靠着墙艰难地移步,这样的恢复性锻炼一直持续了很长时间。母亲受伤的十个手指和脚后跟,特务也不给药,任其溃烂,好几个月都不能收口,而且还留下了瘢痕。

9月20日上午,特务将母亲押往劳尔东路(今襄阳北路)1号,党通局的另一处机关,也是关押疑犯的地方。下午2时和21日上午8时,特务又对母亲进行连续审讯,企图摧垮她的意志,但是特务没有再动刑,而是进行威逼和诱骗:"你年纪还轻,还有你自己的前途,快些说了就可以早些出去,否则我们是决不会让你出去的。""你如果承认了共产党,我们一定不替你讲出去。""共产党是没有前途的,你不要受他们的利用。""我们是很诚恳地在救你,你不要错过了机会⋯⋯"母亲对特务所讲的内容并不作答,只是明确表示,自己是一名教师,对政治不感兴趣,所以听不懂特务所讲的话。特务的连续审讯又未成功。

9月22日下午5时,并不甘心的特务再次对母亲进行审讯,主要是将第一次审讯时的问题,再重复地问一遍,看你的回答前后有没有漏洞。母亲知道,回答特务的问话,无论说多少遍,内容都必须始终如一,这一直是她自被捕后最最警觉的事。所以当特务再次询问时,能非常镇定地重复第一次审讯时所说的内容。特务看到她顽固不化的样子,又想动刑,因为劳尔东路1号没有大的刑具,特务也就不得不放弃了。

9月29日下午3时,特务在时隔一周后又对母亲进行审讯,主要是要母亲认真考虑,早些觉悟,早日恢复自由。为了不让特务再存有幻想,母亲直截了当地回答:"我为什么要为难自己呢?我每天都想解决问题,我已经坦白地将所有的事实都讲清楚了,可你们硬说我没有坦白,我又有什么办法呢?我希望你们去调查,让事实来证明我。"特务看依然没有效果,就结束了审讯。

1948年1月5日上午10时,特务又一次对母亲进行审讯,是直接要母亲写"反共宣言",并承诺写完后即可获得释放。母亲当即明确回答:"我没有看见过共产党,我不知共产党到底是怎么样的,所以我不会写。"特务要母亲慎重考虑,母亲非常干脆地回答:"不用考虑。"审讯就此结束。

4月14日上午10时,特务又一次对母亲进行审讯,用的是威吓的方法,说:"今天接到南京命令,对你的事情马上要解决,但是允许你写一封家信。"说着就把纸和笔推到母亲面前,母亲说:"我进来好久了,但是到今天为止,我根本不知道是为了什么,我也不知道你们要把我怎样。"特务说:"不用我们讲了,你自己都知道,陈子涛(《文萃》杂志编辑,4月13日晚押解南京)是第一个,你是第二个。"母亲说:"我因为不知道才问你呀。"特务说:"陈子涛是共产党,所以枪毙。"母亲说:"向顷究竟为了什么呢?如果南京已经决定了,你们又不让我讲理,那我也不预备说什么。"母亲拒绝了写遗书。

中午,特务给母亲送来饭菜。下午1时审讯继续,特务首先是不怀好意地问:"午饭吃过了?"母亲回答:"吃过了。"又问:"吃了多少?"言下之意:死到临头了,还有心情吃饭。母亲淡淡地看着他,说:"照样。"

特务看用死相威胁也不能奏效,就说:"你是不会死的,上午所以那样做,是为了看看你的态度,现在我们已经看到了,非常佩服,不过你还缺少大政治家的风度,一个政治家就应该大大方方,是什么就是什么,为什么要抵赖呢?例如明知道你是共产党,但是你偏不承认,这不是笑话吗?"母亲知道,这是特务用激将法在骗她说出真相，因此冷静地回答："我不懂什么大政治家，我只知道我是一名教师，我要讲的都已经讲过了。"特务再无良策，只得结束审讯。

1949年2月21日晚上9时，特务再次对母亲动刑，因为母亲拒绝填写"统建表"，所以无须再问话，直接拉到电椅上，但特务的嘴里却在咕噜，"叫你不填表"，"叫你还要领导监狱小组"。母亲的手和脚被绑在电椅上，通电后瞬间全身就颤抖起来，一会儿就昏死过去，特务用冷水将母亲喷醒，然后再通电，再喷醒，反复多次，终于结束电刑，母亲被从电椅上拉下来，押回牢房。

母亲自被捕后，共经受了8次审讯（酷刑、死亡、威吓、诱骗等）的考验，母亲之所以能始终坚贞不屈，首先是因为有党的教育和培养，有对国民党反动腐朽本质的仇恨，同时也与她出身于知识分子家庭，自小就受到良好的教育分不开。

142

坚贞不屈的狱中斗争

母亲被捕后，中共组织曾以上海女子师范学校的名义组织营救，也曾安排由校长陈鹤琴出面作保，皆未获成功。学校还曾组织教师和学生捐了许多食品，但都被特务扣留，最终母亲只拿到一个罐头。

母亲自跨入牢房的那一刻起，就坚定地告诫和鼓励自己：决不在监狱中消沉，要设法与党组织取得联系，要抓紧学习，保护身体，充实生活，坚决进行对敌斗争。

母亲在被捕后的第40天，给党组织写了第一张纸条，这张纸条是由与母亲关在同一牢房的曹舜琴（中共党员），缝在她的夹袄中带出的。曹舜琴也是因工作的杂志社在富通印刷公司楼内而被捕，此时因怀有身孕而获保释。

母亲的这张纸条是带给父亲王鼎成的。父亲当时是上海女子师范学校的党组织书记，公开身份是校长陈鹤琴的秘书，同时也兼任母亲负责的市校福利会会刊《福利消息》的主编,他们是并肩战斗的革命战友,也是处在恋爱萌芽阶段的恋人。母亲被捕后父亲的处境陡然凶险,为了保护母亲在狱中的安全,父亲不能撤离,但必须做好防范,因此白天坚持在学校上班,晚上则转移至其他地方居住。当父亲收到母亲给党组织送出的第一张纸条时欣喜万分,因为这是母亲在遭遇逮捕、囚禁的突变后向党组织第一次传递信息,特别是纸条的内容,让父亲无比激动无比欣慰,"请放心,我已经不是孩子了,懂得如何做人。我的课务请人代理"。父亲知道,母亲的第一句话,是向党组织报告自己已经经受住考验,第二句话,是请党组织安排好自己工作的继任者。父亲由衷地钦佩母亲的勇敢与坚强。

母亲在被捕后的60多天,又给党组织写了第二张纸条,这张纸条是由关押地蓬莱分局一名正直、同情革命者的饭师傅送出,此后父亲也通过饭师傅送入纸条,母亲与党组织的联系通畅了,这就使党组织能够及时了解到母亲在狱中的情况,也使母亲能够及时接收到党组织的指示,还有父亲的纸条中,那种浓浓的情深深的爱所给予的力量,这一切都更加坚定了母亲对敌斗争的意志和信念。母亲与父亲的纸条往来一直保持到1948年9月,因父亲根据党组织的安排,撤往党中央所在地西柏坡而中断。

母亲被捕后曾在三处关押,因亚尔培路2号、劳尔东路1号都是党通局机关,牢房很少,所以一般只用作便于审讯的短暂关押,而蓬莱分局则是规模比较大的监狱,所以蓬莱分局是母亲关押时间最长的地方。因为蓬莱分局二楼关押着的百余人都是政治犯,所以开展的狱中斗争,主要就集中在蓬莱分局。

共产党员在狱中是不暴露身份的,但是又总能够在言谈举止中体会到,所以这些在大家心里都明白的共产党员,自然就成为开展狱中斗争的组织者和领导者,在狱中起着黏合剂和引领者的作用。他们团结难友,一致对敌,党通局特务就是共同的敌人,他们也根据监狱警卫的立场和表现,实行有斗争有争取的策略,他们还区别不同难友的情况,采取依靠坚定的、鼓励动摇的、教育落

上海市警察局蓬莱路分局旧址

后的、批判自首的、打击反动的（关押者中也有特务和叛徒）方针，来保证斗争的胜利。

狱中的集体斗争，最具战斗力。1948年底进行的一次绝食斗争，就产生过较大的影响。斗争的起因是一名警卫班长，将一名工人难友打成重伤。党员抓住这一事件，发动大家以绝食方式抗议，警卫害怕事态发展会不可收拾，因此同意谈判，每个牢房出两名代表，母亲是女牢的代表。经过谈判，警卫答应代表们提出的三点要求：一是为受伤者治伤；二是今后不再发生打人的类似事件；三是撤走打人的警卫班长。不久，打人的警卫班长就调走了。这次斗争的胜利，坚定了党员的信念，鼓舞了斗争的士气，教育了广大难友，大家都深刻地认识到，无论在什么地方，什么环境下，只要团结一心，斗争就能成功。

狱中的信息传递，巧妙而隐蔽。蓬莱分局是一座口字形的两层楼房，天井四面一圈走廊，牢房面向天井的一面全为铁栅栏，这样的建筑特点，就为传递信息创造了条件。相邻牢房间的信息传递，若是大一些的东西，一般会用伸手推出和伸手取回来完成。若是一张纸条之类的东西，一般会放在漱口杯内，同样用伸手推出和伸手取回来完成。由于监狱地处原法租界，每晚都有固定时间停电的规律，所以利用停电的时间传递信息，是最集中也最安全的。隔着天井相对的牢房，如有事相告，也会通过打手势进行。还有就是利用早晨，一个牢房集体到盥洗室洗漱的机会，将写有内容的纸条，塞进盥洗室事先挖好的墙洞内，洗漱完后用手势告诉其他牢房，其他牢房会在洗漱时将纸条取回。所以无论哪个牢房读到最新的报纸，重要的消息就会很快传遍整个监狱。党员也是通过这样的方式来组织活动，领导斗争，有时还会通过直接在铁栅栏上挂出毛巾的方式，发布统一行动的信号。

狱中的囚禁生活，充满了战斗性。在党员的影响下，大家会用唱歌来振奋精神，鼓舞士气，而且不再有任何畏惧，凡在外面禁唱的进步歌曲、革命歌曲都敢在狱中唱。比如《团结就是力量》《解放区的天》《你是灯塔》《新四军军歌》等，特别到晚上特务不在时就更活跃。每当大家齐声高唱时，警卫都非常害怕，大叫不许唱，一个牢房安静了，别的牢房又唱起来，此起彼伏，斗志昂扬。警卫没有办法，只得求大家不要太闹。狱中虽然没有放风，大家却能注意保护身体，坚持在牢房内活动，以增强体质。

狱中的条件艰苦，大家却不以苦为苦。蓬莱分局的牢房，面向天井铁栅栏的一面是通透的，每当雨大风大时，雨水会落进牢房，雪花也会频频飘入，牢房内非常潮湿。到了夏季，无风的时候，闷热异常，成群的蚊子使劲叮咬，令人坐卧不安。到了冬季，凛冽的寒风，侵入身体，难友寒战阵阵，难以入睡。狱中的伙食比较粗劣，不仅饭少菜少，而且还经常只有腌菜，尽管女牢的难友也不一定够吃，却总是要省下一些给男牢的难友。狱中的条件虽然艰苦，但是大家依然相互鼓励，相互帮助，挺起胸膛，共渡难关。

母亲也在狱中始终坚持学习。母亲经常托饭师傅帮忙，偷偷购买《大公报》《展望》《世界知识》等书报杂志，饭师傅会在送饭时，一边大声喊"开饭了"，一边迅速将书报杂志扔进牢房，母亲会将书报杂志先捡起藏好，再躲到牢房的后部仔细阅读，其他人则在铁栅栏前望风，母亲读完后，会立即将书报杂志撕碎揉烂扔进室内的粪桶，然后将阅读的内容慢慢给同室难友解说，并将其中的重要消息及时传递出去。母亲就是用这样的方式，在自己学习的同时，带动了大家的共同学习。

母亲还在狱中坚持为同室难友教授文化。母亲所在的牢房只有她一个知识分子，其他难友或文化不高，或识字不多甚至是文盲，所以母亲担负起了文化教员的责任。母亲用比较系统的方法，结合革命的道理，给她们教汉字讲文化，母亲还会用"解放军打到哪里了"为题，画成地图解说，既分析了形势，增强了革命必胜的信心，又很自然地教授了地理知识。经过一个阶段的学习，这些识字不多甚至文盲的难友，大多都能给家里写上简单的纸条。母亲还会在难友缺少物品时，将自己也并不多的衣服和日用品赠送给她们，这种在危难和艰苦环境中的情谊，是极其可贵的。

母亲还对狱中的几段往事，一直有着深刻的记忆。

1948年4月13日深夜，特务突然闯进牢房，将《文萃》杂志编辑陈子涛、骆何民、吴承德押解南京，大家知道凶多吉少，都起来为他们送行，他们隔着铁栅栏与大家一一握手告别，此情此景，终生难忘。

上海杨树浦发电厂工人、中共党员王孝和，上海秘密电台报务员、中共党员秦鸿钧，分别于1948年4月和1949年3月，作为公开逮捕的"特刑庭犯人"，关押在对面的牢房，1948年9月30日和1949年5月7日先后被公开宣判枪杀，他们都是白天被押出去的。

1949年2月国民党从南京撤退，上海的党通局也呈疯狂现象，开始向广州、厦门疏散。特务欲将母亲和其他5名也拒绝填写"统建表"的难友一同带往厦门。为防止脱逃,还将5名男同志前面头发剃光,后面留下一撮,以便于押解。到4月渡江战役决战前,党通局内部更乱了,特务们争先恐后,准备逃离,已经再无心思将母亲他们带走了。

1949年4月渡江战役开始后,上海的党通局想把监狱中的政治犯,转交给上海的保密局。保密局头子毛人凤曾到监狱来转了一圈,说"你们都是马克思啊"就匆匆走了。因为保密局与党通局,素来就有矛盾,在富通印刷公司这件事上还曾有过冲突,当初保密局要抓捕,党通局则抢先,现在党通局想移交,保密局当然不要。此后,监狱中不再有特务出现。随着南京、苏州、杭州的相继解放,监狱警卫也很少出现,最后只剩一人把守大门。此时监狱中的政治犯也已陆续释放,女牢中已经只剩母亲一人。

1949年5月6日早晨,饭师傅突然打开女牢的铁门,对母亲说:"快走!快走!"母亲马上把被子一卷,由饭师傅送她到姐姐任课的学校。母亲成为整个监狱最后一个离开的政治犯,由此也结束了在国民党监狱长达596天的关押。

上海解放后,母亲等几位难友为饭师傅购买黄包车,帮助他解决生计,以感谢他对革命者所给予的帮助。

（本文发表于2019年7月,图片由作者提供）

陈独秀的上海往事

徐光寿

1921年7月23日，中国共产党第一次全国代表大会在上海法租界贝勒路树德里3号（后改为望志路106号，今兴业路76号）召开，宣告中国共产党的诞生。出席大会的各地代表共13人，共产国际代表马林和赤色职工国际代表尼科尔斯基莅临指导。陈独秀因故没能出席，却被选为中央局书记，并从此连任五届中共中央最高领导人，达到他一生事业的巅峰。其实，从1915年9月在上海创办《青年杂志》、发起新文化运动始，至1932年10月被押解南京、最终离开上海止，其间除1917—1920年的三年应聘任职北京大学外，他一生最重要的17年中约有14年在上海度过，尤其最辉煌的6年党的领袖生涯几乎都在上海。

革命事业从上海起步

陈独秀（1879—1942）出生于安徽安庆，这里素有"万里长江此封喉，吴楚分疆第一州"之称。1896年他考取安庆府试第一名秀才，但次年江南乡试落第，受上海《时务报》主笔梁启超启发，开始倾心改良，鄙视科举，从而偏离了"秀才—举人—状元郎"的传统人生，开始了"康党—乱党—共产党"的峥嵘岁月。这也是中国近代社会发展的基本轨迹。

陈独秀最早知道上海,应在20岁前。受维新思想感染,1897年,18岁的他写下洋洋洒洒7 000余言的《扬子江形势论略》,旁征博引,详尽论述万里长江从上游到江口的地理情况和险要形势,对长江水文和两岸地貌介绍得十分仔细。全文虽未提及"上海",但对如今上海沿海一带崇明、宝山和川沙等处的地理均有论述,对长江防务也有建言,颇有见地。

陈独秀最早到达上海的时间,现有史料并无确切记载,有关他的各种传记亦无任何交代。笔者根据19世纪末20世纪初长江内河、北方沿海的航运及东北地区陆路交通状况推理,应是1898年他随在奉天省新民府为官的嗣父陈衍庶从安庆赴辽东时途经上海,其路线应是:从安庆乘坐长江航运轮船抵达上海,转乘上海至旅顺的轮船,再转旅顺至奉天府的陆路交通,并经奉天府转赴西北方向的新民府。这是当时一条最为快捷的路线。1899年他从新民府仓促返回安庆为母奔丧,仍沿此线原路返回。在家中未住多久,又从此线奔赴新民。1901年初再返安庆,承担资产阶级思想启蒙杂志《励学译编》代售处工作,开展维新活动。

在1915年9月创办《青年杂志》并定居上海前,陈独秀究竟多少次途经上海,已很难确切统计。然而,在此期间有两点应是确切无疑的,一是他实现了从"康党"到"乱党"的思想转变,而且这个转变主要是在上海完成的;二是上海成了他奔赴各地的中转站:1898、1899、1909年三次途经上海奔赴东北并原路返回,1901、1902、1907、1909、1914年五次东渡日本,无不途经上海往返,可惜均未留下资料记载,各种传记、著作亦鲜有述及。

1903年8月,陈独秀曾应邀来沪参与章士钊、苏曼殊等创办的《国民日日报》的编辑工作。该报是为接替因宣传民主革命被清政府查封的《苏报》而创办的,但规模竟超过《苏报》,且其"篇幅及取材较《苏报》新颖",因此"发刊未久,风行一时,时人咸称为《苏报》第二"。只有章士钊和陈独秀两人承担全部编辑事务,常常彻夜工作。该报刊载时论、学说、思想介绍以及中外、地方等新闻,尤其重视登载揭露清廷腐败和社会不公的文章。可惜因革命党人的内部矛盾和清廷的严厉查封而被迫停办。

　　1904年10月,陈独秀再应章士钊之邀从芜湖专程来沪,参加东京军国民教育会暗杀团(一称爱国协会)在上海的暗杀活动。该团以"鼓吹、暗杀、起义"为三大任务,而以暗杀为重点工作。在此后大概一个月中,陈独秀日复一日地与革命党人杨笃生等一起试制炸药,蔡元培也常来试验室练习、聚谈。后因华兴会长沙起义失败,加之革命党人万福华在沪行刺出卖广西路矿主权的前广西巡抚王之春事败,暗杀团机关被查抄,部分革命党人被捕,暗杀团活动暂时停止。陈独秀返回安徽芜湖续办资产阶级革命报刊《安徽俗话报》。

　　创办《青年杂志》,发起新文化运动,是陈独秀革命生涯的高潮,发生的地点仍在上海。1915年9月15日,陈独秀在上海法租界环龙路老渔阳里2号(今南昌路100弄2号)创办《青年杂志》(第二卷起改名《新青年》),高举民主、科学两面大旗,发起资产阶级革命文化运动。创刊伊始,陈就将办报、办刊作为发起资产阶级文化运动、促进思想解放的有效途径,并着力构建以《新青年》为中心的

1915年9月,陈独秀在上海创办《青年杂志》,后改名《新青年》

报刊传播阵地。对此，任卓宣数十年后在《陈独秀先生的生平与我的评论》中回忆：陈独秀当年曾和他谈创办杂志的意义和信心，令他印象极为深刻，对他的影响也至为深远。此外，汪原放在《回忆亚东图书馆》中说，据汪孟邹回忆，"民国四年（1915）仲甫亡命到上海来，他没有事，常要到我们店里来。他想出一本杂志，说只要十年、八年的工夫，一定会发生很大的影响，叫我认真想法。我实在没有力量做，后来才介绍他给群益书社陈子沛、子寿兄弟"。就这样，《新青年》杂志应运而生。它的创刊，吹响了思想革命的号角，标志着新文化运动的发起。

陈独秀创办了《新青年》，《新青年》造就了陈独秀。主编《新青年》，领导新文化运动，使陈独秀真正成为中国思想界的精英，并开始在上海扬名。他潜心于《新青年》，以至于1917年北京大学新校长蔡元培邀其出任北大文科学长时，他起初不愿受聘，"要回上海办《新青年》"。后经蔡"三顾茅庐"并提议将《新青年》搬来北大编辑时才勉强接受，但仍表示"试干三个月，如胜任即继续干下去，如不胜任即返沪"。五四运动前后，陈独秀遭北大保守势力的排挤和北洋军阀的逮捕、迫害，被迫于1920年2月在李大钊的护送下离京返沪，仍居住在原安徽都督柏文蔚赠送他的上海法租界环龙路老渔阳里2号的石库门房子里，《新青年》编辑部也随之由北京迁回上海。6个月后，这里就成了中国共产党上海早期组织的诞生地。

辉煌业绩在上海实现

狂飙突进、风云变幻的五四时代将一座伟大的城市与一位伟大的人物紧密地联系起来。此次返沪，陈独秀立志发动工农大众反帝反封建，迅速向马克思主义者转变。1921年7月，中共一大在上海召开，标志着中国共产党成立，陈独秀因为在新文化运动、五四运动和中共创建中的崇高声望，缺席当选为中央局书记。由此，上海成了中国共产党的诞生地和中共中央的第一个驻留地。

在近代中国产业工人的聚集地和西学东渐的桥头堡,在"国中之国"租界长期存在的上海,陈独秀成就了其一生中最为辉煌的业绩。

从1920年2月尤其从1921年9月在广州主持广东全省教育工作9个月后重新回到上海之时起,陈独秀正式就任中国共产党中央局书记,从此成为职业革命家。此后,他除奉派前往莫斯科(1922年11月—1923年2月)出席共产国际"四大"和奉命去广州(1923年5月—7月)筹备并主持召开中共"三大"的短暂时光外,一直坐镇上海领导革命。

1920年2月至12月,在这不到一年的时间内,陈独秀在上海相继指导并组织了声势浩大的1920年"五一劳动节"集会,接待了首次来华的俄共(布)代表维经斯基,并在维经斯基的指导和推动下组织了中国第一个共产党早期组织——中国共产党发起组,成立了中国社会主义青年团,组织翻译并出版了《共产党宣言》全译本等一批马克思主义经典著作(上海档案馆保存了一本1920年出版的《共产党宣言》,因其珍稀罕见,已被列入"上海市档案文献遗产"名录),发表马克思主义观点十分鲜明的《谈政治》一文,正式转变为马克

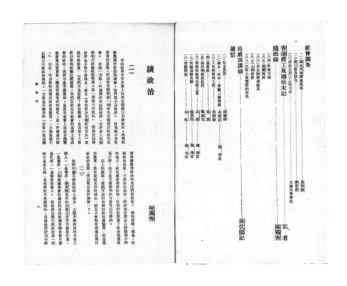

《谈政治》刊于《新青年》第八卷第一号(上海市档案馆藏)

思主义者,创立了党领导的第一个工会组织上海机器工会,指导并推动了全国各地共产党早期组织的建立,等等。

虽然错过了中共一大,但陈独秀亲自主持了中共二大。中共二大不仅是他作为党的主要领导人期间主持的唯一一次没有共产国际代表列席的党的全国代表大会,也是共产国际存续24年(1919—1943)间唯一一次没有共产国际代表"列席"的党的全国代表大会。陈独秀亲自起草了《中国共产党第二次全国代表大会宣言》。中共二大取得了一系列重大成果,可简要归纳为六个"第一":第一次鲜明制定了党的最高纲领与最低纲领,指明了中国革命的正确方向。这是中共二大最重要的贡献,也是陈独秀和中共中央的辉煌业绩;第一次完整制定了党的章程,首次写入党的"纪律",作为仅有195名党员的党的行为规范,并依据章程选举产生了以陈独秀为委员长的中央执行委员会;第一次通过了建立民主的联合战线的决定,最早提出关于统一战线的思想和策略;第一次对中国社会政治经济状况作出详细分析;第一次比较完整地提出了对工会、青年、妇女运动的要求;第一次提出和通过了加入共产国际的决

党的二大通过的《中国共产党宣言》

定。中共二大是党的创建任务完成的界碑,具有使党定型的意义,作用甚至超过中共一大。至此,中国共产党的创建大业才宣告完成。

除了中共二大,1925年1月陈独秀在上海主持召开中共四大,正确分析了中国社会各阶级的革命态度问题,不仅提出了无产阶级在民主革命中的领导权问题,而且根据农民是中国革命主要力量的观点,提出了无产阶级与农民建立巩固的工农联盟的重要思想,还制定了有计划地开展工农运动的方针。党的四大关于无产阶级在民主革命中领导权和农民同盟军问题的阐述,表明党已经把新民主主义革命基本思想的要点提出来了,对中国革命规律的认识又前进了一步。党的四大作出的各项正确决策,为大革命高潮的到来作了政治上、思想上和组织上的准备。此后,全国的革命形势迅速发展,工人运动风起云涌,农民运动轰轰烈烈,大革命的高潮来临了。

1925年5月,五卅运动在上海爆发,陈独秀以中共中央总书记的身份,和李立三、刘少奇等一起领导了这场伟大的群众性反帝爱国运动。每逢有重大决策,如应否罢工、提出什么条件、如何进行谈判、能否签字等,陈独秀都亲自

1927年3月上海工人第三次武装起义时的上海工人纠察队

参与筹划,从而使罢工运动演变成全国性大规模的反帝群众运动。五卅运动大大提高了全国人民的觉悟程度和组织力量,在全国范围内为北伐战争准备了群众基础,并将国民革命推向高潮,从而揭开了1925—1927年中国大革命的序幕。正如著名工人运动领袖邓中夏所说:"五卅运动以后,革命高潮,一泻汪洋,于是构成一九二五至一九二七年的中国大革命。"

最后,在以陈独秀为总书记的中共中央领导下,由中央军委书记兼特别军委书记周恩来担任总指挥,1927年3月21—22日,上海全市80万工人发动了第三次武装起义。经过30个小时的浴血奋战,终于攻克了华界中敌人的全部据点,占领了上海,取得起义的胜利。起义过程中,租界里的中国工人也集合到华界参加起义,显示出中国工人阶级的政治觉悟。起义的胜利,打击了帝国主义和北洋军阀的反动统治,显示了中国工人阶级的顽强战斗精神和强大组织力量。

当然,陈独秀在上海不仅有两次被捕的苦涩回忆和一度失踪的难堪经历,而且有发表《汪陈联合宣言》的严重错误。1927年4月初,奉共产国际之命,陈独秀离开上海到达武汉,中共中央短暂随迁武汉。他虽仍在中共五大上继续当选为中共中央总书记,但面对岌岌可危的革命形势,在共产国际及其驻华代表的严重干预下,他已然迷失前进的方向。7月12日,他被停止了职务。

在创造辉煌业绩的6年中,陈独秀在上海也经历了两次被捕,并闹过一次离奇的"失踪"事件。

上海法租界巡捕房实施了这两次逮捕。其实,上海租界当局早就密切关注陈独秀在上海的行踪。早在1920年8月22日,上海公共租界工部局的《警务日报》就出现了关于陈独秀在沪组织社团的密报,是由工部局警务处处长麦高云(K. J. McEuen)呈送总办利德尔(N. O. Liddell)的报告。《警务日报》是用英文撰写的,将陈独秀的名字拼写为Chen Tuh Hsu。

第一次被捕发生在1921年10月4日。身为中国共产党中央局书记的陈独秀,那天照常在法租界老渔阳里2号的住处开展党的工作,俄籍华裔共产党员杨明斋与中国共产党青年党员包惠僧、柯庆施正陪同陈独秀夫人高君曼打牌。下午2时许,有三个"白相人"从前门闯入,先说要见陈独秀,又说要买《新青年》。陈独秀是坐过大牢的人,对此十分警觉,立即转身想从后门离开,但为时已晚,后门已被封堵。陈独秀等五人随即被捕,并被带到法租界巡捕房关入牢房,《新青年》等进步印刷品也被搜去。值得钦佩的是,据当事人包惠僧回忆,在会审公堂审问时,陈独秀以"有事我负责,与客人无关"的勇敢态度保护了党内其他同志,表示自己不怕坐穿牢底,并秘密嘱咐包惠僧出狱后继续干革命。

在同志们被陆续释放后,在共产国际代表马林聘请法国律师巴和为陈辩护并出资打通了会审公堂的各个关节后,10月26日,陈独秀终被释放出狱。为营救陈独秀,国民党总理孙中山打了电话给法租界领事,中共中央局宣传主任李达通报各地党组织派人来上海。此外,上海各大报纸纷纷登载陈独秀被捕的消息,也给租界当局施加了压力。患难见真情,陈独秀一向很重友情。这次历时22天的被捕给陈独秀带来的最大变化,就是改变了他对共产国际及其代表的态度。此后,陈独秀开始与马林合作共事,中共开始接受共产国际的领导和经费支持。

第二次被捕发生在1922年8月9日,逮捕陈独秀的还是上海法租界当局。这次被捕的起因看起来更像一出闹剧。据1925年1月7日出版的《向导周报》刊载陈独秀的《我们对于造谣中伤者之答辩》介绍,这次被捕缘于敌人对中国共产党的造谣中伤,"说我们得了俄罗斯的巨款"。听信谣言的法租界巡捕房华探杨某"向我的朋友董、白二君示意要敲竹杠"。陈独秀说,"我当时只得挺身就捕",显示出大无畏的英雄气概。真相确如陈独秀所言吗?

据1922年8月10日上海《时事新报》报道:"陈独秀氏寓居法租界铭德里二号,昨(九日)被法总巡捕房特别机关西探目长西戴纳,会同督察员黄金荣,华探目程子卿、李友生,包探曹义卿等捕获,带入卢家湾总巡捕房,候请公堂讯核。"11日该报又报道:"陈独秀被捕情形,已见昨报。兹悉陈在前日上午十一时被拘,经捕房抄得陈炯明月前汇给其四万元之证据一纸外,又有各种鼓吹主义之书籍纸板多种。据粤中来沪之某君云,陈炯明于月前确有四万元汇沪,请陈独秀对某氏驻沪团体,施行某项计划所用云。"又据该报8月12日报道,法租界巡捕房"侦得法新租界陈独秀家藏有违禁书籍,故于前日带同探目等,前往陈家,抄出各种鼓吹书籍甚夥,带入捕房"。

综合《时事新报》连续三天的跟踪报道,陈独秀此次被捕真相有二:其一,陈独秀是被法租界逮捕的,黄金荣参与其事,并非陈本人所言的"挺身就捕";其二,被捕的真正原因主要是"宣传布尔什维克主义",所谓接受陈炯明四万元汇款一事,有待核实。关于经费问题,陈独秀曾在中共三大报告中坦承:"党的经费,几乎完全是我们从共产国际得到的。""今年我们从共产国际得到的约有一万五千。"陈独秀主持中央工作期间,何曾得过一笔四万元的巨款支持?!

然而,陈独秀再次被法租界当局逮捕,依然引发了上海各界社会名流和进步团体的极大愤慨,他们纷纷开展营救陈独秀的活动。据《胡适日记》记载,时任上海商务印书馆总编辑的胡适8月16日致信北洋政府外交总长顾维钧,认为法国人近年所做之事,实在大伤中国青年的感情。胡适请顾维钧以此意劝告法公使,请他们不要如此倒行逆施,惹出思想界的"排法"感情。又据《时报》1922年8月18日报道,闻陈独秀被捕,蔡元培、李石曾等不仅联名致电法领事,且"已面质法使,请其转令沪法领释放"。尤其产生重大影响的是,京沪等地全国十大革新团体联合发表宣言,反对法国人的横暴,指出"陈独秀是一个改造中国的先驱,一个为解放中国劳苦群众奋斗的革命家",号召群众在全国各地举行示威活动。声势浩大的营救运动彰显出陈独秀的崇高的社会声望,迫使法租界中法会审官于8月18日下午判决对陈独秀判罚大洋400元后交保释放。

一年内两次被捕的经历，使共产国际对中共中央机关和陈独秀在上海的人身安全产生了担忧，共产国际提出了中共中央的迁址问题，陈独秀则考虑要重新选择一个秘密的住处。

据陈独秀的同乡老友、上海亚东图书馆老板汪孟邹在1925年10月13日的日记中所记，陈独秀在与移居南京的高君曼感情破裂后开始有了新欢，"拿经济接济心爱的人，过天上的好日子"。至于这个"心爱的人"的真实身份，长期不为人所知。据郑超麟《陈独秀在上海住过的地方及其另一个爱人——施芝英》（手稿）所记，从1926年1月上旬起，陈独秀便不来中央机关看文件了，因为没有人知道他的住址，也没有办法找到他。秘书处秘书任作民首先恐慌起来，他报告了瞿秋白、彭述之、张国焘等中央领导，他们也恐慌起来。一天天过去了，大家近乎绝望，猜想他可能被秘密处决了。《民国日报》还刊登了寻人启事。由于陈独秀已有月余与中央断绝消息，其"失踪"事件竟成为1926年2月21日—24日在北京召开的中共中央特别会议"两个顶重要的问题"之一。不料会议刚开之时，就接陈独秀上海来电，说已经可以扶病视事。原来，他因患伤寒病住进了医院，他的女伴服侍他。同志们虚惊一场，少不了要数落他。他答应以后秘书任作民一人可以去他的住处。

陈独秀神秘的女伴究竟是谁？这个谜底直到10年以后才初露端倪，完全揭开则是半个世纪以后。1937年9月陈独秀抵达武汉，一个名叫陈虹的女青年找到陈独秀，自称是陈的女儿。陈当面告诉她，你不是我的女儿，你是你母亲的养女，态度鲜明。20世纪80年代，在新疆工作的三个年轻人（两女一男）给有关方面写信，说他们的母亲叫陈虹，新中国建立后在上海电影制片厂工作，1969年病故。外祖母叫施芝英，1973年病故，外祖父叫陈独秀，三人自称是陈独秀的外孙。有关方面这才知道陈独秀与高君曼分居后，是和一个叫施芝英的女医生同居。他们大约一起生活到1927年3月分手，施芝英与他人结婚，陈独秀不久奉命前往武汉。至于陈虹，有关方面调查证实，她并非陈独秀的亲生女,而是施芝英的养女。至此,沉眠了半个多世纪的陈独秀"失踪"之谜终于大白于天下。

革命生涯在上海结束

上海四一二反革命政变后,蒋介石悬赏3万大洋缉拿陈独秀。1927年7月12日,陈独秀在武汉被共产国际剥夺了中共中央领导权,后在八七会议上受到严厉批判并被正式撤销中共中央总书记一职。9月下旬,陈独秀在中央安排下化装返回上海,开始对大革命失败问题进行深刻的反思,自称在较长一段时间内"差不多完全在个人的反省期间"。为安全起见,他先隐居在江西北路福生里(今罗浮路)酱园弄的一幢三层楼房,1930年又隐居到熙华德路邓脱路(今东长治路丹徒路)一弄堂房子的前楼,后又几次搬家,1932年最终住到岳州路永吉里11号。此次返沪,他不仅没有任何党内职务,而且带着满眼迷惑和满腹怨气,其政治生涯已进入"气尽途绝"的晚年。在熙华德路邓脱路隐居期间,他结识了邻居、青年女工潘兰珍。因朝夕相见,日久生情,两人结为老夫少妻并相伴终身。凄惨的晚年有人照应生活,总算是件值得欣慰的事。

中共中央随后也迁回上海。虽然临时中央政治局领导人瞿秋白曾数次前来劝他遵照共产国际指示去苏联讨论中国革命和他个人的问题,但都被他一概拒绝。而且,到1927年底,在中国革命总方针等问题上,他与临时中央已开始发生分歧,且愈来愈大。

1927年11月,临时中央政治局在上海召开扩大会议,史称"十一月会议"。与八七会议一样,陈独秀虽身处上海却再次未被通知参加会议,十一月会议又成了一次对他的缺席批判会,扩大了八七会议时所产生的极"左"情绪,开始了"左"倾盲动主义对全党的统治。陈独秀不平则鸣,于11月中旬和12月先后三次致信临时中央,与中央讨论中国革命的总方针问题。但是,临时中央对他的

159

意见"不但不提起注意，而且当作笑话到处宣传"，这当然挫伤了陈独秀给中央提意见的积极性。此后大概有一年多的时间他没再向中央写信提意见。

一波未平，一波又起，陈独秀与中共中央在对中东路事件的态度上出现了新的分歧。1929年7月发生的中东路事件，是中国东北地方当局为收回苏联对中国东北铁路的特权而发生的中苏军事冲突。针对中共中央7月17日发出的第41号通告号召中国人民"反对帝国主义进攻苏联"，甚至提出"保卫苏联"的口号，陈独秀于7月28日、8月5日和11日三次致信中共中央，不同意这样的宣传方针，认为是"离开具体问题说教式的单调宣传"，不仅会"使群众误会我们只是卢布作用，而不顾及民族利益；而且使国民党很便当地简单明了地把他们'拥护中国'的口号和我们'拥护苏联'的口号对立起来，听群众自己选择一个"，"在策略上即宣传方法上，便大大地成为问题"，易为国民党所利用，从而孤立我们，使我们脱离群众，对我们不利。

陈独秀的意见显然有一定的道理。然而，他与中共中央在中东路事件宣传方针上的分歧和交锋，不过是关于中国革命问题全面争论的前奏，只是他被开除中国共产党党籍的导火线，而非根本原因。中共中央对他三次来信的警惕和关注，已远远超出对他关于中东路事件宣传方针的意见。纵观陈独秀大革命失败后的主要言论和行动，他被开除党籍的根本原因在于托派问题。此时的他，已经在情感上同情托派、理论上接受托派、行动上参与托派。

从中东路事件前的1929年5月起，陈独秀在上海接触到当时国内唯一的托派小组织——"我们的话"派散发的托洛茨基关于中国革命的一系列文件。他读后恍然大悟，称赞"托洛茨基同志所指出过去大革命失败的教训是百分之百的正确"，并在中国革命的性质与任务、党的方针策略这两个关系中国革命方向、道路和前途的极为现实的问题上，完全赞成托洛茨基观点。

应该说，中共中央在开除陈独秀党籍问题上，态度是极其慎重的。首先，中共中央一开始就对陈独秀等人非组织的派别活动提出了警告。8月28日，共产国际和中共中央代表约他谈话，指出陈不应该发表和中央不同的意见。其次，在得知陈参与托派组织活动后，10月6日，党中央向他发出"书面警告"。但他执迷不悟，反而在10月10日复信中央时，向中央作"最后的警告"，并表示他决心"结合下层的革命群众和上层领导机关奋斗，而不计其他！"再次，10月15日，中央政治局会议召开，通过了《关于党内机会主义与托洛茨基主义反对派的决议》，决定：（1）"小组织必须马上解散，对于参加的同志必须予以组织上的制裁。"（2）其成员如"仍然固执他的取消主义的思想，不执行党的策略，不服从决议的，应毫不犹疑地开除出党"。（3）"独秀同志必须立即服从中央的决议，接受中央的警告，在党的路线之下工作，停止一切反党的宣传与活动。"很清楚，这是对他的最后警告。但陈竟在10月26日与彭述之等联名致信中央，公开打出"反对派"旗帜，向中央示威。最后，中央政治局在11月15日通过《关于开除陈独秀党籍并批准江苏省委开除彭述之、汪泽楷、马玉夫、蔡振德四人决议案》，最终开除了陈的党籍。

1929年11月被中共中央开除党籍，标志着陈独秀革命生涯的终结。

1932年10月15日，因所谓托派中央内部叛徒的出卖，陈独秀在上海岳州路永吉里11号的住处被公共租界当局逮捕，迅即押解江苏高等法院第二分院。租界当局不顾陈独秀的抗议和反对，将他引渡给国民政府上海公安局，而不像前两次在上海被捕那样仅由租界当局审判。10月19日晚，陈独秀在戒备森严的上海火车北站被大批荷枪实弹的上海闸北警方解交南京国民政府首都卫戍司令部，并被押上当晚11时从上海开往南京的火车，居然酣睡达旦，一时传为佳话。

1933年4月经江苏省高等法院审判，中华民国最高法院最终判决，以"文字为叛国之宣传"判处他有期徒刑8年，关押在江苏省第一模范监狱（俗称老虎桥监狱），直至1937年8月23日因日军飞机轰炸国民政府首都南京。在中共抗日民族统一战线政策的感召下，陈独秀被提前释放。此时，日军已在上海

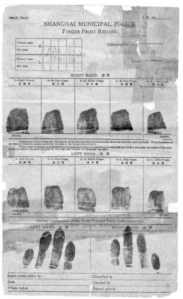

陈独秀曾被捕5次,其中3次是在上海。这份上海租界巡捕房的指纹卡,记录了他1932年10月被公共租界巡捕房逮捕,以及1921年10月、1922年8月被法租界巡捕房逮捕的情况(上海市档案馆藏)

挑起衅端,八一三淞沪抗战拉开帷幕,全民族抗日战争局面正式形成。出狱后的陈独秀虽然仍想返回上海,但处于淞沪会战中的上海早已烽火连天弹痕遍地。陈独秀只好转身向西,经武汉到重庆,全力投入全民族抗战的滚滚洪流之中。最终为生计所迫栖身四川江津(今属重庆)郊外的鹤山坪石墙院,在学术研究中度过了贫病交加的风烛残年。1942年5月27日,陈独秀在江津去世,享年63岁。

(本文发表于2016年11月)

陈延年、陈乔年
兄弟的上海往事

徐光寿　徐　敫

　　在草木葱郁的上海龙华烈士陵园中，静卧着一对同胞兄弟的墓碑，就是陈延年、陈乔年二人。他俩都是中国共产党主要创建者陈独秀的儿子。2018年是陈延年烈士诞辰120周年，也是陈乔年烈士遇害90周年。在1927年7月到1928年6月的一年时间内，两个不到30芳华的年轻革命者先后牺牲在上海龙华，后被安葬在龙华烈士陵园。

陈延年（1898—1927，安徽怀宁人）（上海市档案馆藏）

陈乔年（1902—1928，安徽怀宁人）（上海市档案馆藏）

"一代双骄"

陈延年（1898—1927）为陈独秀长子，陈乔年（1902—1928）为陈独秀次子。据陈家亲戚潘赞化在《我所知道的安庆两个小英雄故事概述》记载，陈家是安庆城内有名的书香门第，历来重视子孙的文化教育。陈独秀格外重视陈家后人的思想教育和人格养成，他虽因常年奔走革命，与子女聚少离多，但很关心他们的教育和成长。据陈独秀回忆，在孩子们幼年时陈就"设出种种的法子，一面和他做游戏，一面就是教他学问，叫小孩子个个欢天喜地，情愿受教"。兄弟二人天资聪慧，并且勤奋好学，自幼博览群书，拥有扎实的国学功底。

1915年9月，自日本返沪创办《青年杂志》的陈独秀得知安庆陈家遭到袁世凯党羽、反动军阀倪嗣冲的搜查。为保护两个儿子，随即令兄弟二人来上海求学，进入上海法语补习学校学习。受陈独秀"自创前途"家风的影响，两人逐渐半工半读，自谋生活，晚上在《新青年》杂志发行所堂店的地板上休息，吃的是难以下咽的大饼，穿的是发白的粗布长衫，身形消瘦。尽管日子过得十分艰苦，但两人却一直清贫乐道，于1917年双双考入震旦大学深造。单衣粗食、面有菜色的二人，连陈独秀的家人和朋友们见了都规劝连连，多有责怪陈独秀之意，但深谙人生艰难的陈独秀则坚持"少年人生，听他自创前途可也"。兄弟俩也坚持"少年人宜使苦，苦则志定"，多次婉拒祖母谢氏的接济，自力更生，初立鸿鹄之志。当父亲挚友潘赞化询问二人对于父亲因五四学潮被捕入狱之事看法，兄弟二人给予肯定："既做就不怕，怕则不做。""志士仁人，求此机会作光荣的牺牲而不得。"可见二人已经具备大局观。

陈独秀在北京大学担任文科学长的1919年1月，"二陈"兄弟在上海与黄凌霜等组织无政府主义进化社，创办《进化》杂志。6月11日至9月16日陈独秀被北洋军警逮捕入狱期间，"二陈"兄弟则受"工读"新思潮的影响，筹划赴法深造，探求救国真理。他俩通过无政府主义者吴稚晖的亲笔介绍信，以"党人资格漫游世界"，获得华法教育会的资助并直接赴法上学。

1919年12月25日，兄弟俩登上法国邮轮"安德烈朋"号轮远赴法国，经过近40天的漂泊，于1920年2月3日抵达法国。起初，兄弟俩住在巴黎凯旋门附近的伯尼街22号，依旧是勤工俭学，做工学习两不误。凭借着流利的法语以及扎实的文化功底，二人考入巴黎大学附设的阿里雍斯学校，计划待学业有所长进再报考巴黎大学，此时却陷入勤工俭学危机。受无政府主义者吴稚晖等掌控的华法教育会，过河拆桥地宣布与勤工俭学的学生脱离经济关系，造成大批工读学生奔波流浪。虽然兄弟二人属于自费来法者之列，但生活上也靠华法教育会的接济，属于半官费生。相较于依赖成性、因经济拮据而意气消沉的其他学生，在上海过惯了清贫生活、辗转异国的兄弟二人依旧能够勤勉互助，并且意志坚定地自力更生。

此后，来法勤工俭学的学生与华法教育会的冲突愈演愈烈。1921年间，"二二八"运动、6月拒款斗争、9月争回里昂中法大学斗争相继爆发，中方负责人竟勾结法国反动当局迫害中国学生，强行逮捕并遣送100多位示威学生回国，最终致使个别留学生（如熊志南）精神失常惨死异国，导致绝大部分留学生激于义愤而与吴稚晖等人彻底决裂。全程目睹此事并亲身经历迫害的二陈兄弟俩幡然醒悟，看到了无政府主义的空想性和反动性，挣脱了无政府主义的束缚，与吴稚晖等人一刀两断，毅然决然地加入斗争行列。这也使得吴稚晖等人怀恨在心，以致后来在四一二反革命政变中陈延年被杨虎逮捕时落井下石，暴露延年身份，直接导致延年牺牲。

在参与生存斗争的过程中，陈延年和陈乔年结识了一批共产主义者，如蔡和森、周恩来、赵世炎、王若飞等，并得到他们极大的鼓励和帮助，渐渐开始信仰马克思主义，积极参与共产主义者的革命活动，最终与其父陈独秀殊途同归。1922年夏，兄弟俩学习了法国共产党印刷出版的《共产党宣言》和《空想社

1923年，旅欧中国少年共产党临时代表大会代表在巴黎合影（前排左起：2为赵世炎，6为陈乔年，8为陈延年）

1922年8月，旅欧中国少年共产党和中国共产党旅欧支部的机关刊物《少年》在巴黎创刊，前后共出版了13期。1924年，新的机关刊物《赤光》在法国创刊后，《少年》即终刊（法国里昂图书馆藏）

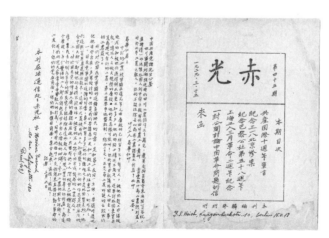

《赤光》第四十五期，1929年3月15日发行（法国里昂图书馆藏）

主义和科学社会主义》等马克思主义经典著作,最终完成了由无政府主义向马克思主义的转变,并主动在巴黎街头开办了中国书报社,广销社会主义、共产主义书刊,积极宣传社会主义思想,随后参与旅欧中国少年共产党成立大会(简称"少共"),成为第一批少共成员。陈延年被选入少共中央执行委员会,任少共宣传部部长,并负责少共机关刊物《少年》月刊的编辑和刻蜡版。由于经费短缺,兄弟俩分工协作,一个刻字,一个油印,经常忙到深夜才休息。在成员们共同努力下,《少年》杂志渐渐成为学生和工人中热火朝天讨论的话题,而后被称赞为巴黎的《新青年》杂志,促使少年共产党的社会影响力急剧提高。

"二陈"兄弟的出色工作受到少共领导们的一致赞许,同年秋季,经旅法越南马克思主义者阮爱国(胡志明)介绍,两人加入法国共产党。消息传至中共中央,引起中央高度重视,时任中共中央执行委员会委员长的陈独秀也倍感欣慰。为了扩大共产主义的影响力,发展党在旅欧人员中的力量,中共中央经调查研究后,正式承认旅欧共产党早期组织成员和参加法共的同志为中国共产党党员,并组成中共旅欧支部,陈延年、周恩来、赵世炎等被选为中共旅欧支部领导人。此后不久,《少年》杂志更名《赤光》,由陈延年兄弟俩与邓小平等主持编辑出版,进一步提高了共产主义思想在法国的影响力。

1923年春,中共旅欧支部接到中共中央赴莫斯科出席共产国际四大代表团关于派员前来苏联学习的通知,经商讨,决定派陈延年、陈乔年、赵世炎、王若飞、萧三(萧子暲)等赴苏学习。清明节前后,一行人抵达莫斯科,与中共旅莫支部会谈后,进入东方劳动者共产主义大学学习。

相较于法国生活的艰难,苏联的生活和学习环境十分优越。陈延年感慨:"我一生未曾有过这样好的生活,无须为一日三餐亡命奔波,可安下心来好好学习。"于是兄弟俩孜孜不倦地开始学习,扎入马克思主义理论汪洋中,更加坚定了共产主义信仰。陈延年因生活简朴和学习踏实,曾言"列宁在争论原则问题时如同猛狮,我们也要学列宁",被同志们戏称"小列宁"。生性开朗的陈乔年与同学萧三共同翻译了《国际歌》，两人根据歌词的原文并参考俄译，意译为汉文后教同学们学唱，并且极快流传开来，更加鼓舞了革命者的斗志。几乎同一时期，身处北京的李大钊和广州的瞿秋白也不约而同地翻译了《国际歌》，因而陈乔年、萧三、李大钊、瞿秋白四人成为《国际歌》的第一批中文翻译者。

在苏联的系统学习，使"二陈"兄弟不仅深谙马克思主义对于救国的重要性，而且理论水平也突飞猛进，实现了当初远赴异国寻求救国救民真理的宏大目标。1924年1月，国共合作统一战线初步建立，拉开了国民革命的序幕。因国内革命形势空前高涨，4月21日，由莫斯科赴北京的维经斯基针对中国革命的需要，致信拉斯科尔尼科夫，要求派遣数名学生回国参与革命工作。7月下旬，陈延年等同志奉命启程回国，随后奔赴中国革命中心广州，任中共广东区委秘书、组织部兼宣传委员会负责人，与周恩来同志共同管辖两广、福建和香港事务。而一直与哥哥延年共同生活的陈乔年则服从组织安排继续学习，直至1925年初奉命回国赴北京，任中共北京地委组织部部长，协助李大钊和赵世炎领导北方地区的反帝反封建斗争。兄弟俩从此分身南北，鲜少团聚，但都投身革命洪流，为共同的理想目标奋斗。

"父子委员"

上海—法国—苏联，学有所成的陈延年和陈乔年，自回国后相继担任党内重要职务，为中国革命进程作出了不可磨灭的贡献。其父陈独秀坐镇上海，长子陈延年在广州主持中共两广区委工作，次子陈乔年在北京协助李大钊开展中共北方区委工作，父子三人分处三地全身心投入革命工作，日常工作联系主要依靠通信，居然互以"同志"相称。尤其在中共五大上，父子三人同时当选为中央委员，一时在党内传为佳话。

1924年10月，陈延年被派赴广州工作，先后任中国共产主义青年团中央驻粤特派员、中共广东区委秘书兼组织部部长。由于工作出色，他随即接替随同黄埔军校学生军东征的周恩来担任中共广东区委书记。由于正值国共两党实行党内合作，中共广东区委所处的地位格外重要，面临的局面也极为复杂，因而特别检验和考量领导者的工作艺术和领导能力。但由于陈延年和中共广东区委的出色工作，至1927年3月，广东党组织已经拥有9 000多名党员，成为当时全国党员人数最多、最具凝聚力和战斗力的地方党组织之一。

1925年在五卅惨案、"沙基惨案"发生后，陈延年与邓中夏、苏兆征等，领导了世界工人运动史上时间最长的一次罢工——省港大罢工，震惊全国，鼓舞了中国人民，给予帝国主义以沉重打击，促进革命形势朝着有利的方向发展。同年6月，陈延年和广东区委团结国民党左派领袖廖仲恺等，反击右派分子对国共合作的污蔑和破坏。廖案发生后，在陈延年推动下，中共广东区委联合国民党左派率领广东工人武装平息了广州军阀的叛乱，使广东局势转危为安。

其时，身为中共中央总书记的陈独秀对中共广东区委开展领导工作。父子之间难免发生工作联系，或书信往来或出席党的会议，但一直互称"同志"，保持着平等的关系，并不因为父子辈分和上下级关系而影响工作。面对父亲所犯错误，陈延年敢于坚持原则，直接提出批评："独秀同志片面主观，反对北伐是错误的，缺乏对全国形势的正确分析。"甚至仿效其父文章中"找不到一件事实"之语，驳斥陈独秀为蒋介石说话。但当陈独秀在上海与中共中央失去数月联系、一度杳无音讯之际，作为儿子的陈延年慌忙奔走四处打听，最终得知父亲安然无恙之时才放下心来。由此可见，父子之间虽表面淡薄，但还是血浓于水的。

而奉派北京直接协助李大钊工作的陈乔年，也因出色的工作能力很快接任中共北方区委组织部部长。他不仅工作极为投入，经常深入斗争一线，而且善于独立思考，敢于坚持正确意见，并得到了实践的检验，因而这位北方区委最年轻的领导人逐渐崭露头角，得到了大家的信赖。

1927年蒋介石发动四一二反革命政变，使蓬勃发展的大革命遭受严重挫折，在这白色恐怖之下，党的组织遭到严重破坏。4月15日，时任中共浙江区委书记的陈延年等出席中共上海区委主席团会议，在特别委员会议上，陈延年、赵世炎、周恩来等共同组成特别委员会，开始转入地下斗争，与敌人周旋，积极领导党和工会的组织恢复工作，因此没能参加中共五大，但仍然被选为中共中央委员会中的一员。4月27日，中国共产党第五次全国代表大会于汉口市武昌召开，陈独秀、陈乔年父子以及毛泽东、瞿秋白、刘少奇、邓小平、蔡和森等82名党员代表全国57 967名党员参加了会议，会议选举产生了中国共产党成立以来人数最多的一届中央委员会。陈独秀继任总书记，陈延年和陈乔年同时被选为五届中央委员会委员，这是中共历史上的第一次，也是唯一的一次。然而，这种辉煌没持续太久，仅在一年后父子三人名字都消失在中共六大会议上：陈独秀被撤销党内领导职务，陈延年和陈乔年双双英勇就义。

1927年6月26日上午，根据中共中央指示，担任江苏省委书记的陈延年与赵世炎、郭伯和、韩步先等人在恒丰里104号（今山阴路69弄90号）上海区委所在地，秘密召开江苏省委成立大会。会间得到消息，已有人被捕并泄露了大量情报，需要紧急转移。下午3时，因担心秘密材料的处理情况，避免给党组织带来更大损失，陈延年和郭伯和等人冒险返回，不幸被上海国民党警备军警发现，虽与敌人展开殊死搏斗，但因寡不敌众被捕。据7月7日上海《申报》发表的《二十六军捕获共产党经过》记载："双方扭打，以致精疲力竭，头破血流，衣服等亦均为之撕破。结果，被逃二人，捕获四人。"7月2日，坚持留在上海开展革命斗争的赵世炎也不幸被捕。

陈延年被捕的消息传至在汉口的中共中央，党内一片震惊，立即设法展开营救。知道陈延年等人在敌人面前没有暴露真实身份，便通过关系疏通敌办案人员，商定以800大洋将陈延年赎出。然而，一件意想不到的事情发生了，使整个营救计划落空，改变了营救工作的结果，导致了陈延年的牺牲。

原来，身在狱中的陈延年机警化身为普通工友拖延时间，并成功传信于陈独秀的老友汪孟邹请求营救。汪孟邹通过同乡关系请胡适营救，胡适则转请蒋介石面前的红人、曾经资助"二陈"兄弟留法的吴稚晖营救。可是，吴稚晖已经成为国民党右派分子、铁杆反共分子，他为报当年"二陈"兄弟在法国脱离无政府主义转向共产主义之仇，即刻电陈蒋介石，并写信"祝贺"上海国民党警备司令杨虎。蒋介石获悉抓获了上海共产党头号领导人陈延年，大喜过望。胡适的营救变成了向国民党反动派的通风报信，弄巧成拙。加上狱中韩步先贪生怕死，经不住严刑拷打，供出了陈延年、赵世炎及郭伯和的真实身份，致使三人的生命危在旦夕。

死亡面前，陈延年、赵世炎及郭伯和虽饱受杨虎折磨，却丝毫没泄露党的任何情报，恼羞成怒的敌人决定处决三人。在1927年7月4日的上海龙华塔下，三位同志英勇就义，壮烈牺牲。其中陈延年不愿下跪受刑，竟被敌人乱刀砍死。牺牲后，国民党当局居然拒绝亲属收尸，一代天骄最后却是尸骨无存。噩耗传出后，国内外一片哀悼，而陈延年的亲人们更是悲痛欲绝，中共中央随即在机关刊物《布尔塞维克》发文《哀悼赵世炎、陈延年及其他死于国民党刽子手的同志！》指出："赵世炎、陈延年二同志之死，是中国革命最大的损失之一。""中国无产阶级从此失去了两个勇敢而有力的领袖。"广大革命同志深感悲痛，表示要坚决继承烈士的遗志，更加坚定地与国民党反动派开展殊死的斗争。陈乔年也因此性格大变并身患重病，陈独秀更是誓与蒋介石抗争到底。

1927年冬，陈乔年奉命调到上海，先任中共江苏省委组织部部长，后任中共中央组织部副部长。中共中央此举不仅是对陈乔年组织领导能力的充分认可，也是为了让乔年能在陈独秀身边，给予在八七会议上被撤销总书记职务和痛失长子的父亲更多关心。陈乔年曾多次登门看望陈独秀并劝慰他要尊重共产国际和中共中央的权威，顾全大局，服从指示，但效果并不理想。在革命

发表在《布尔塞维克》第1期上的《悼赵世炎陈延年及其他死于国民党刽子手的同志！》（上海市档案馆藏）

的腥风血雨中，陈乔年四处奔走，凝聚上海革命力量，使被敌人破坏的党组织渐渐得以恢复，同志们的信心也与日俱增，革命形势低潮的上海逐渐焕发出生机。不幸的是1928年2月16日，在公共租界北成都路刺绣女校秘密召开的各区委组织部部长会议和酱园路召开的各区特派员及产业总工会主任联席会议，因叛徒唐瑞琳泄密而遭到国民党特务的大破坏，陈乔年、郑复他和许白昊等同志被捕，被拘押至上海龙华国民党淞沪警备司令部看守所。

在中共中央北方局常年从事地下工作的陈乔年，凭借着机敏，在与敌人的周旋中还保存了生还的一线希望。他的被捕引起党中央的高度重视，想方设法积极展开营救工作。与陈乔年同时被捕的郑复他和许白昊经过反复商量，决定让周之楚冒名顶替。周之楚虽家境优渥，但投身革命以来一直顽强斗争，被捕之后遭到敌人严刑逼供,但他铁骨铮铮宁死不屈。紧急关头,迫于无奈的郑复他和许白昊告知了周之楚他们的计划,周之楚毫不犹豫地应下,准备慷慨就义。在后来的审讯中,由于周之楚鼎力相助,改变了敌人原先的判决。就在此时,变故突生,周之楚的父亲知道唯一的儿子被捕后,用重金打点一切并向上海警备总司令钱大钧表明了儿子的真实身份,从而使陈乔年的身份完全暴露,生命危在旦夕。

陈乔年的表现是勇敢的。为获得更多的机密,敌人对乔年实施各种酷刑,严刑逼问妄图获得有关党组织的更多情报,但乔年一直咬紧牙关,不屈不挠,并且生性乐观的他在狱中还一直积极鼓励同志们的士气。然而,1928年6月6日,凶残的敌人最终在陈延年等一批烈士1927年的就义之地——龙华塔下,枪杀了陈乔年等三名共产党员。据回忆,在就义的前一刻,陈乔年仍高呼"中国共产党万岁!"随即伴随几声罪恶的枪响,三位优秀的共产党战士壮烈牺牲。噩耗传出,党的刊物《布尔塞维克》发表文章沉重哀悼。

八七会议后,被撤销党内职务的陈独秀离开汉口来到上海。此后的1929年11月,陈独秀被中共中央开除党籍,1932年10月在上海被捕,次年在南京入狱、受审。在政治上屡遭打击的同时,陈独秀又惨遭连丧二子、丧女(陈玉莹受兄长和大弟相继牺牲的打击而暴死上海)、丧孙(陈乔年与史静仪之子红武因无人照料夭折)之痛,接踵而来的打击使他健康状况每况愈下。

"英名永存"

风雨激荡的革命岁月早已一去不返,陈延年和陈乔年兄弟二人却在历史上挥出浓墨重彩的一笔。他们那崇高乐观的精神,坚毅果敢的意志,慷慨就义的勇气,激励着一代又一代共产党员和进步群众为了民族独立和人民解放抛头颅洒热血。他们是中国革命的英雄,是共产党人的楷模!

173

2011年中国邮政发行的《中国共产党人早期领导人（三）》陈延年的纪念邮票

毛泽东同志曾赞赏："像延年，的确是不可多得的人才，在许多地方，我看出了他的天才。"这份高度评价，在早期党的领导人中绝无仅有。周恩来同志也曾高度赞许："广东的党团结得很好，党内生活也搞得好，延年在这方面的贡献是很大的。"董必武也称赞："延年是党内不可多得的政治家。"郑超麟在起草哀悼赵世炎和陈延年的文章中称赞陈延年为"粤港无产阶级有力的指导者"。长期与陈延年共事的赵世炎也称赞他："延年同志的生活非常俭朴，他是个只知工作不管其他的人。"

亲友们一直怀念着陈延年、陈乔年兄弟的英雄事迹。1958年夏之栩撰写《回忆陈延年、陈乔年烈士》一文表示缅怀。汪原放也写诗纪念英年早逝的兄弟俩："枫林桥畔待车时，磊落英姿仔细思；血肉欲寻何处是？斑斑点点在红旗！"在经历半个多世纪的风风雨雨后，"二陈"兄弟的胞弟陈松年之女陈长璞时常怀念起自己的伯父，她曾说："伯父们舍小家为大家的精神，经常鼓舞着我，鼓舞着我们陈家的子孙。"

2009年9月在欢庆新中国成立60周年之际，经党中央批准，中宣部等11个部门联合组织评选出100位为新中国成立作出突出贡献的英雄模范人物和100位新中国成立以来感动中国人物，简称"双百"人物，陈延年被评为100位为新中国成立作出突出贡献的英雄模范人物之一，其可歌可泣的革命事迹也逐渐被人们所知。与此同时，一部题为《革命的"苦行僧"——陈延年》的12分钟电视专题片在中央电视台播出，全面介绍了陈延年艰苦朴素而又辉煌灿烂的短暂一生，以示深切的悼念之情。2011年庆祝建党90周年之际，中国邮政专门发行了一套《中国共产党人早期领导人（三）》纪念邮票，陈延年赫然在列。

而为国捐躯的陈乔年也获得广泛的关注,引发社会对兄弟俩的极高评价。2018年5月27日《光明日报》第二版"为了民族复兴·英雄烈士谱"栏目发表著名记者曹继军等撰写的《陈乔年:信念的坚守者》一文,充分肯定了陈乔年在担任江苏省委组织部部长期间的工作成绩:"在担任中共江苏省委组织部部长期间,陈乔年积极协同当时的中共江苏省委书记王若飞开展工作,经过他们的努力,上海和江苏地区的革命力量得以恢复和发展。"

陈延年、陈乔年的一生虽是短暂且悲壮的,但是他们心系天下,为革命事业鞠躬尽瘁,成为民族之楷模、国家之骄傲!"让子孙后代享受前人披荆斩棘的幸福吧!"陈乔年就义前的遗言已经实现,随着革命的胜利、国家的振兴,属于中华民族辉煌的时代再一次来临。与他们兄弟相仿风华正茂的吾辈,正值民族复兴之际,更应以先驱为楷模,承革命先烈之宏愿,不负韶光砥砺前行。

（本文发表于2018年12月）

方志敏的上海缘

陈家鹦

　　革命烈士方志敏的成就和身后影响与上海有着不解之缘。人问,此话怎讲?

　　请看,烈士在其狱中文稿《我从事革命斗争的略述》(以下简称《略述》)坦陈:"(1922年6月)在南伟烈学校正当精神苦闷的时候,忽接到上海一个朋友寄来一份《先驱》报,《先驱》是中国社会主义青年团(简称S.Y.)的机关报。

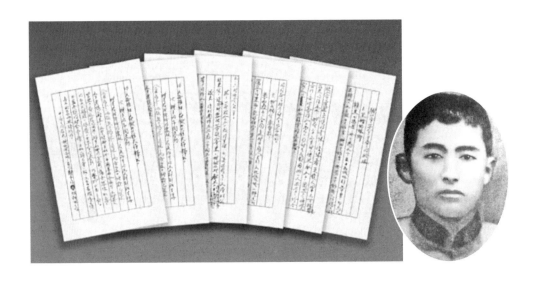

《我从事革命斗争的略述》手稿　　　　　　　　　　少年方志敏

我看过一遍之后，非常佩服它的政治主张。它提出结成民族统一战线，打倒帝国主义，打倒军阀，在当时确为正确不易的主张。《先驱》的每篇文章，文章中的每句话，我都仔细看过，都觉得说得很对；于是我决心要加入社会主义青年团。我漂流到了上海……"

显然，这是由蔡和森主办的第九期《先驱》报，它6月20日在上海出版后，方志敏的好友遵嘱立即从上海邮寄。以宽松一点计算，方志敏约在一星期内阅读到它是很正常的。烈士遗稿《略述》文字也透露该期《先驱》内容特点："我看过一遍之后，非常佩服它的政治主张。它提出结成民族统一战线，打倒帝国主义，打倒军阀，在当时确为正确不易的主张。《先驱》的每篇文章，文章中的每句话，我都仔细看过，都觉得说得很对，于是我决心要加入社会主义青年团。我漂流到了上海……"

可见，方志敏是出于"决心要加入社会主义青年团"，才去上海的。上海是方志敏投身革命的起点。这是方志敏与上海之"首缘"。

方志敏"漂流"到了上海时值1922年7月初，生活尚无着落。其直接原因，是受了中国社会主义青年团的机关报《先驱》的影响，"决心要加入社会主义青年团"。尽管他情绪有点冲动，但并非盲目。这很好理解，方志敏与许多同代激进革命青年一样，经历了类同的人生探索之路。他1899年出生在江西省弋阳县一个农民家庭，1919年他怀着满腔"实业救国"的热情考进了江西省甲种工业学校（简称"甲工"，设于南昌）。后因领头揭露校方反动腐败劣迹遭"除名"处分。同年9月，方志敏考虑"因为要学点英文，又以该校费用不大"，于是赴九江考进美国基督教会创办的南伟烈学校。1922年春，他借助《英汉词典》，阅读了英文版《共产党宣言》等马克思主义理论书籍。他与饶漱石等几位文学爱好者，在校园发起成立"读书会"，他们常聚集在一起，阅读《共产主义ABC》等书，对马克思主义的革命理论产生浓厚兴趣。在处于彷徨与求索兴奋之中，对同伴张口总是"社会主义"如何如何，于是同学给他一个"社会主义"的绰号。方志敏接受了马克思主义，潜移默化中实现了"思想飞跃"，他认为社会主义能救中国。他在这里读到了《新青年》《先驱》等革命书刊，敏锐地感觉到"只有苏维埃才能救中国"。1922年6月底他决定弃学投身社会活动。他在《略述》中还明白地告诉我们："我是不会相信基督的，现在，我也不愿再读那些无意义的书，我要实际地做革命工作了。"

他决定弃学"漂流上海"，此时的方志敏已由激进的爱国青年转向初步具有社会主义思想的民主主义革命者，他要去探寻新的人生道路……

方志敏初到上海，他落脚"甲工"学校同学洪宏义（又名罗曼）住处，在法租界贝谛鏖路（今成都南路）巨兴里27号。现在早已建成城市绿地。

很幸运，他刚踏进上海没几天就觅获自己人生道路上的知音——赣籍共产党人赵醒侬。赵、方两人一见如故，相见恨晚。由此他也如愿地找着了《先驱》报临时编辑部，找着了青年团。赵醒侬与方志敏频繁接触，彼此加深了解和信任。8月初，赵醒侬与团中央的领导人俞秀松做介绍，方志敏加入中国社会主义青年团。从此他就走上职业革命家的生涯。

近年来我们发现了收藏在中央档案馆的，方志敏当年8月2日亲笔填写的《团员登记调查表》。此表给我们透露了若干很有价值的信息：填表日期8月2日，在"做过什么事业"栏中，方填写"运动学校改革，致被开除"；在"入过什么团体"栏中，方填写"为江西改造社社员，关系密切"；"对于现在社会作何感想"，方填写"对于现在社会，是深恶痛恨的了，除了革命，再无他想。曾信马克思主义，因不熟悉里面的情形，暂无什么意见"，等等。

这年夏季，在南昌二中就读，创建江西改造社、主编《新江西》的袁玉冰因求学事宜也来到上海。方志敏早在头年春季在南昌掀起"甲工"学潮运动中结识袁玉冰，参加了江西改造社。赵、方、袁三人聚首沪上，志同道合，十分投缘。他们常聚在一起畅谈沪、赣两地的革命形势，共同商议，如何在革命气氛尚不够浓烈的江西迅速传播马列主义，开展革命宣传活动。就这样，方志敏在上海"漂流"不足两个月，就走上了职业革命家的人生道路。

没过几天，方志敏就奉中共党团组织之命，回江西播撒革命火种了。他在《略述》中说"由上海回到南昌开办一家新文化书店，专贩卖马克思主义和其他革命的书报……"他一回到江西省城南昌，立马就忙着联系同学朋友，创办文化书社，接着又与返回南昌的赵醒侬等人创建江西地方党团组织。

1924年1月，国民党第一次全国代表大会成功召开，标志着第一次国共合作形成。赵醒侬以及洪宏义均作为国民党一大的江西中共代表出席会议。赵醒侬2月初从广州回沪后，滞留上海奉命承担了为黄埔军校推荐赣籍学生的任务。由于当时军阀势力当道，招生秘密进行。赵醒侬长期在外地活动，在江西无朋友交往，正如他自己所说"我虽为赣人，而对省城十分隔膜"。这年春季，方志敏第二次来到上海。热心引荐江西省贵溪县（今江西省贵溪市）青年黄维与赵醒侬相识。并与赵醒侬一起做介绍，让黄维得以报考黄埔军校。

对于这段难忘的经历，黄维作为国民党战犯于1975年获人民政府特赦后不久，撰写的回忆文字中说："在由原籍贵溪县经南昌赴上海时，在南昌得识方志敏同行赴上海。抵沪后，是由方志敏介绍由赵醒侬做我报考黄埔军校的介绍人，才符合我报考的手续。"黄还回忆他与赵醒侬见面地点及有关情况："我和他第一次见面是在环龙路（今南昌路）44号国民党办事处。"赵醒侬、方志敏除介绍黄维外，还介绍罗英等不少赣籍青年报考进了黄埔军校。

第一次国共合作的大革命时期，方志敏担任国民党江西省党部执行委员、农民部部长，省农民协会秘书长，成为江西农民运动杰出的领导人；在土地革命中，方志敏又与其他战友开创了闽浙赣革命根据地，得到毛泽东同志肯定和赞赏："朱德毛泽东同志式、方志敏式之有根据地的，有计划地建设政权的，深入土地革命的，扩大人民武装的路线是经由乡赤卫队、区赤卫大队、县赤卫总队、地方红军直至正规红军这样一套办法的，政权发展是波浪式向前扩大的，等等的政策，无疑义地是正确的。"（《星星之火，可以燎原》）后来，由于该根据地的建设颇具特色,被毛泽东誉为"方志敏式"根据地,是全国苏维埃"模范省"。方志敏革命业绩在中国革命史留下了浓墨重彩!

追根溯源,成就方志敏身后辉煌与不朽的起点就在上海啊!

方志敏的"文学梦"也缘起上海。

在这份《团员登记调查表》中,让我们感到新奇和意外的是,这位当年带有"愤青"色彩的革命青年在他的个人"嗜好"(兴趣爱好)栏中填入的5个字竟是"读小说诗歌";在"现在愿做何事?"栏目,填写的竟是"研究文学"四个字。他直接向组织袒露了自己的愿望和情怀。方志敏已决意踏上职业革命家的人生道路,仍情不自禁地吐露心怀。然而仅半个多月后,身不由己的他不得不抛却自个儿的"文学梦",身负宣传革命之重大使命回江西去了。

方志敏怀着复杂纠结的心情,在离开这个被称作"富人的天堂"和"冒险家乐园"的上海的时刻,他望着渐渐远去的都市建筑,激情澎湃,在返赣的轮船上写下一首《血肉》诗:

> 伟大壮丽的房屋/用什么建筑成功的呢/血呵肉呵/铺了白布的餐桌上/摆着的大盆子小碟子里/是些什么呢/血呵肉呵/装得重压压的铁箱皮箱/里面是些什么呢/血呵肉呵!

> 一九二二年八月二十九日于吴淞轮次

后来此作发表在1923年1月号的《新江西》上。

方志敏的文学情怀似乎与生俱来,伴随终生。1919年秋,方志敏进省"甲工"学校组织剧社,写话剧本子,还登台演出,闹得影响很大。方志敏早就是一位才华横溢的文学青年。上海《民国日报》的副刊《觉悟》就是他十分喜爱的文学园地,与之结下了不解之缘。

上海《民国日报》是1916年1月为反对袁世凯而创办的,后成为国民党机关报。同年6月，该报总经理邵力子删除了原先一些庸俗的栏目，开辟副刊《觉悟》，他亲自任副刊主编，使得副刊颇具革命亮色。于是它吸引了许多像方志敏这样的革命青年。

1920年6月，《民国日报》副刊《觉悟》登载了一篇题为《捉贼》的小说，描写了学生吊打小偷的情景。方志敏思想很有触动，便投书报馆发表了赞同进步学生的见解："小偷是不是算顶坏的？比他坏的，触目皆是。军阀、政客、资本家、地主，哪一个不是操戈矛的大盗？为什么大盗逍遥自在，受人敬礼，而小偷却在此被吊起吊打？"邵亲笔复函，赞扬方志敏见解深刻，并希望他常写些诗文揭露黑暗。

这时方志敏文学创作激情也如涌泉迸发。1922年3月，他在《新江西》第一卷第二号发表一篇题为《私塾》的白话小说，4月，他又写了一篇纪实性白话小说《狗儿的死》，在《新江西》第一卷第三号发表。五六月间，他在学校抱病写下了《哭声》和《呕血》两首白话诗，后在上海《民国日报》的副刊《觉悟》上发表。他这个时期的文学作品毫无例外地充满了对旧世界、旧制度、旧思想的无情剖析揭露和诅咒，展现了他对光明的渴望和追求。

方志敏这次到上海后走访该报编辑部。邵力子对方志敏的来访感到由衷的高兴。邵了解到方志敏在上海的窘迫处境，曾安排他在报馆做校对。邵力子孙女邵黎黎曾接受笔者采访。她说，邵宅在离报馆（原租界望平街，今山东中路、福州路与南京东路一段）很近的南洋桥三益里。方志敏曾被邵力子留宿过。那天，方志敏拿着以刚到上海时为谋职而奔波却不幸遭冷遇为素材写成的小说稿，兴冲冲地来到邵力子家求教，征询给作品定个题目。邵看后很满意。次日，邵就将稿子带到报馆安排版面，于是7月18日的《民国日报》的副刊《觉悟》中，署名方志敏的小说《谋事》发表了。笔者查得，第二年（1923）上海小说研究所编印的《小说年鉴》，将方志敏的《谋事》同鲁迅、叶圣陶、郁达夫等享有盛名的作家作品一起选入，并有按语赞此作"是拿贫人的血泪涂

181

成的作品"。方志敏在该报副刊中还发表《哭声》《呕血》《同情心》《我的心》等诗文,约占他早年发表的文学作品一半。

方志敏曾病倒沪上,命悬一线获救。那是1926年春,方志敏作为江西农运领导人,赴广州参加广东省第一次农代会,接着又参加了中国第三次全国劳动大会。6月从广州参加会议返回江西途经上海。当时他"满望回江西,大大作一番努力,那知刚回到上海,又吐起血来了。这次肺病大发热度升到摄氏四十一度,几至于死"。(引自《略述》)

原来,方志敏少年时代身体虚弱,不幸染上肺病。若干年后在开办文化书店期间,整日东奔西跑,废寝忘食,酿成肺结核。以至于他"在三个月内吐血三次"。这次广州会议,方志敏既劳累又兴奋,当他返程至上海时自然旧病发作……他说,所幸"得到中国济难会的帮助,在上海医院治了两个月,才能缓缓地步行……"(引自《略述》)7月中旬,方志敏转回江西庐山普仁医院继续医治。

中国济难会是1925年五卅运动后,由中国共产党人恽代英、沈泽民、张闻天等和社会名流杨杏佛、郭沫若及国民党人于右任等人发起组织的群众性救济组织。该组织总部设于上海。已身陷囹圄的方志敏在《略述》中仍表达其感念之情:"这次若不得济难会医药费的帮助,早已病死离去人世了。"这,又可谓方志敏与上海的一段生命奇缘也!

方志敏被捕入狱,经受了国民党监狱军法处的威逼利诱。他利用敌人"劝降"而给予的方便,写下十几万字的著作和文稿。其中,堪称烈士代表作、经典名著《可爱的中国》,居然有3段共700余字的篇幅直接记叙了他在上海的经历和感受。他回忆自己游历法租界公园:"我去上海原是梦想着找个半工半读的事情做做,哪知上海人是人浮于事,找事难于登天,跑了几处,都毫无头绪,正在纳闷着,有几个穷朋友,邀我去游法国公园散散闷。一走到公园门口就看到一块刺目的牌子,牌子上写着'华人与狗不准进园'几个字。这几个字

方志敏，摄于被捕当日
（1935年1月29日）

183

射入我的眼中时，全身突然一阵烧热，脸上都烧红了。这是我感觉着从来没有受过的耻辱！"

这个被人们称作"富人的天堂"和"冒险家的乐园"的上海，给他留下的感触是"半殖民地民众悲惨的命运呵！中国民族悲惨的命运呵！"如今，方志敏的狱中名作《可爱的中国》和《清贫》等作品已被认为是文学精品而写进文学史。不难看出，方志敏早期的文学活动及其后来的成就和影响也与上海有着不可割舍的关联。

方志敏惦念着战斗在敌人身边的上海的文化人。甚至在他《给中央的信》中结尾处，在述及蒋介石"法西斯蒂"的凶残时，油然念及上海文化战线同志的安全，关切地提示"请中央转告左联的人们注意！"

《可爱的中国》手稿

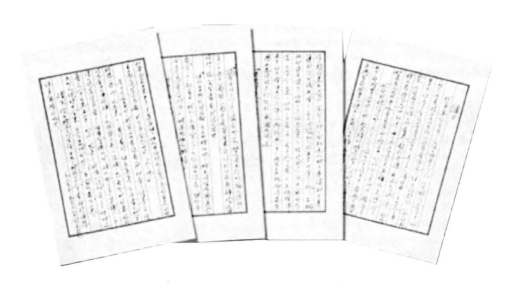

《清贫》手稿

坐落在南昌市北郊梅岭山麓的方志敏烈士之墓

　　然而最让我们感叹不已的是,方志敏在考虑如何将他监狱所有文稿传递出去,交送给党组织时,他的目标就是上海,很坚定!

　　1935年夏,方志敏争取了监狱中多位同情革命的热心人,他们冒着白色恐怖的危险,接受了烈士的重托。烈士的文稿分几批由不同身份的人几经周折,奇迹般地都传送至上海党组织,连同部分失落的文稿也于1938年被党组织妥善保存。据档案记载,其中《可爱的中国》和《清贫》等部分文稿,是由冯雪峰向时任中共文委主任潘汉年请示,获准后嘱转给谢澹如保存在上海。谢还受托收存与方志敏同年牺牲的瞿秋白的遗稿。

　　1938年,热心文化事业的谢澹如在上海创办了金星书店。为了寄托对方志敏、瞿秋白等革命先烈的崇敬,他将自己保存的方志敏的两篇手稿《可爱的中国》《清贫》细细地校勘誊抄辑集,同时整理了瞿秋白有关文艺方面的著作,并将其编辑成书稿。谢澹如先后以霞社名义出版了瞿秋白的《乱弹及其他》和方志敏的《方志敏自传》(内收烈士《清贫》和《可爱的中国》等文)。这是历史的巧合,更是谢澹如的功德,方志敏代表作《可爱的中国》等著作首次出版与世人见面,也是在上海。如今,方志敏《可爱的中国》等十几万字的狱中著作已成为中华民族宝贵的精神财富,而上海就是留存和保护这份文化瑰宝的第一现场啊。

方志敏烈士的生前身后,冥冥之中的这一切"巧合",不正应合一种扭不断让不了的缘分吗?

(本文发表于2021年7月)

《觉醒年代》里的一对"英""雄"夫妻

徐光寿

　　建党百年之际热播的43集电视连续剧《觉醒年代》中有这样一幕：北京工读互助社解散之际，易群先向何孟雄表白，令人印象深刻。其实，剧中的易群先是虚构的人物，而何孟雄则是真实存在的革命烈士。从历史真相看，易群先的原型应该是何孟雄的妻子缪伯英，二人不仅都是中共早期的党员，而且因夫妇俩的名字中分别有"英""雄"二字而被同志们亲切地称为"英雄"夫妇……

何孟雄和缪伯英

一对来自湖湘大地的革命情侣

"惟楚有才，于斯为盛"，作为"五四时期的思想界明星"和"五四运动的总司令"，陈独秀就十分欣赏湖南人尤其是"一班可敬可爱的青年身上"的奋斗精神。

中共一大召开前后，在北京党组织中，就有一对共同来自湖湘大地的年轻恋人：北京大学理科的旁听学生何孟雄和北京女子高等师范学校理化系的学生缪伯英。他们相识于北京大学举办的湖南学生同乡会上，此后一面学习，一面从事党的工作。他们双双为革命事业献出了年轻的生命，谱写了一曲可歌可泣的英雄赞歌，英雄夫妻实至名归。

何孟雄，字国正，号坦如，1898年6月出生于湖南省酃县（今湖南省株洲市炎陵县）中村乡龙塘村。1914年高小毕业到省城长沙读书，先后在岳云中学、商业专科学校、工业专科学校学习。学生时代他就积极投身反日爱国运动，与毛泽东、蔡和森等相识并结下了友谊。1918年，何孟雄得知北京正在组织勤工俭学的消息，毅然离开家乡，次年来到北京大学旁听。

缪伯英，乳名玉桃，1899年10月出生于湖南省长沙县清泰乡缪家洞枫湾。缪伯英的家庭是书香门第。她1916年毕业于湖南省立第一女子师范附小，后升入校本部。1919年，又以长沙地区考分第一名的成绩，考入北京女子高等师范学校理化系。

五四运动前后的北京，各种思潮相互激荡，一时"中西学术争艳，古今百家齐鸣"。北大是新文化运动的中心，《新青年》等进步刊物广为流传，各种社团纷纷涌现。何孟雄喜欢接触新生事物，五四运动中，他是北京大学进步学生的代表人物之一，参加了罢课、讲演、示威等活动。同年冬，他与邓中夏、张昆弟等北大进步学生到唐山、南口、长辛店了解工人生活和工人运动，开始走上了知识分子与工人相结合的道路。

1920年,何孟雄参加了北京工读互助社。这是一个自愿结合、带有无政府主义色彩、实行半工半读的团体。秉承"工是劳力,读是劳心,互助是进化"的信念,希望建立"没有剥削、没有压迫、人人平等自由"的理想社会。缪伯英对工读互助活动也产生了浓厚的兴趣,经常到那里去看书、读报、听演讲。在何孟雄介绍下,她也参加了北京工读互助社。何孟雄在第一组,开办了"俭洁食堂",当了3个月的跑堂工。缪伯英在第三组,都是女生,她们在东华门北河沿租了一间房子,开起了洗衣店。工读互助活动开展以后,遭到了社会的嘲讽,最终因经费不足等种种因素而不得不停办。

俄国十月革命的春雷,唤醒了沉睡的东方古国。何孟雄开始摒弃改良的道路,投身于现实斗争。1920年3月,在李大钊指导下,他与邓中夏、高君宇等19名同学,发起成立了我国第一个研究马克思主义的学术团体——"北京大学马克思学说研究会"。不久,缪伯英经何孟雄介绍,也加入了研究会。他们在一起,潜心研读油印的《共产党宣言》《资本论》等书籍,讨论俄国革命经验和共产主义理论。

李大钊在北京成立"北京社会主义青年团",何孟雄、缪伯英都是最早入团的成员,参加了10月间在北京大学举行的社会主义青年团成立大会。刚入团不久,何孟雄成功地领导了北大印刷厂70余名工人的索薪斗争。年底,何孟雄在上海《时事新报》副刊上发表了《劳工运动究竟怎么下手》一文,系统地总结了他从事劳工运动以来的经验,探索了我国早期工人运动的某些规律,反映了他善于因势利导,审时度势,从实际出发领导工人运动的思想。

1921年初,何孟雄、缪伯英同时被吸收参加中国共产党北京支部,成为中国共产党早期党员。其中缪伯英成为中国共产党的第一位女党员。

4月,何孟雄代表北京社会主义青年团出席在莫斯科召开的少共国际第二次代表大会,行至满洲里,被奉系军阀逮捕,关进了陆军监狱。他经受了十指被钉入竹签的酷刑,但坚不吐实。后经组织营救出狱。在狱中,何孟雄曾豪迈地写下七绝《狱中题壁》,以诗言志:"当年小吏陷江州,今日龙江作楚囚。万里投荒阿穆尔,从容不负少年头。"

这已经不是何孟雄第一次被捕入狱了,在此之前,他已入狱两次。第一次是1919年6月3日,何孟雄因上街宣传反帝爱国而被北洋军警逮捕,关进被临时改作监狱的北大三院礼堂。第二次是1920年5月1日,北大举行纪念国际劳动节大会,何孟雄在街头散发《北京劳动宣言》传单时被军警逮捕。在狱中被审讯时,何孟雄义正词严地声明自己此举纯为救国。当时北京舆论界称赞何孟雄等8位学生是在中国第一次因"五一运动"而入狱的少年,他们的行动起到了唤醒社会的作用。

1921年7月,党的第一次全国代表大会在上海召开,正式宣告中国共产党的诞生。在追求真理的道路上,两颗年轻的心逐渐走到了一起。1921年10月9日,农历九月初九重阳节,何孟雄、缪伯英在北京景山西街中老胡同5号喜结连理。这里不仅是他们的婚房和寓所,也是北京党组织的一个联络站,同志们经常在这里开会活动。陈独秀从上海赴莫斯科出席共产国际四大,途经北京时就住在这里。

"英""雄"夫妻为了信仰并肩战斗

中国共产党成立后,迅速掀起了全国第一次工人运动的高潮。当时,何孟雄担任中共北方区委委员、北京地委书记,他参与了北方劳动组合书记部工作,并由李大钊指派为赴京绥铁路特派员。他指导工人开展罢工,帮助建立了车务工人同人联合总会和京绥铁路总工会,并促成了京汉、京奉、京绥、正太、津浦"五路联合",加强了北方铁路工人的团结。

缪伯英在北方劳动组合书记部担任秘书工作,经常去产业工人较集中的丰台、长辛店、南口,向工人及其家属宣传马克思主义。在震惊全国的京汉铁路大罢工中,担任中共北方区委妇女部长的缪伯英,与何孟雄等全力以赴领导京汉铁路北段的总罢工。为揭露军阀政府血腥镇压工人的暴行,她和何孟雄一起参加了《京汉工人流血记》一书的编印工作。

"二七"惨案发生后,何孟雄根据北方局的指示,领导了以学生和各界援助工人为内容的群众运动。3月22日,在追悼林祥谦、施洋等"二七"烈士大会上,何孟雄发表讲演,严厉揭露军阀残酷镇压工人的罪行。此后,他又参加了强烈要求收回旅顺、大连的国民大会和纪念"五一"节的国民大会,掀起了一次次反帝、反军阀的爱国浪潮。

党的二大后,为贯彻组织"民主联合战线"的决议,何孟雄担任了北京民权大同盟的交际股主任,负责与京内外各团体的联系,为废除反动的治安警察法和为争取在宪法上确定人民的权利做了不少工作。他还参与领导劳动立法运动和北京双十节的国民运动,参与了"中俄促进会"的组织工作。

1923年6月,何孟雄赴广州出席党的第三次全国代表大会,他极力主张与国民党建立民主革命的统一战线。党的三大选举何孟雄为中央执行委员会委员,负责国民运动委员会的工作。他协助李大钊为发展和建立北方13个省区的国民党组织,推动国民革命进行了艰苦卓绝的工作。在他所写的《十二年"民治派"与"反民治派"的斗争之经过及今后国民应有之觉悟》一文中,指出了国民党的弱点和不足,号召大家团结一致投身国民革命。

因为双双投身革命,何孟雄、缪伯英聚少离多。一次在天津工作时,何孟雄拍下一张照片,回到北京后,在照片背面写下一段题记:"此像摄于天津,正适伯英病。我自己投身劳动运(动)时期,为五路同盟,将他等的台拆散,建树吾们的基本组织。"短短数语,表达了何孟雄对爱人的牵挂,更表达了他强烈的斗争意志和献身工人运动的决心。

缪伯英由于参加社会活动多,在女子高师的毕业期推迟了一年。1924年6月,就在她临近毕业时,被张国焘出卖,北洋军阀政府命京师警察总监"严速

191

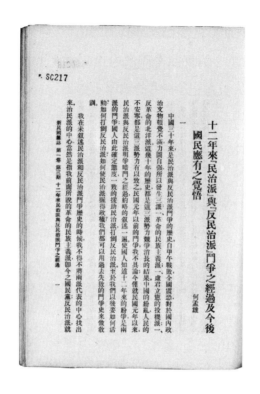

1924年1月20日，何孟雄在《新民国》第一卷第三号上发表《十二年来"民治派"与"反民治派"斗争之经过及今后国民应有之觉悟》(上海市档案馆藏)

查拿"。中共北方区委得知这一紧急情况后，立即通知已暴露身份的何孟雄、缪伯英紧急转移。夫妻二人接到通知当天便乘火车南下，回到长沙乡下老家。

缪伯英因劳累牺牲在上海

湖南第一女师是缪伯英的母校。此次她应校长徐特立的聘请，担任附小的主事。中共湘区委员会书记李维汉也请她当了湘区委的第一任妇委书记。她曾主持过湖南省人民追悼孙中山先生大会，筹备过"湖南省纪念三八妇女节大会"，还以国共合作的湖南省党部委员兼妇女部长的身份，出席了1926年

1月在广州召开的国民党第二次全国代表大会。

在广州国民政府北伐前夕,长沙市民三万余人为推翻军阀赵恒惕的统治,在教育会坪召开大会,提出《对湘主张之二十四条》,组织了带有政权性质的"湖南人民临时委员会",缪伯英当选为3人常委之一。

何孟雄也因一面坚持学习,一面从事工人运动,以致1925年才从北大毕业。后来,他专职做党的工作,担任过中共唐山地委书记。1926年10月,北伐军攻取武汉,大革命的中心迅速移到长江流域。何孟雄奉命南下,担任中共湖北区委兼武汉市委组织部部长。此时,缪伯英也由长沙调来武汉。从此,这对革命夫妻又在一起战斗了。

大革命失败后,武汉三镇陷入了白色恐怖之中,党中央被迫转入地下活动,不久迁往上海。根据斗争需要,1927年8月初,临时中央政治局调何孟雄、缪伯英到上海工作。何孟雄先任江苏省农委秘书,一年后,任江苏省委农委书记兼军委秘书,后又以省委巡视员的身份,被派往国民党统治的中心南京附近的农村发动农民暴动。

缪伯英到上海后,担任沪东区委妇委书记,她以华夏中学教师身份作掩护,从事党的工作。

由于上海是西方列强和国内反动势力盘根错节之地,斗争环境险恶。他们食无定时,居无定所,时常天未亮就出门,深夜才归来,还要继续工作。遇到紧急情况,随时都要搬迁,有时来不及只得丢弃家庭只身脱险。为防意外,缪伯英多次嘱咐帮着照顾孩子的族兄:"如果我们连续两个晚上没有回来,你们马上搬家,减少不必要的牺牲。"革命者随时都做好为革命而献身的准备。

长期过着清贫而又动荡的生活,在艰苦的斗争环境中,缪伯英的身体被逐渐拖垮了。1929年10月,缪伯英突然患病,被送入上海仁济医院,抢救无效,溘然逝世,年仅30岁。临终时她对何孟雄说:"既以身许党,应为党的事业牺牲,奈何因病行将逝世,未能战死沙场,真是恨事!孟雄,你要坚决斗争,直到胜利。"身后留下重九和小英两个孩子,一个3岁,一个还不到1岁。

何孟雄痛失爱妻,化悲痛为力量,带着两个孩子,继续努力为党工作。

何孟雄英勇就义于上海龙华

1930年前后,党内"左"倾冒险主义路线占据了统治地位。何孟雄勇于坚持真理,多次公开阐明自己的政治观点,反对李立三的"左"倾思想,并为此受到警告处分,同时也被调离省委领导岗位,先任沪西、沪中区委书记,后来竟被极"左"路线执行者撤销一切党内职务。但何孟雄不屈不挠,没有屈服,他曾三次向中央递交了政治意见书,坦率地陈述了自己对中国革命问题的见解,系统地揭批了立三路线的错误。

1930年12月,从共产国际奉命回国的中共驻共产国际代表团团长瞿秋白主持召开了中央政治局扩大会议,通过了《何孟雄问题的决议》,明确肯定了何孟雄的意见。指出:"何孟雄同志政治意见书一般是正确的,是合乎国际路线所要求的观点来反对当时中央立三路线的观点的。"何孟雄的顽强斗争对于尽早结束李立三"左"倾冒险主义路线在中央的统治地位,发挥了重要作用。

然而,立三路线刚被终结,共产国际代表米夫支持的王明"左"倾教条主义路线接踵而至。尚未恢复工作的何孟雄不顾高压,又投身反对王明的斗争。王明否认中央对何孟雄问题作出的结论,把他打成"右派领袖""取消派的暗探"和"'右'倾机会主义向党进攻的政治代表",对他进行残酷的斗争和无情的打击。但何孟雄的情绪始终没有低落,仍然兢兢业业地在基层为党工作。

1931年1月17日,国民党上海警察局按照叛徒提供的情报,勾结帝国主义租界巡捕房,在中山旅社逮捕了何孟雄。接着把他引渡到龙华淞沪警备司令部看守所。

这是何孟雄第四次被捕入狱了。在狱中,他没有思考个人的安危,而是思索着中国革命的问题。他的囚室成为大家讨论问题的场所。残酷的监狱生活把他折磨得病倒了。当难友得知他的身份后,对他肃然起敬,纷纷伸出援手,鼓励、帮助他战胜病痛。

在国民党淞沪警备司令部监狱这个人间地狱,何孟雄受尽折磨,但依然保持了一个共产党员的高尚气节。对这样一位忠心耿耿的老党员,王明机会主义者却指示龙华监狱的秘密党支部,拒绝接受何孟雄参加支部生活。

2月初的一天,军法处处长亲自提审何孟雄。审判中,国民党为了拉拢他,说:"你反对立三路线,我也反对立三路线,希望我们联合起来。"何孟雄义正词严地怒斥道:"我们反对立三路线是为了建立一条正确路线,打倒你们,赶走帝国主义。"对方碰了一鼻子灰,又借他在党内受到"左"倾错误打击妄图挑拨他与党的关系。但是,何孟雄在敌人面前坚决维护党的团结,怀着对党的事业的忠诚和信念回答:"革命队伍内部出现了叛徒固然可恨,但叛徒再多,也不会影响革命。今天叛徒出卖了我,明天将有千百个革命的后来人!"

淞沪警备司令部监狱大门(上海市档案馆藏)

2月7日深夜，何孟雄与林育南、李求实等23位共产党员，拖着沉重的镣铐，大义凛然地走向刑场，牺牲时年仅33岁。何孟雄等烈士在龙华英勇就义，合称"龙华二十四烈士"。

龙华二十四烈士墓碑

随着父亲的被捕，何孟雄和缪伯英的两个孩子也被关进龙华监狱，后转到上海孤儿院，1932年1月在日本帝国主义进犯上海一·二八事变中失散，一直下落不明。

党和人民并未忘记何孟雄。1945年4月，党的六届七中全会在毛泽东主持下通过了《关于若干历史问题的决议》，对何孟雄等烈士做出了公正的评价，指出他们"为党和人民做过很多有益的工作，同群众有很好的联系"，"在敌人面前坚强不屈，慷慨就义"，"他们的无产阶级英雄气概，乃是永远值得我们纪念的"。

从五四运动到建党前后，何孟雄、缪伯英从志同道合的爱国青年转变为马克思主义者。建党以后喜结连理比翼双飞，毕生献身于党的事业，不愧为党的历史上一对名副其实的"英雄"夫妻。

（本文发表于2021年6月）

"珍贵党史资料守护者"
张人亚的革命生涯

曹春荣

1933年1月7日，中华苏维埃共和国临时中央政府机关报《红色中华》刊登的一篇题为《追悼张人亚同志》的悼念文章，让张人亚的名字及事迹第一次出现在中国共产党人创办的、公开发行的报纸上。然而时过境迁，此后70余年间，张人亚却鲜为人知，甚至连他的亲属也不明其下落（直到2005年才了解到他已在苏区病故）。2017年10月31日，习近平总书记带领第十九届中共中央政治局常委，到上海瞻仰中共一大会址时，曾问及馆内珍藏的1920年9月版的中文全译本《共产党宣言》的来历。这关切一问，引发了社会各界对"珍贵党史资料守护者"张人亚的强烈关注。

"我加入共产党并不是偶然的事"

张人亚，谱名守和，字静泉，参加革命后更名人亚，化名白青水、张信泉、引川、梦亚等。1898年5月18日，张人亚生于浙江省宁波府镇海县霞浦镇（今宁波市北仑区霞浦街道）一户农民家中。父亲张爵谦，育有四男三女，全家靠他轮种族中几亩祭田及兼做厨倌维持生计，日子过得颇为艰难。但张爵谦仍设法让子女读书识字，二儿子张人亚幼时就被送去堂兄张晚荷先生主持的霞浦学堂就读。

家庭状况及个人历史

我的家庭是半破产的，父亲是一个小农人。家里除父母外还有一兄，二弟，二妹。兄曾出外过家，况在家里经济比从前更困难一点。

我在小学校里念过五年多，十六岁到银楼作坊里做学徒。一九一八年学结束（托荒年）一九二〇年加入过工商友谊会，一九二一年由七八人组织一个团体，设办四五星期露天学校（每星期举行一次或二次）。观试行循环自修（每星期你一二号学讲级批级）参加各种募捐会。一九二二年四月加入S.Y，六月为浦东纺织工会罢工事被捕，在巡捕房被拘一天。七月初运动组织全银业工人俱乐部，九月间成立八九百人的工会任委员长职，十月初发生罢工，任总指挥，延长至二十九天（得车厂）同时工场工作被开除，后在工会继续维持，十月加入C.P，一九三五月底才半时间在团体内做事。

为什么加入共产党及加入后职务的经过

我是一个小资产阶级性的手工业工人，可是我的境遇已经使我忠于无产阶级。自己既已卖收无产阶级中之一，自然很想将无产阶级力量扩大起来，指导无产阶级行动的头脑并使健全起来，大家变更无产阶级的觉悟，过去的事实已告诉我了，所以我加入共产党并不是偶然的事。

我于一九二二年四月加入S.Y，第一件工作就是援助浦东纺织工会罢工事之大指挥（手之又被捕）同年下半年成立一个上海全银业工人俱乐部，一九二三年五月至八月任S.Y地方书记，八月间又参加S.Y第二次全国大会，八月至十一月任独学委执行事，一九二三年四月起任C.P地方委会工委部职，至十月因未收我辞职。

来莫学习的志愿

我既已是一个无产发觉，既已决起领导无产阶级革命的重任，就不能不快有肃清无产阶级一切毛病的能力，我自己感觉领导无产阶级的力量都还差得多，同时我因是手工业的工人，还带一些小资产阶级的毛病，那非去不可，我国是无产阶级的先觉，莫斯科更是无产阶级革命经验集中地，我要学习无产阶级革命方法——即学习除去无产阶级一切毛病的能力，同时把自己的一切毛病也除去——即没团体的纪律，以成一个中国无产阶级革命之工具——一个无产阶级革命过程中的一个工具。

张人亚

1924年张人亚留苏期间手书的个人家庭情况汇报，原件由中央档案馆保存张晚荷谱名万和,字兆泰、樵斋。他虽与张人亚同辈,却与张爵谦同龄;虽是清末秀才,却信仰孙中山的三民主义。他向学生灌输反帝反封建的民主革命思想,给幼年张人亚以最初的思想启蒙。他还劝动张爵谦送张人亚去镇海县立中学深造。不过,张人亚16岁那年,为了分担家累,也为尽早历练,终于依照乡俗,辍学去了上海南京路上的老凤祥银楼做学徒,学习金银饰品制作。

20世纪20年代初,上海已有大小银楼33家,从业工人2 000余人。金银业工人受雇主剥削,待遇很差,月工资多者七八元,少者两三元。为维持生活,工人们只能加班加点多干活,一天工作十几个小时,甚至通宵达旦。学徒年限很长,名义上为5年,但出师后还得为雇主义务劳动1年,才能升为正式工人。雇主(资本家)为维护自身利益,组织了银楼公所。可是,工人却没有代表自己利益的组织。张人亚亲历亲见金银业工人的种种艰难困苦与无可奈何,又在上海这个"冒险家乐园"耳闻目睹中外反动势力怎样欺压中国人民,镇压中国人民反抗。他曾在写给《解放画报》创刊人兼山东路义务夜校校长周剑云的信中直言:"中国工界里的黑暗,是人们所晓得的。"他痛心疾首地诉说:因为劳累和资本家老板阻拦,他原有的五年读书功底,被学徒后的八年劳作"消灭完了"。

从进步书刊和身边的革命志士言行中,他接触到一些革命道理,萌生了革命要求,开始步入社会。1920年,他加入工商友谊会。1921年,他与志同道合的七八个人组织了一个小团体,举办过四五个星期的露天学校,试行循环自修,还参加各种群众集会。

张人亚超出一般工人群众的文化水平和思想觉悟,引起了革命组织的关注。1922年4月,他被吸收加入中国社会主义青年团;同年11月,他加入了中国共产党。2018年,由宁波方面从中央档案馆查得:1924年张人亚留学苏联期间手书的个人及家庭情况汇报材料表明,张人亚是因其境遇而忠于无产阶级,由"过去的事实"而认识到"共产党是无产阶级的头脑"才入党的。所以他说:"加入共产党并不是偶然的事。"

做"一个中国无产阶级革命的工具"

1924年10月,张人亚奉调赴苏联,进入莫斯科东方共产主义者劳动大学学习。其间他手书的个人及家庭情况汇报材料中,写到他来学习的志愿,吐露了他希望自己能成为"一个中国无产阶级革命的工具——世界无产阶级革命过程中的一个工具"的心声。

为达成这一目标,他表示:"要学习无产阶级革命的方法,即学习除去无产阶级一切毛病的能力,同时将自己的一切毛病也除去,即受团体的训练。"显然,张人亚已初步认识到:要使自己能成为清醒且坚定的无产阶级革命战士,必须从革命理论和实践两方面,去改造党所代表的阶级及其自身。诚如马克思、恩格斯所言:"革命之所以必须,不仅是因为没有任何其他的办法能推翻统治阶级,而且还因为推翻统治阶级的那个阶级,只有在革命中才能抛掉自己身上的一切陈旧的肮脏东西,才能成为社会的新基础。"

可以肯定的是,张人亚有着学习文化和理论的自觉性。他曾表示:"情愿我这个二十几岁的人,和小孩子一样上学去,过去的虽然糟蹋了,未来的或者还好补救一点。"否则,"什么书报都看不懂,你想难过不难过?"

1922年7月16日—23日召开的中共二大,是在中共党史上留下了诸多"第一"的重要会议。大会通过的《关于共产党的组织章程决议案》,提出了两个重要原则:一是党的一切活动都必须深入广大的群众里面;二是党的内部必须有着严密的、高度集中的、有纪律的组织和训练。正是在二大精神指引下,在党领导的中国劳动组合书记部上海分部帮助下,旨在改变金银业工人弱势地位的上海金银业工人俱乐部,于1922年9月16日正式成立,张人亚出任俱乐部主任。他在成立大会上阐明宗旨:"略谓俱乐部是一个联络同业工友的机关,进一句说,就是保存工人生命的机关,希望同业诸君努力做去。"为什么要组织这样一个"保存工人生命的机关"？对此，《上海金银业工人俱乐部宣言》解释道："我们这种工业，在社会上并不是十分重要的，但是我们能够去改造，也有相当存在的价值。我们为要保存将来的地位，所以有不得不做根本改造的功夫。"这个"改造的功夫"，首先是"补受教育训练知识"，以"保全我们的人格"；其次是"提倡正当的娱乐，和一切有兴趣的事情"，以丰富工人的精神生活，寓教于乐；再次要急于改革掉"种种不卫生的事"。"总括起来，我们是为要扫除一切使我们不幸的事件，提高将来的生活。换一句话说，就是我们将来做完全有人格的人，所以不得不来组织这个俱乐部。"不能说这份俱乐部宣言的内容有多少是张人亚自己的主张，但是它的基本精神却跟张人亚对无产阶级革命、无产阶级革命战士的认识相通。

由此出发，张人亚后来在革命道路上能有那么多的作为与贡献，能留下那么多闪光的足迹，也就不足为奇。

201

在白色恐怖下为革命奋不顾身

从张人亚走上革命道路起，有十年时间一直在白色恐怖下，从事党的工运、青运、党务、地下交通等工作，经历了各种艰难险阻甚至生死关头。但他都能从容应对，完成任务，表现出坚强的党性和高超的斗争艺术。

上海金银业工人俱乐部成立后，即开展了争取工人权益的斗争。俱乐部代表全体同业工人去函向银楼公所提出五项要求：增加薪资；学徒年限减为3年；星期日休息；废除包工制；改良待遇。然而，银楼资本家对工人的合理要求非但不予理睬，反倒借机将张人亚等三名俱乐部执行委员开除。工人们闻讯后义愤填膺，立即增加两项要求：承认工人俱乐部有代表全体工友之权；收回开除三名执行委员的成命。如此7条要各店主一律承认，并限24小时内答复。

资本家仍然不理,金银业工人遂于10月6日发表罢工宣言,举行全行业罢工。张人亚作为罢工斗争的主要领导人,头一回登上政治舞台。面对强大的中外反动势力对罢工斗争的破坏与镇压,张人亚审时度势,主导俱乐部采取一系列应对措施。如要求每家银楼作坊公推代表两人,与俱乐部办事人员保持密切联系;选派纠察维持作坊内秩序;强调罢工守纪律,以和平方式坚决抵制店主强迫上工;对单独承认俱乐部方面条件的银楼区别对待,通知该银楼工人先行复工等。与此同时,宁波同乡会也配合出面调停,终于为金银业工人争取到了部分经济利益。这场由上海金银业俱乐部发动2 000多名工人、坚持了28天的罢工斗争,虽未达到全部目的,但给中外反动势力以强烈震撼,也让工人们看到了团结斗争的力量。罢工结束当月,张人亚被吸收入党。

此时张人亚不能再在银楼做工了,金银业工人俱乐部也不能公开活动了,党把他安排到商务印书馆的同孚消费合作社工作,继续从事工人运动,并承担党、团工作及机关出版书报的发行工作。1923年7月,他接替张秋人担任中国社会主义青年团上海地方执行委员会书记。8月,参加在南京举行的中国社会主义青年团第二次全国代表大会。8月至11月,他承担中共中央第一份政治机关报《向导》的发行工作。这期间,张人亚先后编入商务印书馆党小组(并担任组长)等党组织,和他先后同在一组的有董亦湘、徐梅坤、沈泽民、张特立(张国焘)、刘仁静、沈雁冰、贺昌等。

1924年4月,中共上海地委兼区委改组为中共上海地方执行委员会(简称上海地委),直属中共中央。张人亚担任了上海地委委员、工农部主任,直至10月奉调去苏联莫斯科东方大学学习。五卅运动爆发后,张人亚奉命回国参加反帝斗争。前几年上海音像资料馆工作人员发现的一份影像资料,清晰地展现了张人亚在一次工人集会上,慷慨激昂演说的情景。他刚毅的面容,有力的手势,给人深刻印象。1925年8月至次年,张人亚先后担任中共浦东支部联合干事会书记、浦东部委书记、浦东部委组织部主任兼任宣传部主任等职。

1925年张人亚在一次工人群众集会上讲话的镜头

1927年初,张人亚任中共江浙区委宣传部分配局负责人,筹办上海总工会机关报《平民日报》。2月27日,《平民日报》创刊,张人亚兼任发行所负责人。4月14日,因传播共产主义思想,《平民日报》发行所被国民党当局查封,留守的张人亚大弟张静茂被捕。已转入地下的张人亚得悉后,托宁波旅沪同乡会将张静茂保释回乡。

四一二反革命政变后,张人亚仍在上海从事地下工作,先是在邓小平负责的中共中央秘书处内交科,担任党中央系统(包括党报、宣传部、组织部、秘书处、军委、妇委、兵委等机关)和党中央系统外机关(包括工会、共青团、互济会和江苏省委)的联系沟通。1928年4月,他接替被捕牺牲的张宝泉,担任内交科主任。其时上海处于极其严重的白色恐怖中,国民党警特遍地,密探无孔不入。张人亚凭着对党的忠诚,机智勇敢、临危不乱,一次次完成了传递文件和情报的任务,组织、管理好了内部交通网,为保证领导机关、领导同志及党的文件书报安全,发挥了积极作用。

1927年末(或次年初),张人亚突然回到霞浦老家,对父亲说他在上海的住所要搬迁了,请父亲将他带回来的一批书刊和文件收藏好。交代完毕,他又匆匆离家走了。张爵谦深知儿子托付的事关系重大,遂一边放出风声说二儿子长

《平民日报》第一期（上海市档案馆藏）

期在外未归，恐怕早已不在人世；一边在镇东长山岗上为人亚和他早逝的妻子修了一座合葬墓。张人亚一侧是衣冠冢，里面安放的是藏有他冒险带回来的书刊文件的空棺。这些历经张家两代人悉心保存的书刊文件，待它们重见天日后，便愈显现出其特殊价值，成为无价之宝。原来它们都是张人亚学习、收藏的党的文献资料，其中有《中国共产党第二次全国大会决议案》、《中国共产党第三次全国大会决议案及宣言》、《共产党》月刊等，因存世极少而尤为珍贵。它们由张家献出后，已由中央档案馆、国家博物馆、中共一大会址纪念馆等收藏并展出。《中国共产党章程》，就是由张人亚保存下来的中共第一个党章。

1929年7月，张人亚受命去中共安徽临时省委驻地芜湖，以开设金铺为掩护，为中央筹集、转运经费和物资。这也是一桩极其危险的"买卖"，但张人亚

1920年11月7日创刊的《共产党》月刊,主编李达,是中国共产党创建初期宣传马克思主义、进行党的基本教育的半公开理论刊物。它是中国共产党上海早期组织的机关刊物,1921年7月停刊,共出版6期。这是《共产党》月刊创刊号（上海市档案馆藏）

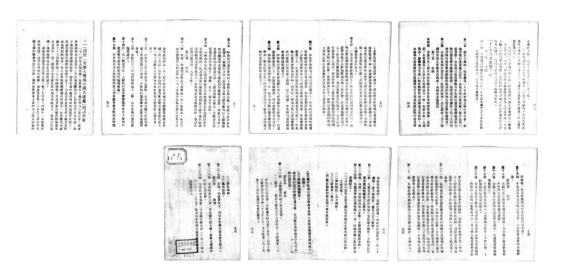

中共二大通过《中国共产党章程》及《关于"世界大势与中国共产党"的议决案》《关于"民主的联合战线"的议决案》等9个专门决议案（上海市档案馆藏）

依然做得很出色。曾任中共中央总书记的向忠发，在他被捕后写的自首书中有一段话，无意中披露了张人亚在此间的工作业绩：

> 赤区（按即苏区）接济者：在赤区中所没收或抢掠的财物，统统都换成现金，再由在芜湖开设金铺子的同志张人亚兑换成现洋及钞票，交来上海给中央。前后由我经手有两次：第一次，1930年6月由闽西运来700两；第二次，1930年底由赣西南运来2 007两。由这两批款内提出800元组织商业机关，派陈绍禹（按即王明）做老板——现由廖成云（按即陈云）负责支付。此外尚有大批现金由赤区运来，但都不是我经手的。

1931年初，张人亚奉调回上海，出任中国革命互济会全国总会主任。这是由党领导的，以营救被反动当局逮捕的革命者，并筹款接济他们的家属为使命的社会团体。其主要成员中有一些还是早年在上海跟张人亚同在一个党小组里的人，如沈泽民、沈雁冰等。

同年6月，中共中央决定撤销安徽省临时工作委员会，恢复中共芜湖中心县委，直属中央，负责指导沿长江地区34个县的工作。张人亚再度入皖，担任芜湖中心县委书记。指导如此之多的县，这在当年无论白区还是苏区，他这个县委书记可都相当于省委书记。中心县委将34个县分为安庆、芜湖、宣城、屯溪四个区，派员巡视。在领导工作中，张人亚力所能及地避免或减轻了党内"左"倾错误的影响，注意团结教育同志，收到了良好效果。

魂归苏区永垂青史

1931年11月7日，中华苏维埃第一次全国代表大会在中央苏区中心——瑞金隆重召开，中华苏维埃共和国临时中央政府正式成立。临时中央政府管辖的苏区,由工农当家做主,是张人亚和他的工友向往的地方。这里急需历经斗争考验、具有坚强革命意志与领导才能的干部来治党治国治军,进行革命斗争和各项建设。在这个大背景下(也许还因为张人亚在白区已暴露,为安全计),张人亚奉调于同年底离开芜湖,转道进入中央苏区,前往赤都瑞金。

在瑞金,张人亚见到了曾在上海共事过的、中国革命互济会全国总会中共党团书记何叔衡,何此时已出任中央政府工农检察人民委员部的人民委员(即部长)。部里有个议事机构叫工农检察委员会,张人亚在苏区的头一个职务就是中央工农检察委员会委员。

1932年6月,张人亚接替朱荣生担任中央出版局局长兼总发行部部长,同时兼代中央印刷局局长。这对于张人亚来说,可算是专业对口、轻车熟路。

在主管苏区出版、印刷、发行工作的半年多里,他认真贯彻执行党的文化教育方针、政策,紧紧依靠广大干部和工人,注意发挥从娘家——上海商务印书馆派来的技术骨干的作用,因陋就简,节约办事,组织出版、印刷、发行了一大批书籍报刊。为普及马克思列宁主义和文化科学知识,提高苏区干部群众的思想觉悟和受教育程度,推进苏区各项建设,发挥了重要作用。

据不完全统计,在张人亚担任苏区出版事业领导人期间,即从1932年6月至12月,由中央出版局出版、中央印刷局(厂)翻印、中央总发行部发行(或三者有其一二)的出版物就有:

列宁著:《第一国际到第三国际》《社会民主党在民主革命中的两个策略》《"左"派幼稚病》《无产阶级革命与叛徒考茨基》。斯大林著:《为列宁主义化而斗争》。未署著者名的:《为列宁主义的胜利与党的布尔什维克化而斗争》《农民问题》《为实现一省与数省革命首先胜利》《国际纲领》《政治问答》。中央出版局汇编出版的:《紧急动员令、关于战争紧急动员、关于战争动员与后方工作、关于扩大红军问题》。

此外,尚有标明1932年由中央出版局出版的:《职工运动指南》《共产国际执委第十二次全会总结》等。

以上所列，难免挂一漏万。但也足以说明苏区出版事业对中国革命所起的作用，以及张人亚在其中的影响。

由于长期在危险环境、艰苦条件下进行高度紧张、繁重的工作，张人亚积劳成疾。1932年12月23日，时值隆冬，天寒地冻。他带病从瑞金出发，去邻近的闽西长汀检查工作。两地相距近百里，中间起伏几座高山。张人亚终于在疲惫中疾病发作，救治不及而逝世。噩耗传开，闻者无不悲从中来。

时隔半月，中华苏维埃共和国临时中央政府在其机关报《红色中华》第46期（1933年1月7日）上专门刊发悼文，沉痛悼念张人亚。悼文简要叙述他的职务、死因和革命经历后，对其做了高度评价：

> 人亚同志对于革命工作是坚决努力、刻苦耐劳，在共产党内始终是站在党的正确路线之下与一切不正确思想作坚决斗争，在党内没有受过任何处罚。因为努力工作，为革命而坚决斗争，使他的身体日弱，以至最后病死了。

文中称张人亚的死："这是我们革命的损失，尤其是在粉碎敌人大举进攻中徒然失掉了一个最勇敢坚决的革命战士。"悼文最后号召革命同志化悲痛为力量，"争取苏维埃在全中国的胜利，来完成张同志所遗下的任务"。

张人亚英年早逝，然而是金子总会发光，他的名字连同他的非凡事迹，注定要镌刻在中共党史、中国革命史的光辉册页上。

（本文发表于2018年5月）

从"五四"新青年到
秘密交通员

龚伊红（口述）　臧庆祝　潘仲彦　李清瑶（整理）

　　整理者言： 2016年3月9日下午，我们来到了位于北京朝阳区邻近奥运村、王一知女儿、原北京协和医院病理学教授龚伊红的家中。龚教授今年已87岁了。当介绍人说是家乡来的客人，要想听听王一知的事迹时，龚教授赶紧拿出了珍藏的《王一知纪念文集》一书，介绍起母亲跌宕起伏而又多姿多彩、朴实而又伟大的一生。

　　龚教授深情地说，20世纪50年代末，当听到别人在唱《听妈妈讲那过去的事情》这首歌曲时，内心还不怎么在意；直到自己步入不惑、花甲之年之后，就

王一知女儿龚伊红教授（中）与其子吴军（左）的合影（金毅摄）

越发想听母亲讲述过去绝对不能吐露半字的地下斗争生活。在龚教授的心目中，母亲就像一座山，默默无闻但又坚不可摧；母亲就如一条河，连绵不断而又奔腾向前；母亲就如一首歌，耳熟能详却又历久弥新……

我的母亲王一知是电影《永不消逝的电波》中我党地下交通员原型，1922年8月经俞秀松、刘少奇介绍入党。新中国成立以后，为了能在基层从事教育工作，她主动要求将自己从行政8级（副部级）降为12级……

对于共产党人来讲，从举起右手向党宣誓的那一刻起，就应该做好了随时牺牲的准备。尤其是革命战争和地下斗争年代，有多少革命烈士，献出了自己宝贵的生命！又有多少革命志士，经历了多少枪林弹雨和刀光剑影！可以说，革命生涯如同刀尖上行走。拿我母亲来讲，就有那么三次侥幸脱险，与生离死别只差毫厘的经历，可以说是步步惊心！

去 桃 源

其实在我党历史上有两个"王一知"，除了我母亲，另一个"王一知"，是东北抗联的，你们在网上一查就知道了，是完全不同的两个人，但都是抛头颅、洒热血的革命前辈。我母亲原先不叫王一知，原名叫"杨代诚"。对"为什么要改姓改名""为什么要姓'王'""为什么要取名'一知'"这三个问题的答案，从后来与母亲的交谈中，我大概可以理出一些头绪。

我外公姓杨，叫杨凤笙，虽然我从未见过他，可我知道，他也是清末民初一个有"特点"的人物。他与民国时曾任总理的熊希龄曾是沅水校经堂的同窗，又一同留学日本；熊希龄担任国务总理时，我外公受邀担任国务院主事。可他不习惯官场那一套，不愿做官，硬是回到家乡，长期担任《湘报》主笔。按理说他留过学、做过京官，应该是个很开明的人。可是他满脑子的三纲五常、男尊女卑,就因为我外婆生了我妈,是个女儿身,便借口"不孝有三,无后为大",讨了妾,生了儿子,不仅对我外婆由冷淡转为厌弃,还将我外婆打入"冷宫",以至于我外婆40岁白头,50岁便抑郁而死。那一年我母亲才14岁。

五四运动时期的王一知

外婆走后,我母亲便失去了"靠山"。按照我外公当时的经济条件,继续供我母亲读书是不成问题的。可我外公一是不同意我母亲读中学;二是放出这样的狠话:"要继续读书,经费自己解决!"事实果真如此:从1915年春,我母亲考取桃源湖南省立第二女子师范学校后的5年时间内,我外公没有给过我母亲一文钱。虽然该校是公立性质的,吃饭和住宿是免费的,但花季少女、豆蔻年华总该有些自己的花销吧?事实上大户人家出身的母亲,从我外婆去世后,便逼迫自己考虑读书和生计问题了。

211

那五年时间里,母亲基本上穿的是旧衣服和旧鞋子,有不少还是同学们接济的,甚至书写用的墨水,还常常兑上一些水,以增加原来墨水的使用时间。但这反而更加激励母亲思考与求知的欲望。除了完成课堂学习任务外,她还读过卢梭的《民约论》、柏拉图的《理想国》、达尔文的《进化论》、克鲁泡特金的《无政府主义》等书籍,当然当时她最感兴趣的是北京大学出版的《新潮》期刊。因为《新潮》上刊登的文章,多是反对封建伦理道德,揭露封建家庭丑恶,同情妇女的无权地位和非人生活,提倡个性解放、男女平等的。为此我母亲还写下《非孝》和《反对片面贞操》的作文,表示向封建礼教宣战。

1919年伟大的五四运动爆发时,我母亲自然而然成了学校的积极分子和骨干力量。什么组织宣传队、上街游行示威呀;什么成立检查组、到各商店查抄和当众烧毁日货呀,干得不亦乐乎!我母亲还特地组织了10人救国团,她们不仅节衣缩食,节省日常开销;还自己动手,编织各种小件编织用品。节省下来的钱与编织用品卖出去的钱,都用于资助学校的学生运动。当时我母亲还和十几个女同学一起剪去了长长的头发,剪得像现在男士短发式样,引起了好多人的"围观",并将她们视为"异类"。我母亲不仅泰然处之,而且还特地去照相馆,拍了这张剪去长发的照片,就是这张五四新青年的标准照,也是母亲留给我们最早的一张照片。的确从这张照片来看,既不像窈窕淑女,也不像大家闺秀,活脱就是一个立志改造旧社会的进步青年!

我母亲平常日子里与同学议论最多的,就是"天赋民权""物竞天择""男女平等""自由民主""劳工神圣"等新观念、新思想。那时还发生了这样一件事:我母亲就读的桃源湖南省立第二女子师范学校,教英文的彭老师,仗着是校长的亲戚,不学无术,英文课上得很糟。我母亲等几个有志求学的人,经欧阳老师介绍找了教教育学的李老师补习英文。这事给彭老师知道了,他气急败坏地到校长那里告状。校长为了维护所谓的"校规",不允许我母亲她们找李老师补习英语,甚至吓唬她们,如不遵守"校规",就要开除。我母亲开始还和校长及彭老师据理力争,见他们实在蛮不讲理,也干脆横下心来说:"只要你挂出开除我的牌子,我就马上砸掉它!"同学们也都被激怒了,纷纷表示要以"罢课"的形式,来抗议学校的胡作非为。校方怕事态进一步扩大,不得不收回了原先的言论。这样这场风波,就以我母亲她们获得了英文补习权而告终。

丁玲那时就在那所学校里读书,只不过比我母亲小2岁。1946年5月,她在给《时代青年》写的《我怎样飞向了自由的天地》一文中写道:"'五四'那年,我正在桃源女师预科读书。这个学校以前没有过什么社会活动。但'五四'的浪潮,也冲击到这小城市了。尤其是里面的一小部分同学,她们立刻成立学生会,带领我们去游街、讲演、喊口号。我们开始觉得很茫然,她们为什么这样激动呢?我也跟在她们后边,慢慢我有了一个思想,'不能当亡国奴'。她们那时在学校里举行辩论会,讨论很多妇女问题、社会问题。教员很少同情她们,同学们大多数赞成她们。我很佩服其中的两个同学:杨代诚和王剑虹。"可见早年我母亲,给丁玲留下了很深的印象。

我母亲,对于我外公,虽然没有明说,但有两件事情还是心存感激的:一是没有让我母亲缠脚;二是让我母亲读完了小学。虽然其中离不开我外婆的"呵护",可毕竟这两件事对我母亲一生都发挥着重要的作用。不然按照那个年代"缠脚"和"女子无才便是德"的惯例,让她早早嫁人,那我母亲的命运,还真的难以想象!

1921年夏天,我母亲拿着学校发还的10元保证金和毕业文凭,从桃源回到了芷江老家。本想将我外婆寄放在母亲舅父家的首饰衣物变卖后一并充作旅费,到北京去考女师大的。没想到我外公对我母亲说:"好了,你在芷江做个小学教师吧!我替你找个门当户对的人家结了婚,不愁吃不愁穿,安分守己地过日子吧!"我母亲知道,如果直截了当地回绝了我外公,肯定会招来严厉的"看管",这样将会一事无成。于是我母亲对我外公的"建议",既没有表示同意也没表示反对,而是采取了"拖延"战术。

这期间我外公还在我母亲的箱子里,发现了北京大学学生傅斯年、罗家伦、杨振声主编的《新潮》杂志,并拿了一本去看。应该说《新潮》杂志,是我国"五四"文学革命初期的重要新文化刊物,同时又是在《新青年》杂志直接影响下出版的,她高举伦理革命和文学革命的旗帜,表现了鲜明的反对封建道德和封建文学的战斗色彩,是一本进步刊物,至于后期转向资产阶级右翼,那是另外一回事了。虽然当时我外公没有透露一点音讯,可我母亲猜测我外公一定会加紧对她的看管。

于是我母亲赶紧拿了其余几本《新潮》杂志和自己的行李,"逃"到家对面的张太太家"躲"了起来,连续几天没有露面。这位张太太膝下无子无女,笃信基督,很是善良、慈祥,虽然对我外公的封建专横,早就看不惯了,但也从来没有发生正面冲突。同时对我外婆和我母亲,一直给予同情和关照。此时她知道我母亲要去远行,又不声不响地为我母亲置办了全套衣被。以至于后来每每说起这位张太太,我母亲都心存感激之情,同时又为没能报答而心存内疚。

没多久，我母亲听说有一些同学要到桃源去上学，因为当时土匪很猖獗，为了安全起见，打算雇用一个班的兵力，租船去桃源。我母亲认为这是个好机会，于是就一起"凑份子"将行李放到了船上。其他同学都是人和行李一起上了船，从"水路"出发了；唯独我母亲担心我外公知道后赶来拦截而另外选择了人与行李分离，从"旱路"出发，雇了一顶轿子去桃源。

没想到此举歪打正着，成了我母亲人生第一次侥幸脱险。等我母亲从"旱路"赶到桃源时，得知那条还雇了一个班兵力保护的运输船，连行李带人（都是女同学），都被土匪抢去了。土匪们还放出这样的狠话：要么（家长们）拿钱来赎！要么超过时日，留做"压寨夫人"！尽管我母亲的行李被土匪抢去了，可人却毫发未损，相比较那些被抢去的女同学，我母亲真的是躲过了一劫。

平民女校

行李没了，北京是去不成了，书也读不成了，生计成了大问题。好在原来同班毕业的有一位姓高的同学，在溆浦小学当校长。我母亲就投奔到她那里，被聘为小学五年级的班主任，兼国文教员，还有12元的月薪。

其实溆浦小学还是很有来历的：就在1916年也即五四运动的前三年，后来成为我们党创始人和早期领导人之一的向警予接管了该校。向警予接管该校后，进行了大刀阔斧的改革。比如将女校改为完小，招收男女学生，聘请男女教师，实行男女同校，有力地冲击了男女授受不亲的封建枷锁和封建权威；比如向警予提出："教育之目的，固非徒以铸造适应于现时社会之人，而尤以铸造因现世之社会，而创未来之社会，以左右现世之社会之人"等等。她还提出："吾辈当求真心得，做真事业，尤其要树好身体基础。"不可否认，向警予的教育思想，给了我母亲很大的影响，以至于后来我母亲以向警予为楷模，专注于教育事业，就是在那时打下的思想基础。

虽然在溆浦小学,我母亲没有和向警予接触,因为她那时已去法国留学,但向警予在溆浦小学打下的基础、培植的校风学风等等,给当时的溆浦小学和我母亲莫大的受益。例如我母亲在溆浦小学,第一次看到了有关共产主义的宣传品。当时有个在北京朝阳大学读书的姓韩的大学生,回到溆浦找教师座谈,介绍了《共产主义ABC》《新青年》等有关共产主义的刊物和小册子。特别是李大钊等同志,直截了当、一针见血地指出"私有财产制度是社会万恶的根源;只有进行社会革命,推翻私有制,建立公有制,人类才能得到真正的解放"等等,一下子使我母亲有了豁然开朗的感觉。虽然那时我母亲还不是一个共产主义者,可她冥冥之中似乎感到,这辈子恐怕要和共产主义事业联系在一起了。

恰好1922年初,曾在桃源湖南省立第二女子师范学校的同窗好友王剑虹从常德来信说,上海有个平民女校,实行半工半读,专门招收中小学毕业而无钱升学的女生;最主要是,来学校教学的都是知名人士,理论水平都很高,都是要革私有财产命的革命家。这和原先在《新青年》上看到的李大钊等的文章,又对上了号。我母亲二话没说,就向学校提出了辞呈。溆浦小学的同事好友甘梅先,见我母亲要走连个箱子都没有,主动将自己唯一的一个箱子送给了我母亲;已经和我母亲有了深厚感情的那些小学生们,更是哭泣地挽留我母亲,这在母亲的心底里,留下了难以磨灭的印象。

1922年2月,我母亲和王剑虹一起从常德来到了上海,来到了我们党领导的第一所女子学校——上海平民女校。其实我母亲后来得知,王剑虹那次回湖南是带有考察招生任务的,即为上海平民女校招生。实际上我们党成立三个月时,我党上海小组一大代表李达(湖南籍),就和陈独秀商议,在原有《新青年》之外,再办一个妇女刊物,当时王剑虹就和李达夫人王会悟,一起参与了我党领导的第一份妇女杂志《妇女声》的创办和编辑工作。很可惜,直到现在还没有发现这份刊物的留存。1921年底,陈独秀又主动和李达商量,准备筹办一所专门培养妇女干部的学校,即上海平民女校。

上海平民女校第一批共招收了30来名女学生,她们都是在五四运动鼓舞下向往民主自由的爱国青年,还有就是从封建包办婚姻中挣脱出来的童养媳。王剑虹一人就从湖南老家"招"来了3人,她们是我母亲、丁玲和王醒予,加上她自己,占到全部学员的十分之一还多些。由于我母亲当初可以说是从家里"逃"出来的,老家对面张太太帮助准备的衣被行李,在第一次侥幸脱险时就被抢劫了;在溆浦小学半年教学的微薄收入,根本没有什么积蓄。在上海平民女校,虽然有半天做工得到的工钱,也只能勉强地付房租、购买必要的学习和生活用品,至于伙食费问题,常常是我母亲和王剑虹、丁玲3个人吃两份客饭解决的。当然王剑虹和丁玲"买单"要比我母亲多,她俩就是以这种方式"资助"我母亲的,真可以说"不是姊妹、胜似姊妹"——桃源女师的三姊妹!

那时她们仨还真是无话不说的小姊妹。有一天她们仨在渔阳里(即现在上海的淮海中路、差不多原来团中央机关所在地位置)租的厢房宿舍里说悄悄话,年长些、介绍我母亲和丁玲的王剑虹(原名叫王淑璠)忽然说:"我们仨一起把名字改了吧?"于是王淑璠报出了新改的名字"王剑虹",剑如长虹,得到大家的充分肯定。丁玲(原名蒋冰之),尽管比其他两位姐姐小两岁,可特机灵,又有诗人气质,连名和姓一并改了,报出了"丁玲"大名。我母亲呢?稍稍想了一下,想想那么封建专制的父亲与家庭,多亏王剑虹将自己引入一个新的天地,干脆随了剑虹的"王"姓,同时又感到自己革命生涯刚刚起步、对革命知识又知之甚少,于是起了"一知",即"王一知"这个姓名,同样得到大家的赞许(中华人民共和国成立后又将自己的生日改为"7月1日")。

应该说我母亲是相当幸运的:在李达、蔡和森主持的上海平民女校半工半读;身边有那么好的姊妹,如王剑虹、丁玲、钱希均等;又常常能见到陈独秀、邵力子、陈望道、沈泽民等一批名师前来讲课。当然,这些如雷贯耳"大人

平民女校旧址：南成都路辅德里632号A（今成都北路7弄42号至44号）（上海市档案馆藏）

1922年2月6日，刊登在《民国日报》上的平民女校招生广告（上海市档案馆藏）

女校设高级和低级两个班，高级班学生有王会悟、王剑虹、王一知、丁玲、高君曼等；低级班学生有钱希均、王淑英等。图为女校学生丁玲、王剑虹合影（上海市档案馆藏）

物”一点架子也没有，讲课之前、讲课当中和讲课之后，他们都非常乐于听取学生们的想法和意见，帮助她们不断解除各种模糊思想和认识。说是平民女校，确切地说是一个崭新的革命大家庭。

当然我母亲印象最深的恐怕要数刘少奇同志了。这不仅是因为这年三四月间，刘少奇刚从第一个社会主义国家的莫斯科东方共产主义劳动大学学习回来，就来平民女校给她们上课了，最主要是因为，这年的8月下旬，我母亲就由俞秀松和刘少奇两人介绍，加入了中国共产党，成为我党在上海平民女校发展的第一位（也是唯一一位）中共党员。1922年6月中国共产党第二次全国代表大会时，全国党员人数仅195人；一年后的第三次全国代表大会，全国党员人数也仅为432人。

除了半工半读之外，我母亲还积极投身革命活动。如当时上海出现了罢工高潮，浦东浦西的日本丝厂、纱厂及英美烟厂工人罢工此起彼伏，当时的党组织与团组织都集中力量去参加、支援和领导工人罢工。邓中夏、李立三、刘少奇、刘华等都参加了罢工委员会的领导工作；上海的进步学生和平民女校的学生，也都参加了支援罢工的工作。

那时我母亲还是说一口湖南芷江话，上海本地人听不太懂，于是我母亲就举着“支援罢工”的旗子，抱着一个竹筒，到各大马路，如霞飞路（现在的淮海中路）、虞洽卿路（后来的西藏路）等，各大娱乐场所，如大世界、百乐门等，进行筹集资金的募捐活动。这样的活动，在当时来讲自然是“非法”的，所以要时时躲避租界巡捕的抓捕。有一次，我母亲正在筹集募捐时，一个小孩跑来告诉我母亲：“巡捕来抓人了！”恰巧此时有一辆电车开了过来，而且车上的铁栅门也恰巧开着。我母亲毫不迟疑地跳上了这辆正在行驶的电车，不料这一“跳”，成了我母亲从湖南芷江出来之后的第二次侥幸脱险。

1925年5月15日，日本纱厂资本家枪杀了工人领袖顾正红，我母亲还直接参加了护送灵柩的示威游行，揭露和抗议帝国主义屠杀中国人民的罪行。

电波永不消逝

当然，对于我们共产党人来讲，在战争年代和地下工作中所经历的风险，与在社会主义革命建设时期所经历的风险，是两种完全不同的风险。

转眼到了1937年卢沟桥事变之后的全民族抗日战争爆发年代。1938年初，我母亲和我继父龚伯伯（即龚饮冰）在武汉与周恩来取得了联系。周恩来要派他们去上海建立和领导秘密电台，负责上海党组织与延安党中央的直接联系。当时上海党组织的负责人是刘晓同志（湖南省怀化市人，和他们早就认识了）；我龚伯伯的公开身份是商人，是湖南万源湘绣庄总经理。这个湘绣庄规模较大，从东北长春到湖南，设有很多分店。为了与这一"富商"的身份相适应，我们住的房子，包括卧室、书房、客厅、餐厅等比较宽大舒适，家具和陈设也都比较精致和讲究。这是工作的需要，实际上则是党组织的办公和活动场所。当然我母亲的公开身份，就是"全职太太"，帮助我龚伯伯打理生意和操持家务，实际上是内务"总管"。

当时他们在上海市中心三处建立了三个秘密电台，轮流且不间断地与延安保持联系，接收党中央的最新指示，上报通过各种途径收集来的各种情报。这三个电台负责人分别是李白、杨建生和郑执中，都是我党红军时期参加革命的老党员。他们的脸上和身上，或多或少、时不时地散发出阳光和正义之气；对"十里洋场"的生活气息，常常嗤之以鼻和不屑一顾。这时我的母亲，就以"上海人"和"大阿姐"的身份，帮助他们三人尽快地融入上海的工作与生活。空余时间还常常帮助他们学习和补习文化。我当时也就十来岁，他们都把我当成小妹妹，我自然把他们叫作大哥哥。

为了工作的需要，经组织同意，我母亲还分别给这三人介绍了三位纺织女工，以"夫妻"身份"居住"、生活和工作。其中有两对，还真的成了志同道合、患难与共的革命夫妻；只有一对，后来因为工作原因分开了。在成功的两对革命夫妻中，有一对就是李白和裘慧英。

李白叔叔是湖南浏阳人，1925年15岁时就加入了中国共产党，大革命失败后参加了秋收起义，1934年参加了中国工农红军长征。我母亲曾说李白的"白"，确实是名副其实，他的本质就是洁白无瑕！裘阿姨呢，可是上海人吆，她的祖籍是浙江嵊县（今浙江省嵊州市）。母亲说她当时很年轻，是个"包身工"出身的绸厂女工，而且已入了党，是中共沪西绸厂宣传委员。当时李叔叔和裘阿姨俩人，是以"小夫妻"的名义，通过公开租赁，住在建国西路福禄村10号（当时属于法租界）、爱国人士许彦飞自己盖的楼房内（许家住在二楼；三楼和

发表在《人物》双月刊杂志1981年第2期上的《永不消失的怀念——忆李白同志》

假四楼阁楼租给了李白"一家";一楼租给了另外一对小夫妻,请了一位保姆在家做家务)。许彦飞不仅当过青浦县知事,还是上海《新闻报》的经理,并与人合伙开了锦华湘绣庄,应该说是在上海颇有点地位的人物。

1942年9月24日中午,那天是农历八月十五中秋节,我母亲去李白住处联系工作,照例习惯地转到后门,只见一楼的那位保姆,背倚着门,一只手握住门框,一只手向我母亲使劲地摇了摇,示意不要进去。我母亲顿时感到情况有变,同时装作不认识的"过路人",非常镇静地走出了弄堂,过了几条马路,回头看看确实没有"尾巴"和"跟踪",随后就开始了善后处理。事后得知,头天晚上,李白夫妻俩不幸被日本特务侦破抓获。关于《永不消逝的电波》的故事,1958年的电影和2010年的电视剧,播出时都相当红火,这是因为剧中的报务员和交通员等,都是有原型的,那就是李白叔叔、裘慧英阿姨和我母亲等我党地下工作者,这也说明真正震撼人心的文学作品,不仅在于它的艺术性,同时还在于它的真实性。

以上就是我母亲第三次脱险(其实还不止),应该说都是相当"侥幸"的。如果其中任何一次被土匪,或被巡捕,或被日本特务抓捕,那我母亲或许还会经历更多意想不到的磨难!

(本文发表于2016年12月)

我的地下交通岁月

薛蔚芳(口述)   王坚忍   陈献珠(整理)

口述者简介   薛蔚芳,江苏昆山人,1919年6月生,1940年8月入党。参加革命工作后在上海南通学院纺织系、上海怀幼院、中纺三厂等单位从事党的地下工作。新中国成立后,历任华东纺织管理局人事处科员、副科长,上海纺织工业局科长,上海真如中学党支部书记、副校长,上海渔轮修造厂监委副书记、技校副校长。1982年离休。

女中入党

青年时期的薛蔚芳

1937年七七事变后,我的父亲在苏州邮政局谋生。11月,日军占领了苏州,我们全家开始逃难,先到镇江,再到扬州,自扬州从水路一路颠簸到上海。1938年,我父亲在苏州河北岸,虹口公共租界的邮政总局找到了工作,全家在上海安顿下来。当年9月,我进入了上海名校务本女中(1952年改名为上海市第二女子中学,1967年改名为上海市第二中学),其时已改名为怀久女中,抗战胜利后恢复原名。这一年,我18岁。

当年的怀久女中,分南、北两校。我就读的北校师范科,位于公共租界威海卫路(今威海路)的一座过街楼上;南校高中普通科,校舍在法租界贝当路(今衡山路)一幢花园洋房里。别看我们北校地方不大,当时师生中间就有地下党员10余人。

在北校读书的课余,我读了茅盾、巴金等人的小说。一次,读了美国进步作家辛克莱的描写芝加哥大型屠宰场,资本家对工人的压迫和压榨的长篇小说《屠场》后,我写了一篇作文,表达了对工人阶级的深切同情和对资本主义黑暗的认识。语文课上,老师朗读了这篇作文,引起了我班党支部的注意。某天,徐秀凤同学找我,问我,你愿意出来工作吗?我说,什么工作?她说,抗日救亡工作。一听到"抗日"二字,我当即坚决回答,当然愿意。接着,她介绍我参加党的外围组织"学协"("上海学生抗日救亡协会"的简称)。

在"学协"的组织领导下,我第一次读了美国记者斯诺的《西行漫记》,第一次听到了《国际歌》,第一次跟同志们哼唱"年轻的中国共产党,你就是核心,你就是方向,我们永远跟着你走,人类一定解放!"此后,"学协"安排我参加了各种社会活动,上街宣传抗日救国,为前方将士募捐,并到工人夜校去讲课,看到工友们在劳累一天后,晚上还要听课,他们的勤奋好学深深地教育了我。

我们怀久女校北校的进步力量强,引起了汪伪极司菲尔路(今万航渡路)76号特务机关的注意。我校训育主任金光楣,就是76号魔窟派出的特务,她在各班安插爪牙,刺探进步学生的活动情报,导致我校数位进步学生被捕。我班一个貌似老实的女生顾琴芳,就是金光楣派来的暗中监视我们的爪牙。我班"学协"成员在党支部领导下,开展驱逐顾琴芳活动。接连在班会上揭露她的特务身份和丑恶行径,使她在班级里无立足之地,最后灰溜溜地退学了。接着,怀久女校北校各班女生在党组织的统一领导下,全校罢课,与校方交涉,要求撤销金光楣的训育主任职务。我班还编了"狐狸精"的活报剧,揭穿她充当日本人的鹰犬、卖国求荣的汉奸嘴脸,演出效果特别好。经过十多天的罢课,校方让步,撤换了金光楣的职务。

1940年7月,我在怀久女中北校即将毕业前,"学协"领导林其敏找我谈话,说他和另一位同志想介绍我入党。过了一天,林其敏高兴地对我说,党要求你回答几个问题。他当即从长衫里拿出一张纸,上面写着几道问题,至今我记得其中的一题为"试述帝国主义的实质"。他要求我抓紧写好,过几天他会来拿。

8月,林其敏郑重其事地告诉我,上级已经批准我加入中国共产党。

地下交通站

1939年,我最先租住的石库门亭子间,是在法租界的劳勃生路(今顺昌路)。这个亭子间,8平方米,朝北,位于一楼楼梯至二楼楼梯的拐弯处,也就是在一楼与二楼的半中间,亭子间下头是灶披间(多家合用的厨房),上头是晒台。夏天上面烈日暴晒,下面煤球炉子热气腾腾,人像蹲在蒸笼里;冬天北风凛冽,玻璃窗外结着一层冰霜,晚上睡在床上,棉被不挡寒,经常半夜被冻醒。全民族抗战爆发后,上海沦为"孤岛",被日寇占领的南市、闸北等华界难民纷纷涌入租界。房东乘机对我提出加房租。我一个穷学生,哪来多余的钱呢,只有搬家了。

1940年,我搬家后又在公共租界苏州河畔的新闸路与泥城桥相交处,租了一间石库门亭子间。这个亭子间的条件更差,与顺昌路的相比,有过之而无不及。但生活再艰苦,我也能忍受。租下房不久,由于这个亭子间位于弄堂深处,是人烟稠密之地,交通便捷且易于隐蔽,党组织在此设立了一个地下交通站。我作为交通员,主要任务一是接送一批又一批的爱国青年奔赴苏北新四军抗日根据地;二是党组织负责人在这里开会时负责望风;三是各种情报的接送和转发。

会议一般安排在夜晚。趁夜色的掩护,同志们先后来到亭子间,我则站在弄堂口昏黄的路灯下守望。每当夜深人静,回望我那间朝北的小亭子间里,一灯如豆,但在我眼中,却是一颗黑夜里最明亮的星星。霎时间,狭窄的弄堂口变得宽广起来,眼前一片光明。

每逢有情报从我所在的亭子间转送出去,我就站在窗口目送他们的背影远去。我心里默念着,亲爱的同志,一路上风波险恶,小心再小心,顺利完成任务。

当时,日本人在南市、闸北等华界驻军,持"中立态度"的公共租界和法租界仍为英美和法国管控。为捕捉租界里的抗日志士,日伪想出了一条毒计,即"抄靶子"——他们在租界的交通要道搞突然袭击,拉起一道长长的铁丝网,中间留一个小口子,铁丝网外,几个日本宪兵端着插上雪亮刺刀的"三八大盖",身后为"汪汪"乱吠的高大的狼狗。汪伪军警分成两排,只有一个人的出口,对每一个过路行人进行搜身后,才可放行。而公共租界(英美)、法国租界当局,对此也睁一只眼闭一只眼,无可奈何。

一次,我们的一位女同志骑自行车送党内机密文件,稍远处就看到了前面路口拦起的铁丝网。此时她进退两难,就在她骑车行进的马路上街沿两侧,密布汪伪特务。他们装扮成卖香烟的、卖报纸的、卖大饼油条的等等,边吆喝,边溜眼观察行人。如果你神色慌张,或者掉头往后走,特务马上一拥而上抓住你,两个特务挟持着你上黄包车,早就停在路边的黄包车车夫也是特务伪装的,当即拉着车一路飞奔,把你送到极司菲尔路(今万航渡路)76号汪伪特务机关魔窟。

危难关头,女同志抬头看到前面右侧有一修车行,她急中生智,故意拉下车链条,装着掉链子了,扛起车走几步后转进修车行,巧妙地躲过了"抄靶子"。

当时的24路无轨电车,从西康路大自鸣钟开往老西门,行驶经过公共租界与法租界时,以爱多利亚路(今延安中路)为界,北面为公共租界,南面为法租界,故24路电车由英商电车公司和法商电车公司分管,"铁路警察,各管一段"。当电车由北朝南,即将驶近延安中路时,没有站头,但英商电车公司的售票员随即在附近的陕西北路下车,24路继续开过去,至延安路南头,法商电车公司的售票员上车。

某次，我们一位同志送党内文件至另一个交通站，步行到陕西北路将近延安路时，发现延安路口正在架着铁丝网。恰巧一部24路电车停下来，他灵机一动，趁英商售票员下车，车门尚未关上的一刹那，飞一般闪进车厢。随车驶过延安路，利用规则，逃过一劫。

"抄靶子"有时也会抄到电车上来。一次，一辆正在行驶中的24路电车，突然被几个全副武装的日伪军警拦下，喝令开门后，如虎似狼般地一拥而上。他们在乘客中挤来挤去，对他们认为可疑的乘客，叫他举起双手，对他们上上下下搜身。这辆车上有我们的一位同志，组织上交给他一把小手枪，要他送到指定地点，小手枪藏在一个小巧玲珑的糖果铁盒里。怎么办？此时，英商公司雇用的中国年轻的女售票员，正穿过人群叫乘客买票，一个念头犹如电光石火掠过他的脑海，等售票员来到他身边，他当即顺手将糖果盒塞进女售票员装票款的帆布背包里。那位女售票员先是一愣，随即会意地向他眨了一下眼睛，然后若无其事，脆生生地叫道"买票买票啊"。一无所获的日伪军警悻悻然下车。我们的同志走到女售票员专座前，取回了糖果盒。两人相视一笑，一切尽在不言中。但意思很明确，抗日，是我们中国人的共同意愿。

仿佛心有灵犀，每当我的战友过封锁线时，我总为他们捏一把汗。直到得知他们安然的消息，才放下心来。战友心连心啊。同时我也为我们的战友自豪，凭着对党的忠诚，对人民的热爱，对日伪的仇恨，机智勇敢地闯龙潭虎穴，化险为夷，不辱使命，天下事难不倒共产党员。

护厂迎解放

1947年5月，随着国民党扩大内战，前线节节败退，后方通货膨胀，民不聊生，共产党在上海发动了"反饥饿、反内战、反迫害"大游行。这次游行是上海党组织负责人刘晓同志部署的,我也参加了。

这次大游行参加者主要是交通大学的3 000名学生。浩浩荡荡的人流,汹涌澎湃地从四方汇向上海北火车站,准备去南京请愿,要求停止内战。国民党上海政府如临大敌,慌忙中派出大量的军警,步枪上了刺刀,企图威慑革命学生。但在北站广场上,学生搭起了主席台,台上的红旗在风中哗啦啦地响,口号如惊雷,势不可挡。主席台上的交大同学用扬声器告诉大家,淞沪警备司令部下令说火车不准开,马上有交大同学上台说,火车不开,自家开。交大同学真的有才华。当场有同学用《打倒列强》的曲调,现场编好了新歌词:"火车不开,火车不开,自家开,自家开,交大学生真正崭,交大学生真正崭,真正崭,真正崭!"不一会儿,这首昂扬铿锵的歌谣在北火车站的上空久久回荡。

原来这一天,还有几位有声望的民主人士也去南京,要求当局停止内战,关顾民生。勇敢的交大同学攀上火车头,坐在司机位置上,呜呜呜拉响汽笛,无数交大同学瞬时间涌入一节节车厢。火车车轮缓缓启动,轰隆隆的火车头

1947年5月8日,上海万余纺织业工人举行要求解冻生活费指数的游行
(上海市档案馆藏)

带着长龙般的车厢,风驰电掣地向西,开往南京。

这次反内战大游行和北上请愿,是一次检阅进步力量,扩大我党影响,发动群众的壮举。

1949年5月中旬,解放军进军上海郊区的炮声响起,我们即将迎来盼望已久的亲人。当时我在沪西澳门路中纺三厂当职员,根据上海党组织"反对拆机器运送到台湾"的指示,我们成立了护厂队。上海解放前几天,我值夜班时,我们的同志按事先约定,深夜把一叠宣传"保护机器迎接解放"的传单,从中纺三厂的围墙外传递进来。我拿到传单后,走到厂部的二楼,把传单一张张地从门缝下塞进厂长室、总工程师室和职员们的办公室。

接着,上级又给我一个任务,搜集中纺三厂的生产、财务、销售等资料。我趁厂长、总工程师、财务科长等不在办公室时,用小型照相机拍摄了各种报表,当我把胶卷交到接头人的手中时,他告知我解放军马上就要进城了。

5月25日,国民党疯狂地到处抓捕共产党人,作临死前的猖狂一扑。这一天下午4点多,我正在厂宿舍里,突然听到外面一阵阵刺耳的警笛声。推窗一看,只见一群特务从警车里走出来,拿着手枪冲进工厂,逼着正在车间操作的几百名工人到厂门口集中,用枪口对准她们,恶狠狠地说,给我全部蹲下,把双手放在头上,谁动就枪毙谁。接着上二楼,把厂部的职员也赶到广场,我也在其中。

特务们先工人后职员,挨个儿检查"国民身份证"。此时我猛地想起我的一本记录党组织接头暗号的小本子,压在我的床头的枕头底下,还有一大包《解放区的天》的简谱歌纸,藏在我的床底,要是给特务搜到了,那就糟糕了。此时,一个女职员说她的"国民身份证"在宿舍,我急中生智,明明"国民身份证"在我上衣的兜里,却跟着举手说"长官,我的证件也在宿舍"。特务头目不耐烦地挥挥手说快去快回。当我和那位女职员返回二楼宿舍时,后面跟着一个拿枪的特务,在楼梯口守候。我一进门,就将枕头下的小本子迅速取出,将

上海工人協會通告　四月卅日

由於國民黨反動派好戰成性，決心繼續執行反人民反革命的政策，拒絕中共代表團提出之代表人民意志的和平方案，說明對於反動派寬容就已都忘掉恕，為了澈底消滅頑固不化的反動派，即日起在長沈戰線大舉渡江了，中國人民解放軍已遵照廿一日毛主席朱總司令的命令，為了澈底消滅頑固不化的反動派，即日起在長沈戰線大舉渡江了，經過四日戰鬥，已經先後解放九江、湖口，正向崑山上海杭州推進，上海的解放，已急指日可待，為建全上海人民的政權。此時，委們號召各立業職工及各企業名單位工友加緊進備工作，

（一）立刻迅速有効地建全捘火護廠隊，糾察隊等組織監守各庫物資，保衛工廠設备，防止破壞。

（二）立刻迅速有効地，協助解放軍維持秩序，防止國民黨潰敗的散兵游勇流訛心痞趁火打刼。

（三）立刻迅速有効地動員群眾，監視工賊、逮捕特務分子。

（四）凡是過去参加各反動組織，包括偽福利會、偽勞働協會、偽三青團、偽聯誼社等組織者，玄諒立刻悔過自新立功贖罪，並遵照上項指示協助本會進行工作聽候處愆。

1949年4月30日，上海工人协会发表通告，号召工人行动起来，保护工厂，防止国民党当局的破坏（上海市档案馆藏）

中共上海市委组建了6万人的人民保安队和4万人的人民宣传队，开展护厂、护校斗争，维持社会秩序，确保城市正常运转。图为人民保安队臂章（上海市档案馆藏）

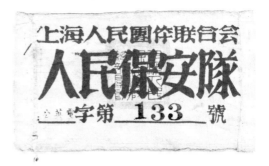

薛蔚芳（左）与战友在沪西工厂楼顶喜迎上海解放

记录接头暗号的几页撕下，扯成碎片后丢进字纸篓。正当我想转移床底下的歌纸时，蹭蹭蹭的脚步声走到门口，那特务喊道"动作利索一点"。我只好跟着他回到广场，心里乱跳，暗暗对自己说，万一歌纸搜出来，我也要坚守党的秘密，哪怕牺牲自己的生命。

广场上的路灯亮了，可特务还是不让我们走。晚上7点左右，只看到一个特务从隔壁印染厂里急匆匆地赶来，对着特务头目耳语几句后，那个头目手一挥说，走！特务们纷纷转向隔壁印染厂。我厂的工人和职员一哄而散。我长长地吐出一口气，没事了。

事后才知道，特务要抓捕的是隔壁印染厂的一个中共党员，一群特务进厂后遍寻不得，以为逃到我们厂里了，故对我们厂的人一个个查询。其实他为逃避特务躲进印染池中，但因长时间浸泡在碱水里，忍受不了，刚爬出来就被留守的特务抓住了。此时他已奄奄一息，第二天就被敌人枪杀了。安息吧，我们亲爱的好同志。

5月26日夜晚，解放军的隆隆炮声，如春雷滚滚。5月27日天刚亮，就听到党组织工协护厂队的锣鼓阵阵，伴随着"解放区的天是明朗的天，解放区的人民好喜欢"的欢快歌声。我和一位女党员同事，一起登上厂仓库二楼楼顶的阳台，向着蔚蓝的苍穹举起双臂高呼，解放了！我们终于可以举着小红旗，掸掸身上的灰尘，走进五月灿烂的阳光里。

（本文发表于2019年9月）

战斗在生活书店的
共产党人

郭静雯

　　生活书店是新中国成立前重要的进步文化机构。1932年7月，在邹韬奋主编的《生活》周刊社基础上成立"生活出版合作社"，对外称"生活书店"。当时正值国土沦丧、民生凋敝、民族危亡的艰难时刻，生活书店以邹韬奋为旗手，始终高扬爱国救亡的大旗，以笔为枪，战而不屈，坚持人民立场、代表群众呼声，先后出版发行了一千多种进步社科和文艺书籍，创办了多种杂志，建立了遍及全国的发行机构，成为出版业重要的发行中心之一。1945年抗战胜利后，生活书店和读书、新知两家合并成为生活·读书·新知三联书店，文脉绵延至今，和商务印书馆、中华书局同为近现代出版史上的重要标尺。

　　1949年7月，中共中央发布了《中共中央关于三联书店今后工作方针的指示》，明确了三联书店的历史地位和作用。文件这样表述："在党的领导之下，三联书店（生活书店、新知书店、读书出版社）向国民党统治区域及香港的读者，宣传了马列主义、毛泽东思想和党在各个时期的主张，这个书店的工作人员，如邹韬奋同志（已故）等，做了很宝贵的工作。三联

邹韬奋（1895—1944，江西省鹰潭市余江县人）（上海市档案馆藏）

书店与新华书店一样是党的领导之下的书店……"生活书店、新知书店、读书出版社是私营出版单位,尤其生活书店以员工持股的合作社形式经营,"经营集体化、管理民主化、盈利归全体"是管理的总方针。创办人邹韬奋是著名记者、政论家,在社会中具有较大影响力和号召力,但他不是党员,也没有正式接受过党组织的领导。虽然在遗嘱中要求入党,党中央在致家属唁电中也表示"先生遗嘱,要求追认入党,骨灰移葬延安。我们谨以严肃而沉痛的心情,接受先生临终的请求,并引此为吾党的光荣",但这显然不足以完全说明,生活书店为何能成为"党领导的书店"。

近年来,随着有关历史文献档案的逐步披露,尤其是自2018年韬奋纪念馆启动馆藏文献整理出版计划以来,已连续影印出版《生活书店会议记录1933—1937》和《生活书店会议记录1938—1939》两种。这套档案是生活出版合作社理事会、社员大会、临时委员会、人事委员会等会议的原始记录,此前从未披露过。档案自完成起即由生活书店精心保管,经过抗日战争、解放战争的艰苦岁月,到1957年韬奋纪念馆建立前夕,经由沈钧儒、胡愈之、徐伯昕、胡绳、范长江等组成的韬奋纪念委员会决定,交由韬奋纪念馆保管。纪念馆首任馆长毕云程代表纪念馆筹备委员会赴京接收了这批珍贵档案。从档案中,能够清晰反映出在生活书店业务、管理、发展等各个环节,以徐伯昕、胡愈之、张仲实等为代表的共产党人起到重要的、决定性的作用。

书店大管家、遗嘱记录人徐伯昕

徐伯昕(1905—1984),江苏武进人。新中国成立后先后担任出版总署办公厅副主任,发行管理局长兼新华书店总经理,文化部电影局副局长,中国民主促进会中央副秘书长、第五届中央秘书长,中国民主促进会第六、七届中央副主席。徐伯昕是邹韬奋的亲密战友,生活书店的大管家。1940年,生活书店在重庆以无记名投票方式选举第六届领导机构,对徐伯昕是这样介绍的:"徐先生是本店事业的舵手,十余年来引导全体同仁经过了不知多少惊涛巨浪,才把本店的事业缔造成目前的规模。我们的事业之船在商业竞争的海洋中行进,每个同仁都热烈拥戴这位熟练无比的舵手,是毫无疑义的。"

这段介绍毫无保留地肯定了徐伯昕在生活书店的地位和作用,是恰如其分的。徐伯昕1925年即进入《生活》周刊,负责发行、广告和出版工作,比邹韬奋还早近一年。在1933年的第一次理事会议记录中,邹韬奋当选经理,徐伯昕当选副经理。开会日期为1933年7月10日上午8:30。此时距离邹韬奋第一次出国流亡只有四天时间,会议的主要目的显然是确定邹韬奋出国期间,生活书店由谁主要负责。副经理徐伯昕成竹在胸,仅两天后,就在第二次理事

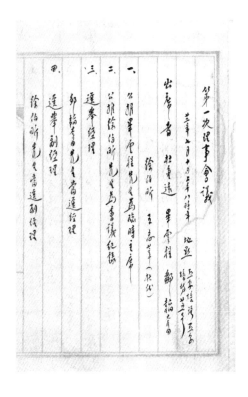

生活书店在1933年召开的第一次理事会议记录

会议上向理事会报告本社全社资产共计三万八千六百九十六元，同时提出股份支配办法、社员支给薪金办法，获得理事会通过。

邹韬奋是生活书店的旗手，以笔为枪，战而不屈；徐伯昕则是经理人，使书店发展壮大。可以说，没有他，生活书店不可能做到分店遍及全国的规模。徐伯昕在生活书店贡献很大，获得广泛认可，历次改选都获得较多选票。第二届理事会以投票方式选举常务理事、总经理和经理，邹韬奋获六票当选常务理事，徐伯昕也获六票当选经理。1937年，在第一次临时委员会上，徐伯昕继续当选经理，邹韬奋并未担任管理职务。

全民族抗战爆发后，生活书店总店从上海迁到汉口，改为总管理处，后又迁到重庆。1939年1月，在重庆召开理事会，徐伯昕被推为理事会主席，邹韬

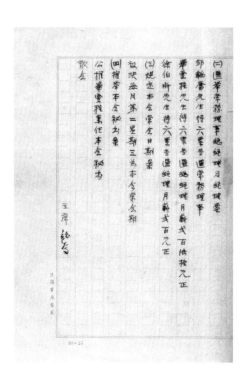

生活书店第二届理事会，邹韬奋获六票当选常务理事，徐伯昕也获六票当选经理

奋任理事。在重庆期间，邹韬奋常去走访周恩来和中共南方局的其他同志，面谈并请教书店和政治上的问题。同时，邀请南方局领导到生活书店作报告，周恩来、董必武、叶剑英、博古、凯丰等先后到生活书店总管理处，宣传和介绍党的方针、路线。周恩来在汉口时就到生活书店作过《关于当前抗战形势和青年的任务》的报告，1939年6月9日，又到重庆生活书店作《抗战第二期》的文化工作的报告。尤为重要的是，生活、读书、新知三个书店的负责人徐伯昕、黄洛峰、徐雪寒为交换业务上的问题，讨论和国民党斗争的策略，形成了经常碰头的制度。中共南方局指定徐冰为三个书店工作的具体领导人，徐冰负责这个工作一直到抗战结束。

徐伯昕是中国民主促进会的创办人之一，此前他已经加入中国共产党，他的党员身份在20世纪70年代末才逐步公开。徐伯昕次子徐敏回忆，徐伯昕很早就要求入党，但周恩来对他说，蒋管区白色恐怖严重，他在生活书店的职务和身份，暂时不能入党，以便更好开展工作，有利于革命事业。即使内心入党的愿望非常迫切，他也坚决服从组织决定。1942年，周恩来在重庆对徐伯昕说："我们早就把你当作我们自己的人了，你可到苏北去办理入党手续，我可作你的入党介绍人。"徐伯昕于1944年8月到苏北解放区办理了入党手续。

徐伯昕深受邹韬奋信任，邹韬奋弥留之际，徐一直冒着危险陪在他身边，亲笔记下了邹韬奋遗嘱。1944年7月24日，邹韬奋在上海病逝。8月中旬，徐伯昕带着遗嘱秘密来到苏北，向华中局报告邹韬奋病逝前后的情况，并请求把邹韬奋遗嘱送往延安。华中局和新四军军部召开了数千名干部、战士参加的追悼会，张云逸在会上介绍了邹韬奋生平。不久，邹韬奋长子邹家华随徐雪寒从上海来到华中根据地，参加新四军，走上革命道路。中央获悉邹韬奋逝世消息、收到遗嘱后，即向家属发出唁电，追认他为党员，周恩来亲自召集讨论纪念办法，毛泽东专门批示，并在延安、重庆等地举行了隆重的悼念活动。

书店总设计师、中共特科秘密党员胡愈之

胡愈之（1896—1986），浙江上虞人。新中国成立后先后担任《光明日报》总编辑，首任国家出版总署署长，文化部副部长，民盟中央副主席、代主席，全国政协副主席、全国人大常委会副委员长。

胡愈之十七八岁时到上海谋生，当时他只在中学读了两年书，一边勤工俭学，一边上夜校，希望能到商务印书馆工作。夜校教务长是毕云程，他因此和毕云程相识，结下一生的友谊。20世纪30年代，胡愈之在商务印书馆担任《东方杂志》编辑。1932年一·二八事变中，日本飞机轰炸商务印书馆和所属的东方图书馆，纸灰飘飞十里，珍本毁于一旦。商务印书馆损失惨重，《东方杂志》暂时停办，胡愈之经毕云程介绍，和邹韬奋一起创办《生活日报》。此后，他向邹韬奋建议成立生活书店，以便《生活》周刊被查封后，书店能够继续存在，出版别的出版物。生活书店社章由胡愈之和邹韬奋一同拟定。书店成立后，胡愈之担任编译所主任。

胡愈之在生活书店发挥了重要作用，先后为生活书店创办或出版《新生周刊》《文学》《太白》《译文》《世界知识》《读书与出版》《妇女生活》《生活教育》和《光明》等刊物，1936年协助邹韬奋在香港创办《生活日报》。图书出版方面，在邹韬奋流亡期间，胡愈之主持生活书店编辑工作，出版图书700多种，其中有名的丛书有"时事问题丛刊""学习与研究丛刊""黑白丛书""青年自学丛书""世界学术名著译丛"和"新中国大学丛书"等，被胡耐秋先生称赞为生活书店的"总设计师"。

1933年7月12日，距邹韬奋出国流亡前两天，人事理事会第一次会议记录只有一项议程：邹韬奋提出给胡愈之加薪。会议记录显示：邹韬奋先生提议"本社书店编译所主任胡愈之先生以编辑时事问题丛刊等工作加重，应否酌增

通過名譽社員

另外還有一件事就是通過名譽社員，依照舊社章名譽社員是要經全體社員大會通過，新社章意改由社員代表大會通過但在新社章未正式通過前仍是依照舊社章經全體社員表決通過，辦法是採用通訊方式繼將臨時委員會所提議的幾位名譽社員姓名及略歷介紹如左：

一、黃任之　黃任之先生想大家都是熟悉的，他是辦職業教育的老教育家，是過去生活週刊的創辦人之一他與「生活」有着十年以上的關係以及黃先生的學問道德與努力救國工作的精神都是值得欽佩的，故由臨時委員會提出請他做本社名譽社員。

二、胡愈之　胡先生也是我們同人所敬佩的，他的為人大家都熟悉，不必多說，他是對本社最熱心幫忙的一個，我們第一次的社章就是他起草的，他原是我們的老社員，因事退出，現在臨時委員會提出又要請他來做本社的名譽社員。

—— 6 ——

《临时委员会为通过社章进行选举事告社友书》，内有
通过胡愈之为名誉社员的相关材料

月薪"。讨论的结果是胡愈之加薪到200元/月，这也成为此后编辑室主任的薪资标准。和当时一般职员30—40元/月，实习生14元/月的薪资标准相比，是非常优厚的。在《生活书店会议记录1938—1939》附录中，还披露了邀请胡愈之作为名誉社员的材料。在《临时委员会为通过社章进行选举事告社友书》中专门说明有两人被邀请为名誉社友，一是黄任之，二是胡愈之。对于胡愈之是这样表述的："胡先生也是我们同人所敬佩的，他的为人大家都熟悉，不必多说。他是对本社最热心帮忙的一个，我们第一次的社章就是他起草的，他原是我们的老社员，因事退出，现在临时委员会提出又要请他来做本社的名誉社员。"

胡愈之是在白色恐怖严重的1933年入党的。1933年初，以牧师身份为掩护的地下党员张庆孚和胡愈之取得联系，胡愈之不久后表达了入党的愿望。

当年9月，张庆孚正式通知胡愈之，中央组织部已经通过决定，吸收他入党，作为特别党员，接受中央特科直接领导，不参加基层组织生活，只和张庆孚单线联系，在公开活动中不以共产党员身份出现。此后，按照周恩来的要求，胡愈之的党员身份一直保密，便于做民主党派和文化战线工作。1936年，党中央派冯雪峰到上海来恢复党的组织。冯雪峰和胡愈之取得联系，胡愈之详细介绍了夏衍等在上海分散活动的党员情况。胡愈之的党员身份一直到20世纪70年代以后才逐步解密公开。胡愈之以生活书店为平台，出版了大量进步书籍，还以"复社"的名义出版了《西行漫记》《鲁迅全集》等重要出版物，为党的宣传思想工作作出了杰出贡献。

书店总编辑、老党员张仲实

张仲实（1903—1987），陕西陇县人。中华人民共和国成立后任中央马恩列斯著作编译局副局长，组织了《马克思恩格斯全集》《列宁全集》等翻译工作。

张仲实1926年至1930年间曾留学苏联。回国后，他曾在孙科担任馆长的上海中山文化教育馆《时事类编》杂志担任编辑，1935年经胡愈之介绍到生活书店工作，接替胡愈之担任《世界知识》杂志主编。不到一年，邹韬奋请张仲实接任生活书店总编辑，传播进步文化思想，推动社科图书的出版。在张仲实的组织下，生活书店出版了"青年自学丛书""救亡丛书""世界学术名著译丛"等系列图书。其中，"青年自学丛书"共三十多种，收入艾思奇《思想方法论》、胡绳《新哲学的人生观》、邹韬奋《时论写作》等，出版后风行一时，发行一百多万册，许多人从中接受了进步思想启蒙和马克思主义理论。此外，为躲避国民党审查，他以"世界学术名著译丛"的名义出版了一大批马列主义经典著作。其中有恩格斯《社会主义从空想到科学的发展》《反杜林论》《费尔巴哈论》，马克

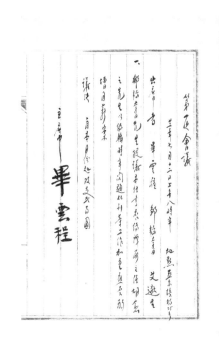

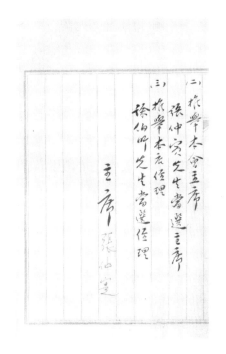

1933年7月12日，生活书店人事理事会第一次会议上，邹韬奋提出给胡愈之加薪

1936年9月3日的生活书店会议上，推举张仲实担任临时委员会主席，会议记录后有他的签名

思《雇佣劳动资本》等，张仲实还翻译了恩格斯《费尔巴哈论》、普列汉诺夫《马克思主义的基本问题》、列昂节夫《政治经济学初学读本》等马列主义书籍。

《生活书店会议记录1933—1937》中，首次披露了张仲实在生活书店临时委员会的作用。根据会议记录，1936年9月3日，也就是张仲实担任生活书店总编辑约一年后，邹韬奋召集会议，讨论了拟定临时委员会办事细则、会期、表决办法、推举主席等九项议题，会议推举张仲实担任临时委员会主席，职责是"召集本会议并负责本会一切决议之执行"，会议记录后有张仲实钢笔签名。此后，在张仲实为主席、徐伯昕为经理的班子努力下，生活书店业务、分店数量有了大幅增长，邹韬奋对张仲实能力给予充分肯定。在徐伯昕记录的遗嘱中，邹韬奋对于事业发展的托付是："至于事业领导人，（胡）愈之思虑周密，长于计划,尽可能邀其坐镇书店,主持领导。(张)仲实做事切实,亦应邀其协同努力。"也就是把事业交给胡、张两人。

张仲实是大革命时期入党的老资格党员,1924年参加团组织渭北青年社,1925年在陕西三原入党。1926年,根据中央指示,三原党、团特支改组为三原地委,张仲实担任地委书记。在上海工作期间,白色恐怖下共产党员大量被捕被杀,张仲实由于和上线失去联系,一度没能参加党的组织生活。1939年1月,张仲实和茅盾到新疆开展文化工作。1940年5月,为避免新疆军阀盛世才谋害,在周恩来指导下张仲实脱险到西安,之后又随朱德总司令到延安。在延安,经过时任中组部部长陈云批准,张仲实重新回到党组织。1986年,中组部作出认定:恢复张仲实自1925年1月到1940年7月的党籍,党龄从1925年1月起连续计算。

张仲实是马列主义思想的有力传播者,也是邹韬奋和周恩来之间的牵线人。在武汉时,张仲实就常到八路军办事处向周恩来汇报工作、恳谈思想。邹韬奋素来十分敬仰周恩来,向张仲实提出见面的愿望。张仲实向周恩来写信反映这一要求,很快周恩来就指示凯丰复信,安排和邹韬奋见面。这样就使得邹韬奋和中共长江局也建立了密切的关系,将生活书店置于党的领导下。

徐伯昕、胡愈之、张仲实这三位生活书店最重要的当家人都是党员。他们有的在大革命时期入党,有的在白色恐怖最严重的时期入党,都坚持在白区工作,传播马列主义,宣传党的方针、思想,对邹韬奋的影响是非常大的。周恩来在纪念邹韬奋逝世五周年题词中写道:"邹韬奋同志经历的道路是中国知识分子走向进步走向革命的道路"。

除了上述三位生活书店重要骨干和党的渊源外,20世纪30年代起,钱亦石、金仲华、钱俊瑞、柳湜、艾寒松都分别在生活书店工作过。20世纪40年代,接替沈志远担任生活书店图书编审工作的是胡绳,此后是徐友渔,抗战胜利后又是胡绳。胡绳、徐友渔和党的机构关系密切,无异于党派到书店中的代表,除了编辑工作，还过问书店干部教育、人事工作，党对书店的领导得到加强。可以说，20世纪30年代初，上海中央局和江苏省委遭到破坏后，党在白区的领导机关已不存在。但正是在徐伯昕、胡愈之、张仲实等一大批优秀共产党人、文化战士的忘我工作下，生活书店、新知书店、读书出版社等进步出版机构各自作战，跳出"左"倾和教条主义，作出符合实际的新创造，实际上形成以上海为中心、以全国为范围的进步文化和抗日救亡运动。这些运动和八路军的武装斗争结合起来，最终形成了救亡图存、唤醒民众、宣传马列主义的时代浪潮。

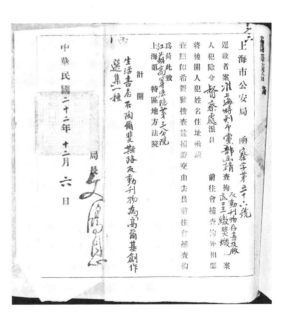

1933年，生活书店因出售进步书籍《高尔基创作选集》而遭到国民党上海市公安局的查抄。图为公安局与法院相关往来文书（上海市档案馆藏）

1930年7月，《生活》周刊社迁至华龙路（现雁荡路）80号办公（上海市档案馆藏）

（本文发表于2020年5月）

隐姓埋名的
地下工作者（上）

庄稼婴

母亲离世后，我在整理她的遗物时，发现父母留下的照片非常少，1949年以前的几乎没有。

记得小时候，我曾看到过父亲穿着长衫、戴着圆形眼镜的一张照片。之所以印象深，是因为当年"造反派"来抄家，照片被当作罪证搜走了，而且一定是搞丢了，因为我再也没有见到过那张照片。那是个寒冷的黑夜，"造反派"抄完家，就把父亲押走了。他被押出了家门，再也没有回来，那年我14岁。

母亲年轻时的照片同样稀少，有几张16岁以前的摄于家乡罗店，那是全民族抗日战争爆发之前。照片上的母亲还是一名青涩少女，不自如地对着镜头，背景是小桥流水，假山亭榭，石径古木。罗店曾是八一三淞沪抗战的战场，母亲照片中的背景后来在日寇的炮火中成了灰烬。

青年时代的父母究竟是什么样的呢？我决定去寻找他们七八十年前的身影。

早年岁月

记得7岁生日那天，母亲送给我一本《三毛流浪记》，从栩栩如生的图画里，我看到了旧上海小乞丐、小报童、小学徒的悲苦生活。等我稍微有点懂事了，得知父亲也曾经当过学徒，我还记得当时震惊后的难受，因为脑子里出现的都是三毛当学徒的画面：跟老鼠一起睡在黑洞洞的楼梯下，辛苦工作一天，饿得眼冒金星却没有饭吃，还被老板没理由地拳打脚踢……

父亲是否经历过这些，我不知道，他是个少言寡语的人，还来不及跟我说他的过去，就匆匆地走了。

对于父亲，我只能从大人的只言片语中，去捕捉一个没有细节的故事梗概：父亲名叫庄健安，出生于浙江镇海，家境贫寒，幼年丧母，我的祖父终年在外谋生，家里只剩下年幼的父亲和他的祖母。他在家乡才上了几年小学，十二三岁就被送到上海来"学生意"，学徒期满后，去袜厂做工，工余在速成的补习班念完了高小和部分中学课程。

一个一贫如洗的小学徒，当年没有留下照片，是理所当然的。

母亲名叫王行，老家在宝山罗店镇，离上海市中心二十多公里。旧日上海流传着"金罗店、银南翔、铜江湾、铁大场"的说法。全民族抗战爆发前，母亲家在镇上经营着一家百年老店，在镇外拥有一些耕田，足以维持小康生活。

1937年八一三淞沪抗战，日寇在罗店镇以北十公里的小川沙登陆，镇上的居民悲怆凄惶，扶老携幼，逃到附近的乡野去避难。重病的外祖父在东躲西藏的颠簸中，离开了人世，留下外祖母和六个孩子。日寇的炮火炸毁了家里的百年老店和大部分住宅。为了逃生，母亲一家躲过日机轰炸，穿过封锁线，历尽艰险逃难到上海。

记得20世纪90年代的一个儿童节，母亲被邀请去给徐汇区的小学生讲革命历史，在她拟写的草稿中，我读到：

> 我父亲去世以后，母亲带着我们几个孩子逃来逃去，后来我们终于找到一个机会逃出了火线，因为绕道而行，走了几天才走到上海。一路上到处是倒在血泊中的同胞，有些地方河水都染红了，惨不忍睹。路上黑压压

243

一片逃亡的人流,扶老携幼,肩挑背负,有多少人家妻离子散、家破人亡。这时,我认识到,这已不是我们一家、一乡、一镇的遭遇,而是我们整个国家民族遭受到日本侵略者的蹂躏摧残。我满腔愤怒,想去打日本鬼子,为父亲报仇,为乡亲报仇,为死去的同胞报仇。到上海后,我一直想参加抗日,后来终于走上了革命的道路,投入到抗战的洪流中。

投身工人运动

1937年八一三淞沪抗战,上海难民如潮,父亲当时在沪东公社难民收容所工作。在那里,他遇到了中共党员周林(曾任国务院教育部副部长)。周林正在上海重建遭到严重破坏的党组织,经常出入工厂和社会团体,物色合适的人选,发展壮大党组织。

地下工作,顾名思义,就是在敌占区,隐蔽地无声无息地工作,一旦暴露了身份,就可能失去生命。因此,地下工作需要的是一些特殊的人,他们必须比一般人更有"精神"信仰,又必须是大胆、机警、低调的实干者,最好还是看上去普通得不能再普通,让人看了就忘的人。

父亲是个不错的人选。他从小离乡背井,阅历丰富,沉着寡言,人情世故练达。周林1938年介绍他入了党。入党后,父亲被派去上海的针织业,动员组织工人参加抗日救国,后来又被调到沪东公社的女工夜校当教员。

沪东地区工人集中,是上海党组织的工作重点。沪东公社由美国基督教南浸信会创办,工作人员多半是行善的基督徒或进步的热心青年。这个慈善组织为穷苦民众提供医疗救助,救助流浪儿童,普及识字。地下党通过沪东公社的合法地位,在工人中间组织了兄弟会、合作会、联谊会,还介绍了不少党员去工人夜校教书,一边上文化课一边给他们讲抗日救国的道理。

母亲则在18岁那年,应聘去曹家渡的康福里小学教书。20世纪30年代末，小学教员薪水微薄，买了米，剩下的钱只够买几块腐乳。没有钱租房子，晚上母亲就把矮矮的课桌拼在一起，睡在教室里。

和父亲一样，一心渴望抗日的母亲，教书之余参加了业余合唱团，在上海租界四处义演。合唱团的成员是一群热血的青年，他们高唱着《五月的鲜花》《松花江上》《旗正飘飘》等爱国歌曲，呼唤民众投入抗日。"快奋起，莫作老病夫，快团结，莫贻散沙嘲。团结奋起，奋起团结！"

可惜母亲参加合唱团的时间并不长，不久她就忙得没有时间去唱歌了。

曹家渡附近有不少纺织厂、绢丝厂、卷烟厂，雇用的绝大多数是年龄在十二三岁到二十岁之间的女工。她们每天工作12小时，工资微薄，仅够糊口。为了改善女工的境况，基督教女青年会从20世纪20年代开始，就在上海开办女工夜校，帮助女工识字明理。

为了方便曹家渡附近的女工就学，女青年会借用了康福里小学的校舍，开办了一所女工夜校，并聘请了三位康福里小学的教员到夜校兼课，母亲便是其中之一。

康福里女工夜校开了三个班，汤先生教初级班（小学一二年级），母亲教中级班（三四年级），陈先生教高级班（五六年级）。夜校分两个时段上课，清晨5点到7点为夜班女工上早课，晚上7点到9点为日班女工上夜课。三位年轻老师吃睡在学校里，白天教小学，清晨夜晚教夜校，早起晚睡，非常辛苦。据陈先生回忆："为了办好夜校，三位老师共同努力，学校的确办得生机勃勃，红红火火，在沪西各工厂中有一定的影响。"

对于女工来说，在厂里，工作时间长，劳动强度大，还经常无故受到辱骂，因为得靠那份微薄的工资养家糊口，只能默默忍受。在家里，女人没有地位，也常受委屈。艰难的生活、繁重的劳动往往导致夜校学生中断学业。

三位老师想方设法留住学生，到了节假日和学生的工休日，她们常去家访，跟学生交朋友。母亲回忆说："大多数的学生，家里很穷。有的人家住在用

1951年上海曹家渡康福里女工夜校师生重逢合影。第一排正中为方俊,右二为母亲王行

竹子油毛毡搭起来的窝棚里,又低又矮。到了下雨天,外边下大雨,里边下小雨,窝棚的泥地变成了泥浆,滑碌碌的。弄堂里,垃圾成堆,臭味难闻。"

家访让母亲看到了比她更贫穷的人是怎么生活的。他们辛苦地工作,家里破破烂烂,老老幼幼都满脸愁容,衣衫褴褛。看到那么多同胞一天天在风雨飘摇中苦熬,母亲更加同情劳苦大众,改变社会不公的愿望也更加强烈。

三位老师年龄相似,朝夕相处,感情日深,以姐妹相待。有一天,大姐汤先生给了母亲一张电影票,告诉她,在影院里将有一位身穿灰条子旗袍、手拿一份报纸的女士坐在她旁边,那位女士要跟她谈话。至于谈话的内容,一定要保密。

母亲兴奋不安地来到影院,发现坐在她旁边的是女青年会的张女士。张女士低声问了母亲几个关于革命和抗日救国的问题,仔细听了她的回答。

原来，汤先生是中共党员，经过考察了解，决定介绍母亲入党。张女士跟母亲的谈话是党组织的"政治复审"。过了几天，夜深人静的时候，汤先生为母亲举行了简单的入党宣誓仪式。她特别强调了党的纪律，不该知道的事不要问，要听上级指挥，只能上下级纵向联系，不能跟其他党员发生横向关系。她还再三关照母亲要小心谨慎，注意一言一行，千万不能暴露党员的身份。

1941年12月太平洋战争爆发，日寇占领了上海租界。频繁的戒严、封锁、搜查、停电、断水让女工夜校难以办下去。形势的恶化迫使女青年会全国协会迁往其他地区，在上海的女工夜校，几乎都停办了。

夜校教师中的一部分中共党员也撤离了上海，包括汤先生（改名方敏，曾任铁道部铁道科学院党委书记）和陈先生（改名方俊，曾任河北省第二轻工业局副局长），她俩扮作姐妹，到苏北根据地去了。

母亲成了中共党员后，小心翼翼，没留下任何照片。中华人民共和国成立后，有几位阿姨常来看母亲，进门就亲切地叫她"小王先生"，她们是康福里女工夜校的学生，不少人入了党，担任了工厂和车间的领导。

247

共同办学的经历

1942年，女青年会在沪东的工人夜校都被迫关闭了。党组织让父亲在沪东筹办新的工人夜校，继续发动工人抗日。那年夏天，父亲完成了勤新工人夜校的筹备工作，准备租用培正小学的校舍，在秋季正式开学。

培正小学创办于20世纪20年代，学校在今杨树浦路1991弄华忻坊193号，是一栋两层楼的石库门房子。原培正小学的校长无意继续办学，提出把学校转让给父亲。父亲考虑后，觉得接办这所小学，不仅可以解决勤新夜校的经费和校舍问题，还可以解决一些地下党员的社会职业问题。

父亲向党的沪东工人工作委员会（工委）汇报了自己的想法。工委认为，办培正小学还有另外两个好处。一是小学位于工人聚居区，学生家长多为工人，通过与家长的联系，党组织可以在周围各工厂活动；二是那段时间，日寇控制很严，培正小学是公共场所，人来人往不容易引起注意，可以作为沪东地下党的一个活动据点。

当时最大的困难是党组织没有足够经费。工委委员沈涵慷慨地拿出自己积蓄的300元，不足之数由父亲设法解决。于是，父亲动用了所有的社会关系，多方筹措，才凑足了经费将培正小学盘了下来，父亲就此成了培正小学的校长。

小学校舍年久失修，破旧简陋。父亲接手后，第一件事就是整修校舍。他卖了自己的挂表和毛衣，买来建筑材料，亲自动手拆掉二层阁，修理地板，粉刷墙壁，布置教室。

1942年夏天，为了办好勤新夜校，党组织特地把母亲从沪西调到沪东，专做夜校工作。母亲到校的那天下午，父亲正忙着清理校舍，大汗淋漓的他放下了手中的活，提起母亲的行李，把她领进学校。父亲高高瘦瘦，戴着眼镜，但是干起活来，手脚麻利，毕竟是工人出身，实际动手能力很强。

看到父亲忙里忙外的，母亲也顾不上休息，跟他一起干了起来。到了下午四五点钟，父亲洗了一把脸，换上了干净的短袖衫，急匆匆地出了门，他还要去外面卖晚报，赚钱来修理校舍。

多年之后，母亲告诉我，从第一次见到父亲开始，她就被父亲的奉献精神所感动。"为了事业，他什么苦都能吃。"

父亲接手的培正小学，经过一番筹备，终于在1942年8月正式开学了。白天办小学，晚上办工人夜校。

沪东聚集了许多工厂，又曾是全民族抗战爆发前国民党上海市政府的所在地，八一三淞沪抗战时，遭到日寇的狂轰滥炸，一座座工厂被夷为平地，一片片房屋被大火吞噬。据《申报年鉴》记载，沪东被毁坏的工厂达70%，将近半数的居民住宅被毁，难民人数高达百万。大批难民无处栖身，露宿街头，病死、饿死、冻死者比比皆是。

日本人强取豪夺，控制了沪东大部分幸存的工厂。日本工厂实行军事化管理，禁止工人在车间里讲话，稍有违抗，要打就打，要骂就骂，还随便把工人抓起来送宪兵队，有的工人甚至惨遭杀害。有一名纱厂的女工夏天发痧，厂方一口咬定她得了瘟疫，被拖到空地上，浇上汽油活活烧死。另一家纱厂的四名工人因为反对日本工头无理打骂，被说成是游击队，全部枪毙。

面对日寇的暴行，工人敢怒不敢言。沪东工委讨论后，决定不跟日本人正面冲突，组织工人用迂回的方式反打骂反侮辱。每当日本人打骂侮辱工人，被打的人就大声呼叫，其他工人闻声后，马上停止工作去"看热闹"，以此对打人的日本人表示抗议。频繁的中断生产，影响了日商的利润，迫使日本厂方减少了对工人的无理打骂。

还有些工厂，要求工人进出厂门，必须向站岗的日本兵鞠躬行礼。工人就商议好，在同一时间进厂，逐个向日本兵毕恭毕敬、慢条斯理地行礼。日本兵开始很满意，可是上工汽笛响了多时，门口还排着长队等着行礼。几次下来，厂方怕延误生产，只好取消了这种侮辱工人的做法。

在敌强我弱的环境里，党的工作变得更为谨慎，更为隐蔽。当时的重点是保证党组织的安全，暂缓发展党员，取消党小组，改为单线联系，严格执行白区工作十六字方针：隐蔽精干，长期埋伏，积蓄力量，以待时机。

父母同属工委系统。培正小学开办后，有十多名党员来校任教，他们来自不同系统的党组织，跟父母也没有横向联系。母亲说，那时候，党员教师之间从不谈论工作和时局，不该说的不说，不该问的不问，不该知道的不知道。

1943年，工委委员陈公琪介绍他妹妹陈捷（曾任上海越剧团党总支书记）来培正小学教书。小陈老师当时才17岁，性情活泼开朗，跟母亲很谈得来，两人成了挚友。过了一年，小陈老师突然要回乡下去了，恋恋不舍地向母亲道别。直到中华人民共和国成立后，两人重逢，陈老师才说出了真相，1941年她15岁就参加了新四军下属的少儿文艺团体——新安旅行团,1943年因为要看病,从苏北根据地潜回上海,1944年又回到了新四军。她在培正小学工作了一年多,从未透露过她在苏北的所见所闻和自己的经历。由此可见当年地下组织的纪律多么严密。

为了保证学校能生存下去,父亲的责任很重,学校的经费靠他落实,场面上的应酬由他出面。招生,招聘,组建校董会,还要跟警署、邻居、家长搞好关系。父亲好学努力,不久就把学校办得像模像样,还请了一位教导主任,分管教学工作。

初办学校,经费捉襟见肘,校长和教导主任,事无巨细,亲力亲为。曾经在培正小学当过教导主任的孙先生八十多岁的时候来看望母亲,回忆起一件往事:

"有天夜里,我已经上床睡觉了,庄校长把我从床上叫起来,叫我跟他一道去贴招生告示。夜里十一二点钟了,马路上冷冷清清。我们一个刷糨糊,一个贴,没注意到日本巡逻队突然围上来了。日本人以为我们在贴抗日宣传,把刺刀顶在我们背上。幸亏我在日本人厂里做过,会讲点日文,我连忙解释,贴的是招生告示。日本人叽里咕噜骂了我们一顿,还拿刺刀比来比去。我听听,好像是警告我们以后只能白天贴,半夜不许出来。我说,哈意哈意。他们才放过了我们。"

办培正小学的主要目的是为了办工人夜校。由于中共党员已不可能去各工厂发动工人,夜校成了一条捷径,一方面培养教育工人,一方面开展工人运动,在工厂不便谈的话,在夜校里都好谈。

母亲的首要任务是办好夜校,扩大招生。她有目的地动员各厂的工人来读书。一些工厂的党组织,也让党员带头,带动积极分子到勤新夜校读书。夜校为沪东培养了工人运动的许多骨干。

1944年下半年,世界反法西斯斗争节节胜利。美国飞机不断轰炸上海的日本军事设施,上海实行灯火管制,勤新工人夜校无法继续上课,只得停办了。

这时候,新四军正从四周向上海合围,为了迎接抗日战争的胜利,中共华中局要求上海工委组织一支工人地下军,准备里应外合,配合新四军解放上海。

父亲被派去沪西的龙华飞机场和龙华水泥厂筹备工人武装起义。根据党的指示，他帮助工人制定了接应新四军的详细计划，如组织工人保护工厂，建立纠察队维持秩序，准备筹建工会等。

当时，父亲借住在龙华镇一名篾匠师傅的家里，篾匠的儿子毕金康（曾任上海医药局副局长、党委副书记）才十八九岁，是工人运动的骨干，生龙活虎，胆大心细，跟随着父亲四处张罗。父亲经过一段时间的考察，介绍小毕入了党。老毕师傅见他们俩感情甚笃，又欣赏父亲的沉着老成，执意要他们结拜兄弟。结果，父亲在龙华镇住了几个月，不但组建了工人地下军，还多了一名能干可靠的弟弟。

那时候，沪东地区的工人地下军想方设法搞到了一些武器。他们把部分枪支弹药存放到培正小学，交由母亲保管。这些枪支弹药被藏在华忻坊193号后门的楼梯下，母亲在阁门上钉了块木板，并把木板全部涂黑。

广大市民从美军飞机的频繁轰炸和日军失魂落魄的表现中，知道抗战即将胜利了。地下党也行动起来，用各种方式宣传，动员大家一起努力，把日寇赶出中国去。那时，上海人把日本鬼子叫作"萝卜头"。有位地下党员就在工厂的厕所里挂只小萝卜，墙上画一把刀，写着"天快亮了，大家起来磨刀切萝卜"。

工人创作的抗日宣传画

8月15日，日寇无条件投降，上海各处，人群熙攘，鞭炮齐鸣。

日本投降后过了几天，美军空运的国民党军队赶在新四军之前，进入并接管了上海。8月21日，上海党组织接到上级命令，取消武装起义，继续隐蔽，已经暴露的党员和工人地下军分批转移到新四军去。

（本文发表于2021年2月，图片由作者提供）

隐姓埋名的
地下工作者（下）

庄稼婴

女青年会第三女工夜校

1945年，上海党组织的党员已经发展到2 000多名，还有数以万计的积极分子分散在各行各业。地下党组织改组成六个委员会，分管工人运动（工委）、学生运动（学委）、教育界（教委）、文化界（文委）、警察（警委）和近郊。为了安全，各委员会都由华中局直接领导，委员会之间互不联系。父母留在工委，继续搞工人运动。

这时，迁到外地的基督教女青年会全国协会也迁回上海，努力恢复女工夜校。到1946年，上海已有女工夜校六所，学生增至1 000余人。因为勤新工人夜校已经停办，女青年会就在培正小学开办了第三女工夜校，这所夜校由母亲负责。

1946年秋，第三女工夜校来了一位刚从高中毕业的中共党员聂老师，她描述了初到第三女工夜校的情况：

"抗战胜利一年后的杨树浦，市面仍旧十分萧条。8路有轨电车过了八埭头，车厢里的乘客已寥寥无几。临近黄昏的马路上，冷冷清清，使人感到凄凉。当走进培正小学时，我却见到另外一番景象：狭小的教室里，坐满了青年女工，看上去年龄和我相仿，齐耳的短发，整洁的衣衫，一个个是那样纯朴……下课放学了，在一般的学校里，学生背着书包就跑，这里的许多学生，好像舍不得离开课堂，亲昵地围着老师，有说有笑地提问题，谈家常。第三女工夜校的负责人王老师（党员），等夜校学生走完以后，介绍我认识了其他两位老师。这个晚上给我的印象是，这里的学生有礼貌，守纪律，求知欲强。这里的老师，很热情，很诚恳，爱学生。"

小聂老师提到的"王老师"就是我母亲。

小聂老师刚到学校时，一心想让学生多学点知识，给学生布置了一大堆作业。据她回忆，有一天，她跟母亲一起改作业，"王老师对我说，工人一天工作12小时，是很辛苦的，逢到加班或是倒礼拜，工作时间更长。女工比男工更苦，在厂里受剥削压迫，回到家里，男尊女卑，也没有地位。她们能到夜校来读书，非常不容易"。在母亲的指引下，聂老师走访了一些学生，看到了她们极端贫困艰辛的生活。之后，她根据女工的情况调整了教学。

253

潜匿闹市之中的红色据点

从1942年一直到上海解放前夕，培正小学成功地掩护了沪东党组织的革命活动。沪东工委常在这里召开会议，工委领导也常在这里碰头，每次都由母亲为他们放风。

全国解放战争时期，上海党组织迅速发展。到1946年底，党员增加到5 000多人。培正小学成为上海党组织和解放区的交通中转站，有些受到国民党注意的中共党员和积极分子，常被安排到培正小学当教师作为过渡，再由交通员把他们带入解放区。交通员从解放区带到上海的同志，一般都在培正住一夜，第二天再分散到各处去。

在这看似宽松、人来人往的公共场所，每天都在进行秘密活动。父母的责任,就是营造维护"宽松"的错觉。父亲不动声色,周旋于三教九流,游走于龙鱼之间;母亲灵活机智,胆大心细,保证来往人员的安全。他们是绝好的搭档,不但保证了地下活动的顺利进行,还把学校办得风生水起。

为了减少敌人的注意,父亲决定把培正小学办得更加正规。他四处筹款,顶下了华忻坊201号的房子,扩大了校舍,开辟了操场,扩组了校董会。他以校长的身份向校内别的系统的地下党员打招呼,暗示他们不要太暴露,努力使培正小学这个革命据点能够站稳脚跟。

考虑到培正小学的安全,党组织决定让父亲加入国民党,以便更好地掩护党的活动。可能父亲比较能干,几个月后,莫名其妙也被委任为国民党区党部委员。在后来的政治运动中,这件事给父亲带来无尽的灾难。

母亲由于经常走访夜校学生,对杨树浦一带脏乱拥挤的贫民区,迷魂阵似的七拐八弯的弄堂,熟门熟路。跟学生拉家常,让她掌握了不少信息,厂里有哪些重要车间和部门,谁的阿哥在水厂看门,谁的表弟是纱厂主管,谁的阿姨在弄堂口卖香烟,这些看似无用的信息随时都可能变得有用。

位于杨树浦路1991弄华忻坊193号的培正小学

有一天,母亲在华忻坊弄堂口看到两个陌生人,正向人打听:"×××住在几号?"母亲一听,问的是一位准备撤离去解放区的老师。她赶紧转回身去,怕那两人盯梢,走到离开培正小学几栋房子远的一户人家,看到大门正好开着,她穿过人家的天井和客堂间,早一步赶到培正小学的后门,让那位老师出去躲避一下。等那两个人到了,母亲正跟对门

254

的邻居聊天。"哎呀,你们来得不巧,那个老师前两天回乡下去了。"

在险恶的环境里,父母时刻保持着高度警觉,出门注意有没有尾巴,别人多看他们两眼,就意味着多绕几个弯,多走几条马路,多穿几条弄堂,多换几部车。说话更是小心翼翼,应酬的话说得顺顺溜溜,却不带实际内容。有点敏感的文字材料,看完及时销毁。需要留下的文字,藏在棉袄的夹层里,鞋垫底下,包书纸和书之间,装满大米的米缸里,一丝不苟,不厌其烦,任何事情,不怕一万,就怕万一。

经过五年的共同办校,父母终于走到了一起,1947年11月他们在八仙桥青年会举行了婚礼。没有拍结婚照,唯一留下的是一张由母亲填写的结婚证书。证书上父母的信息,除了姓氏和籍贯以外,名字年龄都不是真的。因此,那只是一张半真半假的证书。哪怕是在举办终身大事的大喜之日,父母依旧保持着谨慎。

生死考验的"纸婚"期

西方把结婚一周年称为"纸婚",结婚才一年,婚姻关系薄如纸,需要小心呵护。父母婚后的第一年,经历了惊心动魄的狂风巨澜,他们的关系却坚如磐石。

1948年3月20日,父母结婚才四个月。当时,组织上让父亲负责党员撤退去解放区的工作。那天,他去警察局老闸分局找一名中共党员商讨工作,不巧没有遇到,在回来的路上,转到王中一处向他汇报情况。工委系统有三名党员在培正小学任教,成立了一个党小组,由市工委委员王中一直接领导。

那时王中一在八仙桥会稽街18号开了一家杂货铺。父亲到了杂货铺附近,已是晚上八九点钟了。他觉察到四周的气氛有点儿不对,没进杂货铺,转身走了,却被王中一年幼的女儿看见,她轻轻说了声:"叔叔来了。"守候在四周的特务当即把父亲抓了起来。

沪东工人地下军藏枪处（照片来自《中国共产党杨浦（沪东）史》）

那天夜里，母亲正在刻印《目前形势和我们的任务》，准备油印散发出去。突然听到楼下有人砸门，特务到培正小学来搜查了。母亲随手把没有刻完的蜡纸放在垫被下，弄乱了被褥，自己称病坐在床上。特务进来后，翻箱倒柜的，一无所获，最后拿走了几本书。

母亲估计父亲被捕了，第二天是星期天，学校里没人，母亲怕敌人再来搜查，把暗藏在华忻坊193号扶梯下的枪支弹药取出来，转移到201号的阴沟里，并销毁了所有可能引起敌人怀疑的文字书籍。

在党员登记表里，母亲写道："1948年，我爱人及上级领导被捕，我和党失去了联系。那时，我们办了一所小学，作为党的据点，半夜里特务到学校里来搜查抄家。第二天，有一位同志来联系工作，我告诉她已出事，叫她快走。她让我也走，先避避风头。我想，我不能走，要是走了，学校怎么办？这是好不容易建立起来的党的据点，同时更难和组织取得联系。要是不走，也有被抓的可能。考虑后，我决定挺下去，一方面我想好了口供预备给抓去，一方面我以家属名义出面主持学校。"

母亲的上线是父亲，父亲被捕后，就跟组织失去了联系。当时在培正小学有十多名党员，建立了党支部，支部书记是培正小学的教导主任。为了防止学校被封，母亲跟他商量后，把培正小学的校产造了清册，转移到校董会名下，母亲自任代理校长，学校工作照常进行。

父亲被捕后，一开始不知道被关押在哪里。不久党组织通过警委，得知父亲被关在四马路（今福州路）警察总局内，也弄清了王中一的名单上有哪些人。党组织让四马路警察总局一名狱警传递消息给父亲，名单上没有他，也没有培正小学党小组其他成员的名字。

那时候，党组织的纪律是，万一被捕，就是牺牲，也不能暴露共产党员的身份。王中一和父亲都是浙江镇海人，父亲被捕之后，就一口咬定是王的表弟，并通过狱警，把口供传给了王中一。

那年6月，母亲跟党组织失去联系两个多月了。一天，培正小学的一名教师（党员）让她第二天去外滩的中国银行见一个熟人。母亲到了中国银行，见到了市工委委员陈公琪，就此恢复了党的关系。

因为工委一直在培正小学活动，母亲跟陈公琪很熟，陈公琪常像大哥一样关心她。当时，当局不允许探监，母亲怀着身孕，想到父亲生死莫测，悲哀难抑。为此，陈公琪特地为父母安排了一次短暂的"隔街相望"。

父亲被关押的牢房有一个靠街的窗口，对着一家居民的窗户。地下党跟这家人家联系，付了酬谢金，那家同意出借窗口半个小时，狱警把时间通知了父亲。于是，母亲隔着车水马龙的街道，见到了她日夜思念的父亲，他们无法对话，互相做了一些手势，绝大多数时间，就是默默不舍地远远相望。这是我知道的父母婚姻中最浪漫凄美的瞬间。那时候，他们结婚才半年多。

当局见父亲和王中一口供一致，又抓不到父亲的任何把柄，同意无罪释放他，前提是必须有十家店铺联保。为了不引起敌人注意，这件事地下组织不插手，完全由母亲出面解决。她怀着六个多月的身孕，冒着酷暑，四处奔走。幸亏她娘家亲戚里有若干地主、工厂主、商铺老板之类的有产阶级，不久凑足了十家商铺。然而，一般人对保释犯人存有戒心，母亲多次游说恳求，方才办妥了联保。

过分劳累使母亲早产了，她怀孕7个月就在平民医院生下了第一个孩子，我的大哥。大哥生下来体重不足三磅，在暖箱里活了九天就夭折了。丧子之痛伴随了母亲的一生，她不止一次对我说："那个孩子长得很像你爸爸。"

1948年9月，父母婚后的第十个月，父亲终于被释放了。母亲在警察局门口接到了脸色苍白的父亲，两人再见，恍如隔世，百感交集。

终于可以拍照了

父亲出狱后，无法继续开展工作，1949年1月党组织让父母撤离上海，去华中党校学习。他俩被编入"南下干部纵队"，准备上海解放后的接管工作。同年5月，父母随军南下，回到上海，双双被分配到上海市委组织部工作。

或许父母习惯了隐姓埋名，习惯了低调行事，习惯了不拍照的生活，拍照这件事儿在我们家难得发生。在母亲留下的20世纪五六十年代的旧照片中，几乎没有父母的合影，最后我终于找到一张20世纪50年代中期，父母在苏州与武文斌（时任苏州市公安局局长）夫妇的合影。为了了解父母的历史，我托哥哥查找资料，他在张承宗的回忆文章里，发现父亲跟武文斌1944年一起参加过华中党校的整风学习班。原来这是老同学重聚合影留念。

父亲、母亲以及他们那一代的许多人，都已化为尘埃，回到了无垠苍茫的宇宙中。为了看到年轻时代的父母，我竟然有幸从历史记录中，从老一代人的回忆文字中，捕捉到了他们的身影、他们的信念、他们的精神、他们的时代。父母虽然没有留下年轻时代的照片，却给我留下了无价的精神启示：人生的意义在于做自己认为有意义的事情。

（本文发表于2021年3月，图片由作者提供）

周小燕：
父亲早已倾向共产党

楼伊菁

为民谋利的银行家

周苍柏

1888年，周小燕的父亲周苍柏出生在湖北武昌一个工商世家。他早年在汉口文华学堂读书时，就加入同盟会。后因参与学潮，被当局追捕，不得已来到上海，进入南洋公学（即后来的交通大学）读书，毕业后赴美国留学，就读于纽约大学银行系，获商学士学位。学业结束后，他抱着一腔救国热情回到祖国。受著名银行家陈光甫的邀请，他主持上海商业储蓄银行（简称"上海银行"）的职员培训工作。他运用现代西方银行管理理念和知识，成功地培训了一批人才，得到陈光甫的赏识和重用，在银行界逐步崭露头角，几年后被提升为上海银行汉口分行经理。

1926年，武汉国民政府发行国库券，宣布废除北洋军阀政府的旧货币，一时造成了银行挤兑的金融风潮，武汉的银行家都陷入了朝不保夕的境地。在这关键时刻，周苍柏代表上海银行汉口分行单独宣布：对大革命前的储蓄存款，一律按照现洋兑付，以保障储户利益。此举在金融危机的当口确实冒了很大的风险,但通告一出,上海银行汉口分行门前停止了挤兑,而且还出现了存款剧增的喜人景象,上海银行的威信大增,周苍柏名声大震,成为金融界的风云人物。

1938年全民族抗日战争爆发期间武汉沦陷,上海银行汉口分行内迁重庆后变成了湖北省银行,周苍柏到恩施任行长。湖北恩施地处偏僻,由于当时币值不稳,民心惶惶。周苍柏创办了"民享社",面向大众提供饭馆和做生意的场所,价格公道,农民也能接受。民心稳定了,恩施的社会环境也就安定了。周苍柏这一招搞得很有成效,很出名。

我"拿头担保"

260

周苍柏的儿子德佑在沪江中学念书时,搞抗日宣传遭到通缉,回到武汉参加了抗日战争宣传二队(简称"抗宣二队")。有一次,著名作家、诗人张光年(笔名光未然)等几十个人到山西演出,被阎锡山抓了,说他们是共产党,要枪毙他们。情急之中抗宣二队派人去重庆找周苍柏,周苍柏就找到陈诚为抗宣二队担保。他说:"他们是我儿子的同学,都是爱国青年,哪会是共产党呢?"陈诚问他:"你拿什么担保?"周苍柏答:"拿头担保。"其实周苍柏不知道,自己的儿子就是共产党。但他坚信儿子搞抗日宣传是做"唤醒民众的工作",没有错。陈诚命令放人,阎锡山还是不执行。直到陈诚施压,阎锡山才放人。那一次,不仅救了彭厚嵘领导的抗宣二队,还包括被阎锡山抓去的其他几十个人。光未然在重庆时,国民党还是到处搜捕他。周苍柏用上海银行的运输车队把他带了出去,还带出去了好多共产党员。

新中国成立后曾任中国作协秘书长的张僖,在皖南事变后部队被打散了,跑到重庆没处落脚,通过关系找到周苍柏。那时周苍柏的住地,旁边住着蒋介石特别倚重的将领陈诚,以及当时国民党重要人物张群。张僖等人在周苍柏

兄弟姊妹六个。前排左一周宝佑，中间周彬佑，右一
周徵佑，后排左一周德佑，中间周小燕，右一周天佑
（上海市档案馆藏）

家一住就是40多天，直到八路军驻重庆办事处安排他们去了延安。还有不少
新四军或地下党的人住到周家来，短的住一个半月，长的住一年的都有。只要
是儿子德佑的朋友，是为抗战而来的，周苍柏都让他们住在他家，还管吃管穿。
他们对周苍柏说："周老，您的身份就是我们最好的掩护啊！"

德佑牺牲后，周苍柏拿出准备给德佑出国留学的学费，郑重地送到德佑生
前所在的抗日演剧队青年们手里，说："你们搞戏剧宣传，感动了两千伤兵上前
线。八万农民看了戏，就会组织游击队。那两千勇士的枪，那数万农民的力量
是惊人的！"

"不是共产党的共产党"

中国共产党在革命战争时期有许多朋友,周苍柏就是其中之一。周苍柏不是共产党员,但共产党需要他提供帮助时,他总是义不容辞,被称为"不是共产党的共产党"。

国民大革命前夕,共产国际决定将一笔40万美元的巨款汇给中共中央,支援中国革命。但在北洋军阀统治下,没有一家银行敢出面接受共产国际这笔汇款。党中央派人与周苍柏商量。周苍柏置性命于不顾,冒险让共产国际把40万美元汇到设在美国的上海银行,再由这家上海银行化整为零,采取商业汇款的方式,分几个户头汇入中国汉口的上海银行。这样,几经转手,这笔巨款终于秘密汇到了共产党人手中。

后来,此事被北洋政府侦知,吴佩孚派了两名便衣闯入周家逮捕周苍柏。那天,妻子董燕梁正坐在客厅,忽见闯进两个陌生人问:"周苍柏在家吗?"董燕梁正不知如何回答时,见周苍柏从楼梯上走下来,便急中生智故意问道:"他们两个人来找周苍柏,你看他在不在家?"周苍柏会意地大声应道:"他早就出去了!"待两个便衣特务离去之后,周苍柏急忙离开武汉,潜往上海。

上海解放前夕,原汉口市市长吴国桢其时已任上海市市长,他是周苍柏的朋友,他夫人是周苍柏夫人董燕梁的朋友。那时,吴国桢夫人天天来动员周苍柏夫妇去台湾。周苍柏没有答应。后来陈诚派人来接他:"周先生,你跟夫人什么也不要准备,马上跟我们走,飞机票也准备好了。"周苍柏以小燕刚从国外留学回来,他要陪女儿为由推脱了。周小燕说:"其实,他心里早已倾向共产党。在他的心目中,所有的共产党员都是像周恩来那样舍身忘己解放劳苦大众的人。爸爸从前有改良主义思想,但他认定了共产党能救中国。他对共产党的感情也影响了我们。"

周苍柏是出于爱国主义的满腔热情，为改变中国的落后状况，与共产党人走到一起。

领小燕跨进音乐殿堂

父亲留给小燕的印象，一个是爱国，一个是爱音乐。29岁的周苍柏从国外回来在上海成家后，一边教书，一边找工作，生活很清苦。小燕出生后，家里连小儿车都买不起。小燕有张照片，母亲把一个方凳倒过来，让小燕站在里面玩，这就是小燕的"小儿车"了！

吹拉弹唱都不会的父亲，却舍得给小燕买乐器。他先是买曼陀铃，后来买吉他，再买班卓……乐器成了小燕的玩具，只要她喜欢。2013年，当我与小燕聊天时，小燕对我说："我小时候玩过许多乐器，有钢琴、小提琴、中提琴、吉他、班卓、尤克里里，只要是学音乐所需，父亲都给买。"

1935年周小燕考进国立上海音乐专科学校，学习钢琴和声乐两门主课。

国立上海音乐专科学校校舍（上海市档案馆藏）

当小燕就读快两年时，八一三淞沪抗战爆发，学校也遭到炮火轰炸。父亲斩钉截铁地对小燕说："决不能为了学音乐去做日本人的顺民。"这样，小燕被迫中断学业，和武汉的热血青年成立合唱团，活跃在街头进行轰轰烈烈的抗日宣传活动。那时，她是合唱团里唯一从上海学声乐回去的人。作曲家刘雪庵谱写了歌曲《长城谣》，拿着谱子来请她演唱。"万里长城万里长，长城外面是故乡……"伴随着周小燕的歌声，《长城谣》很快传遍了武汉。不久，卡通电影《抗战歌辑》选录了她演唱的《长城谣》。电影《热血忠魂》则将《长城谣》作为主题曲。

当时有人与美国方面签订武汉合唱团访美演出的协议，小燕征求父亲意见，父亲却摇头拒绝了。父亲对她说："你可以到美国去，但不是现在。艺术的宝库很丰富，你最需要的是下决心多学习，只有练好了本领，成为真正的艺术家了，到时候再去美国也不晚。"

不久，父亲作出了送小燕和天佑姐弟俩去意大利留学的决定。小燕乐了，意大利美声唱法吸引了多少音乐人热切的目光！父亲语重心长地对她说："你出去，关键是要学好音乐。但凡国际上好的东西中国现在没有的，将来都要有。你要把好的东西学到手，学成了一定要回来。"就在小燕姐弟突击补习意大利语、办理护照和签证时，传来了意大利悍然出兵进攻埃塞俄比亚的消息。父亲愤然说："不能为了学音乐去法西斯国家！"经过深思熟虑之后，父亲决定送小燕姐弟俩去世界艺术中心法国。

1938年7月，小燕携弟弟踏上了法国求学之旅。

异国他乡的留学生涯同样经受了第二次世界大战的动荡，小燕七年没得到家里的消息。然而，她始终牢记临行时，父亲对她说的话："不要忘了你是中国人，学好了，要处处替中国人争光。有没有文凭是次要的，要学到真本事。学成后一定要回来，为国家效劳。"小燕默默发誓："我永远不会忘记自己是个中国人，我会争气的。"小燕没有辜负父亲的殷切希望，凭着她独到的天赋和刻苦勤奋，她终于得以在巴黎歌剧院的舞台上，以清唱剧的形式，首演中国神话题材歌剧《蚌壳》，展示了一位成熟的中国艺术家的风采，成为西方乐坛的一件盛事。

她应邀从德国唱到瑞士，在首届"布拉格之春"国际音乐节上，被誉为"中国之莺"。

就在周小燕功成名就，美国、瑞典、挪威、丹麦等国的演出邀请合同、意向书雪片般飞来时，她收到了望眼欲穿的家信。"中国之莺"决定飞回自己的祖国了！多少人劝她留在欧洲，小燕不为所动，毅然放弃了海外丰厚的薪酬和事业发展前景，飞回朝思暮想的祖国。

情系东湖

周苍柏留美时，看到美国人周末余暇都能到公园度假，而武汉是个"火炉"，武汉的老百姓大热天也没个清凉避暑的地方。他想为武汉市民建一个公园。他用自己的工资在武昌珞珈山麓东湖湖滨，买下一块荒地。为此，他不抽烟不喝酒，每天早餐只有花生米、油条就稀饭。他衣着简单，一个银行行长，能穿出去的只有两套中山装，就这两套行头，还是妻子补了又补才能穿出门的。年复一年，他用赚来的钱造起了"海光农圃"，又用赚来的钱养公园。小燕记得，父亲每个周末都带他们姐弟去东湖边散步。但他对儿女们说："这块地以后不是你们的，公园建好后要交给人民。"身为银行家，不攀附权势，省吃俭用，只希望武汉的人民有一块休闲之地，而不是仅仅自己一家人有个私家花园——这就是周苍柏的境界。

后来，有关部门看中了那个地方。献出地块时，周小燕感慨道："东湖是父亲费尽心思建起来的，也是父亲最伤心的地方。'三反''五反'期间，一会说要查他是不是地主；一会又说他贪污了公物。怎么回事呢？东湖交给政府

周小燕（右一）与父母在一起

后，所有的设备、工具都交了。当时说好了，二区那栋房子留给我家，周末可以来住一住。有个浇花的水壶忘在那里了，爸爸习惯地用它来浇花，被他们看见了，说爸爸贪污。后来中南局的领导说了，人家几百亩地都交公了，还贪污你一个水壶？"

20世纪50年代，周苍柏是湖北省的全国人大代表，可后来有人说，"你家周小燕是省里的全国人大代表，你是政协常委，也是全国人大代表。一家有两个全国人大代表不合适。这样罢，你女儿当人大代表，你就在政协吧"。1960年周苍柏调到北京，任全国政协常委。

离开东湖，他心里一直很难受，那是一种说不出来的难受。

晚年的周苍柏很伤感，第26届世界乒乓球锦标赛，中国队拿了冠军，他高兴得掉眼泪；中国铁路搞出了新项目，他兴奋不已。但那时，他中风瘫痪了。

交谈中，周小燕回忆了这辈子最痛苦的情景："爸爸1970年去世前，妹妹从北京打电话到我下放劳动的公社，过了一天军宣队才通知我。当我跑步赶到公社拨通妹妹的电话，妹妹在电话里哭……原来病危的爸爸今天已经走了。

我一听，人都瘫了。好容易回到生产队，找到军宣队，说：'我父亲去世了，可以不可以请一个礼拜的假？'军宣队说：'死也死了，你回去做什么？'"小燕说："我待在那里，一句话都说不出来。爸爸最喜欢我，想见我一面也没有见到。爸爸是有名的大资本家呀，他有多少遗产呢？说出去别人也不会相信，他身边一共才找出了3 000元钱。这还是爸爸生病后，政府追补给他的。爸爸当时不要，他说，'我已经病了，没有工作了，我不能要这个钱'。他要退回去。人家说，这怎么能退呢？就这样，一直放在家里没用。"

周小燕追忆说："虽然到北京后，爸爸再也没提过东湖的事。后来他瘫在床上，有些迷糊了。有一天，他突然对妈妈说：'快把我的新衣服拿出来，今天要到东湖，我们要开会。'他要去东湖开会……"虽然周苍柏再没有去过东湖，但是现在东湖建起了苍柏园，建起"海光农圃"的牌坊，人民纪念他。

（本文发表于2013年12月）

东方破晓

新民主主义革命记忆

中

上海市档案馆 编

徐未晚 主编

上海人民出版社　学林出版社

中

篇

269

导　言

中国新民主主义革命，历经四个阶段，即中国共产党的创立和大革命时期（1919—1927）、土地革命战争时期（1927—1937）、全民族抗日战争时期（1937—1945）与全国解放战争时期（1945—1949）。1949年中华人民共和国的成立，标志着中国新民主主义革命的基本结束和社会主义革命的开始。上海是近代中国最大的城市，工人阶级大本营，在新民主主义革命各个阶段，都发挥了极其重要的作用，是近代中国光明的摇篮。其特点可用"阔、深、雄、奇"四个字概括：

阔，广阔、丰富。从1919年至1949年的30年间，上海在历次革命斗争中，都有突出表现。1919年北京爆发五四爱国运动，上海各界奋起响应，声势浩大，作用突出。从1921年起，中国共产党共举行过七次全国代表大会，其中三次在上海举行，即第一次、第二次与第四次，另有六届二中全会、三中全会、四中全会等多次中央全会也是在上海举行的。中共中央领导机关首尾有12年设在上海。在全民族抗日战争与全国解放战争时期,上海都有许多杰出表现。上海留下的红色革命文化旧址、遗址,多达612处。

深,深邃、深远。中国共产党发展史上许多重要的思想、理念,是在上海酝酿、产生的,党史上许多具有重要意义、深远影响的事件,是在上海发生的。中国共产党诞生,以马克思主义为指导,选择社会主义道路,这是最具思想深度的实践。中共二大,通过了中国共产党第一部党章,规定了党内生活和党内关系的一系列基本原则,标志着中国共产党从此有了自己的最高行为规范。1923年,陈独秀与孙中山在上海商定国共合作原则,在国共合作历史上有相当重要的影响。1925年在上海举行的中共四大,第一次提出无产阶级要掌握民主革命运动的领导权,提出工农联盟等问题,这在党史上都具有里程碑意义。

雄,英勇、雄壮。1925年,中国共产党领导的五卅运动,对帝国主义列强展开勇猛无畏的斗争,沉重地打击了帝国主义的嚣张气焰,对中华民族的觉醒和国民革命运动的发展,起了巨大的推动作用。1926年至1927年,中国共产党先后在上海发动三次工人武装起义,打击了帝国主义和军阀的反动统治,显示了中国工人阶级的顽强战斗精神和强大组织力量。从建党初期,到上海解放,众多的革命先烈,如刘华、陈延年、赵世炎、林育南、何孟雄、李白等,面对敌人的刑讯逼供,志坚如钢,视死如归,表现出崇高的英雄主义气概。

奇,奇特、奇妙。中国共产党领导的革命斗争,特别是地下斗争,利用上海政出多门、事权不一的特殊格局,创造了许多奇迹。党先后多次在上海举行大会,由于隐蔽工作做得周密,基本没有出过大的危险。相当一段时间,党在上海的各级机关都以商店、住家、医院、写字间等形式出现,住留机关和来往机关人的穿着、语言、活动等,都巧为化装隐蔽,有效地进行了对敌斗争。1933年党

272

中央迁离上海以后,党继续利用上海城市的特点,设立地下电台,沟通与共产国际的联系,出版红色刊物,为陕北根据地推荐医生,提供药品医疗器材,向新四军输送人才与物品等。

以上四点,综合反映了上海在新民主主义革命中的重要性、先锋性、崇高性与灵活性,这是上海红色文化的时代光芒。

近些年,《档案春秋》杂志刊登了数量可观的红色题材文章,它们不限于上海,但以上海为主。本书从中遴选了68篇精品,汇集为《东方欲晓——新民主主义革命记忆》出版。书分三卷,分别为忆人、叙事与说物。

本卷为叙事,21篇。所叙之事,有中共党史上的宏大题材,如上海的中国共产党早期组织的成立、中国共产党在上海诞生、中共二大、中共四大、中国共产党早期在上海的各种活动、赴法勤工俭学运动与中国共产党的创建和发展;有党史上关键人物、关键事件、关键节点研究,如租界警务密报中关于陈独秀的调查资料,维经斯基首次来华与中国共产党初创,与研究中共一大召开日期密切相关的"大东旅社谋命案"的分析,与中共四大会址周边风貌直接有关的史料解读,即对于世界班邮船《"果敢"号世界巡航》纪录片所记述虹口相关历史风貌的分析,埃德加·斯诺受邀访问延安的具体细节,毛泽东《论持久战》英译始末,胡愈之翻译出版《西行漫记》的内情。也有一些不为世人所知或知之不多的红色史迹,如1919年沪西小沙渡工人赤色风暴掀起,孔另境在上海大学的求学经历及其补办毕业证书,"一德大药房"里的秘密情报战,记述徐国璋、黄眷澜、蒋炳强、陈达等人在吴淞口秘密搜集日军情报,情节曲折,生动感人,价值很高,为一般党史所未载;周文与王怀安率领180人、历时56天、步行3 000余里从成都奔赴延安的经历;中央文库被张唯一、陈为人、陈来生等革命同志冒着生命危险接力保护的动人事迹;金融界张执一、何康等人的革命经历,吴石等获得国民党军队长江江防兵力部署图绝密情报的情节,著名经济学家于光远及其家族成员从事革命活动的经历;全民族抗战后期,地下党员徐明诚以"国际问题研究所"为名义,将秘密电台设在上海阜丰面粉公司总经理孙伯群家里的细节,都很有价值。

所叙之事,范围广泛,发掘深入,持论有据,或依据档案和可信文献,或得自亲历亲闻,文笔流畅,生动可读。本书对于丰富、充实上海红色文化内涵,彰显上海红色文化特色,对于资政育人,都具有重要价值。

赴法勤工俭学运动与
中国共产党的创建和发展

冉世民　　孔令国

留法勤工俭学运动是中国革命史上一场深刻而广泛的社会实践运动。它形成于辛亥革命时期，1917年前后形成规模，五四后达到高潮。这一运动是新文化运动和五四运动的重要组成部分。以蔡和森、赵世炎、周恩来、邓小平为代表的先进分子，积极研究和传播马克思主义，探索救国救民的真理，为中国共产党的创建和发展作出了重要贡献，对中国新民主主义革命事业发展起到了巨大推动作用。

研究宣传马克思主义，丰富党的理论建设

第一次世界大战结束后，受俄国十月革命影响，法国迅速建立了共产党组织。在中国学生赴法勤工俭学的群体中，周恩来、蔡和森、向警予、赵世炎、李立三、李维汉、王若飞、陈毅、邓小平等，这些先进青年一到法国，有便利条件接触马克思科学社会主义经典著作。他们受十月革命以及五四时期马克思主义传播的影响，自觉地把赴法勤工俭学当作更加深刻地学习马克思主义的历史机遇。

蔡和森是赴法勤工俭学学生中接受信仰马克思主义的先驱者。1920年2月，蔡和森抵达法国后，用"霸蛮"精神在半年多的时间里，"猛看猛译"马列

部分留法学生乘坐的法国邮轮"阿拉米斯"号（法国里昂图书馆藏）

1919年3月15日，寰球中国学生会在上海欢送第一批赴法勤工俭学学生的合影。最后排右一为参加欢送会的毛泽东

主义著作，翻译了《共产党宣言》《社会主义从空想到科学的发展》《共产主义"左派"幼稚病》《国家与革命》《无产阶级革命和叛徒考茨基》等著作的重要章节，并且写了大量的读书笔记。他在给毛泽东的信中详述："我到法后，鲁莽看法文报，现门路大开，以世界大势律中国，对于改造计划略具规模。现搜集各种重要小册子约百种，拟编译一种传播运动的丛书。"并强调："现已搜集许多材料，猛看猛译，迟到年底，或能成就。"蔡和森通过认真阅读大量马列著作，反复思索，逐渐成为一位坚定的共产主义者。

周恩来早在东渡日本时就接受了马克思主义。到欧洲后，又开始了对马克思主义的精深研究，以便系统掌握马克思主义精神实质。他把自己对马克思主义的信仰和理解，以通讯的形式及时转告给天津觉悟社的同志，并建议督促觉悟社应以"明了"的马克思共产主义学说为自己的信条。从1921年到1924年，他写下了50多篇政治论文和通讯，约有26万字，积极宣传和传播马克思主义理论。周恩来强调，共产主义的整个理论体系是马克思"一本科学精

《少年》第二期　　　　　　《赤光》

蔡和森

神"创立的,是经得起"在'实际'上来'试验'"的革命真理。只有用这种学说武装无产者,才能"理愈明,信愈真,感愈切,革命的精神遂能愈久而愈坚"。

旅欧共产党人于1922年8月创办《少年》月刊,1924年2月改为《赤光》半月刊。《赤光》自出版以来,便成为旅欧的中国共产党早期组织成员讨论的资料,成为同志学习理论的刊物,为学习传播马克思主义理论作出重要贡献。周恩来、蔡和森、赵世炎、邓小平等同志在党内是马列主义水平比较高,理论准备比较充分的。他们这种马列主义的理论修养,对中国共产党的思想理论建设起了重大作用,为马克思主义指导思想的确立作出了重要贡献。

留法勤工俭学人员中的先进代表对建党理论进行了探索,主要代表为蔡和森,主要体现他在1920年8月至1921年1月与毛泽东的通信之中。

蔡和森主张,必须从世界大势和中国革命实际出发,应尽快"正式成立一个中国共产党"。希望毛泽东"准备做俄国的十月革命""中国于二年内须成立一个主义明确、方法得当、和俄一致的党"。蔡和森在信中提出了具体的建党组织步骤:(1)结合极有此种了解及主张的人,组织一个研究宣传的团体及出版物。(2)普遍联络各处做一个要求集会、结社、出版自由的运动,取消治安警察法及报纸条例。(3)严格的物色确实党员,分布各职业机关、工厂、农场、议会等处。(4)显然公布一种有力的出版物,然后明目张胆正式成立一个中国共产党。同时还介绍了俄国布尔什维克党的入党条件和入党手续,这些为党的建设奠定了思想基础。

中国共产党要以马克思主义为指导思想。蔡和森指出:"马克思的唯物史观,显然为无产阶级思想","唯物史观才由马克思寻找出来,这真是思想史上一桩大喜事!"他认为只有用马克思主义指导社会革命,才能取得胜利。毛泽东十分赞同蔡和森的主张,明确表示"唯物史观是吾党哲学的根据"。毛泽东、蔡和森都旗帜鲜明地提出中国共产党的指导思想必须是马克思主义的唯物史观,两人在通信中还强调了建党中坚持马克思主义的阶级斗争和无产阶级专政学说的重要性。

蔡和森主张要按照列宁的建党原则、条件、步骤来建设党。党必须有铁的纪律,"党的组织为极集权的组织,党的纪律为铁的纪律,必如此才能养成少数极觉悟极有组织的分子,适应战争时代及担负偌大的改造事业"。对于党员的条件,认为必须"严格的物色确实党员"。党员必须联系群众,应分布于工厂、农村、机关、学校,成为一切群众运动的组织者、领导者。

蔡和森为建党而进行的理论探讨,对中国共产党的创建和发展有着十分重大的意义。对他提出的观点,毛泽东表示:"我没有一个字不赞成。"陈独秀也十分重视这些观点,认为蔡和森"所说的问题甚大"。蔡和森的建党思想涉及党的性质、党的指导思想和组织原则等许多重要问题,在早期共产主义者中,蔡和森是系统传播列宁建党学说的第一人,他及时准确地回答了建党理论上急需解决的一些重大原则问题。

周恩来、赵世炎、向警予等积极结合马克思主义理论宣传和建党实践,对如何加强党的建设、实现党的领导,进行实践探索和理论创造。他们都主张以马克思主义为灵魂,组织无产阶级政党,矢志不渝地为实现共产主义理想奋斗。他们在资本主义发达的欧洲勤工俭学,生活战斗在广大产业工人之中,受到工业无产阶级的熏陶,具有远见卓识、富于创新、讲求实际和重视科学的优秀品质。这对于中国共产党在领导中国革命和建设中,能够沿着马克思主义的轨道,坚持科学社会主义胜利前进,具有重大而深远的影响。

积极从事建党实践,为党的组织建设作出重要贡献

1920年8月,陈独秀、李大钊委托前往里昂中法大学任教的北京的中国共产党早期组织成员张申府,负责建立党在巴黎的早期组织。张申府于同年12月抵法后,随即着手筹备建党工作。1921年1月和3月,分别介绍刘清扬、周恩来入党。4月间,即与赵世炎、刘清扬、周恩来、陈公培等一起组成了巴黎的中国共产党早期组织,领导人为张申府。

毛泽东在和斯诺谈到创立中国共产党时指出:"在法国,许多勤工俭学的人也组织了共产党,几乎是和国内的组织同时建立起来的。"在那里,党的创始人之中有周恩来、李立三、蔡和森、向警予和李维汉,他们是我国的第一代共产党人。1921年党的"一大"召开时,因未得到通知,巴黎的中国共产党早期组织没有派代表参加大会,但它实际上已是中国共产党的重要组成部分,在国外积极从事革命活动了。

中国共产党创建前后有8个早期组织,其中之一便是旅法中共早期组织,负责人张申府,是与陈独秀、李大钊一起最早酝酿建党的三人之一。1921年7月,党的一大召开时,全国共有党员50多名,留法生中有张申府、刘清扬、周恩来、赵世炎、陈公培,后有袁振英等6人,约占全国党员总数的10%。

旅法中共早期组织建立后,积极发展党员,在华工和勤工俭学学生中开展共产主义运动。1922年初,周恩来、张申府、刘清扬去柏林,成立了旅德中共早期组织。赵世炎、周恩来分别在法国和德国勤工俭学学生中发展党员,积极筹建青年团的工作。

经过充分酝酿与准备,1922年6月下旬,来自法国、德国和比利时3国的中

1923年2月,旅欧少年中国共产党在巴黎召开临时代表大会

国勤工俭学学生代表赵世炎、周恩来、陈延年、陈乔年、郑超麟、尹宽、刘伯坚、王
若飞、李维汉、李富春、袁庆云等18人,在巴黎西郊布罗尼森林公园举行了旅欧
少年中国共产党第一次代表大会,宣布正式成立少年中国共产党。赵世炎为书
记,周恩来为宣传委员,张伯简为组织部部长。张伯简未到职时,由李维汉代理
组织委员。1922年冬,参加"少共"的共产党员组成中国共产党旅欧支部,同
时,"少共"中够党员条件的同志正式转为中国共产党党员,作为"少共"的领
导核心。1923年2月,根据陈独秀的建议,"少共"改名为旅欧中国共产主义青
年团,并加入国内团组织。周恩来为书记,肖朴生、刘伯坚为委员。因为党团组
织是重合的,党的领导人也都是团的领导人。所以,中共旅欧支部的力量,在
很大程度上表现在团的组织发展和活动上,团员发展到几百人。1925年1月,
中国社会主义青年团第三次全国代表大会,决定改"中国社会主义青年团"为
"中国共产主义青年团"。"旅欧支部"相当于国内的区级机构,故从1925年1
月以后,"旅欧中国共产主义青年团"改称为"中国共产主义青年团旅欧区"。

　　中共旅欧支部不仅在组织力量上是中国共产党的重要组成部分,而且在
国外从事了一系列对中国共产党具有深远影响的革命活动。旅欧中国共产

281

主义青年团的主要活动内容有：成立共产主义研究小组，组织青年阅读马列主义著作；用马列主义理论和俄国十月革命经验来武装团员和青年头脑，并在思想教育的基础上发展团员；积极在勤工俭学学生中开展工作，同时也对旅法华工积极开展工作；还出版了理论刊物《少年》，1924年2月改名为《赤光》，坚持理论联系实际，积极同各种反马克思主义者进行论战，有力宣传了马列主义和党的纲领、路线。周恩来担任主编时对马克思主义理论宣传作出巨大贡献，邓小平、李富春等都参加过编辑、刻写工作。由于刻印清晰装订简雅，大家都称赞邓小平为"誉博士"。

旅欧支部一经成立，就坚持与工人运动相结合，积极投身于组织发动旅欧华人反帝反封建的革命斗争，以极大的精力发展党团组织，开展工人运动。当时仅法国的华工就有十八九万人，他们深受资本家的剥削压迫，苦难深重。但他们因受行会帮派影响，思想混乱，内部不团结。为了提高华工觉悟，旅欧支部深入华工，做耐心细致的思想和组织发动工作，建立了"华工工会"，出版了《华工周刊》，提高华工觉悟，增强华工团结。在旅欧支部培养教育下，很多华工先进分子加入了党组织。

旅欧支部在从事工人工作同时，尤其在国共合作以后，又积极开展旅欧华人的革命统一战线工作。根据党的指示，周恩来直接参加了国民党旅欧支部的筹建工作，而且是后来国民党旅欧总支部的实际负责人。在共产党领导下，通过统一战线的形式，在欧洲进行了广泛的反帝反封建的革命斗争。

中共旅欧支部在发展壮大过程中，为中国革命事业培养输送了一大批干部。把一切信仰共产主义的人，特别是有较大影响的人物，如朱德、孙炳文等同志及时吸收到党内，这是旅欧支部的一大贡献。为了适应革命发展的需要，特别是为了迎接即将到来的大革命高潮，旅欧支部从1923年3月起，有计划地派出大批同志到莫斯科东方大学和中山大学学习。先后去苏联学习的有赵世炎、陈延年、陈乔年、刘伯坚、聂荣臻、蔡畅等几十人。1924年开始，大批革命者、共产党员先后奉调回国,成为中国革命的一支重要力量。旅欧党员就像革命的种子,奉调回国参加革命工作后,分布于全国各地从事革命工作。

锻造了一批革命家,为党的队伍建设提供重要骨干

五四爱国运动,促进了马克思主义与中国工人运动相结合,工人阶级开始登上历史舞台。经过五四运动洗礼的留法勤工俭学学生中的先进分子,发扬五四爱国精神,在欧洲大陆,同样与中外反动派进行了英勇斗争。

开展争取"生存权""求学权"的二二八运动。1920年,经济危机爆发,法国经济萧条。到1921年,中国留法勤工俭学学生多达2 000余人,但此时他们却陷入了求工不得、欲学不能、生活无靠的困境。无工可做的学生们聚集在巴黎华侨协社,每天靠华法教育会借贷的5法郎维持生活。因长期营养不良又无钱看病,两年内病死60余人。在这危急关头,1921年2月28日,蔡和森、向警予等人组织了400多名骨干,向中国驻法公使馆发起了一场争取"生存权"和"求学权"的斗争。迫使驻法公使陈箓答应借款以维持学生的生活问题,华法教育会也答应为失业学生找工作,斗争取得胜利。

开展反对中法秘密借款运动。1921年6月,北洋政府派出特使赴法,企图向法国政府借款3亿法郎,购买军火,扩大内战。为了能够获得借款,北洋政府不惜以出卖海关、邮政和滇渝铁路建筑路权作为担保。事先还由驻法公使陈箓同法国有关方面进行了初步洽谈。这一丧权辱国的大拍卖,很快被勤工俭学学生获悉,引起了极大义愤。于是,周恩来、赵世炎、蔡和森等人发起,联合巴黎华侨各团体,成立了拒款委员会,发表《拒款通言》,揭露借款内幕,呼吁"同胞一致进行,以与抗争"。他们还将拒绝借款决议案用法文印刷了1 000份,发送法国各界,在法国报刊上也刊登出来。为了扩大影响,周恩来撰写了《旅法华人拒绝借款之运动》《中法借款之又一黑幕》《中法大借款竟实

行签字矣》《中法大借款案之近讯》等文章,寄回国内,揭露卖国借款的真相。赴法勤工俭学的学生积极站在斗争第一线,广大华工、各界爱国侨胞、各华人团体也纷纷响应。这是中国人民在国外为保卫国家权益的一次爱国反帝斗争。拒款运动彻底揭露了秘密借款的反动本质,戳穿了这个对外丧权辱国,对内祸国殃民的阴谋。在群众的强大压力下,中法反动政府被迫签署了借款作废声明。这次拒款的群众斗争,被称为"国外的五四运动"。

开展里昂中法大学的斗争。吴稚晖、李石曾等人,利用法国的庚子赔款和捐助款项在里昂筹办了"中法里昂大学",准备1921年9月开学。中法里昂大学本来是以解决留法勤工俭学学生的求学和生活问题为名而兴办的。因此,勤工俭学学生理所当然有权入学。但校长吴稚晖,却拒绝已经在法国勤工俭学的学生入学,另外从国内广州、上海等地招收了100多名官绅子弟入学,这激起了赴法勤工俭学学生的极大义愤。正如周恩来在《勤工俭学生在法最后

赵世炎　　　　　　　　　周恩来在巴黎办公住所的留影

之运命》中写道："途穷了,终须改换方向,势单了,力薄了,更须联合起来。马克思同恩格斯合声嚷道:'世界的工人们,联合起来啊!'他们如今也觉悟了,'全体勤工俭学的同志们,赶快团结起来啊!'"在周恩来、赵世炎、蔡和森等人领导下,他们提出了誓死争回"里大"的方针,并组织了120人的先锋队,同中法当局进行了针锋相对的说理斗争。法国政府派出武装警察包围"里大",强行把学生押上警车,投入兵营。最后,把被监禁的学生,包括蔡和森、向警予、陈毅、李立三等104人,武装押送回国。至此,留法勤工俭学学生运动被迫转入低潮。留法勤工俭学学生的斗争,是五四反帝反封建运动在国外的继续和发展,是中国人民革命斗争的另一个激烈战场,它充分显示了中国人民,特别是中国青年热爱祖国、不堪忍受屈辱的斗争精神。

开展了反对帝国主义列强共管中国铁路的斗争。1923年5月6日凌晨,山东临城发生一起震惊中外的土匪抢劫列车案,车上39名来自英、美、法、意、比等国的外国人,以及70多名中国人被绑架。6月12日,被绑架人员被全部释放。但帝国主义列强以此为借口,企图趁机在华设立万国警察,共同接管中国铁路。留法学生知悉后,7月3日,周恩来、徐特立、袁子贞、许德珩等人发起和出席了旅法华人各团体为开展反对列强共管中国铁路而在巴黎举行的集会。8日,周恩来等人又代表22个旅法华人团体在巴黎集会,会议通过了反对列强共管中国铁路的六项具体办法,决定召开旅法华人大会,并成立旅法各团体联合会临时委员会,推选周恩来为临时委员会书记,通过了《致国内各界公电》。电文指出:"铁路共管,等于亡国,旅法华人,全体反对。望农、工、商各界,速起力争。现政府不足恃,应另组国民政府,以除内奸,而御外患,同人誓为后盾。"会议还通过了《致中国旅欧、日、美、南洋工、商、学各界电》《致中国驻外各公使函》,大声疾呼:"铁路共管,等于亡国,交通命脉,落入人手,民族一线生机,势将断绝,此而不争,何以图存。"7月15日,旅法华人600多人在巴黎召开大会。周恩来与华工代表袁子贞等在会上发表演说,散发由周恩来起草的《旅法各团体敬告国人书》，号召"我们便当一致起来，誓死力争，推翻扰乱中国的国际资本帝国主义，打倒这妨害中国和平统一的万恶军阀！"随后，旅法华人各团体代表再一次集会，决定正式成立中国旅法各团体联合会，选举周恩来、徐特立、郭隆真、袁子贞、许德珩等人为领导成员，周恩来继续担任书记。31日，中国旅法各团体联合会举行记者招待会，巴黎有24家报馆记者和一批法国进步人士参加。旅法各团体联合会的代表揭露了帝国主义列强企图共管中国铁路的起因、真相、危害和中国人民反对共管的决心。在中国人民的强烈反对和各方舆论的强大压力下，驻北京的16国外交使团在8月10日向北洋政府提出的照会中，未敢正式提出由各国共管中国铁路的要求，反对帝国主义列强共管中国铁路的斗争取得了胜利。

勤工俭学学生在法国一边做苦工，一边搞革命，艰苦的条件锻炼了他们的革命意志。正如《我的父亲邓小平》中写的：他们身居陋室，条件艰苦，白天做工糊口，晚上通宵苦干，吃的是面包，喝的是白水，干的是革命工作，表现出了职业革命者的顽强斗争、乐观向上的饱满热情。除了条件艰苦，他们还要时常躲避法国乃至欧洲警察的搜查和追捕，被捕、坐牢、被遣送回国等遭遇经常会降临到他们的头上。正是这种艰苦的革命环境和条件，使留法勤工俭学学生中的一大批优秀分子和先进青年锻造为久经考验的职业革命家。

据不完全统计，到1923年6月中共三大召开时，全国共有党员420人，旅法党员，包括在法、德、比利时和到苏联回国的党员已达77人，占全国党员总数的18%以上；到1925年1月，中共四大召开时，全国共有党员994人，留法的党员达到210人左右，占全国党员总数20%还多。

从中国共产党和中国革命、建设和改革的发展历程来看，留法勤工俭学运动为中国共产党的创建和发展提供了经历革命斗争锻炼的高级干部，党、国家和军队的早期领导骨干中有相当一部分人是从留法勤工俭学运动中锻炼和成长起来的。他们中有些人英年早逝，为中国革命献出了宝贵生命，如蔡和森、向警予、赵世炎、王若飞、陈延年、刘伯坚等等,有些人一直领导党和人民军队推翻三座大山,缔造新中国,建设新中国,并把社会主义中国引向改革开放和现代化。这些人中有中国共产党的第一代中央领导集体的重要成员和第二代中央领导集体的核心,他们作为职业革命家,思想解放、视野开阔,牢记初心、不忘使命,为国家独立、民族复兴、人民幸福作出了重要贡献。

（本文发表于2019年6月）

287

先声:

1919赤色风暴起沪西

钱汉东

　　1919年,对中华民族而言,乃多事之秋,但也是重要且关键的历史转折之年。俄国十月革命胜利,建立了世界上第一个社会主义国家,这极大地鼓舞了在黑暗中寻求革命真理和出路的中国先进分子。他们在黑暗中见到了黎明的曙光,沪西的劳苦大众也在迷惘中看到了一线希望。1919年1月,丧权辱国的巴黎和约,致使北京爆发了声势浩大的五四运动,像火山喷发一样,国人积压已久的愤怒顷刻间爆发。

　　作为中国产业工人最集中之地的上海,也举行了规模空前的大罢工,声援五四运动。沪西的无产阶级正式登上了革命斗争的历史舞台,他们奋勇争先,站在罢工斗争的最前列。沪西掀起的这场赤色风暴,席卷了中华大地,中国无产阶级革命的序幕缓缓地拉开。"共产主义的幽灵"徘徊在苏州河两岸,成为1920年上海渔阳里中国共产党诞生的先声。

　　曲曲弯弯的苏州河与浩浩荡荡的黄浦江是上海的母亲河,是它们孕育了被誉为远东第一大都会的上海,而上海也是在这两条江河的滋养下生存发展起来的。

　　沪西是上海开埠最早、建立近代工业和产业工人最为集中的地区之一,沪西资本主义企业实行自由雇佣制度,如招工头制、私人介绍、临时工等;还有特殊雇佣制，如养成工、包身工等。在沪西的中外企业中，尤其是在纱厂，实行的便是养成工、包身工制。

据20世纪20年代对一家日商纱厂1 924名工人的调查统计，来自上海本地的只占12.1%，外地的占了87.9%。日商纱厂工人主要是来自苏北、安徽农村的妇女和女童工。工厂招收她们的原因，是她们吃苦耐劳，在上海又无亲无友，愿意在工资低、生活条件差的日商纱厂出卖劳动力。华商的纱厂、面粉厂，雇用的劳动力则大都是江苏无锡及上海本地的农民。日商纱厂大量使用女工和童工，相继以包身工、养成工等雇佣方式残酷剥削工人。作家夏衍的报告文学《包身工》，揭露了包身工的生存状况，其情境与小沙渡日本纱厂的包身工状况十分吻合。这种超经济剥削的强迫性质，相比西方国家的工人所受的剥削和压迫更为残酷，劳动条件更为恶劣，经济和社会地位更为低下，劳工命运更为悲惨。

"小沙渡"创造大辉煌

今天，如果问起西康路的前身叫什么，人们十之八九不清楚，因为沪西苏州河边的这个小沙渡，早已没入历史尘埃之中。但翻开历史，人们可以看到它的不平常，它实在是一个可以载入史册的地方。

在苏州河南岸有一块凸出之地被人们称为半岛，那里多沙滩，芦苇丛生，遂被称"小沙"。小沙有一个小木船摆渡口，人们称之为小沙渡。小沙渡是一个有年份的古渡口，曾为无数南来北往的商贾行人摆渡过河。1900年公共租界工部局在此筑路，命名为小沙渡路。1943年小沙渡路正式改名为西康路。

小沙渡是个充满传奇色彩的地方。当年，小沙渡区域聚集着数十万产业大军和劳苦大众，是我国早期革命党人活动、革命火种最早点燃之地，也是上海和中国早期工人运动的见证地，"赤色沪西"之称由此而来。

小沙渡苏州河畔（20世纪初）（上海市档案馆藏）

　　今西康路最北端横跨清静苏州河的步行桥名曰"西康路桥"，那里就是小沙渡原址。沪西原来还有一座大自鸣钟，后来因道路拓宽而被废。它离北面之小沙渡，近在咫尺。我曾几次前往西康路桥寻踪觅迹。八月盛夏，傍晚时分，燃烧了一天的骄阳缓缓西下，地面依然热浪滚滚，路人汗流浃背，个个行色匆匆。西康路桥不算宽阔，自行车上下须推行。我从南面半岛花园旁拾级而上，桥上有几处零星卖蔬菜的地摊。站在桥上，极目远望，彩霞满天，四处高楼金光闪闪，清澈的苏州河上波光粼粼。

　　桥北面紧挨着的横马路是光复西路，为方便两边行人上下，采用了江南水乡传统的"八字桥"形状。它让我联想到水乡绍兴漂亮古朴的八字桥，其中最早的为宋宝祐四年（公元1256年）建造的。我曾多次徘徊于绍兴古石桥上，感受先贤工匠的智慧才艺。西康路桥桥身正面绘有浮雕图案，其中一幅"小沙渡湾"引起了我的注意。图上有文字记载："十九世纪中叶，这里有一渡口，名叫小沙渡，沟通人们南北往来，所以此湾，称之为小沙渡湾。"由此可见，"小沙渡"历史悠久，此处曾演绎过多少悲欢离合的故事。历史不该被忘却，这是我站在西康路桥上最真切的感受。

令人欣慰的是，在西康路这座呈"丁"字形构造、钢筋混凝土简支梁结构桥的步行道上刻有四幅微型旧厂房的浮雕，介绍了周边四家具有代表性的企业，并附有简要说明：

20世纪初福新面粉三厂，福新面粉是旧中国最大的品牌面粉；

华生电器厂建于1910年，为我国民族电机制造厂；

江苏药水厂，英国商人1874年所建，为上海开埠后第一家化工企业；

申新纺织公司，我国近代规模最大的民族资本企业，1915年荣宗敬、荣德生兄弟创办于此。

过往行人到此不禁驻足观赏，细细品读"小沙渡"的往事，对它的前世今生亦可略知一二。在近代普陀区的历史上，苏州河沿岸，以小沙渡为中心，曾活跃着700余家中外企业，其产品涉及纺织、面粉、化工、机械、轻工仪表、食品等多种门类，是上海乃至全国近现代民族工业的辉煌所在。对上海近代工业总产值的贡献最高的是棉纺织、卷烟、面粉三大支柱行业，普陀区苏州河沿岸就占了棉纺、面粉两大行业，同时吸引了大量外来就业人口，成为下层民众的栖息地，产生了有名的棚户区——药水弄，由此"小沙渡"成为近代上海闻名的"下只角"。"下只角"创造了大辉煌，故将"小沙渡"载入史册。

中外企业接踵而至

沪西地区办厂的独特优势，吸引中外企业接踵而来：

1889年由朱葆三、周舜卿在西苏州路1369号创办的大有榨油厂，是上海最早开设的植物油厂，1926年松鹤牌食用油参展美国费城世博会。

1898年由孙多森、孙多鑫兄弟在莫干山路120号创办的阜丰面粉厂，是我国第一家民族资本机器面粉厂，被誉为"远东第一"面粉厂。

1906年由南洋华侨在小沙渡路购地开设的泰丰罐头食品厂，1907年改为泰丰罐头食品公司，其1916年产品获得美国巴拿马赛会大奖等。

1907年中日商人在宜昌路96号合资创办九成纱厂，1917年该厂由荣宗敬兄弟购买，改名申新纺织第二厂。

同年上海最早生产三酸（硫酸、硝酸、盐酸）的英商江苏药水厂，由新闸路迁入小沙渡路1501弄。

1911年，日商内外棉株式会社（简称日商内外棉）第三厂在宜昌路320号建成。日商内外棉在1913年至1923年，先后创办第四、五（东、西厂）、七、八、十二、十三、十四、十五等工厂。

同年，德商在戈登路（今江宁路）设立顺和啤酒厂，生产"UB"黄酒，市民称之上海友啤啤酒厂。1919年被挪威商人收购，改名为上海啤酒厂。

1911年英商开设白礼氏皂烛厂，1917年在劳勃生路（今长寿路）19号生产洋烛和肥皂。1926年改名为白礼氏洋烛厂。

1912年荣宗敬等在莫干山路260号创办福新机器面粉厂（后为福新一厂）。1914—1921年创办福新二、三、四、六、八等面粉厂。

1915年荣宗敬、荣德生兄弟在苏州河河畔创办申新纺织无限公司，至1931年间，通过新建或收购，在苏州河边成立申新一、二、八、九厂。

1916年日商东亚制麻株式会社在劳勃生路创办上海第一制麻厂，是为国内唯一的黄麻纺织厂。

1917年华商在西苏州路1391号创办溥益纺织第一厂。

1918年华商在吴淞江北岸潭子湾路（今清水湾路部分）582号建成振华造漆厂，1926年飞虎牌油漆在美国费城世博会荣获丙等金奖章。

同年美商奇异安迪生电器公司由南京路迁至劳勃生路，是为上海第一家民用灯泡厂。

1919年由杨树浦迁至光复西路1161号的达丰染织厂，是为上海第一家机器漂染厂。

……

沪西小沙渡工业区的形成，与近代特殊历史有关。1894年中日甲午战争，清政府战败，与日本签订丧权辱国的《马关条约》。此前，清政府签订的卖国条约主要是割地赔款等内容，允许外国人在中国通商口岸造房居住、通商贸易，但不能直接投资建厂。《马关条约》后，日本人可以在中国通商口岸投资建厂，且根据美国提出的"最惠国条约"原则，所有与中国签约的国家同时获得此项权利。

据1919年统计，上海工人总数达513 768人，其中产业工人181 485人，60%在500人以上的大厂做工，密集度很高。上海成为中国工人阶级的摇篮，而她的诞生，正如马克思所揭示的那样："现代的工人，即无产者，是大工业本身的产物，是资本主义的掘墓人。"中外黑心资本家不择手段，残酷地榨取工人创造的"剩余价值"。广大工人深受帝国主义、封建主义、资本主义的剥削、压迫，过着饥寒交迫的苦难生活。有压迫就有斗争，在这块古老的土地上，星星之火随时可能燎原。

沪西工运风起云涌

为追寻1919年沪西的印痕，我来到上海市档案馆查阅当时出版的一些报纸杂志，学界对社会现状及劳苦大众的苦难应该会有反映或评论的。果然，《新生活》第17期1919年12月14日有文章呼吁抵制日货，表达对"友邦"国家的悲愤之情：

"抵制日货，同胞呀！我们的膏血，不要被日本人吸收去了，反而残杀我们的同胞！友邦呀！你们既然说是维持人道正义，请看看我们最后悲惨的手腕。""我们从此觉悟了，国家的外交，不仅是少数的人所可与闻的。争外交也不是学界一界的天职。我们自此以后全体国民一齐起来，抱我们最后的决心，采最后的手腕，苟人道正义尚不能胜利，当以你们的生命，我们作最后的牺牲，为惨酷的奋斗。"

当时的革命家和文人也十分关注劳苦大众，他们进行社会调查，反映工人工作生活的现状，撰文抨击时弊。如《上海伙友》1919年10月10日刊发了陈独秀的文章《劳动者没有休息的日子》："我们中国劳动者的苦况达于极点了。比较外国不啻云别霄壤。试看每天工作十二时，手足并用何等勤俭、耐劳、忠心，专制家还是丝毫不加怜惜。"

同期还刊发署名劳民的调查，题为《一个拣丝头的工人自述》："住在小客栈，终日半饥半饱的，穿的衣服是一年四季不完全，不能够遮冷和避热。做工一天苦似一天，精神上日益萎卧，疲倦，还要生毛病。"

《上海伙友》第二期，1919年10月17日刊发署名公侠的调查报告，内容竟然是直接反映小沙渡工人生活工作状态的。调查报告题为《大有榨油公司的内幕》："本埠小沙渡西苏州路大有榨油公司，是成立了十几年的老公司。这个公司初办时才十万两资本，到现在共达七十多万两了。产品销国内的居少数，大都发往美、日、西欧等国。这个厂中的工人及专事搬运的苦力，场地极小，共有一千多人。厂房空气不很流通，气闷得要死。这几年死于机轮上工人达20人。厂里对死伤者负有极大的责任。想不到厂里对死者绝不抚恤，对于重伤未死而成残废的，反实行辞歇，其残酷有如是之利害。"

……

从抄录的上述带着血泪的文字中，1919年沪西产业工人水深火热的现状可窥一斑。资本家如此残酷地压榨工人，毫无人道可言。无产阶级革命要求正当合理，砸碎万恶旧世界，翻身当家作主人，建立新中国的历史使命必然落

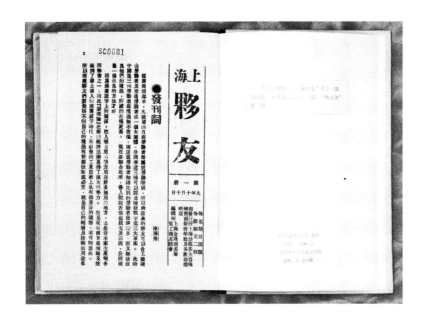

1920年10月10日，中国共产党上海早期组织指导下出版的《上海伙友》（上海市档案馆藏）

到无产阶级的身上。

上海工人阶级从19世纪40年代诞生以来，曾多次进行自发的反抗斗争。据史料记载：1859年上海码头工人为反对西方海盗般掠夺华工，揭开了斗争的第一页。据统计，自光绪五年（1879）英商耶松洋行和祥生船厂抗议无故克扣工资、任意殴打工人而举行罢工，至辛亥革命的30年间，上海工人罢工共计73次。

辛亥革命至五四运动期间，工人罢工越来越多，在这8年中发生100次以上。如1911年有2 000多名女工参加上海四家丝厂的同盟罢工。1915年有2万多人参加上海人力车夫联合罢工。1916年江南造船厂全体工人罢工，抗议搜身殴辱。1919年有8 000多名工人参加上海三新纱厂罢工。

这些罢工都是以经济诉求为主的自发的经济斗争，规模在不断扩大，并趋向同盟罢工、结成工会团体发展。其中1915年的上海日商企业工人为反对日本帝国主义灭亡中国的"二十一条"而奋起罢工,并抵制日货,已具有反对帝国主义的政治斗争色彩,预示着上海工人阶级的斗争即将进入一个新阶段。

五四风暴席卷中华

1919年5月4日是中国近代史上重要的日子,北京爆发的五四运动,具有划时代意义。沪西工人阶级担负起历史的使命,率先声援北京学生。

五四运动爆发后,6月4日,上海学联获悉北洋政府再次大逮捕的消息,立即通电全国,呼吁各界"主持公理,速起救援"。当天下午,各校学生和有关人员纷纷上街演讲求援,并挨户动员商店罢市,甚至长跪请求店主关门停业,以救援被捕学生,怒斥卖国贼。上海商界于6月5日起开始罢市,但真正起决定性作用的是上海工人阶级的大罢工。

北京学生因爱国举动遭捕,激怒了上海产业工人。6月5日上午,日商内外棉五厂工人们都在车间议论上海罢市消息,一名工人到热水槽准备泡饭,突然见到日本人拿瓶往槽里倒东西,工人认为在投毒,惊呼:"不好了,东洋人在水槽放毒啦!"工人们闻讯立刻关车,与日本领班发生纠纷。戈登路(今江宁路)英国巡捕接报,挥舞鞭子强令工人开车,日本资方怕机器损坏,要工人出厂。工人李凤池高呼:"不替仇人做工!"工人们蜂拥而出,并联络附近的日商内外棉厂工人集体上街示威,最后形成日商内外棉三、四、五厂五六千工人大罢工洪流,声援北京学生大示威。下午,浦东陆家嘴日华纱厂、杨树浦日商上海纱厂以及商务印书馆、中华书局等工人也奋起大罢工,第一天共有2万多工人参加大罢工。以后连续几天,全市的电车、电气、电话工人,码头工人、海员、铁路工人都汇入大罢工的洪流。

沪西抗议的浪潮像开闸的洪水,汹涌澎湃,一泻千里,昔日被压迫的奴隶发出了震天的吼声。6月5日日商内外棉三、四、五厂工人率先揭开抗议序幕,沪西日商内外棉的七、八、九厂工人也纷纷举行大罢工。走出工厂，沪西小沙渡的所有日商内外棉厂1.5万人同盟大罢工。9日，上海罢工声势越来越大，海员也加入大罢工行列，12艘装满货物、办好海关手续的轮船全部停泊码头；沪西美商奇异电灯厂工人也罢工，在劳勃生路（今长寿路）示威游行，外商上海电话公司约500名中国工人宣告，罢工期间，不替任何日本人接通电话。沪杭、沪宁两线铁路工人同盟罢工。市民自发加入了游行队伍，沪上到处是抗议声援的浪潮，工厂不再冒烟，机器停止转动，电话呼唤不应，海陆交通中断，码头华工消失，成千上万的工人走出工厂，上街示威，抗议！声援！

上海"六三"大罢工推动了全国抗议浪潮的掀起，天津、济南、武汉、长沙、南京、扬州、镇江、杭州、宁波、厦门、芜湖、安庆等地也纷纷罢课、罢市和罢工。上海淞沪军使卢永祥会同沪海道尹沈宝昌联名于6月8日急电北洋政府，请罢去曹、章、陆之职："此次沪上风潮始由学生罢课，继由商人罢市，近且将有劳动工人同盟罢工。……星星之火，可以燎原，失此不图，将成大乱。上海为东南第一商埠，全国视线所及，内地商埠无不视上海为转移。"6月10日，天津总商会拍给北洋政府的急电中说："……查栖息于津埠之劳动者数十万众，现已发生不稳之象，倘迁延不决，演成事实，其危之局，痛苦有过于罢市者。"

上海"六三"大罢工震惊了北洋政府。北洋政府不得不作出让步。6月7日起，北京被捕学生陆续被释放；10日，段祺瑞政府下令免除亲日派卖国贼曹、章、陆三人的职务；巴黎的旅法华工、中国留学生和华侨数百人，在签约前一天的6月27日，包围了中国政府总代表陆征祥住处，坚决要求中国政府拒签和约。第二天，中国代表终于没有出席和会，宣告中国人民的抗议和拒签巴黎和约的胜利。

1996年春天，我曾去住在赵家楼胡同的著名诗人臧克家府上采访，途中见墙上镶嵌了一块"五四运动火烧赵家楼旧址"的铭牌。在那里，我伫立许久，眼前呈现的是北京学生声势浩大游行示威的场景。赵家楼原为明代隆庆朝文

297

渊阁大学士赵贞吉的宅邸，后为曹汝霖居所。曹汝霖时任交通总长，与陆宗舆、章宗祥同为"二十一条"谈判的当事者，一向被视为亲日派人物。"火烧赵家楼"事件震惊中外，烽火燃遍中华大地。

1919的中国，1919的上海，1919的沪西，可歌可泣！

赤色沪西誉满天下

工人阶级是人类历史上最伟大的阶级。但是，1919年前我国工人阶级还是一个没有正确理论思想指导的阶级，其反抗黑暗反动统治的斗争只能是自发的行为。五四运动标志着中国新民主主义革命的开篇，中国工人阶级开始以独立的政治力量登上我国政治舞台，中国先进青年知识分子从中看到了工人阶级强大的力量，加深了对马克思主义建党学说的认识和信心。

五四运动是在严重的民族危机的刺激下爆发的，沪西工人阶级率先罢工抗议、大示威，各界人士纷纷加入，上海工人阶级成为中流砥柱。史学家姜沛南在调查报告《关于"六三"大罢工的几个问题》中谈到，估算这次参加声援北京学生的大罢工的纱厂、烟厂、船厂、铁厂、印刷厂工人及海员、铁路、电车、汽车等交通运输工人总共有6.6万人，再加码头工人约2万人，另有参加罢工的漆业、水木业、理发业及清道夫等手工业工人约2.3万人，总计罢工人数达11万人。参加罢市的各业店主和店员，估计有7万多人。中华大地千百万人从艰难的生活或狭小的圈子中幡然醒悟，热血沸腾地走上街头，参加公众集会，为救亡图存而奔走呼号。这场以挽救民族危亡为目标的伟大群众运动，带来了千百万人思想的大解放，起到了巨大的启蒙作用。

沪西工人发起大罢工后，"劳工神圣"成为知识分子的流行口号，小沙渡工人运动引起了国内不少革命家的重视。近代大工业铸就的工人阶级高度的组织性、纪律性，以及呈现出的团结战斗的强大力量，极大地鼓舞了中国先进知识分子,让他们看到了解救中国的出路。他们终于汇聚在马克思主义的旗帜下,破天荒地进行了筹建中国工人阶级先锋队的中国共产党的壮举。

1920年秋,在北京参加过五四运动、又在上海加入共产党早期组织的湖南青年李启汉,受党组织委托来到沪西,在小沙渡地区开展组织工人的活动。李启汉在槟榔路锦绣里一座日式二层楼房(今安远路62弄)内开设学校。根据工人做工的时间,分早晚两班上课,故称"半日学校"。

沪西小沙渡"半日学校"开办时间早于北方长辛店劳动补习学校,成为全国第一所由中国共产党早期组织开办的工人补习学校。沪西罢工风暴后,俞秀松等共产党人倡导"脱下长衫",当务之急要到工人中间,认识工人、团结工人,到上海工人阶级最集中的小沙渡发动群众,从而推进了马克思主义与中国工人运动的结合,在这过程中不断发展壮大革命队伍。1921年中国共产党一大终于在上海兴业路76号胜利召开,从此中国革命开辟了新天地。

小沙渡工人半日学校旧址(原槟榔路锦绣里3号,今安远路62弄178—180号),是上海的中国共产党早期组织创办的第一所工人学校(上海市档案馆藏)

　　党的一大后,同年8月,在工人"半日学校"基础上建立了第一工人补习学校,中国劳动组合书记部干事李震瀛任校长。1922年秋,中国社会主义青年团派成员嵇直到小沙渡地区开展工作。1924年5月,党中央工人运动委员会书记邓中夏到上海领导工人运动,在东京路(今昌化路)劳勃生路(今长寿路)拐角处开办沪西工人补习学校。同年9月,在中共中央委员项英和邓中夏指导下,沪西工友俱乐部成立,孙良惠任主任,嵇直任秘书。俞秀松、邓中夏、项英、刘华、蔡和森、恽代英、杨之华、李立三等都曾到俱乐部讲课,宣传革命,组织群众。

沪西工人俱乐部遗址(上海市档案馆藏)

　　从五四运动开始到全民族抗日战争爆发期间,沪西工人运动大都围绕在日商纱厂进行,不少事件推进了中国革命历史的进程;沪西小沙渡,涌现了李启汉、刘华、顾正红等革命先烈;沪西小沙渡,留下了不少革命志士抛头颅、洒热血的动人故事,他们是中华民族的脊梁。赤色沪西誉满天下。

　　波澜壮阔的沪西工人运动告诫世人:没有人天生甘于被奴役。哪里有压迫,哪里就有反抗。无产阶级在斗争中失去的是锁链,他们获得的将是整个世界。

沪西革命史陈列馆

（本文发表于2021年1月）

晨曦初启:
档案里的红色源流

李　红

　　1921年7月,一个新型的无产阶级政党——中国共产党在上海的石库门里宣告诞生。今天,我们回望历史,细节虽有些模糊,意义却更为清晰和重大。

　　1920—1921年的上海发生了什么? 上海市档案馆保存的解密档案,正是还原历史细节的一把钥匙。20世纪20年代公共租界工部局《警务日报》的开放卷宗,通过细细解读这批档案,后人可以以更加清醒的自觉,理解中国共产党在上海诞生的历史必然性。

租界警务密报

　　自1843年开埠以后,近代上海逐步形成公共租界、法租界、华界"一市三治"的奇特政治格局,由于缺乏统一的权力中心管控,那分割的地理格局、不同的行政管理制度、混居的活动人群,折射出近代上海光怪陆离的现代化图景。或许正是由于这种多元结构所造就的"无序的活力",影响着人们的行动进而形成历史事件。

　　在华洋杂处、分而治之的20世纪20年代上海,一年中,发生着数不清的琐事和要闻,密谋和公务。1920年8月22日,上海公共租界工部局的《警务日

报》(S. M. C. Police Daily Report)在"中国情报"一栏中,突然出现长达36行的情报秘闻:

> 陈独秀,前北京大学教授,现居环龙路。据报道称,陈正于该处安徽籍人士中组织一社团,旨在改进一系列安徽事务并废除现任督军。
>
> 几个月前关于陈独秀的调查表明,陈是一位土生土长的安徽人,大约35岁。去年,在学生进行反对将胶州割让给日本的游行示威时,陈独秀受到北京政府的逮捕。政府指控他作为一些书籍的作者,在书中有鼓动暴乱的倾向。
>
> 到达上海后,陈独秀去了全国学联和江苏教育联合会,但并没有参加任何学生会议,至此也可以确定他并没有公开卷入到学生动乱中。一般认为,陈独秀是一位相当激进的改革者,在北京时曾撰写过一些书,这些书在发行流通之前就被政府控制了。但是在没收前,学生就从政府圈得到了这些书的一些印本。

以上文字,是由工部局警务处处长麦高云(K. J. McEuen)呈送总办利德尔(N. O. Liddell)的报告。其中关于陈独秀的这段文字,也是该期《日报》中篇幅最大的一则。《警务日报》是用英文撰写的,将陈独秀的名字拼写为Chen Tuh Hsu,推测其年龄"大约35岁",这与事实有些出入,1920年陈独秀已经41岁。

工部局《警务日报》是一份什么性质的日报,为何在此时突然出现关于陈独秀的大量跟踪报道?

据《上海租界志》载:《警务日报》是工部局警务处编制的日报,从1907年1月1日到1938年6月30日,每日一份,由警务处呈送总办处。主要记载警务处各捕房中、西人员变化情况,监狱及各捕房拘押囚犯统计,当日捕房管辖

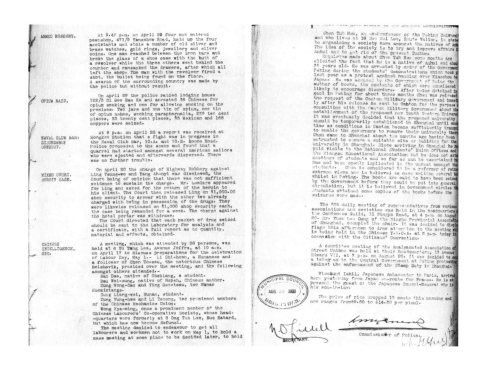

1920年8月《警务日报》关于陈独秀在沪组织团体的密报（上海市档案馆藏）

范围内发生的火警及各种刑案等。《警务日报》中的重要内容，总办通常会批转给工部局相关职能部门处理或提交工部局董事会议及其各委员会——公共租界的决策与咨询机构，并加以讨论。

《警务日报》属于动态简报性质，文字一般都比较简短。这则长长的文字，则透露出一个重要信息：租界警方已十分关注陈独秀的行踪动向，并详细了解陈独秀在北京和上海的"过激"行为。

公共租界的密报，探知陈独秀在1920年8月正于"安徽籍人士中组织一社团"。这些密报虽然未能破解出陈独秀组织社团的真正意图，但却还原出一个重要事实：1920年8月，中国共产党发起组在上海正式成立，选举陈独秀为领导人，称为"书记"。

城市并不只是历史事件发生的地方，而是历史人物积极活动的场所。20

世纪20年代，以陈独秀、李大钊为首的一批先进知识分子，在时代大潮中，怎样将马克思主义思潮转化为建党的实际行动，点燃了红色革命的薪火？

渔阳里红色弧光

1920年的中国，刚刚经历疾风骤雨般的五四运动，社会民众的情绪似乎在创痛中得以短暂慰藉。

新年到了，租界的洋人们正沉浸在跨年的兴奋中，北洋政府依旧在分割、动乱中履行行政统治。就在元旦这天，上海《星期评论》周刊发表《红色的新年》的新年宣言：

一九一九年末日的晚间，

有一位拿锤儿的，一位拿锄儿的，黑漆漆地在一间破屋子里谈天。

……

他们俩又一齐说：

唉，现在我们住的、着的、用的、吃的、喝的、抽的，都没好好儿的！

我们那些锤儿下面作的工程，锄儿下面产的结果，

那儿去了！

冬！冬！冬！

远远的鼓声动了！

劳动！劳动！

不平！不平！！

不公！不公！！

快三更啦！

他们想睡，也睡不成。

朦朦胧胧的张眼一瞧，

黑暗里突然的透出一线儿红。

这是什么？原来是北极下来的新潮，从近东到远东。

那潮头上拥着无数的锤儿锄儿，直要锤匀了锄光了世间的不平不公。

……

这红色的年儿新换，世界新开！

时处危局，理想与现实的强烈反差，让新兴知识分子发出红色新年的呐喊。《星期评论》是早期国民党人研究马克思主义的主要阵地，其主要撰稿人李汉俊、沈玄庐等人发出"世界新开"的宣言。斯时，《星期评论》与李大钊、陈独秀在北京创办的《每周评论》齐名，被时人称为"舆论界最亮的两颗明星"。

随着陈独秀的南下上海，舆论界的南北执牛耳者有了地理和思想的交集。

1920年2月，陈独秀悄然来到上海。他是被北洋政府通缉，危急之中由密友李大钊亲自护送到天津，从而转乘海轮到上海的。在途中，他们商定了一件严肃而重大的事件——"计划组织中国共产党"！

不久后，陈独秀住进法租界环龙路老渔阳里2号（今南昌路100弄2号）的石库门住宅，《新青年》编辑部也随之由北京再迁回上海。仿佛有着神奇的磁力，这里先后聚集了李汉俊、俞秀松、邵力子、沈玄庐、陈望道、李达等一批新文化运动者和早期共产主义者。沈玄庐、李汉俊是《星期评论》的主笔，邵力子是《民国日报》主编，陈独秀是《新青年》的创办人，几大笔杆均住在法租界，彼此相距不远，大家往来甚密，经常座谈讨论社会主义和改造中国的问题。一时间法租界渔阳里一带，悄然热络起来。据陈望道回忆：大家住得很近（都在法租界），经常在一起，反复地谈，越谈越觉得有组织中国共产党的必要。上海已成为逾出新文化范畴的进步知识分子的思想聚集地。

就在酝酿筹备上海共产党早期组织的日子里，一本薄薄小书——《共产党宣言》的出版，如同下了一场及时的春雨。1920年该书初版时，因时间紧急，将书名错印为《共党产宣言》。时至今日，这种错版书全国仅存留数本。在上海市档案馆里，就保存了一本。因其珍稀罕见，已被列入"上海市档案文献遗产"名录。8月，该书再版时，错印的书名才更正了过来。这本译作气势磅礴，富有鼓动性，始译后便成为千古名篇。陈望道、李达的相继到来，为上海共产党早期组织又增加几员虎将。由于上海的"一举一动可以影响全国"，这里成了中国青年最向往的地区之一。全国有不少青年对旧社会不满，要求思想解放，许多人脱离了家庭和学校，到上海寻找进步出路。参与浙江省立第一师范学校学潮的俞秀松便是其中一名代表。在北京大学旁听期间，经李大钊的推荐，俞秀松也来到上海，和他的老师陈望道一起，一头扎进组建共产党的队伍中。

307

就在渔阳里逐渐升温的建党过程中，苏俄对中国由关注的目光转化为实际的行动。1920年3月，列宁和共产国际决定，由俄共（布）中央远东局海参崴分局派遣一个代表团前来中国。代表团的使命是：同中国革命组织建立联系。在此之前，苏俄东方局曾接到海参崴方面的电报，知道中国曾发生过几百万人的罢工、罢课、罢市的大革命运动，所以派维经斯基到中国来看看。列宁给代表团下达了三项任务，第一项就是同中国社会主义团体联系，组织正式的中国共产党及青年团。

代表团的负责人是俄国人维经斯基。为了工作便利，他还给自己取了一个中国名字，叫吴廷康。代表团中有一个中国人杨明斋，他的职务是翻译。共产国际和俄共（布）代表团一行五人，以俄文报纸《生活报》记者的身份，于1920年4月初来到北京。经李大钊牵线，旋即来到上海拜晤陈独秀。

一时间，群贤毕至，聚集上海滩，渔阳里红色弧光初现。

上海共产党早期组织由于苏俄代表团的到来而加快了组建步伐。维经斯基在北京、上海、广州等地,广泛会见了无政府主义者、自称社会主义者等人之后,最终找到了中国真正的共产主义者——李大钊、陈独秀、李汉俊、李达等人。在双方多次商谈后,陈独秀决定:研究马克思主义现在已经不是最主要的工作,现在需要立即组织一个中国共产党。1920年8月间,在《新青年》杂志社,上海共产党早期组织正式成立了。关于小组的名称,陈独秀致函北京的李大钊,经认真斟酌,就定名为"共产党"。先后参加党组织的有:陈独秀、李汉俊、李达、沈玄庐、陈望道、俞秀松、杨明斋、邵力子、沈雁冰、袁振英、林伯渠、沈泽民、李启汉、李中、施存统、周佛海等人。

频繁的聚会活动,引来租界当局关注的目光,于是,便有了开头的《警务日报》的密探记载。既有证据,租界警方为何不采取行动?这得益于在中国大一统格局中,"上海华界与公共租界、华界与法租界之间、公共租界与法租界之间,出现了城市管理的一道道缝隙"。这是物理意义上的缝隙,更是制度意义上的缝隙。这对于早期共产主义的活动乃至中共成立后领导的政治斗争,提供了一个政治活动的缓冲地带。

上海共产党早期组织成立后,发起组的部分成员又分赴各地组建共产党早期组织,经过组织与联络,北京、武汉、济南、长沙、广州等地先后成立了共产党早期组织。一个共产主义的火苗,开始在中国大地悄然擦亮火花。诚如方德万(Hans van de Ven)关于中国共产党起源所说,"共产党并不是从1921年第一次代表大会开始就羽翼丰满了,从地方上的私人情谊发展到全国性的组织是一个缓慢的过程,知识分子群体里的校友会、同乡等关系网经历了共同的战斗经验才逐渐转变成一个列宁主义式政党"。

上海共产党早期组织的宣传活动蒸蒸日上。1920年9月,《新青年》改为上海共产党早期组织的机关刊物,这份杂志由新文化运动的先锋,完成了华丽的红色转型。11月7日上海共产党早期组织秘密创办了党内机关刊物——《共产党》月刊。这个刊物第一次在中国树起了共产党的旗帜,第一期便印发了 5 000 份。1921 年，《共产党》第五号《短言》，庄严昭告中国共产党的使命：一是经济的使命，一是政治的使命。组织青年活动也广泛开展起来，1920 年 8 月 22 日，上海社会主义青年团在霞飞路新渔阳里 6 号（今淮海中路 567 弄 6 号）成立，为了便于工作，门口还挂上"外国语学社"的魏碑体招牌。年轻的俞秀松担任第一任团书记。1921 年 3 月底俞秀松前往苏俄，出席了在莫斯科召开的青年共产国际第二次代表大会。他的报告受到与会代表的密切关注。青年共产国际东方部书记格林赞誉，"上海的组织是中国的中心……完全是一个共产主义组织"。

老渔阳里 2 号是《新青年》编辑部、上海共产党早期组织所在地，新渔阳里 6 号是外国语学社、社会主义青年团所在地。两个地方都是半公开的红色场所。作为早期中国共产主义运动的发源地、中国社会主义青年团的诞生地，渔阳里是 20 世纪中国最早一批马克思主义者中国梦开始落地生根的地方。

自 1920 年下半年到 1921 年上半年，共产主义运动的嫩芽在各重要城市先后滋生。这些不受人注意的嫩芽在地广人众的中国原系沧海一粟，不为当时一般人所重视。但后来滋生蔓延，很快遍及全国，将中国现代史的巨轮驶入民族复兴的航道。

历史新拐点

共产主义不是流于理论止于实践。一批早期共产主义者脱下长衫，走出书斋，深入工人群体中，赋予了共产党早期组织深厚的工人运动基础。

据 1920 年"五一"节《新青年》杂志的调查表明，当时上海已有工人 58 万人，近半数是工厂产业工人，其中又有 15 万在 500 人以上的大厂做工，几乎占了产业工人数的 2/3。到中国共产党成立以前，在全国范围内，上海已是工人阶级最集中的城市；在上海地区，工人阶级已是城市中最大的群体。1919—

1921年，上海的物价飞涨，工人罢工与日俱增。《劳动界》周刊第22册，专门发表《1920年上海底劳动运动大事记》，指出："这一年来，单是罢工运动，共有40次。"对1920—1921年可能出现的险峻局势，工部局高层便打破只在每周三召集例会的常规，经常召开特别会议应对"本地局势"，讨论罢工、抗捐等引发社会不安与动荡的诱因，力图做好应对准备。

1920年8月15日，由陈独秀和李汉俊发起，创设《劳动界》周刊。发刊词开宗明义，指出"宗旨在改良劳动界的境遇……一个中国劳动阶级有力的言论机关"。创刊不易，深入劳动界更是一个艰苦的长期过程。1920年秋，上海共产党早期组织成员李启汉，在纺织工人最集中的沪西小沙渡，办了一所工人半日学校，地点在槟榔路锦绣里3号。他学会上海方言，与工人打成一片，在短短半年内便组织成立了上海印刷工人会、上海烟草工人会等许多进步工会。10月3日，在新渔阳里6号召开了上海机器工会筹备会。11月21日成立时，吸引了孙中山、陈独秀等去演讲。陈独秀著文热情赞扬了上海各业工会代表团，他说："鄙人对于新组织的上海各业工会代表团，抱有无穷的希望；现在他们居然能够觉悟……居然能够集合机器、纺织、印刷、烟草等真正工人的工会筹备组织，更加令人不能不欢迎佩服了。"面对风云暗涌的共产主义与工人运动，北洋政府似乎嗅出工人运动的潜在能量，一张张公文密令，企图扼杀工人运动于襁褓之中。渔阳里6号刚开过上海机器工会发起会，淞沪护军使何丰林就电告北洋军阀政府，称"社会党陈独秀来沪，勾结俄党……在租界组织机器工会。并刊发杂志，鼓吹社会主义，已饬军警严禁"。

1921年，在历史的承接与演进中，迎来近代中国的新拐点。

租界里的文化出版政策步步紧收，上海共产党早期组织编辑的刊物也陷入步步惊心的境地。1921年初《新青年》月刊的出版被破坏，8卷6号"排印将完的时候，所有稿件尽被辣手抓去"（见9卷1号"编辑室杂记"）。初春不久，《共产党》月刊正排出第3期，突遭租界密探查抄，编辑部只得在此期一页空白纸上写下"此页被上海法捕房没收去了"一行字。

1921年五一节之前，在上海共产党早期组织的领导下，学校、社团、报馆中进步人士在渔阳里6号开过三次庆祝五一劳动节的筹备会。而这些活动，均被《警务日报》进行了密集记载：

24日，早上9点10分。在霞飞路（Avenue Joffre）渔阳里（Yu Yang Lee）6号召开的会议讨论了庆祝五一劳动节的方式和途径，会议有34人参加。会议决定于五月一日在圣凯瑟琳附近的公共娱乐场举行大型集会……可能会参加五月一日的会议。要求商店关门停业，在五月一日悬挂旗帜。会议还决定了于4月28日晚上7点举行另一个会议。这次会议由李启汉（Li Chi-hoen）主持，于晚上12点20结束。

29日，关于五月一日庆典准备联合会的会议在霞飞路渔阳里6号晚上8点召开，会议主席是现在失业的前湖南学生李启汉，大约20个人参加了会议。会议决定派出四人去区龙华警备司令部访问，并要求准许他们在五月一日的西门公共娱乐场举行大型集会。由于两名法国警方的中国人警探的出现，会议讨论内容受到了相当的限制。会议于当晚10点结束。

30日，法国警方代表昨天中午去到了渔阳里6号，也就是五月一日劳动庆典准备活动的总部。警方搜查了该处并发现一些传单。他们还警告与会人员不要在这里开会。会议组织人员散去了，新来了几个学生在这里。

一份传单已被印刷出来，将于五月一日由商人和劳工共同救援会散发，以下是传单内容：五月一日，伟大的纪念日。醒来吧，劳工们和商业员工……

尽管受到严密监视，五一劳动节当日，上海共产党早期组织成员还是集体出动，散发标语传单。几名热血青年到先施公司的七层楼上，像天女散花似的

SUDDEN DEATH
OF A CHINESE

At 4 a.m. today Dzung Zung-sz, brothel keeper
518 Kwangse Road, and an amah named Waung Ah-doo
reported at Louza Station that a male visitor named
Woo Tih-kyung, 26 years, native of Anhui, a broker,
residing at the Mang Yui Lodging House, 28 Hoopeh
Road, was ill and at the point of death in the brothel.
From enquiries it was ascertained that the man about
8 p.m. on May 1 invited a girl inmate named Li Pau-
-tsung to accompany him to Hankow Road Theatre. They
returned about 1 a.m. and shortly afterwards
complained of illness. The man was dead on the arrival
of the police. The body was removed to the Mortuary
pending inquest.

The girl was taken to the Red Cross Hospital,
Peking Road, where she lies in a very critical
condition. The doctor there is unable to say
definitely what she is suffering from.

Further enquiries are being made.

BAND CONCERT.

725 persons attended the Band performance in
the Town Hall on Sunday, May 1.

ARMED ROBBERY.

On May 1 at 8.45 p.m. Nyi Tsz-ching reported
at Harbin Road Station that at 8.40 p.m. a man
came to his pawnshop, 345/6 Dixwell Road, (out of
Settlement limits) to pawn a watch. When the shop
assistant was examinining the watch the man grasped
his wrist at the same time pulling out a pistol.
Five other men then entered the shop by a grill door
which was open. They stole $98.00 in notes, Mexican
and small money, from a drawer. No alarm was raised
nor shots fired. There were five occupants in the
shop when the robbery took place. Sikh P.C. 174,
who was on armed duty, was only a hundred yards away
and Chinese P.C. 1236, also armed, was in the Dixwell
Road to the east of Urga Road. They neither heard nor
saw anything. The owner of the shop appears to be
negligent in allowing the grill door to be open at
8.40 p.m.

PORTION OF
YANGTSZEPOO
POLICE DICTRICT
TAKEN OVER BY
WAYSIDE.

In accordance with the instructions of the
Commissioner of Police, the whole of that portion
of the Yangtszepoo Police District between the
present boundary Dalny Road and Thorburn Road,
including the Wayside Park, was taken over on May
1 by Wayside Station by which the area specified
will in future be policed.

CHINESE
INTELLIGENCE,
ETC.

Precautionary measures were taken by the Chinese
Authorities in Nantao, the Chinese City and Chapei
on Labour Day, May 1. A military picket was posted
at the Public Recreation Ground, West Gate, and extra
soldiers and police were on duty in all the Chinese
territory round Shanghai. French detectives kept a
watch on the headquarters of the Labour Day Celebration
Preparatory Office, 6 Yu Yang Lee, Avenue Joffre.
As a consequence there were no meetings, processions
or demonstrations of any kind held. There was no
display of flags or any outward sign of enthusiasm
and generally the people of all classes in the
Settlement appeared to treat Labour Day with
indifference.

P.T.O.

《警务日报》

把传单、标语投到大马路（南京路）上，不仅惊动了行人，也忙坏了印度巡捕。这是共产党领导下的第一个五一劳动节庆祝会，昭示了共产党与工人运动结合的雄伟力量。

在中国开展卓有成效的联络和建党准备之后，1921年初维经斯基受命回国。4月初，列宁派出共产国际的正式代表马林。6月3日，马林踏上上海十六铺的码头，在李达、李汉俊的协助下，1921年7月23日后一周，中国共产党各地组织的代表有史以来第一次在树德里一座石库门里汇聚，正式宣告中国共产党的诞生！犹如一座火山，在中华大地上，一个新型马克思主义政党经过漫长的能量积蓄期，终于到了喷发的临界点。

尽管，中国共产党成立的重要性在当时并没有立即显示出来，但是"这个忠实于马克思列宁主义的政党，从一开始就是无产阶级的政党"。正是由于上海在近代中国政治、经济、文化的独特地位，工人阶级在这里走上历史舞台，早期共产主义者率先践行，催生了一个新型政党的诞生。

313

在历史的年轮上，这些重要瞬间，犹如一颗颗闪亮的恒星，定格在时光隧道中，在人类历史发展的长卷中熠熠生辉。时代的车轮在疾速前进，今天，这些历史记忆时常被记起——因为，这些瞬间传承着中华民族精神的不朽基因。

（本文发表于2016年6月）

启航：
中国共产党早期在沪活动

赵　慧　张守涛

　　上海是中国共产党的诞生地、初心始发地——中国共产党发起组在上海成立；中共一大、二大、四大在上海召开；中共中央领导机关长期驻扎于上海。在隆重庆祝党的百年华诞之际，谨以此文爬梳有利于中国共产党在沪创建，开展活动的各方条件，重温党的创建历程，回望坚如磐石的初心之始。

"革命文化"中心

　　1920年2月的一天，一辆骡车缓缓驶出北京，车上坐的正是乔装打扮的陈独秀和李大钊。陈独秀之前因为在"新世界"游艺场散发《北京市民宣言》而被捕入狱。被关押98天后，当局迫于舆论压力于1919年9月16日准予保释出狱但不得擅自离京。而陈独秀却在1920年2月初悄悄离京赴武汉发表演讲，宣传社会主义。京师警察厅得知后震怒，意欲重新逮捕回京的陈独秀，陈独秀家门口已有警察站岗等待其"落网"，李大钊得到学生报信后焦急万分。因此，当陈独秀回京刚下火车便被接到了北大教授王星拱家，李大钊、高一涵已在那儿等待陈独秀，陈独秀得知消息后决定去上海找老友汪孟邹，李大钊出面护送陈独秀离京。

路上，李大钊和陈独秀悄悄商议"建立共产党组织"，各自着手在北京、上海做建党的准备。这便是史称的"南陈北李，相约建党"。到达天津码头后，陈独秀与李大钊告别，坐上轮船于1920年2月19日来到上海。他首先找到自己的老友汪孟邹，在汪孟邹主办的亚东图书馆里住了下来，打算过几天就去广州，在当地的章士钊、汪精卫邀请陈独秀前去一起筹建西南大学。不料，几天后陈独秀接到章士钊电报，说广州不宜办学，将在上海办学，他和汪精卫将来上海和陈独秀面谈，于是本只是路过上海的陈独秀便在上海滞留下来。亚东图书馆人来人往不便久居，陈独秀便搬到了老渔阳里2号的柏文蔚公馆，柏文蔚担任安徽都督时陈独秀曾任他的秘书长，而此时柏文蔚离开上海赴外地上任，柏公馆空着。

陈独秀搬到柏公馆居住后，原本冷清的柏公馆很快热闹起来了，邵力子、李汉俊、戴季陶、沈玄庐、张东荪等人经常来拜访陈独秀，讨论马克思主义和建党事宜。而这些人都是报社主编或编辑，邵力子是《民国日报》经理兼总编、副刊《觉悟》主编，李汉俊、戴季陶、沈玄庐是《星期评论》编辑部"三驾马车"，张东荪是《时事新报》主编……

上海报刊业、出版业等"文化产业"的发达是共产党在上海诞生的重要原因之一，"文化产业"通过出书办报等方式培育了大批"新青年"，传播了马克思主义等新思想。陈独秀来上海后很快也把《新青年》杂志编辑部搬到了上海，1920年5月在上海创建的"马克思主义研究会"主要成员大多是报社或出版社编辑，俄共远东局代表维经斯基在上海的公开身份是《上海俄文生活报》记者和编辑……

当时北京因军阀执政，政治气氛压抑，大批知识分子南下上海，如鲁迅所言："北京虽然是'五四运动'的策源地，但自从支持着《新青年》和《新潮》的人们风流云散以来，一九二零至二二这三年间，倒显着寂寞荒凉的古战场的情景。"因此，上海成为当时中国的文化中心，据统计，当时上海出版的图书占全国的70%，中国74家稍具规模的西书翻译出版机构中上海有58家，70%以上关于新思想新文化的宣传品都是在上海出版的，上海有300多种"探讨社会主义"的书刊。

　　相对自由的文化环境也使得上海成为当时的"革命文化"中心，为马克思主义传播、中国共产党的成立提供了肥沃土壤。上海汇集了一大批具有初步共产主义思想的先进知识分子，其中大都是报业新闻业"媒体人"。1920年4月，俄共远东局代表维经斯基和俄共党员杨明斋等人秘密来到中国，"看看可以利用哪些力量来促进革命"。他们先是在北京拜访了李大钊，后来又拿着李大钊的介绍信到上海见陈独秀。为了更多地了解中国情况，俄共远东局代表维经斯基向陈独秀提出能否和中国的知识分子谈谈，陈独秀当即答应说："想和中国先进分子取得广泛联系，到上海是最合适的地点。这里集中了各个学派和社团的各种各样的人物。"

　　1920年8月，上海成立了最早的共产党组织（以下称"中国共产党发起组"）。中国共产党发起组成立后充分利用了上海发达的大众传媒，陈望道翻译的第一本《共产党宣言》中文全译本在上海出版，中国共产党发起组先后出

1920年9月，上海共产党早期组织以《新青年》为机关刊，后自建新青年社推出一批丛书，付梓八种（上海市档案馆藏）

版了《共产党》《劳动界》等杂志，《新青年》改为中共发起组的中央机关刊物，在商务印书馆编辑《小说月报》的茅盾成为党中央的联络员，1921年在上海成立的人民出版社出版了15种宣传马克思主义的图书……维经斯基当时就指出："上海是中国共产主义出版事业的主要中心。在这里，东亚书记处拥有许多报刊。"

"工人俱乐部"

要推动中国进步必须依靠工人阶级，对此陈独秀有清醒的认识。他在1920年2月23日上海《民国日报》发表的《陈独秀过沪之谈片》中指出："北方文化运动，以学界为前驱，普通社会，似有足为后盾者。然不能令人满意之处，实至不鲜。其最可痛心，为北京市民之不能醒觉。以二十世纪政治眼光观之，北京市不能谓为有一市民。仅有学界运动，其力实嫌薄弱。"他在1920年4月出席上海码头工人发起的"船务栈房工界联合会"成立大会时演说道："世界上是些甚么人最有用、最贵重呢？必有一班糊涂人说皇帝最有用、最贵重，或是说做官的、读书的最有用，最贵重。我以为他们说错了，我以为只有做工的最有用，最贵重。"

上海是当时整个中国的工业中心。自1843年上海开辟为通商口岸后经济迅速发展，近代上海工业产值通常占全国60%以上，外贸额通常占40%以上，金融业占80%左右，新闻业、出版业占全国半壁江山以上。

也因为上海经济发达，上海工人队伍最为庞大、集中，这也是中国共产党在上海成立的重要原因。据《新青年》调查，1919年上海有各类工厂2 291家，厂内工人共18万多，从事交通运输业的工人近12万人，手工业工人21万多，店员10万多……上海当时有各业工人共计51.38万人，占全国各业工人总数的四分之一，其中产业工人占全国产业工人总数的17.9%。列宁对此有预言，

317

随着在中国将出现更多的上海这样的"资本主义财富和无产阶级贫困的中心","中国无产阶级也将日益成长起来。它一定会建立这样或那样的中国社会民主工党"。的确,随着工人阶级的壮大,罢工运动越来越多,中国无产阶级日益走上历史舞台。据统计,从1879年到1894年,上海工人罢工次数为9次;1895年到1913年为70多次(同期全国工人罢工总次数为116次);1914年到1919年为85次(同期全国为100余次)。五四运动中,上海参加罢工的产业工人约六七万人,加上店员达10万人以上,有力地推进了"五四运动"的进展。五四运动以后,上海工人的罢工仍在继续,1919年下半年罢工达13次,1920年为56次。

陈独秀曾到中华工业协会、中华工会总会等劳工团体调查了解工人罢工情况,他还安排俞秀松到上海虹口厚生铁厂体验生活深入了解工人。俞秀松上午在《星期评论》杂志社做编辑,下午或晚上就去做工,在厚生铁厂工作了四五个月。他一边在工厂干活和了解工人,一边给工人讲课和宣传教育,其目

五四运动期间,上海工人、学生、商人联合举行罢工、罢课、罢市的斗争
(上海市档案馆藏)

的"一是观察现在上海各工厂底内容和工人底生活状况；二是观察工人底心理，应该施什么教育和交际的方法；三是尽他能力，于可能的范围内，组织一个很小的工人团体"。俞秀松因此成为最早和工人群众打成一片的革命者，走出知识分子和工人阶级结合的第一步。他在1920年6月29日的日记中写道："我们提倡劳动运动的人，在上海先组织一个'工人俱乐部'，部里设备各种东西，如娱乐室、运动场、演说场、影戏场等等，我们只要认识了几个工人，就可叫他们辗转介绍来入这个俱乐部，我们在这个时候，就可施一种工人教育，改变他们底旧思想，灌输给他们一种新知识，渐渐地鼓吹起来，然后再组织各种的团体，来实现我们底劳动运动。"

1920年5月1日，陈独秀主编出版了《新青年》"劳动节纪念号"，共约400页，刊发了孙中山、李大钊、陈独秀、蔡元培等为劳动节撰写的亲笔题词以及各

1920年5月，《新青年》社出版的"劳动节纪念号"（上海市档案馆藏）

地各界工人组织开展纪念活动的情况报道,发表了李大钊的《五一运动史》及陈独秀亲自调查后写的《上海劳动状况》等文章,"成为知识分子了解工人、宣传工人的一部好教材,体现了共产主义知识分子与工人运动开始相结合"。1920年4月18日和26日,陈独秀和中华工业协会、中华工会总会等团体两次开会筹备劳动节纪念大会,陈独秀被推为筹备世界劳动大会顾问。1920年5月1日,虽有军警阻挠,但上海工人如期开会,高唱劳动歌,高呼"劳工万岁"等口号。大会结束后,中华工业协会等七个团体发表了《答俄国劳农政府的通告》,明确提出"我们要努力创造出新的、美丽的、永久和平的人类世界,决定和你们通力合作,负担这个责任"。这些工人运动对马克思主义传播和中国共产党的建立具有重要推动作用,"上海工人阶级队伍的壮大和阶级觉悟的提高,为中国共产党在上海的建立奠定了阶级基础"。

中国共产党发起组成立后,也非常注重向工人阶级宣传马克思主义,1920年8月创办了专门面向工人的通俗周刊《劳动界》。李汉俊在发刊词《为什么要印这个报?》中写道:"我们印这个报,就是要教我们中国工人晓得他们应该晓得的事情。我们中国工人晓得他们应该晓得的事情了,或者将来要苦的比现在好一点。"《劳动界》共出版24册,每册一万多字,陈独秀、李汉俊、陈望道等人经常在《劳动界》上发文宣传马克思主义,还发表过20多篇工人来稿,受到广大工人的欢迎。陈独秀还和李中筹备建立了中国产业工人在党的领导下成立的第一个公会——上海机器公会,会员有近400工人,其宗旨是"谋本会会员底利益,除本会会员底痛苦"。后来,中国共产党发起组又组织成立了上海印刷公会、上海工人游艺会,创办了上海工人半日学校,成立了职工委员会专门推动上海工人运动。如《开端——中国共产党成立述实》一书所言:"中共发起组在上海开展的工人运动,是草创时期的中国共产党最早的实践,也为全国其他城市工人运动的开展提供了宝贵的经验,对于推动中国共产党的正式成立发挥了重要作用。"

留居之所

上海因为是大都市，人口高度密集，住户之间比较陌生，且当时上海密布着细密交错的弄堂和层层叠叠非常类似的石库门房子，石库门房子又有前后门和屋顶阳台，这些都为党的地下工作提供了天然庇护。如六大后中共中央政治局机关曾长期设在热闹的天蟾舞台后面，楼下是一家医院，楼上挂着"福兴商号"牌子的铺子，是中共中央在上海期间使用时间最长的一处据点。李维汉曾回忆道："那时，开会的同志从天蟾舞台西侧云南路的一个楼梯上去，就可以直到开会的房间。房间内朝西的窗下有一张小桌子，开会时，小平就在小桌子上记录。这个机关从建立起一直到1931年1月六届四中全会以后，都没有遭到破坏。后来，大概由于1931年4月顾顺章被捕叛变，中央才放弃了这个机关。"

1950年秋，一男一女在上海一条马路上缓缓而行，男的叫沈之瑜，是上海市军事管制委员会文艺部干部，女的叫杨淑慧，是周佛海的妻子。他们两人为什么会在一起？在干什么？原来当时上海市委书记陈毅下令寻找一大会议旧址。杨淑慧作为当时一大代表周佛海的妻子，熟悉一大会址。但此地有很多外貌几乎一模一样的石库门房子，找了好几天跑了好几趟，杨淑慧才敢说有一排房子很像当年开会的地方。中共上海市委对此很谨慎，派人拍了照片专门送到北京请毛泽东和董必武确认，党中央又派参加过一大的李达前往上海实地考察，才最终确认了一大会址。

旧上海存在租界。1845年上海设立英租界，后来又设立了美租界、法租界，再后来英美租界合并为公共租界。中国政府对租界没有管辖权，使得租界成为"国中之国"，管理存在缝隙，租界成为清末以来中国革命者的"大本营"。如孙中山等国民党人长期将法租界作为国民党的活动基地，他的活动甚

兴业路78号房间示意图（上海市档案馆藏）

1951年，勘查核实中国共产党第一次全国代表大会会址时所拍摄的兴业路76、78号房屋情况的照片（上海市档案馆藏）

至得到法租界当局的默许和保护，他寓所门口有巡捕站岗。上海租界对报刊等出版物的管理，采取的是西方国家通常施行的追惩制，即报刊可以不经审查自由出版，如发现有违法内容再制裁，这使得上海的文化环境相对自由。

中国共产党发起组充分利用租界，陈独秀居住的老渔阳里2号、中俄通讯社所在地新渔阳里6号以及中共"一大"代表居住地、"一大"会址和很多发起组成员房产都位于法租界。法租界还有5 000多名俄侨，这为共产国际代表在上海的活动提供了很大便利。美国学者叶文心认为，直到1922年底，中共上海组织的活动几乎都在法租界运作；尽管巡捕房始终未曾放松对共产党的监控，但与上海租界外中国其他地区严酷的政治环境相比，法租界仍然是个能"提供政治避难"的区域。

法租界房屋出租价格便宜，管理相对宽松，审案也比较讲究法律程序。1921年10月、1922年8月，陈独秀因宣传"过激主义"两次被上海法租界逮捕，但被罚款后很快就被释放，出狱后他照常在法租界活动。如1921年10月4日下午，老渔阳里2号的黑漆大门忽然响起敲门声，三四个陌生人进来要"会一会陈先生"。陈独秀闻听后连忙下来，准备从后门走，不料后门也有密探看守，于是陈独秀和妻子高君曼及包惠僧、杨明斋、柯庆施等五人被押往法国总巡捕房。共产国际代表马林得知陈独秀等被捕后，聘请了著名法国律师巴和出庭为陈独秀辩护，马林还用共产国际活动经费交白银五百两并请张继等名流保释，终于陈独秀等人很快获释。经此患难，马林与陈独秀友谊增进携手合作，使得中国共产党建党后工作得以顺利开展。

因为租界的存在，除了中国共产党，上海当时还有许多"站在社会主义者这边的团体"，如国内的全国学生联合会、大同党、进化社及国外的"韩人社会党"等。因此，俄共代表费奥多尔报告上海之行时赞誉道："上海是中国社会主义者的活动中心，那里可以公开从事宣传活动。那里有许多社会主义性质的组织，出版300多种出版物（报纸、杂志和书籍），都带有社会主义色彩。"

通江达海大码头

除了独特的政治格局，上海的地理条件也很特殊很便利。上海位于长江出海口，海运、江运、铁路、航空等对外交通非常发达，市内交通也很便捷，电报、电话、邮局等通信网络四通八达。上海是当时中国最重要的一个通向世界的码头，如党史专家熊月之所言："当时，世界上没有哪个城市能像上海那么信息发达，可以跟国际上任何大的城市有通信往来，交通上跟欧美、日本及南洋都有轮船航线，面向国内还有内河航线。清末铁路的发展，更使上海成为交通和信息通信的枢纽。从交通往来这个角度来说，上海具有其他城市没有的优势。"

通江达海，利于汇聚，这正是上海成为苏俄和共产国际"远东革命工作中心"的原因，也是中共一大代表选择在上海开会的直接原因，也是中共中央局长期设立在上海的原因。就中共中央驻地，马林和维经斯基、陈独秀等曾有过争论，马林认为广州合适，维经斯基却认为："我不能想象，中央将如何从广州领导运动，广州与上海、汉口没有铁路交通，而通过海路到上海大约需要走5天时间。建立书面联系也是相当困难的。"陈独秀也认为广州到处是无政府主义者，政治环境不利，地理位置也不合适、不便于各地联系，因此他也中意上海。最后经过讨论认为"宁愿在上海处于非法地位，也不愿在广州公开活动"。

在大城市建党其实是大多数国家共产党的常见现象，如学者吴海勇在文章《中国共产党创建于上海的历史探究》中提出："各国共产党之所以通常在大中城市创立，首先，在于无产阶级政党是工人阶级兴起在政治上的体现，而促使该阶级产生的近代工业又与城市的近代化密切相关……其次，接受马克思主义的先进知识分子通常以城市为聚集活动地……复次，大中城

20世纪初期，外滩高楼林立，码头密集（上海市档案馆藏）

市交通便利、文化发达、信息畅通等资源优势，也为共产党创建活动提供了有利条件。"

相对于国内其他城市，上海无疑更符合建党条件，因此共产国际经与"南陈北李"商量决定在上海召开一大。在大会筹备与召开期间，中国共产党发起组充分利用了远东第一大都会的诸多便利条件。各地代表在收到上海来信后纷纷启程，上海作为交通枢纽中心地位在此体现出强大的优势。在安排代表住宿与会场方面，出于安全考虑，发起组将会场与代表住宿安排在法租界，有意利用租界的"安全岛"效应；而且，华洋杂处的环境也便于掩护共产国际代表进出会场。同时，发起组还有意刊登"新时代丛书"广告，并将会址登载其上，不啻为危机处理设好了预案。

1949年"七一"来临之际，宋庆龄在解放不久的上海发表《向中国共产党致敬——庆祝中国共产党二十八周年》一文，"欢迎我们的领袖——这诞生在上海、生长在江西的丛山里、在二万五千里长征的艰难困苦中百炼成钢、在农村的泥土里成熟的领袖"。1949年5月29日，毛泽东在审阅修改新华社社论稿《祝上海解放》中明确指出："上海是中国工人阶级的大本营和中国共产党的诞生地，在长时期间它是中国革命运动的指导中心。"2019年11月，习近平总书记考察上海时再次强调："上海是我们党的诞生地，党成立后党中央机关长期驻扎上海。"

"上海，是中国共产党的产床和摇篮，也是中国革命文化总源头。"中国共产党在上海创建，看似偶然其实是必然。正如毛泽东在《星星之火，可以燎原》中指出的，"它是站在海岸遥望海中已经看得见桅杆尖头了的一只航船"。

（本文发表于2021年7月）

破解中共一大召开日期

陆茂清

　　直到20世纪70年代末，历史书中还将中国共产党第一次全国代表大会的召开时间写成1921年7月1日，殊不知其中有误。

　　1980年初，有党史专家公开了一个惊人的秘密，7月1日既不是中共一大的开幕日，也不在一大的会期里！

　　是发生在上海的"大东旅社谋命案"，提供了破解"一大"召开时间谜团的依据。

陈公博笔下的"大东旅社谋命案"引起关注

　　出席中共一大的代表共13名，其中的一个，是来自广州共产党早期组织的陈公博。1921年7月14日，陈公博带着新婚妻子李励庄，自广州经香港北上抵沪参加中共一大。因夫妻同行，又是准备公私兼顾"补度蜜月"的，所以到上海以后，他们没有住进代表们的集体宿舍白尔路博文女校，而是去闹市区南京路英华街大东旅社开了房间，意在称心快意，欢度新婚蜜月。

　　中共一大以后，陈公博在两篇文章中讲到，住宿大东旅社期间，隔壁房间发生了一起凶杀案——"大东旅社谋命案"。

第一篇文章题为《十日旅行中的春申浦》，发表在1921年8月份出版的《新青年》杂志上，文中写道：

> 这次旅行，最使我终身不忘的，就是大东旅社的谋命案。7月31日那天早上5点多钟，我睡梦中忽听得有一声很尖厉的枪声，继而便闻有一女子锐厉悲惨的呼叫……

在当时，共产党处于地下活动中，中共一大是秘密会议，所以文章中采用了诸多隐语，称参加一大为"旅行"。

1943年，叛国投敌成了汪伪政权立法院长的陈公博，在《我与共产党》一文中，又一次提及"大东旅社谋命案"：

> 上海利用暑假，要举行第一次代表大会，广东遂举出我出席……谁知一波未平，一波又起，睡至天明，忽然听得一声枪响，同时又听见一声惨叫……

陈公博的这两篇文章里还说：自己听到枪响又听到女子的惨叫后，从地板上跳起来，打开房门探看，走廊里却寂静无人，怀疑刚才是梦境。到了上午9时许，有一茶房跑进来说，隔壁房间里的一个女人被人杀死了。自己问他是怎么回事，茶房说前日有一男一女来店里住宿，今天一早那男的叫了一碗面，吃了出去，茶房问他要钱结账，他说等一会就回来，还有人在房间里。不料茶房入房间打扫，那女的已死在床上，她身中一枪，颈上还有毛巾缠着，大概男的打了她一枪，见她不死，又用毛巾来勒死的，已向捕房报了案。

陈公博笔下的"大东旅社谋命案"，发生在他在上海参加中共一大时，且是耳闻目睹了的，可以肯定并非杜撰，由是引起了党史专家的注意与兴趣，这是为什么呢？

因为从延安时期直到"文化大革命"的40年间，中共一大召开的时间一直是个谜题。

　　建党后的中共尚在幼年时期，先是在军阀政府的残暴统治下，处于秘密斗争状态，后是十年内战，又属弱势一方，还经历了长征。长期游击，生死搏斗，党的早期文献多未保存下来，也没有条件组织活动纪念党的诞生，随着时间推移，连中共一大召开的时间都模糊不清。

　　卢沟桥事变后，国共两党联合抗战，中共得以合法存在。相对安定、稳定的环境中，中共高层开始考虑纪念党的诞辰了。

　　当时在延安的中共一大代表只有毛泽东、董必武。毛泽东的印象里，一大召开时间在1921年农历五月，他1936年7月接受美国记者斯诺采访时说："1921年5月，我到上海去出席共产党成立大会。"

　　将7月1日作为建党的纪念日，这一提法首先出现在了1938年5月下旬毛泽东作演讲的《论持久战》中："今年七月一日，是中国共产党建立的十七周年纪念日。"

　　新中国建立前夕的1949年6月底，毛泽东在《论人民民主专政》一文开头说，"一九四九年七月一日这个日子表示，中国共产党已经走过了二十八年了，像一个人一样，有他的幼年、青年、壮年和老年"。

　　中华人民共和国成立后，从中央到地方，也一直在7月1日庆祝建党。

　　人们对"七一"建党纪念日并无异议。但有党史专家认为，召开中共一大的时间始终还是个未解之谜。这并非臆断猜测，而是有充分理由的。

　　当时已掌握有部分中共一大代表的回忆，包括文章、谈话笔录，都没有提到"一大"的确切会期，更没有一个说到7月1日的。

　　13名代表到上海的时间，也否定了7月1日是"一大"开幕日的说法：张国焘、王尽美、邓恩铭6月下旬，毛泽东、何叔衡7月4日以后，刘仁静7月7日左右，董必武、陈潭秋7月20日左右，包惠僧7月20日，陈公博7月21日，周佛海7月20日至22日之间。

　　中苏蜜月时期，苏方转来了当年共产国际保存的一份名为"中国共产党第一次代表大会"的资料,对7月1日开幕也是否定的,但也没有开幕的具体日子:代表大会预定6月20日召开,但是来自北京、汉口、广州、长沙、济南和日本的各地代表,直到7月23日才全部到达上海,于是代表大会开幕了。

时任中央政治局委员、国家副主席的董必武,曾感叹考证之难,1971年8月4日在《谈党的一大和湖北共产主义小组》一文中说:"有些事情缺乏文字依据,7月1日这个日子,也是后来定的,真正开会的日子,没有哪个说得准的。"

心犹不甘的党史专家不畏艰难,有心求证个水落石出,但考虑到当时的政治氛围,不便公开考查以免"触电",所以在私下里搜集资料,寻觅证据。

"文化大革命"结束,进入思想解放、实事求是的新时期,破解中共一大召开时间谜团的时机趋向成熟,党史研究者从陈公博笔下的"大东旅社谋命案",似乎看到了希望。

关键之点,陈公博所说的"大东旅社谋命案"真否?又是否真的发生在开会期间的7月31日?

"大东旅社谋命案"发生在中共一大召开时

1921年8月1日,报童挥舞着报纸叫喊:"看报看报,女尸惊现大东旅社!"

喊声传处,行人纷纷掏钱买报,不过半个时辰,"大东旅社谋命案"便传遍了上海滩华界租界,成为大街小巷、茶楼酒肆的热门话题。

8月2日,公共租界总巡捕房公告,悬赏大洋百元缉拿瞿松林:瞿松林于西历1921年7月31号,在大东旅社谋毙妇女一名,业由会审公廨出票拘拿在案,为此合行通令缉拿,如有能将其拿获者,当给予赏洋100元。

上海的《新闻报》也报道:7月31日,大东旅社内发生谋毙案。

千真万确,1921年7月31日,上海发生了"大东旅社谋命案",可为破解中共一大召开时间提供证据。

（舊曆辛

大東旅社內發現謀命案

△被害者為一衣服麗都之少婦

前交通總長許世英、由京南下、於前日乘車抵滬、轉乘滬寧路車、於昨晨七時到滬

日前、有一男子率一婦女、至南京路英華街大東旅社投宿、男子自稱張姓、未曾言名、婦女則不詳其姓氏、亦不知為何許人、惟其言語、係上海口音、年約二十左右、兩人服裝均頗麗都、當賃定四層樓三十二號房間同居、至昨日（即七月三十一號）上午、張姓獨出房外、意欲他與

（北班）

三誌大東旅社內之謀命案

△懸賞一百元緝拿兇手照松林

照松林於上月三十一日、在大東旅社四層樓三十二號房間內、用手槍斃婦女孔阿英、後即潛逃無蹤、經公共公解出票拘拿未獲、昨特出懸捕房緝稽查處、將其面貌印刷於通緝單上、殷行緝拿弄妥、請通傳所屬一體協訊、上開賞格洋一百元、其詞略謂、茲

《申报》报道大东旅社谋命案　　　　《申报》再次报道大东旅社谋命案

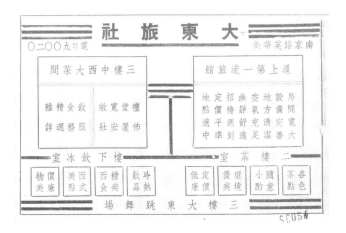

刊登在《永安月刊》上的大东旅社广告（上海市档案馆藏）

由"变故降临"的第六次会议推算出中共一大会期

陈公博的文章里有这样的话:"终于一天晚上,变故遂降临了。"这个"变故",是指法租界巡捕房搜查望志路106号(今兴业路76号)会场,对此,多个代表的回忆文章中有载,他们记得,巡捕搜查的时间,在举行第六次会议那个晚上,也是在上海的最后一次会议。如周佛海1927年的回忆录:谁知到了第六晚,为法租界包探侦知,正在开会讨论的时候,忽来一形迹可疑之人,闯入屋内,一望而去,我们知道事发,随即散会……决定第二天赴嘉兴南湖开会。

又如董必武在1929年12月31日致何叔衡的信:"会场是借李汉俊的住宅,开到最后一次会的时候,忽被侦探所知,未及成会,李寓即被搜检。"

共产国际档案《中国共产党第一次代表大会》中,也有这样的记载:代表大会的第六次会议,是深夜里在一个同志家召开的,会议刚开始,有一个侦探闯进屋里,他道歉说走错了,可是终究使我们不能继续开会,很快警察就突然前来进行了搜查。

其中以陈公博的记载最为详尽,因为他是在场的两个代表之一,接受了捕探的盘问,还受了惊吓。根据陈的回忆文章,我们可以获知如下内容:

是日晚上8点钟,中共一大召开第六次会议,刚开了个头,一个陌生男子突然出现在了门口,说是找社联的王社长。与会的代表、户主李汉俊诧异地说:"这里是民宅,哪有什么社联?也没有王社长这人。"

那人说是走错了门,道声"对不起"退了出去。

列席会议的共产国际代表马林富有地下斗争经验,判断来者不善,主张立即散会以防万一,代表们于是匆忙撤离。屋里只剩下了两个代表,李汉俊是住宅的主人没法走,另一个便是陈公博。

不一会儿,法租界巡捕房的一伙中西巡捕闯了进来,喝令两人不许乱动,随即开始搜查。

一阵翻箱倒柜之后,未发现什么违禁的东西,带队的探长在盘问了房主李汉俊之后,再盘问陈公博,问从什么地方来的,来上海干什么,陈公博说自己是广州法政学校的教师,趁暑假来上海旅游会友。

探长又问:"你住在哪里?"

陈公博撒了个谎:"就住在这里。"因为他所住的大东旅社房间里,放着广州共产党早期组织的报告,若说了实话巡捕赶去搜查,不就泄露了天机?

搜查盘问一无所获,巡捕只得悻悻离去。

深夜里陈公博离开了李宅,出门后发现被密探盯上了,便拐进了一家商店,装作看物购货寻思如何摆脱盯梢。想起大世界电影场随便进出,场子里黑暗好脱身,便跳上黄包车直向大世界而去,偷眼瞥见密探也雇车赶了上来。

陈公博进大世界后,从书场逛到戏场又逛到杂技场,再上楼至屋顶的露天电影场,在人丛中钻来钻去,从另一扶梯下楼,坐黄包车回大东旅社,路上窥测不见了尾巴,方才舒了一口气。

他进入卧室后关上房门,忙不迭取出文件烧毁,然后告诉妻子巡捕搜查、路上被盯梢的事,以手加额:"侥幸躲过了一劫,不然恐会累及你呐!"

次日凌晨发生了"大东旅社谋命案",枪响惊醒了陈公博,天亮后从茶房口中得知已报了案巡捕要来时,忙带着妻子离开了大东旅社,他在文章中解释道:"恐怕他(指茶房)找我做证人,弄出莫名其妙的麻烦,如果有巡捕来侦查,保不定认识我就是昨夜被侦查人之一。"

显而易见,"变故降临"的第六晚,就是"大东旅社谋命案"案发的前一天7月30日晚上!

那么7月30日是中共一大召开期间的第几天呢?中共一大又是哪一天开

20世纪20年代永安公司（上海市档案馆藏）

334

中共一大会场

幕？总共开了几天？

综合代表们的回忆及共产国际档案《中国共产党第一次代表大会》，中共一大在上海6天开会、2天休会共8天。其间开了六次会议，最后一天即第六次会议时"变故降临"了，具体日程是：

第一天：第一次会议，开幕式，主席张国焘说明大会意义，制定议事日程，共产国际代表马林致辞。

第二天：第二次会议，各地代表汇报当地活动情况。

第三、四天：休会，由张国焘、李达、董必武组成的专门委员会起草纲领、工作计划等文件。

第五天：第三次会议，讨论文件。

第六天：第四次会议，讨论文件。

第七天：第五次会议，讨论文件。

第八天：第六次会议，计划由共产国际代表马林讲话，通过党纲等决议，因侦探闯入散会。

从7月30日（在内）前推8天，是7月23日，这一天正是中国共产党第一次全国代表大会开幕的日子。

代表们为安全计，从上海转移去嘉兴南湖继续开会，当天会议胜利闭幕。

最终的结论，中共一大在上海召开时间为1921年7月23日至30日。8天在上海举行，最后一天在南湖举行。

军队党史专家邵维正，殚精竭虑，焚膏继晷，破解了几十年悬而未决的谜团，他在1980年1月的《中国社会科学》杂志发表了相关文章，得到中央组织部领导的肯定与赞赏。自后中央及地方相关的博物馆、展览馆、纪念馆，均据此修订了原来的提法；新版的专著、教材也接受了他的考证结论。

破解中共一大会期的主要依据"大东旅社谋命案"，也频频出现在了新编的中共党史资料中。

　　还须说明一点,7月1日虽然不是中共一大的开幕日,也不在中共一大召开时间里,但仍可把7月1日作为党的诞辰纪念。因为当年党中央确定"七一"为建党的"纪念日",是个象征性的日期,并不等同于"诞生日"。这犹如"抗日战争胜利纪念日",既不在日本天皇宣布投降的8月15日,又不在侵华日军向中国递交降书的9月9日,也不在盟国接受日本投降签字仪式的9月2日,而是在当年国民政府下令举国庆祝的9月3日。

（本文发表于2011年6月）

寻常巷陌峥嵘事

——中国共产党第二次全国代表大会钩沉

张海根　　叶供发

在今天上海市的"绿肺"——延安中路绿地中静卧着两排黛瓦青墙的石库门房子，为姹紫嫣红的绿地平添了不少人文气息。这两排房子于1915年开始设计建造，原来是辅德里的一部分，当时这里是公共租界和法租界的交界地带。

辅德里625号（今老成都北路7弄30号）是当时租界巡捕房刘少归的住宅，后来刘曾把房子转让给一个姓邵的朋友，邵家在这里一直居住到1999年高架建设动迁才搬离。

1958年的一天，一群骑自行车的人来到这户普通的石库门人家，他们将房屋里里外外看了一通后离开了。不知所措的居民们建议房东去派出所报警，闻讯赶来的民警了解到这些人骑的自行车后面都有红牌子，才不由得松了一口气，因为当年只有公安局才有这种红牌子，居民们这才平静下来。但是大家对这些"公家人"此行的目的还是不得而知。过了几天，又有一大群人来到这里。"其中有一个长胡子老人"，邵金兰女士还清楚地记得当年的情形，"他走到楼梯口说，原来的楼梯是在这边的"。走到天井的时候，老人指着上面的玻璃顶说："这里还是老样子，以后这边上可以建一个纪念馆，门前再摆一些松柏。"老者对房屋的每一个部位都看了一个遍，并不时和边上的人交代些什么。当时满腹狐疑的邵女士实在想搞清楚她家里到底发生了什么事情。就斗

中共二大会址

鸟瞰中共二大会址

1921年9月，党创办的"人民出版社"在南成都路辅德里625号成立。这是人民出版社刊登在《新青年》第9卷第5号上的《人民出版社通告》（上海市档案馆藏）

胆去问搀扶老者的一个女同志："你们在看什么呀？"女同志笑着指着老者说："他以前在这里住过。"

邵女士不知道，眼前的这位长者曾经参加过中国共产党第二次全国代表大会。她更不知道，彪炳史册的中国共产党第二次全国代表大会当年就在自己住的这个房子里召开。

1921年6月，李达和王会悟在老渔阳里陈独秀住所的客堂里举行婚礼，婚后不久，他们便搬到了南成都路辅德里625号的一幢石库门房子里，石库门的前额上雕有"腾蛟起凤"的字样，巧合的是，1922年4月李达夫妇有了他们的女儿李心田（绰号"小数点"）。李达时任中央局宣传主任，在夫人王会悟的帮助下，他们在这里创办了我党第一个秘密宣传机构——人民出版社，李达负责编辑，王会悟负责把书稿拿到外面去印刷和来回取样等。《共产党宣言》《共产党礼拜六》《俄国共产党党纲》等15种宣传马克思列宁主义的重要刊物在这里完成编辑工作，然后再由王会悟负责发往全国各地。为了转移敌人的视线，这些书籍都以"广州人民出版社"的名义出版，出版社的地址"广州昌新马路28号"其实是广州新青年社的地址。当时中央的文件也保管在他们家里，陈独秀等中央领导经常到楼上的房间批阅文件，"李公馆"成了当时党在上海的主要联络地点。

1922年2月，李达夫妇负责筹办的中国共产党第一个培养妇女干部的学校——平民女校开学，地点就在他们寓所后面的一排石库门房子里，学员有丁玲、钱希均、王一知、王剑虹等一批后来颇有影响的著名女性。

1922年7月16日至23日，中国共产党第二次全国代表大会召开。中共二大的召开是一大党纲和1921年11月陈独秀签发的中国共产党中央局通告中早就确定的事情，但是，为什么选择放在李达的寓所里召开呢？原因可能有很多，但其中李达的夫人王会悟肯定是不能忽视的因素。这位出生于浙江乌镇的女子，秀外慧中，办事干练，自小与沈雁冰、沈泽民一同求学，后在嘉兴女子师范学校求学过程中接受了革命思想。五四运动以后来到上海，给当时担任上海中华女界联合会会长的徐宗汉（黄兴的夫人）担任秘书。王会悟是中共一大的会务组织者，后来也就是根据她的建议，会议转移到她嘉兴母校附近的南湖游船上举行。陈独秀、张国焘是他们家的常客，每次她都能出色协助李达完成中央局的具体工作。党的第二次全国代表大会会务的重担便再次落到这个聪明能干的江南女子身上。

中共二大吸取了一大的教训，在会务的安排上更加巧妙。7月16日，召开第一次全体会议，12位会议代表陆续到达"李公馆"。会议开始以后，代表们在里边开会，王会悟抱着襁褓中的女儿在弄堂口警戒，第一次全体会议结束以后，代表们分散到党员家中去讨论，然后变换地址召开第二次全体会议。第二次全体会议结束以后，代表们再次分散到党员家中去讨论，7月23日，第三次变换地址召开全体会议。就在这次会议上，通过了中国共产党的九个决议和《中国共产党章程》，并第一次公开发表了《中国共产党宣言》。然而，几十年过去，对于后两次全体会议的会址，当事人只记得位于英租界内，现已无从查证。会议作出如此谨慎的安排是有原因的，就在中共二大召开前不久的1922年6月，上海公共租界工部局刚刚逮捕了中国劳动组合书记部干事李启汉，并将他判刑。《劳动周刊》也被停刊。7月18日，工部局还查封了同样位于静安区域内的中国劳动组合书记部，书记部被迫迁往北京。劳动组合书记部的张国焘、李震瀛此时正是中共二大的代表！

参加中共第二次全国代表会议的人员，与中共一大相比较，有一个便于隐蔽的特点是没有外国人参加。当时共产国际的代表马林回共产国际述职，中共二大的代表都是中国人。主要是中央局成员、参加远东会议的各省代表、劳动组合书记部和社会主义青年团的代表。但是由于档案散佚，关于参加会议的代表名单，主要来自一些老同志的回忆，所以有争议，但对于中央局陈独秀、张国焘、李达，以及山东代表王尽美、湖南代表蔡和森、共青团代表施存统，并无争议，主要是关于高君宇、项英、向警予、邓中夏、杨明斋、罗章龙、许白昊、李振瀛、谭平山等有不同的说法。中央党史研究室在《中国共产党历史》第一卷的说法是全国12名代表,即:中央局陈独秀、张国焘、李达以及王尽美、蔡和森、施存统、罗章龙、许白昊、李振瀛、谭平山、杨明斋,另有1人姓名不详。当然,从某种意义上说,哪些人参加了中共二大固然重要,但更重要的是中共二大的内容和历史影响。

中共二大通过了9个决议案,制定了《中国共产党章程》,第一次公开发表了《中国共产党宣言》,是中国共产党历史上会议内容最为丰富的代表大会之一。在《中国共产党宣言》中,会议第一次公开提出了彻底反帝反封建的民主革命纲领:(一)消除内乱,打倒军阀,建设国内和平;(二)推翻国际帝国主义的压迫,达到中华民族完全独立;(三)统一中国本部(东三省在内)为真正的民主共和国。明确党的最终奋斗目标是"渐次达到共产主义社会"。一个政党的纲领就是一面旗帜,在革命和建设等不同的历史阶段起了非常重要的作用。《宣言》最后提出的"中国共产党万岁"的口号一直流传至今。

中共二大制定的《中国共产党章程》是我党历史上的第一部党章,标志着中国共产党创建任务的完成。《关于中国共产党章程决议案》中明确提出党必须有严格的纪律和"一切到群众中去"的群众路线政策直到现在仍然具有现实意义。

中共二大通过的《关于"民主的联合战线"的议决案》对建立民主联合战线的策略、原则、方针、步骤作了详细说明,是中国共产党统战政策的起源。中共一大党纲曾作出不与任何政党结盟的决定,一年以后的中国共产党有了很大的转变,而且在稍后的西湖会议上进一步明确了与国民党合作的形式,国共合作政策对大革命形势有着极其重要的影响。

中共二大通过了加入第三国际的决定,对中国革命形势的发展影响重大。中共二大高度重视领导工人运动,在我党历史上第一次通过了关于工会运动的决议,推动了第一次工人运动高潮的到来。中共二大同样在我党历史上第一次通过关于少年运动(即今天的青年运动)、妇女运动的决议,对后来中国革命形势的发展具有非常重要的作用。

中共二大会址作为一个极具历史纪念意义和教育意义的革命遗址,一直受到党和政府的高度重视。1959年,中共二大会址被确定为市级文物保护单位。

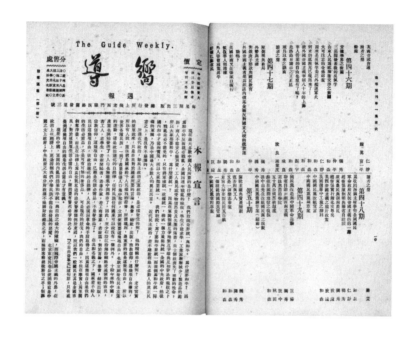

中共二大决定出版面向全国的中共中央机关刊物《向导》周报,主编蔡和森。这是1922年9月13日出版的《向导》创刊号(上海市档案馆藏)

现在,人们在路经延中绿地老成都北路、延安中路路口时,可以发现,延安中路高架路在这里有个细微的转弯。静安区建委副主任王力告诉笔者,1999年造高架道路时,有关部门考虑到中共二大在中国革命的历史上具有重要意义。因此,延安高架道路建设特地为会址让道,把这片建筑保留了下来。2001年建党八十周年之际,中共静安区委、静安区政府投入100万元对中共二大会址进行了修复,恢复了会址的历史原貌。2002年7月,中共二大召开八十周年之际正式对外开放。

(本文发表于2008年1月)

维经斯基首次
来华与中国共产党的初创

徐光寿

十月革命后，面对帝国主义国家的干涉和包围，面对国内反动势力严重的叛乱危局，为了新生的苏俄政权的安全，为帮助殖民地半殖民地国家实现民族独立，推动无产阶级世界革命，新生的苏俄政权加强了对欧洲无产阶级革命和亚洲民族解放运动的指导和支持。俄共（布）代表维经斯基正是在这个背景下奉派来华，联络中国先进分子，指导中国共产党创立的。维经斯基曾四度来华，首次来华从1920年4月至1921

首次来华时的维经斯基

年2月，时间可谓不短，任务也很明确，工作成效显著：不仅推动建立了中共最早的组织，并与中共主要创建人陈独秀等建立起了深厚友谊，以至此后又多次奉派来华，是来华次数最多的人，尤其当国共合作处于困境、大革命处于危急关头，他都以共产国际代表身份奉命来华指导中国共产党。尽管所持意见瑕瑜互见，但他所获得的信任是其他国际代表甚至苏联顾问难以企及的。

维经斯基小组来华的使命

维经斯基(1893—1953),俄罗斯人,苏联共产党员,俄文全名格列高里·纳乌莫维奇·札尔欣(沃依琴斯基),又译维经斯基,绰号谢尔盖、谢廖金,又名查尔金,在中国工作时曾用名吴廷康(亦名伍廷康、胡定康等),笔名魏琴、卫金等。他出生于俄国维切布斯克州。因家境贫寒,1913年到美国谋生。在美国,他于1915年加入社会党,从此涉足政治。十月革命后,他放弃在美国的优厚生活条件于1918年回到祖国,加入布尔什维克党,在苏俄国内战争中主要从事地下工作。1919年5月在离中俄边境不远的符拉迪沃斯托克(中国地名"海参崴")曾被高尔察克叛军逮捕,流放到库页岛服苦役,但他领导岛上政治犯成功暴动,最终获得自由。1920年1月回到海参崴继续从事革命工作,时年27岁。

维经斯基不仅会讲俄语,还会英语、德语,具有丰富的地下工作经验。对于旨在向外输出布尔什维克革命理想、推动无产阶级国际主义事业的新生的苏俄政权而言,维经斯基这样的人才是极为需要和十分难得的。1920年3月,共产国际第二次大会初步形成了对东方国家政策的总轮廓,提出要在东方国家组建共产党早期组织,需要给予指导。

1920年3月以支援东亚各国人民革命运动,与中国、朝鲜、日本的革命组织建立牢固联系为目的的俄共(布)远东局成立后,维经斯基所在的海参崴迅即成为苏俄政权与东亚各国联系的前哨。1920年4月初,为与中国革命者建立经常的联系,在取得共产国际同意后,俄共(布)远东局海参崴分局外事处决定向中国派出一个以维经斯基为组长的布尔什维克党员小组,即维经斯基小组,公开身份是俄国通讯社记者。

维经斯基首次来华的俄方背景有三个方面:其一,1919年3月,共产国际

（又称第三国际）在莫斯科成立。它是世界各国共产党共同的国际组织，承担着指导和帮助各国共产党开展革命斗争的重要使命。8月，俄共（布）中央下达在东亚展开共产主义工作的指示，威廉斯基-西比里亚科夫随即携此指示赴远东，准备同中、日、朝各国的革命组织建立联系，在东亚人民中进行共产主义宣传。不久，"在东方国家逐步建立共产党"成为共产国际的明确任务。共产主义运动遂在东亚国家拉开帷幕。

其二，1919年7月25日，苏俄副外交人民委员加拉罕签署了一份《俄罗斯苏维埃联邦社会主义共和国政府对中国人民和中国南北政府的宣言》，即通常所言的"苏俄第一次对华宣言"，亦称"加拉罕宣言"。该宣言明文宣布废除与日本、中国和协约国所缔密约，把原沙俄政府掠夺近代中国的一切不平等权益交还中国人民，废弃一切在华特权，并明确宣布放弃对中东铁路之一切要求。

尽管发表"加拉罕宣言"是在苏俄政权立足未稳之时为巩固其国家安全而采取的策略性的、后来并未完全兑现的政治举措，但因其不仅是一项直接关乎中国国家和民族利益的重大利好消息，且发表于中国遭受巴黎和会外交骗局、对西方国家和西方思想倍感失望甚至深恶痛绝之时，所以，当1920年初宣言内容首次在《东方杂志》等国内报刊公开后，立即受到中国先进分子的热烈欢迎。"北京学生界和文化团体首先表示欢迎，在上海的全国各界联合会和各派人物也都为之兴奋，共同发表赞许的文件。"中国先进分子之所以欢欣鼓舞，是因为"在一般青年看来，日本和其他列强都在欺侮中国，只有苏俄是例外。他们认为，只要苏俄能有废除不平等条约的表示，就是值得欢迎的"。他们感到十分振奋，对苏俄新政权的好感随之产生并日益加深。

其三，1920年2月，红军在伊尔库茨克处死了白匪首领高尔察克，日、英、美等帝国主义干涉军随之纷纷撤出西伯利亚。苏俄新政权在国内战争中取得了决定性胜利，使俄中两国边界在关闭多年后得以重新打通，从而使维经斯基一行直接来华成为可能。

维经斯基首次来华,远东局赋予其任务是:在上海建立"共产国际东亚书记处";与中国、日本、朝鲜的先进分子建立联系,帮助建立共产党组织;通过出版刊物、小册子和印刷传单等来宣传马克思列宁主义和俄国十月革命。此外,"向中国介绍苏俄的远东政策、远东共和国情况","召开一次全中国的革命代表大会"等。显然,维经斯基的首次中国之行有双重任务:既有联络中国先进分子推动中国革命,也有他们自己的机构建设任务。

关于维经斯基首次赴华的使命,历来有不同版本。苏联历史学家K.B.舍维廖夫在《中国共产党成立史》一文中写道:"一九二〇年四月,经共产国际领导的同意,俄共(布)远东局符拉迪沃斯托克处的领导人之一威廉斯基-西比里亚科夫派遣俄共党员维经斯基、其妻库兹涅佐娃和翻译杨明斋等一行人赴中国。他们的任务是了解中国国内的情况,与中国的进步力量建立联系,同时考察是否有可能在上海建立共产国际东亚书记处。"

苏联学者卡尔图诺娃、科瓦廖夫在《关于科学社会主义同中国工人运动的结合问题》中说:派遣维经斯基到中国,"其目的是了解中国形势,同中国马克思主义者建立联系及向俄共(布)和共产国际领导机关提供有关情报和建议"。

另一学者施瓦茨的《中国共产党和毛泽东的兴起》和日本学者波多野乾一的《中国共产党历史》,均认为"列宁给了维经斯基使华三任务:(1)同中国社会主义团体联系,组织正式的中国共产党和青年团;(2)指导中国工人运动,成立各种工会;(3)物色一些中国进步青年到莫斯科东方大学学习,并选择一些进步分子到苏俄游历"。但波多野乾一提供的这一资料未注明出处,所以无法证实。而且竟说这三项指示是列宁给维经斯基的,这纯属臆断。这三项任务,更似是从维经斯基在中国的工作中逐步归纳总结出来的。

基于这些任务,远东局为维经斯基使团配备的成员一共是5人。除维经斯基及其妻子库兹涅佐娃之外,还有两个重要助手,一个是毕业于俄罗斯东方学院的季托夫,一个是著名的朝鲜社会活动家谢列布里亚科夫。此外,还有一位翻译,就是旅俄华侨、山东人杨明斋。

卓有成效的工作

据考证,维经斯基首次来华走的是陆路,具体路线是:布拉戈维申斯克—哈巴罗夫斯克—哈尔滨—天津—北京。他在上海的工作情况,除了在中国早期的共产主义者撰写的回忆录中有所记载外,我们还可从已解密的、他与东方民族处往来的九份报告及信件中一窥究竟。这些报告和信件分别收录于解密档案《俄共(布)共产国际与中国国民革命运动(1920—1925)》《俄罗斯新发现的有关中共建党文件》(《百年潮》2001年第12期,李玉贞译),这是目前最为权威的材料。从这些解密文件中,可以对维经斯基在中国的工作,勾画出一个大体轮廓。其在华活动主要有两大方面。

首先,推动和指导组建中国共产党。

维经斯基一行是经李大钊介绍于1920年4月底或5月初途经北京来到上海的。维经斯基一到中国,利用俄国侨民和苏俄相关对外机构与当时中国思想先进且有名望的知识分子陈独秀、李大钊等取得联系,并帮助中国马克思主义者成功建立了各地的共产党早期组织。这是目前中共党史学界比较流行的一个说法。

另有一个说法,维经斯基原本就是冲着陈独秀来华的。据张国焘回忆,杨明斋曾告诉他:根据对五四运动的了解,他们来华的目标就是避居上海的陈独秀。原计划是直接来上海找陈独秀,但因不认识陈独秀,这才通过在北大任教的俄籍教师鲍立维(又译为柏列威)结识李大钊,再由李大钊介绍他们来上海找陈独秀。

据当时重要的知情人、中国共产党北京支部党员张申府在《中国共产党建立前后情况的回忆》中披露：

1920年4月，共产国际东方局的代表魏金斯基（即维经斯基）来华，考察中国革命运动的实际状况，帮助中国建立共产党。他来到北京后，经北京大学俄籍教员柏烈伟的介绍，见到李大钊和我，他与我们就中国的问题进行了广泛的交谈，特别希望我们建党。在北大，魏金斯基还召开过几次座谈会。后李大钊又介绍他到上海去见了陈独秀。

关于维经斯基在上海的活动，在上海参与会见的李达回忆道：

维经斯基到了上海，访问了《新青年》、《星期评论》、共学社等杂志、社团的许多负责人——如陈独秀、李汉俊、沈玄庐及其他各方面在当时还算进步的人们，也举行过几次座谈。其经过也和在北京的一样，最初参加座谈的人还多，以后就只有在当时还相信马列主义的人和维经斯基交谈了。由于多次的交谈，一些当时的马列主义者，更加明白了苏俄和苏共的情况，得到了一致的结论："走俄国人的路。"

据当年在北京大学接触过维经斯基的罗章龙回忆：

他确实阅读了不少有关中国问题的书籍。他曾谈到义和团、同盟会人物思想及活动等，又询问五四运动以来北大学生运动的情况，从《新青年》杂志起旁及北大教员、学生的思想情况。他还广泛介绍了十月革命的情况和苏俄的各项政策以及法令，使参加会议的人士"对十月革命，对苏维埃制度，对世界革命都有信心了"。

维经斯基的随员杨明斋通过党支部会议和组织学习会的形式,对上海共产党早期组织成员的马列主义理论水平的提高也作出了贡献。据上海共产党早期组织成员并参与活动的沈雁冰回忆:

> 陈(独秀)定居在法租界环龙路渔阳里2号,我们的支部会议地点就在陈独秀家里。支部会议每星期一次,是在晚8时后开始,直到11时以后。我还依稀记得当时参加渔阳里2号支部的党员,有杨明斋、邵力子、陈望道、张国焘,SY(社会主义青年团)书记俞秀松等人,又有共产国际远东局代表魏庭康(即吴廷康,维经斯基)。讨论事项,大抵是发展党员、发展工人运动、加强党员的马克思主义的学习。除了各人自己阅读外,每星期有一次学习会,时间是下午,从2时到5时乃至6时。学习会采取一人讲解,大家讨论的形式。担任讲解者,李达和杨明斋。杨明斋山东人,刚从苏联(俄国)回来。他们临时编的讲义有三种:马克思主义浅说,阶级斗争,帝国主义。这都是随编随讲,大家笔记。直到三四年后,杨明斋把他当时的草稿改定付印,书名现在记不起来了。

虽然维经斯基初见陈独秀之时并未立即谈到建党问题,而是要求同上海的社会主义者建立广泛的联系,以探讨中国社会的改造问题,但维经斯基很快发现:"中国现在关于新思想的潮流,虽然澎湃,但是,第一,太复杂,有无政府主义、有工团主义、有社会主义、有基尔特社会主义,五花八门,没有一个主流,使思想成为混乱局势;第二,没有组织,做文章、说空话的人多,实际行动一点都没有,这样决不能推动中国革命。"于是正式向陈独秀提出建立工人阶级政党的建议。根据维经斯基的建议,陈独秀于当年6月在自己的寓所召开了一次具有历史意义的重要会议,决定在中国成立共产主义的政党——社会共产党;7月19日,维经斯基主持召开被他称为"最积极的中国同志"会议,坚决主

渔阳里2号《新青年》编辑部旧址，维经斯基到上海
后来此拜访陈独秀

张建立中国共产党组织；8月，上海共产党早期组织正式成立，陈独秀任书记。中国大地上第一次出现了共产党组织，为中国共产党全国组织的建立提供了组织基础。所以说，维经斯基的到来，推动了陈独秀的建党行动，加快了中国共产党的创建步伐。这是主流。

其次，组建共产国际东亚书记处。维经斯基的直接领导人威廉斯基-西比里亚科夫在1920年9月的一份报告中曾经指出："今年（1920年——笔者注）5月，为领导业已展开的工作，成立了临时的集体中心机构。其驻地设在上海，取名'第三国际东亚书记处'。"维经斯基在华工作得到陈独秀的帮助，集中在两个方面。

一是区分中国各种社会主义思潮。维经斯基抵沪后，联系的不仅有陈独秀，还有其他政治力量，包括无政府主义者，甚至资产阶级改良主义者胡适。维经斯基1920年6月在上海给自己的上级写信汇报工作时自豪地宣布："现在实际上我们同中国革命运动的所有领袖都建立了联系。"其实，不了解中国复杂情况的维经斯基，把任何宣传过社会主义，从事过工人运动和学生运动的社团，不论其信仰哪一种社会主义，甚至是无政府主义，都一视同仁，视之为"革命小组"，并试图借助陈独秀、李大钊的威望将这些社团统一起来，组建中国共产党。但这个想法很幼稚，并不切合中国实际，因而受到陈独秀的抵制。直到发现这些无政府主义者"都不成样子，所以找着我们"后，维经斯基才接受陈独秀的意见，终止同各种非马克思主义者的合作，依赖陈独秀在上海开展建党工作并给予指导和帮助。

二是成立"共产国际东亚书记处"。该机构设在上海，内设出版部、新闻报道部、组织部，下设中国科、日本科和朝鲜科，是共产国际执委会交给维经斯基此行的重要任务。在陈独秀的协助下，中国科的任务明确为"在中国进行党的建设工作"和"宣传马克思主义和十月革命"等四项，客观上有利于指导中国共产党的工作。

三是建立起与中国各地革命者的联系。在上海，陈独秀利用自己的威信和影响不仅帮助维经斯基搭建起在中国宣传共产主义的平台，还通过自己的关系，使维经斯基与其他一些地方的知识分子取得了直接和间接的联系。1920年6月，维经斯基在从上海给俄共（布）中央西伯利亚局符拉迪沃斯托克处的信中满意地宣称："当地有一位教授陈独秀，声望甚高，影响很大，他正在给各城市的革命者发信，以确定代表会议讨论的议题，以及会议地点和时间。"在同一时期的其他信件中都有类似表述。

陈独秀的积极协助，让维经斯基的工作得以顺利开展，以致他在给其上司的信中对陈独秀赞不绝口，推崇有加，并在陈独秀离开上海前往广州时毅然与陈独秀同往。更重要的是,在未来的中国工作中,当陈独秀与苏俄顾问或共产国际代表发生矛盾时,经常写信向维经斯基求助,而每当此时,维经斯基总是奉命来华,帮陈独秀协调关系、化解矛盾。

解密档案资料还揭示,维经斯基首次来华,除了上述与各种政治团体、人物的交往及促进中国共产党的创建,组建共产国际东亚书记处等使命以外,还曾在上海建立苏俄在华最早的新闻机构"俄华通讯社",并开展对中国旧军队的策反工作。

1921年初,维经斯基在广州接到要他回国的密令,1月21日回到上海,2月中旬离开北京回国。俄罗斯国家社会政治历史档案馆解密资料显示,他回国的主要原因是奉派赴伊尔库茨克任职俄共(布)中央远东局的秘书,即负责人,并筹备计划于1921年春召开的远东国家代表大会,参与制订俄共(布)中央、共产国际对于中国革命乃至远东各国的方针政策。职业革命家的职业生涯往往如此。

维经斯基首次来华历时8个月,顺利完成其奉命来华的全部使命。"他在中国工作期间,不仅与中国共产主义者建立起联系,并且帮助陈独秀、李大钊等人创建了上海、北京、广州、武汉、长沙、济南共产党早期组织",而且与中国早期共产主义者建立了深厚的信任和友谊,被陈独秀、李汉俊等认为"是可以深谈的同志",也是张国焘认为可以信赖的朋友,他甚至接受了维经斯基的劝说,逐渐转变了对国共党内合作方针的意见。

多重因素成就维经斯基

对维经斯基在中共建党方面所做的贡献,中共早期的一些领导人亦有评价。如早期中共小组的成员张国焘曾这样写道:"与中国马克思主义者发生联络,协助中国共产党的组成,并促进其与共产国际的关系,威金斯基(即维经斯基——引者）实为最初且最有贡献的一个人。"维经斯基的首次访华，不仅帮助中共建立了早期组织，而且成功地完成了赴华使命，也为苏联在华设立共产国际的战略支点立下了功劳。

然而，一个年仅27岁的俄国小伙子何以能在如此短暂的时间内完成如此重要的使命？

首先，维经斯基从十月革命的故乡直接带来了马克思列宁主义。

给中国早期马克思主义者雪中送炭般的思想理论指导，这正是中国早期马克思主义者极为匮乏又极其渴求的。其思想理论贡献主要包括三个方面：

一是宣传了十月革命后苏俄政府的内外方针。从1920年5月至12月，维经斯基在上海与陈独秀等中国马克思主义者频繁接触，深度交谈，宣传列宁主义、十月革命和苏俄政府，用苏俄革命和建设的实践诠释了马克思列宁主义。来自列宁主义和十月革命故乡的宣传，为中国马克思主义者展示出无产阶级专政和社会主义建设的现实图景，理所当然受到欢迎，赢得了中国年轻的革命先行者的交口称赞。罗章龙说维经斯基"文质彬彬，学者风范"，"谈话辩才横溢，感情奔放，他的说理内容切实新颖动人，一席话使我们在政治方面的视野与过去显然不同了，大家憧憬共产主义远景，更是信心十足，一往无前"。

二是带来了大量介绍宣传马克思主义的书刊。据罗章龙回忆，1920年4月维经斯基首次抵达北京时，就向北京的马克思主义者赠送了大量的马列主义和苏俄最新书刊，"还赠送了一些书籍刊物作为礼物。V（即维经斯基——引者注）行前与我重谈了一次话，主要是有关双方联系技术方面的事，把我们的名字通讯处记下来，以便日后经常通讯联系。我们后来源源收到外国寄来的外文书刊"。这些外文书刊和文章，撒下了传播马克思主义的火种，提高了中国马克思主义者的理论素养，加深了中国工农大众对马克思主义学说的认识。

三是解答了中国马克思主义者所关注的问题。据张国焘回忆，维经斯基

1921年1月返回海参崴途经北京时,曾向中国马克思主义者详尽介绍了共产国际的起源及成立的经过,还解答了"共产国际与苏俄政府的关系"及"苏俄共产党与共产国际的关系"等实际问题。他的解答虽然与后来出现的实际情况存在一定的出入,但却是正在组建中国共产党、开展中国革命的中国马克思主义者所迫切需要了解也应该了解的建党知识,是一次重要的直接指导,因而维经斯基的介绍得到了"普遍赞许"。

其次,维经斯基为中国早期马克思主义者提供了必要的活动经费。

维经斯基首次来华,为中国早期马克思主义者开展活动提供了大量的活动经费(大多携带珠宝来中国珠宝市场兑换成美元或银圆),为中国各项革命工作(包括出版杂志、建立工会、办学校)的顺利开展打下了基础。维经斯基首次来华,是受西伯利亚局东方民族部派遣的,因而其活动经费便由西伯利亚局东方民族部提供。"而东方民族部为筹措经费,曾派遣特使带上价值10万美元的钻石到上海去卖,并不止一次地托人带钱或汇款给维经斯基,已知一次带去的确切数目为2 000美元。"

维经斯基带来的工作经费,对于宣传马克思主义和初创中国共产党,是实实在在的雪中送炭。当维经斯基1920年12月离开上海前往广州时,对上海共产党早期组织是很大的打击。"中国共产主义组织经费一度支绌,今年(指1921年)1月份后半个月,工作出现停滞。我(指共产国际全权代表舒米亚茨基)不得不采取大胆的办法,举借贷款和使用其他手段,这才挽回了局面,报纸和出版工作才得以维持下来。"连《新青年》杂志,也因维经斯基走后,经费无着,不得不停止。《共产党》月刊也是因经济来源中断而停刊数月。这些无不显示出维经斯基首次来华给中共初创工作所提供的重要帮助、作出的实际贡献。

再次,维经斯基本人具有丰富的工作经验和良好的个人素质。其时奔波于上海和北京之间、在1920年至1927年间与维经斯基有过密切接触的张国焘在其回忆录中分析:

威金斯基（即维经斯基——笔者）所以能与中国共产主义者建立密切的联系，原因很多。他充满了青年的热情，与五四以后的中国新人物气味相投。他的一切言行中并不分中国人与外国人或黄种人与白种人，使人觉得他是可以合作的同伴。他那时对中国情形还不熟悉，也不妄谈中国的实际政治问题。他这种谦虚的态度表现在他很推崇陈独秀先生和他在上海所接触的中国革命人物，总是说他们都是学有专长的。他的这种气质表示他确是俄国革命后的新式人物，也许这就是他能与陈独秀先生等相处无间的最大原因。

基于此，张国焘认为："他给我的最初印象不是一个学者型人物，而是一个具有煽动能力的党人。"

李维汉回忆并认为："我有机会同伍廷康接触过几次，觉得他还是有问题可以商量的同志。"

又据俄罗斯著名学者格鲁宁对维经斯基个人的品质和素养方面所做的分析：

他有出色的外交能力，能以诚相见，待人友好，善于了解到他人的性格、思想和习惯，这就大大帮助了维经斯基同中国共产主义者之间建立紧密的关系……共产国际使者的深刻的共产主义原则精神和他朝气蓬勃的热情，强烈地吸引了1919年五四爱国运动中锻炼出来的一代中国革命者。中国最高的马克思主义者从维经斯基身上第一次看到了"俄国革命中诞生的新型政治活动家"的形象。

待人谦虚、坦诚、热情；尊敬和团结中国早期共产主义者，并与他们建立革命友谊；指导而不指示，推动而不包办，工作经验丰富，工作方式合理。这种品质和修养正合陈独秀的性格和脾气,符合刚刚遭受巴黎和会骗局的陈独秀等人的心理需求。与随后来华的共产国际代表马林刚愎自用、颐指气使、包办代替、打小报告等工作作风相比,维经斯基自然能受到陈独秀等中国共产主义者的欣赏和欢迎,以至于维经斯基奉命回国后陈独秀仍然对他念念不忘,甚至撇开共产国际驻华代表马林向维经斯基写信,表达反对马林提议加入国民党的主张,后来还直接请求共产国际改派维经斯基代替马林担任驻华代表。

中国共产党不是外来党

其实,熟悉中共创建史的学者都认为,中国先进分子开始酝酿组建共产党甚至开始行动,很多都与维经斯基无关。他的到来,只是加快了中国共产党的创立步伐。

其一,在维经斯基来华前,中国先进分子就开始酝酿组建共产党。史料显示,早在维经斯基来华前的1920年初,中国先进分子就开始酝酿组建共产党了。1920年1月,有人在报刊上发表《劳动团体与政党》的文章,呼吁"劳动团体应当自己起来组织一个大政党"。3月,李大钊同邓中夏等多次商议后,在北京大学组织了马克思学说研究会。这是中国最早的学习和研究马克思主义的团体,也是李大钊把"对于马克思派学说研究有兴味的和愿意研究马氏学说的人"联合起来的初步尝试。

此外,现有资料还表明,在北京,早在1919年9月李大钊就会见了俄共(布)党员布尔特曼,次年初又经鲍立维介绍会见了来华的俄共(布)使者霍霍洛夫金,双方商谈了建党问题。会谈后李大钊还立即将此事写信告知在上海的陈独秀,并征得了陈的同意。霍霍洛夫金返回伊尔库茨克后,根据俄共(布)中央西伯利亚局东方民族部中国处处长阿勃拉姆松的建议,不久出任中国处书记。东方民族部曾多次打算再派懂中文的霍霍洛夫金作为特使来华指导创建中国共产党的工作。另有解密档案证实，在上海，留日学生李汉俊1920年2月与中、韩、俄等国倾向社会主义的人士举行的一次会议上，就讨论过在中国成立布尔什维克团体的话题。参与组建中共上海党组织并成为其一员的俞秀松清楚地记得："1920年春，我们曾想成立共产党。但在第一次会议上我们之间未达成一致意见。"

其二，在维经斯基来华前，中国先进分子中已经有人开启了组建共产党的实践。在这方面现在看到最可靠的材料，是共产国际中共代表团档案材料中保存的一份写于1921年的未署名的俄文档案《中国共产党第一次代表大会》，记载了1920年5月陈独秀等5人在上海发起成立中国共产党，应该就是具有共产党组织雏形的上海马克思主义研究会。照此推理，1920年3月李大钊在北京组织的马克思学说研究会也应被看作中国共产党早期组织的雏形。北京和上海马克思主义研究组织的大部分成员，后来都成长为中国共产党的早期党员。

其实，"五四运动后，马克思主义在中国广泛传播并且日益同中国工人运动相结合的过程，也就是酝酿、准备到建立中国共产党的过程"。1920年2月陈独秀抵达上海后，立即投身工人中，了解他们的疾苦，并把他们组织起来，"这是中国先进分子筹备建立无产阶级政党的第一步"。而5月1日《新青年》出版《劳动节纪念号》，组织五一劳动节纪念大会，推进马克思主义与中国工人运动相结合，这些本身就是组建共产党的实践。所以说："1920年春，正当中国先进分子积极筹备建党的时候……维经斯基等人来华，了解五四运动后中国革命运动发展的情况和能否建立共产党组织的问题。"这个结论是合乎实际的。

其三，维经斯基来华后，不知其来华或来华意图而独立思考主张建党的，也不乏其人。蔡和森就是杰出代表。他于1920年8月13日从法国蒙达尼致信毛泽东，旗帜鲜明地提出了建党主张："我以为先要组织党——共产党，因为他是革命运动的发动者、宣传者、先锋队、作战部。以中国现在的情形看来，须先组织他，然后工团、合作社，才能发生有力的组织，革命运动，劳动运动，才有神经中枢。"蔡和森是中国最早提出建立中国共产党的先进分子。9月16日他再次致信毛泽东，不仅重申了前信所述要"注重于组织共产党"，而且对革命目标——未来的共产主义社会和革命方法——无产阶级专政等重大问题，都作了大胆的展望和细致的描绘，组建共产党的意志十分坚决。此外，恽代英在武汉利群书社的基础上搞成一个政治组织"波社"，即布尔什维克，就是共产党的意思。而在偏远的四川，吴玉章、杨闇公等成立了一个中国青年共产党，他们后来得知中国共产党已经建立，有的是个人加入，有的是整个组织参加中国共产党。这些事实雄辩地证明，尽管维经斯基来到上海推动和指导陈独秀建党，但在其他地方，已经有一批并不知情的中国先进分子开始了建党实践，中国共产党不是只靠外来因素造成的，而是一批中国先进分子自发、共同的要求。

综上可知，中国共产党的诞生，含有"自发"和"外部"两个条件，二者密不可分，缺一不可。一方面，20世纪20年代的中国社会已经具备了建立无产阶级政党的内部因素，中共的诞生是近代中国社会发展的必然结果，是马克思主义同中国工人运动相结合的产物。如果说陈独秀"信仰马克思主义，最初也许是受李大钊、戴季陶等朋辈的影响，但进而组织中国共产党，则确是由于他自发自觉的挺身向前"；另一方面，中共的诞生并非孤立的事件，而是十月革命后世界无产阶级革命的发展趋向，俄共（布）、苏俄政府和共产国际的指导和帮助，起到了加速和催化的作用，也是不可或缺的外部因素。总之，"中国共产党是马克思列宁主义同中国工人运动相结合的产物，是在俄国十月革命和我国五四运动的影响下，在列宁领导的共产国际帮助下诞生的"。

（本文发表于2017年7月，图片由作者提供）

1925,开创新局的盛会

李　红

　　1924年,中共中央以"钟英"的代号,两次发出召开中共四大的通知,因诸多因素,最终延期至1925年1月召开。大会制定了一系列富有建设性的政策。然而,大会的记录保存并不完整,随着岁月的流逝,大会会址、与会代表名单等均告阙如。直到改革开放后,经历次考证方才揭开"谜底"。

国共合作的"暗流"

　　1924年9月7日,寓居上海的陈独秀以毛笔小楷写了一封信:

　　……我们党的全国代表大会将提前举行。我们期望经过不长时间能从您那里得到一千多元钱来支付会议开支……最好,您能再来一次。

　　书信中,担任中国共产党领袖三年有余的陈独秀,表达了对受信者来访的热切期待,也透露了共产党活动经费捉襟见肘的困境。在此之前,他于7月份已发出一信,可惜未见回音。所以,在9月7日信件的开头,他直白地写道:"亲爱的维经斯基同志,想必您已收到我的第一封信。也许日内我将收到您的回信。"维经斯基(中文名：吴廷康,伍廷康——笔者注),此刻刚刚接替马林担任共产国际代表,他是共产国际的"中国通",与中国的共产主义者关系十分密切。1920年4月他首次来华,在上海会见了陈独秀等人,帮助中国的共产主义者从事建党工作。

那时,维经斯基担任着共产国际与中共联络的责任,他谨慎执行着莫斯科的指示,与中国的同志从未发生政策上的严重争执。此前,他曾于1924年4月来到中国,并参加了5月份的中共中央执委会扩大会议。会上,许多党员对共产党被"融入"国民党的现状表示不满。会后,频频来自中国的情报,也让共产国际看到了中国革命的一些复杂问题。经过一番考量,共产国际再次派遣维经斯基来华,并授予两项使命：传达共产国际五大的精神,指导中共四大的召开;调解中共与鲍罗廷(时任国民党顾问、共产国际秘密代表)之间的意见分歧。

分歧来源于国共合作中出现的一系列"偏差"。

1923年10月,苏联派出了指导国共合作的代表——鲍罗廷,他不仅是斯大林的秘密特使、孙中山和国民党的高级顾问,还是具有秘密身份的共产国际代表,成为莫斯科和国民党、共产党三者之间的政治纽带。在鲍罗廷的努力下,1924年1月,国民党一大正式确立了国共合作的方针。共产党员李大钊、谭平山、毛泽东、瞿秋白等10人还入选国民党中央机关,占去国民党中执委1/4的名额。5月,两党合作创办了黄埔军校,双方的关系似乎步入了蜜月期。但在实践中,国共合作潜伏着令人不安的暗流。国民党排挤共产党人的倾向渐露端倪。1924年6月,国民党右派提出"弹劾共产党案",声称共产党员加入国民党"于本党之生存发展,有重大妨害","绝对不宜党中有党";8月国民党一届二中全会上,右派又抛出"共产党员友好地退出国民党"的论调。而在共产党方面,多数党员骨干致力于发展国民党的工作,却忽略了党自身的组织发展。一些共产党的地方组织,甚至将党的会议停止,把许多政治问题拿到国民党党部去解决。当时的党中央，直接从事党的工作只有陈独秀一人，蔡和森、毛泽东、罗章龙和瞿秋白等人均被调去做国民党的工作。党的中央机关报《向导》由于缺乏人手，几乎处于半停刊状态。

一个重要问题摆在共产党人面前：在民主革命浪潮中，共产党人是在国民党的旗帜下组织民众，还是由共产党直接组织群众？恰恰在这一问题上，共产国际和中国共产党有着不同的理解。

在国共合作问题上，鲍罗廷确实付出很多心血，但是他过于注重国民党的力量，将大部分援华经费划拨给国民党，并要共产党充当国民党的"苦力"。在他的建议下，国民党甚至成立了"国际联络委员会"，声称拥有解决国共两党争端的全权。对这位苏联"传教士"的做法，共产党表示强烈质疑，陈独秀怒不可遏，立即召开紧急会议，并毫不客气地致电鲍罗廷，要他禁止在国民党的会议上进行任何有关共产党问题的辩论，并对此辩论不予承认。

国共蜜月中的"暗流"成了共产党人无法回避的课题。

中共四大秘密召开

根据中共二大的决议，共产党每年要定期召开党的全国代表大会。按照惯例，中共四大将于1924年召开。鉴于此，陈独秀在给维经斯基的书信中，表达了"党的全国代表大会"（即中共四大）将要举行的愿望。

其实，早在1924年8月31日，中共中央即以"钟英"的代号发出《关于召开四大致各地党组织的信》，要求各地同志对于一年来党的政策及实际活动的意见写成报告汇寄中央局；9月15日，"钟英"又向各地方委员会发出《关于召开四大的通知》，明确指出中共四大定于当年11月开会，并分配了代表名额，要求各地方党组织提交议案。

但一个隐秘原因，使原定于11月15日召开的中共四大的会期改为12月20

日，继而被推迟到1925年1月。这就是：在国民革命的领导权问题上，中共与共产国际尚未取得共识。而作为共产国际的一个支部，中共必须服从其领导。

同时，共产党的发展方向上，增强党自身的组织建设，加强在工农群众中的力量等也是亟待解答的问题。来自国共两党的情报，让共产国际得出结论：以陈独秀为首的中共中央同鲍罗廷的冲突需要解决；中共中央自身的力量亦需加强。为很好地传达莫斯科的指示，1924年11月底，维经斯基衔命来沪，寄居在昆山花园的白俄富商家中。他的到来让陈独秀甚为振奋，两人之间虽有十来岁的年龄差距，但自1920年初次见面后，双方便建立了良好的关系。维经斯基未敢懈怠，立刻开始了第一项工作，他与陈独秀、彭述之组成了起草委员会，负责起草中共四大的所有提案。为了审定大会的基本材料和提纲，三人还召开了为期一周的中央全会，确定了大会的中心议题。他的到来，使一再推延的中共四大最终举行。

1925年1月11日至22日，川公路的一条逼仄弄堂内，中共四大秘密举行。为了会议的安全举行，宣传干事张伯简几经周折，终于找到这个租界与华界的"三不管"地界，租借了弄堂内一幢三层楼的石库门房子（今虹口区东宝兴路254弄28支弄8号处）。他还将二楼的会场布置成英文补习班课堂的样子，有黑板、讲台和课桌课椅，每人有英文课本，参会的维经斯基则装扮成"外教"。安排一位苏北女工在楼下放哨，一有意外便拉响楼梯口的响铃，以便代表们收起文件拿出英文课本。

寒风呼啸的11日午后，弄堂内的平民们正在为生计忙碌，预备度过又一个年关，他们没有注意到身边的这次会议。大会的向导郑超麟陆续将陈独秀、蔡和森、张太雷、周恩来、李维汉、彭述之、李立三等代表带入会场。在三张八仙桌拼接成的会议桌旁，陈独秀端坐正中，用铿锵有力的语调做了第三届中央执委会的工作报告。他虽然只有46岁，但由于一直担任共产党的领袖，被党员们私下称为"老头子"。在一次发言中，陈独秀误将李汉俊的名字说成李启汉，经李

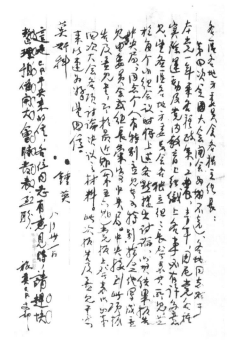

1924年8月31日，中共中央发出召开中共四大的通知

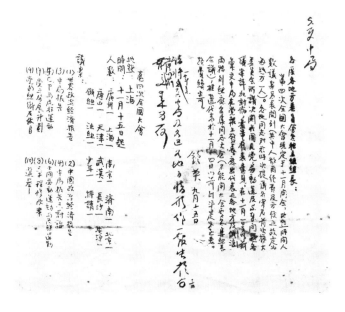

1924年9月15日，中共中央再次发出召开中共四大的通知，并分配代表名额，确定大会议案

汉俊指出，他当即承认错误，于细节处，彰显了一名共产党人的博大胸怀。

彭述之向大会作了关于共产国际五大的情况和决议精神的报告。他是中共旅莫支部推选的代表，也是共产国际指派的人员。所以未经选举便直接参会，并且当选中央宣传部主任，成为这次党代会上迅速崛起的政治新星。维经斯基带来了亲自起草的两项政治议决案，并由瞿秋白译成中文。这次会议上，博学多才的瞿秋白第一次当选中央局委员，此后他曾两度担任中国共产党的最高领导人。在生命最后的泣血之作《多余的话》里，他对自己在这一时期的经历，有一番自我评价。

毛泽东缺席会议

初次主持大会的周恩来颇引人注目。他于1924年7月底从巴黎回国，带回了旅欧共产主义青年团执委会给团中央的一份报告，报告对周恩来这样评价："活动能力富足，作文敏捷，对主义有深刻的研究。英文较好，法文、德文亦可以看书看报。本区成立的发起人，他是其中的一个。"周恩来回国后不负众望，1924年10月份便担任黄埔军校政治部主任，同时又是中共广东区委常委兼军事部部长。中共四大上，年仅27岁的周恩来担任大会主席，他明敏干练，对大会上提出的许多问题给予很好的总结提炼。他的出色表现，给与会代表留下深刻的印象。

当天津地区代表李逸搭乘太古公司的客轮赶到上海继而赴会时，他只是一位党龄最浅的年轻人。晚年，客居美国纽约的李逸自称是投荒异域的"一支朽物"，在《中共"四大"会议琐记》一文中，李逸称赞："周恩来主持会议，有条不紊，口齿便捷，应付裕如，充分表现出一位出色的行政人才。"

会议期间的食宿细节，李逸也深刻印象：主食不过是塌棵菜加零星的五花肉片；他和部分外地代表和衣睡在三楼的阁子间，棉被长度不够，只得和衣

364

365

李逸撰写的《中共"四大"会议琐记》手稿

而睡，半夜冻得瑟瑟发抖；会后又滞留上海，孤寂地度过了农历新年。

　　为国共合作呕心沥血的李大钊未能参加这次大会，而是协助扶病北上的孙中山，为废除不平等条约和召开国民会议积极奔走。这位中共的重要创始人，有生之年仅参加过中共三大，而缺席了中共一大、二大和四大。毛泽东作为中共三大的中央局秘书，为筹备中共四大做了很多工作，此时他还兼任国民党上海执行部的工作。但由于国民党右派的排挤，在共产党内又被某些人嘲笑为"胡汉民的秘书"，毛泽东身心俱疲，于1924年底病倒而回湘休养，缺席了此次大会。在延安的中共七大上，毛泽东曾说："有些同志未能当选为代表，不能出席和旁听，很着急，其实这没什么。就拿我来说，我是'一三五不论，二四六分明',逢双的大会我都没有参加。"

酝酿已久的这次大会,体现了和衷一致的精神,没有出现前几次代表大会中激烈争论的场面,整个会议过程非常平静,以致会议的记录员郑超麟,虽然做了大部分会议记录,也没有留下深刻的印象。在农历除夕的前夜——1月22日,陈独秀宣布会议结束时,会场虽肃静,但涌动着令人振奋的激流。

大会选举陈独秀、蔡和森、瞿秋白、张国焘和彭述之等五人组成中央局。从中共四大到五大差不多两年半的时间里,全体中央委员会只开了两三次会议,这五人主席团实际上领导了党中央机构的运转。中共中央机构较过去健全了很多,正式成立了中央组织部,下设党员调查登记、工作分配和党员训练三部分,陈独秀兼任该部主任。他的权力也随之扩大,成为党内名副其实的"家长"。

在维经斯基的协调下,中共中央和鲍罗廷组成预算委员会,确定共产党的经费数额,在工作中,中共听从鲍罗廷的指导。这一任务的完成让他如释重负。1925年2月15日,已回到莫斯科的维经斯基,还发给中共中央和鲍罗廷一封信,再次强调了来之不易的共识:

> 现在在中央的方针与鲍罗廷同志之间,我已找不到原则性分歧。造成你们与鲍罗廷之间产生误解的两个主要的组织上和策略上的原因,现在已经消除。

自从事援华工作后,维经斯基、鲍罗廷的命运已经紧紧地和中国革命联系在一起。维经斯基多次来华,有效沟通了共产国际和中国共产党的联系。大革命失败后,他被共产国际调回并撤职,但终其一生仍关注并介绍中国革命。一段时期内,他的名字被淹没于历史洪流,在介绍中共四大时,"甚至一字不提共产国际派来中国的代表"。改革开放后,维经斯基对中国革命的贡献已在党史研究领域得到公认。鲍罗廷为中国大革命作出过重要努力,也因为大革命的失败而受到共产国际的严厉斥责。1957年周恩来总理访问苏联时，特地去看望鲍罗廷夫人，并说：凡是帮助过中国革命的外国友人，中国人民都不会忘记。

党的最高领导人改称"总书记"

1925年，平静的中共四大诞生了一系列不平凡的决议案。

为了充分探讨民族革命运动问题，代表们于1月16日展开全体讨论。这个困扰共产党的问题，在探索与争鸣中取得共识："无产阶级政党应该指导无产阶级参加民族运动，不是附属资产阶级参加，乃以自己阶级独立的地位与目的而参加。"确定了国共合作后在国民党有限领导下寻求自身发展的革命道路。大会总结了国共合作一年来的经验教训，决定被分配做中央工作的同志不再同国民党发生直接的联系，保持了可贵的共产党的组织独立性。

大会第一次将组织建设上升到极端重要的高度，视为"党生存和发展之一个最重要的问题"，决定将组织建设的重点落在支部建设上。为此，新修订的党章将原来"有五人以上可组织小组"改为"凡有党员三人以上均得成立一支部"，第一次将党的基本组织由"组"改为"支部"。至今，支部、基本组织等概念仍在沿用。同时，简化入党程序，把过去须先入共青团而后入党的做法，改为直接入党的办法：由两名正式党员介绍，经支部会议通过，地方委员会审查批准，即为候补党员。这与今天发展基层党员的做法一致。从中共四大开始，将党的最高领导人由委员长改称为"总书记"，各级党的领导人称为"书记"，这一称呼也沿袭至今。

随着峥嵘岁月的飞逝，除保留若干决议案与宣言外，中共四大召开的地点、与会代表等记录均告阙如。加之参会代表渐次离世，关于会议的记忆更是日渐模糊。抗日战争中，中共四大会址毁于炮火。新中国成立后，会址的考证

中共四大会址纪念性保护标志

工作一波三折,出现多个回忆版本。直到20世纪80年代中期,已经80多岁的郑超麟亲临现场,几经勘察后才得以确认。作为大会的向导和记录员,郑超麟的回忆对中共四大的考证起到重要作用,他说:"我有责任给世上留下一份关于中国共产党第四次大会的材料。"《怀旧集》中,他对大会召开原因、会议细节、会议代表等均有忆录。出席大会的20位代表,一直存在几种说法,后历经党史专家的考辨,于21世纪初方才取得一致意见。

革命精英的奋斗岁月虽不留痕迹,但永镌史册。

筑牢了党的生命线

走群众路线,是中共四大的重要议题。正如再次来华不久的维经斯基在写回莫斯科的信中所说的,中共四大的"中心议题是党渗透到城市工人群众中去的问题……同时,代表大会应该找到把群众集中和组织起来的各种方式"。(1924年12月19日，维经斯基致共产国际东方部部长拉斯科尔尼科夫的信——笔者注)大会就工人、农民、青年、妇女运动做出决议，要求党员深入工厂、农村一线，帮助他们成立劳动学校、互助会；利用每个群众集会进行宣传和鼓动工作。自此，共产党获得深厚的群众基础，初步筑牢了党的生命线。

中共四大前后，共产党人李立三、刘华等深入上海工厂基层，1924年9月在曹家渡成立沪西工友俱乐部，组织工人唱戏、下棋、打台球，还免费办起了识字班、讲演会，吸引许多工人前来参加。李立三、邓中夏、刘华、蔡和森、恽代英等时常前去讲课，工人风雨无阻"到夜校去听道理"，工友俱乐部成了具有向心力的大磁场。在一系列接地气的宣传工作中，短短三个多月时间内，有十九个纱厂建立了党的秘密组织，组员发展到近千人，共产党在沪西工人中初步扎下了根。日商内外棉七厂的顾正红常来识字班听课，逐渐成长为工人中的积极分子。1925年，五卅运动由上海肇端而影响全国，一批"顾正红"们一跃成为先锋战士。五卅运动后，共产党领导的工会已达160多个，有组织的工人约54万人。同年，返回湖南的毛泽东创办了韶山农民夜校；广东省成立了省农民协会。一年后，国共合作开展的北伐运动席卷江南半壁江山。

工农运动风起云涌，共产党的影响遍及全国。党员数量增长迅猛，中共四大召开时，仅有994名共产党员，至年底达1万人，到中共五大召开时，党员近5.8万名，两年里党员数量增长了58倍多。同时，党的组织呈爆发式增长，除新疆、青海、贵州、西藏、台湾以外，全国都建立了党组织或有了党员。亲历中共四大的蔡和森由衷赞叹：中国共产党以前是宣传时期，现在到了行动的时期……党走上领导群众的路上去。"第四次大会是形成群众党的开始的基础，因此在党的历史上有很大的意义。"

1925年的中国并不太平。据记载，该年云南大理地震，死伤万余人；河北、广东、广西等地发生罕见虫灾；四川瘟疫大暴发，死亡20余万人。3月12日，孙中山逝世，中国的政治走向变得扑朔迷离。然而，中国共产党领导的工农运动，积聚了社会前进的正能量。在走群众路线的实践中，中国共产党"从一个宣传性的小团体发展为群众性的大党"。弄堂里的中共四大，为新民主主义革命理论的确立奠定了重要的思想基础，使中国共产党真正意义上走出书斋，带领中国人民走上中华民族的伟大复兴之路。

（本文发表于2015年1月）

影像揭秘中共四大会址周边风貌

——纪录片《"果敢号"世界巡航》中的新发现

李东鹏　毛为勤

中国共产党第四次全国代表大会于1925年1月11日至22日在上海举行。这次会议是党的历史上一次影响深远的会议，第一次对无产阶级在资产阶级民主革命中的领导权问题做了理论概括，第一次明确提出践行工农联盟设想，并进一步推进国共合作的统一战线工作。

长期以来，有关中共四大文献资料较为匮乏，四大召开的具体会址在很长的时间内无法确定。中共四大会址所在地位于当时的闸北（今属上海市虹口区），在1932年、1937年两次淞沪抗战中，许多建筑遭受战争破坏，被炸为废墟。直至20世纪80年代，根据中共四大书记员郑超麟回忆与实地访察，上海市虹口区党史办公室最终确定虹口区东宝兴路254弄28支弄8号为中共四大会址。然而，关于中共四大会址及其周边街区，缺乏照片、活动影像等音像资料，一直是相关研究者遗憾之处。

一部来自1932年的纪录片

2017年，上海音像资料馆研究人员采集到一部摄制于1932年的纪录片，在其中发现拍摄四大会址周边街区风貌的活动历史影像，为我们更深入了解

"果敢号"邮轮

四大召开地址的历史图景,更生动展现这段历史增加了可能性。

该纪录片英文名为Resolute World Cruise,中文暂译为《"果敢号"世界巡航》,为黑白无声默片。

果敢号,为亨美公司世界班邮船,建造于1920年。1922年改名为"Resolute",1926年开始承担从汉堡到纽约的航线。除服务北大西洋航线外,它还被用于世界巡游和其他豪华旅游,如巡游西印度群岛等。

根据1932年4月2日《大陆报》报道,此次世界巡航,于冬末从美国纽约启航,经直布罗陀海峡进入地中海,通过苏伊士运河进入红海,穿印度洋、马六甲海峡等地,进入远东。在中国停泊香港、上海、秦皇岛等口岸,在秦皇岛时安排游客乘火车前往北平参观。之后前往横滨、檀香山、旧金山等地,经巴拿马运河返回纽约。此次为该船第九次环球巡航。该纪录片很大可能是用胶片将此次世界巡航中所经各地的风土人情,一一拍摄记录,作为资料保存及该航线广告宣传之用。

在1933年，我国亦有杂志介绍"果敢号"的世界巡航，称："该船毛重二万吨，闻为全世界最华美邮船之一，船长克鲁斯，老于航事，今已为第十三次环绕世界矣。船中设备，异常精致，各种娱乐，无一不具。故乘客处于其中，怡怡如也。计此次共载客一百三十九人云。"

《"果敢号"世界巡航》纪录片总片长不详，上海音像资料馆所采集部分为第九卷，内容为在香港和上海拍摄的场景，总共11分钟。上海部分约6分钟，共6部分，分别如下：

（1）溯黄浦江而上去上海（Up the Wangpoo River to Shanghai）：拍摄了上海黄浦江沿岸建筑被炸毁的惨景、航行在黄浦江的沙船、停泊在黄浦江的美国军舰、从邮轮拍摄外滩等镜头。

（2）上海本地居民（Native Shanghai）：主要拍摄了租界内繁华、喧嚷的街道景象。

（3）独轮出租车（One-Wheel Taxis）：主要拍摄中国特有的交通运输工具——独轮手推车，这种手推车可以乘坐多名乘客，19世纪末、20世纪初在沪应用广泛，可以在许多历史纪录片中看到。

（4）人力役畜（Human beings as beasts of burden）：拍摄了在乍浦路桥上用人力拽拉货车的场景，苏州河上正在用人力摇桨划船运送面粉的船只，法租界福开森路（今武康路）、霞飞路（今淮海中路）交界处工人们修路等多组镜头。

（5）精致的葬礼（Elaborate Funerals）：拍摄了一场规模宏大的送葬仪式。

（6）1932年4月2日战后上海闸北地区景象（Warlike Shanghai, April 2nd, 1932, The Chapei Section）：画面为被战争损毁的里弄建筑、在越界筑路地区警戒的万国商团士兵、巡逻的日本兵、难民重返家园等镜头。

这部纪录片上海部分第六处字幕，标注拍摄日期为1932年4月2日。另根据1932年4月2日《大陆报》对"果敢号"来沪所作的报道可知，该船4月2日到达上海，停留一周时间，并安排游客参观南京路、闸北战区等。

中共四大会址周边历史风貌

关于中共四大会址，1981年6月8日《人民日报》刊登了姜华宣的文章《中国共产党第四次全国代表大会》，提到召开地点为"横浜路六号"。1982年第9期《解放军画报》刊登的中共四大会址照片，拍摄主体是横浜桥北岸的数间民房，文字说明为"图为'四大'会址——上海闸北横浜路6号"。后根据郑超麟回忆："会址是新租来的一幢三层石库门房子，地点在上海去吴淞的铁路旁边，当时是'中国地界'，但距越界筑路的北四川路不远，通过川公路可以到北四川路。"后根据实地探讨，及记忆中"会址北面有一座教堂"的印象。然后确定了在东宝兴路254弄28支弄8号处的地址。

1932年纪录片《"果敢号"世界巡航》在上海多地进行拍摄，许多地方由于未标注地点，或缺乏标志性建筑等，不能一一判定。但该片在"闸北"部分拍摄战后惨景时，拍摄到吴淞铁路，且背后为一幢疑似教堂，与郑超麟记忆中中共四大会址周边地标相同。这引起上海音像资料馆研究团队的极大兴趣，并对此展开研究。

根据1932年出版的杂志《上海战影》第一、二集，其中刊载的两幅图片及"日兵纵火焚烧横浜路之教堂及民房""日本海军在北四川路横浜路一带所掘之地穴"的文字记载，发现照片内容与这段影像所拍摄画面一致，特别是教堂三角形尖顶、窗户数量、墙立面上的文字，可证明图片与影像为同一场景，即横浜路。而判断属于横浜路哪一段，则依据影像中出现的淞沪铁路。

多幅1932年的老上海地图显示，淞沪铁路与横浜路的交界之处，只有宝山路横浜路处。根据照片与影像所拍摄的画面可以确定这幢建筑上的文字为"真耶稣教会"。查1947年出版的《真耶稣教会卅年纪念专刊》记载，其总部"至十七年再移至宝山路850号，与对面横浜路口820号，到一九三二年一月廿

纪录片《"果敢号"世界巡航》中所呈现的闸北区域影像

八日的沪变,总部与印刷厂全被炮火毁坏,有三年两个多月"。其记载的方位正位于现在的宝山路横浜路口的位置,与研究结论相互印证。

宝山路以西区域已经拆迁重建,但道路走向、建筑方位与影像画面符合。宝山路以东横浜路区域,正在拆迁中,但现存里弄建筑与影像拍摄的建筑风格非常相近。综合影像、文字、照片资料,判断该影像所摄内容为1932年横浜路宝山路一带的历史影像。虽然并非中共四大召开的确切地点,但与中共四大会址仅一河之隔,直线距离在五六百米左右,属于同一区域。

历史影像提供的新视野

20世纪20年代以前,纪录片很大程度上局限在新闻影片和风光短片。偶尔,也有长纪录片被制作出来,但当时并没有产生影响力。自20世纪20年代起,纪录片逐渐被认为是艺术性电影,并被赋予新的社会地位。这一时期的纪录片主要有三类:描述异国情调的影片;企图直接记录现实的影片;资料汇编纪录片。

1932年纪录片《"果敢号"世界巡航》，是以记录世界各国风土人物为主的资料汇编片，通过其对黄浦江、南京路、乍浦路桥等几个地点的拍摄和对影片所配的文字描述可见一斑。该片最大价值在于以影像记录社会现实而非用于战争宣传，故拍摄内容与其他的1932年影像不同。之前闸北战区的视频影像以一·二八淞沪抗战为主，如联华影业公司黎民伟于1932年所拍摄的纪录片《十九路军抗日战史》（片长60分钟），拍摄了中共四大会址所在的闸北区域战斗场景、战后面貌等，片中出现的石库门里弄"和兴里"，便位于中共四大会址西南边的永兴路上。此外，在商务印书馆被炸毁后，有一位美国记者立刻前去拍摄了商务印书馆、东方图书馆历劫后的惨景，画面中拍摄到除不远处的水塔尚存外，大楼仅残存破败的空架子，只有墙壁上五个大字"商务印书馆"清晰可见。

商务印书馆位于中共四大会址以西，横浜路真耶稣教会位于中共四大会址以北，北四川路街区位于中共四大会址以东，和兴里位于中共四大会址以南。围绕中共四大会址，该影像与目前已知的影像共同构成了中共四大会址早期周边的历史风貌景象，成为我们进行中共四大研究、还原历史真实图景的宝贵资料。

近代上海作为远东第一大城市，是众多来华外国人旅游必至之地，那么一定有相当多的历史影像留存于世。此外，上海作为近代中国的新闻中心、电影中心，电影产业非常发达，有大量纪录社会现实的新闻片、纪录片或电影，在留存至今的众多历史影像中，有着大量未知的宝贵资源值得我们去深度挖掘。

搜寻淞沪抗战期间闸北虹口交界处的影像资料，来进一步寻找中共四大会址的线索，相信有了这次的建筑标志之后，会对下一步的找寻提供更明确的方向。

（本文发表于2018年8月，图片由作者提供）

《高尚德致张太雷、俞秀松函》背后

丁言模　俞　敏

　　近期看到广州青运史研究会到台湾收集到高尚德致张太雷、俞秀松的信（1922年8月14日，以下简称"8月14日之信"），落款"尚德"，"十四，八，一九二二"。另现存有1923年4月16日高君宇（高尚德）写给恋人石评梅的信。现将此两封信笔迹进行核对，确系出自同一人之手。

　　"8月14日之信"具有重要史料价值，填补了青年团"一大"与西湖会议之间的早期青年团史上一个空白，即营救第四次被捕的陈独秀等诸多问题，从一个侧面揭示了高尚德接替施存统担任团中央执委会书记仅一个月，便被俞秀松接替书记职务的主要原因，并引起此后的团中央执委会重要成员几次变动，令人深思。同时，间接披露了张太雷、俞秀松接连写信给高尚德的一些内容等。

一

　　高尚德、张太雷、俞秀松都是共产党早期组织成员，而且分别是北京、天津、上海社会主义青年团的创建者和首任负责人。最初是张太雷分别与高尚德、俞秀松相识，引出许多感人的故事。青年团"一大"召开，他们三人与蔡和森、施存统一起被选为团中央第一届执委会委员，在一起工作，开会商讨有关

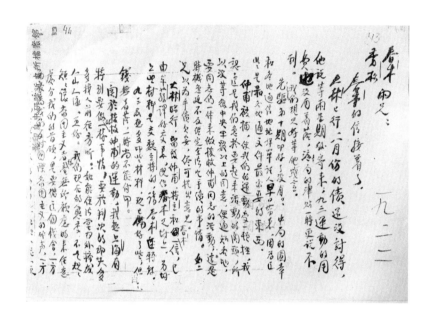

高尚德致张
太雷、俞秀松
信函

高尚德

问题，"8月14日之信"便是这个阶段产生的。

高尚德（1896—1925），字锡三，号君宇，出生于山西省静乐县峰岭底村（今属太原市娄烦县）。1912年考入省立一中，1916年考入北京大学，参加各种进步社团，崭露头角，成为学生领袖。他曾任北京学联负责人，是五四爱国运动的领导人之一。五四运动期间，张太雷、高尚德都受到恩师李大钊的教诲，先后参加北京大学的马克思学说研究会，都是北京共产党早期组织成员。

1920年11月，高尚德被选为北京社会主义青年团第一任书记。次年3月30日，北京社会主义青年团领导机关改为委员制，张国焘为执委会书记，高尚德为组织委员，李大钊担任出版委员。不久，高尚德被派回山西，发起成立太原社会主义青年团。

张太雷创建天津社会主义青年团，首任书记，知道

高尚德是北京大学的学生运动骨干，并一起参加北京共产党早期组织的有关工作，如长辛店劳动补习学校等。张太雷作为远东书记处中国科临时书记，参加共产国际"三大"、青年共产国际"二大"之后，回到上海向陈独秀汇报，协助陈独秀精心组织参加远东大会（远东各国共产党及民族革命团体第一次大会）的中国代表团赴伊尔库茨克，代表团中有张国焘（团长）、高尚德等人。张太雷主持的青年团一大上，张太雷与高尚德都被选为团中央执委会委员。

俞秀松

青年团"一大"结束后，张太雷等人接连召开会议，决定团中央机关设在上海，施存统担任团中央书记，俞秀松为经济部主任，蔡和森为宣传部主任，主编《先驱》，这3人驻上海；张太雷、高尚德驻广州，这样把5个执委会委员分为两摊子，以上海、广州为主。高尚德尚未到任之前,候补委员冯菊坡代理其职务。

6月11日,北京青年团组织改组,高尚德被选为执委会书记。无法分身南下广州。张太雷在广州指导青年团的工作并不顺利,6月30日,张太雷写信给施存统,汇报了有关情况,他表示"非一人之力能办到",迫切希望高尚德前来接替工作,自己因有要事回上海。

7月16—23日,中共二大在上海召开,大会选举陈独秀为委员长,李大钊、蔡和森、张国焘、高尚德为第二届中央执委会委员,其中蔡和森、高尚德兼管青年团工作。

中共二大结束后的7月26日,张太雷与俞秀松、高尚德、蔡和森、施存统等在上海参加团中央执委会第14次会议,决定团中央机关迁往北京,蔡和森、高尚德、施存统驻北京,俞秀松、张太雷驻上海。

8月2日,团中央执委会召开会议,施存统、高尚德、张太雷、俞秀松到会,会议决定批准施存统因病提出辞职的请求,由高尚德担任团中央书记,委员一职由冯菊坡代理。

8月9日,陈独秀在上海被捕,引起各方密切关注。8月14日,高尚德以新任团中央书记名义在北京写信给在上海的张太雷、俞秀松,即"8月14日之信"。

俞秀松出生于1899年6月,比张太雷小1岁,浙江诸暨次坞镇溪埭村人。青年俞秀松瘦高个子,浓眉,戴着一副眼镜,穿上西装很有派头。他与张太雷是一北一南的青年团早期负责人,相识比较早。俞秀松早年就读浙江省立第一师范学校。五四运动时期,他与施存统等人积极参加杭州学生运动,结识陈独秀、沈玄庐、李汉俊、戴季陶、陈望道、杨之华(后为瞿秋白妻子)等人。1920年6月,陈独秀、俞秀松、李汉俊、施存统、陈公培开会商量,决定成立共产党组织,并初步定名为社会共产党,还起草了共产党的纲领。陈独秀征求李大钊的意见,定名为"共产党"。同年8月,在上海法租界老渔阳里2号《新青年》编辑部正式成立中国共产党上海早期组织,陈独秀担任党的书记,俞秀松成为党的发起人之一。8月22日,上海社会主义青年团在上海霞飞路渔阳里6号正式成立,俞秀松为首任书记,也成为团的创始人之一。

上海共产党早期组织、青年团成立后,负有指导全国各地党、团的政治使命,张太雷在天津负责青年团工作时,定期收到上海方面寄来几百份《共产党》月刊(李达主编)。

1921年6月,张太雷与俞秀松在莫斯科相遇,一见如故,一起参加共产国际“三大”、青年共产国际“二大”。为了维护中国共产党早期组织在共产国际中的合法地位和名誉,他俩起草信件,呈交共产国际“三大”代表资格审查委员会和共产国际执委会主席季诺维也夫,强烈要求不要理睬那些冒名“共产党”的无政府主义者,并抗议承认江亢虎(曾为中国社会党首领)的代表资格,认为江亢虎只是一个政客。

在青年团的“一大”上,张太雷、俞秀松等被选为团中央执委会成员,其后多次在一起开会讨论有关问题。按照规定,团中央执委会委员张太雷、俞秀松驻上海,与北京的蔡和森、高尚德、施存统联系工作,除了在一起开会之外,全靠托人带信或寄信往来,因此,便有了高尚德的“8月14日之信”。

二

“8月14日之信”谈及营救第四次被捕的陈独秀以及营救策略等事。

1922年8月9日,中共二大闭幕半个月后,陈独秀再次在家中被法租界巡捕逮捕。第二天,上海《时事新报》立即报道:“陈独秀氏寓居法租界环龙路铭德里二号,昨(九日)被法总巡捕房特别机关西探目西戴纳,会同督察员黄金荣,华探目程子卿、李友生,包探曹义卿等捕获,带入芦家湾总巡捕房,候请公堂讯核。”

陈独秀上一次被捕也是西戴纳（亦译为萨克君）、黄金荣、程子卿三人所为。黄金荣是旧上海赫赫有名的青帮头目，与张啸林、杜月笙并称上海三大亨；程子卿曾于1921年7月30日晚上，"误闯"中共一大会场，即法租界望志路106号（今兴业路76号）。此时黄金荣、程子卿已经升官，且陈独秀上次被捕缴纳的钱款，对于他们来说无疑是"摇钱树"。因此，这次抓捕陈独秀也属于"敲竹杠"（敲诈）性质，这在旧上海滩屡见不鲜。

8月11日，上海《时事新报》跟踪报道："陈独秀被拘情形，已见昨报。兹悉陈在前日上午十一时被拘，经捕房抄得陈炯明月前汇给其四万元之证据一纸外，又有各种鼓吹主义之书籍纸版多种。据粤中来沪之某君云，陈炯明于月前确有四万元汇沪，请陈独秀对某氏住沪团体，施行某项计划所用云。"

事前，粤系军事将领陈炯明主政广东前后，力邀陈独秀加盟主持教育改革，在陈独秀家中抄出的4万元收款凭据，是此前在广州办理学校的拨款，并非是陈独秀回沪后的新汇款。

此事来由，陈独秀在《我们对于造谣中伤者之答辩》（《向导》周报第98期，1925年1月7日出版）中认为，这次被捕的直接原因是"旅沪湖南劳工分子王光辉、谌小岑辈和几个所谓无政府派"的造谣中伤，"说我们得了俄罗斯的巨款"，"王、谌二君不承认曾造此谣言，而无政府派的宋仙却有一封致郑州工人的信可以作证"。于是听信谣言的"华探杨某曾于年前向我的朋友董、白二君示意要敲竹杠，就是因为听了他们的谣言，穷人无钱被敲，我当时只得挺身就捕"。

谌小岑曾与张太雷一起创建天津社会主义青年团，后为汉口扬子机械厂化学技师、中国国民党中央党部工人部指导主任等职。新中国成立后，为国务院参事、翻译家。陈独秀这番解释，牵涉到王光辉、谌小岑在上海组织的湖南劳动总会，详情有待进一步佐证。

陈独秀被逮捕后，8月12日上海《时事新报》《申报》等跟踪报道："法捕房西探长萨克君（即西戴纳——引者），侦得法新租界陈独秀家藏有违禁书籍，故于前日带同探目等，前往陈家，抄出各种鼓吹书籍甚夥，带入捕房。昨解法公堂请究，先由西探上堂，禀明前情，并将书籍呈鉴。被告由巴和帮办、博勒律师代辩，称此业捕房所控各节，敝律师尚未研究，求请准予展期讯核。中西官判陈还押，准予展期七天再核。"

上次马林请人花了一大笔钱聘请的律师巴和，如今已经是帮办，他还带了助手博勒律师。这次谁去洽谈的呢？马林是 8 月 12 日抵沪，立即联系张太雷，商谈工作。因此，马林不可能提前去找巴和，很有可能是张太雷或他人接受中共中央委托与巴和洽谈。

陈独秀被捕后，中共中央立即展开营救，上海、北京等地报刊连续发表消息和通电，产生社会舆论。8 月 14 日，北京《晨报》报道说："陈独秀在上海法（租）界本宅被捕，已志本报。顷接上海快信，陈独秀仍拘于捕房之中，十一日已预审一次，预料十八日（本星期五）当可判决，法捕房对于此事极为注意。又上海电讯，某国大法律家云，陈氏著作中对于共产主义，虽曾极力发表其意见，然彼谓观察中国目下情形，尚未到实行共产时期，实与鼓吹共产者不同。况陈氏前曾被拘一次，因罪证不充，旋即释放，此次被捕，如法庭根据其著作审判，则不能成立罪名云。"显然巴和辩护产生"利好"效果，这与强烈要求释放陈独秀的社会舆论相呼应。

同一天，自治同志会、新中国会、共存社、改造同盟、马克斯（思）主义研究会、少年中国学会、非宗教大同盟、非基督教学生同盟、中国社会主义青年团、马克斯（思）学说研究会等 10 个社会团体，联名发出《为陈独秀被捕事敬告国人》（以下简称"宣言"），指出：

全国工人们，农人们，兵士们，弟兄姊妹们：

中国早已变成外国的殖民地！中国人民早已被外国资本家踏在脚跟底下！在中国自己领土之内，他们是驻扎了许多军队和警察，可以随便杀害中国人,拘捕中国人。工人们是被他们拿鞭子赶着去作工,和奴隶牛马一样,农人们是被洋货的侵入和他们的诡谋造成的内乱,弄得流离死亡,兵士们得不到军饷,固然是军阀刻(克)扣军饷,也是因为外国资本家年年要抢掉几万万的现洋去,学生们和青年们的爱国运动,被他们打得七零八乱,这样,中国人不是变成了被压迫的奴隶么!

法国要算是世界上一个最顽固的国家,他在欧洲榨取德国人民的血汗,和压迫劳农的俄罗斯,真是横暴无比。他在中国也久已暴露他的强盗行为,在上海干涉各界联合会、学生联合会、《救国日报》等爱国运动,封闭我们的好友《新青年》,禁止自由集会,屡次搜查租界的住户,任意蹂躏中国人和高丽人的居位(住)自由,诸如此类的强暴行为,不胜其数。

最近又发生了一件极可注意的事实,就是陈独秀被捕。陈独秀是一个改造中国的先驱,一个为解放中国劳苦群众奋斗的革命家,但是他最近在上海并没有激烈的行动,居然被法国侵略者拘去了。那些法国强盗们把为中国被压迫人民而反抗他们的人捕去,是很自然的事情,但是被压迫的中国人民就不能坐视。因为要改造中国,要解放我们自己,就不得不让各种革新运动能够自由发展。现在自由发展的机会受了危害了,我们一定要起来救护呀!这不仅是救护陈独秀个人,这是救护垂危的改造运动,这是解放我们自己必要的奋斗!……

现在判决我们亲爱的陈独秀的日子是本月十八日(星期五),我们要即刻前进,在我们示威的那一天,我们要高声喊叫:打倒法国帝国主义!为自由而战!劳动群众的联合万岁!

"宣言"发表于8月15日北京《晨报》第3版上,其中联名的中国社会主义青年团尤为显眼。事前,张太雷、俞秀松获悉后,觉得很不妥,加之其他原因,

接连几次写信给在北京的高尚德,提出不同意见,同时通报了陈独秀被捕和营救近况等事情。如果细加分析"很不妥"的原因:

其一,营救被捕的陈独秀要讲究策略,鉴于上次营救陈独秀"交保获释"的成功经验,案子由律师出面,花钱疏通关节,最终结案。况且这次"公堂不准交保",更不能一味地蛮干硬拼,"赤膊上阵"。公开发表的"宣言"理应斟字酌句,淡化政治色彩,以免被上海法租界巡捕房抓住把柄。由此可参见以上8月14日北京《晨报》的报道,此后的判决理由也是如此。

其二,陈独秀被捕应该及时吸取教训,加强自我保护意识,青年团"一大"之后,为了营救陈独秀,加入"大张旗鼓"的呼吁行列,有可能造成被反动当局查禁的严重后果。

其三,按照团中央执委五人分为京沪两地工作的基本原则,凡是作出重大决议之前,理应事前通告、协商、决定,以上的"宣言"仓促行事,未能及时沟通,违反了组织纪律。

高尚德等人听说陈独秀被捕消息后,心急如焚,中国革命运动决不能失去共产党的领袖,必须立即采取各种措施,包括起草和发表"宣言",号召全国工农兵民众,以营救被捕的陈独秀为"火种",促成一场大规模的爱国反帝运动,继承和发扬五四运动精神。

"宣言"一事,高尚德应与在北京的蔡和森等人商量过,希望能造成社会舆论,对上海法租界巡捕房施加压力,迫使巡捕房早日释放陈独秀,否则夜长梦多,随时可能发生不可预料的后果。

高尚德收到张太雷、俞秀松的接连数信,并不觉得不妥,反而拒绝"谨慎"行事,便写回信,即"8月14日之信":

> 仲甫(陈独秀)被捕,使我们的运动受一顿挫,我认(为),这是我们急于要起来活动的关头,所以没等征中央半数以上的同意,便通知各地,要

同志们一体来做援救仲甫同志的活动；这是时机急迫不及假完全法定手续的事情。如二兄以为手续欠妥，尽可提出意见。

……

关于援救仲甫的运动，我想上海有特别要做的一样事情，要于判决的那天多多找人前往旁听；如能使法堂内外挤成人山人海，更好。我们现在的态度，不是规规矩矩让帝国主义者丝毫无所顾虑地来任意处分我们的首领，是要借这个机会，一方面于放高我们反对国际帝国主义的呼声，一方面造成功一种群众的势力来迫（使）他（它）不能不恢复仲甫的自由。北京同人已联合了十一个团体发表一篇宣言，并预备尽力为各方面有力地活动，蔡元培已打电给法领（事），今日我们又□他往见法国公使；胡适也要联合几个学者草篇宣言，来揭揭法人对中国人民的欺侮。

显然，新上任的团中央书记高尚德激情燃烧，坚持己见（此信关于"判决的那天……"与"宣言"最后一段很相似），"特别"希望张太雷、俞秀松两位驻上海团中央执委，能够拿出五四运动中北京学生"火烧赵家楼"的大无畏斗争精神，发动广大青年学生，大闹法租界巡捕房，引起国内外舆论的关注，产生声势浩大的爱国反帝运动的"前奏"。张太雷、俞秀松也许并未收到高尚德"8月14日之信"，即使收到，他俩也未必"顺从"这指示，依然会按照律师辩护的营救思路行事。

"8月14日之信"谈及胡适等人营救诸事，与实际情况略有不同。8月18日，陈独秀一案胜利判决，"罚洋四百"，交保释放。上海《时事新报》《申报》等作了报道：

法捕房前在陈独秀家搜出违禁书籍及底稿等物，拘解法公堂奉讯判候再核在案。昨又提讯，先由西探长上堂禀明前情，并将各种书籍呈鉴，被告由巴和帮办、博勒律师代辩称，此案捕房探长陈系共产党之人等语，然被告不过说说而已，并无共产党之实，捕房又在被告家中抄出广东政府收款据，而此种收据并不犯法，系被告在粤省办理学校事宜，故由该政府给由被告洋四万元，转拨各学校，作为经费所用。被告在广东创办新青年会，乃系粤政府所允许，被告既为该会主任，故作此种《新青年》书籍。查公堂不过禁止过激之事，现今被告并无机器及印刷品物，不过收藏新青年社书籍底稿而已，并无违法章程。尚有各种往来信札，并无鼓吹工党之行为，请察。聂谳员之法副领事葛君，判陈独秀罚洋四百元充公外，再交寻常保出，抄案书籍底稿一并销毁。

陈独秀出狱后，他的安全问题引起中共中央的高度重视，不仅为他专门配备了秘书，设立了单线联络的地下交通，他的住址更加保密，在法租界安然无恙地生活了整整10年（其间外出武汉等地开会）。

巴和帮办、博勒律师为陈独秀一案辩护的费用是一大笔钱，陈独秀哪里有能力支付？9月24日，蔡元培、李石曾、蒋梦麟、胡适、邓中夏、刘仁静、张国焘、高尚德、李大钊、林素园、范鸿劫、黄日葵、蔡和森、缪伯英等14人在北京《晨报》上联名发表《为陈独秀君募集讼费启事》："启者，陈独秀君为社会教育思想自由之故被捕案虽已了结，而关于讼费及销毁书籍版费损失在二千元以上。陈君清贫，同人深悉，遭此厄运，其何以堪，凡表同情于社会教育思想自由及与陈君有旧，愿解囊相助者，上海希交环龙路铭德里二号高君曼，北京希交北京大学图书馆李大钊收转为荷。"

陈独秀被释放后，参加了中共中央执委会在杭州召开的西湖会议（8月29—30日），讨论共产党员参加国民党的问题，陈独秀、李大钊、蔡和森、张国焘、高尚德及共产国际代表马林和翻译、助手张太雷参加会议。此后，高尚德、张太雷、俞秀松等人以个人名义加入国民党。会议决定创办中共中央机关报

《向导》，蔡和森主编。

9月2日，团中央执委会召开会议，高尚德、蔡和森、俞秀松、张太雷（张椿年）、施存统（方国昌）、陈独秀（代表共产党）出席会议，进行了改选，俞秀松任团中央执委会书记，施存统（方国昌）为《先驱》编辑，驻京特派员为刘仁静，驻粤特派员为高尚德、冯菊坡。

这次会议初步解决了原来团中央执委会分为京沪两地的问题，集中在一地，以免再次发生未能及时沟通而做出重要决定——违背组织纪律的原则问题。长期以来，一直不清楚此会议改选的主要原因，现在"8月14日之信"谈及营救陈独秀之事，则初步揭开了"冰山一角"，还有许多内情，有待挖掘资料，进一步揭开真相。

仅过了一个多月，人事又有变动。10月30日，团中央执委会召开会议，高尚德、蔡和森、施存统（方国昌）、张太雷（张椿年）、俞秀松和张国焘（张特立，代表共产党）到会，会议通过了高尚德、蔡和森、俞秀松辞职，并提出由朱务善、阮永钊、贺昌接替，以补3个委员的空缺，但需要得到各地方团组织同意后决定。会议进行了改选，依然是施存统（方国昌）担任书记，并兼任《先驱》总编辑，还决定团中央机关由上海迁往北京。此后，团中央执委会成员还有变动，不再赘述。

施存统撰写《本团的问题》，连载于团中央刊物《先驱》第16—21期（1923年2月1日—6月20日），开头就强调青年团的性质和组织纪律，指出："我们要强固自己的组织，首先须严明自己的纪律。""不然，各不相谋各自为战，就易为敌人所乘，陷自己于败亡之境。所以我们的团体，须采取军队组织的精神。"

高尚德与张太雷、俞秀松就营救陈独秀的目标是一致的，只是在策略上有意见分歧，实属正常。此事引起团中央执委会的人事连续变动，反映了许多问题，这是一个新的话题，已超出了本文的范围。

三

"8月14日之信"谈及其他诸事，间接披露了张太雷、俞秀松接连写信给高尚德的一些内容。

张太雷

其一，"春（木）等的信接着了。大林已行，八月份的债还没讨得，他说等两星期后寄来；九三运动的用费也没有着落，沪局的津贴一时更说不到。我们现只好等他践言。"

大林，即达林，青年共产国际代表，几次来华，负有指导中国社会主义青年团整顿、发展工作的使命，曾接受来华的苏联巴意开斯使团的委托，前往广州同孙中山谈判国共合作问题，又数次会见孙中山。达林与张太雷、俞秀松、高尚德都有不同程度的工作关系，其中与张太雷的交往最多。张太雷两次赴莫斯科，与达林直接合作；张太雷接受青年共产国际达林等人委托回国整顿、发展社会主义青年团；张太雷与来华的达林共同筹备团的"一大"，并在广州陪同达林会见孙中山。1926年11月上旬，张太雷、达林等随同鲍罗廷等人自广州"迁都"武汉之旅等，这些在达林的回忆录中都有生动的描写。

团的"一大"闭幕后，达林处理完有关事项，自北京回莫斯科。正值共产国际代表马林来华，事前达林访见孙中山，他俩之间有一个工作交接的问题，牵涉到国共合作的重大问题，孙中山的态度极为关键。张太雷作为马林的翻译兼助手，便写信问起达林是否离华。果然，8月12日，马林刚抵达上海，苏联工作人员便告知达林离沪北上回国的消息。立即联系张太雷、张继（国民党在上海大本营的负责人，曾介绍马林、张太雷南下与孙中山会谈），着手筹备西湖会议。张太雷向马林汇报了经费等问题，这与"8月14日之信"谈及经费问题相印证。

"8月14日之信"还写道:"大林临行,留致仲甫、特立和春木一信,已由牟苏译好交来,现给春木兄附上,另附上些材料是交魏立特的,请春木速转致。""仲甫,特立和春木",即陈独秀、张国焘和张太雷,"牟苏",可能指杨明斋,他曾作为翻译随维经斯基第一次来华。陈独秀第三次被捕时,杨明斋化名为牟有德,也在陈独秀家里被捕。"魏立特"理应指马林,遗憾的是达林分别写信给陈独秀、张国焘和张太雷,迄今未见有关资料披露此三封信的内容。

其二,"8月14日之信"写道:"九三(运动)另想多印些材料,现已备好了些;但钱无着落,一时尚不能付印。"

"九三运动"即青年共产国际规定9月3日进行"纪念国际少年日"的宣传活动。1922年8月2日,团中央执委会召开会议,委托驻京委员蔡和森、高尚德全权办理,并于当日发出通告,要求全国各地方团组织于9月3日须一律在其可能形势之下,举行一种大的集会或大的示威运动:一是唤醒国内劳苦中国少年,二是响应国外革命少年。

9月3日,团中央机关刊物《先驱》第11期推出"国际少年日纪念号"专刊,刊登《第八次国际少年日》《少年工人与劳动法》《劳动法案大纲》等文。同一天,在黄炎培创办的上海中华职业学校里,举行上海社会主义青年团组织的"纪念国际少年日"大会,高尚德和李大钊、张国焘、杨贤江、茅盾(沈雁冰)等出席,相继发表演说。

其三,"8月14日之信"谈及"《先驱》第十期印好了没有?中局的图章和各地通信地址详单托人早日带来,因为这些是和各地通文件最需要的东西"。

"中局的图章……"这是团中央执委会成员分为京沪两地所造成的问题,日后着手解决,团中央机构必须集中于一地,便于及时贯彻执行中共中央的各项决议,进行商讨、决策,领导全国青年运动,开展各项工作。

青年团机关刊物《先驱》在北京创办(1922年1月),由北京社会主义青年团编辑发行。因遭到反动军阀政府查禁,《先驱》第8期转移到上海,由青年团临时中央局出版,共出版25期(1923年8月15日),蔡和森、刘仁静、邓中夏、施存统、高尚德、张太雷等人先后任主编或编辑。此后,团中央创办《中国青年》,恽代英主编,产生很大影响。

《先驱》第8期(1922年5月15日)为"中国社会主义青年团第一次全国大会"号,刊登了有关这次会议的报道和决议案等。从6月20日出版的第9期《先驱》起,开始明确标明"中国社会主义青年团中央执行委员会印行"。"8月14日之信"询问之前,《先驱》第10期已于8月10日出版,这期有《上海纺织业的恐慌》《上海少年宣传团调查》《远东各国共产党及民族革命团体第一次大会宣传》《基督教徒在政治上的大活动》等文。其中《第八次国际少年日》一文与高尚德、蔡和森负责的"九三运动"密切相关。

其四,"8月14日之信"写道:"北京几位女同志对女权运动很努力。上海(王)一知和(王)会悟对纱厂女工罢工尽力了些吗?"

"北京几位女同志"指缪伯英等人,缪伯英(丈夫何孟雄)早年考入北京女子高等师范学校,参加北京大学马克思学说研究会、北京共产党早期组织,成为中国共产党的第一个女党员、中国妇女解放运动的先驱。1921年秋,以北京女子高等师范学校和北京高等师范大学的党员为主组成的中共北京西城支部(亦称北京师范大学支部)成立,缪伯英为第一任书记。1922年夏,筹备北京女权运动同盟会。此后,她担任中共湖南省委第一任妇委会书记等职务。

北京女权运动同盟会由北京女子高等师范学校发起,8月13日,在该校大礼堂开茶话会,会议主席报告该会筹备情况,李大钊、黄日葵等人出席并讲话。

高尚德的恋人石评梅也就读于北京女子高等师范学校,更为关注该校发起成立女权运动同盟会,而且成立会上邀请的都是北京大学教授,其中李大钊、黄日葵都是高尚德熟悉的,均为马克思学说研究会、北京共产党早期组织成员。

事前,女权运动同盟会和8月3日成立的北京女子参政协进会都被北京警厅以《治安警察法条例》为依据,禁止成立,因此召开了这次茶话会。在李大钊等人支持下,8月23日,该会依然正式成立。同时,高尚德与缪伯英、蔡和森等根据党的指示,在北京发起成立民权运动大同盟,召开几次筹备工作,于8月24日正式成立。随后江苏、广东、山东、四川、江西、陕西等地相继成立该组织,发展为一股反军阀反帝的强大力量。

"8月14日之信"谈及上海纺纱厂女工罢工,其实是各丝厂女工万余人罢工,与上海船员、人力车夫罢工,合称为"三大罢工风潮",京津报刊都有详细报道。

关于王会悟、王一知的近况,高尚德也很关心。王会悟是李达(中共一大代表、第一届中共中央宣传部主任)的夫人,王会悟参加了中共一大的筹备、会务和保卫工作,中共二大也是在李达、王会悟家里召开的。1921年12月10日,李达、王会悟、王剑虹(后为瞿秋白第一位妻子)创办了共产党最早的一本妇女刊物《妇女声》半月刊,陈独秀、沈泽民、茅盾(沈雁冰)、邵力子等撰稿,王会悟发表了《中国妇女运动新动向》《湖南女工之觉悟》等文章,投身中国早期妇女解放运动。

1922年2月,王会悟、王剑虹参与创办了上海平民女子学校,李达任校务委员会主任,王会悟协助。前后共招收30多位学员,其中有王会悟、王剑虹、王一知、钱希均、丁玲、高君曼等,陈独秀、张太雷、陈望道、邵力子、高语罕、沈泽民、茅盾(沈雁冰)等授课。《妇女声》推出"平民女校特刊"号,陈独秀和李达在《妇女声》杂志上发表文章,热情赞扬平民女校是"到新社会的第一步"。

平民女校组织学生参与社会演讲,参加工人罢工斗争,到各工厂去宣传。1922年4月17日,上海浦东日华纺纱厂一厂、二厂举行罢工。张国焘主持的中国劳动组合书记部联合30多个团体,组织罢工经济后援团。王会悟、王剑虹、王一知等人一起参加募捐活动,在南京路上劝募捐款。王一知是施存统第一任妻子,曾在团中央刊物《先驱》第15期(1922年1月15日)发表《卢森堡与中国女子》一文。

其五,"8月14日之信"有一些比较特别的用词和文句,值得关注:

(1)称呼张太雷为"春木""春",这是这种称呼第一次出现在书信里。张太雷书信落款有时也会署名"春木"。1922年10月4日,中共中央机关刊物《向导》第4期发表高尚德、张太雷合作译介一文,题为《介绍一篇国民革命的纲领——为了群众利益而革命——非为了革命来找群众》,署名"君宇、春默",君宇即高君宇(高尚德);春默,即张太雷的笔名"春木"的谐音。

(2)此信中落款为"尚德",也是第一次,团中央执委会会议记录中则时常出现"尚德"。迄今能见到的高尚德书信落款均为"君宇",他写给恋人石评梅的信,落款也是"君宇"。他写在自己照片上的一首言志诗:"我是宝剑,我是火花,我愿生如闪电之耀亮,我愿死如彗星之迅忽。"落款也是"高君宇"。如今世人习惯称他为高君宇,包括现已出版的传记、纪念集等,均以高君宇出现。

(3)此信结尾:"祝你们主义的平安!"不是"我们的主义",这令人有些费解。不知是调侃,还是故意为之,也许双方过于熟悉的原因,随笔写就。

(4)此信600余字,写在一张长幅条纸上,由于是复印件,不太清晰。但其中有些字迹难以辨认,甚至涂改。信表达的意思基本明确,但有些文句不大通畅,显得仓促、随意,似乎急于要发信。

综上所述,"8月14日之信"是早期青年团史因果长链上不可或缺的一个重要环节,可以引申出许多话题。同时,也是研究"笔底生风雷"的高尚德、张太雷、俞秀松三位早期青年团领导人之间交往,以及工作作风、心理和性格的一份重要史料。此信中有些细节还需要进一步挖掘资料佐证,以揭示更多的历史真相。

393

(本文发表于2020年7月)

斯诺偷渡
"红色中国" 实录

陆茂清

《红星照耀中国》英文版

《红星照耀中国》(中译本《西行漫记》),是美国记者埃德加·斯诺在陕北红区的采访录,当时的西方舆论高度评价:该书对中国共产主义运动的描述,与哥伦布发现新大陆一样,是震惊世界的成就。

斯诺是前往陕北采访的第一个外国记者。其时,国民党正部署"围剿",大兵压境,紧紧包围;他又是个外国人,无论到哪里都是众所注目的对象,是怎样冲破层层封锁偷渡去"红色中国"的呢?个中谜团,正是众多读者大感兴趣的。

萦绕着成串关于"红色中国"的问号，
唯一的办法是到那里去一趟

东南巨埠上海，1928年初秋。

汽笛声中，越洋轮船靠向十六铺码头，一个白人小伙子并不急于下船，正饶有兴致地凭栏眺望着外滩的景物。

此人就是斯诺，这年才22岁。

斯诺出生在美国密苏里州堪萨斯城一个出版商家庭，大学新闻系毕业当了记者，对外部世界充满了幻想的他，计划作为期一年的环球旅行，遂去"雷奥诺尔号"远洋轮上当了一名船员。为了寻找"东方的魅力"，他来到了中国，日程表上分配给中国的时间是六个礼拜。

始料不及，在上海登岸后，原定在中国六个礼拜的旅行计划必须延长。

原因是，沪上英文周刊《密勒氏评论报》总编、密苏里大学校友鲍威尔，热诚邀请他担任助理编辑，后又委托他代理总编。斯诺兢兢业业履行职责，写出了多篇有分量的报道，被纽约的《太阳报》与伦敦的《每日先驱报》聘为驻中国记者。

他往来于中国各地采访，看到了古老东方大国的深重的内忧外患，萌生了强烈愿望：用自己的笔，对中国的老百姓有所帮助。

这就促使斯诺作出了留在中国的决定。这一留，改变了他的人生轨迹。

1932年，斯诺与美国同胞记者同行海伦·福斯特结婚。婚后定居北平，应聘为燕京大学新闻系讲师。

他是个有理想、有追求、有正义感的青年，并不满足于家庭的幸福，自觉融入了中国人民的反帝反封建大业，公开声言反对日本侵略中国，一二·九运动中更与学生一起集会游行，由是得到了进步学生的信赖，他的住处，成了学生领袖谈论抗日救亡的场所。

自从到中国后,斯诺发现,南京当局的御用报章几乎天天报道"匪患"。所谓"匪",实是指共产党的"红色中国"。于是通过学生中的知己打探"红色中国"的底细,令他失望,他们各有说法,甚至引发了"谁说的对"的争论。

斯诺判断:他们没有到过"红色中国",所以大都是些混乱的传说。也因此认定:在当时世界各国中,没有比"红色中国"的情况是更大的谜!

日复一日,在他的脑海里,萦绕着一连串关于"红色中国"的问号:

共产党的领导人是社会先知,还是不过为了活命而盲目战斗的无知农民?

成千上万的人甘冒受处决的风险参加红军,这是为什么?

红军战斗得那么长久,那么顽强勇敢,他们到底是什么样的人?

毛泽东,南京通缉名单上的第一号"赤匪",他是怎样的人? 朱德,称作红军总司令的这个人,还有其他的红军领导人,又是些什么人呢?

红军抗击具有极大优势的敌人达9年之久,采用了什么样的战术? 又是怎样训练的?

共产党怎样穿衣? 怎样吃饭? 怎样娱乐? 怎样恋爱?

他们的妇女真像国民党宣传的那样,是被"共妻"的吗?

红军的兵力有多少? 他们的武器弹药是从哪里来的……

斯诺感叹:相当一个时期以来,竟然没有一个非共产党观察家,能够用亲身调查过的事实,解答这些未获解答的问题。"红色中国"是一片未知地,然而,大家对它却一无所知,实在可悲。

富有冒险精神的他,萌生了去"红色中国"采访的念头,于是向"东家"——纽约的《太阳报》和伦敦的《每日先驱报》报告。两家报纸都很赞成,《每日先驱报》还承诺,负责他的全部费用;如果成功的话,还可发给一笔优厚的奖金。

斯诺于是下定了决心。1936年3月间,向妻子海伦公开了这一宏伟计划。

海伦表示反对,理由是:南京政府的军队严密包围着"红色中国",控制着通往那里的大小道路,除非有上天入地的神通。

斯诺执拗坚持:不入虎穴,焉得虎子?他要做这前所未有的第一人!为了探明"红色中国"的真相,拿一个外国人的头颅去冒险也值得。

海伦知道丈夫的脾气,当他下决心要做一件事后,就难以动摇他,所以只能顺着他了,但又深为他的安危担心。

斯诺又是一个头脑机敏、有城府有主见的人,向妻子透露了一个秘密:伟大的目标,并非鲁莽的冒险可以实现的,正在考虑向一个我俩深深爱戴的中国人求助。

宋庆龄接受求助并缜密规划,
夏日午夜他悄然上了西去的火车

海伦猜测,斯诺要求助的中国人,一定是孙中山的夫人宋庆龄。斯诺点头认同:如果有人能成功地帮助自己,非孙夫人莫属。

早在上海时,斯诺就已认识了宋庆龄,曾多次采访过她,为她写过小传。宋庆龄的革命经历、高尚品质、广博知识,给了斯诺深刻印象,油然而生敬佩之心。他还发现,宋庆龄憎恶蒋介石而赞赏毛泽东。

斯诺据此判断,孙夫人有可能帮助他实现"红色中国"之行,于是南下上海拜谒宋庆龄。本是心目中深可信赖又崇拜的人,问候过后,斯诺直提要求,请宋庆龄利用自己的特殊身份,帮助他实现夙愿。

宋庆龄沉吟片刻后表示赞成,但又说必须等待时机。

送走斯诺后,宋庆龄通过在上海的外国友人路易·艾黎家的秘密电台,将斯诺的要求报告了陕北。毛泽东、周恩来等中共高层决策,接受斯诺的采访报道,以利国人以及国际社会真实全面地了解中国共产党和红军。于是复电宋

宋庆龄与斯诺(左)

庆龄,并请她物色一位医术高明的外国医生,与斯诺同来陕北,帮助改善红区的医疗状况。

1936年4月8日,周恩来与西北"剿共"副司令张学良,在肤施(今延安)秘密会谈,达成了红军与东北军停止内战、共同抗日的协议,开辟了由红区经东北军防地直至西安的地下交通线。宋庆龄得悉后,认为斯诺西北之行的条件趋于成熟,便着手具体规划。

5月中旬,宋庆龄将斯诺约来上海,告诉他红区与白区的对峙形势有了局部的缓和,西北之行有望实现。

斯诺又惊又喜,似孩子般跳了起来。宋庆龄告诉了相关事项,并说已安排他的美国同乡马海德医生同去红区,在郑州与他会合。随即取出一张名片,写上两句英文诗,在正中盖上骑缝章,一剪为二,将半张交给斯诺,嘱其到西安后入住西京招待所,等候一个姓王的牧师接头。随之介绍了王牧师的模样,以及接头方法。

斯诺回北平后不几天,中共北方局书记刘少奇指示组织部部长柯庆施,用隐形墨水开出了一份给毛泽东的介绍信,吩咐北平地下党组织的徐冰送到了斯诺手里。

1936年6月3日午夜,斯诺开始了生平最重要的旅程——神秘的"红色中国"之行。

他带着2架照相机、30卷胶卷和10多本笔记本,悄然出门坐进黄包车直去火车站,上了开往西安的火车。

火车破旧不堪,车上的条件又很差,他却十分兴奋,《红星照耀中国》里录有他当时的心情:"我所以兴奋,是因为摆在我面前的这次旅行,是要去探索一个跟紫禁城的中世纪壮丽豪华在时间上相隔千百年、空间上相距千百里的地方,我是到'红色中国'去!"

火车如老牛拉破车那样颠簸着。斯诺有点不舒服了,平时从不晕车,这是为什么呢?猛然想起:一定是那些预防针的副作用。

原来他听说,天花、霍乱、斑疹、伤寒、鼠疫在西北流行,于是赶在启程之前,在手臂和屁股上注射了这五种疫病的预防针,不料引起了不良反应。

车至郑州,斯诺下车换乘陇海线,和等候在这里的马海德医生同车西去。

火车离西安不远了,斯诺以敬仰而又感激的神情对马海德说:"孙夫人已派王牧师到西安接头,设法把我们送往'红色中国'。这次'红色中国'之旅的一切行动,都是孙夫人规划安排的,她真了不起!"

王牧师西安接洽,张副司令助一臂之力,中央保卫局局长从陕北赶来

王牧师是谁?中共地下党员董健吾,曾在上海圣约翰大学攻读神学,当时在中央特科科长陈赓麾下从事地下活动,以牧师身份为掩护,在隐蔽战线上与敌人巧妙周旋,被同志们美称为"红色牧师"。就在此前不久,他受宋庆龄的委托,作了第一次西北之行,在张学良帮助下潜赴红区,向党中央转达了国民

党愿意和谈的意向,使中断了十年的两党关系重又接通。

宋庆龄征得上海地下党领导同意后,决定派董健吾作第二次西北之行,把董健吾请来寓所,细细交代了任务,并叮嘱此事可请张学良帮忙。

再说斯诺与马海德一路顺利抵达古都西安后,去西京招待所开了房间。

一天饭后,斯诺与马海德正在房间里浏览画报,门口传来了流利的英语声,说是有事请教。说话的是一个穿灰色绸布长衫的中国人,身材高大,仪表堂堂,看上去像个富商,胸前挂着基督信徒标志——十字架。斯诺判断来者很可能是王牧师,客气地请他进来说话。

那人说北平有个外国朋友,问斯诺是否认识。斯诺回话后反问来人尊姓。听对方回说"敝姓王"时,不禁脱口而出"王牧师",并伸过手去。

不料那人未表示相应的热情,而是把手伸去贴身衣袋,取出半张名片看着什么。斯诺省悟,忙取出宋庆龄给的另半张,拼对相符,关系接上了。

次日,"王牧师"董健吾来到了西安金氏巷1号,拜会了西北"剿共"副司令张学良。

当下商定,由张学良调拨一辆东北军的卡车,并亲自出具特别通行证,送斯诺与马海德北去,直至东北军的最前哨城市肤施。

董健吾马不停蹄,约会了明为张学良秘书,实为中共驻东北军的代表刘鼎,请刘鼎电告中央:外国客人已到西安,望派人接应。

一天早上,董健吾与身穿东北军军官服的刘鼎来到西京招待所,邀斯诺与马海德去郊外游览。当斯诺登上挂着窗帘的轿车时,发现里边先已坐着一个戴墨镜穿中山装的男子。

车至未央宫遗址停下,一行人鱼贯下车,董健吾与刘鼎去一边商量着什么。斯诺正观赏着周围的景色时,穿中山装的男子走了过来,突然抓住斯诺的胳膊,滑稽地噘着嘴摇晃着脑袋,问斯诺认出他是谁?

斯诺一下子没有反应过来,心想这人是怎么回事?抱歉地摇摇头。

男子卸下墨镜自报家门,名叫邓发。斯诺惊呆了:原来是他! 共产党的秘密警察头子,南京政府悬赏5万元要他的头颅,想不到这个大名鼎鼎的"共匪",竟敢出现在敌营的大城市里!

邓发时任中央保卫局局长,今次奉毛泽东指示,赶来西安迎接并安排外国客人赴红区。他告诉斯诺北去的路线,路上怎么走,应注意什么。斯诺笑眯眯点头:"听你这个共产党秘密警察头子的安排,充满冒险的神秘之旅一定顺利。"

由于邓发另有重要任务暂留西安,经征得张学良同意,由刘鼎负责护送客人通过国民党统治区。因为刘鼎挂着张学良秘书的头衔,利于应付各种事态,保万无一失。

随带少帅签发的通行证乘军车北上,旅馆里被老鼠折腾了一夜

到了出发的那天,斯诺、马海德随董健吾乘轿车到了郊外,在公路边的白杨树下停车。那儿已停着一辆载重6吨的"道奇"军用卡车,车头里坐着司机以及刘鼎。

董健吾告诉外国客人就乘"道奇"走,随即帮助他俩把行李搬上车。刘鼎将两人安顿坐了车头里。

卡车起动,至城门口,国民党军队的第一个哨卡出现在了前面,哨兵挥旗示意停车。

车刚停住,带队的少尉迎了上来,招呼车上的人下来接受检查登记。

刘鼎坐着未动,手指夹着特别通行证递过去。

少尉接过一看,双手捧还,"啪"地立正行举手礼,毕恭毕敬:"原来是刘秘书,请原谅,您好走。"转身喝令哨兵快把城门打开。

斯诺在他的采访录里记叙说:"我们在黎明之前离开西安府,那一度是金

城汤池的高大的木头城门，在我们的军事通行证魔力前面霍地打开了。"

因有张学良亲自签发的特别通行证护驾，又有刘秘书随车陪伴，"道奇"每经哨卡时，都是畅通无阻，连例行的检查都免了。

一个钟头后，卡车摆渡过了渭河，正午时分，进入了传说中秦始皇的诞生地宗蒲县城。

刘鼎不时指点着介绍所经之处的山水关隘、风土人情。斯诺毫不寂寞，他冒出了一个念头："这刘秘书是帮助我潜赴'红色中国'的又一个传奇人物，他本就是共产党，还是被邓发那样的红色特工策反过去的？采访他！"

正准备与刘鼎话入正题时，心里犹豫了，因为碍着有一个陌生的司机在身边，始终未敢出口。

当天晚上，他们在洛川的一家小旅馆里歇脚。名为旅馆，实是两间肮脏的茅草房，睡的是土炕，隔壁屋里关着猪和毛驴，臭味和叫声时不时传来。

好在颠簸了一天，已是很累的了，胡乱吃过晚饭，倒头便睡，居然睡着了。

突然间，不知什么东西砸在了斯诺身上，吓得他大叫起来，打开手电乱照。

大家都给吵醒了，以为有小偷光顾，急忙亮灯查看，只见桌上吃剩的馒头已支离破碎。司机说一定是老鼠，他以前曾在这家客店住过。

斯诺检查了一下旅行袋，一样不缺，方才相信确是老鼠在作祟，于是熄灯再睡。刚合眼，老鼠又出现了，上蹿下跳又"吱吱"乱叫。他最宝贝的是采访用的照相机、胶卷和笔记本，担心被老鼠咬坏了，于是把灯点亮了再睡。

想不到这里的老鼠特别胆大妄为，只太平了一会儿又出现了。斯诺干脆坐了起来，把旅行袋抱在胸前护着，似睡非睡……

反正睡不着，第二天五更就起身了，他苦笑着对马海德说："被老鼠折腾了一个晚上，这是去'红色中国'途中的奇遇。"

午后到了肤施。肤施就是现在的延安，当时在国民党军队手里，是西安通往陕北的公路的终点。当天晚上由刘鼎安排，住在东北军一个团长家中，晚饭也是团长做东,菜很丰盛,属离开西安以来最好的,斯诺与马海德饱餐了一顿。两人开玩笑说,明天说不定又要饿肚子,先囤积起来,再慢慢消耗。

这一夜,斯诺睡得特别的香甜。

无人区怀疑向导是土匪准备拼命,
进入红区边寨害怕被"共产"

次日一早,刘鼎把斯诺与马海德送至北城门口,称自己的护送任务已完成,得回西安复命。他将两人交给一个骡夫,由骡夫把他俩送过"无人地带"。"无人地带",就是把红区和白区分开的中立区,里边已没有了居民。

骡夫咧嘴朝两个外国人笑笑,从他们手里接过行李,往骡背上一甩跨,一扬鞭子,招呼客人上路。

向北约走了半个时辰,一座关卡拦住了去路。斯诺神态自若拿出那张特别通行证,通过了东北军的最后一道哨所,拿他的话来说是:把最后一挺国民党的机枪抛在了后边,进入了无人地带。

他们走在盘旋曲折几乎不见人烟的山路上,下面是小溪的溪床,上面是高耸的岩壁,四个多小时过去了,没有遇到一个人影。斯诺不由得紧张起来,悄悄对马海德说:"不知这骡夫是赤匪还是土匪,很可能不是做过赤匪就是做过土匪,从他的样子看,越看越像个土匪。"为求太平无事,他与马海德约定:乖乖跟着他走,不要问鲁莽的问题。

炎炎烈日当空,两人累得热汗淋淋气喘吁吁,骡夫提议歇一会儿。斯诺刚在青石上坐下,骡夫的目光又盯在了他的皮鞋上。

周围荒无人烟,斯诺益发紧张:这人要结果了我们两个洋鬼子,此地倒是好去处。

重又上路时,他俩一个走在了骡夫的前头,一个落在了骡夫的后边,使骡夫处在了腹背受敌的地位。这是斯诺的点子,自谓是个克敌制胜的好主意。

尽管斯诺判断骡夫像个土匪,而且越看越像,骡夫却始终没有侵害他们,既未抢劫,也未杀人。

红日西斜时,两边高高的山岩消失了,长满绿油油麦苗的山谷出现在了眼前。骡夫手指不远处的黄土村落,告诉客人已经到了,这个村庄就是属于那边的。

斯诺明白,骡夫说的"那边",指的正是"红色中国",不禁心情激荡,后来在《河的彼岸》一书中回忆道:"我的内心,从来没有像那次进入'红色中国'头一个村庄时颤抖得那样厉害,没有人知道我们是谁,是去干什么的……"

当他们行将进村时,一个头包白毛巾、腰插手枪的小伙子迎了上来,惊异而又警惕地打量着两个外国人,右手伸向枪把,问从哪里来的? 到哪里去? 干什么?

斯诺用生硬的中文回话,说自己是美国记者,要见这里的贫民会主席。小伙子不知听不懂还是不愿理会洋人,没有回答他,问骡夫这两个究竟是什么人。

骡夫用陕北话说了几句,小伙子的手从枪把上放了下来,脸上也有了笑容。

原来他叫刘龙火,是村上的贫民协会主席。他把斯诺、马海德领进屋里,请坐在土炕上,吩咐人去为两人准备吃的。

这时骡夫起身告辞回肤施去。斯诺硬是塞钱给他算作酬报,还说了句只有他自己知道内涵的话:"老乡,你真是个大好人,太对不起你了。"事后还对马海德说:"我们冤枉了骡夫,虚惊了一场,纯属庸人自扰。"

听说来了两个高鼻蓝眼的洋人,刘龙火的同志络绎赶来了,都是外貌强悍带着同样的武器,还有好几个女的。他们七嘴八舌问这问那,又争相看他俩的手表、照相机、手电筒、衣服、鞋袜。

一个婆娘有了新发现:"咦,洋人的衣服上怎么没有纽扣? 真稀奇!"

斯诺有意卖弄,把拉链往下一拉,"哗——"衣服就敞开了,再往上一拉,又是一声"哗——"两片重又合拢了,似变戏法一般。

男的女的争着上来试验,赞不绝口,又一式地毫不掩饰地羡慕。

斯诺起了担心:他们是共产党,要是被他们你拿一件我拿一样"共产"了,那可怎么办?于是不动声色地把相机、衣衫等往包里塞。

好一阵过去了,证明这种担心是多余的,他又一次责备自己:又是庸人自扰!

有人端来了小米饭和炒鸡蛋、煮白菜、烤猪肉。斯诺他俩早就饥肠辘辘,客气了一句,埋头狼吞虎咽起来。

下午4点许,刘龙火指派向导与驮夫各一送客人上路,按斯诺的要求向安塞进发。斯诺之所以要去安塞,是因为他以为毛泽东就在那里。

他喘着粗气爬上了山顶,张开双臂欢呼:"总算顺利,我们已经闯过了'红色中国'的大门!"

警报传来匆匆上路,喊杀声中虚惊一场,
差点让白匪要了命

到安塞还有30多里路程,近黄昏时他们进了一个小村,这里比刘龙火那个村庄的政治空气更浓,斯诺对土墙上的标语很感兴趣,掏出笔记本记了下来。

向导把斯诺、马海德交给村上贫民协会的王主席,告辞回去了。

和在上一个村子一样,两个外国人的到来,引来了许多的男女老少,如看猴子做戏那样热闹,也同样地兴致勃勃观赏他俩的物品,七嘴八舌啧啧夸赞。

这次斯诺大方得多了,再也不担心被"共产"了。

吃过小米粥晚饭,两人被安排到村公所住宿。斯诺嫌屋里蚊子太多又有异味,卸下门板睡在露天里。望着满天星斗,听着淙淙流水,遐想一阵后就睡着了,他称之为"往'红色中国'途中一个美丽而又宁静的夜晚"。

正睡得香,猛地被人推醒了,睁眼一看,是贫民协会王主席,催促他赶快起来,说附近发现白匪,保险起见,得马上送他们离开这里。他所说的白匪,实际上是反动民团,常常潜入红区烧杀抢掠。

一听说有白匪出现,斯诺的睡意一扫而光,一骨碌坐了起来,并将马海德喊醒。此时的心情,他写在了《河的彼岸》里:"黎明时他来唤醒我们,说是最好离开这里,那时我们的情绪真低啦——第一次认识到,我们是把自己的生命,交托在全然不知底细的人手里……"

随着王主席指派的向导匆匆离去,经过了几个村庄,一次次接受了挺着红缨枪的儿童团的盘查。斯诺对孩子们的认真惊讶又佩服,竟然忘了发现白匪的紧张,与他们比画着交谈起来,还拍了照片。

在一个由石头围绕的水潭边,遇到了第一个红军战士。

此前,斯诺只是听说红军和看到文字上的红军,而今就在眼前,还是生平第一次,一眼不眨打量端详,他在《红星照耀中国》中是这样描绘这个红军的:"长得很匀称,穿着天蓝色的褂子,帽子上面有一颗红星,一枝毛瑟枪挂在腰际,木盒子柄上垂着一绺红缨绸带……"

职业的习惯吧,那个红军手按着枪,好奇地注视着两个外国佬。等着他们走近后,问向导洋人干什么来啦。

向导递上路条,介绍了两个外国人的来历,说是要去安塞见毛主席。红军战士姓姚,说毛主席不在安塞在保安,去保安得经过安塞,他正巧出差去安塞,很乐意给他们带路。

斯诺求之不得,满口答应,一路的紧张终于松弛下来。诚如其说的:有红军战士保护,什么就都好了。

他们边谈边走,翻过一道山梁后,猛听得后面山谷里传来了一阵枪声。姚红军催促向导带着斯诺等快走,自己则返回探看究竟。不一会赶回来报告,是一股白匪进犯,已被我们的人拦在山谷里痛打。

两个小时后,进了安塞县城,不巧得很,县苏维埃委员都不在。姓姚的战士又是自告奋勇送他们去百家坪,说红军的东线指挥部就在那儿。

绕过山包刚踏进百家坪,传来了令人胆战心惊的喊杀声。循声望去,一排房屋前,十几个男子汉有的端着步枪,有的端着长矛,正对着他们来的方向大声呐喊:"杀——"喊过一声,冲锋几步,又是异口同声:"杀!"

斯诺大吃一惊:"中国人一向最恨洋鬼子,看来他们要把我当作一个帝国主义者对待了,我这个闯封锁线的外国人的命运立刻就要决定了。"

害怕的缘故,他踅去了姚红军后边。姚红军看出了他的紧张,哈哈大笑解释,告诉他这里有一所红军游击队学校,是学员们在练习拼刺。

斯诺有点不好意思,故作轻松自我解嘲,称无意中当了被刺杀的对象,尝到了脊梁骨凉了半截的滋味。

跨进红军东线指挥部,急促的马蹄声到了身后,马背上跳下安塞县赤卫队卞队长,打量着两个外国人:"好险啊,差点让白匪要了你们的命!"

斯诺真有点摸不着头脑,诧异地问怎么回事。

卞队长告诉说,白匪就在他们后边,不足两里路。

斯诺想想后怕,以手加额:"我们还听到了枪声呐!今天一大早就听贫民会主席说有白匪出现,要我们快走,不想还是被白匪盯上了,要不是你们把他们打跑,我俩很可能没命了!"

后来,即当年10月,北平传出了斯诺"失踪"的消息,有说他去陕北途中遭土匪绑架遇难,所谓"依据"就是这段经过。

遇见第一位中共重要领袖周恩来,
在儿童团员面前"碰壁"

正在这时,随着"得得"马蹄声响,一位略显清瘦的红军军官,出现在了斯诺的面前，双眼炯炯有神，以温和文雅的口气用英语招呼："哈罗，你们想找什么人吗?"说着伸过手来："我叫周恩来。"

"我是美国记者埃德加·斯诺。"斯诺早闻周恩来大名，又惊又喜，紧握住周恩来的手。

周恩来的手又伸向马海德，随之把身后的中央联络局局长李克农介绍给客人。

20多年后斯诺访问新中国，对与周恩来的初次见面仍记忆犹新："我在1936年进入红区后，遇到的第一位重要的共产党领袖，就是周恩来，当时他在延安以北一个小窑洞村落里指挥东线的红军。我刚走进营地，就有一个穿着旧布制服、瘦削的人出来迎接我，他举手碰了一下褪了色的红军军帽，潇洒地敬了个礼。他那浓眉下又大又黑的眼睛仔细地端详着我，他长着中国人少有的浓密的大胡子，笑时胡子分开，露出整齐洁白的牙齿。这就是周恩来，蒋介石当时悬赏8万银圆要他首级的那个'赤匪'。"

其时，中共中央联络局在百家坪设有交通处，斯诺与马海德就在交通处住下了。联络局长李克农知道他俩旅途劳累又没有好吃的，特地为他们炖了一只老母鸡。而斯诺倒对马铃薯情有独钟，放量大吃。

端饭菜的是两个孩子，穿着大了好几号的红军制服，衣袖和裤脚往上卷了好几圈，八角帽的帽舌显得很长，不时弯垂下来遮住他们的眼睛，害得他们不时伸手往上抬。这让斯诺看着好笑，忍不住多看了他们几眼，还朝他们做了个鬼脸。

其中的一个走近时，斯诺招呼："喂，给我拿点冷开水来。"

孩子不但没有搭理，更回报以冷冰冰的眼光。斯诺又以"喂"招呼另一个，也是这般待遇。他不知为什么"碰壁"，一副无奈的样子耸耸肩膀。

李克农笑着解释："你不能叫他'喂'，而应称他'小鬼'或'同志'。他们都是儿童团团员，未来的红军战士。他们是来义务劳动的，不是仆人。"

斯诺恍然大悟，改称"小同志"，待遇果然两样了。

第二天上午，斯诺到了周恩来的住处。哨兵报告后，周恩来走出来将客人迎进屋去。

斯诺惊叹,蒋介石悬赏8万元要周恩来的脑袋,可是在周恩来的住所门前,只有一个脸带稚气的哨兵!屋内陈设简陋,土炕上挂着的蚊帐是唯一的奢侈品。

听斯诺介绍了来红区的设想后,周恩来热情地说:"我们接到报告,知道你是一个可靠的记者,对中国人民是友好的,相信你会如实报道在红区的所见所闻。"

"我准备去'红色中国'各处走一走,你们有什么规定吗?"斯诺把到嘴边的"限制"两字咽了下去,改作了好听了些的"规定"。

"我们欢迎你在红区的任何地方采访,采访什么人都可以,没有任何规定。"周恩来的话十分干脆,"你虽然不是共产主义者,但对于我们是没有关系的。搞新闻封锁,不许中外记者到红区采访的不是我们,而是国民党。"

给予如此自由的采访,是斯诺始料不及的。他本来以为,访问对象、谈话内容、拍照等,必定有这样那样的限制。

周恩来画了一张红区的草图,为斯诺起草了为期92天的采访旅程和项目,还说这仅是我个人的建议,你有是否遵守的权利,还可随时增加你感兴趣的事项。

斯诺由衷赞叹:共产党领袖真是宰相肚里能撑船的大气量,这是在国民党统治区采访时做梦也不敢想的。

离中共中央所在地保安尚有相当的路程,周恩来给了斯诺、马海德"以马代步"的特殊照顾。刚巧有一支红军通讯兵运送物资去保安,安排与他俩同行,并郑重交代队长李长林,务必确保外国客人的安全。

担心坐骑倒下宁可步行,进入"红都"
受到国宾般欢迎

与40多个红军一起走,安全有了保障,斯诺非常放心。可是才走了二三里,就有些不满意了,原来骑的那匹马又老又瘦,四条细腿软弱发抖,慢吞吞像骆驼迈步,随时有倒下咽气的可能。走的又是河边悬崖上的羊肠小道,吓得他紧紧抓着鬃毛伏在马背上不敢稍动,担心与骨瘦如柴的老马一起掉下去。

斯诺忍不住问通讯队长李长林,这马与瘦狗一样,怎么能上阵打仗呢?红军的骑兵是这样的吗?

李长林否定过后说明,我们都把好马放在了前线,要是有一匹好马的话,即使毛主席也会把它送去前方的。你骑的马是坏啦,只有这样的马才会留在后方。

斯诺这才注意到,通讯队所有的马与自己骑的彼此彼此,为免得骑在马背上担惊受怕,他干脆不骑这匹随时可能倒下的老瘦马了,跟着李长林步行,听他讲红军的奇闻趣事。

第三天下午,斯诺与马海德走下又一个山坡,踏进了"红色中国"的临时首都保安。

先他们回到保安的中共中央联络局局长李克农,已组织了一个盛大热烈

斯诺(右)在红军战士的护送下前往延安

的欢迎场面,保安城里的军民百姓几乎倾巢出动,敲锣打鼓扭秧歌,还有中英文合写的欢迎标语。

当斯诺他俩走近时,欢迎人群高呼口号,热烈鼓掌。李克农迎上前去,把客人介绍给张闻天、秦邦宪、王稼祥、林伯渠等中共领袖。宾主亲切握手,热情问候。

李克农将客人领去了对外联络部的招待所。说是招待所,其实只有四间房子,但均通风透光,算得上是保安的最上乘。那是毛泽东指示安排的:斯诺是我们请来的第一个外国记者,务必接待好,给住最好的屋,吃的用的也要格外优待。

李克农果然把朝阳那一间给斯诺住。看着房里简朴而整洁的摆设,斯诺连说"OK"。

"美国朋友到啦!"人随声到,一个身材高大又显瘦削、留着浓密长发的男子走了进来,正是毛泽东!

近年,斯诺被"毛泽东"这个名字搅得寝食不安,而今,这个与南京政府打了十年仗的共产党领袖出现在了面前,惊喜之余,紧握着伸过来的手凝视久久。

毛泽东询问了客人路上情形后,关心地叮嘱他们先好好休息。斯诺迫不及待追问毛泽东能不能接受他的采访。毛泽东爽快答应,话语中不失幽默:"斯诺先生对我很有兴趣,真是三生有幸。"

斯诺半真半假说,希望毛泽东起码把他当作一个中立者,而不要将他当作间谍。

毛泽东认真地说:"放心吧,我们认定你是朋友,让你尽情采访,过个大瘾。"这话引得斯诺笑了起来,学着红军的样子敬了个举手礼。

毛泽东点头回礼,交代李克农,给外国客人每人一套红军军装,还有八角红星帽。斯诺笑逐颜开:"我们这就成了'红色中国'的洋红军了。"

事后斯诺对马海德说:"毛泽东很像林肯,个子高出一般中国人,一头浓密的黑发留得很长,双眼炯炯有神,我在一霎间所得的印象,是一个非常精明的知识分子的面孔。"林肯是美国第16任总统,领导了美国南北战争,维护了美联邦统一,为美国跃居世界头号工业强国开辟了道路,被称为"伟大的解放者"。

保安召开了"欢迎国际友人大会",参加欢迎大会的红军和民众站满了足球场大的地方。掌声、口号声中,斯诺与马海德被请到主席台就座,发言的人一个接着一个,都是热情洋溢地表示热烈欢迎。

斯诺兴奋地与马海德窃窃私语:"如此盛大隆重,享受了国宾般的待遇,一生中还是第一次! 永远也忘不了。"

时间过了晚上9点,熄灯号已经吹过,保安处在了寂静中。斯诺屋里的灯仍亮着,正在日记本上奋笔直书,开始了在未知地—— "红色中国"的采访历程。

(本文发表于2011年9月)

毛泽东称他们：上海的朋友

——《论持久战》英译始末

王　岚

《论持久战》是毛泽东在全民族抗日战争爆发后有关中国革命现状和前途的重要论述，自发表以来，这部著作已经被翻译成多国文字，成为世界政治文化中的经典之作；但是，你知道最初的英译本是谁翻译的？又是在怎样的情景下出版和发行的？

围绕着这本伟大著作的流传，许多人和事都成为历史的亮点，其中，素有"文坛孟尝君""唯美诗人"之称的邵洵美和他的异国情侣项美丽也与此有着密不可分的关系。

《论持久战》交给谁翻译

1938年5月26日至6月3日，毛泽东在延安抗日战争研究会讲演了自己写好的著名的《论持久战》。毛泽东的理论对全党、对全国抗战都有重要的指导意义，但是，到更大范围去讲，对于日理万机的毛泽东来说根本没那么多时间，再则听众有限。于是毛泽东决定把讲稿整理出来，先在党内印发。

可是，鉴于延安当时的条件，油印的《论持久战》数量有限，许多干部仍然看不到，特别是在前线的干部。而印成书公开发行，不光在根据地，而且还可以发到国民党统治区。

为了让世界上更多的国家和人民了解中国革命的重要性、艰巨性、长期性，中国共产党决定将该著作尽快翻译成英文传播到国外去。当时，党经过慎重考虑，把翻译《论持久战》的任务交给了一位名叫杨刚的女党员。

杨刚原名杨季征，又名杨缤，祖籍湖北，1905年1月30日出生在江西萍乡，她的父亲时任江西道台。杨刚五岁起念私塾，开始接受人生最初的启蒙，她从小性格刚强果敢，对封建大家庭中暴露出来的种种阴暗怀有深深的不满。1922年，她进入江西南昌葆灵女子学校，更是对整个社会的状况有了进一步的了解，积极投身学生爱国运动。1926年，革命军北伐时，南昌的学子们也掀起了拥护北伐的热潮，她和好友廖鸿英、谭海英代表葆灵女中参加了全市学生会的活动，上街示威游行，深入街头巷尾给老百姓讲革命道理。这一段重要的社会活动，使杨刚找到了人生的起点，并最终成长为一名旧体制勇敢的叛逆者和共产党忠实的追随者。此时她改名杨缤，开始写作，笔名贞白。

杨刚是名副其实的才女。1927年免试入北平燕京大学英文系读书，既聪明又刻苦，成绩始终名列前茅，被高傲的美籍女教授视为最有才华的得意门生。"杨刚"就是那时她给自己起的笔名。1928年，她在白色恐怖中秘密加入中国共产党，并成为北平学生运动的领袖之一，不久被捕入狱。出狱后，继续在党的领导下从事革命文化工作，是北方"左联"发起人和组织者之一。1932年从燕京大学毕业后，杨刚与北京大学经济系学生郑侃结婚，旋赴上海从事革命活动并参加"左联"工作，与鲁迅、茅盾等文学巨匠关系甚密。其间，她结识了史沫特莱和斯诺，还应斯诺的要求用英文写了一部革命题材的小说《肉刑》，发表于1935年的《国闻周报》。她还和萧乾一起协助斯诺编译中国现代短篇小说选《活的中国》，这是中国新文学被介绍到国外较早的一个译本。1935年，她翻译的英国女作家简·奥斯汀的长篇小说《傲慢与偏见》，由上海商务印书馆出版，这是该书在中国的第一个中译本，以后的多种版本均以此为

毛泽东著《论持久战》

杨刚

项美丽

蓝本。全民族抗战爆发后，根据党的要求，她频繁地转战于武汉、南京、上海、香港、桂林、重庆等地，忘我地投入党的抗日救亡宣传工作和党的统一战线工作之中。1944年，她又以特别记者身份赴美，担负起中共留美党员工作组的领导重任。

在去香港前，杨刚曾在上海出版过一本散文集《沸腾的梦》。后来萧乾在主编《杨刚文集》时在序中写道："她的散文，特别是散文集《沸腾的梦》，是中国人爱国心的炽热而雄奇的创造……我想，单是这个散文集，中国的文学史家就永远不能忘记她。"

杨刚还是个充满理想主义色彩的诗人，她曾创作长达800多行、充满了强烈爱国主义之情的长诗《我站在地球的中央》。由此，她博得了"金箭女神"的美誉。

416

中美两位女才子和《论持久战》

杨刚接受《论持久战》的翻译任务时，年仅三十多岁。她是周恩来赞赏和信任的人。因为工作关系，精通英语、年轻美丽、才情并重的杨刚社交范围很广，并赢得了许多国外有识之士的敬佩，美国女作家项美丽就是其好友之一。项美丽是杨刚能够顺利完成翻译《论持久战》的关键人物。

项美丽本名埃米莉·哈恩，长得健美漂亮，风韵雅逸。她生于1905年，出生地在美国中西部的圣路易城。由于受家庭环境影响，长大后的埃米莉·哈恩，成了一个意志坚强的女权主义者，一个洒脱不羁、特立独行的叛逆女性，一个突出的女中豪杰，一个极富风情又极富进取精神的奇女子，她毕业于威斯康星大学矿冶工程系，是该大学第一位获得矿冶工程学位的女毕业生。

1928年，埃米莉·哈恩在纽约亨特女子学院教书，本来她的一生可以在宁静的校园里从容度过，但她热爱写作，23岁的她决定开始用笔来抒写丰富多彩的人生。她的第一篇文章发表在《纽约世界报》。

1935年初,埃米莉·哈恩来到上海。此后,她的命运便注定要和遥远的中国联系在一起。

她是为写作来到中国的,她要亲眼看一看这个闻名世界的文明古国的真实面目,亲自感受一下生活在这块土地上的人民的喜怒哀乐,从中选取她要叙述和描写的素材。中国没有令她这个异域女子失望,她一踏上这片在她心目中神秘的国土,就立即被它浓郁的东方色彩迷住,产生了强烈的好奇,为其深深地吸引住了。

1933年,27岁时的邵洵美

埃米莉·哈恩很快与中国文化界人士有了广泛的接触,并结交了许多中国朋友,其中她最早认识的就是当年的海上才子邵洵美。邵洵美(1906—1968),中国现代诗人,出版家。邵洵美曾留学英伦,是狮吼社、中国笔会等诸多团体的重要成员。邵洵美早期主编有《狮吼》《金屋》等杂志,1933年创办上海时代图书公司,出版有《论语》《时代》等九大刊物及"新诗库丛书""自传丛书"等,其影响延续至今。全民族抗战期间,他于1938年9月1日创办并主编《自由谭》,即 *Candid Comment Chinese Edition*(《直言评论》中文版),旗帜鲜明地提出"追求自由"。为了安全,编辑人、发行人署的都是项美丽的名字,而具体工作全部由邵洵美来完成。他是诗人,从某种意义上来说是标准的文人;他也是位出版家,曾从德国进口当时最先进的印刷机器,且散尽万金,出版了诸多报刊和书籍,在中国近代史上这样的壮举无人可与匹敌;但是从国家利益的角度来说,他最大的贡献是凭借《自由谭》向读者推荐了毛泽东的《论持久战》,称它是一部"人人能了解,人人能欣赏,万人传颂,中外称赞"的作品。

邵洵美素有"文坛孟尝君"之称(泰戈尔语)。因为他的出身和所受的教育背景,他熟识许多在上海的英美人士,他们都活跃在政界、商界、文化界……

417

埃米莉·哈恩初逢邵洵美，就立刻被他的容貌和气质所打动，她发觉这位东方美男子除了具有文学的天才外，连英文水平也比自己高，能用流利的英文写华丽的诗句，这让她欣喜不已。这对异国男女彼此欣赏，不久就在上海滩开始了一场惊天动地的恋爱。邵洵美替她取了个动听的中文名字：项美丽。

一对中美情侣和《论持久战》

听说好友杨刚冒着被日军发现逮捕的危险翻译毛泽东的一部著作，项美丽不假思索地就把她掩护在自己家里。那幢绿树掩映中的花园小洋房静谧又安全，杨刚看过之后觉得很满意，不久，她收拾了简单的行装就搬来这里，楼上靠西边的一个房间成了她的工作室和起居间。有了相对安全和安静的空间，她全力以赴地投入翻译工作中。几番通宵达旦，杨刚就在这间充满了异国情趣的房间里出色地完成了《论持久战》这部辉煌巨著的翻译任务。这期间，杨刚在这里认识了邵洵美，在翻译过程中，为了保证译文的准确性，她常请邵洵美一起斟酌字句。为了赶时间，在全文还没有译完的情况下，即送 *Candid Comment*（即《自由谭》英文版）开始连载，邵洵美并为此加按语："近十年来，在中国的出版物中，没有别的书比这一本更能吸引大众的注意了。"由此，《论持久战》在上海的外国人中先传播了起来。在连载的同时，邵洵美又出版了英文版《论持久战》单行本。1939年1月20日，毛泽东专门为英文版《论持久战》写了题为《抗战与外援的关系》的序："上海的朋友在将我的《论持久战》翻成英文本，我听了当然是高兴的，因为伟大的中国抗战，不但是中国的事，东方的事，也是世界的事……"毛泽东"希望此书能在英语各国间唤起若干的同情，为了中国的利益，也为了世界的利益。"邵洵美又亲自将这篇序译成英文（也有说是杨刚译），列在单行本前面。

在和邵洵美、项美丽相处的那段日子里，杨刚对这对情侣有了更深的了解。许多人都以为邵洵美是公子哥儿，更因为他在鲁迅的文章中被称为"富家的女婿"而对他另眼相看。其实，对待抗日，邵洵美是坚决的。他积极投身抗日的洪流，在复刊的《时代》上发表《容忍是罪恶》，呼吁"要抵抗，要革命。有革命才有进步"。他支持出版的《老舍幽默诗文集》中就有《救国难歌》《长期抵抗》等经典作品。

于是，杨刚等党内同志决定把这部译稿的秘密印刷和其后的散发工作郑重地托付给了邵洵美，邵洵美冒着危险勇敢地承担起了这个任务。为此，杨刚在为英译本写的前言里特地写了感谢邵洵美的话。

再说邵洵美在接下任务后，就将译稿秘密委托给与上海时代图书公司素有往来的一家印刷厂。前后历时两个月印出书，32开本，共500册。封面白底红字印着英文书名《论持久战》以及著作者"毛泽东"几个字，朴素大方。为掩人耳目，500册书全装在项美丽的自备车里，邵洵美则亲自开车，运到项美丽住所先藏起来。书秘密发行了，通过策划，决定分几个渠道散发出去。一部分由杨刚这位年轻的共产党员主动承担；一部分由项美丽利用她的特殊身份作掩护，托时任德国驻上海领事馆见习领事华尔夫（Peter Wolf）送出去，华尔夫是个只有十八九岁的年轻人，碧眼金发，朝气蓬勃，是项美丽家的常客，小伙子非常信任和崇拜项美丽，欣然担任起了义务发行员；还有一部分则是由邵洵美和他的助手王永禄"暗销"出去的。每当清晨和深夜，邵洵美驾驶着豪华的轿车悄悄上路了，在上海西区虹桥路、霞飞路（今淮海中路）等外国人聚居的僻静马路上开来逛去，不知情的人还以为是有钱的公子哥儿闲得无聊的玩乐之举，实际上，王永禄带着书坐在后座上，紧张得手心里全是汗。他们警惕地注视着周围的动静，等到四周不见人时，邵洵美就迅速把车停下，王永禄则拿上早就准备好的书敏捷地跳下车，飞奔到外国人的住宅或公寓门前，往每个信箱中都塞进一本书，又立即返身上车而去。干着这种把脑袋拴在裤腰带上的事情，为了安全，邵洵美特地买了一支手枪防身，一度避居在项美丽的寓所时,还请了一位法国保镖。事实上,《自由谭》因连载《论持久战》受到广大读者欢迎的同时,也受到了日本人的特别"关注"。他们似乎从这对不寻常的情侣身上嗅出了异味,终于有一天,一个自称是日本某通讯社记者的人约见了项美丽,询问《自由谭》的编辑、出版情况,并警告她要改变办刊方针,对日本要"友善"……

就这样,这本薄薄的32开本的小册子,由于不断地辗转传播,在上海的外国人中间很快流传开去,然后又通过他们带到国外,引起了世界上热爱和平人士的广泛关注。一位外国记者读了《论持久战》后评论说:"《论持久战》发表后,不管中国人对共产主义的看法怎样,不管他们代表的是谁,大部分中国人现在都承认毛泽东正确地分析了国内和国际的因素,并且无误地描述了未来的一般轮廓。"

《论持久战》英文本在海外的发行,得到了国际上的积极响应和高度评价。据说,丘吉尔、罗斯福的案头上,都有这本书的踪影,斯大林的办公桌上则放着他专门请人翻译成俄文的《论持久战》。

上海解放后,时任上海市委宣传部部长夏衍,为邵洵美曾出版毛泽东的《论持久战》英译本专程登门造访。夏衍对邵洵美在全民族抗战时期的大胆举措甚为欣赏,当然同为文人他们亦有旧谊。不久,北京要成立新华印刷厂,因缺少设备,夏衍还代国家征购了邵洵美的那台德国进口印刷机。

(本文发表于2008年6月)

胡愈之秘密翻译

出版《西行漫记》

陆茂清

《西行漫记》原名《红星照耀中国》(*Red Star over China*)，作者是被毛泽东赞为"老朋友"的美国记者埃德加·斯诺。斯诺于1936年6月初潜赴陕北的"红色中国"采访，4个月后返回北平。1937年10月他的采访录《红星照耀中国》在伦敦出版，轰动了欧美各国，西方舆论给予其高度评价，称此书对中国共产主义运动的发现与描述，如哥伦布发现新大陆一样，是震惊世界的成就。

联络志士合力翻译

1937年11月，寓居北平的斯诺来到上海，会见了记者同行、文化界救亡领袖之一的胡愈之，以英文版《红星照耀中国》一书相赠。胡愈之阅读后，大有第一次与闻之感，从而萌生了把这本书翻译成中文出版的想法，以使各界人士对中共领导下的陕北这块"未知地"有一个真实而全面的了解。

他即刻付诸行动，四处奔走，联络了文化教育界11

胡愈之

个熟习英文的救亡志士,他们分别是:林淡秋、王厂青、章育武、吴景崧、胡仲持、许达、傅东华、邵宗汉、倪文宙、梅益、冯宾,连胡愈之自己共12人。

胡愈之向他们讲述了翻译出版《红星照耀中国》的构想及意义,大家一致赞同,当下将全书拆分,各取部分章节,分头翻译。

12个人都是专家,未满一个月,各自翻译完毕,理顺润色后,交到胡愈之处。胡愈之夜以继日,对各人译文做了认真校阅,发现疑难文字及时与斯诺磋商,力求准确达意;最后在文句上再作修饰,使整本书从头到尾浑然一体,风格如一。

空挂起出版社招牌

书是译成定稿了,出版却碰到了难题。

当时上海已被日寇侵占,只剩下被称为"孤岛"的租界。胡愈之连走了几家日占地的出版社,都是不果而归,因为出版商担心遭日军残暴镇压而不敢接受。至于租界里的出版商,因美、英等国宣布在中日冲突中恪守中立,所以也都婉言拒绝了胡愈之送上门来的生意,以免引来麻烦。

胡愈之不甘半途而废,决计作瞒天过海的"地下"出版。他在自己住所的福熙路(今延安中路)安乐村一七四号,挂起了有名无实的出版社招牌——复社,将书稿交与熟识的商务印书馆工人印刷装订。

印刷工人熟识、敬仰胡愈之,甘冒风险暗中印刷。胡愈之一时筹措不到资金,工人们答应先把书印出来,待卖了书后再付印刷费。

翻译此书的11位同人,也都明确表示但尽义务,不要稿酬。

买纸张的钱,也是胡愈之采取秘密推销预订的办法,预收书费每册1元,用于支付第一版的纸张钱。

斯诺助一臂之力

斯诺早在来华之初，就耳闻目睹了中华民族饱受内忧外患，他发誓要对中国的老百姓有所帮助，也因此置安危生死于度外，潜赴陕北采访，写成了《红星照耀中国》。而今，为使中国民众真实地了解中国共产党及其领导下的地区，他又对胡愈之翻译出版此书给予了大力支持。

斯诺先是对原作进行了修改补充，增加了在"红色中国"采访时拍摄的大量照片，其中包括毛泽东穿红军服、戴红五星八角帽的半身照片。斯诺自称，这是为毛泽东所拍众多照片中最好的一张。

斯诺将版权无偿赠送给了胡愈之。他在为此书写的序言中表白："复社是由读者自己组织起来的非营利性质的出版机关，因此，我愿意把我的一些材料和版权让给他们，希望这一个译本，能够像他们所预期的那样，有广大的销路，

胡愈之组织翻译出版的《西行漫记》

值得介绍给一切中国读者,对于中国会有些帮助。"

改书名以利发行流传

关于中文译本的书名,胡愈之再三斟酌,考虑到日寇视共产党为死敌,国民党当局对中共尚未正式"解禁",若以原名《红星照耀中国》出版,这"红星"两字太引人注目,于发行大有障碍,于读者也不安全。为掩敌耳目,胡愈之决定把书名改作《西行漫记》,让人乍一看,还以为是一本游记呢。他的这一改动可谓用心良苦。

只短短两个多月,中译本《西行漫记》问世,第一版印了一千册,并通过秘密渠道将书送到读者手中。因为内容都是神秘的"红色中国"的人和事,又因胡愈之只收工本费,故而此书成了抢手货,一传十,十传百,销路大开,不只行销日占区、国民党统治区,还畅销港澳及海外华人区。

半年多时间里,《西行漫记》再版了五次,印数高达八万余册,盗版更是多不胜数。

新中国成立后出版的《西行漫记》,就是根据当年胡愈之主持出版的中译本印刷的,只是在封面《西行漫记》书名下,加上原名"红星照耀中国"。

（本文发表于2008年6月）

"一德大药房"
里的秘密情报战

朱晓明

吴淞，上海的水上门户和"咽喉"，历史上的兵家必争之地。鸦片战争中的陈化成抗英，1932年的一·二八淞沪抗战、1937年的八一三淞沪抗战，吴淞都是主战场。

1941年12月8日太平洋战争爆发后，吴淞成为日军的江防要塞、军事重镇。侵华日军驻上海的十三军川本芳太郎部队和海军基地都驻在吴淞。在吴淞及周边地区，布满了日寇的高炮阵地、军火仓库、兵营和其他各种军事设施以及东亚航空公司。吴淞镇附近的江湾、大场、丁家桥还建有日军的军用机场。日军的各种舰艇在吴淞口的黄浦江江面上频繁进出。

对我党领导的、挺进在大江南北敌后根据地开展抗日游击斗争的新四军来说，掌握吴淞口的敌情，了解日寇的军事战略部署，对于夺取抗战的胜利，有着重要的作用。

吴淞外马路"101"号——抗日军事情报观察哨

1941年初，新四军6师参谋处侦察科副科长王征明，因病秘密来到位于上海华山路的红十字医院三分院治病。他在住院时又染上伤寒，由上海同仁医院护士朱萍（原名朱先骏）介绍，转入同仁医院治病，住院28天。在这期间，王征明接到师长兼政委谭震林的密信。信的内容是，在延安的党中央、中央军委需要了解西自南京、东至吴淞口淞沪一线的敌情。

为了搜集在吴淞地区的日寇军事情报，王征明通过朱萍和新四军6师军医张贤的介绍，结识了在吴淞医院工作的朱萍同学徐国璋，了解到徐国璋思想进步，有着强烈的爱国热情，并对他加以考察。

在朱萍的安排下，王征明与徐国璋会面，试探性地了解在吴淞建立新四军情报组织的可能性。同时向徐国璋讲明新四军要了解的吴淞地区等日军军事情报的重要性，以及在白色恐怖下从事隐蔽战线情报工作的艰险。徐国璋表示乐于接受这个光荣而艰巨的任务。

王征明在报请上级同意后，将徐国璋发展为新四军参谋处侦察科直属吴淞地区军事情报人员，并向徐国璋布置了工作任务，要求搜集日军军舰进出吴淞口岸及日军兵营、番号、人数、武器装备、军用机场、军用仓库、军用码头等日军军事情报，并指示用米汤水密写后交给朱萍。后来考虑到安全原因，又改派在上海从事情报工作的张馥辛和徐国璋直接联系，交接情报。平时，徐国璋把收集来的军事情报秘密藏好，保存在药品盒和打针药水盒内。

1941年夏，徐国璋在医院门诊时认识了住在吴淞黄浦江边的失学女青年黄眷澜，当时她只有16岁。徐国璋感觉她聪明好学、有爱国热情，她家的住地又符合情报工作需要。经过一段时间的考察，同年12月将黄眷澜发展参加情报工作。

黄眷澜家居住的小楼，位于吴淞外马路（今淞浦路）101号。这间小楼，尽管结构简陋，楼面狭窄，但由于面临黄浦江、吴淞口，对于侦察、瞭望日寇舰艇的进出，十分有利。打开窗户，一眼就看清江面上日舰的一举一动；离小楼50多米的地方，还驻有日寇宪兵队。这是一个非常理想的观察敌情的"哨所"，等于是在日寇的眼皮底下秘密侦察、搜集军事情报。

当时，徐国璋将一架望远镜、一块挂表，交给了黄眷澜，要求她不论白天黑夜都要严密监视江面上日军舰艇的动态，把在江面上来往的舰艇的特定符号、日期、颜色、烟囱大小、吃水吨位等情况及在小楼对面日寇兵营里的人员进出情况，包括兵种、装备、番号、规模大小等，用特定的方法一一记录清楚，交给徐国璋秘密藏好，再转交给张馥辛，由张馥辛转交给新四军扬州情报组的胡绥之，由胡绥之再上报新四军军部。由此形成吴淞（徐国璋）—上海（张馥辛）—扬州（胡绥之）—淮南（宣铎）—新四军军部参谋处（王征明）这样一条隐蔽联络的军事情报网络。

不久，新四军军部派六师侦察科参谋兼东南情报站站长宣铎专程来到吴淞，考察吴淞情报工作的实际情况，同时向徐国璋他们交代工作方法：只能用肉眼看，用暗号记，把动态规律摸出来，不能拍照，不能留下任何证据。宣铎还实地察看了外马路"101"观察哨，要求徐国璋不管遇到什么情况和困难，都要坚守这一阵地。对于日寇舰艇从吴淞口进入黄浦江的情况，属于重要的军事情报，必须随时掌握，再晚也必须在当天报出；日寇舰艇的出港情况，也要在第二天前报出。

1943年夏，新四军参谋处正式决定成立新四军吴淞情报组，徐国璋任组长。王征明、张馥辛一起来到吴淞，向徐国璋宣布任命和工作任务。

同年10月，徐国璋又将在吴淞医院做护理工的蒋炳强发展为情报人员，要求蒋炳强与隐蔽在日军驻吴淞炮台兵营里做苦工的中共沙洲县锦丰区委书记张伯春一起，收集吴淞炮台以及大场、江湾等地日寇军用机场、兵营等日军情报。

1944年6月，经上级同意，徐国璋又将从浙江慈溪逃难到上海，打算去苏北根据地参军的18岁爱国女青年陈达（原名杨春娣，学名杨俊）留下，一起参加情报工作。陈达先是留在吴淞，为取得职业掩护和生活来源，由徐国璋托人介绍打入日军东亚航空公司飞机油箱车间做工，并要求她在工厂结交朋友，搜集东亚航空公司军工生产、厂内驻军等情报。陈达进公司,系顶替"张和卿"的名额,因此她在做工期间,改名为"张和卿"。3个月后该公司被"盟军"飞机炸毁,她又进入日商纱厂做计量工。不久,为加强观察敌舰情况,徐国璋决定让陈达辞职,加入外马路101号观察站,配合黄眷澜的工作。

有一次,陈达正在外马路101号观察兵舰记录时,听到楼下有军犬的吠叫声,她迅速收起记录纸,刚藏到防空灯罩内,一个日本宪兵已上了楼。她佯装补衣服,日本宪兵东张西望,看到桌子上有一本《日语会话》,便嬉皮笑脸地说:"要和小姐用日语会话。"接着在楼上把东西胡乱翻了一通,没有发现什么,就不好意思地说:"你有先生吗?"这时陈达才了解日本宪兵的真实来意。她灵机一动,就说:"有的,我先生马上就要回来了,你快走!"

又有一天夜里,黄眷澜和陈达正在窗口瞭望吴淞口黄浦江江面上的动静,突然,一群日寇闯进房里,用手电筒到处乱照,没有发现什么才离去。后来从日寇的话语中得知,他们是来搜查逃兵的。黄眷澜和陈达每天就像上战场一样,过着紧张、惊险的战斗生活。在这种恶劣的环境中,她们一直坚持了两年多。

1943年初,徐国璋和张馥辛、胡绥之奉令至淮南盱眙县小李庄新四军军部述职。经过考察,他们三人由新四军侦察科科长王征明介绍,光荣地加入了中国共产党,候补期为3个月。

回上海后,为了弄清大场机场及周边日军兵营的实际布局情况,徐国璋化装成一个乡下种地的农民,外出搜集情报。那天正好是大场镇"庙会"的日子,徐的母亲挑了两只"元宝篮"去大场卖菜,卖掉菜后,去看庙会,突然有个人在她背后一拍,一看是个种地农民,不认识,对方却朝她神秘一笑,这时母亲才看清那人原来是自己的儿子。他们两人马上离开热闹非凡的"庙会"。徐国璋把藏在身上的机密纸条藏到母亲带的元宝篮子的底下,接着又在元宝篮里装满了刚买来的东西就回家了。

1945年初,国际反法西斯战争到了决定性胜利的关键时刻,日军在各地节

新四军吴淞情报组组
长徐国璋,摄于1945年

429

1944年,杨行地区中共地下
党组织负责人杨逸在骑车搜
集情报的路上(徐国璋摄)

节败退。根据新四军军部和中央军委的指示,为了有效配合盟军登陆作战的需要,上级要求吴淞情报组尽快绘制一份吴淞江湾大场一带军用机场、日本兵营、码头、高炮阵地等日军军事设施图。

徐国璋接到上级指示后,马上以医生的身份找到了日军军官野田,表示愿意为皇军"效劳",到军营里为皇军看病治伤。当时日军在战场上节节败退,伤员激增,日军医务人员紧缺,急需医疗人手的帮助,野田当即同意。过后没几天,野田派士兵给徐国璋送来一套日军军服及一张通行证,他穿上日军军服,带上"通行证"经常出入日本兵营等地,收集到大量有价值的军事情报。

在这期间,由于操劳过度,徐国璋的身体每况愈下,因为肺结核经常大量吐血,但他不顾个人健康,依旧坚持情报工作,把一些重要机密材料用一只小缸密封后,深埋地下待送往新四军军部。同时郑重地向同志们传达了上级领导指示精神,安排同志们分头行动,并亲自和蒋炳强分别骑上装有"路码表"的自行车,沿着江湾、大场、月浦、杨行、炮台等地进行实地侦察、拍照,目的是为了测定各个目标的准确方位,并把各自的距离、面积和内部设施及时记录下来,回来后逐一汇总,迅速、及时地掌握这一地区日寇的军事情况。

这时,日本宪兵队的陈翻译接受上级的任务,要求吴淞小学校长顾宗英绘制一份"吴淞地区管辖图",图上要标明街道、地名、兵营、工厂、宪兵队防区等内容。原苏中三分区如西县(今江苏如皋市)抗日民主政府干部关松(原名孙裕昌,宝山月浦新镇人),经宝山杨行地区地下党负责人杨逸介绍,正好在吴淞小学担任美术老师,这差事就落到了关松身上。于是,这军事机密便为吴淞情报组所掌握。

在侦察过程中,情报组的同志还意外发现了一座经过精心伪装的日军主要炸药仓库,徐国璋立即将该炸药库也绘制了一张详细图,一起交给张馥辛,并由张馥辛及时送到新四军军部。王征明在1945年2月22日的日记中,记下了"请盟军轰炸"这一内容。由于上报的军事情报及时、正确,美军B-29型飞机飞到吴淞投弹击中各个日寇军事目标。同年3月,淞沪地区专员顾复生,向张馥辛传达了新四军参谋长赖传珠对吴淞情报组的口头表扬。

"一德大药房"——吴淞情报组联络点

徐国璋工作的吴淞医院是由汉奸翻译王桂泉开办的,医院一旦停业,情报组就会失去合法的社会掩护。当时,他在征得组织同意后,决定在吴淞建立一个可靠的立足点,来完成新四军情报侦察任务。

1943年下半年,徐国璋在吴淞医院的外面开了家"一德诊所",后改为"一

德大药房"。"一德大药房"的地址
先设在吴淞镇淞兴路101号（新中
国成立后为海燕照相馆），后又搬
至中新路127号（现北兴路76号）。

为了不使汉奸翻译王桂泉反
感，徐国璋又拉了王桂泉的小舅子
金国楚入股，作为"一德大药房"
的股东之一，每人出资一两黄金，
还与王桂泉签订了三年租用合同。
"一德大药房"系两层小楼，楼下以
经营一些常用药品作为掩护，楼上
作为诊所，实际上就是新四军吴淞
情报组的日常联络点，来开展情报
联络、交接工作。

新四军吴淞情报组联络点——"一德大药房"
（徐国璋摄）

后来，王桂泉看到日寇的失败趋势，就将吴淞医院变卖，同时要求"一德
大药房"搬走，徐国璋以三年合同未到予以拒绝。他还以医生职业为掩护，利
用出诊的时机，对各种军事目标进行侦察。

在侦察过程中，徐国璋能用一口流利的日语去应对各种复杂突发事件，同
时还从来门诊看病的劳工、酒吧侍女中了解各种情况。有时，他还对日本兵和
下级军官从兵营里偷出来的药品，按原价的10%予以收购。他表面上和这些
日军士兵和下级军官很"热络"，很谈得来，这样可以从他们的嘴里了解到一
些日军内部的情况，同时也掩护了抗日情报组的活动，还部分解决了情报组的
活动经费，完成了为新四军采购药品的任务。

1943年夏天，徐国璋接到上级命令，要求尽快为新四军采购急需医药物
资。接到指示后，他立即布置并联络爱国青年，分头到上海和江浙一带采购药

品。为了缩小目标,每个青年采购的地点和药品均不相同。他还通过王桂泉的介绍,与日军做生意,从中得利,补贴开展情报工作的经费不足。

经过一段时间的积累,"一德大药房"楼上堆了很多医药物资。在准备把这批药物运往抗日根据地的前一天,日本军官野田,突然带了三个日本宪兵闯入"一德大药房"搜查,徐国璋一边用日语与野田周旋,一边说,这些药品是日军订的货,并马上派人把汉奸翻译王桂泉找来作证。

王桂泉及时赶到"一德大药房",告诉日本宪兵,这是他出面给日军订的货。一场风波得到了平息。之后,徐国璋拿了一笔钱给王桂泉,说是生意上获得的利润,并表示只要生意能继续做下去,这样的钱还有的拿。王桂泉拿了钱很高兴,徐国璋乘机请他弄了几张盖有日军后勤部印章的封条,他一口答应,过后没几天就把封条送来了。在这些封条的掩护下,这些新四军急需的药品,顺利通过吴淞口安全送到了抗日根据地。

日军军官野田是个"色鬼",经常出入一些"野鸡堂",染上了花柳病。他不敢声张,偷偷来找徐国璋给他治病。徐国璋想尽办法,治愈了野田的花柳病。野田很高兴,把徐国璋看作是自己的"知己"。有了这个靠山,情报组的活动也就方便多了。

一次,徐国璋带着照相机在侦察拍照,突然窜出来几个日本鬼子,问是干什么的,徐国璋马上用日语回答说:"我是吴淞一德诊所的医生,今天天气很好,出来走走。"一边说,一边把他早已拍好的蹲在地上如厕的照片给几个日本兵看,他们看后哈哈大笑。徐国璋接着说:"你们的长官野田是我的'好朋友'。"他们听后很有礼貌地离开了。

在十分艰苦的对敌斗争中,徐国璋经常吃不好,睡不好,身体很差,再加上肺结核复发,病情日渐严重,经常吐血。当时,杨行地区地下党负责人杨逸也患了肺结核,徐国璋想方设法搞来治疗肺结核的特效药,自己舍不得吃,硬是塞给杨逸吃,希望她早日康复,投入战斗,而他自己的身体却每况愈下。

幕后英雄——历史将永远铭记

1945年8月日本投降，抗日战争胜利。根据上级指示，考虑迎接解放的斗争将更加复杂，更加艰巨，上级组织决定黄眷澜、陈达去解放区学习，蒋炳强留守"一德大药房"。当时徐国璋十分向往革命根据地，心想能与她们一同去革命根据地，但组织上考虑到他肺结核已相当严重，三天两头大量咯血，连走路也很困难，所以还是劝他暂时留在家里养病，待病情好转再去革命根据地。

1945年10月，当黄眷澜、陈达离开吴淞的那天，徐国璋还恋恋不舍地和战友们话别，并相约在革命胜利后再相见，可是万万没想到这次竟成了永别。同年12月31日，由于长期积劳成疾，抱病工作，徐国璋溘然长逝，年仅24岁。噩耗传到新四军军部，首长和战友们无不悲伤哀悼。

1949年5月初，人民解放军即将解放上海。留在"一德大药房"的蒋炳强利用伪吴淞卫生所所长曹健白的关系，组织救护队，迎接吴淞的解放……

（本文发表于2011年6月，图片由作者提供）

433

三千里步行奔延安

周七康

1937年八一三淞沪抗战后，中共上海党组织派出大批党员骨干到全国各地开展抗日宣传和统一战线工作。父亲周文被派回四川做大后方的统战工作。他到了成都，将广大知识分子、文化人、学者、大学教授团结在一起，在车耀先的努力餐馆中以聚餐、茶会的形式举行欢迎会、晚会、讨论会，讨论办刊物、办报纸副刊的问题，交流创作经验，传递文艺信息，分析抗日形势，传达党组织的指示精神等。1938年成立了联谊会。1939年1月又成立了中华文艺界抗敌协会成都分会。但是两年后，他的身份逐渐有暴露的危险。

1937年，国民党政府迁都重庆后，四川形势逆转，国民党反动派向共产党下了毒手，党组织被破坏，很多中共党员被抓被杀。1939年，中共中央分析了形势，估计国民党对中国共产党员和进步群众会有进一步的迫害，中共川康特委书记罗世文根据中央指示，决定将被暴露的同志迅速

1938年周文、郑育之夫妇在成都

撤离和调动,我的父母接到命令要撤出成都到延安去。去延安是父母向往已久的事,他们决定带上我两个姐姐一同去延安。

成都去延安的路上,国民党设有许多关卡,所有去延安方向的人都被抓或被迫返回。直接去延安非常困难,所以,党组织决定等待适当的时机再走。

1939年秋,山西民族革命大学派人到成都和重庆招生,党组织认为这是撤退的好时机,便巧妙地插手参与了招生工作,要撤退的党员干部和进步青年都报了名,父亲周文被聘为民大教授。母亲郑育之被聘为民大的指导员。这样全家四口都可以离开四川了。另外还招有学员120人。

12月8日,去第二战区的学员及近30名旅外剧社的人,在成都北门西北电影制片厂内集合。车耀先为他们送行,并发表讲话。车耀先和罗世文都继续留在成都工作,就在大部队走了两个月后,他两人先后被捕,被关进了中美合作所白公馆、渣滓洞。他们就是小说《红岩》中的两个重要角色的原型。

150多人的队伍出发了,快到广元时,又增加了华侨小分队近30人同行。180多人的这支队伍的主要负责人除了民大招生负责人外,中共川康省委派了王怀安任大队指导员,他也是大队里中共党总支书记,周文任大队部顾问,另外还加一个有军事工作经验的骨干,四人组成大队部。他们分别担任队务、政治、文化等教育工作,父亲与大队部的人一路上推动各项工作,使这支队伍有严格的纪律,采取军事化行动。队伍分为几个中队,每个中队有一个党支部。学员中有40%的中共党员,共70多名,其他都是有文化的进步青年。一路上他们就像是在虎口里行走,大队部领导都要做纪律检查和思想教育,要求大家提高警惕,以防止国民党派人混进队伍进行策反、破坏。同时,也经常鼓励大家向红军学习,发扬爬雪山过草地的精神克服一切困难。他们顶着寒风暴雪,爬过大巴山又过秦岭,海拔有三千多米。每到驻地要自己打水做饭,有时驻地没有柴火,就要上山去砍柴,有时没有住的房子,就住在破庙里,四处都透着寒风,但谁也没叫苦叫累。父亲肚子里故事多,所以,一路上休息的时候,很多年轻人都围着父亲,听他讲故事。父亲以讲故事的方式起到教育大家的作用,解除大家的疲劳后,又开始上路。

母亲出发前正患有肺结核,吐血不止,但她一起坚持与大家去二战区,还要照顾我九岁和十一岁的两个姐姐。两个姐姐紧跟着队伍不落下拖后腿,全队伍中就她们两个小孩,队友们时常帮助她们,照顾她们。经过一段时间后,母亲因坚持步行,病情居然渐渐好了起来。

大队180多人到陕西宝鸡稍停休整,大队部的几个领导随山西民大招生工作的大队长到西安第二战区办事处报到。结束后,周文与王怀安找借口离开大队长,分头到达八路军办事处,这时,两人才知道对方是自己的同志,他们都是去转交党组织关系的。除了父母的党组织关系由父亲转交,其他学员的党组织关系都由王怀安转交。叶剑英和西安八路军办事处处长伍云甫接待他们,并告诉他们,山西阎锡山叛变,枪口对内,为了180多人的安全,党中央要他们把全部人员安全地带到延安去。

去延安,这正是父亲和所有成员梦寐以求的事。1936年父亲在上海担任中央特派员冯雪峰的交通员与秘书时,就从冯雪峰那里知道了延安的情况。当时他将上海的请示报告、工作汇报、物资等带到西安,交给秘密联络站的交通员。他已经到了西安,也想到延安去,但是党的工作不允许他去,他必须返回上海;他在上海还负责安排左联的同志去延安,但他自己却不能去延安。这次带队撤出成都,党组织想叫他去延安,却不能直接去延安,只能到山西民大后找机会去延安。可是现在,党中央决定他们直接把队伍带到延安去,他的内心该有多么激动、多么高兴啊!

同行的所有成员也都向往到延安去,这是他们这次行动最有利的条件,动员起来没有问题。不利的条件是:从咸阳到陕甘宁边区还有一段路程,恐怕阎锡山在路上有行动。因此他和王怀安决定消息绝对保密,到洛川后,才开始往下传达布置。

队伍在咸阳休息了三天，大队部决定学唱民大校歌，以防二战区有人来检查。说来可真来了，从西安来了一个丁主任，说是代表第二战区来咸阳察看队伍。丁主任见同志们在起劲地唱着民大校歌，旅外剧队积极准备演出，队伍的生活活跃，情绪稳定。丁主任看后很满意。当时正下大雪，丁主任怕冷，就说："你们辛苦了，本来我要护送你们，今天见到队伍的情绪不错，我还有事就先回西安了。"

这以后，王怀安与父亲等队委会更加强了组织性和纪律性的教育，对沿途传来的各种消息，都叫大家不要理会，所以没有一个人私自离开队伍，没有给整个行动计划带来任何麻烦。这支队伍的组织性和纪律性经得起考验。

到洛川的时候，有个姓牛的军官，自称牛队长，带了三个人到队伍上来，说他是阎锡山派来接应队伍的，欢迎大家去第二战区。晚上，请大队部的人吃饭，要求队伍第二天一早就走。他的目的是因为途中要通过陕甘宁边区的一段区域，早走可以早点到达牛武镇，那是国民党统治的地区，那里有国民党的军队等候，大队人马就可以顺利到第二战区去了。大队部的人也想早点走，可以掌握时间在天黑前到达陕甘宁边区所属的交道镇茶房。这样他们可以与边区的八路军部队取得联系。所以就决定早上六点动身。

这天晚上，牛队长睡下了。快黎明的时候，指导员王怀安召集各党支部书记开了一个紧急会议。为了保密，会议在女厕所里召开。会议很短促，王怀安扼要传达了党中央的指示并布置了工作，第一，阎锡山反共、反人民，第二战区新军和旧军已经打起来了。为了对全队党员和进步群众的安全负责，现在他们不能去第二战区，要把队伍全部带去延安。第二，对党的决定要绝对保密。待明天队伍出洛川城后，才开始逐级传达，在路上先传达到党支部委员。第三，选择几个身体魁伟、有臂力、政治上绝对可靠的同志，把牛队长等四人监视起来，一有行动，首先收缴他们带的武器，保卫大家的安全。第四，什么时候行动，临时通知。

437

快到交道镇的时候，趁牛队长不备，王怀安就加快步子，走在队伍前面。在交道镇的路口见到了八路军战士，要求见他们领导同志。领导同志见到王怀安，就说中央已有通知要我们在这里接你们，保护你们的安全。你们有什么要求吗？王怀安说：突然来了个牛队长，还带有武器，要想办法把他们监视起来，缴了他们的武器。领导同志说：知道了，我们有办法缴掉他们的枪。

队伍在交道镇八路军的岗哨前被拦住停下，有几个八路军战士过来对大家说：请大家原地不动，现在例行公事，进行检查。他们对大家的检查并不严，但对姓牛的几个人非常仔细严格，叫他们把武器统统拿出来，说通过了解放区后就会还给他们。检查完毕，才允许队伍通过交道镇向茶房前进。按照计划，到茶房时已经天黑了。牛队长还想叫队伍向前走，再走不远就到牛武镇了。但父亲和王怀安等大队部的人说："太晚了，大家疲劳了，都需要休息。"队伍根据大队部的决定在茶房吃晚饭、宿营。这时，牛队长的烟瘾上来了，他也就不得不拱到床上去了。

180多人从成都到延安，进入陕西从茶坊镇奔向延安线路图

茶坊这里地形特殊,正好是三岔路口,向北就是通往延安的路;向东就是牛武镇,在那里有国民党军队,如果敌人突然袭击是很容易的事情。

大家睡下后,党总支书记王怀安立即召集各支部书记开会,布置当晚的任务,传达给所有党员。这一晚上,很多党员都非常地兴奋,又非常紧张,有的不打开行李,就在炕边上打盹。兴奋的是马上要到延安了,愿望就要实现。紧张的是,今晚上的任务非同小可,不能有一个人掉队。

哨子吹响了,所有人在晒粮场上紧急集合。大家动作非常快,当群众一知道阎锡山不抗日、反共反人民的时候,都极其愤怒,立刻轰动起来了。有的说:我们到第二战区是为了抗日,既然阎锡山不抗日,要反共反人民,我们不去第二战区,不去民大了。也有的说:山西发生这样大的事情,姓牛的为什么不告诉我们,现在还欺骗我们,找他来答复我们的问题。大家争先恐后地发表意见,跟牛队长说理斗争。姓牛的怕得要死。王怀安说:"同志们,阎锡山反共了,我们是到反动的、黑暗的地方去,还是到革命的、光明的延安去?"所有人异口同声地回答说:"到光明的地方去!""到延安去!"做招生工作的大队长程恕平也高声地说:"我跟随同志们一道去延安。"这个队伍里的人原本就想到延安去,这下可兴奋极了。队伍当即排成一路纵队向甘泉前进。牛队长等四人因为没有了枪械,无法阻止与破坏,眼睁睁地看着队伍向延安的方向走去。

那天没有星星,没有月亮,漆黑的深夜,只听见大家行军的脚步声,以及队伍前面传来的窃窃低语的说话声:"走快点,跟上,不要掉队,往后传。"同志们走得快,几乎是小跑前进。有的同志怕掉队,怕走错路,就手拉着手,或互相牵着衣服,相互照应、相互帮助地快步前进。我的两个姐姐由两个年轻力壮的小伙子拉着、背着她们跑。这样紧张的急行军,才能避免阎锡山顽固军队的突然袭击,快黎明的时候,顺利地转移到陕甘宁边区安全的地方甘泉县。大家也感觉到了从未有过的安全感。那里的八路军早已给他们准备好了住宿的地方,大家都美美地睡了一觉。

队伍在甘泉休息两天,柯仲平领导的秦腔剧团前来欢迎他们,父亲见到了老朋友柯仲平,两人紧紧地抱在了一起。

1940年2月2日,步行3 000余里,历时56天,在春节前几天,到达了向往已久的革命圣地——延安。看到延安宝塔的时候,父亲高兴地高喊:"我们到延安啦!我们到延安啦!"说着连帽子也抛到空中去了。

大部队到了延安,阎锡山给毛泽东来了电报,说共产党劫走了他的学生。毛泽东给他回电说,共产党人是从来不抓壮丁的,这次我也不开先例。毛泽东派人把电报给大家看,叫学员们自己做决定。说:"去者欢送,留者欢迎。"结果,学员们联名在《新中华报》上给阎锡山写了公开信,说:"因为你们开倒车,我们青年就不得不离开你们。"

180多人的大队伍胜利到达延安,他们中绝大多数人被中共中央组织部分配到延安的各个学校学习,毕业后也都分配到各个工作岗位上。党总支书记王怀安在延安青年干部学校学习,结束后,留校担任支部委员,后来在陕甘宁

1937年的延安

边区高级法院工作。中华人民共和国成立后担任高级法院党组副书记。一同到延安的旅外剧社社长吴雪,到延安后的第二年成立了延安青年艺术剧院,导演了《塞上风云》《雷雨》《抓壮丁》等多出好戏,中华人民共和国成立后担任中国青年话剧院院长。费敦仁到延安进入抗日军政大学学习,成为中央军委三局的老兵,一名出色的机务员,中华人民共和国成立后主持建设了北京电报大楼、北京长话大楼,曾任原邮电部北京长途电信局副局长、顾问。我的父母周文和郑育之及两个姐姐被老朋友丁玲从组织部招待所接到了文协。父亲打算到延安后,在安定的环境中好好写上几本好小说。

父母到了延安后,在延河边遇到了毛主席,毛主席约父亲第二天到他的窑洞细谈。这次谈话后,他了解到延安干部群众的需求,也知道党的工作的需要,父亲放弃了自己的写作计划,根据毛主席的建议,办起了大众读物社。中央组织部根据毛主席的指示调配了干部到大众读物社工作,其中张思俊担任了通讯科科长,他也是与父亲一同从成都步行到延安的同志。父亲以鲁迅的文艺大众化的思想带领大家大干起文艺大众化的工作,创办了深受当地人民群众喜爱的报纸《边区群众报》和帮助基层干部群众提高写作水平的《大众习作》,得到了毛主席的表扬:"你的工作是有意义有成绩的,我们都非常高兴。"

441

(本文发表于2021年1月,图片由作者提供)

1949：上海秘密营救民主人士

郝在今

时近1949年，全国解放战争决战正酣，避居上海的政治名人骤然成为关注焦点。

1948年中共中央发出"五一口号"，号召全国各地的民主党派、民主人士去解放区参加新政治协商会议。符定一等潜出平津，沈钧儒、章伯钧、谭平山、蔡廷锴从香港秘密北上，上海这边还有宋庆龄、张澜、黄炎培、罗隆基、史良等众多著名的民主人士暂时未动。

军事上打不过解放军的蒋介石，却有本事欺负文人，国民党军警宪特也加紧了对沪上名人的监控。

黄炎培宴中失踪

1949年第一天，南京的蒋"总统"发布一份"新年文告"，提出议和要求。同时，西柏坡的毛泽东也发表了一篇"新年献词"——《将革命进行到底》！1月4日，蒋介石来到位于南京傅厚岗的副总统李宗仁官邸，当面提出引退。1月5日，美国大使司徒雷登的私人顾问傅泾波看望李宗仁，代表美国大使征求意见。1月8日，蒋介石派张群约黄绍竑，乘专机到武汉与白崇禧商讨引退之事。白崇禧当机立断，派黄绍竑乘专机到香港接李济深，企图让"二李"共同主持大局。黄绍竑匆忙赶到香港，却得知李济深已经北上解放区！于是，黄绍竑就去接触中共的潘汉年。

1月17日蒋介石辞职。"代总统"李宗仁一上台就派甘介侯博士带巨款去上海，恭请社会名流出面推动和谈。可是，找了宋庆龄、张澜等多人，却到处碰壁。又到重庆去请毛泽东的老朋友梁漱溟，那大儒倒是收下了钱，却依然不行动。原来大家都要看看，这位"代总统"是否真有和谈的诚意。2月8日李宗仁亲赴上海，终于请出邵力子、颜惠庆、章士钊、江庸四位德高望重的老人，以"上海和平代表团"的名义同共产党谈判。

眼看政坛名人纷纷转向共产党，蒋介石下令盯紧上海。香港那些左派人物早晚要北上拦不住，上海这些中间派就成了风向标，如果他们再北上，国民党就彻底孤立了。

其实，此时的上海民主党派人士，也早已不再持中间立场，大家都是反蒋派了。

1949年1月，王葆真制定了一个"京沪暴动计划"。王葆真是国民党元老，早年参加同盟会，民国初年是参议院议员，抗战中是国民参政会参政员。1948年1月李济深在香港组建国民党革命委员会（简称"民革"），把策反蒋军作为民革的工作重点。李济深在白绢上书写任命书，缝在交通员衣襟中送出，任命杨杰为西南军事特派员，任命王葆真为东南军事特派员。

南京和上海两地的民革组织积极活动，在军警界联络多人。到了1949年初蒋介石下台的时候，大家认为时机已经成熟。京（指南京）沪两地分别制定了暴动计划，又在上海串联，计划京沪两地同时发动，一举拿下两城，扣押李宗仁等军政首脑，迎接解放军渡江！

蒋家王朝风雨飘摇，各路豪杰纷纷起事，民革、民联（三民主义同志联合会）都在准备暴动。可是，京沪两地的民主党派组织擅长社会上层交往，地下活动则不够谨慎。南京民革的联络点设在吴士文家,吴家住在大杂院里,院里住户多是公务员,也有特务。2月初的一天,民革和民联成员在吴家聚会,被卫戍司令部全部逮捕。南京民革负责人孟士衡带着暴动方案去上海汇报,特务也随之赶往上海追踪。

上海的特务找到一个国民党老人,声称南京李代总统要同共产党和谈,需要找孟士衡去疏通。这老者不知孟士衡在搞暴动,也不肯轻信来人,就说要先找孟士衡征得同意。就在老者只身去找老朋友孟士衡的时候,特务悄悄跟踪,那老者刚从孟家出门,特务就进门抓捕了孟士衡!

顺藤摸瓜,国民党特务又抓获王葆真等十几名京沪暴动负责人,还逮捕了参与密谋的军警数百人。3月初,京沪暴动的新闻铺满报纸。

王葆真被捕前,不顾个人安危,先销毁了身边的秘密文件。这些秘密文件里不但有民革的暴动计划,还牵扯到一个共产党的高级情报员——时任国防部作战厅长的郭汝瑰。他拿到国民党最高当局的最新作战计划后,急于交给中共组织,可当时郭汝瑰的上线任廉儒不在南京!为了尽快把紧急的军事情报交到中央,郭汝瑰通过关系寻找渠道,这份情报就到了王葆真手里。王葆真看到这份绝密情报,判断这肯定来源于打入最深的情报员,他向送情报的人表示,一定会把情报送上去。送不到也不会泄密,保证用自己的生命掩护这个同志!

王葆真果然做到了。受尽酷刑,也没有交出秘密。

组织上也在营救王葆真。民革主席李济深、中共副主席周恩来,分别致电李宗仁,要求释放王葆真等人。李宗仁正要同共产党和谈,赶紧下令把人押解南京。只要离开上海特务部门的控制,李宗仁就能够下令释放王葆真。可惜,李代总统的权威走不出南京城,上海的汤恩伯不理南京只服溪口的蒋介石!

国民党特务对上海名人痛下狠手,这未免坏了上海滩的"老规矩"。上海的外国租界历来有治外法权,全国各地的下野人物都可以在此避难。工部局对这些人从不赶尽杀绝，说不定他们哪天又会东山再起。特别是上海青帮，还指望收这些大人物的保护费。坐镇上海滩几十年的青帮大佬杜月笙，1927年曾帮蒋介石诱杀共产党总工会主席汪寿华，1933年又掩护共产党将军陈赓养伤。青帮也懂政治，也会政治投机。

蒋介石下达的黑名单，不但毛森知道，杜月笙也知道。杜月笙看见名单中有黄炎培的名字，就暗中知会了黄老。

黄炎培虽然不是高官富贾，却是上海工商界德高望重的人物。他举办职业教育社，多年来培养的学员遍布上海工商业，桃李满江湖。中国民主政团同盟成立时，三党三派里就有黄炎培的职业教育社一派，大家公推黄炎培为民盟主席。

黄炎培一人横跨三界，上海的教育界、工商界、政界都认这个人物，工商界中青帮弟子很多，杜月笙也尊敬黄炎培。现在老蒋居然要对黄炎培下手，杜月笙当然要卖黄老一个面子。

蒋介石下台，上海特务一时慌乱。黄炎培利用这个政治空档期，以庆贺生日为名，大宴宾客三天，制造混乱气氛。2月14日，他假借购物，带着夫人去永

1949年9月，黄炎培在全国政协一届一次会议上发言

安公司,前门进,后门出,甩掉特务跟踪的汽车,转移到女儿家居住。第二天又化装登上中共党组织安排的船只前往香港。3月14日,黄炎培自香港乘船北上,到达北平的时候,正赶上前来欢迎他的毛泽东。

中共中央从西柏坡移驻北平,3月25日在西苑阅兵,中共领导人和民主党派、无党派人士欢聚一堂。毛泽东住在香山的双清别墅,迎来的第一个客人就是黄炎培。香山会面,让人不禁想起那延安的"窑洞对",黄炎培问毛泽东如何摆脱执政以后腐败的周期律,毛泽东答曰:民主。

史良幸运脱险

1949年4月,解放军胜利渡江,拿下南京,兵锋直指上海。蒋介石不顾退隐的承诺,直奔上海督战。

蒋介石召集京沪杭警备总司令汤恩伯、上海警察局局长毛森和幕后的保密局局长毛人凤训话,严令他们把上海的黄金白银全部运送台湾;同时按照秘密名单,把宋庆龄、张澜、罗隆基、史良、刘鸿生、杨虎等所有知名人士都带到台湾。不去台湾者,就地正法!

死寂的上海到处响起刺耳的警报,人称飞行堡垒的装甲车包围各大学,全副武装的军警从四面八方分割街区,全市大搜捕开始了!

城外,解放军重兵围困;城里,军警宪特日夜搜捕;上海成了恐怖的城市!

上海警察局局长毛森是毛人凤的本家侄子,一向心狠手辣,上海人称"毛骨森森"。毛人凤又加派保密局行动处处长叶翔之到上海督战。沈醉、叶翔之、毛森号称军统三大杀手,其中两人在上海展开了杀人竞赛。街头巷尾到处张贴通缉史良等人的通缉令,"一人不报,全家杀绝!一家不报,全里杀绝!"的标语面对着居民住宅……

就在上海民主人士生死存亡之际,周恩来电令上海局:全力保护和营救

左起：罗隆基、沈钧儒、张澜、左舜生、史良、章伯钧

宋庆龄、张澜、罗隆基、史良！

宋庆龄在国民党内一直坚持联俄联共，令蒋介石怀恨在心。戴笠和沈醉多次商讨暗杀计划，打算制造车祸把宋庆龄撞成植物人。高级防弹车都准备好了，戴笠却迟迟不敢下令动手。孙中山夫人被刺必将引起国内外震动，蒋介石也顾虑追查到自己。

对于其他人，特务就没有多少忌惮了。保密局行动处处长叶翔之负责追捕史良，上海警察局局长毛森看押张澜、罗隆基，两大杀手双管齐下。

史良女士是全国闻名的大律师，又是民盟的重要领导人，社会关注度极高。这些日子，她已经得到党组织的通知，正在四处躲避追捕。

史良大律师的住宅是个楼房院落。这天夜里，一辆吉普车和两辆卡车飞驰而来，便衣特务下车就包围了住宅。特务进门，见人就抓，逢人就打，小院里到处哭嚎，一片混乱，但找不到史良本人。叶翔之亲自出动，抢走史良的高级轿车，又到史良的亲友家追踪。

这是一幢上海最普通的石库门房子，史良躲在二楼，偷偷向外张望。所幸，这一带很安静。突然，对面房子的一群鸽子飞了过来，公然停在史良的窗前。史良爱怜地看着鸽子，用饼干渣喂食。

楼下突然敲门，史良忙躲避起来。只听楼下说："区长啊！您怎么大驾光临……"

"我来找我的鸽子。"

史良忙把鸽子轰跑！

楼下还说："刚才我看见你们楼上有个女人。"

"那是我姐姐，串门的。"

"现在交往要注意的……"

楼上，史良立即拿起提包，她知道这区长分明是个特务！他走后，史良提着一个小包匆匆出门……不一会儿，叶翔之驾驶着史良的轿车就在房前急刹车！

黄炎培走了，他的儿子黄竞武还留在上海。叶翔之抓不到黄炎培、史良，就拿他们的亲属报复，不但抓捕了史良的七名亲戚，还逮捕了黄竞武。

黄竞武是民建中央干事，又是民盟成员，他利用中央银行稽核专员的身份，收集了上海四大银行的绝密金融情报，还发动各金融机构的民建、民盟成员保护银行财产，抵制国民党偷运。

黄竞武被捕之后，叶翔之严刑拷打黄竞武，直到打断他的胳膊，黄竞武还是宁死不屈！

面临必败的下场，特务更加残忍。上海解放前夕，民革的孟士衡、吴士文、肖俭魁，农工民主党的曾伟、虞健等都因策反活动暴露而被杀害，民主党派干部黄竞武被活埋，史良的亲友则幸运地在押赴刑场的路上被解放军营救。同时被判死刑的王葆真因暂缓执行，在提篮桥监狱里熬到了上海解放。

张澜的惊险时刻

史良跑了，不能让张澜再跑掉。这次由毛森布置，担任警备区稽查大队队长的军统特务聂琮负责抓捕张澜、罗隆基。

聂琮带领四十多个特务包围了张澜所在的虹桥疗养院，将要动手之际，才想起自己是直接执行毛森命令，还没有和警备区打招呼，而稽查大队副大队长阎锦文就是警备区周副司令的亲信。为了不影响自己的前程，聂琮还是给阎锦文打了一个电话。

阎锦文接到电话后立即赶往虹桥疗养院："大队长，都这个时候了，不抓紧时间安排家眷，看管疗养院干什么？"

"没办法。"聂琮叹气，"毛森总是把得罪人的事情交给我"。

"没关系！"阎锦文豪爽地说，"大队长有什么难处，尽管交给兄弟"。

聂琮、阎锦文带领特务，把张澜、罗隆基集中到206病房。聂琮礼貌地敬礼："张先生，罗先生，李代总统派在下来保护二位。"

"李宗仁都不知去向何方，还来保护我们？"张澜不信，但并不吭气。

聂琮和气地说："请二位跟我走。"

罗隆基忍不住说："我们哪里也不去，就留在上海！"他已经派人联络美国驻上海领事馆，请美国人常来探望，震慑国民党特务。

"上海很危险。"聂琮恐吓，"保密局根本不听代总统的，要抓你们去台湾呢！"

这下罗隆基慌了，望望张澜，张澜昏花的眼神与罗隆基交流时却突然"放射电流"！罗隆基顿时醒悟这人在欺骗他们，也闭目不理。

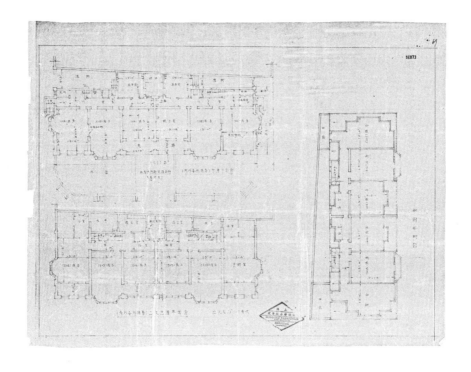

虹桥疗养院二层及三层平面图（上海市档案馆藏）

聂琮凶相毕露："来人！"高大威猛的阎锦文带人闯了进来，张澜、罗隆基此时全明白了……

特务们正要动手，一个医生进屋了。医生严肃地说："病人正在休养，请勿打扰。"

聂琮顿时就要发作，阎锦文却故作严厉地对医生说："张澜先生和罗隆基先生都是政府保护的重要人物，留在这儿你们能负责吗？"

医生迟疑一下，勇敢地说："我是这里的副院长，一切由我负责。"

阎锦文附耳对聂琮说："留下几个弟兄看守，这两个文人也跑不了……"见聂琮犹豫，他立即冲副院长喊，"签字保证！"

这位副院长郑定竹是张澜、罗隆基的主治医生，一直同情他们的民主活动，他果断地说："我以身家性命担保！"其他医护人员也随同签字。阎锦文一把抢过担保书，就拉着聂琮走了。

张澜处境危险，上海地下党也在想尽方法营救。熟悉上海军警情况的周幼海建议，组织一支武装打进虹桥疗养院抢人！又怕伤及张澜，打算说服稽查大队的副大队长阎锦文放人。

大家正在苦思对策，中央另有部署：营救张澜的任务交给吴克坚。

吴克坚是中共资深的情报干部，机智过人的他领导的情报系统为解放战争提供了大量高级情报，几乎从不失手。然而，就是能干的吴克坚，也只能在地下活动，怎么从特务围困中展开营救呢？

吴克坚有自己独特的情报方式：争取敌人营垒的重要人物，使其整个系统为我服务。这次营救，吴克坚瞄准了杨虎。

杨虎任国民政府监察委员，表面看不过是个闲职，可作为上海青帮老大，又有个担任上海警备区副司令的女婿周力行，所以在上海还是很有势力的。但是，1927年四一二反革命政变时，杨虎是淞沪警备区司令，大屠杀的执行官，现在能为共产党出力吗？周恩来了解杨虎。虽然1927年时杨虎是蒋介石捉拿周恩来的干将，但蒋介石后来又过河拆桥剥夺这位弟兄的实权，杨虎就与蒋介石离心离德，而秘密接触共产党。1945年毛泽东到重庆谈判，杨虎曾当面警告戴笠不准暗害。

杨虎身边还有个宠爱的如夫人田淑君，这个女人虽然是军统安插在杨虎身边的钉子，却一心为杨虎的前途着想。她与锦江饭店的女老板董竹君是密友，而董竹君又是吴克坚的情报来源。

通过董竹君、田淑君的关系，吴克坚登门拜访杨虎。共产党交付的营救任务，杨虎认真落实，从女婿周力行联系到了阎锦文。

聂琮也来找阎锦文，这些天来，毛森疯了似的抓人杀人，根本不考虑后路，聂琮正安排家眷逃亡，又接到毛森要干掉张澜、罗隆基的命令。阎锦文豪爽地把这个得罪人的差事揽了下来。聂琮又叮嘱，这两个是知名人士，不能造成社会影响。毛局长要求,用麻袋把他们装起来投入黄浦江,一定要在撤退前完成任务。

聂琼一走,阎锦文立即给杨虎打电话请示,可杨虎已经躲起来了。阎锦文又给田淑君打电话,田淑君急忙告诉阎锦文,中共要求立即营救张罗二人,要阎锦文务必于当晚把二人送到杨虎的住宅。

阎锦文带人再闯虹桥疗养院,上来阻拦的医护人员都被蛮横撞开。进入张澜、罗隆基的房间,阎锦文立即屏退众人,关上门小声说:"杨虎先生派我来营救二位。"

可罗隆基不信!阎锦文急得够呛,又说:"你们可以打电话!"

罗隆基打通田淑君电话,才半信半疑地跟随阎锦文出发。

押解两人的囚车号叫着冲出疗养院,在上海的街道上风驰电掣。可是,在一道作战工事前被全副武装的士兵拦住!阎锦文从驾驶室里伸出脑袋喊道:"警备司令部押解要犯枪毙!"

囚车被放行了,飞速驶向环龙路,杨虎住宅的大门应声而开,里面的守卫者全换成了解放军的便衣侦察队。这里已是上海党组织的秘密指挥部,一个提前解放的小解放区。此刻,张澜、罗隆基身心俱安。大家想起齐燕铭在延安创作的一出京剧——《逼上梁山》。

1949年5月27日上海解放,十天前牺牲的黄竞武,后由人民政府追认为烈士。在中国人民的解放斗争中,民主党派人士与共产党人的鲜血流在一起。无论是共产党员还是民主党派成员,都为新中国作出了杰出贡献!

（本文发表于2020年5月）

1949,

"地下警委"在行动

刘　翔

　　上海解放前夕,有这样一批人为刺破黑云的笼罩,迎接灿烂的曙光,隐秘在城市的各个角落。它的名字叫中共上海地下"警委",其全名是"中共上海警察工作委员会",长期隐蔽在国民党上海市警察局内部的共产党员,隶属于中共情报组织。他们战斗在敌人的"心脏"里,协助军管会顺利地接管了国民党上海市警察局,用生命与热血迎来上海解放的黎明曙光。

拨开云雾: 黎明前的黑暗

　　这个组织的领导人就是中共上海地下"警委"书记邵健。

　　1910年出生的邵健是山东枣庄人,出身贫农家庭。迫于生计,1930年,年仅20岁的他只身到上海谋生,后来考进公共租界巡捕房当巡捕。目睹旧社会的种种罪恶,激发起"不愿受压迫,不愿做奴隶"的强烈爱国心,通过阅读一些进步书刊,从中深受启迪和教育。1935年邵健参加了纪念九一八事变4周年示威游行,翌年

邵健

又参加鲁迅出殡送葬游行。八一三淞沪抗战爆发后,他不顾白天上岗执勤的辛劳,晚上还到救亡协会创办的抗日夜大学习,投身夜校组织的抗日宣传和募捐活动。1938年2月他加入中国共产党。不久,他成了中共公共租界巡捕房特别支部的领导人之一,1946年又担任了中共上海地下"警委"书记。上海解放后,邵健历任上海市公安局秘书处副处长、治安行政处处长、政治部副主任。

上海解放前夕,国民党反动派疯狂镇压革命群众。当时的市警察局局长、军统特务头子毛森不但派遣大批特务打入社会各阶层进行监视与探访,还在警察局内部建立了"保密防谍组"等特务组织,目的就是为了清除中共组织在警局内的势力。针对这一严峻局面,邵健及时向上级党组织汇报,经中共上海市委批准,1948年8月,中共地下"警委"进一步扩大了党的外围组织"互保立功委员会",把在对敌斗争中经过党组织考验、具备入党条件的积极分子吸收到党内。

1949年初,在人民解放军取得辽沈、平津、淮海三大战役的伟大胜利之后,邵健率领地下"警委"的同志立即在全体警察中提出了"互相保证立功"的口号,并组建了中共上海地下"警委"的外围组织——"互保立功团"。积极开展"互保立功"活动,要求每个党员至少联系几个警察,大家互相保证不做危害人民利益的事,不毁坏物资档案,不转移枪支弹药,维持好社会治安,为迎接解放,配合接管警察局立功。随即,一场互保立功活动在国民党警察局中秘密展开。

1949年4月21日,毛泽东、朱德发出向全国进军的命令,敌人更加恐慌,开始实施覆灭前逃跑、破坏和屠杀的准备,胁迫工厂、机关的职工随他们迁移。根据当时的形势和特点,邵健领导地下"警委"积极开展反对迁移、反对破坏、反对屠杀和保护工厂、学校、机关活动,配合解放军解放上海,建立了人民保安队和宣传队,宣传党和人民解放军的政策,做好迎接上海解放的准备。针对国民党策划的应变措施，"警委"进一步发展互保组织，将手执武器的警察组织起来，成为监视敌人行动的力量，并在警察中开展反逃跑、反撤退、反破坏的宣传教育，"警委"成员分别参加了由中共地下市委直接领导的大区委工作，与外界密切合作，积极参与组织护厂队、纠察队、消防队和人民保安队，支持和配合各界护厂护校斗争。同时还派中共党员或外围积极分子分头控制枪械室、档案室、拘留所、门卫、银柜和车辆，轮流昼夜值班。黄浦、老闸、新成等警察分局的一些中共党员千方百计打入敌人要害部门，直接掌握了一部分武器，日夜监视分局长的行动。

那些日子，邵健与地下"警委"的同志一起，日夜奔波，冒着生命危险，抓住时机有针对性地开展政治攻心，动摇分化敌人营垒。地下"警委"的党员和党外积极分子用各种秘密的方式积极联系广大群众，他们以谈心的方式，在警察中进行认清前途的教育，团结倾向共产党的警察，争取中间动摇警察。利用上班在街头巡逻，下班回家的路上对国民党警察开展心理攻势："弟兄们，解放军很快就要横渡长江进军上海了，国民党吹嘘的'长江必守'已不攻自破，我们必须重新选择出路，不做危害人民的事。丢掉幻想，弃暗投明，做好迎接上海解放的准备。"

5月24日晚，黄浦、新成等警察分局局长逃跑，其余警官即被邵健布置的"警委"中共党员监视起来。5月25日上午，苏州河以南各分局保管委员会先后在群众中公开"发声"，明确声明奉上级命令，做好保管工作，等待解放军接管，并提出"迎接解放，配合接管，保卫内部，维护治安"作为保管委员会的工作任务。

此刻，面对云雾，曙光即将升起，邵健代表中共上海地下"警委"发出指令：凡是有地下"警委"党支部的分局，支部书记都担任保管委员会主任。保管委员会在敌军溃逃后，就肩负起维护社会治安、管理交通秩序的重任。最终，地下"警委"协助军管会顺利地接管了国民党上海市警察局。

一台从旧货摊上淘来的二手收音机

山雨欲来风满楼。

为了维持国民党摇摇欲坠的反动统治，毛森一伙溃逃前更加疯狂地镇压革命人民，地下斗争的环境越来越险恶。为了保卫党的组织免遭敌人破坏，使党员有应付突然事变、经受严峻考验的思想准备，1949年初，中共中央上海局下达了"积极、广泛地发展力量，巩固与扩大核心，加强重点工作，依靠基本群众，团结人民大多数，为彻底解放京沪与具体准备对京沪的接收、管理而奋斗"的指示。

同时，国民党的白色恐怖笼罩在上海的大街小巷，地下"警委"面对越来越险恶的环境，为了保卫党的组织免遭敌人破坏，提高党员应付不测的能力，决定对全体党员开展形势、气节教育和组织纪律教育，为此，"警委"还专门编写了《对敌人破坏组织应有的认识和准备》的教育提纲，分析形势，列举反动警察机构镇压共产党人的种种手段和对付敌人的办法，教育党员在任何情况下，都要坚持原则，不变节自首，不损害组织，不出卖同志，保持共产党员的革命气节。使广大党员进一步坚定革命必胜的信念和斗争意志，百倍提高革命警惕性和应付突发事变的能力，经受严峻的考验。教育党员在任何情况下都要坚持斗争，万一被捕，要经得起各种刑罚的考验，绝不自首变节，损害组织，出卖同志，一定要保持共产党员的革命气节。

国民党统治者对共产党人疯狂的屠杀，使上海陷入一片白色恐怖之中。"飞行堡垒"不分白天黑夜呼啸着在马路上飞驰。特务们在工厂、商店、学校、机关乃至马路上到处搜索。毛森公然宣称："上海是只玉瓶，在临走的时候我一定要打碎它、毁灭它！"他密谋策划，企图用警察武装与人民解放军对抗，甚至打算在反动统治崩溃后，把警察队伍撤到舟山、台湾去。搞得警察局内人心惶惶。有相当一部分人彷徨徘徊，思考自己的出路，有的则顽固坚持反动立场，阴谋在逃跑前进行破坏活动。

此时的邵健彻夜难眠。他深知，自己领导的警察系统中共党组织埋伏在敌人心脏，就如同行走于刀尖之上，始终命悬一线。而他作为中共上海地下"警委"书记，更是会处处遭遇陷阱，时时面临险境。然而，在血雨腥风中锤炼成长的邵健，具有共产党人非同一般机敏、缜密的品格。为了更好地开展隐秘战线工作，及时听到党中央的声音，他和中共地下"警委"副书记刘峰不约而同地想到：要是有一架收音机，能及时收听到来自解放区的电台广播，用中央的指示精神来指导工作，用解放军胜利的消息来鼓舞同志们的斗志，该多好！

可是，大家穷得连温饱也难解决，哪里有钱购买呢？"大家凑份子，哪怕少吃几顿饭，也一定要弄到一台收音机！"随即，邵健和地下"警委"的几个同志七拼八凑，自掏腰包筹得一笔钱，从旧货摊上淘来了一台"蹩脚"的二手收音机。

谁知这台"老爷货"收听市内电台还差强人意，短波就收不到了。邵健急中生智，想起静安寺警察分局有位地下党员韩复清懂得电器修理，"找老韩想想办法"。

1949年4月初的一天，邵健带着那台二手收音机来到了韩复清的家中："老韩，你看看这台收音机为啥收不到短波？"韩复清打开收音机一看，原来是接收短波信号的电子管坏了。"你赶快修一下，我们等着它派用场。"邵健焦急地对韩复清下达了"命令"。国民党当局对用于接受短波信号的电子管是严格控制的，但韩复清是在分局管理特种行业的，因此，很快就设法弄到了一只电子管，及时将收音机修好了。

捧着这台修好的二手收音机，邵健如获至宝。此后，每天深夜，他在自家的三层楼上打开收音机。为防止传出去被人发觉，每次收听时，邵健都关上门窗，

457

收音机

用窗帘遮住灯光,小心翼翼地把音量压得最低,和地下"警委"的同志一起,从短波中收听来自解放区党中央的"声音"。

1949年4月25日,毛泽东、朱德联名发布《中国人民解放军布告》(亦称"约法八章"),邵健与地下"警委"副书记刘峰就是利用这台收音机收听到来自解放区邯郸电台的广播后,经过三个昼夜的反复核对,终于一字一句把内容完整记录下来。随后,立即油印了2 000多份,另外又附上一封警告敌人的信,布置"警委"的地下党员邮寄给全市国民党警察系统巡官以上人员及部分反动警察。

地下"警委"的党员和党外积极分子接到寄发信件的任务后,即按照他们平时搜集的住址情况准确、迅速地把《布告》和警告信寄到了反动警官和特务分子的家里,敦促他们认清形势,起义反正,立功赎罪,争取宽大处理。

《约法八章》和《警告信》发出后,就像一把把锋利的钢刀,直刺敌人的心脏。接到信件后,他们吓得丧魂失魄、惊恐万状。静安寺警察分局局长王华臣收到信后,心神不定,坐立不安,班也没心思上了。分局值日室巡官冯星灿,在办公室内看了警告信后,吓得目瞪口呆,他一声不响地将信藏好,把枪放入宿舍,仓皇潜逃。

此时此刻,每当夜深人静的时候,邵健微笑地站在自己居住的屋内,推开窗户,遥望窗外,虽然黑云密布,但他欣喜地看到:天,很快就要亮了。

香烟里的"微型书法"与《王云五小辞典》

在邵健领导下的中共上海地下"警委"有一个"档案库",库内有两件邵健"发明"的珍贵物品:香烟盒内"微型书法"作品与《王云五小辞典》。

先来看看那幅香烟盒内"微型书法"作品。香烟和书法作品原本是完全不搭界的两件东西，但为了在国民党白色恐怖环境下有效地开展党的工作，邵健机智巧妙地将这两者合二为一，在两支细细的香烟中，藏着一幅别具一格的"微型书法"作品。

国民党统治时期，地下"警委"的斗争异常艰险。隐蔽战线的残酷现实，更要求共产党人要有严密的组织，严格的纪律，高度的保密观念。只有这样，才能有效地保存自己，战胜敌人。在如此特殊环境中，如何将上级党组织的文件精神及时传递给地下"警委"的每一名共产党员呢？

邵健经过一番冥思苦想，一部担负传递党的文件、信息的"微型书法"作品应运而生了。这件看似比蝇头小楷还细小的"微型书法"，实为邵健在1947年底起草的中共上海地下"警委"的一个党内文件。文件题名《三个月工作计划》，全文3 900字，《三个月工作计划》除阐明当时形势和布置"警委"的工作计划外，对党组织的安全和保密工作，以及开展工作的方式方法等均作了具体布置。1947年底，邵健将这个文件亲笔书写在两张宽5厘米、长50厘米的白色油光纸上，把它卷起来，塞进被掏空的两支香烟里，然后在香烟两头塞上一点烟丝，装入香烟盒内，交各委员传阅。即使遇上国民党反动警察"抄靶子"，也不致被敌人发觉。

而与之有着异曲同工之妙的是隐藏着地下党员名录的移动"档案库"——《王云五小辞典》。处在国民党白色恐怖条件下，地下党实行单线领导，党员之间不发生横向联系，党组织不仅不可能建立党员的个人档案，就是连一本简单的党员花名册也不允许编写。邵健无论如何也难以记住"警委"所有党员的姓名和基本情况。但他认为，作为一级党委的书记，应该对党、对同志负责。于是，他苦思冥想，终于以自己的聪明才智巧妙地运用英文字母、阿拉伯数字、中文字形编成密码、代号，将1948年至上海解放前夕国民党上海市警察局内472名中共党员的警号、入党年月、分布单位等具体情况隐注在一本长15厘米、宽

针头小楷

《王云五小辞典》

9.1厘米、厚3.7厘米的《王云五小辞典》内。另用两本通讯录分别按警号顺序及分局分布密码和辞典页码作为索引,将外围组织人员名单用密码、代号记在《无线电通讯教程》和三本英语读本内。还有一本小摘记本按分局分布记上书籍页码和警号密码作为索引。这样一本普通的辞典,既不会引人注意,又由于这套编写操作程序只有他一人知道,即使万一落到敌人手中,只要自己坚决不说,敌人休想破译得了。

邵健创造的密码,可分三类:一是用英文字母代替警号数字号码,即D是1、K是2、S是3……二是分局和有关单位用阿拉伯数字作代号,即1—普陀区、2—江宁区、3—静安区……三是以汉字方块字形的凸出笔编写年月顺序代号。上述警号密码、分局代号、年月代号记在《通讯录》(即地下党员名册引二)内,查阅方法如下:如《辞典》125页记有"天RSF、停、杨、人天甲口"的字样,即黄浦分局,警号1538,党籍已停,姓杨,民国三十六年(1947)十月入党。如按分局分布记载的《通讯录》的第1页，有"19、DODS"字样，第1页即普陀分局，"19"是《小辞典》的页码，警号1913，参照《小辞典》19页上所注的字，可查出"该人名李（子）余，27岁，江苏无锡人，学生成分，初中文化，民国三十六年（1947）11月入党"。又如在《外围名册索引（按分局排列）》小摘记簿内左上角记的1（即普陀），"16、DOBF"，对照《无线电通讯教程》书本16页，可查出"刘姓，30岁，河北大城人，文化程度师范，警号1948"。

这本内藏着472名党员"档案"的小辞典，邵健把它看得比生命还重要，多次嘱咐爱人王秀珍："这本辞典你要帮我保存好，就是自己性命丢了，这本小辞典也不能丢。"上海解放后，邵健立即把它"译"成党员名册及基本情况表，及时把所有党员的组织关系转到上海市人民政府公安局党委，保存了472名党员和外围组织人员的政治生命，使一些优秀的地下党员被迅速选拔任命为市局有关处和分局的领导干部，从而有力地配合了解放军接管上海。

邵健"发明"的那幅别具一格的香烟盒内"微型书法"作品与《王云五小辞典》这两件珍贵的革命历史文物，现已是上海公安博物馆的镇馆之宝。

从全民族抗战爆发初期到上海解放，作为一名"黑衣红心"的潜伏者，邵健冒着生命危险，在国民党警察局营垒里团结基层群众，壮大革命力量，积极组织和领导地下党员打入敌人要害部门，掌握敌人的内部机密，为迎接上海解放，机智巧妙地同敌人开展斗争，充分展现了其在复杂时局中处变不惊的勇气和审时度势的才智。他和中共上海地下"警委"的那批共产党人用自己的忠诚与热血，迎来了上海解放的黎明曙光。

（本文发表于2021年7月）

惊雷暗涌上海滩

——记中国共产党在上海召开的三次秘密党代会

李　红

中国共产党成立至今，已召开过十七次党的全国代表大会。其中，民主革命时期，在上海、广州、武汉、莫斯科和延安等地召开过七次党代会，这七次党代会中，就有三次党代会在上海秘密召开，分别是中国共产党的一大、二大和四大。此外，这里还设立过中共三大后、六大后等中央办公机构。中国共产党在上海诞生，中共中央早期在上海发展壮大，这座城市记录着中共一路走来的身影……

上海的寻常马路，秘密诞生了一个伟大政党

1921年夏季的上海濡湿闷热，租界的洋人们正沉浸在异域财富带来的快感与苦恼中，终日劳作的上海小市民们，口口相传交流着长篇故事片《阎瑞生》里的精彩情节。没有人注意到，那天下午，一位年近40岁、身材高大、连鬓胡子、貌似学者模样的外国人正踏步走下十六铺码头的台阶。化名为安德莱森的这名外国人戴一副金丝边框眼镜，衣着考究，他搭乘的"阿奎利亚"号轮船经过近半个月的航行，绕道新加坡才来到上海。自3月份离开莫斯科后，他沿途游历维也纳、威尼斯，到达上海已是6月3日。满身疲惫的他来不及欣赏

远东这个繁华的城市,而是急切地要面见李达、李汉俊两位中国人。

李达、李汉俊,这两位曾经留学日本并通读过社会主义文献的年轻人接待了这个陌生人。因为,他们之前已接到北京李大钊的来信——信中热情赞扬了这位有着丰富革命经历、兼通英、德、法等国语言的安德莱森,这名荷兰人正是苏俄共产国际派往中国的正式代表马林(原名亨德立克斯·斯内夫利特)。此时他带着共产国际的任务而来,他要帮助中国的知识分子成立共产党的正式组织并成为共产国际的一个支部。据他所掌握的情报,他知道在1920年秋到1921年上半年,上海的陈独秀、北京的李大钊、武汉的董必武、济南的王尽美、长沙的毛泽东、广州的谭平山、日本的施存统、法国的张申府已先后组建共产党早期组织。他自信地认为依靠共产国际的力量一定能将中国这些分散的组织发展成一个有影响力的政党。李达、李汉俊等人考虑了马林的建议,函告各地共产党早期组织,让每省派两名代表来上海开会。考虑到路途遥远,初来乍到的马林还从活动经费中慷慨地给每位代表寄出100元路费,而当时大学教授每月工资不过十几元到二三十元。

九十年前的法租界望志路106号(今兴业路76号),李汉俊二哥李书城的寓所"李公馆",18平方米的客厅,一张铺有白布的长方形会议桌,十几把圆形椅凳。代表全国7个共产党早期组织的13人齐聚于会议桌旁,之前一直忙于会务工作的李达、李汉俊脸上还沁着汗珠,鼻梁上的眼镜也浸满了汗渍。11名外地代表是接到上海的书信,秘密赶赴这里开会的,或许很多人还不知道,端坐正中的那名外国人马林就是这次会议的幕后倡导者。对于这群年轻人以后峥嵘坎坷的人生岁月来说,这次会议或许只是历次有惊无险经历中的一次,以致多年后他们中竟无人能确切回忆出这次大会的具体日期。

不远处的白尔路389号(后改名蒲柏路,今太仓路127号)是一座两层砖木结构、内外两进的石库门建筑,当时称为博文女校的地方是其中9名代表的临时住宿地。6月末到7月中旬的那个夏季,这群年轻人经历了路上的舟车

修缮后的中国共产党第一次全国代表大会会址及博文女校旧址（1958）（上海市档案馆藏）

劳顿,陆续秘密地赶到这里。他们操着不同的外地口音谈论着来时路上的见闻。最年长的前清秀才何叔衡已经45岁了,他和28岁的毛泽东一道,于6月29日悄悄从长沙赶赴上海。为了保密,他俩甚至没有告诉特来送别的好友谢觉哉此行的目的。年龄最小的水族人邓恩铭刚年满20岁,还是山东省立一中的一名学生,他与王尽美一起作为山东代表比较早地来到了这里。五四运动中以组织学生运动出名的张国焘也在此住下了,他倨傲地环顾同仁们,有一位湖南壮汉走进了他的视线,在《我的回忆》中,他如此描述对这位湖南人的初次印象:"毛泽东也脱不了湖南的土气,是一位较活跃的白面书生,穿着一件布长衫……他健谈好辩,在与人闲谈的时候常爱设计陷阱,如果对方不留神而堕入其中,发生了自我矛盾的窘迫,他便得意地笑了起来"。张国焘不会想到,十几年后他们的政治人生会发生怎样的激烈摩擦。董必武与陈潭秋作为武汉代表秘密赶赴这里,28年后的董必武和毛泽东一起,成为这群年轻人中参加了开国大典的两位中共领导人。周佛海是唯一从日本鹿儿岛赶回来的中共一大代表,他身上的湖南土气早已消失殆尽,言行风流潇洒,倒像个老上海了。新闻记者包惠僧受陈独秀派遣列席了大会,多年后学者们还在为他的代表权问题而争论。与住在博文女校的这9名代表相比,有一个人的装束却极为时髦入流,他西装革履,打着领带,花钱也十分阔绰。这位名叫陈公博的广州代表,携新婚娇妻住在繁华的南京路大东旅社,仿佛此行不是来开会的,倒更像是两人的蜜月旅游。

这是一次表面看来毫不起眼的会议。与这次会议失之交臂的李大钊和陈独秀或许没有预测到,这次会议被后来的历史赋予了多么重要的意义。当时这两位享有极高声誉的共产主义知识分子领袖,被时人并称为"南陈北李"。两人在1920年2月前往天津的途中就畅谈过建党的方针策略,也留下了"南陈北李,相约建党"的佳话。对于马林匆忙组织召开的这次大会,陈独秀表现出些许不屑情绪,他认为早在一年前上海《新青年》编辑部成立的社会共产党，就已经宣告中国共产党成立了，何需一个外国人来居高临下地指导中国革命；况且，自己任广东省教育委员会委员长不久，公务繁忙，无暇赴会，于是委派陈公博和包惠僧两人代表他去了上海。儒雅温和的李大钊时任北大教授兼图书馆主任，夏末学校快考试了，实在分身乏术，他也非常希望挚友陈独秀能做共产党的领袖，而自己，愿意在其麾下做一名普通党员。

那天，"李公馆"内秘密聚集了13名代表和2名外国人：马林、尼科尔斯基。由于"南陈北李"的缺席，大家推举学生运动领袖张国焘为大会主席，年轻的毛泽东与周佛海担任记录员。大会上，马林分析世界形势，介绍第三国际的活动概况，说明中共成立的重要性等，有一次竟滔滔不绝讲到了深夜。他坚持自己主张的那股倔强劲，好像要与反对者决斗的神情，毫无疑问，这些特质深深震撼了这群青年人。十几年后，毛泽东还记忆犹新，说马林"精力充沛，富有口才"；包惠僧也回忆：马林对马克思列宁的学说有精深的素养，声若洪钟，口若悬河，有纵横捭阖的辩才。大会开第六次会议时，会场突然闯进一名法租界巡捕，马林不愧是位革命经验丰富的地下工作者，他立刻让与会代表转移，化解了这次危机。"李公馆"是不能再开会了，经李达的夫人王会悟牵线，代表们转移到距上海约100公里、当时的快车需两小时的浙江嘉兴，在南湖的一只游船上举行了最后一次会议。马林生怕因自己的这张"老外"面孔而暴露目标，陈公博借故到杭州游玩，两人没有参加南湖会议。最后一天的会议上，代表们推举了陈独秀、李达、张国焘三人组成中央局，陈独秀任中央局书记，尽管此时他仍在广州。

在历史上留下悬疑的不仅有这次会议时间的始末，代表权的争论，还有此次会议产生的两份重要文件。

经过代表们激烈争论后制定的《中国共产党第一个纲领》和《中国共产党第一个决议》，确立了共产党的纲领及奋斗目标。令人惋惜的是，这两份珍贵文件的原件并没有保存下来，现存于世的有苏联的俄文版和陈公博的英文版。据陈公博的说法，中共一大的纲领和决议案是由他带到广州去的，陈独秀以内容偏激为由"决定不发"，致使这份手稿未能发表。参加中共一大后不久即脱党的陈公博，1924年于美国完成了《共产主义在中国》的硕士论文，在其论文附录中收入了这两份文件，后来随着学术交流传到中国，这是英文版中共一大党纲的由来。俄文版是1957年苏共中央移交共产国际中共代表团的档案，其中第九卷中有中共一大的这两份文件，现保存于中央档案馆。这两个版本的内容完全相同，只是在个别文字上略有差别。研读这份党纲，你会惊讶地发现，它与《美国共产党党纲》和《美国共产党宣言》内容较为相似，可见刚组建的中国共产党参考了曾经发表在《新青年》上的美国共产党的章程和纲领。

1921年的中国并不太平。仅史书明确记载的地震就达10次，水灾、旱灾、火灾及鼠疫此起彼伏；国内军阀混战，匪盗和兵乱蜂起。若不是那个"莽撞"的巡捕那次不愉快的造访，这次秘密的中共一大不会引起当局的任何注意。

当年，参会13名代表的平均年龄尚未超过28岁，如初日般朝气磅礴，意气风发，其领袖陈独秀、李大钊亦只有42岁和32岁。他们中具有大学学历的就有李达、李汉俊等7人，中师学历的有毛泽东等4人，以及高师学历的陈潭秋和中学学历的邓恩铭。在历史的滚滚洪流中，他们辨别着历史前进的方向，在理想的追求与现实的复杂中选择后来的道路，这其中有奋斗目标始终如一的毛泽东、董必武、王尽美、何叔衡、邓恩铭、陈潭秋和李达共7人，有脱党后为党作出有益贡献的李汉俊、刘仁静、包惠僧3人，也有脱党叛变为后人所不齿的陈公博、周佛海、张国焘3人。而这次会议的召开时间，直到新中国成立后，经学者多方考证，方才将其定格在1921年7月23—30日（详见本书另文《由"大东旅社谋命案"破解一大召开日期》）。

平静的石库门里，暗涌惊雷的中共二大

中共二大是中国共产党创立后，在上海秘密召开的又一次党代会。这次代表大会的倡议者不再是外国人了，而是一群共产党人自觉的行动。成立一年的共产党迫切需要进一步明确自己的政治主张，根据时局变化制定符合实际的行动方针——此前中共一大制定的行动纲领颇为激进，在实践上很难贯彻。大会的组织与一个人有密切关系，他就是时任中央局宣传主任的李达。

1922年，李达夫妇租住在上海英租界南成都路辅德里625号（今静安区老成都北路7弄30号），这座石库门住宅距中共一大开会的望志路仅2公里左右，代表们将中共二大放在这里召开。7月16日傍晚，12名代表秘密来到暑气笼罩的一楼客厅，为了会议的安全，李达还让王会悟抱着孩子在门口放哨。预定到会的李大钊、毛泽东和广州代表都没有如期赶到，未参加会议。李汉俊也接到开会通知，但由于之前和陈独秀在建党原则及经费问题上发生分歧，书生

468

中国共产党第二次全国代表大会旧址：南成都路辅德里625号（今老成都北路7弄30号）（上海市档案馆藏）

意气的他只写了一封意见书而未参会。这次大会上,中央局代表有陈独秀、李达和张国焘3人,地方组织代表共9人,有被周恩来称为"忠厚长者"的上海代表杨明斋、北京的罗章龙、山东的王尽美、湖北的许白昊、湖南的蔡和森、广东的谭平山、中国劳动组合书记部的李震瀛、青年团中央的施存统等。这一群中国革命的精英分子聚集在石库门昏黄的灯光下,畅议着中国革命的光明前途。鉴于中共一大会场遭到巡捕侦讯的教训,中共二大的代表们采取了严格的保密措施,将党员分成几个小组,分散地点以讨论一般的政治问题,提出意见,供大会讨论宣言做参考。他们减少了全体会议的次数,8天的会程中,只举行了3次全体会议。此时的陈独秀对党的工作踌躇满志,他主持大会并代表中央局向大会作一年来的工作报告;张国焘刚刚旅俄归来,报告远东各国共产党及民族革命团体第一次代表大会的情况;年轻的团中央书记施存统报告了5月份召开的社会主义青年团第一次全国代表大会的情况。

盛夏的石库门秘密会议结出了累累硕果。

12名代表在没有共产国际代表出席的情况下,放眼国际形势,分析中国的社会政治经济状况,以文件形式通过了9大决议案。这些决议对中共一大的很多论断进行了修正与丰富,创造了共产党历史上的多个"第一次":第一次公开发表了党的宣言《中国共产党第二次全国代表大会宣言》,制定了第一个党章;第一次提出了反帝反封建的民主革命纲领;第一次提出建立联合战线的主张;第一次对妇女运动作出指导,随后创办著名的平民女校……"腾蛟起凤",这个清晰地雕刻在中共二大会址门额上的字样,昭示着这个政党的前途,初出茅庐的共产党正如蛟龙出海般,腾空起跃,在中国政治舞台上开始崭露头角。

那一年,鲁迅孤独地振臂呐喊:"我们的第一要著,是在改变国民的精神!"而一批年轻的共产党人已经为改变国民精神乃至改变中国面貌行动了!

那位积极推动中共一大召开的马林,此时并不在中国,而是于中共二大召开前夕回到了莫斯科。离开上海之前,他还为共产国际与中国共产党的关系问题,与陈独秀有过争论。

1921年9月中共一大结束后不久,陈独秀即辞去广州的职务,来到上海专任党中央书记。始料未及,陈独秀与马林第一次见面就爆发了冲突。马林以"钦差大臣"的姿态自居,要求共产党接受共产国际的援助,各项事务均要向他汇报。1921年的党中央没有一个固定的办公地点,办公经费捉襟见肘。即便创业维艰,陈独秀也不愿共产党因接受外援而成为"卢布党",他吼道:"摆什么资格!不要国际帮助,我们也可以独立干革命!"那时的陈独秀刚逾不惑之年,书生本色未改,与人辩论"动辄拍桌子、砸茶碗,面红耳赤地发作起来"。几次会面两人均感不快,陈独秀甚至拒绝与马林会晤,还打算写信要求共产国际撤换马林的职务。直到一个月后,陈独秀在上海被捕,马林全力营救,两人才彼此刮目相看,最终取得谅解。经过多次协商,陈独秀原则上同意共产党接受共产国际的统一领导,接受其经济援助。事实上,从建党到第一次国共合作期间,中共活动经费超过90%是共产国际提供的。中国共产党从此开始了与共产国际恩恩怨怨、断断续续地交往,直到1943年共产国际宣布解散。

日后,这两位领导人都为执拗的个性付出了代价。1923年8月,就在马林成功地推动了国共合作,还在上海购置房子准备长期在华工作时,他却被意外地调离了中国,不理解东方人的思维方式,固执己见的个性是重要原因。而陈独秀独断专行的家长制作风,暴躁的脾气也难以让人容忍,1927年大革命失败后,这位领导人黯然地离开中央领导岗位。

这次,马林没有参加石库门的秘密中共二大,倒不是因为曾经与共产党人发生的争论与不快。此时,他有一个更宏伟的计划,他要争取莫斯科方面支持他的国共合作方案。马林带回了关于中国国内情况的详细报告,并提出共产党在组织上同国民党结合的建议,这引起了共产国际的高度重视。共产国际执委会采纳了马林的建议,并起草了给中共中央的命令:"中国共产党中央委员会接短笺后,应据共产国际主席团7月18日决定,立即将驻地迁往广州并与菲力浦（即马林）同志密切配合进行党的一切工作。"马林将这份命令用打字机打印在自己的丝质衬衫上，于8月初返回上海。当他得知中共二大已经结束时，他固执的个性又一次显露出来，他要求立即召开中共二大的补充会议，以执行共产国际的最新指示。8月初的中共杭州西湖会议，马林、陈独秀、李大钊、张国焘和蔡和森等7人就共产党加入国民党问题进行了两天的辩论。马林坚持共产党员以个人身份加入国民党的方案，并且拿出丝衬衫上的"尚方宝剑"，说这是共产国际已经决定的政策。虽然陈独秀、蔡和森等人都极力反对这个意见，但最后还是通过了此项决定。可以说，以党内联合的方式加入国民党并非中国共产党人的本意，共产国际代表鲍罗廷多年后也承认，共产党人根本不想投奔国民党，是共产国际说服中国共产党人加入国民党的。

历史的发展证明：西湖会议是中共二大和三大之间的一次重要会议，且初步决定了中共在大革命时期的命运——中共的重大发展始于此，中共1927年的重大失败也源于此。

另一方面，马林还在国民党方面积极活动。1921年12月马林就专程赴桂林与孙中山进行商谈，但并未引起孙的兴趣。就在中共二大召开前的一个月，事情骤然起了变化。1922年6月16日孙中山颇为倚重的陈炯明发动武装叛乱，炮轰总统府，孙中山匆忙避险于广州白鹅潭的永丰舰，后到达上海莫里哀路29号（今香山路7号）的寓所。几天后，李大钊、陈独秀和马林等人分别赴见孙中山，详细讨论重振国民党以振兴中国之问题。身心遭受重创的孙中山也终于意识到，缺乏真正的革命力量，仅依靠地方实力派无法实现"三民主义"的目标。至此，他才接受共产党员以个人身份加入国民党的建议。随后，李大钊、陈独秀、张太雷、毛泽东等人由张继介绍，孙中山亲自主持，以宣誓的形式正式加入国民党。当然，这只是中共党员小范围地加入国民党，共产党员大规模地加入国民党，则是在中共三大正式确定国共合作方针后。历史的真相在于：第一次国共合作并非两大政党的自愿联合，更非一帆风顺的过程，而是经过两党反复磋商,加之共产国际推动的结果。

为了国共合作问题,李达——这位为中共一大、二大做了大量工作,理论修养深厚的共产党人,渐渐淡出了历史。李达当时极力主张党外合作,为此与陈独秀争吵起来。陈大发雷霆地骂李达:"你违反党的主张,我有权开除你!"李达是个性情温和的人,凡遇不遂心的事,也只轻言三字:乱弹琴。但这次他却冲动了:"为保住无产者的革命政党,被开除不要紧,原则性决不让步,我也并不重视你这个草莽英雄!"李达轻率地退党了,为这个鲁莽的决定他一直后悔不已。直到1949年,饱经风雨的他毅然重新加入中国共产党——这次的入党介绍人是刘少奇,历史证明人则是毛泽东。

记忆模糊,却翻卷风云的中共四大

中共四大在中国革命和中国共产党的历史上产生了深远的影响,但是这次会议却是个相当模糊的影像,给后人留下了诸多悬念。此次大会的会址历经考证,于1987年方才最终确认;出席大会的20名代表中,有完整记录、能够确认的代表只有19人,还有一名代表至今"隐藏"在浩瀚的时间长河里(有党史专家考证,这一名代表为唐山的阮章,但亦有人提出不同意见)。

记忆越来越模糊,故事却越传越神奇。

1924年8月和9月,中共中央局以"钟英"的代号两次发出筹备中共四大的通知,因人员组织困难重重,最终推延到1925年1月11日至22日举行。那时,已近农历除夕,在上海通往吴淞的铁路旁,离北四川路不远的华界(今虹口区东宝兴路254弄28支弄8号)有一条短而窄的弄堂。寒风呼啸的冬夜,这条弄堂的最后一栋房子内,中共四大正在秘密举行。为了开会的安全,代表们将会场设在二楼,布置成英文补习班课堂的样子,有黑板、讲台和课桌课椅,每人有英文课本。有一位苏北女工在楼下放哨,一有意外便拉响楼梯口的拉铃,以便代表们收起文件拿出英文课本。三楼的房间作为部分代表的临时寝室，大家和衣睡在铺有草席的地板上。当时的天津代表李逸多年后对食宿的细节仍有记忆：吃的不过是塌棵菜加零星的五花肉片，半夜冻得瑟瑟发抖，会后又滞留上海，孤寂地度过了农历新年。出席中共四大的中央代表有陈独秀、蔡和森和瞿秋白3人，地方代表为陈潭秋、张太雷、周恩来、李维汉、彭述之、李立三、罗章龙等17人。共产国际的"中国通"维经斯基参加了大会，并带来了亲自起草的两项政治议决案。这次代表大会，使博学

中国共产党第四次全国代表大会遗址：川公路东宝兴路之间（即东宝兴路254弄28支弄8号）。1932年毁于侵华日军战火。图为1987年11月设立的纪念碑（上海市档案馆藏）

内向的瞿秋白走进了党的历史，此后，他曾两度担任中国共产党的最高领导人——在《多余的话》里他认定这是一个"历史的误会"。大会上几个朝气蓬勃的新面孔也颇为引人注目。周恩来担任了大会主席，这位27岁的年轻人，1924年8月从巴黎回国，10月份便担任了黄埔军校的政治部主任。初次主持会议的周恩来，明敏干练，充分表现出一位出色的行政人才的本领，给与会代表留下深刻印象。湖南代表李维汉不苟言笑，每遇争论时，先不说话，到最后才站起来斩钉截铁地总结，因此被张太雷戏称为"实力派"。彭述之是共产国际指派的人员，未经大会选举就直接参会，并且当选中央宣传部主任。

为国共合作呕心沥血的李大钊未能参加这次代表大会，而是协助卧病北京的孙中山，为废除不平等条约和召开国民会议积极奔走。这位中共的重要创始人，有生之年仅参加过中共三大，而缺席了中共一大、二大和四大。毛泽东作为中央局秘书，为筹备中共四大做了很多工作。此时他还兼任国民党方

面的工作,这与党内对国民党心存疑虑的同志产生了抵牾,并被嘲笑成了"胡汉民的秘书"。因为工作劳碌和来自党内的压力,毛泽东于1924年底病倒而回湘休养,缺席了此次大会。

中共四大受到共产国际影响的痕迹已经显露,在理论问题和政治问题上,大会都接受了共产国际的训令,中央及地方代表都没有提出不同意见。大会也没有出现前几次代表大会中激烈争论的场面,整个会议过程非常平静,好像举行一种仪式,犹如当时严寒冬日的肃静。以至会议的记录员郑超麟,虽做了大部分会议记录,也没有留下深刻的印象。但这次平静的大会却诞生了11项不平凡的决议案,在共产党的思想理论创建和组织建设上颇有建树。中共四大第一次明确提出了无产阶级的革命领导权和工农联盟的重要性;提出支部要深入基层进行组织和宣传活动。至今,支部、基层组织等概念仍在沿用。此外,中共四大对发扬党内民主进行了有益的探索,大会召开前广泛征求党员对党工作的意见,与会代表需经民主推选产生,开创了党内民主的先河。

今天,位于多伦路文化名人街上的中共四大史料陈列馆里,党中央召开中共四大的通知、瞿秋白穿过的长大衣……为数不多的展品昭示着这次会议的简单和神秘。以致后人没有记住这次会议的经过,而是看到了中共四大后风起云

中国共产党第四次全国代表大会史料陈列馆
(今中共四大纪念馆前身)

涌般的工农运动。1925年共产党领导的工会已达160多个,有组织的工人约54万人,毫无疑问,共产党已经从一个宣传性的小党发展为群众性的大党。不久,发源于上海的五卅运动发展成为全国性的反帝爱国运动,其组织推动者正是站在背后的中国共产党。

由于革命事业的发展,党员人数的增多,中共四大后中共中央机构较过去健全了很多。中央组织部设有党员调查登记、工作分配和党员训练三部分,秘书处主管行政事务,下设文书、财务、发行、交通四个部分,此外还有宣传部、工农部等,组织分工严密了很多。当时组织人事的调动,均由陈独秀以中共中央总书记兼组织部部长的名义,提交有关会议通过任命。陈独秀的权力也因之扩大,成为党内得心应手、名副其实的"家长"。

中共四大后在上海常住的陈独秀、蔡和森、瞿秋白、张国焘和彭述之等五人成立中央局,从中共四大到五大差不多两年半的时间里,全体中央委员会只开了两三次会议,这五人实际上领导了党中央机构的运转。

后　记

"作始也简,将毕也巨。"上海,这座号称东方巴黎的城市,孕育和诞生了20世纪中国最伟大的政党——中国共产党;在革命初期,这座城市给共产党的发展和壮大提供了丰润的土壤。上海石库门的狭小天地,为共产党提供了广阔的秘密活动空间。中国共产党在石库门里诞生,从这里开始了艰苦卓绝的创业历程;从石库门出发,中国共产党迈向了更广阔的历史时空,抒写了从建党到执政的辉煌篇章。

(本文发表于2011年6月)

"一号机密"：
用生命接力守护中央文库

朱国明

一

　　1949年9月14日，天下着蒙蒙细雨，位于汉口路193号新生的上海市人民政府大楼前出现了一辆毫不起眼的胶皮两轮车，车上齐整地摆放着16只用油纸遮盖的箱子，箱子里是104包中共中央极其珍贵十分机密的历史文件。押车者是位身材敦实的中年男子，名叫陈来生，自1942年7月他奉党组织之命秘密保管这些文件，迄今已过了七个年头。如今他和他保管的地下档案库，都告别了漫漫长夜，迎来了解放不久的新上海的阳光。今天，他根据上级领导的指示，从成都北路"向荣面坊"的家——中央文件库最后一个保藏地，亲自押车，冒雨步行近十里，要将车上的全部文件移交给新政权的市委组织部。

　　多年后，陈来生在回忆中写道："1942年吴成方命我做保藏中央文库的工作，直到1949年上海解放。上海解放后，我的领导人陈惠英命我把中央文库交给中共上海市委第二书记刘晓。1949年9月14日刘命市委组织部组织处副处长王致中接收了中央文库。我请市委组织部写了收据给我。"上海市委组织部检查验收后，当即用毛笔在公笺上写下收据："兹收到陈来生同志自一九四二年七月起所负责保管的从我党诞生时起至抗战时止之（1）中央各种

（届）会议记录、决议案档案（2）……总计一百零四包，分装十六箱，均照数点收。经检查后，此由陈来生同志负责保管的七年间未受到霉烂、虫蛀、鼠咬等半点的损伤，特此证明。"中共上海市委迅即将此批文件转交华东局办公厅，华东局迅即发电上报中央。

1949年10月13日，《解放日报》刊登了中共上海市委给陈来生的嘉奖信。1950年2月下旬，华东局将再次清点登记分装成16箱的中央文件全部送至北京，上交中央秘书处。当时参加清点、护送文件的是华东局档案处处长，后成为上海市档案馆首任馆长的罗文。护送前，他担心原先装文件的个别用木条钉成的木箱会散架，将之换成皮箱。1950年3月，中共中央秘书处在给中央办公厅的《中央秘书处关于接收上海陈来生所保存材料的情况报告》指出：陈来生保存的这批文件"在15 000件左右"，其中包括1922—1934年的中共中央文件、中华苏维埃政府的文件、红军文件、国际文件和各地党委文件等，"这

1949年10月4日，中共上海市委给陈来生的嘉奖信

些材料大体是按地区和机关单位捆包的,也有些各地材料是混合包装的"。至此,在党的诞生地上海被秘密保藏了二十二年的中共中央地下档案库,安然无恙地移交北京,完璧归党。

现今,在中央档案馆库房里,有一大批"没有纸边"的文件,它们源自被称为"中央文库"的地下档案库。堪称党的"一号机密"。

让我们追溯历史长河,探寻文库之源……

二

中国共产党成立后,中共中央机关长期驻沪,在活动中形成了大批党的文件。建党初期,中央机关职能部门并不健全,当时并没有设一个专门的机构保管文件,文件的起草、经办和保管都是由党的领导人直接处理的。当年中央局宣传主任李达的寓所南成都路辅德里625号就保存了大量党的文件。1926年7月,中共四届三中全会通过的《组织问题议决案》确定"增设中央秘书处,以总揽中央各种技术工作",秘书处下设的文书科承担文件阅览、保管和收发等职责。翌年10月正式成立文件保管处,是统一保存党中央机关文件材料的专门机构。

1927年蒋介石在上海制造四一二反革命政变,同年7月汪精卫在武汉又发动七一五反革命政变,党中央机关从武汉迁往上海,被迫转入地下,以"家庭化"方式掩护地下活动,以店铺作为秘密联络点。秘书处文书科科长兼文件保管处负责人张唯一与下属工作人员于达、张小妹(晓梅)三人组成一个"家庭"。张唯一社会职业是木器行老板,于达和张小妹假扮夫妻,公开身份是张唯一的儿子儿媳。以后文库迁入公共租界戈登路(今江宁路)恒吉里1141号秘书处机关,与文件阅览处共存。阅文处负责人张纪恩也将这幢一正两厢三开间的房屋布置成一个"大家庭"。

1929年3月28日下发的《中共中央秘密工作委员会关于秘密技术工作的规定》要求各机关"存文件必须用单幢房子"，将文件与机关分开，既能减少文件被敌人查获的风险，也能相应增强机关的安全。然而，随着革命形势的发展，中央和各地各级组织间的文件来往日益频繁，形成的文件日益增多。1930年4月19日《中央对秘密工作给中央各部委全体同志信》指示：由于环境恶劣，各机关内部不宜保存文件，凡"不需要的文件，必须随时送至保管处保存"，由是保管处文件激增，至1930年已累积了二十余箱档案文件。后文件保管处撤销，其工作交由新成立的中央文库。嗣后中央一些部委文件均在右上角标有"存文、组、宣、毛"字样，排列位首的"文"即指中央文库。周恩来作为中央政治局常委、曾分管秘书处工作的中央秘书长兼中央秘密工作委员会负责人，直接领导了文库的筹建并指导文库工作。1931年初，一次周恩来到中央秘书处查用文件，当即对秘书处负责人黄玠然说现在保存的文件很杂乱，不便于秘密管理，指出应区别不同的情况分类整理保管，并向黄玠然建议：可请阿秋（指瞿秋白）提出几条整理文件的办法。此建议在中央常委会上形成了决议，瞿秋白欣然受命，于当年4月9日完成了《文件处置办法》（本文简称"《办法》"）的起草工作。《办法》共七条，制定了文件材料的分类方案，规定了文件分类整理、编目、留存、销毁的原则和方法，对文件的完整性及将重要机密的文件与一般事务性文件分别处理等，都提出了具体措施。它是我党最早的档案文件管理条例，特别适应秘密工作环境的需要。瞿秋白还在《办法》末尾加了条"总注"："如可能，当然最理想的是每种两份，一份存阅（备调阅，即归还），一份入库，备交将来（我们天下）之党史委员会。"瞿秋白还着重把"将来"两字引人注目地圈了出来，它体现了老一辈无产阶级革命家高瞻远瞩的胸怀，在革命处于低潮的年代仍对党的事业充满必胜的信念。周恩来审阅了《办法》草案并作了批示："试办下，看可否便当。"并作补充指示："文件要一式三份，一份放在上海市内保存，一份放在郊区农村，一份送存中央苏区。"上海市内保存即中央文库的那套，由秘书处文书科长张唯一负责，他也是中央文库首任负责人、保管员，与周恩来直接联系。放在郊区农村的那套，由中央特科负责，当时特科负责人顾顺章、并未按周恩来指示将文件隐藏在郊区，却由在虹口唐山路肖公馆当佣人的岳父张阿桃与另一佣人龚阿根将全部文件埋在马房（男佣住房）的石板底下。而要送存中央苏区的文件，限于形势所迫未能实现。1933年初中央机关撤离上海迁往苏区时，为了保证文件的绝对安全，将中央文库就地留在上海，并未随机关迁走。按中央有关规定，另有一套文件由驻苏联莫斯科的共产国际代管（即"存文、组、宣、毛"的"毛"，"毛"指共产国际）。

1931年4月和6月，顾顺章和中共中央总书记向忠发先后被捕并叛变，这给中央文库带来了前所未有的风险。向忠发叛变的次日凌晨，根据其交代，一群中、西巡捕会同几名国民党特务闯入戈登路阅文处机关，抓走了负责人张纪恩及张越霞夫妇，幸亏两天前中央刚派来徐冰和浦化人两位党员将阅文处内两箱临时文件运走。也幸亏早在顾顺章叛变前，中央与周恩来已预判形势严峻，命张唯一带领工作人员将文库搬出戈登路机关，转移至位于凯自迩路（今金陵中路）的张唯一家中。在获悉顾叛变消息后，又第一时间通知张唯一再次紧急转移文库，从而避免了一场劫难。

周恩来放心不下的是顾顺章保管的那套文件，他曾带领特科成员向顾的家人追问文库藏身之地，未果，遂命陈赓继续寻找文库下落。陈赓曾在顾顺章离沪前住过的威海卫路房内搜到一封没有收件人地址的未发信，信封上写着"顾令岳"收，陈不知这就是顾岳父张阿桃的代号，线索就此中断。1933年春末夏初的一个深夜，化了装的陈赓扣开了南京细柳巷41号顾顺章的家门。顾顺章叛变两年，深知中央特科红队锄奸厉害，在此深居简出，行踪诡秘，今突见昔日队友深夜来访，吓得半死。鉴于顾的叛变使我党损失惨重，苏区中央于1931年12月1日发布了《苏维埃临时中央政府人民委员会通缉令——

为通缉革命叛徒顾顺章事》，由毛泽东亲自签发的这份通缉令历数顾的种种罪行，并通告全国，无论在苏区或白区，每个革命者都有责任缉拿和"扑灭"叛徒顾顺章。

然而这次陈赓并没有当场处决顾顺章，两人在楼上房间作通宵交谈，直至天色发白陈赓才离开顾家。陈赓这次冒险见顾，一个重要目的便是想弄到那套绝密的中央文件。他知道顾虽叛变，却没有向敌人交出那套文件。顾为了保命，当时向他隐瞒了文件下落的真相，致使顾在被蒋介石处决后，中央还在查找那套文件，直至全国解放后仍没有放弃这一努力。1979年10月，邓颖超同志出席中央档案馆建馆20周年庆祝活动，又提出此事，并要中央档案馆派人去上海找这个档案库。根据邓颖超指示，中央档案馆派员与相关部门进行了周密调查，终于弄清了真相：1931年11月底，顾顺章从南京潜来上海，为其岳父举行葬礼，临回宁前顾悄悄将龚阿根找来，要他将以前与岳父张阿桃一起埋在肖公馆马房石板下的文件统统烧掉，"留着会害人的"。龚阿根遂与顾的小舅子张长庚一起重新挖出全部文件，焚烧殆尽，二万余份文件整整烧了一夜。至于顾顺章为何没有将他保管的那套文件向敌人交代及为何又要焚毁，现在分析，只能说是顾私欲膨胀，出于避免连累家人及保护自己的目的。自此，三套中央文件，除了在苏联共产国际代存的一套外，国内只剩张唯一保管的那套了，弥足珍贵，不容闪失。

三

由于张唯一既要保管文库，又要处理秘书处一摊子工作，出于秘密工作原则，中央决定张仍担文库领导之责，另觅专人保管文库。1931年周恩来在撤离上海行将赴中央苏区之前，为他一直牵挂在心的文库落实了保管人选。据陈为人妻子韩慧英回忆，1931年12月上旬的一天夜晚，周恩来突然来到他们在静安寺路（今南京西路）明月坊的家，在简单交谈之后，周恩来开门见山对陈为人说："我是无事不登三宝殿，今天来，就是请老兄担任一项特别任务的。"什么特别任务？就是保管中央文库。陈为人是中共早期党员，曾参加过上海共产党早期组织活动，1921年春进入苏联莫斯科东方劳动者共产主义大学学习，翌年春奉调回国，担任过中共满洲省委书记，具有丰富的对敌斗争经验。他曾三次入狱，在狱中受尽严刑拷打，却始终严守党的秘密，是一位绝对忠诚的共产主义战士。1931年11月，他刚被组织营救出狱，安排在上海静安寺路明月坊家中静养。

陈为人夫妇接受任务后，立即隐蔽起来。他们不参加党的会议，也不参加飞行集会、游行示威、撒传单等活动，为的就是要尽量避免暴露身份。陈为人是湖南人，他开了一家湘绣批发店，白天身穿一套考究的高档服装，以老板的身份做"生意"，到了晚上，关上大门独自回到楼上亭子间，拉严窗帘，扭亮台灯，开始通宵达旦地整理文件。他根据《文件处置办法》进行了合理分类和重新装箱，还设计了一套查阅文件的《开箱必读》。又把密写于各种书刊上的信函抄录下来，把原印于厚纸的文件抄写在薄纸上，把大字改成小字，还把文件的空白边剪掉，目的就是为了压缩体积，减小目标，有利隐藏，也便于转移。几年下来，原来的二十多箱文件，已缩减为六只大箱子，最后压缩成四只大箱子。

在敌特如网的险恶环境里保存党中央机密文件，随时都有生命危险。夫妇俩曾经宣过誓："我受组织委托，保管党的文件，定以生命相护，万不得已时，宁可放火烧楼，与文件俱焚，也绝不让敌人得到它们。"为保证文库绝对安全，住地周围一旦情况有异就得转移，几年来不知搬了多少次家，也积累了丰富的对敌斗争经验。有一次他们搬到霞飞路（今淮海中路）一户白俄人家楼上，房东是个白俄老太，两家关系热络，她还替陈为人刚诞生的女儿取名玛利。她那在巡捕房谋事、整天骑着摩托车满街乱窜抓共产党的儿子，做梦也想不到他家的房客竟是条"大鱼"……我当年采访过韩慧英的妹妹韩慧如，她提到

陈为人（1899—1937，湖南
江华人）（上海市档案馆藏）

原西康路中共中央文库旧址

陈为人的几个孩子很懂事，特殊的家庭环境使孩子们都早熟。据陈为人二儿子陈爱伦回忆，他们家在童年时经常要搬（今天这些具体地址已无考，也无法准确统计文库在上海市内究竟转移了多少次），不管搬到哪里，他家阁楼上总要放一盆火炉，春夏秋冬常年不熄。以后他妈妈韩慧英告诉他，那是为了以防万一，一旦遭遇不测，宁可焚楼烧房，毁家灭迹，与文件同归于尽，也不让一张纸片落到敌人手里。

陈为人驻守文库，不与外界发生任何联系，对外由他的妻子党内交通员韩慧英与张唯一单线联系。1932年2月，上海党组织又一次遭受极大破坏，与韩慧英单线联系的张唯一在秘书处机关被捕了，次日韩慧英去机关与张唯一联系，也被守候的特务抓捕了。陈为人从我党内线获知这一消息，他无暇考虑营救妻子的事，火速找房转移文库，以木材行张老板的身份花每月三十块银圆的高价租下了可免铺保的小沙渡路（今西康路）合兴坊15号一幢单独的三层楼房，费尽心力将全部文件箱和三个孩子搬了进去。文库安全了，但屋里再无妻子的身影，而一个长期没有主妇的家庭是会遭到怀疑的。他找到以前在狱中认识的共产党员李沫英，让她带着孩子住进家里组成临时"家庭"掩护机关。一段日子里李沫英利用在外当教师的微薄收入在经济上帮助陈为人维持机关。20世纪80年代后期我采访年逾八旬的李沫英时，她回忆起当年那段艰苦的日子，心情仍不能平静："自从韩慧英被捕后，陈为人与党组织中断了联系，也中断了经济来源。他除了要担负起保卫中央文库的重任外，还得养活身边六岁的大儿子、三岁的小儿子和不满周岁的小女儿，家中生活十分困难，一天只能吃两顿红薯粥，拣菜场的剩菜皮充饥。最困难时，不得不把三楼的家具、衣服，甚至瓶瓶罐罐的杂物都卖了当了以维持生计，但为了掩护身份还得扮成有钱人家，底楼的家具一概不动，每月三十元房租从不拖欠。"为瞒过房东，他在楼下厨房煮好红薯后，盖上一片干鱼再往楼上端，让房东误认为"张老板"家伙食不错。而饭桌上那片鱼不准孩子动筷，因明天还得当"道具"使用，一片干鱼要用一个来月。陈为人二儿子陈爱昆日后回忆说："平时，家里只吃红薯粥，天天吃，顿顿吃。长大后，我再也吃不下红薯了，小时候吃伤了。"偏偏这时陈为人早年在狱中落下的肺疾又复发了，咳嗽吐血，无钱治疗，只能买几只萝卜权充水果润肺。才八个月的小女儿没有奶吃，光喝白开水，饿得哇哇直哭，陈为人只得把她的小手指塞进嘴里，止住孩子哭闹。

为了让文库有个安身之所，多苦多难的日子陈为人也得熬。他曾去找过鲁迅和何香凝寻求帮助，也硬着头皮找过冼星海的父亲借钱。当年夏天，他以"姐姐病重"为由写信给在河北家乡教书的妻妹韩慧如，让她速来上海。刚满二十岁的韩慧如来沪后才得知姐姐被捕。她从小受姐姐影响，也懂革命道理，具有进步思想，同时也有着中国女性纯朴善良同情正义的品质。当年我采访韩慧如

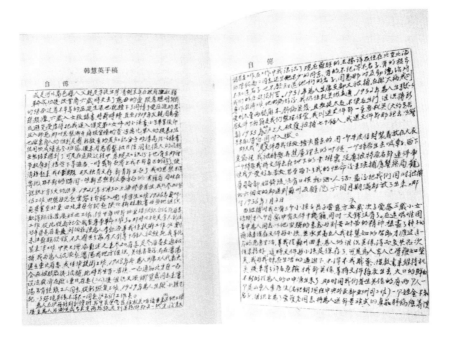

485

韩慧英自传手稿

时，老人回忆此事眼圈还会发红。她说姐夫又要工作，又要带三个年幼的外甥，全部家务重担都压在姐夫一个人肩上，我怎么忍心离开这三个没有妈妈照顾的外甥。她决定寄回校长给她的下学期聘书，留在上海的"家"里，帮助姐夫照看孩子料理家务，并将随身带来的多年积蓄三百块银圆交给陈为人，用以支付房租和生活开销。以后她也协助陈为人做些零星的剪去文件四周空白纸边的事。

生活的艰辛压不垮陈为人，最让他焦虑的是还未找到党，无法与组织联系上。过去党内地下联系方式都尝试过了，不奏效，所幸韩慧英在狱中未暴露身份，经组织营救出狱又回到家中，继续与外界接触寻找组织。通过共产党员李沫英、罗淑章、毛道逊等多方辗转牵线，陈为人终于与中央特科的徐强（党内称老金）联系上了。然而由于常年通宵达旦地工作，严重营养不良加上长期得不到治疗,陈为人病情日益严重,可他仍在坚持工作。1936年6月中旬,为了方便后人使用中央文库,他写下一份《开箱必读》,并作注解:"在未开箱之先,必取目录审查,尤其是要审查清理的大纲共二件(一切文件,都是按此大纲清理的),然后才按目录次第去检查,万不可乱开乱动。同时于检查之后,仍须按原有秩序放好。"

1936年底,陈为人遵照党组织指示,安全地将中央文库移交给下任保管员。刚完成转移任务回家,一进家门,他就大口大口吐血,昏倒在地。党组织得悉陈为人病情凶险,付了一笔昂贵的住院费送他进广慈医院,但他没住几天又偷偷溜回家。他对徐强说:"我已经不能为党工作了,但也不能再多花费党一分钱。"

1937年3月12日,陈为人默默地走完了他一生的战斗旅程,年仅三十八岁。弥留之际,嘴里还断断续续说:"我不死,我要工作,我不死,还要工作……"

486

四

从1937年到1940年秋,担负领导或保管中央文库任务的有:徐强、李云、周天宝、娄志美(短暂过渡)、刘钊。

1939年上半年,原先负中央地下档案库领导之责的徐强、李云夫妇先后奉调延安,档案库交由八路军驻沪办事处(本文简称"八办")接管。"八办"秘书长刘少文遵照中央指示将特科改编为"八办"情报系统,情报干部吴成方负起领导文库之责。在经过周天宝(继陈为人之后任保管员)、娄志美两任保管员之后,1940年初春共产党员刘钊受命担起保管之责。他雇了辆独轮"老虎"拖车,将文件分散伪装后藏匿在衣服被子内与书报杂物混在一起,带上年幼的女儿装作举家乔迁,利用天刚擦黑时分,分数晚将全部文件转移到自己住的小沙渡路合兴坊15号(自陈为人去世后,潘汉年安排韩慧英及子女去了湖南)。中央文库又在这里保藏了七八个月。那年秋天,地下电台收发报员秦鸿钧从东北来沪，组织准备将与第三国际联系的秘密电台设在这幢房内。考虑到档案库与电台同置一处不安全，而刘钊也要奉调离沪，吴成方将保管文库的任务又交给刘钊的战友缪谷稔。

1927年入党的缪谷稔曾化名苗国生、李念慈、陈一鸿等，是位长期从事党的地下工作的无名英雄。他租下英租界康脑脱路（今康定路）生生里小弄深处一幢石库门房屋的亭子间阁楼作库房，将四只装文件的皮箱以"私人衣物"之名藏在里面。此后一年多时间，身穿长衫的他隔三岔五地从新闸路的家跑来这里"上班"，实则是照看、整理文件。逢黄梅雨季，一旦遇天气放晴还要秘密将文件取出翻晒。

1941年隆冬太平洋战争爆发后，二房东老太以自家要派用场为由收回生生里出租房，还暗示"东洋人要来了，你不搬走大家都不方便"。老缪立即意识到了危机。近来风声日紧，市民人心惶惶，房东肯定对他起了疑心，转移文库刻不容缓。经上级同意，将他自己家的三层阁楼作为新的库房。为便于搬运，他把四大箱两万余份文件零拆分装成七只箱子，趁天晏月黑四围无人之时，一连几夜雇黄包车分数次将文件运至新闸路1839号金家巷嘉运坊自己家中。有时体力不支，还叫大女儿随行帮助抬运文件。当他将最后一只箱子搬回家后，顿觉四肢无力，倚着门框不停地猛烈咳嗽。由于长年奔波辛劳，他也染上了肺疾。妻子见状欲接过箱子，却被他阻止了，指着箱子说："这里面全是比黄金还珍贵的国宝，千万要保管好，不能让外人随便进我家的屋。"妻子点点头："我懂。"妻子虽然不是党员，但她绝对信任丈夫。缪谷稔又对她说："从明天起，你将临时工辞掉，没事就待在家里，尽量与外人少接触。"妻子犹疑了一下，没有她在外找点手工针线活补贴，光靠丈夫这点七折八扣的收入是撑不起一家四口开销的。老缪看出她心思，说："日子过得清苦些就是了，家中不能一天无人，这些箱子贵重着呢。"

三只木箱，四只藤条箱，被堆放在阁楼墙角，箱内是裹着包袱花布的文件。

老缪深居简出,整天守着文库,翻查整理。天阴雨湿,他怕文件受潮发霉,每隔段日子就强扶病体,同大女儿一起将文件搬出秘密翻晒透风,傍晚前再收入箱中。而妻子则在阳台上佯装纳鞋底四顾望风。

1942年夏天,老缪终于卧病不起了,经检查,他两肺均有病菌。党组织一面关心他的病情,一面在物色新的文库保管人选。7月29日,缪谷稔的交通员郑文道被日本宪兵队逮捕,而就在几天前,缪的上级吴成方刚命郑去过老缪家,通知他随时做好移交文库的准备。吴成方惊闻此事,打破惯例,当日亲自赶赴缪谷稔家告诉他这一凶讯。老缪尽管相信共产党员小郑能经受考验,绝不会出卖他和文库,但秘密工作铁的纪律令他无暇多想,他立刻支撑病体,在家人协助下,连夜将文件重新作了安排处理,准备好随时转移,并命妻子赶制布帘遮蔽伪装。不久传来小郑在狱中以跳楼方式自我牺牲的消息,老缪含泪对妻子说:"烈士用生命保护了这几只箱子,我们也要用生命去保护它。"

1942年8月初,缪谷稔完成了文库移交任务后,因病重回江阴申港老家。两年后病情恶化,长辞人寰,年仅39岁。

五

1942年8月,党将保管中央文库的任务交给年轻的共产党员陈来生,当时他才23岁,却已有4年党龄。自1938年7月2日加入中国共产党,这个出生在闸北大洋桥贫民区从小饱经忧患的铁路工人的儿子,就选定了自己毕生要走的道路。

陈来生接受任务后,租下新闸路944弄(庚庆里)过街楼下面看弄堂人住的小木屋上面的阁楼作库房,然后便带领父亲甄德荣、二弟甄福顺、三弟甄长顺、妹妹甄雨珍、甄惠民一家五人到前任老缪家中三层阁搬运档案。陈来生全家都曾在难民所接受过党的教育,他们甘冒风险跟着家里的大儿子。

　　当时，敌情十分严峻。日寇正在沦陷区搞"强化治安"，随时随地实行戒严、封锁。日伪军警宪特机关林立，到处布岗设卡，一些主要马路的十字路口都有敌人岗哨和铁丝网，街上还有游动宪警穿梭巡逻，经常对行人进行从头到脚全身搜查，谓之"抄靶子"。为对付抗日活动，当局下令将凡是四通八达的弄堂口统统堵死，只留一个弄堂口出入。还建立保甲制度，自警团的岗哨星罗棋布……

　　陈来生事先已将几条转移的路线来来回回跑了无数趟，侦察敌情，摸准敌人行动规律，选定了几条可避开敌人岗哨的路线。转移档案那天，他郑重地向家人作了布置：每次搬运都要绕过敌人岗哨走，边走边观察前方情况，如遇日伪武装警察抄靶子，千万不能流露出惊慌的神色，要很自然地转弯拐进左近弄堂或转进店铺，等抄靶子过去后再走。万一发生不测，就说自己不识字，这几包废纸是垃圾桶里捡到的，去向收购破烂的换铜板……

　　他将家人带到老缪家附近的马路边、弄堂口，混在人群中，自己则装扮成邮差到老缪家将一包包档案分别装在事先准备的邮包、面粉袋、竹篮里，经伪装后拎出来交给家人，让他们分别从不同的路线搬到新闸路赓庆里的阁楼上，在街坊四邻看来，这一家子都是跑单帮的，搬运的都是货物及包装纸。

　　经过一个多月"小鱼钻网眼""蚂蚁搬家"式的搬运，终于将全部一百多包二万余件档案安全转移到了赓庆里阁楼上。为防潮防蛀，陈来生又在每包档案中夹进几片烟叶，然后将它们靠阁楼墙壁堆起来，外面钉一层木板墙，糊上报纸，这板墙夹层就成了中央档案库。同时陈来生又租下木屋旁弄堂口一块地皮摆了卖炒货的小摊子，安排四个弟妹轮流看守摊子，白天弟妹们便以小贩身份作掩护看管档案库，晚间两个弟弟就睡在阁楼上，与文件终夜相伴。

　　当初吴成方向陈来生交代接管档案库任务时，明确说：由于形势恶劣，党组织处于困难时期，暂时没有经费接济，要他自己设法解决。陈来生和父亲、两个弟弟骑自行车冒着生命危险通过日军封锁线到上海郊区贩运蚕豆、面粉，以跑单帮做小贩来赚钱筹措保管文库的经费。当年采访年近古稀的陈来生时,他不胜感慨:"那个年代,我们都是自己掏钱干革命的呀!"

为了更妥善、更安全地保管档案库,陈来生向岳父借了 笔"做生意"的本钱,并以两个弟弟出面,将成都北路972弄3号他们家的街面房子隔壁一间西厢房也租赁下来,拆去西墙,改建为店面房子,经营切面、面粉生意,号"向荣面坊"。在面坊里头搭了间阁楼以保藏中央档案库之用。他又带领父亲、弟妹一家五口以跑单帮为掩护,将原先藏在新闸路庚庆里阁楼上的档案一包一包安全地搬运到向荣面坊阁楼上,靠南北两边墙壁堆起,又变成一个"夹层库"。四邻八舍见这一家来来回回地搬面粉袋,只道面坊要开张营业,孰料袋内竟是共产党绝密档案!

抗战胜利前夕,陈来生上级领导吴成方被日本宪兵队抓捕,陈来生闻讯立马以三弟要结婚为由租下了离家不远的新闸路488号大饼店灶披间阁楼,连夜带领全家将"向荣面坊"阁楼上的文库转移到此,命两个弟弟晚上睡在阁楼里照看档案。文库在这里保存了近一年,抗战胜利后吴成方获释,陈来生又率全家将文库搬回成都北路向荣面坊阁楼上,一直保藏到上海解放。其间他还完成了两次向延安党中央的调卷,一次是1943年夏,他按中央要求的调卷目录,从二万多件档案中调出延安整风所需的几十件六届三中、四中全会的文件,并布置六名他领导的党内同志分头抄写,由地下交通辗转带到华中苏区再拍发电报到延安。另一次是1946年夏初,中央计划将保存在上海的地下文库迁往延安,陈来生按上级命令从文库中取出约五千件文件装了两只航空皮箱,送到指定地点,由刘少文以特殊身份乘飞机将文件带到西安再转送延安。

八年,近三千个日日夜夜,陈来生在荆棘丛生杀机四伏的白色恐怖环境里秘藏共产党大批机密文件,随时都有人头落地的危险,他曾对家人交代:"万一我牺牲,上海解放时,你们要找解放军进城部队最高指挥员,当他的面打开宝库,不见不打开。"

他终于迎来了"我们天下"的新上海,看到了解放军进城部队的雄姿。现在，他要遵照上级指示将他精心保藏日夜相伴八年的文库送交市委组织部，于是就有了本文开头的一幕……

还原一个细节：当年市委组织部负责接收的同志清理后收下了全部文件资料，而将其中马列著作、政治理论书籍如艾思奇著作（好多是延安版本）连同许多《三打祝家庄》之类连环画退还给陈本人。中央文库中怎么还有连环画？分析下来很可能是起掩护作用的。

六

四十年前我们这批刚从学校毕业的大学生踏进上海市档案馆大门时，常听老一辈档案工作者讲述中央文库的故事，也深深被那些无名英雄的事迹触动心灵。1989年，为忠实记录我党档案工作先驱们出生入死保护中央文库的英雄业绩，中央档案馆与上海市档案局（馆）决定联袂录制纪录片《中共中央地下档案库》。我有幸与档案界前辈曹雁行、费云东担负编导之责，在这片领域作了番深耕，先后采访了不下二十余人，包括当年健在的文库保管员及当事人知情者。我成了一些老同志的忘年交和他们家的常客。记不清有多少次我怀抱虔恭聆听老人絮絮追忆当年点点滴滴，同时也通过各种渠道查阅了大量档案资料。片子拍成后档案界反响不错，并获得档案科研成果二等奖。领导又指派我用文字记载下中央文库的来龙去脉，为当年那些默默无闻的老同志树碑立传，于是就有了《上海档案》杂志1989年刊载题为《壮哉，脊梁》的连载纪实文学。1991年建党七十周年之际，《解放日报》从7月1日起又连载了这篇五万余字的文章。文章见报后，我收到了来自全国许多地区老同志的来信，他们都是当年地下工作者，有着与文章中人物相似的经历，有的还向我历历细数他们当年是如何保护党的地方文件的。嗣后，英雄们的事迹又被搬上荧屏，作为原著和编剧之一，我撰写了电视连续剧《一号机密》十二集剧本。该剧作为迎接第十三

491

1981年7月10日，陈来生接受中央档案馆、上海市档案馆工作人员的采访（上海市档案馆藏）

届国际档案大会召开的重点献礼剧目，还获得中国电视剧飞天奖。

492

　　"千淘万漉虽辛苦，吹尽狂沙始到金"，中共中央地下档案库经历了土地革命战争、全民族抗日战争和全国解放战争，在上海这座被反动当局严加控制的白区城市里安然无恙地保存下来，是文库卫士们在白色恐怖的特殊环境里涉险履难，冒死守密，初心如磐，不辱使命，用意志和生命创造的一个载入史册的奇迹。在庆祝建党百年之际，笔者重新踏访了当年不断迁移的文库遗址，然历经几十年，如今映入眼帘的是：高楼大厦、高架桥墩、现代化新村小区、待改建住宅……后人乘的凉，是前人栽下的树，让我们重温文库历史，致敬一个个长眠泉下的闪光名字：张唯一、于达、张晓梅、陈为人、韩慧如、韩慧英、李沫英、徐强、李云、周天宝、娄志美、刘钊、缪谷稔、刘少文、吴成方、陈蕙英、陈来生……他们是长征途中的接力赛参赛手，每一位都从前任手中接过一座沉如山珍如金的宝库和一份坚定不移的信念，传递下去，传递下去……他们不图俸厚位尊，不求青史留名，是虎跃龙骧中华大地上的默默耕耘者，是共和国的脊梁。

（本文发表于2021年7月）

深巷里的
红色金融风云

黄沂海

　　都市的角落里藏着许多金融历史的秘密，仿佛大隐于市，遮蔽锋芒，悄然躲在那里，只等待一双发现的眼睛，帮它拂去时间的尘埃。上海的小马路，小弄堂，不显山，不露水，或许正是这个原因，中共地下党通常选择在此布局谋篇，或以创办经济金融实体为掩护集聚革命物资，或与进步银行家结成爱国统一战线，或组织手捧"金饭碗"的青年职员传播真理，激扬文字，留下了几多惊心动魄的红色金融故事。

俭德坊里竟藏着"密使一号"

　　愚园路1293弄俭德坊，狭长幽深，闹中取静。同盟会元老何遂就住在其中一栋有围墙院子的三层西式小楼里。何遂的五个孩子中，有四个都是共产党员，还利用父亲在国民党高层的特殊地位，开展地下党工作，截取了大量的国民党秘密情报。

　　从日本投降到上海解放的五六个年头里，曾经担任新四军五师政治部主任的张执一，一直潜伏上海从事秘

张执一

吴石

密工作。在国民党聚集80万军队企图疯狂"剿共"之时，他领导的情报网络，向敌人提供了假造的"新四军政治部秘密训令"的情报，扰乱了美国政府的战略部署，为我军争取到大半年的休整时间。他安排情报人员打入敌人的心脏里，又策反国民党机要部门成员以及进步人士，获取蒋介石军队作战计划、铁路沿线军事部署图等重要军事情报，为共产党赢得全国解放战争的节节胜利插上了"千里眼""顺风耳"。

未曾想到，张执一在"隐迹潜踪"的同时，还着手创办了多家金融工商企业：大安保险公司、天一保险公司、东方联合营业股份有限公司、联合药房，等等，以拓展业务为名，担负联络和掩护任务，并开辟了数条通往东北、胶东、苏北解放区的水陆交通秘道，源源不断地向解放区输送干部、技术人员和电讯器材、药材、布匹等物资。

经过四处实地勘探，摇身成为"金融界大老板"的张执一看中了愚园路俭德坊的有利地理环境。他和中共上海局的领导人刘晓、刘长胜一起，假座锦江饭店宴请了俭德坊2号楼的主人何遂。座上客里还有一位，正是因不满蒋介石的独裁统治而倾向革命的国民党国防部参谋次长吴石，后被毛泽东称为"密使一号"。一顿饭的工夫，商定以吴家宅院为联络点传递机密情报，并作为党内人士会面、暂避之处。

坚持抗日的何遂曾把两个儿子托付给周恩来、董必武，奔赴延安参加革命，而三儿子何康则留在上海，担任党的地下经济机构瑞明企业公司总经理。瑞明公司的一项重要任务，就是处理善后救济总署原本准备运往山东解放区的一批药品——由于内战爆发，数百箱紧缺药品滞留申城，寸步难行。张执一握筹布画，设法将这批物资转到宋庆龄主持的中国福利基金会名下，暂存在苏州河畔有"金融城堡"之称的四行仓库，而后将药品中的血浆、盘尼西林、消炎片、Neostin（治黑死病特效药）打包成小包，由张执一通过秘密通道运往解放区。其他大宗药品等物资则在市场销售，所得款项兑成黄金，转充中共上海局的经费。

1949年3月初，"密使一号"吴石潜入俭德坊，送呈一组绝密情报，其中就有国民党军队长江江防兵力部署图，图上标明的部队番号细致到团。经张执一亲手送出，得到了渡江战役时任第三野战军参谋长张震的高度评价："上海地下党送来的情报，及时雨啊！"

在解放大军的炮火声中，吴石奉命离开上海，随国民党军队抵达海峡对岸，其间多次与中共华东局派遣的女情报员朱枫会晤，提供重要军事情报。可是，因叛徒出卖，被国民党保密局逮捕，吴石、朱枫等人喋血台北。临刑前，吴石高亢吟诵在狱中所作的一首诗："天意茫茫未可窥，悠悠世事更难知。平生殚力唯忠善，如此收场亦太悲。五十七年一梦中，声名志业总成空。凭将一掬丹心在，泉下差堪对我翁。"

郁家大院曲径通幽有何"玄机"？

上海老城厢小南门内，有一条长500多米、富有明清建筑特色的乔家路，清末上海"船王"、钱业巨头郁泰峰的郁家大院，即在乔家路东端与巡道街交接处，沿天井、大厅步入第二进内宅，有一处两层楼两厢房的建筑，恰是当年名闻大江南北的"宜稼堂藏书楼"。

郁泰峰是何身价？从其"郁半城"的外号便可知一二。其父郁馥山在申城经营沙船业赚取"第一桶金"，他继承父业以沙船业的同业组织上海商船会馆为核心，大力拓展航线，形成南货北运、北货南运的繁荣局面，又涉足金融、文教、城建、商市以及慈善等领域，长袖善舞，八面威风。这时，郁家拥有近200条沙船和100余家钱庄、商号、典当等企业，堪称沪上首富。郁泰峰打理钱业的当口,还做过一件特别厉害的事情,他与同行合作制造机铸银圆,也叫银饼,分一两、半两两种规格,开创中国钱币史上商铸银币之先河。

乔家路77号郁家大院,这栋历经二百年风雨侵蚀的江南大宅,不仅保存了价值连城的古籍善本,还掩护过不少革命志士。郁家后人郁鸿治与民主人士、出版家邹韬奋是南洋公学(今上海交通大学)的同窗好友,邹韬奋起初在上海居无定所,长期住在郁家大院内。抗日战争前夕,邹韬奋反对国民党不抵抗政策,又参加中国民权保障大同盟,被列入国民党特务的"黑名单"。为躲避搜捕,他和夫人沈粹缜隐居在郁家大院一边养病,一边为革命工作。曾任国务院副总理的邹韬奋之子邹家华,也是在郁家大院出生的。走出深宅大院,邹韬奋接过了银行家王志莘传递的接力棒,当起《生活》周刊的第二任主编。

郁氏钱业家族人丁兴旺,在沪上地位殊异,先后涌现出一批革命人士。"小字辈"中有一位郁鸿来,生于1924年,抗日战争引燃战火后,在一位中共地下党员的启发下投身新四军。据《江淮报》记载。叶挺将军很赏识郁鸿来,替他改名郁红。皖南事变时因撤离较早,他免遭一劫,之后担任刘少奇机要秘书,1946年去东北参加土改运动。另一位郁氏后人郁钟瑞,1934年参军,1939年成为中国共产党党员。为避免牵连家庭,改名孙佃,负责新四军党刊编辑工作。同年,由党组织派往香港,在廖承志的领导下,主编《东江》《东惠》等杂志。

当代著名学者、经济学理论家于光远,原名郁钟正,也是郁家后裔,参加革命后改了姓名。九一八事变后,于光远参加革命并入党,一生从事经济理论研究,为中国经济体制改革和思想文化建设殚精竭虑,功绩显赫。

于光远的大妹郁钟馥,早年参加革命,八一三淞沪抗战后,她加入由茅丽瑛任主席的中国职业妇女俱乐部,与巾帼志士走上街头,开展抗日宣传和募捐活动,赴前线慰问抗日将士。1939年12月12日,俱乐部在南京路劝业大楼召开音乐义卖活动筹备会,茅丽瑛遭暗伏的汪伪特务枪击。当时郁钟馥也在大楼内，震惊之余，迅速与同伴把茅丽瑛送入医院抢救。如今，郁家大院里仍珍藏着茅丽瑛牺牲时穿的蓝色毛衣。

全国解放战争时期，郁家后人利用大院内部结构复杂、曲径通幽的特点，为中共党组织刻制、印刷红色宣传文件，助"星星之火"遍地燎原。

公益坊内钱庄职员拿起"投枪匕首"

上海北四川路海宁路附近，有一条远近闻名的弄堂，名叫公益坊。20世纪30年代，弄内16号为左联"水沫书店"所在地，也是左联机关刊物《前哨》的诞生地；弄内38号则设有大名鼎鼎的"南强书局"。据记载，中共高级将领陈赓与鲁迅先生曾在此地首次会面，还有相当数量的中共地下组织成员和左翼作家在弄堂里进进出出，名字可写一长串：冯雪峰，廖沫沙，杜国庠，陈晓峰，冯铿，李达，吴黎平，施蛰存……

497

天有不测风云。1933年9月，有过钱庄工作经历的新文化运动骁将楼适夷完成党组织交办的任务，参加筹备世界反帝国主义战争委员会远东反战大会期间，因革命活动暴露身份，遭到特务跟梢，进而在公益坊16号被捕。鲁迅先生得悉后，立马写信给友人辗转告知党组织："适兄忽患大病，颇危，不能写信了。"当鲁迅从作家张天翼那里了解到楼适夷已押解南京，赶紧捎信给楼适夷在余姚老家的亲眷。同时，他还动员社会名士柳亚子、蔡元培和英国的马莱爵士向国民党政府抗议，竭尽所能开展营救活动。

身陷囹圄，楼适夷傲雪欺霜，不屈不挠，拒绝"自新""自首"，结果被判无期徒刑。他索性利用漫长的监狱生活，研读马列主义文艺理论，又通过堂弟与鲁迅先生取得联系，开列了一份书单，想方设法获取"精神食

楼适夷

粮"。在狱中,他翻译了苏联作家高尔基的《在人间》《文学的修养》、法国作家斐烈普的《蒙派乃思的葡萄》、日本作家志贺直哉的《篝火》等数部作品,再寻找秘密渠道将译稿送至上海,交给鲁迅或亲友联络出版,直到1937年建立抗日民族统一战线时获释。鲁迅先生曾经"点赞"楼适夷的翻译文笔,称道他"没有翻译腔"。

说起来,少年楼适夷曾在他父亲楼宗鉴任职的征祥钱庄学过生意。楼适夷出生在浙江余姚的一户耕读之家,清贫清苦不清闲。小学毕业后,14岁的他就被父亲带到上海滩,在钱庄里抄账本、打算盘、擦地板,脏活累活都要干。稍有空暇,他如饥似渴地阅读《新青年》等进步刊物,又受到五四运动的积极影响,幼小心灵埋下了革命的种子。1922年,楼宗鉴因哮喘引发肺气肿病逝。

失去父亲的荫蔽之后,楼适夷连续"跳槽"换了多家钱庄和银行,但他并不甘于做一名按部就班、贪图安逸的银钱业小职员,面对跌宕起伏的时代风云,他展露出更加远大的志向和抱负。谋生之余,楼适夷以"剑南"为笔名,给《申报·自由谈》等刊物投稿,还同朋友一起创办了杂文小报《嫩绿》,针砭时弊,挥斥方遒,为自由、平等、民主思想的狂飙运动鼓与呼。其间,他结识了在商务印书馆工作的地下党员陈云,时常受到教导,思想日趋进步。

终于,楼适夷脱去了钱庄职业装,一面从事革命活动,一面办刊物、写文章,还翻译了大量外国文学作品,成为左翼文学团体"太阳社"的重要成员。1926年,他加入中国共产党,翌年受党组织派遣由上海返回余姚传播革命火种,着手组建中共余姚支部,并担任书记,以楼家为秘密活动据点,联络诸多革命志士,奔波于上海和余姚之间"蓄势待发"。

在党组织的安排下,经过两年日本留学,楼适夷重回黄浦江畔,在"左联"会场,在大陆新村,在内山书店,他同鲁迅先生的交往与日俱增。在鲁迅的积极推荐下,楼适夷担纲"左联"《前哨》的《文学导报》和《文艺新闻》编辑,以散文、小说等形式载体揭露国民党的白色恐怖,号召百姓联合起来勇于抗争。

当郁达夫在印尼被日本宪兵枪杀后，他率先在延安地区的报纸上发表《忆达夫》一文，缅怀先烈的丰功伟绩。

全民族抗日战争时期，楼适夷在香港、上海等地协助茅盾编辑《文艺阵地》。之后，他往返于余姚实获中学、上海储能中学，以教育工作为掩护，进行抗日斗争。楼适夷在回忆文章《四明山杂记》中写道："文化方面，报纸归党的区委宣传部直接领导。搞刊物没有条件，我们就搞了地方戏剧，地方戏剧就是越剧，民间叫'的笃班'，影响很大。一个社教队，招了民间艺人演传统戏，自编抗日新戏。文学还谈不上，我在教育方面管了这么件事：那时小学教科书不能用汉奸编的，我们就自己动手编，招刻字匠刻板，我主持了这工作。"

新中国成立后，楼适夷先后担任几家文学类出版社的负责人，荣获了"彩虹翻译奖"。他忘不了克勤克俭的钱庄岁月，忘不了烽火连天的激荡年华，谦逊地说自己只是一个"大时代的小人物"。

（本文发表于2021年7月）

洪炉永不磨灭

——一张上海大学毕业证书的故往

孔海珠

"溯园"落成参观记

2014年的一天,新上海大学成立二十周年,学校把纪念活动的重点放在新建成的"溯园"。这是为纪念老上海大学(以下简称"上大")(1922—1927)而建,是一座陈列校史的室外展示区域。

落成典礼那天下午,十月的阳光煦丽。来宾们聚集在学校本部正门东侧的广场上,一个小时的仪式,除学校领导致欢迎辞和介绍嘉宾,颇为意外的是老上大校长于右任的当年已高龄的小儿子于中令先生出席,他是专程从美国赶来的。在于中令向校史馆赠送对联后,欢快的鼓乐声响起,他与新任上大校长共同为"溯园"揭幕。

作为受邀参加这个典礼的老上大师生的后人,听得介绍来宾,个个都有来头,令人肃然起敬。有老上大副校长邵力子的孙子,教务长叶楚伧之子;教师后人有任弼时之女,恽代英孙女,沈泽民外孙女,张太雷外孙,丰子恺外孙,蔡和森孙子、孙女;学生后人有博古之女,孔另境之女,杨之华外甥女,杨尚昆之子女。还有曾在老上大演讲的李大钊之孙女和中共早期领导人李立三之女等等。可谓红色名人的后代聚集新上大,这是新上海大学二十年建校历史上的第一次。

上海大学西摩
路校址旧景

上海大学遗址纪念地

"溯园"园区占地面积1 800平方米,面向校内外全年开放。从建筑设计来说,它由四面弧形的墙体、校址地图广场以及从广场中心向外发散的环形小道组成,形同年轮,寓意20世纪20年代上海大学的光荣历史、葱茏岁月。我们一边听得引导员的介绍,迈步踩在青砖碎石的小道上,好像穿梭在老上海的弄堂里面。左边的墙体上不时有"作品"向我们展示,那是一条历史的时光隧道,墙上刻录着老上大的校史,以大事年表的形式,演绎了老上大从建校、发展、变迁,直至被迫关闭的过程。还有大学章程墙、师生名录墙等。每个组合都诉说着不凡经历;每一个条目都有着一个冗长故事。四组黑色的大型浮雕作品镶嵌在墙体上,引人驻足注目,分别为:"欢迎于右任校长""李大钊演讲""平民夜校""五卅运动",重现了老上大历史上的经典场景,简要地展示了这所学校虽然仅仅存在五年,却以非凡的活力在现代革命史上、高等教育史上有着不可替代的地位。果然,引导员说,这个设计理念在于意味着老上大是从石库门的"弄堂大学",几经搬迁,全校师生经历了通向现代化的新上大,有着薪火相传的意味。

五卅运动的策源地

在上海大学的五年校史中,五卅运动的爆发是重要的历史节点。因为它是运动的策源地,提供了思想准备和先进的人才。这所学校是第一次国共合作时期诞生的,实际是中国共产党主控的学校,是培养共产党员的场所。五卅运动正是锻炼干部和体现学校革命教育成果的革命实践。

我父亲孔另境生前经常激动地向我们回忆那时人们上街抗议的情景。在南京路上,他和他姐姐孔德沚、姐夫沈雁冰、叶圣陶的夫人胡默林、杨之华等都涌入上街抗议的队伍。这样的集体行动,在他们的人生中是极为少有的。当时父亲是在南京路上撒传单、喊口号时不幸被巡捕房抓捕的。这是他平生第一次坐牢，记忆特别深刻。他向我们传达："1925年是一个飓风骇浪的年代！"父亲怀着满满的情绪，无比骄傲地说上海大学是革命者的摇篮。中国的工人和学生以无比的英勇来反抗帝国主义的侵略！父亲是1925年五卅运动前不久入党的。他们了解到领导这次伟大的反帝的民族斗争的是中国共产党，正确地勇敢地执行中共政策的是当时参与革命的上海大学学生。他说："凡是参加过当日如火如荼的这一运动的人们，总不会忘记当时上大学生的英勇姿态的。"

第一个牺牲在老闸捕房门口的是上大的学生何秉彝，后来发动上海各大学学生参加这运动的也是上大学生，到各工厂去组织群众的又是他们，当时领导上海工商学联合会，主持人民外交的也是上大学生。上大学生无疑是那次民族斗争中的先锋队。

因为亲历这场运动，父亲有着非常强烈的"五卅"情结，当时就立志写一部五卅运动史，始终在收集有关材料，几次增删其稿，积累成《五卅运动资料集》《五卅运动史稿》两部书稿。他断言："光荣的史册上将记载着这许许多多英勇动人的诗篇，而五卅运动只不过是这些诗篇中的一篇；然而，它却是最伟大的诗篇。它是直接为1926年开始的北伐战争准备了思想基础和人力基础。它以血的教训打破了第三条道路的幻想。我作为参加当年运动的一分子，回忆那些热血沸腾的日子，又想起那一年以后奔赴广州时的心情，一种油然而生的责任心和干劲，使我坚决要完成这件有意义的工作。"他的100万字心血作品，由蔡元培先生亲笔题写书名。可惜的是，手稿原件尚在，却至今没有出版。

再说，在溯园，当来宾们怀着崇敬的心情徜徉在这"时光隧道"里，打量着墙体上的文字，仔细一看引起一阵惊呼，大家相互呼应着，指点着，纷纷寻找与自己前辈有关的记载。这时，我和妹妹明珠意外地发现父亲的毕业证书清晰地镂嵌在墙上。呀！他们从哪里得来的？实在太意外了！

上海大学"溯园"墙上有父亲的毕业证书

一张珍贵的毕业证书

父亲孔另境1923年夏入学,1926年7月从文艺院中国文学系毕业。他在校三年,学习革命理论,接受时代之号召,参加中国共产党组织,从事工人教育。父亲参加五卅运动,在南京路上撒传单时被捕,半个月后被济难会保释出狱。离毕业还有几个月,应姐夫沈雁冰之召唤,他离开学校去广州参加实际革命工作。那时,广州是国民革命的中心。他在国民党中央宣传部工作(代部长为毛泽东,秘书为沈雁冰,孔另境为干事,在一间办公室里上班)。当时有相当一部分学生,因为客观的革命要求的迫切,或者自身的各种考虑,没有读完全部课程就离开了。他们没有拿到毕业文凭。1927年4月12日以后,学校被封,学生被捕,师生星散⋯⋯直到十年之后,1936年3月26日国民党中央执行委员会第八次会议通过了于右任关于"追认上海大学学生学籍与国立大学同等待遇"的议案(有关档案收藏在台湾)。这是于右任校长的争取。为学校曾经的学生补发毕业证书,虽然仅仅五年校史,也是属于正规的学校,有着"武黄埔,文上大"的美誉。有了学历证书,便于他们寻找工作。

得到可以补办毕业证书的消息,同窗孔另境已经办好了,施蛰存是三年级后转到震旦大学法语系继续学业的。他写信给父亲,托请帮忙替自己补办一张毕业证书。这封信我看到过,现在还在。他说:"上大同学会近来开会否?弟颇希望兄能为弟设法弄一文凭,因此事与弟目下大有关系,若兄能助我成功,感荷无已。"至于是否办成功,就不得而知了。

仔细看手边这张大大的毕业证书,宽52厘米,高50厘米,可谓超级大型。最上端印有孙中山头像,两边有"青天白日满地红"的中华民国国旗和"青天白日"国民党党旗。

证书正文:"学生孔另境系浙江省桐乡县人,现年二十二岁,在本校文艺院中国文学系修业期满,成绩及格准予毕业,得称文学士。此证。"左面是大大

孔另境上海大学毕业证书

的"上海大学钤记"的红色印章盖在"上海大学校长于右任(签名及盖章)"之上。下方是孔另境四寸正面脱帽照,照片上盖有钢印,有着不可调换的权威。日期注明"中华民国十五年七月",盖有一枚红色的大印章"教育部印"。还有"大字第54172号"编号。补发的日期为:中华民国二十六年七月。这张毕业证书的正规,还在于反面盖有骑缝印章:"中字第贰玖号"。然而,稍稍再留意一下,在右边的角落上有一枚蓝色的橡皮图章的印记:"该生毕业资格经本部于廿九年四月日核准追认"。以及左边有"中华民国廿九年四月廿五日验讫"这样的印迹。

1937年7月补发的证书,到1940年4月25日还要"核准追认""验讫"?这是为什么呢?

回顾父亲的经历,1940年时他36岁,上海正处于"孤岛"时期。为适应抗战的需要,他们上海大学同学会,在主办的华华中学的基础上,创办了华光戏剧专科学校,延请柳亚子、陈望道、胡愈之、周剑云、唐槐秋等任校董,吴永刚、周贻白、鲁思等任招生委员。特约讲师有于伶、阿英、许幸之、赵景深等。父亲任校长,鲁思任教务主任。当时留在上海的左翼文化人,几乎都和这两所学校发生过关系,或教课,或演讲,或学习,或秘密集会,在抗战文化宣传工作上,起了一定的作用。父亲是这两所学校的实际负责人。

那么,是不是为了向租界工部局登记或注册,需要负责人的身份证明,包括他的学历证明呢?很有可能这张毕业证书派上了大用场。应验了当初于右任的议案:"追认上海大学学生学籍与国立大学同等待遇"的实际好处。于是,在验证时被加上了"核准追认""验讫"的印章。

上海大学同学会

再说,从上海大学这个革命的洪炉里出来的学生,他们是经历过五卅运动的锤炼，有着活力的群体，大都走向全国各地，发挥着先锋的作用。留在上海的同学也组织起来，成立了"上海大学留沪同学会"。成立那天他们邀请原校长于右任出席，还请了当时有名的说唱艺人助兴。我家里保存着几张现场照片，当时的气氛是热烈的。在1936年9月27日出版的《上海大学留沪同学会特刊》中，父亲著文《梦般的回忆》，由衷地赞扬："这是一个奇特的处所，仿佛是一座洪炉，只要你稍稍碰着过它……使你永远地烙着一个严肃和深刻的印子，永生不能磨灭它！""这不是一个'书本的学校'，而是一个社会的学校。""我们不能忘记中国教育史上的这部伟大的创作的。"丁玲曾说孔另境在上大时是个活跃人物。是的，这一切父亲都积极参与其中，在五卅运动中，生平第一次被捕。以后到广州参加北伐军，转战鄂豫，直到国共分裂。在上海，上大留沪同学会接办华华中学，地下党员林钧任校长，孔另境任教导主任，同时协助茅盾从事着左翼文化工作。

1937年全民族抗战爆发，华华中学师生相当活跃，学校一度成为接纳和救治伤病员的场所。为了避免日敌迫害，学校迁到租界地福州路生活书店原址。在抗敌的形势下，发扬着上大的革命传统，父亲借用华华中学的校址，主办华光业余中学，以吸纳更多的青年利用晚上的业余时间学习文化，宣传抗战。之后，如前所说，又创办了华光戏剧专科学校。学校培养了如上官云珠、谢晋、周正行、穆尼、董鼎山、董乐山、沈寂等优秀文艺骨干，组织过五次公演，发挥着他们积极的能量。这一切都源于在上大这所革命的摇篮里成长的干部，带领并延续着优秀的光荣传统。

对于曾是上大的学生来说，在上大的时光是难以忘怀的。

1949年6月9日，上海刚解放，父亲不无感慨地在《大公报》上发表怀念革命的摇篮上海大学的文章。他

上海大学首任校长于右任

说:"时间过去了二十二年,中国的劳苦大众和善良人民终于在中共正确的领导之下获得了解放,上大学生以无数汗血换来的中国革命发展的轨道终于畅通了。……但上大的实体难道永远被埋在瓦砾蔓草之中了么? 难道只能在记忆里依稀想象它了么? 难道它只能在革命的历史里记录一下么? 我为它抱屈,我为它落泪! 愿有心人注意及之。"

正如他所愿望的,他的期待,在中国共产党领导下的和平年代里实现了,新上海大学已经有二十五年的校史,向着更远大的目标行进!

（本文发表于2019年10月,图片由作者提供）

东方欲晓

新民主主义革命记忆

下

上海市档案馆 编

徐未晚 主编

上海人民出版社 学林出版社

下

篇

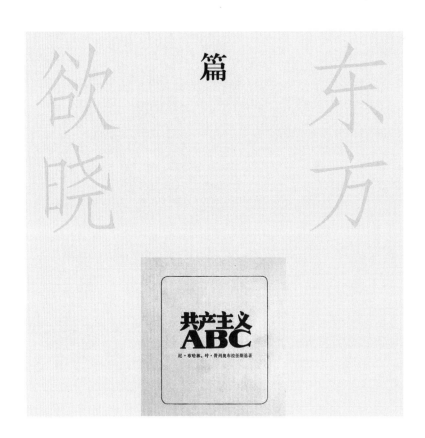

导言

张月己

　　中国新民主主义革命，历经四个阶段，即中国共产党的创立和大革命时期（1919—1927）、土地革命战争时期（1927—1937）、全民族抗日战争时期（1937—1945）与全国解放战争时期（1945—1949）。1949年中华人民共和国的成立，标志着中国新民主主义革命的基本结束和社会主义革命的开始。上海是近代中国最大的城市，工人阶级大本营，在新民主主义革命各个阶段，都发挥了极其重要的作用，是近代中国光明的摇篮。其特点可用"阔、深、雄、奇"四个字概括：

　　阔，广阔、丰富。从1919年至1949年的30年间，上海在历次革命斗争中，都有突出表现。1919年北京爆发五四爱国运动，上海各界奋起响应，声势浩大，作用突出。从1921年起，中国共产党共举行过七次全国代表大会，其中三次在上海举行，即第一次、第二次与第四次，另有六届二中全会、三中全会、四

中全会等多次中央全会也是在上海举行的。中共中央领导机关首尾有12年设在上海。在全民族抗日战争与全国解放战争时期,上海都有许多杰出表现。上海留下的红色革命文化旧址、遗址,多达612处。

深,深邃、深远。中国共产党发展史上许多重要的思想、理念,是在上海酝酿、产生的,党史上许多具有重要意义、深远影响的事件,是在上海发生的。中国共产党诞生,以马克思主义为指导,选择社会主义道路,这是最具思想深度的实践。中共二大,通过了中国共产党第一部党章,规定了党内生活和党内关系的一系列基本原则,标志着中国共产党从此有了自己的最高行为规范。1923年,陈独秀与孙中山在上海商定国共合作原则,在国共合作历史上有相当重要的影响。1925年在上海举行的中共四大,第一次提出无产阶级要掌握民主革命运动的领导权,提出工农联盟等问题,这在党史上都具有里程碑意义。

雄,英勇、雄壮。1925年,中国共产党领导的五卅运动,对帝国主义列强展开勇猛无畏的斗争,沉重地打击了帝国主义的嚣张气焰,对中华民族的觉醒和国民革命运动的发展,起了巨大的推动作用。1926年至1927年,中国共产党先后在上海发动三次工人武装起义,打击了帝国主义和军阀的反动统治,显示了中国工人阶级的顽强战斗精神和强大组织力量。从建党初期,到上海解放,众多的革命先烈,如刘华、陈延年、赵世炎、林育南、何孟雄、李白等,面对敌人的刑讯逼供,志坚如钢,视死如归,表现出崇高的英雄主义气概。

奇,奇特、奇妙。中国共产党领导的革命斗争,特别是地下斗争,利用上海政出多门、事权不一的特殊格局,创造了许多奇迹。党先后多次在上海举行大会,由于隐蔽工作做得周密,基本没有出过大的危险。相当一段时间,党在上海的各级机关都以商店、住家、医院、写字间等形式出现,住留机关和来往机关人的穿着、语言、活动等,都巧为化装隐蔽,有效地进行了对敌斗争。1933年党中央迁离上海以后,党继续利用上海城市的特点,设立地下电台,沟通与共产国际的联系,出版红色刊物,为陕北根据地推荐医生,提供药品医疗器材,向新

四军输送人才与物品等。

以上四点,综合反映了上海在新民主主义革命中的重要性、先锋性、崇高性与灵活性,这是上海红色文化的时代光芒。

近些年,《档案春秋》杂志刊登了数量可观的红色题材文章,它们不限于上海,但以上海为主。本书从中遴选了68篇精品,汇集为《东方欲晓——新民主主义革命记忆》出版。书分三卷,分别为忆人、叙事与说物。

本卷为说物,22篇。所述之物,包括革命遗址、相关街区、书籍与文献;与革命有关的物件,如电台、货币、档案等。所记所述,有些内容是社会知晓度比较高的,如老渔阳里、新渔阳里、中共一大会址、毛泽东和杨开慧居住过的三曾里、中共中央理论机关报《布尔塞维克》、左翼文化名人集中居住的山阴路、瞿秋白的《赤都心史》、黄炎培的《延安归来》、民厚里的红色印记、南京东路红色遗迹、商务印书馆与共产主义思潮早期传播;也有些是较少为人所知或知之不多的内容,如编辑《星期评论》的法租界三益里、承印《共产党宣言》的成裕里、入住中共一大代表的延庆里,《共产主义ABC》的出版及其影响,《雪山草地行军记》的作者与内容,中央政治局秘书处文书科油印处,中华苏维埃代表大会准备会议秘书处,周恩来布置设立党内首座地下电台,包括李强、柳中燧研制、设立电台的过程,都有补史所缺、详史所略的价值。

特别值得介绍的是下面三则史料,对于了解上海红色文化的丰富性、精致性、超常性,具有无可替代的价值:

上海解放前夕,中共中央社会部编辑的《上海概况》、华东局社会部编撰的"上海调查资料",第三野战军政治部编写的《城市常识》《入城守则和纪律》与《华东局颁布入城纪律十二条》,这些资料为我军顺利地解放上海、接管上海奠定了坚实基础,体现了我军谋事之细、作风之正、治军之严,极有价值。

柳溥庆为新四军秘密印制纸币极富传奇色彩。为了防止日伪政权监视与破坏,他想出一个绝妙主意:先在上海印一种没有行名的空白票券,运至苏北

513

根据地,再加盖"江南商业货币券"七字,就成了当地通用的"抗币"。这一招果然有效,世所罕见。

中共上海市警察系统工作委员会书记邵健,发明一套利用《王云五小辞典》《无线电通讯教程》和三本英语读本等书籍,取其中相关字母、符号,作为代码,相互搭配,巧立472名党员人事"档案"。其事近乎匪夷所思,但确实可查可用可靠,而敌人无法破解,真是奇妙至极!

所记所述,范围广泛,发掘深入,持论有据,或依据档案和可信文献,或得自亲历亲闻,文笔流畅,生动可读。本书对于丰富、充实上海红色文化内涵,彰显上海红色文化特色,对于资政育人,都具有重要价值。

惊鸿一瞥：

老渔阳里的开天辟地

徐光寿

　　本文为拙作《陈独秀的上海往事》的补篇，旨在根据解密档案资料和现有学术成果，厘清陈独秀居住在上海法租界环龙路老渔阳里2号（今南昌路100弄2号）的历史踪迹，梳理陈独秀在这个被誉为"中国共产主义运动先驱的落脚地""中国共产党孕育期和哺乳期的所在地"期间的言论和行动，重点探究陈独秀以此为居住和工作地点，大力宣传马克思主义、迅速向马克思主义者转变、推动中国工人运动发展、创建中国共产党并领导中共中央早期工作的若干重要史实，叙述的是一座私宅与一桩伟业的传奇佳话。

入住老渔阳里2号

　　20世纪20年代，上海法租界有一条名为渔阳里的南北走向的旧式里弄，一段朝向环龙路（今南昌路），称老渔阳里；另一段通向霞飞路（今淮海中路），叫新渔阳里。老渔阳里建于1912年至1936年，内有砖木结构两层石库门楼房8幢，其中的2号坐北朝南，为二层砖木结构的旧式石库门住宅，原为辛亥革命时期安徽都督柏文蔚的私宅，人称"柏公馆"。

　　"柏公馆"的结构是怎样的呢？改革开放以来，著名学者、上海社会科学

院历史研究所任建树先生曾多次亲临老渔阳里2号。他在1989年出版的国内第一部陈独秀传记《陈独秀传（上）——从秀才到总书记》中写道："老渔阳里2号是老式石库门房子（因大门用三根长石条搭成而得此名），砖木结构，二层楼房。进大门有天井，中间是客堂，陈设沙发四只、椅子数把，壁间挂大理石嵌屏四幅。客堂后有小天井，再后是灶间，有后门通向弄堂。客堂的左边是前、后、中三个厢房。楼上，前面是统厢房，即陈独秀的卧室兼书房，室内陈设有写字台、转椅、大钢床、皮沙发、茶几、缝纫机等。厢房的隔壁是客堂楼，后有晒台。全部建筑面积140多平方米。这就是陈独秀在上海的新住处，也是《新青年》的编辑部所在地和中国共产党发起组的诞生地。"

"柏公馆"内的陈设是怎样的呢？据中共一大前后曾在此地徜徉一年之久的包惠僧1954年回忆："楼下的堂屋是堆满了《新青年》杂志和新青年社出版的丛书，统厢房前半间有一张假红木的八仙桌，有几把椅子，也有几张凳子，没有什么红木家具。楼上的统厢房是陈独秀夫妇的卧室，统楼是陈独秀的书房，书柜书架，堆满了书，排列在东北二方；靠南的窗下有张写字台，写字台的两边都有椅子，另一方靠壁有张小圆桌，圆桌靠壁的南北各有椅子一张。我记得家具都是很普通的，并不是什么红木家具，不过照乡下人看起来，说是假红木的家具也可以。陈独秀夫妇的卧室在当时的眼光看起来算是很漂亮，有铜床、有沙发、有梳妆台、有写字台，壁上还挂了几张精致的字画。"

"柏公馆"何以成为陈独秀的住所？这要从柏、陈二人的历史交往和革命友谊说起。

陈独秀是安徽安庆人，柏文蔚是安徽寿县人。辛亥革命大潮将安徽南北两地的陈、柏二人联系起来。柏虽年长陈一岁，但1903年5月曾以安徽大学堂学生的身份听取留日学生陈独秀在安庆爱国会的拒俄演说并因此而被开除学籍，陈亦因此遭到通缉亡命日本。1904年陈独秀在安徽芜湖组建反清革命团体岳王会自任总会长，成为安徽地区资产阶级革命领袖。柏、陈二人不仅是安

徽公学的同事，又是岳王会的战友，但陈是柏的上级。两人相约于1905年暑期前往柏的家乡寿县联络革命同志以壮大革命力量。柏后来成为岳王会南京分部会长，并率南京分部成员集体加入中国同盟会从而转入革命的主流；而陈则因种种原因并未加入。这虽导致了两人后来不同的发展走向，但其革命友谊已初步形成。

1911年武昌起义爆发后，安徽于11月8日宣布光复。首任都督朱家宝治皖无方，革命党人孙毓筠取而代之，并邀陈独秀为都督府秘书长。但孙出身淮上名门，原为纨绔子弟，留日期间倾向革命，曾捐私产10多万充作革命经费而获同盟会领袖的信赖。辛亥革命失败后，孙即脱离同盟会并离开安徽，北上投靠袁世凯，时任南京临时政府第一军军长的柏文蔚奉命接任安徽都督兼民政长。柏以陈独秀"学识优长，宗旨纯一"，任命其为都督府秘书长，并视为心腹，对陈言听计从，十分信任。在柏的支持下，陈大刀阔斧整顿弊政，"治皖有功"。两人合作默契，曾有"武有柏、文有陈"之谓。当袁世凯倒行逆施，孙中山发动"二次革命"时，两人迅即响应，宣布安徽独立，组织讨袁军。陈为此不仅以第一名要犯之身遭到北洋政府通缉，被迫逃亡上海，而且惨遭袁世凯爪牙抄家，殃及子侄；还曾被首鼠两端的驻军首领龚振鹏扣押，险些丧命。经此大难，这对本已志同道合的老友，其关系自然更深一层。

此次亡命上海，陈独秀仍然居无定所，随即第五次亦即最后一次奔赴日本，进入雅典娜法语学校刻苦学习法语，同时襄助章士钊编辑《甲寅》杂志，结识了三个以后对他的人生有深刻影响的朋友：李大钊、吴虞、易白沙。1915年6月20日，陈独秀从日本再返上海，其皖籍老友、亚东图书馆老板汪孟邹为他洗尘。陈独秀携病中的妻子高君曼和两个年幼的儿女，一家四口租住在法租界嵩山路吉谊里21号一楼一底砖木结构的楼房。

此次返沪，陈独秀更加坚信报纸杂志在思想启蒙方面的巨大价值，并曾自

信满满地对友人表示:"欲使共和名副其实,必须改变人的思想,要改变思想,须办杂志。"据汪孟邹回忆,"民国四年(一九一五年)仲甫亡命到上海来,他没有事,常要到我们店里来。他想出一本杂志,说只要十年、八年的工夫,一定会发生很大的影响,叫我认真想法。我实在没有力量做。"7月5日,经汪引见,陈独秀与汪的同业好友陈子沛、陈子寿兄弟开办的上海群益书社商定:稿件由陈独秀编辑,交群益书社出版、印刷、发行,每月出一本,编辑和稿费200元。9月15日,《青年杂志》(第二卷起改名《新青年》)正式创刊,揭开了新文化运动的序幕。如此,陈独秀在法租界嵩山路吉谊里21号的住所就成了《新青年》最初的编辑部。

陈独秀创办了《新青年》,《新青年》造就了陈独秀。主编《新青年》,领导新文化运动,使陈独秀真正成为中国思想界的精英。这个效应早在1917年1月陈独秀接受北大校长蔡元培邀请就任北大文科学长时即已显现,"当消息传出后,全校震动。青年学生无不热烈欢迎,奔走相告"。陈在北大的教育改革也因此获得了多数学子的欢迎和拥护。然而,在主持北大文科改革取得初步成效之际,五四前后,陈因遭北大保守势力的憎恨、排挤和北洋军阀政府的逮捕、迫害,被迫于1920年2月在李大钊的护送下离京返沪,离开了迁居北京不到三年的家,再次面临无家可归的窘境。

1920年2月19日(旧历除夕),逃离北洋政府控制的陈独秀,从北京经天津坐海轮抵达上海,依然无处安身。他先下榻惠中旅舍,惊魂未定,且生病五六日,后被汪孟邹接到亚东图书馆养病并暂住。眼见曾患难与共的辛亥老友陈独秀一直居无定所,柏文蔚恰逢另有重任离沪(一说迁居新渔阳里6号——今淮海中路567弄6号),便将老渔阳里2号这栋宅邸交由陈独秀居住。约在4月间,向来性格刚强、不愿接受他人馈赠的陈独秀,终于接受柏的邀请,迁居老渔阳里2号(今南昌路100弄2号)的"柏公馆",开始了一段传奇的岁月。

成为马克思主义者

据考证，陈独秀从1920年4月正式移居老渔阳里2号，至1922年9月下旬离开上海前往北京转赴莫斯科，其间，陈本人曾经四度离开或被迫离开。一是1920年12月至1921年8月应邀赴广州任广东省教育委员会委员长，二是1921年10月4日至26日被法租界巡捕房首次逮捕，三是1922年8月9日被巡捕房再次逮捕，至8月18日获释后仍回到老渔阳里2号，四是1922年8月29日至30日曾秘密去浙江杭州主持召开中共中央西湖特别会议。直到9月中下旬离开上海到北京，陈独秀奉命前往莫斯科参加共产国际第四次代表大会（11月5日至12月5日召开），也是从这里出发的。

陈独秀本人虽然四度离开，但一直使用着老渔阳里2号开展工作。即便是1922年9月离开后没再居住，但老渔阳里2号仍然是中央执行委员会议事处，直到1922年10月中旬中共中央迁往北京，陈独秀本人也奉命前往苏俄出席共产国际第四次代表大会。至此，老渔阳里2号作为陈独秀住所和中共中央领导机关的历史使命已全部结束。也就是说，陈独秀转变为马克思主义者、组建中国共产党的第一个早期组织——中国共产党发起组、担任中共中央局书记、主持召开党的二大、领导中共中央早期工作等重要活动，基本都是居住在老渔阳里2号期间完成的。陈独秀在老渔阳里2号完成了组建中国共产党的重要使命，老渔阳里2号升起了中国革命的第一缕红色曙光。

中共三大后的1923年9月，中共中央领导机关和办公地点搬到上海公兴路三曾里。

陈独秀究竟何时离开老渔阳里2号的，沈雁冰在《我走过的路》一书中回忆："自从渔阳里2号被搜查，陈独秀被捕旋又释放后，就另外租房子作为党中央包括组织、宣传等各部的秘密办公地点。陈独秀仍住老渔阳里2号，仍然客

519

居住在老渔阳里2号
时的陈独秀

人很多,以此来迷惑法捕房的包探。"陈独秀回到老渔阳里2号家中时,李大钊已在此等候,正准备商量之后的国共合作事宜。两人见面分外高兴,李大钊笑谓他"真的出了研究室就入监狱了"。

出于安全考虑,党中央机关和陈独秀不得不从老渔阳里2号搬出而移至他处。1921年10月尤其次年8月陈独秀连续两次在老渔阳里2号被捕,此事引起共产国际和中共中央的注意,决定让陈独秀单独隐蔽起来,其地址不告诉任何人。而且考虑将中共中央机关迁往北京,并于9月下旬安排陈独秀经北京前往莫斯科出席共产国际第四次代表大会。

入住老渔阳里2号的大约两年时光,是陈独秀一生中最重要的岁月。

一到上海,养病数日后的陈独秀立即开始指导、支持组织工人运动,投身到向工人阶级传播马克思列宁主义的工作中。上海是近代中国民族资本和产业工人的集中地,工人阶级在五四运动中已显示出强大的政治力量。陈独秀对此印象深刻。避居上海期间,陈独秀马不停蹄,积极投身工人运动:1920年2月27日,携张国焘等作为发起人参加了全国各界联合会召开的上海工读互助团筹备会,给予指导;3月2日,应邀出席上海船务栈房工界联合会成立大会并发表《劳动者底觉悟》的演讲,主张在开展工人运动的过程中提高工人阶级的觉悟;4月16日与18日,又应邀先后出席中华工业协会等工会组织的会议,每每即席发表演讲,分析上海工界现状,强调注重工人义务教育,自愿担任义务教授。

陈独秀入住老渔阳里2号,《新青年》编辑部随即迁入,其内容主旨开始转向宣传马克思主义。当时在上海宣传马克思主义的报刊,除却《新青年》外,较著名的还有《星期评论》和《时事新报》及其副刊《学灯》,以及部分无政府

主义者的报刊。陈独秀相继发表《新文化运动是什么?》《五四运动的精神是什么?》等文章,盘点了五四以前的新文化运动,分析了科学的广狭二义,表示要从关注思想转为关注实际生活。其主旨有三:未来的新文化运动要注重团体的活动,注重创造的精神,要影响别的运动;五四运动的精神有二——直接行动和牺牲的精神;"将来恐怕非有一种新宗教不可"。在这种思想转变时期,陈独秀不仅总结新文化运动,总结五四运动的精神,还倡导"一种新宗教",这就具有明显的区分阶段、指点未来的意蕴。结合此间他提出的"世界上没有万世师表的圣人,推诸万事而皆准的制度和包医百病的学说",这分明暗示着一次大的思想转变正在发生,一个崭新的政党正在酝酿。

陈独秀坐镇上海老渔阳里2号筹备劳动节纪念大会,出版《新青年》"劳动节纪念号",最终转变为马克思主义者。

他开展工人运动情况调查。对于陈独秀而言,推动马克思主义与工人运动相结合,是一件重要而又生疏的工作,需要以既积极又慎重的态度进行,必先开展情况调查。他亲自或委托朋友及受《新青年》影响的青年人,深入上海、太原、南京、天津、唐山、长沙、芜湖、北京、香港及巴黎等地工人群众中调查工人阶级状况,内容包括工人人数、工作时间、工资、家庭生活、受资本家工头剥削欺压程度、工人来源、文化程度、帮会组织等等。经《新青年》调查,当时上海已有工人58万,近半数是产业工人,其中又有15万在500人以上的大厂做工,几乎占了产业工人人数的三分之二。调查表明,在全国范围内,上海已是工人阶级最为集中的地方;在上海地区,工人阶级已是最大的城市群体。这些调查结果均刊登于1920年5月1日《新青年》的"劳动节纪念号"。

他积极筹备劳动节纪念大会。根据每逢五一欧美各国劳动界常有盛大纪念活动的传统,陈独秀在中华工业协会等七个工人团体中发起召集由他亲自确定名称的"世界劳动节纪念大会",并任筹备会顾问,发表《劳工要旨》的演讲,提出减少劳动时间、增加工资等诉求,为大会确立"改善中国工人的生活,

增进中国工人的知识，表现中国工人的人格"的活动口号。"五一"节庆祝大会发表宣言，抗议军阀压迫，并致函答谢苏俄政府对华宣言，扩大了十月革命的影响。大会的口号和宣言，都是在陈独秀的指导下提出的。

他开辟了"劳动节纪念号"。在著名刊物《新青年》上编辑、出版工人阶级色彩鲜明的"劳动节纪念号"，是陈独秀提前策划、精心组织的推动马克思主义与中国工人运动结合的一项杰作。"劳动节纪念号"含有鲜明的马克思主义元素：不仅刊登了李大钊的《五一运动史》，陈独秀的《劳动者的觉悟》和《上海厚生纱厂湖南女工问题》，还全文刊登《俄罗斯苏维埃联邦共和国劳动法典》和第一次对华宣言全文。《新青年》也具有浓厚的工人阶级色彩：不仅刊登了《上海劳动状况》《山西劳动状况》、巴黎华工、香港工人罢工和国内其他城市的工人劳动状况，较全面地反映了当时中国工人阶级的现状，也刊登了美、英、日等国的劳动状况，还史无前例地将9名普通工人的题词与孙中山、蔡

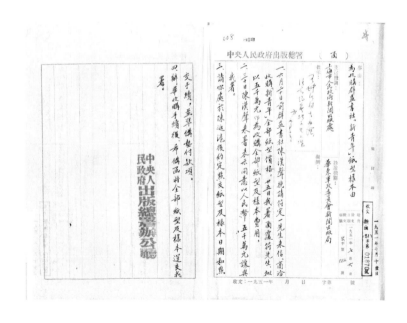

1951年7月，中央人民政府出版总署收购群益书社《新青年》纸型样本的档案（上海市档案馆藏）

元培等社会名流的题词共同展示，并刊登了33幅工人劳动状况的照片，一时博得进步报刊的如潮好评。在为上海厚生纱厂湖南女工改善待遇的要求中，陈独秀不仅将工人斗争水平从改善待遇的经济斗争上升到要求管理权的政治斗争的高度，而且揭示了资本主义剥削的秘密，以通俗的道理三次向工人宣传了马克思的剩余价值学说。

"劳动节纪念号"有力宣传了俄国十月革命，传播了马克思列宁主义，加快了马克思主义与中国工人运动相结合的步伐。1920年5月1日《新青年》杂志"劳动节纪念号"的成功开辟和"世界劳动节纪念大会"的胜利召开等重要事件，则成为陈独秀在实践层面上接受马克思主义、转变为马克思主义者的标志性事件。

升起中国革命的新曙光

有了老渔阳里2号这个稳定的住所，陈独秀既可以编辑《新青年》，还可联络沪上和外地慕名来沪的志同道合者共同开展革命工作。此后，他坐镇老渔阳里2号，并以此为据点，勇敢地迈出了许多个第一步：开始了组建中国共产党的伟大事业，领导中共中央早期工作，从而升起了中国革命的新曙光，度过了中国共产党的孕育期和哺乳期。

在这里，陈独秀组建了中国最早的马克思主义者队伍。陈独秀不仅联络了上海的一批马克思主义者，而且接纳了来自全国各地的有志青年。如在上海亚东图书馆多次会见北京学生联合会代表，表示中国必须走俄国革命的道路，彻底推翻军阀主义。他对来访者表示"痛恨北京政府，认为非彻底革命推翻军阀统治不可"，"常向人高谈马克思主义，表示中国必须走俄国革命的道路"。1920年6月，从北京来上海的毛泽东前往环龙路老渔阳里2号陈独秀寓所，一起探讨马克思主义和马列书籍。后来，毛泽东对美国记者埃德加·斯诺

深情回忆："有三本书特别深刻地铭记在我心中，使我树立起对马克思主义的信仰。我接受马克思主义，认为它是对历史的正确解释，以后，就一直没有动摇过。"这是他"一生中最关键时刻"，"到1920年夏，在理论上，而且在某种程度的行动上，我已成为一个马克思主义者，而且从此我也认为自己是一个马克思主义者了"。又据田子渝著《李汉俊》一书介绍，陈独秀一到上海后，立即到白尔路三益里与李汉俊联系，并成为《星期评论》的常客。而组建马克思主义研究会，则是陈独秀组建中国共产党组织的第一步。

在这里，陈独秀组建了中国第一个共产党早期组织——中国共产党发起组。无论档案资料还是个人回忆，无不证实他在老渔阳里2号组建中国共产党的历史事实。随着陈独秀与《新青年》入住老渔阳里2号，这里很快就聚集了李汉俊、俞秀松、邵力子、袁振英、沈玄庐、陈望道、李达等一批新知识分子和早期共产主义者。可见，早在俄共（布）中央代表维经斯基奉命来华之前，经与李大钊商量，陈独秀就在中国开始组建中国共产党，即所谓"南陈北李，相约建党"。1920年4月维经斯基经李大钊介绍从北京来到上海，多次会晤陈独秀。根据档案资料及张国焘、李达、袁振英、包惠僧、周佛海和沈雁冰等多个当事人回忆，维经斯基曾多次来老渔阳里2号拜访陈独秀，参与党组织的活动。

李红发表于《档案春秋》2016年第6期的《晨曦初启：档案里的红色源流》一文揭示，1920年8月22日，上海公共租界工部局《警务日报》（S. M. Police Daily Report）在"中国情报"一栏，出现了工部局警务处处长麦高云（K.J.McEuen）呈送工部局总办利德尔（N.O.Liddell）的报告，其中就有关于陈独秀组建一"社团"的内容。"虽然未能破解出陈独秀组织社团的真正意图，但却还原出一个重要事实：1920年8月，中国共产党发起组在上海正式成立，选举陈独秀为领导人，称为'书记'"。具体地点正是老渔阳里2号。

当事人回忆录很多。据当时自京来沪、长期寄居老渔阳里2号的张国焘回忆："约在八月二十日左右的一个晚上，我从外面回到陈家，听见陈先生在楼

上书房里和一位外国客人及一位带山东口音的中国人谈话。他们大概在我入睡后才离去，后来才知道就是维经斯基和杨明斋，这是我在陈先生家里发现他们唯一的一次聚谈。"

据上海共产党早期组织成员并参与活动的袁振英回忆说："维经斯基到中国后，宣传共产主义，宣传组织共产党……还常到这里同陈独秀密商组织共产党问题。"

经常往来老渔阳里2号的李达

据在上海多次参与马克思主义宣传和会见维经斯基的李达回忆："一九二〇年夏季，中国共产党（不是共产主义小组）在上海发起以后，经常地在老渔阳里2号新青年社内开会，到会的人数，包括国际代表威丁斯克（译名吴廷康，即维经斯基）在内，约有七八人，讨论的项目是党的工作和工人运动问题（当时在杨树浦组织了一个机器工会）。十一月间，书记陈独秀应孙中山之邀，前往广东做教育厅厅长，书记的职务交李汉俊代理……但党的集会，一直是在老渔阳里二号举行的。"1922年8月"陈独秀出狱以后仍住在老渔阳里二号……在原寓所还住了一个多月"。

时任商务印书馆编译所英文部、国文部编辑的沈雁冰的才干、思想和文学主张，一直颇受陈独秀等人的关注。马克思主义研究会在上海成立时陈独秀即邀请他参加，并嘱为《新青年》等刊物撰稿。1921年春，经李达、李汉俊介绍，沈雁冰加入上海共产党早期组织，是中共最早党员之一。他参加了党中央的支部会议和各种学习会。据沈回忆："陈（独秀）定居在法租界环龙路渔阳里2号，我们的支部会议地点就在陈独秀家里。支部会议每星期一次，是在晚8时后开始，直到11时以后。我还依稀记得当时参加老渔阳里2号支部的党员，有杨明斋、邵力子、陈望道、张国焘，SY（社会主义青年团）书记俞秀松等人，又有共产国际远东局代表魏庭康（即吴廷康，维经斯基）。讨论事项，大抵

居住在老渔阳里2号时的包惠僧

是发展党员、发展工人运动、加强党员的马克思主义学习等。除了各人自己阅读外，每周有一次学习会，时间从下午2时到5时乃至6时。学习会采取一人讲解，大家讨论的形式。担任讲解者，李达和杨明斋。杨明斋是山东人，刚从苏联回来。他们临时编写的讲义一般有三种：马克思主义浅说，阶级斗争，帝国主义。这都是随编随讲，大家笔记。直到三四年后，杨明斋把他当时的草稿改定付印成册，书名现在记不起来了。"

又据当时与陈独秀过从甚密的包惠僧回忆：维经斯基一行，"经过李大钊同志的介绍，他又到上海会见了陈独秀。维经斯基与陈独秀一见如故，又由陈独秀介绍他会见了上海《星期评论》的主编戴季陶、李汉俊、沈玄庐和《时事新报》的负责人张东荪……维经斯基与他们会谈过好几次，他们曾经有过这样的打算：把《新青年》《星期评论》《时事新报》结合起来，建立一个新中国革命同盟，并由这几个刊物的主持人联合发起组织中国共产党或是中国社会党"。

1920年9月，《新青年》从第八卷第一号起，改组成为中共发起组领导的社会主义刊物。中共发起组成员李汉俊、陈望道等也加入编辑部，成为编撰骨干。改组后的《新青年》，刷新论说、通信、随感录等栏目，用社会主义、马克思主义的思想政治方向来引导读者。甘将自己苦心经营5年、视为生命的《新青年》作为社会主义刊物，说明陈独秀已义无反顾，成了一个彻底的马克思主义者和坚定的中国共产党人。

在这里，陈独秀推动国内各地成立共产主义组织，组建全国性的马克思主义政党。以陈独秀为书记的中共发起组，开创了中国共产党历史上的诸多"第一"：1920年8月15日创办了发刊最早、出版时间最长、影响最大的工人刊物《劳动界》，创办了党的第一个出版机构"社会主义研究社"，开办了第一所

干部学校"外国语学社"；8月22日在霞飞路新渔阳里（今淮海中路567弄）6号成立中国社会主义青年团，陈独秀指定俞秀松为书记；10月3日在新渔阳里6号成立了第一个产业工会"上海机器工会"，尤其是创办了第一个秘密理论刊物《共产党》月刊，制定了第一个《中国共产党宣言》。11月7日创办了第一份党刊《共产党》，响亮地喊出了"共产党万岁"的口号，不仅其创刊号的卷首《短语》出自陈独秀手笔，被毛泽东誉为"'旗帜鲜明'四个大字"，它的创办，亮出"共产党"旗帜，为先进分子指明了前进的方向。在《共产党》月刊发刊号上，陈独秀与其他党员共同起草的《中国共产党宣言》，兼有党的纲领的性质。宣言虽未散发到社会，但第一次比较系统地表达了中国共产主义者的理想和主张。

中共一大召开前，在全部8个共产党早期组织中，经陈独秀亲手创建或指导建立或重新建立的有上海、广州（联系谭平山、谭植棠、陈公博等北大毕业生对原小组进行改组）两个组织，由他亲自指定人员创建的有武汉（他先后派出李汉俊和刘伯垂回武汉发展党员，建立组织）、长沙（亲自函约毛泽东在湖南建党）和留日学生（指定施存统负责）三个组织，推动创建的有北京（托张申府转告李大钊建党）、济南（亲自致函王尽美、邓恩铭建党）和留欧学生（分别致函赵世炎和陈公培，与张申府联系建党）三个组织。大多数小组都派出代表参加了中共一大，仅旅欧小组没来得及派出代表参会。此外，陈独秀还曾委托沈定一、施存统、俞秀松在杭州，高语罕在安徽建党，但均未实现。

1921年7月23日，中共一大在上海法租界贝勒路树德里3号（后称望志路106号，亦兴业路76号）召开。陈独秀虽然因故未能出席大会，但他关于党的中央机构领导体制的意见却被大会接受。其实，早在中共一大召开之前，陈独秀就设想，未来的中国共产党应"采用较民主的委员制，从委员中推举一个书记出来负责联络之责，其他委员负责宣传、组织方面的工作"。中共一大正是按照他的想法组建了委员制的中央领导机构——中央局。可见陈独秀对中共

一大所起到的主导作用。

中共一大后，陈独秀重返上海主持中央工作。除了主持开展中央日常工作外，主要就是筹备召开中共二大，制定了中共初创时期的重要方针政策。

在这里，陈独秀主持筹备了中共二大。中共二大召开前夕，陈独秀就明确使用了"半殖民地"概括中国社会性质。1922年6月，他指出：中国"这些政治状况都是半殖民地的状况，不能算是独立的国家"，"此等现状继续下去，国际帝国主义的侵略是要日甚一日的，是要由现在半殖民地状况更变到完全殖民地状况的"。中央文件首次写入"半殖民地"一词的，是由陈独秀主持、中共二大通过的《关于议会行动的决议案》，其中明确写道：中国已经成为"国际资本帝国主义的掠夺场和半殖民地"。

陈独秀是中共二大各种文件的主要起草人。他被中共二大推举为起草委员会负责人，与张国焘、蔡和森共同负责起草《中国共产党第二次全国代表大会宣言》和其他决议案。凝聚这些贡献的中共二大的宣言和决议，既是全党集体智慧的结晶，也是陈独秀对中国革命与党的纲领问题的认识和理解的集中体现。不仅表现在它所制定的革命纲领以及作为中国共产党创建不可或缺的组成部分，而且表现在它所开辟的许多新领域以及由此引出的其他命题，成为中国共产党诸多思想理论、路线原则、方针政策，直至科学概念的梳理和研究过程中无法绕开的历史起点和思想源头。

中共二大是一次十分重要的会议，取得了一系列重大成果，它在党的历史上至少创造了以下八个"第一"：以全国代表大会名义公开发表了党的第一个宣言；第一次鲜明地制定了党的最高纲领与最低纲领，指明了中国革命的正确方向；第一次完整地制定了党的章程，并依据章程选举产生了以陈独秀为委员长的中央执行委员会；第一次通过了建立民主的联合战线的决定，最早提出关于统一战线的思想和主张；通过了中国妇女运动史上第一个以政党名义作出的关于妇女问题的决议；第一次明确地阐释了党的民主集中制原则的

基本思想；第一次提出和通过了加入共产国际的决定；第一次喊出了"中国共产党万岁"的口号。此外，中共二大产生的中央委员会还决定创办党的第一份公开发行的机关刊物《向导》周刊，并于9月13日正式创办。中共二大是党的创建任务完成的界碑，具有使党定型的意义，作用甚至胜过中共一大。至此，才标志着中国共产党创建大业的圆满完成。

中共二大是陈独秀亲自主持召开的党的全国代表大会，不仅是他作为党的主要领导人期间主持召开的唯一一次没有共产国际代表列席的党的全国代表大会，也是共产国际存续24年（1919—1943）中唯一一次没有共产国际代表列席的党的全国代表大会。中共二大被认为是中共创建过程真正完成的会议，其重要性不言而喻。

一座私宅与一桩伟业

上海法租界环龙路老渔阳里2号本是一幢普通的私宅，但在20世纪20年代初的两年多时光中，以陈独秀为代表的中国先进分子云集于此，完成了组建中国共产党的丰功伟业，拉开了中国历史上开天辟地的一幕，从此，中国革命的面貌焕然一新，逐步从石库门走向天安门。对于老渔阳里2号诞生的上海共产党早期组织的历史作用和地位，对于陈独秀在老渔阳里2号为中国共产党和中国革命所创造的建党伟业，中共党史著作尤其是21世纪以来的党史著作均有翔实记载和高度评价。

进入21世纪以来，2002年9月，中共中央党史研究室著、中共党史出版社出版的《中国共产党历史（第一卷）1921—1949》上册记载"最早酝酿在中国建立共产党的是陈独秀和李大钊"，"后人所说的'南陈北李，相约建党'，形象地说明了他们在建党过程中所起的倡导、推动和组织作用"。还明确指出："经过酝酿和准备，在陈独秀主持下，上海共产党早期组织于1920年

1952年，修缮后的中国共产党发起组成立地（《新青年》编辑部）外景（上海市档案馆藏）

1952年，修缮后的中国共产党发起组成立地（《新青年》编辑部）内景（上海市档案馆藏）

8月在上海法租界老渔阳里2号《新青年》编辑部正式成立。"这不仅承认陈独秀作为中国共产党主要创建者的地位，而且明确老渔阳里2号作为中国共产党第一个组织创建地的历史地位。近代上海红色基因在这里注入，党领导中国革命的曙光在这里升起。无疑，老渔阳里2号是中国共产主义运动的发祥地。

2016年6月，最新出版的被誉为"迄今为止国内公开出版的权威读物中，全面系统反映中国共产党历史时间跨度最长、内容最为系统完整的一部党史基本著作"——中共中央党史研究室著的《中国共产党的九十年（新民主主义革命时期）》，不仅明确记载1920年"8月，共产党早期组织在上海法租界老渔阳里2号《新青年》编辑部成立，推陈独秀担任书记"，"在中国共产党创建的

过程中,陈独秀起了重要作用",而且首次确定了上海共产党组织是中国共产党全国性组织的唯一发起组地位。"在上海成立的共产党早期组织,实际上是中国共产党的发起组织,是各地共产主义者进行建党活动的联络中心。"

  一座本来十分普通的私人住所,在重大历史关头发挥如此重要的作用,且被如此明确地载入重要史册并获得如此之高的历史评价,这在中国共产党历史,近代中国历史,甚至在世界历史上,都是极为罕见的,值得深入研究。

（本文发表于2016年11月）

渔阳里，
历史赋予的底色和重量

王　岚

老渔阳里，红色基因孕育地

　　环龙路老渔阳里2号（今南昌路100弄2号），是一座凝聚着早年建党历史风云的石库门建筑，有党的"秘密摇篮"之称，见证了中国共产党从酝酿到诞生的整个过程，许多重大历史事件在此发生。

　　1920年4月，陈独秀入住老渔阳里2号之后，这里很快成为进步青年聚会、学习、交流马克思主义和孕育发起成立中国共产党的重要场所；很多早期的共产党人，都是在此确立马克思主义信仰，走上为共产主义奋斗道路的。可以说，老渔阳里2号是中国共产党红色基因的孕育地。

　　五四运动时期，当陈独秀走上北京街头呼吁营救学生而被暗探跟踪并逮捕后，正在上海参加全国学联会议的张国焘，当即回京投入营救。在社会各界及舆论的压力下，陈独秀和被捕的学生获无罪释放。陈独秀出狱不久，即在李大钊护送下南下上海。不久，张国焘受到通缉，也离京南下，在上海和陈独秀开始了密切接触，同时也住进老渔阳里2号陈家。

　　1920年五六月间，毛泽东到老渔阳里2号拜会陈独秀，与他探讨马克思主义学说，研究组织"湖南改造联盟"的计划。多年后，毛泽东在与斯诺交谈时

回忆说："在我第二次到上海去的时候，我和陈独秀讨论着我所读过的马克思主义书籍。陈独秀谈他自己信仰的话，在我一生中可能是关键性的一个时期，对我产生了深刻的影响。"

1920年8月上旬，在陈独秀的主持下上海共产党早期组织成立，负责人是陈独秀，以老渔阳里2号为活动地点。其成员有李达、李汉俊、陈望道、施存统、邵力子、沈玄庐、俞秀松、李中等。

上海共产党早期组织成立后，将学习与宣传马克思主义、建党和开展工人运动列为主要工作。8月15日创办向工人宣传马克思主义的通俗刊物《劳动者》周刊，主编李汉俊，9月成立新青年社。次年5月，又成立新时代丛书社，扩大马克思主义著作出版渠道。其间，出版的主要著作有：陈望道译《共产党宣言》，这是该书最早的中文全译本；李汉俊译马尔西《马克思〈资本论〉入门》，译名为《经济漫话》；恽代英译考茨基《阶级斗争》；李达译《唯物史观解说》《马克思经济学说》《社会问题总览》，等等。1920年11月7日，创办《共产党》月刊，这是上海共产党早期组织内部的机关理论刊物，主编李达。这些刊物编辑部和出版机构，除新时代丛书社址为望志路（今兴业路）李汉俊寓所外，其余都设在老渔阳里2号。

同年《新青年》在此完成转型，成为中国共产党机关刊物，《劳动界》周刊、《共产党》月刊等与中共创建密切关联的刊物也在此问世。由陈望道翻译的《共产党宣言》首个中文全译本也在此完成校对。张申府、林伯渠等，也都来过老渔阳里2号，甚至住在这里，共同商讨建党等事。陈独秀在此以通信形式，与李大钊、包惠僧以及远在法国的蔡和森等人讨论建党。施存统、陈公培则将上海共产党早期组织所拟的党纲分别带到东京和欧洲。

1921年6月3日，共产国际代表马林到沪，经商议后决定于当年7月下旬召开第一次全国代表大会。上海共产党早期组织即以老渔阳里2号为联络处，由李达、李汉俊出面进行具体筹备，致函各地共产党早期组织委派代表，确

定会议地点和日程,起草并刻印有关文件。

1921年7月23日,中共一大在望志路106号(今兴业路76号)如期召开。会议期间,博文女校和老渔阳里2号都是代表们酝酿、交流和讨论问题,起草和修改文件的场所。李达、李汉俊、张国焘等于会议之外,多在老渔阳里2号与有关人员研究和处理会务。7月30日,会议因密探闯入而中断。当夜,李达、毛泽东、周佛海等部分代表,在老渔阳里2号商讨继续会议的办法。决定后,李达即让夫人王会悟赶早车去嘉兴南湖安排,使会议得以完满成功。

在党的一大召开后,这里又成为共产党最早的中共中央局机关旧址,举凡中央局会议、会晤各地来沪汇报或请求指示的同志,都在老渔阳里2号。此处事实上是中共一大的筹备处和一大期间的"秘书处",是党中央首脑机关所在地。陈独秀于1921年10月4日、1922年8月9日,两次在老渔阳里2号家里被捕,中央出于对陈独秀个人安全的考虑,帮其搬离,同时决定工作机构需进一步隐蔽化。1922年10月中旬,党中央迁往北京,至此老渔阳里2号作为中共中央办事地点的历史任务结束。

上海解放后,老渔阳里100弄2号曾用作上海市文化局下属上海美术设计公司职工宿舍。但即使成为民宅,老渔阳里100弄2号门口白墙上,《新青年》编辑部旧址——1980年8月26日上海市人民政府确定为上海市文物保护单位"的牌匾,昭示着这幢普通石库门的不寻常。客堂墙上,至今仍保留着一块铭牌,上面写着:"中国共产党第一次全国代表大会决定成立中央工作部,领导当时党的日常工作,1921—1923年,中国共产党中央工作部在这里办公。"

为了恢复老渔阳里2号的历史面貌,有关方面于2018年7月上旬发出动迁通知,2018年10月10日下午2点45分,秋阳高照,风和日丽,老渔阳里2号的漆黑大门,在平静中被贴上了封条。

中国共产党在这里酝酿，在这里筹建，在这里发起。老渔阳里2号给上海留下了一笔宝贵的历史遗产。

新渔阳里，年轻的身影成为共和国的脊梁

20世纪20年代前后，在旧上海法租界环龙路（今南昌路）与霞飞路（今淮海中路）上，有两条里弄的名字都叫"渔阳里"。

上海淮海中路567弄，是一条整洁的老式石库门弄堂，在那一带富有法式风情和现代时尚气息的衬托下，并不显山露水，弄口上方刻有"渔阳里"三个字，这里被称为"新渔阳里"，现为中国社会主义青年团中央机关旧址纪念馆。

1919年，湖北人李汉俊来沪，租赁新渔阳里6号，不久李汉俊迁往三益里与其兄李书城同住，此处转给戴季陶居住。1920年春戴季陶迁出后，共产国际代表维经斯基和上海共产党早期组织成员杨明斋租赁此处，开设"中俄通讯社"，后名华俄通讯社，杨明斋自任社长，他是在俄国加入共产党的中国人。该社成立后，即向上海各报提供新闻稿，是沟通中俄新闻交流的机构，也是建党前夕上海共产主义者重要的活动场所之一。

1920年8月22日，俞秀松、李汉俊、陈望道、叶天底、施存统、袁振英、金家凤、沈玄庐等8人，在新渔阳里6号发起创立上海社会主义青年团，21岁的俞秀松担任书记。随后，团员们迅速积极地发动和指导北京、武汉、长沙、广州、天津等地青年团组织的建立。9月，上海共产党早期组织以"中俄通讯社"名义在这里开办"外国语学社"，校长杨明斋，办学目的一为掩护团的工作，二为培养党团干部。学社表面上公开招生，实际上都由各地共产党早期组织推荐。在该社学习过的学员有五六十人，1921年春起分批派赴苏俄留学。其中有刘少奇、罗亦农、任弼时、萧劲光等。这些学员，后来大多成为党的领导人或重要

2018年,被贴上封条准备维修的南昌路100弄2号

渔阳里6号旧影

干部。可以说，外国语学社是党的第一所干部学校。后来成为中国共产党第一代领导集体成员的刘少奇、任弼时就是从这里踏上革命征程的。

1921年3月，社会主义青年团临时中央委员会成立，俞秀松担任书记，新渔阳里6号成为团中央机关。楼下是教室，楼上朝东的亭子间为俞秀松卧室，朝西的亭子间为杨明斋卧室，客堂楼上是团中央办公处。但在这里进行的革命活动受到了租界当局的注意，1921年4月29日，法租界巡捕房搜查了新渔阳里6号。5月，青年团暂时停止活动。

20世纪20年代初，中国共产党还是个秘密组织，而社会主义青年团是半公开的组织，所以，很多诸如纪念马克思、五一国际劳动节等活动都是以团的名义开展的。在党的领导下，青年团有组织地开展会议、报告、组织罢工等活动，在这些活动中，刘少奇、任弼时、萧劲光等一大批青年脱颖而出，后来成为优秀的共产党员和领导骨干。

1920年，刘少奇结束了在保定育德中学留法预备班学习之后，来到上海外国语学社，居住在新渔阳里6号楼上的学生宿舍。8个月后，刘少奇经上海共产党早期组织介绍，启程赴俄，辗转来到莫斯科东方共产主义劳动大学学习，在那里他正式加入了中国共产党。

设在新渔阳里的上海外国语学社，是中国共产党建党初期培养中国革命干部的第一所学校。从这里走出去的部分青年学生，当年装扮成"新闻记者""商人""裁缝""理发工人"等，先后抵达莫斯科，进入"东方劳动者共产主义大学"学习，经过岁月的洗礼，大多数成了共和国的脊梁。

新老渔阳里之间原本有条小路贯通其间，它见证了中国共产党早期组织的创建和中国社会主义青年团的成立，陈独秀、俞秀松等都曾在这条小道留下深深的足迹。这条路被后人称为"马克思主义小道"。为了纪念五四运动一百周年，经过近10个月的改造，2019年5月，"渔阳里团中央旧址纪念馆"再次以其特有的魅力，吸引了无数前来参观者的目光。

租界弄堂,石库门里藏风云

叫"渔阳里"的弄堂,历史上有过两条。国共两党许多元老级的人物,都与此有着千丝万缕的联系,进驻渔阳里及其周边的国共两党精英和诸多文化名人,更使这片区域有了神秘浪漫的色彩。

环龙路渔阳里(现南昌路100弄)建于1912年,房屋坐北朝南,为两层砖木结构,共8幢,建筑面积1 542平方米,习惯称为"老渔阳里"。霞飞路渔阳里(现淮海中路567弄),1915年建成,称之为"新渔阳里",此处建筑规模较大,有住宅33幢。新老渔阳里相隔不过500米,原有小弄相通,当年同属法租界,属闹中取静隐蔽之地。1921年,两弄同时改名"铭德里",于是以南北相区别,俗称为"南铭德里"和"北铭德里"。1957年,两弄按原貌进行了修复,又复称"渔阳里"。

渔阳里属于旧时法租界。

法租界在上海城市化过程中,较之公共租界与华界,规划严格,道路宽畅,人口密度不高,环境幽雅,交通便利,房屋建筑精致,租金适中,安全又有保障。这些因素,正是政治精英和文化精英需要的。

老渔阳里2号和新渔阳里6号,因为其特殊的地理位置和社会环境,成了国共两党许多元老级人物的风水宝地,并与中国共产党的诞生及早期活动紧紧地联系在一起。

环龙路早已改名南昌路,位于上海市区中部,东起重庆南路,西至襄阳南路,长1 690米。不长的马路上,历史遗址、遗迹举目可及:180号是第一次国共合作时期国民党上海执行部旧址,148弄10号是国民党元老吴稚晖旧居,80号是中华职业教育社旧址,68号是新四军驻沪办旧址,48号是大同幼稚园旧址……更有许多政治、文化名人的故居,吸引着后辈瞻仰探寻的目光:文学大

师郭沫若1923年就住在南昌路178弄7号，1932年初巴金居住于148弄11号，诗人徐志摩1931年时曾住过136弄11号，电影表演艺术家赵丹1936年寓居于69弄3号……南昌路100弄里，更是国共两党首脑的聚居地，除了陈独秀居2号、陈其美居5号，7号是杨杏佛旧居，8号是国民党元老叶楚伧旧居……

1915年10月，中华革命党人陈其美搬进了环龙路老渔阳里5号，将之设立为中华革命党上海机关总部，策动讨袁起义。但因准备不足，起义最终失败。不过，这次战斗打响了护国战争的第一枪，加速了袁世凯称帝之梦的破灭。

柏文蔚，旧民主革命的先驱者之一，孙中山先生的得力助手和重要军事将领。陈独秀与他既是安徽同乡也是好友，还是柏文蔚任安徽都督时的秘书长。五四运动后，陈独秀为躲避反动军阀的追捕而避居上海。此时，恰逢柏文蔚离沪改任鄂西靖国军总司令，陈独秀遂受邀住进老渔阳里2号柏公馆。陈独秀夫妇卧室位于楼上厢房，楼下客堂则成了《新青年》编辑部，亦为会客开会处。

环龙路与霞飞路是毗邻的两条平行的马路，由一条弄堂相连。环龙路与莫里哀路（今香山路）中间也只隔一条马路。国民党的领袖、共产党的创始人，都居住附近，可谓近在咫尺。渔阳里在法租界，本是一条普通弄堂，但其周围的政治风云，却波谲云诡。

柏文蔚、李书城都是老资格的同盟会成员，都是孙中山的部下，他们选择法租界渔阳里及周围作为住所，与孙中山等人在1917年至1921年，将上海法租界作为国民党活动基地有密切关系。

孙中山在1916年5月1日携廖仲恺、戴季陶等人由东京秘密抵沪，不久，宋庆龄亦由日本返沪，他们匿居在法租界洋泾浜路（今延安路）55号一位法国人住所里。那时，孙中山是被政府通缉的要犯。党禁解除后，孙中山公开了身份，住进法租界环龙路63号（今南昌路59号，已拆），胡汉民、朱执信、廖仲恺等人亦寄寓其间。7月，中华革命党本部由东京迁来上海，设在环龙路44号（今南昌路180号）。党部的各位部长、副部长如胡汉民、朱执信、廖仲恺、杨庶堪、

539

邓仲元、蒋介石等住在环龙路附近,办公则在44号,徒步即可。1917年7月,孙中山发动护法运动,不止一次在63号寓所开会。自1917年7月17日至1918年5月4日,孙中山曾离开上海到广东参加护法运动,但上海党务事务所并未撤销。1918年6月26日,孙中山入住莫里哀路29号(今香山路7号),此后两年在此著书立说。1919年,他指派戴季陶等人创办《星期评论》、朱执信等人创办《建设》月刊,《建设》社址就设在环龙路44号。1919年10月10日,孙中山将中华革命党改为中国国民党,本部仍设在环龙路44号。各位部长如总务部部长居正、党务部部长谢持、宣传部部长张继、财政部部长杨庶堪等均在此办公。从1916年6月7日以后,到1923年国民党改组以前,环龙路44号一直是国民党活动的中心。由于这层关系,国民党党部所在地周围,大而扩展至法租界旧区的西部、新区的东部,成了对国民党政治精英最有吸引力的地区。

黄兴1916年7月6日抵沪,先寓法租界圣母院路(今瑞金一路),后迁福开森路(今武康路)393号,同年10月31日在这里逝世。章太炎1917年至1922年住在吕宋路(今连云路)9号。谭人凤1916年以后住浦石路(今长乐路)昌余里50号,1920年在此去世。朱执信1918年来沪,住在环龙路44号隔壁,协助孙中山处理一些文字工作,并主要从事理论研究,直到1920年离开。

中国共产党的第一次全国代表大会选择在法租界召开,不光因为李汉俊、李达当时住在法租界,还因为建党早期那些宣传社会主义的知识分子都住在法租界,其宣传与活动机构均在法租界。在上海复刊的《新青年》,大力宣传马克思主义,先后刊登了列宁的《民族自决》《过渡时期的经济》以及苏俄《劳动法典》等等,开展了对无政府主义和歪曲社会主义的批判,成为关于社会主义论战的最重要的阵地。

五四运动后,陈独秀和李大钊商定分别在上海、北京建党。他们认为,上海当年的环境和社会特点,能为马克思主义的传播提供较充分的条件。那时陈独秀在北京不能开展革命活动,但他在上海利用"租界",秘密建立了中国

共产党发起组。渔阳里有幸，得有如此两处史迹，成为中国历史大变动伟大开端的红色起点。

历史之所以选择渔阳里，与这里地处法租界、环境相对宽松有非常大的关系。20世纪20年代，在帝国主义和军阀统治下的上海，革命者还是可根据地理环境和交通便利的条件，寻机开展工作，并成功孕育了中国共产党的雏形。这是渔阳里的光荣，也是上海的光荣。

（本文发表于2019年9月，图片由作者提供）

"红色一公里"

——中国共产党的初心之地

徐光寿　郝玲玲

　　根据上海市政协"红色一公里"历史风貌区提案，在新老渔阳里为中心、半径大约一公里的地域内，星罗棋布地散落着一批红色文化遗迹。有聚集革命青年的三益里、点燃信仰之光的成裕里、筹备建党大业的老渔阳里、培养党的干部的新渔阳里、入住一大代表的延庆里和诞生百年大党的

上海市档案馆绘制的《上海革命遗址分布示意图》（20世纪60年代）
（上海市档案馆藏）

树德里,"红色一公里"流传着许多感人的红色故事,堪称中国共产党的"初心之地"。

三益里:聚集革命青年

法租界白尔路三益里(今自忠路163弄),原为三户王姓人家出资建造,就以"三人得益"取名三益里。20世纪20年代前后,三益里聚集了一批留日归国的先进知识分子,以戴季陶、沈玄庐、邵力子和李书城、李汉俊兄弟为代表,聚集在《民国日报》与《星期评论》两大进步报刊周围。

《民国日报》原为中华革命党总务部长陈其美在上海创办,主编为叶楚伧、邵力子,主要撰稿人有戴季陶、沈玄庐等,后为国民党中央机关报。《民国日报》报道过十月革命和五四运动,1919年又开辟《觉悟》副刊,积极宣传新思想、新文化,支持五四运动,一时名声大振。

五四运动后,邵力子既是《民国日报》经理兼总编,也是其副刊《觉悟》的主编。邵家在白尔路5号,距离老渔阳里并不远。邵力子是个大忙人,经常来去匆匆,便包了一辆黄包车,经常坐着"专车"出入老渔阳里。1920年前后,邵力子思想颇为激进,曾在《觉悟》发表《主义与时代》,热烈赞颂社会主义,一度跟陈独秀过从甚密,不时光临老渔阳里,参加上海马克思主义研究会的讨论会,并在1920年6月中国共产党发起组成立时加入过,但不久便退出。

陈独秀也于1921年3月在《民国日报》发表《辟谣告政学会诸人》,针对政学会机关报《中华新报》刊登的一篇广州归客谈,进行辟谣。该篇归客谈曾污蔑陈独秀提倡"废德仇孝"的"禽兽学说",污辱陈主张"万恶孝为首,百善淫为先",一度闹得沸沸扬扬。

被孙中山誉为"最好的同志""为中国有数之人才"的国民党人朱执信曾

在《觉悟》发表《革命党应该如何》等文,热情歌颂俄国十月革命的胜利;恽代英、瞿秋白等曾在《觉悟》发文,热情歌颂十月革命,介绍马克思主义,配合《新青年》展开反对无政府主义的斗争。

按照在《民国日报》及其副刊《觉悟》发表的文章看,在《民国日报》周围聚集了邵力子、朱执信、李达、陈望道、恽代英、瞿秋白等革命青年。

《星期评论》原由戴季陶、沈玄庐等1919年6月8日创刊于公共租界爱多亚路(今延安东路)新民里5号,1920年1月底搬到三益里17号这栋三楼三底宽敞的新式石库门建筑。此后,《星期评论》便以独立的精神和批判的态度,提倡新文化,宣传社会主义,激励工人运动。《星期评论》名头不小,一度与陈独秀、李大钊在北京大学创办的《每周评论》齐名,被誉为"舆论界中最亮的两颗明星",也与《每周评论》《湘江评论》和《新文化》并称宣传新文化的"四大周刊",发行量一度达到3万多份。可惜遭到思想激进的指责,创刊仅仅一年就被迫停刊。

《星期评论》社聚集了更多的进步青年,除创刊人和主笔戴季陶、沈玄庐外,不仅有李书城、李汉俊兄弟,还聚集了俞秀松、施存统、杨之华、丁宝林和陈公培等一批浙江籍为主的革命青年。

《星期评论》是戴季陶直接受命于孙中山、与沈玄庐等在上海创办的,自任主编。当年的戴季陶不仅热衷于宣传马克思主义,称马克思是"近代经济学的大家""近代社会运动的先觉",称赞马恩是"天才",而且参与了中国共产党发起组的若干筹备活动,1920年6月甚至起草了《中国共产党纲领》,也是中国共产党的发起人之一。但是,戴季陶并没有继续朝前进步,不久就因孙中山反对而退出了中共发起组。戴退出后由李汉俊接替起草,至中共一大正式通过。

李汉俊年少有才,1918年毕业于东京帝国大学,获工科学士学位。在校期间结识了日本马克思主义经济学家河上肇,受到极大影响,开始信仰马克思主

义。在上海他与胞兄李书城先是居住在白尔路三益里17号,后迁居望志路树德里106号(今兴业路76号)。李汉俊回国不久,就参加了《星期评论》编辑工作,并很快成为这个刊物的核心人物之一。据董必武回忆,李汉俊深深地影响了他和张国恩等武汉地区早期共产党人,他一直尊称李为"我的马克思主义老师"。

《星期评论》在浙江一师师生中有着崇高声望。作为浙江全省新文化的中心,全校共400多人,订阅《星期评论》竟达400多份,几乎人手一册。受其感召的一师学生在"一师风潮"后纷纷来沪寻找《星期评论》主笔,希望与之一叙。戴季陶、沈玄庐总是耐心接见,给予指点。

访客之外,《星期评论》社还不断迎来年轻、进步而又朝气蓬勃的房客。1920年3月,凭借领导"一师风潮"的重大社会影响,从北京来上海的俞秀松被留宿《星期评论》社。他在日记中兴奋地写道:"这里的同志,男女大小十四人,主张都极彻底。"一到社里,他便被这里的盎然生气所感染。在俞秀松入住三益里后,施存统、陈公培也相继住了进来,在浙江义乌老家译完《共产党宣言》第一个中文全译本的陈望道也带着书稿住在这里。其实,在此之前,沈玄庐未过门的儿媳杨之华(后来成了瞿秋白的夫人)、绍兴女师的才女丁宝林等,也都在《星期评论》社紧张地忙碌过。

三益里17号,汇聚着一批初步接受马克思主义的青年才俊,他们指点江山、激扬文字,青春年华在此激情燃烧,红色征途在此悄然启程。

《星期评论》从创刊到停刊,历时一年。据复旦大学杨宏雨教授统计,由《星期评论》聚集起来的革命青年,不只俞秀松所说的14位,而应该有20多位,包括戴季陶、沈玄庐、李汉俊、朱执信、沈仲九、徐苏中、查光佛、康白情、胡适、李大钊、徐蔚南、罗家伦、施存统、陈果夫、蒋梦麟、王平陵、陶孟和、陈望道、陈公培、费哲民、丁宝林、杨之华,这些人都属于进步青年。

1920年5月1日,《星期评论》的"劳动日纪念"专号

白尔路三益里(今自忠路163弄)17号《星期评论》社旧址

成裕里:点燃信仰之光

成裕里的又新印刷所,承担了《共产党宣言》第一个中文全译本的印刷任务。

《共产党宣言》是马克思主义诞生的标志性著作。遗憾的是，从1899年马克思及其学说开始传入中国，虽然外国传教士、资产阶级改良派、资产阶级革命派以及无政府主义者都宣传过马克思主义，但直到陈望道之前，这本由马恩合著的经典著作一直没有一本中文全译本。1920年2月，热衷于宣传马克思主义的《星期评论》主编戴季陶通过邵力子力邀留日归来的陈望道翻译，译成后将作为该刊发刊一周年的庆礼，在发行量达十几万份、风行全国的《星期评论》上刊载，以促进马克思主义在中国的进一步传播。

将《共产党宣言》交给陈望道翻译，也是一个合理的选择。陈望道（1891—1977），浙江义乌人，早年留学日本，读过《共产党宣言》，深知该书的分量，是唤醒中国这头睡狮最为嘹亮而有力的号角。1919年夏回国后应校长经亨颐之聘，进入浙江一师任教。在此期间，陈望道与夏丏尊、刘大白、李次九等四位语文教师锐意革新，倡导新文学、白话文，人称"四大金刚"。1919年底发生"一师风潮"，浙江当局要撤换校长经亨颐，查办"四大金刚"，陈望道被迫离开了一师，但仍滞留杭州。

《共产党宣言》是马克思主义第一个纲领性文件，包含极其丰富和深刻的思想，文字极为优美、精练，因此，翻译好《宣言》极不容易，要做到文字的传神就更加困难。恩格斯自己也说过："翻译《宣言》是异常困难的。"进入20世纪，中国有不少有识之士译过《共产党宣言》，但仅是片段摘译或章节之译。尽管翻译《共产党宣言》难度极大，但陈望道还是知难而进，接受了邵力子为《星期评论》的稿约，以戴季陶提供的日文版和陈独秀通过李大钊从北京大学图书馆里借出的英文版《共产党宣言》作为对照。

经过大约一个月的苦战，陈望道"费了平时译书五倍的功夫"，终于翻译出《共产党宣言》第一个中文全译本。1920年4月底，陈望道带着《共产党宣言》中文译稿来到上海三益里，依约交由《星期评论》社转同住三益里的李汉俊校对。但6月6日《星期评论》突然停刊，使书稿发表一时没了着落。6月

28日，曾为浙江一师学生的俞秀松受陈望道委托将书稿专程送到老渔阳里2号面交陈独秀，除请陈独秀校阅外，应该还有托其想办法出版的深意。

正在全力筹备建党大业的陈独秀，在校对书稿后，一面提交7月19日有俄共(布)远东局代表维经斯基参加的"上海革命局"会议，决定出版社会主义小丛书，并在辣斐德路成裕里12号(今复兴中路221弄12号)租下一间房子，成立又新印刷所进行印刷。一面邀陈望道参加马克思主义研究会，并邀请陈望道加入《新青年》编辑部，"办理"《新青年》"编辑事务"；1920年8月，《共产党宣言》第一个中文全译本终于在又新印刷所印刷。因时间仓促和排字工人疏忽，封面书名竟被错印为"共党产宣言"。

成裕里的又新印刷所专为印刷马克思列宁主义著作而设立，是上海马克思主义研究会创办的第一个印刷所，承印的第一本书便是《共产党宣言》中文全译本。陈独秀给这个小型印刷所取名"又新印刷所"，是取"苟日新，日日新，又日新"之意。又新印刷所由中国共产党发起组与俄共(布)远东局代表维经斯基共同创办，主要译介马列主义著作和十月革命后的苏俄文献。之后，又印刷了《马格斯资本论入门》等一批革命书籍。

《共党产宣言》初版首印一千册，很快赠送一空。时隔一个月再版时，书名改正《共产党宣言》，加印一千册，又销售一空。为让读者买到《共产党宣言》，沈玄庐通过邵力子在9月30日的《觉悟》上巧妙地发了一则新书广告式的短文《答人问〈共产党宣言〉底发行》，署名玄庐。此文以答读者问形式刊出，而读者的名字实际上是沈玄庐自拟的。妙不可言，一时传为佳话。

《共产党宣言》中文首译本的问世，如同石破天惊，意义自然不凡。这本小书十分清晰地说明了"为什么要建立共产党""共产党究竟是什么样的党"等问题。确实，此书的出版为正在筹建中的中国共产党送来了及时雨，一直好评如潮。鲁迅当时就给予高度评价，说陈望道"把这本书译出来，对中国做了一件大好事"。至1926年5月，该书已相继印行17版。

老渔阳里：筹备建党大业

老渔阳里2号始建于1912年，砖木结构旧式石库门建筑，坐北朝南，建筑面积约168平方米，原为辛亥时期安徽都督柏文蔚的住所。

1920年2月，为躲避北洋政府迫害，陈独秀在李大钊护送下逃离北京来到上海。经过在汉口路50号惠中旅舍和亚东图书馆的短暂小住后，4月下旬陈独秀接受同乡老友柏文蔚之邀，住进了这座宅子。楼上厢房为陈独秀卧室，统楼为书房，楼下是客厅兼会客室。屈指数来，今年正好是陈独秀入住老渔阳里2号100周年，意义自然不同一般。

从1920年3月陈独秀入住，到1922年10月迁离，在两年多时间内，不仅中国共产党发起组在这里成立，党的第一次全国代表大会在这里筹备，而且党的一大选出的中央局机关也设在这里，因而留存在这里的红色印迹很多。

入住老渔阳里2号前后，陈独秀就开始了传播马克思主义和发动工人运动的工作。3月31日，孙中山在香山路7号寓所宴请陈独秀，并应陈之邀为筹备中的《新青年》五一劳动节专刊题词"天下为公"，胡汉民、廖仲恺、汪精卫等国民党要员作陪；4月2日下午，上海船务栈房工界联合会召开成立大会，陈独秀、李汉俊等出席。陈独秀作了题为"劳动者底觉悟"的演讲，大声疾呼"我以为只有做工的人最有用最贵重"，"盼望做工的人，快快觉悟"。

4月18日，在陈独秀等推动下，上海的中华工业协会、中华工会总会、电器工界联合会、中华全国工界协进会、中华工界志成会、船务栈房工界联合会、药业友谊联合会等工会组织的代表举行联席会议，筹备首次纪念五一国际劳动节。根据陈独秀的建议，集会名称为"世界劳动纪念大会"。会议决定，在5月1日，除了电灯、电车、自来水、电话、电报等公共事业，各业均须休息一日，并"通电全国"。4月29日，上海七个工界团体发表的《工界宣言》申明："我们上

海工人今年举行破天荒的五一运动,因为五月一日,是世界各国工人得着八点钟工制幸福的日子。我们纪念它的意思,第一是感谢各国工人的努力;第二是喊起中国工人的觉悟。"

北洋政府获悉上海即将集会纪念五一国际劳动节,非常惊恐,立即密令上海军阀当局"严为禁止"。淞沪护军使署和淞沪警察厅于4月底分别发出布告,严禁工人群众开展此项活动。

5月1日清晨,荷枪实弹的军警强占位于南市方斜路、大吉路处的上海公共体育场。工人群众不顾禁令,从四面八方赶过来,至下午1时,已聚集5 000多人。由于上海公共体育场被封锁,并屡遭阻挠,大会几次更改会场,最终移到老靶子路(今武进路)的一片空地。下午3时大会正式开始,在场数百人热情高涨,挥舞红旗,高声歌唱;一辆小推车被用作讲台,工人代表首先慷慨演讲,学生和商界代表也相继发言。大会通过决议:一、要求每日八小时工作制;二、组织真正的工会;三、各业工人要联合起来。最后,大会在震天的口号声中结束。当晚,上海七个工界团体还发表了《上海工会宣言》。

同一天,陈独秀主编的《新青年》推出"劳动节纪念号",李汉俊主持编务的《星期评论》出版"劳动节纪念"专号,有力策应了上海首个"世界劳动纪念大会"。北京、广州、九江、唐山等地也有纪念"五一"的活动。

这场纪念活动声势浩大,体现了中国工人阶级新的觉醒。蔡和森后来说:中国第一个五一节,宣传很大,《新青年》发行数目多达一万份,所以当时影响是很大的,并且已普及全国了。

1920年5月,陈独秀与李汉俊等在老渔阳里发起成立中国第一个马克思主义研究团体——马克思主义研究会。这是一个秘密组织,既无组织机构也无纲领和章程,会员入会甚至没有成文的手续。主要参加者有:陈独秀、戴季陶、邵力子、李汉俊、沈雁冰、俞秀松、陈望道等。他们中多数成了马克思主义者,并成为中国共产党的创建人,有的如戴季陶等不久就退出了。

至党的一大召开前，研究会经常在老渔阳里2号和新渔阳里6号举办由陈独秀主持、维经斯基参加的座谈会，讨论有关社会主义和中国社会改造等问题。

在马克思主义传播过程中，上海的马克思主义研究会与北京大学马克思学说研究会，一南一北遥相呼应，分别成为中国南北两方的马克思主义宣传中心。上海的马克思主义研究会先后同湖北、湖南、浙江、广东和海外的先进分子联系，从上海向各地辐射，不仅促进了马克思主义的广泛传播，而且实际上也是马克思主义政党的雏形，从而为建党作了思想上和组织上的准备。

在创建中国共产党这件开天辟地般的大事上，中国自身的需求和动因当然是主要的，但没有俄共（布）中央和共产国际这个外力强有力的作用，也是难以很快就成功的。

在维经斯基指导下，陈独秀加快了建党的步伐。1920年6月，陈独秀在自己的寓所召开了一个具有历史意义的重要会议，参加者有李汉俊、俞秀松、施存统、陈公培。会议决定在中国成立共产主义的政党，名为"社会共产党"，还讨论起草了党纲、党章、党的纪律等，并且一致推举陈独秀为党的领导人。8月，陈独秀在征求李大钊意见后，决定采用"共产党"来命名中国共产主义政党，因为"南陈北李，相约建党"有"约"在先。

有关党的上海早期组织1920年8月在上海老渔阳里2号成立的事实，早已成为中共党史权威著作的一致结论。

1920年6月，中国第一个共产党早期组织在上海法租界老渔阳里2号（今南昌路100弄2号）《新青年》编辑部（即陈独秀寓所）成立，初名"社会共产党"，8月正式定名"中国共产党"。中共中央党史研究室《中共党史大事年表》认为：1920年8月，在中国工业和工人运动中心的上海，建立了中国第一个共产党早期组织，并成为创建全国统一的无产阶级政党的活动中心。

第一批党员有5人：陈独秀、李汉俊、俞秀松、施存统、陈公培。按照俄共

（布）的称谓，主要领导人统称"书记"，陈独秀为书记。能有如此明确的记载，源自俞秀松、施存统、陈公培3位与会青年的日记或回忆录。

据《俞秀松日记》记载，参加会议的5人之一的施存统是6月19日"这天晚上乘船赴日本"的，与施存统所说的6月19日晚间启程赴日本之说一致。

据施存统本人回忆，1920年6月间，陈独秀、李汉俊等筹备成立中国共产党，无政府主义者沈仲九、刘大白等也参加了。当时，维经斯基在上海，主张成立共产党。虽然施存统误读了维经斯基身份，也没说出具体时间，但能明确是"社会共产党"，选举陈独秀为领导人（书记），而且会议起草的党纲草案10条内容中，已包括运用劳工专政、生产合作等手段达到社会革命目的等内容，已经具有共产主义的性质。

党的上海早期组织成员从5位发展到20多位，开创了党的历史上多个"第一"：是中国共产党第一个组织，出版了第一部中文全译本《共产党宣言》，创办了党的第一份机关刊物《共产党》月刊，发布了党的第一部宣言《中国共产党宣言》，开办了第一所工人学校劳工半日学校，组建了第一个社会主义青年团组织，举办了第一所培养干部的学校外国语学社，成立了党的第一个出版机构社会主义研究社，领导了第一次工人罢工（上海烟草公司工人罢工），更为重要的是筹备召开了党的第一次全国代表大会，等等。

这些"第一"，显示出中国革命的面貌开始焕然一新，表达了年轻的中国共产党人开天辟地、敢为人先的首创精神。

新渔阳里：培养党的干部

与老渔阳里2号同在一条弄堂的是新渔阳里6号（今淮海中路567弄6号），1920年8月上海共产党早期组织在此组建了中国第一个青年团组织；9月，上海共产党早期组织又在此创办了第一所培养革命干部的学校——外国

语学社,学员有刘少奇、任弼时、罗亦农、李启汉等来自全国各地的革命青年;11月,党领导的第一个工会组织上海机器工会在此成立。

新渔阳里6号原为戴季陶寓所,1920年6月戴季陶迁出后,经陈独秀建议,俄共(布)远东局代表维经斯基出资,由使团成员兼中国共产党早期组织成员杨明斋经手,租赁了法租界霞飞路新渔阳里6号,使之成为党的早期组织成员的重要活动场所之一。在这里,党的早期组织不仅创立了上海社会主义青年团组织,而且办起了外国语学社和中俄通讯社。

1920年夏,为培养中国革命所需要的干部,培养和输送革命青年到苏俄学习,上海的党团组织在共产国际的帮助下成立了外国语学社,校址设在新渔阳里6号,杨明斋担任校长,俞秀松任秘书。学员主要学习俄语和马列主义著作,杨明斋亲自讲授俄语这门主要课程。参加讲课的还有维经斯基的夫人库兹涅佐娃,党的早期组织成员李达、李汉俊等。学员最多时曾达五六十人。从建立、教课,到选派和介绍学员赴俄,杨明斋主持了学社的各项工作,为输送青年赴俄留学做准备,为培养党的早期干部,作出了重要的贡献。

杨明斋还在这里主持"中俄通讯社"。这个通讯社其实是共产国际工作组到中国后首先建立的一个工作机构,社址也在新渔阳里6号,杨明斋任社长。其工作一方面是从北京、上海把中国的消息通过电报发往莫斯科,另一方面是把介绍俄国革命的稿子送给《新青年》和《民国日报》等报刊发表。通讯社在沟通和交流中俄情况、传播马列主义等方面都发挥了积极的作用。

五四运动后,无政府主义性质的工读互助团在北京等地宣告破产,陈独秀等先进分子在上海传播马克思主义、创建中国共产党,吸引了全国各地追求革命真理的进步青年前来上海,聚集在《星期评论》社和新老渔阳里。这些来自外地怀揣革命热情的进步青年,他们的学习、生活、工作等问题都需要党的早

期组织帮助解决。

　　为壮大马克思主义者队伍，也是为了推动全国各地来沪的进步青年接受马克思主义教育。1920年8月22日，在中国共产党发起组的组织下，上海社会主义青年团在新渔阳里6号成立，发起人有俞秀松、杨明斋、李汉俊、陈望道、叶天底、袁振英、沈玄庐、金家凤8人，俞秀松任书记，这是中国第一个社会主义青年团。杨明斋作为维经斯基的翻译和中国共产党发起组成员，在早期团的工作中发挥了指导作用。

　　上海团组织建立后，向各地寄发团章与书信，带动各地建立青年团组织。为掩护革命活动，培养干部和输送青年团员到苏俄学习，中国共产党发起组在创立上海社会主义青年团后，又在此开办了外国语学社。这所学校与上海社会主义青年团机关同在一处。1921年3月，中国社会主义青年团中央临时执行委员会在上海建立，团的临时中央机关依然设在新渔阳里6号。

　　1920年8月，江南造船所锻工李中受中共发起组委托，发起组织上海机器工会。10月3日下午，上海机器工会在霞飞路新渔阳里6号召开发起会，由李中与杨树浦电灯厂工人陈文焕共同发起。江南造船所、杨树浦电灯厂、厚生铁厂、东洋纱厂、恒丰纱厂等厂的七八十名机器工人，在上海共产党早期组织的帮助下，在新渔阳里6号召开上海机器工会筹备会议，李中担任临时主席。陈独秀、杨明斋、李汉俊、王平、吴溶沧等上海共产党早期组织成员以参观者身份到会。

　　会议讨论通过了由陈独秀和李中起草的《上海机器工会章程》，并拟定了上海机器工会的宗旨，选举产生上海机器工会理事会，陈独秀、杨明斋被聘为名誉会员，最初有会员370余人。其临时会址为西门路泰康里（今顺昌路168弄）41号。这是一座两层砖木结构旧式石库门建筑。后租赁自忠路225号（已拆迁）为临时会所。1920年11月21日在白尔路吉益里21号（今太仓路119弄35、36号）上海公学举行成立大会，到会约1 000人。会议由李中主持，孙中

山、陈独秀等出席会议并发表演说。从此,上海工人有了自己真正的团体,中国工人阶级有了第一个群众组织。

延庆里:入住中共一大代表

博文女校创办于1916年,后搬至延庆里,位于法租界白尔路(后称蒲柏路)389号(今太仓路127号),是一所私立女子学校,校址是一幢三楼三底的房子。该校由黄绍兰女士开办,黄兴夫人徐宗汉、陈独秀夫人高君曼、李达夫人王会悟都曾在此工作。

1921年暑假,博文女校的学生和教员大多放假离校了。学校迎来了一批特殊的师生,他们以"北京大学师生暑期旅行团"的名义借宿此校,石库门楼上靠西的三间前楼就是当时代表们的下榻处。住在这里的有毛泽东、何叔衡、董必武、陈潭秋、王尽美、邓恩铭、包惠僧、刘仁静、周佛海9人,合称"九个临时

555

博文女校——中共一大代表宿舍(今太仓路127号)

寓客"。这里不仅是中共一大代表的主要食宿地，也是大家交流建党、建团经验的一个重要场所。包惠僧刚到上海那天，是住在老渔阳里2号陈独秀寓所的，是张国焘叫他搬到博文女校去的。

13名代表中住在博文女校以外的有4人，分别是李达、李汉俊、陈公博和张国焘。其中新婚的李达、王会悟夫妇仍然寄宿在老渔阳里2号，李汉俊则住在望志路106号胞兄李书城家。张国焘是5月提前到达上海的，由于当时尚未租住博文女校，他便以住公共租界北成都路19号"中华全国工业联合协会"为主，他已受聘为该协会的总干事，偶尔也来博文女校住。

搞特殊化的是陈公博。陈公博是北京大学毕业生，任《广东群报》主编。被推举为广州党组织的代表后，他携新婚妻子李励庄居住在南京路大东旅社，算是"公私兼顾"：一边参加党的一大，一边在上海"补度蜜月"。巧合的是，就在党的一大第六次会后的7月30日当夜，大东旅社发生了一起凶杀案，《申报》等作了报道。可能是受了惊吓，陈公博没有前往嘉兴南湖，而是携夫人去了杭州西湖。此时，去南湖是革命，去西湖就是旅游。

然而，那篇报道陈公博下榻的大东旅社发生凶杀案的新闻，居然成为六十年后我国党史工作者确认党的一大召开时间的重要证据。

树德里：诞生新型政党

1920年秋法租界望志路树德里的石库门建成不久，李汉俊便随胞兄李书城从三益里搬迁至此，租下路边第一排5幢中的两幢，是为"李公馆"。1921年7月23—30日党的第一次全国代表大会的前六次会议便是在此举行的。

党的一大在上海一共开了六次会议，究竟在"李公馆"开过几次呢？意见并不一致。除"李公馆"外，部分代表还在博文女校代表下榻处开过一次"碰

头会"。时间是7月23日，即陈公博最后一个抵达上海的当日，性质是"碰头会"，包惠僧说"像是预备会"，而陈潭秋则说是"开幕式"。由于"南陈北李"未能出席，会议推选张国焘为大会主席。

党的一大上海六次正式会议的有关情况如下：

第一次会议，7月23日晚在"李公馆"开幕。出席者15人，是唯一一次人员到齐的会议，其中各地党组织的代表13人，国际代表2人。会议由张国焘主持。据张国焘《我的回忆》，会议一开始就正式宣布中国共产党诞生，随后商定了会期、日程和工作班子，毛泽东与周佛海任记录员。国际代表马林发表了祝贺性的讲话，李汉俊、刘仁静轮流翻译。

第二次会议，7月24日，地点仍是"李公馆"。出席者13人（国际代表未参加），各地代表汇报工作、交流情况。

7月25日和26日休会，委托部分代表起草党纲和工作计划两个文件。

第三、四、五次会议，分别是7月27、28、29日，仍是每天在"李公馆"开会。出席者12人或13人（国际代表未出席，可能何叔衡提前返湘），讨论拟制订的文件。因李汉俊、陈公博与其他代表意见相左，决定邀请国际代表出席下次会议发表意见。

第六次会议，7月30日晚继续在"李公馆"举行。出席者13或14人（含国际代表2人，周佛海因肚子大痛大泻，不能出门而缺席，可能还有何叔衡缺席）。两位国际代表出席，但马林刚讲话，就被侦探干扰而中断会议。

在第六次会议刚刚举行、党的一大即将闭幕之时，一个中年男子突然闯入会场，随后匆忙离去。此人是巡捕房的侦探。做过地下工作、富有经验的马林提示大家立即散开，以防租界巡捕再来逮捕。于是，代表们抓紧离开会场，大家赶到老渔阳里2号集合，商讨下一步安排。在嘉兴籍的王会悟的建议下，最终决定在浙江嘉兴南湖完成会议日程。

如果没有法租界侦探意外袭扰，党的一大就按计划在这次会后宣告闭幕

557

了。之后代表们转移到浙江嘉兴南湖召开了最后一次会议并宣布闭幕。

大会通过了中国共产党的第一个纲领，确定党的名称为"中国共产党"，党的奋斗目标是实现社会主义和共产主义。毛泽东说："中国产生了中国共产党，这是开天辟地的大事变。"自此，中国革命踏上了新的征程。

（本文发表于2020年12月）

启蒙中国：《共产主义 ABC》对中共的历史贡献

司徒伟智

邓小平的"入门老师"

十月革命一声炮响，给中国送来了马克思主义。从《共产党宣言》《资本论》到《关于费尔巴哈的提纲》《德意志意识形态》《反杜林论》《家庭、私有制和国家的起源》等经典名文，指引我党从无到有、改天换地、日新月异。

只是，除去这些导师手笔、先哲鸿篇，还有一本普及读物在党史上建立的不世之功，切勿疏漏，不可轻慢。

第一次让我注意这本书，是因为邓小平在 1992 年 1 月的南方谈话中特地提及，而且提得那么崇高："学马列要精，要管用的。长篇的东西是少数搞专业的人读的，群众怎么读？要求都读大本子，那是形式主义的，办不到。我的入门老师是《共产党宣言》和《共产主义 ABC》。"

邓小平所说的这本《共产主义 ABC》，又名《共产主义入门》，并非经典作品，仅仅是为配合俄共（布）八大通过的新党纲的宣传和进行系统的共产主义基本理论教育而写的通俗读物，著者为俄国革命家、理论家布哈林和普列奥布拉任斯基。全书包括一个前言和党纲的理论、党纲的实践两部分，系统阐述了资本主义灭亡和社会主义胜利的必然性，以及社会主义建设中的诸多方面。

《共产主义ABC》　　　　　　　　布哈林

该书于1919年10月出版后,获列宁肯定:"我们已经有了一个党纲,普列奥布拉任斯基和布哈林两位同志在一本篇幅不大但是极有价值的书中作了极好的解释。"

它抚育了诸多精英

大概连作者也不会想到,这一本通俗读物尔后却持久发力,影响遍及中俄。到20世纪30年代初,俄文版至少印了18次。进入中国后,我党宣传机关将该书的理论部分翻译为中文,1926年1月作为新青年社丛书之一出版。同时,该书还以中共中央机关刊物《向导》周刊社丛书之一出版发行。由于论证精辟、语言通俗、深入浅出,遂一纸风行,不胫而走,被我国广大青年革命者奉

为圭臬。我近日在上海图书馆查到作为新青年社丛书之一的该书，系1927年2月出版，全书约10万字。版权页上有一处费解，即作者只署了布哈林一人，未署合作者姓名（我猜测，可能其时普列奥布拉任斯基已经因"托派"问题而在本国受批判了，中共宣传机关再推出他有所不便吧）。只是版权页赫然标明，1927年2月出的已经是第四版——由1926年1月起始，一年间竟然重印四次，从中可以一窥当年争购者众、洛阳纸贵的盛况！

读过邓小平南方谈话，往前，我想到的是早先曾经采访夏征农，他也说过类似的话："一九二七年我参加革命，开始接触马克思主义，第一本启蒙课本就是布哈林的《共产主义ABC》。"他接着应我之约写《谈自学》一文（载1980年11月24日《解放日报》），即如实写下这一点，尽管当时布哈林和普列奥布拉任斯基在自己的祖国尚未获平反。

往后，我读报时倍加注意，发现以《共产主义ABC》作为启蒙课本的老革命家，其实相当多呵。李一氓是"先后就读于上海浦东中学、大同中学、沪江大学、东吴大学。在这期间，他花了很多时间研读《新青年》《向导》《共产主义ABC》《共产党宣言》等书刊，首先从理论上接受了共产主义思想"（见胡立教：《缅怀一位德高望重的老共产党人——纪念李一氓同志逝世十周年》，载2000年12月3日《解放日报》）。粟裕是"考入向往已久的常德湖南省立第二师范。在这里，他废寝忘食地阅读阐述马克思主义原理的《共产主义ABC》和中国共产党主办的《向导》《新青年》等革命书刊"（见梅克保：《在纪念粟裕同志诞辰100周年座谈会上的发言》），笔者还从《解放军报》（2011年4月11日）读到李峻的《彭德怀与他的入党介绍人》，言及1926年10月，"彭德怀如饥似渴地阅读段德昌送给他的《向导》《新青年》《共产主义ABC》《通俗资本论》等进步书刊"。随后，"他不仅按照中共统一战线纲领和军队政治工作制度修改了之前创办的'救贫会'章程，创办启蒙夜校，还向段德昌提出了入党要求"。

为弄清《共产主义ABC》在中国起到的启蒙作用，我后来索性跳出报纸，来个漫天张网、多维搜索。结果是丰硕的：原来，众多早期的中国共产党人，一个个的，就是从研读《共产主义ABC》而开始了他们坚贞的革命生涯。比如，萧克回忆，自己是在北伐战争中抽空"学习了《共产主义ABC》和《共产主义前景》"；贺绿汀在长沙，"去毛泽东创办的文化书社购买《通俗资本论》《共产主义ABC》以及《向导》《新青年》等"；薛暮桥呢，是在沪杭甬铁路总工会筹备时开始学习《共产主义ABC》；还有夏明翰、周文雍、邓发等烈士，在不同的岗位，无不认真学习过它。甚至，连党内高层领袖，最初大都认真向这本通俗读物请教。彭真回忆自己在敌人的监狱里读，陈云是在领导商务印书馆工人运动时读，朱德在德国读，刘少奇在莫斯科读……《共产主义ABC》滋养了我们全党全军的大脑，可谓厥功甚伟。

"教育接力"影响深远

不仅自己读，还推动大家读。20世纪20年代，中国共产党幼芽破土，马克思主义亟待传播。先进分子懂了，得让大家都懂。理论的接力棒，需要广泛传递。

在广州，阮啸仙和冯菊坡、周其鉴、刘尔崧等人创办了"爱群通讯社"。"经常以通讯社的名义出版发行《共产主义ABC》等油印小册子，扩大马列主义在青年中的传播"。

在武昌，恽代英和林育南等创办了"利群书社"，经销《共产党宣言》《共产主义ABC》和《新青年》《共产党》等刊物。"书社每天吸引着许多追求进步的青年和群众，是武汉地区宣传马克思主义新思想的重要阵地。"

在上海，任弼时正担任团中央总书记。"他为密切同青年工人的联系，定期去曹家渡纯善里的平民学校讲《共产主义ABC》。"

在重庆，张闻天来到四川省立第二女子师范学校，除去上课，"他还组织部分觉悟较高的学生学习《新社会观》《共产主义ABC》，使他们受到马克思主义的启蒙教育"。

你看，各地的传播都有个性，马克思主义基本知识的接力棒林林总总。但是，个性中有共性，都少不了《共产主义ABC》这一本！

遗憾的是，随着苏联党内的政治生活愈益不正常，中央政治局委员布哈林和中央书记普列奥布拉任斯基先是遭诬陷，后于20世纪30年代被处决（直至1988年，苏联最高法院才宣布为这两位革命家、理论家平反昭雪）。他俩的这本书在我国也不再如前红火。

然而，薪尽火传，爝火不熄，他们成功的启蒙教育，却依然似接力棒般一代一代往下传。吴亮平回忆，他是1925年到苏联上中山大学的，当时"马列的许多书没有翻译过来，仅有陈望道译的《共产党宣言》和《共产主义ABC》等等"。他后来回沪，曾译出"马克思主义的百科全书"《反杜林论》。1930年，这位青年理论家遭逮捕，关在上海提篮桥监牢。就是在这里，吴亮平和彭康等手头没这两本书，但凭以往扎实的理论根底，每当入夜，就站在铁栅栏边，用较大一点的声音讲解马克思主义的基本知识，再由左右邻室的人依次向两边传达。各囚室难友借此迅速提升自己的政治思想水平。其中，有年轻的廖沫沙。他曾于20世纪80年代对我说，狱中听课，不啻是他入党以后所受的启蒙教育。他出狱后读书范围大变，从文学爱好者转为社会政治研究者，也担负起传播真理的使命。从上海到桂林、重庆、香港、北京，他写下一系列政治、社会、历史、军事文章，广受欢迎。以至著名学者于光远回忆说，新中国成立初期"我和朋友们合作写的那些政治课教材就成为当时的畅销书籍。依我所知，王惠德同我合写的《中国革命读本》，廖沫沙、庞季云和我合写的《政治常识读本》，胡绳、王惠德和我合写的《社会科学基本知识读本》这三种是这类畅销书中最畅销的"。

大众化是个新题目

何以一本通俗读物，在党史上如此影响巨大？用历史唯物主义的眼光看，自然有时代的需要，那可是共产党人及进步青年理论饥渴、亟待启蒙的崭新时期。从而，这种需要"就会比十所大学更能把科学推向前进"（恩格斯语），就会促成解疑释惑的通俗读物应运而生。同时，又有著作本身的优异性，使它在众多启蒙读物中独树一帜。

布、普二氏，都是经济学名家，各有专著行世，具备厚实的马克思主义理论根底。大学者出手写辅导读物，就能游刃有余，放得开，把得住。况且，他俩都擅长宣传艺术。尤其是布哈林，早年就发表一系列文章，28 岁在纽约主办《新世界报》，回国参加武装斗争，十月革命胜利后长期担任《真理报》主编。常年的报人经历，令其熟悉工农想法，深谙群众心理，落笔无套话，论述去死板。

我看这本作为新青年丛书之一的《共产主义 ABC》，已属 80 余年前的"故纸"，却是气韵生动，满纸生辉。通篇没有烦琐的概念演绎，而是用富有哲理的语言拉近和读者的距离，用百姓皆懂的事例讲明道理。

比如，书中论述资本主义相互关系的进步："古代有农奴或奴隶的时候，那时，每个农奴或奴隶，都是可以拿来做买卖的。他这个人，连他的皮骨、毛发和手足都是主人的私产。主人可以随便把他的农奴在马厩里打死，就好像吃醉了酒的时候，把桌椅打毁了一般。""雇佣劳动者个人是自由的；制造家不能够像从前农奴时代一样，把他绑在马厩里鞭打，也不能把他卖给邻舍，更不能把他换一只猎狗来使用。"

然而，这种进步是如此虚伪。书中揭示出其表面平等所掩盖的实质不平等："工人与资本家表面上好像是平等的，'不愿意吗？——拉倒罢，不做工好

《共产主义 ABC》（上海市档案馆藏）

了，谁也不来强迫你做工！'厂主先生们，不是时常这样说吗？他们竟以为让工人做工是养活了工人哩！在事实上，工人自然不是与资本家站在平等的地位。工人是被饥饿困住了。""你们想想看，赤手空拳的工人，怎么能够从事'自己的'生产；假使没有机器和工具，试试看，他能打铁织布和制造火车吗？况且，在资本主义底下，一切土地都成了私产：人们找不着一块地自己来耕种。""什么工人和资本家中间的'平等'——所有这些好听的话，只是一条饥饿的锁链，迫使工人替资本家做工。"

一本高水准的通俗读物就这样锻造出来。它和马列经典著作一起，启蒙中国的精英，进而"唤起工农千百万，同心干，不周山下红旗乱"。《共产主义ABC》的历史价值，正在成功地将马克思主义理论大众化。

这也应视作其现实意义吧。因为，当前我们同样面对着一个理论饥渴、亟待普及的崭新时期。如何将马克思主义中国化的新鲜成果，亦即中国特色社会主义理论向人民群众宣传普及，以便统一民众的意志和步调，是放在政治工作者和理论工作者面前的艰巨使命。将布普的名著找来看看，温故而知新，我以为会不无益处。

（本文发表于2011年6月）

三曾里，闸北的红色经典

蒋明宝

2007年1月12日，"中共三大后中央局机关历史纪念馆"于闸北区（现静安区）浙江北路118号胜利落成，标志着"红色闸北"有了一个生动、形象的展示平台，在上海又增添了一个革命传统教育基地，一个红色旅游景点。它串联了中共党史，使中共一大、二大、三大、四大在上海的历史脉络有序地链接了起来，再现了上海作为中共发源地极其特殊的历史印迹，意义非同寻常。

党中央机关选址"三曾里"

1923年6月12日至20日，中共三大在广州召开。会议中心议题是与国民党合作、建立革命统一战线的问题。会上选举产生新的中共中央执行委员，随后，又选举出陈独秀、毛泽东、蔡和森、罗章龙、谭平山组成中央局。陈独秀为委员长，毛泽东为秘书（其职能是协助委员长负责党内外日常事务，同委员长一起签发中央文件），罗章龙为会计，蔡和森负责主编中央机关报《向导》，谭平山主持国共合作事宜。

中共三大召开以后，党中央根据当时革命形势的发展需要，决定将中央

中共三大后中央局机关所在地：香山路（后改象山路、临山路）附近的三曾里（上海市档案馆藏）

王荷波（1882—1927，福建福州人）（上海市档案馆藏）

局机关迁址到上海。理由是把中央机关放在广州有诸多不利，一是广州是国民党政治中心所在地，共产党在广州开展革命活动缺乏根基；二是没有良好的隐蔽工作环境。1923年7月，党中央委派中央执行委员、农工部部长王荷波（后增补为中央局成员）到上海进行党中央机关选址。王荷波在经过一番考察后，以私人名义，在老闸北"三曾里"租了一幢二层楼的石库门房子，作为党中央机关的秘密办公场所。之所以选址"三曾里"是基于以下几点考虑：（1）地理位置独特。"三曾里"地处闸北宝山路地区，属华界。这一地区，紧靠北火车站，公路纵横交错，与外省市、上海各区交通、通信联络方便。且与租界毗邻，如有紧急情况可迅速向租界转移。（2）工作环境特殊。在"三曾里"的周围，有众多的居民老百姓，民族资本企业（如全国最大的文化出版单位商务印书馆），众多缫丝厂、商店、杂货铺等，居民和商家杂处。在这样的环境中开展地下党工作是最隐蔽的。（3）政治基础坚实。这一地区是上海工人阶级形成较早的地区之一，有数万人之多。重要的是还有中共上海地方兼区执行委员会所辖的中共上海大学、商务印书馆两个中共组，有党员24人。中共三大召开时，全国党员420人，闸北的党员占全国的5.7%，党的群众基础好，这是闸北地区的一大优势。

569

　　1923年7月至9月，中央局5名成员中除谭平山留驻广州外，陈独秀、毛泽东、蔡和森、罗章龙等先后由广州来到上海，住进闸北"三曾里"（陈独秀住在离"三曾里"两三公里的地方）。当时毛泽东、杨开慧住楼下前厢房，蔡和森、向警予夫妇住楼下后厢房，罗章龙住楼上。党中央开会、办公均在楼上，为隐蔽起见，住在这里的"三家人"对外称"王姓兄弟"，向警予是"户主"，门外挂"关捐行"（帮人填外文表格到海关去报税）招牌作为职业掩护。但在楼里专门设有陈独秀床位，如果会议开晚了或有事不能回去就在这里留宿。已增补为中央局成员的王荷波住在公共租界同孚路（今石门一路），也来这里开会。共产国际代表常派人来此联系工作。恽代英当时是团中央书记，有时中央开会也要来列

席。小小的"三曾里"成了党中央最高层领导对中国革命斗争和革命事业发展进行研究决策的中心，是有历史记载的中央局机关党的最高层领导集中办公的一处秘密地方。

中央局机关迁至闸北"三曾里"后，上海的国共合作迅速展开。中共上海地方委员会和青年团上海地方委员会根据党中央的指示，建立了"国民党改组委员会"，动员共产党员和青年团员尽量加入国民党，在全国范围内推进国共合作的工作首先在上海展开，其中，闸北是上海推进这项工作最有生气的城区。中央局机关设在闸北有一年多时间，直到1924年9月，迁到公共租界慕尔鸣路甲秀里（今威海路583弄7号）办公。

"三曾里"的革命印迹

"三曾里"是一幢很普通的石库门民居，外人路过也不会对它注意，然而在当时，它却是我党的革命斗争和革命事业的领导中心，这里的中央局领导关注着社会大事，心系着中国革命伟大事业。

在"三曾里"的一年多时间里，党中央最高层领导以贯彻落实中共三大制定的方针为宗旨，制定了一系列推进国共合作，促进党的自身建设，加强国民革命运动等方针的中央文件，如《中国共产党对于时局之主张》《关于国民运动及国民党问题的议决案》等30多份文件。同时，在党的理论刊物《向导》周刊上发表了200多篇理论文章。

为贯彻党的三大制定的统一战线方针，党中央领导进行了积极的革命实践活动，特别是毛泽东为党的统一战线工作，进行了不懈努力。"中国国民党上海执行部会议记录"记载了毛泽东在这一时期的革命实践活动。

1924年2月25日，毛泽东出席国民党上海执行部第一次执行委员会议，并负责会议记录。

3月6日，毛泽东出席国民党上海执行部第二次执行委员会议，任记录员。会议决议以平民教育运动为本党目前工作，组织"平民教育运动委员会"主管这个工作，凡属能做这项工作的同志都一律参加。

3月13日，毛泽东出席国民党上海执行部第三次会议，决议为广州黄埔军校招募120—150名优秀学员，决定由毛泽东负责在沪招生事宜。事后毛泽东招募了徐向前等一批优秀青年进入黄埔军校学习，为中国共产党革命军队建设和发展打下了基础。

3月20日毛泽东出席国民党上海执行部第四次会议。就祥经丝厂发生火灾死伤100余人惨案作出决定，通告闸北区党部，指挥所属各分部同志，联合各团体，援助工人，积极争回工人应得的权利。

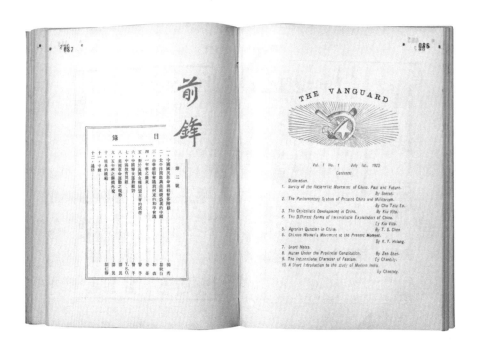

1923年7月1日，中国共产党的机关刊物《前锋》在上海创刊，但封面标注由广州平民书社出版，至1924年2月1日停刊，共出版3期。这是《前锋》创刊号（上海市档案馆藏）

在中国共产党统一战线的作用下，国共合作取得了重大的成绩。国民党一大前，国民党活动区域基本上局限于广东等少数地方，1924年1月，国民党召开一大后，由于共产党的帮助，各地国民党组织和革命力量得到迅速发展。这里有一组数据，1924年国民党改组前，国内国民党党员不到5万人，国共合作、国民党改组后国民党党员在1926年5月北伐前有25万人，1926年10月有党员54万人。正如周恩来所说："国民党改组后，由于我们党的努力，工人运动、农民运动在全国大大发展起来。各省国民党的组织，也由于我们同志的努力而建立和发展起来。当时各省国民党的主要负责人大都是我们的同志，是我们党把革命青年吸引到国民党中，是我们党使国民党与工农发生关系。"毫无疑问，在共产党（包括列宁和共产国际）的帮助下，孙中山的联俄、联共、扶助农工政策得到实现，第一次国共合作正式形成。与此同时，中国共产党的自身建设得到了重大发展。

再现红色经典的纪念馆

"中共三大后中央局机关历史纪念馆"于2007年1月12日建成开馆。纪念馆有5个展厅，共有照片、实物、复制件600多件，分布在3层楼面。展示的主要内容有：中央局成员的简介；毛泽东和杨开慧在"三曾里"生活工作场景复原；毛泽东二次闸北行史料；中央局成员工作大事记；"三曾里"门牌楼和"三曾里"房屋原型模型；中央局五名成员在"三曾里"开会商议党内外大事的大型油画；中央局成员生活和工作的实物用品复制件；中国共产党早期党中央机关在上海的史料；中国共产党珍贵档案复制件（1923—1924）；党中央开展国共合作，加强党的组织建设的史料和影视资料等等。

为使馆内史料以更好的效果展示给观众，展厅内还有反映中国共产党领导闸北人民进行革命斗争内容的浮雕；播放影视片《风雨历程》《红色闸北》

《红色记忆》，还运用了动态场景再现、斗争场景缩微模型、电子翻书、电子放大镜、彩色灯箱、电子动态地图等新颖的表现手段。

中共三大后中央局机关历史纪念馆的建立，再现了中国共产党在特殊环境下坚定地领导中国人民开展中国革命斗争，取得伟大成就的历史，以现代人的崇高敬意和出色创意铸就了一个励志场所、一个红色经典。

（本文发表于2008年11月）

中共中央理论机关报《布尔塞维克》

张中倜

　　大革命失败之后，武汉时局艰难，中共中央及其宣传部门不得不秘密迁往上海，暂驻于上海兆丰花园（今中山公园）东面的愚园路亨昌里418号（今愚园路1376弄34号）。在《向导》难以为继、中共又急需一种新的机关报的情况下，中共中央于1927年10月22日决议成立中央机关报编辑委员会，瞿秋白任编委会主任及主编。继而，《布尔塞维克》接替了《向导》的位置，作为党中央的机关报，这份报刊自发刊以来就秉持"布尔塞维克"的主义和精神，在国统区秘密出版发行，为广大革命群众传播中共党内对于中国革命的理论问题和

《布尔塞维克》编辑部旧址

实践问题的分析与探讨。由于国统区的上海实行了严密的"白色恐怖"统治，严厉查禁进步书刊，这份报刊仅存五年。这份报刊被中共中央定性为"中共中央理论机关报"，对于中共所领导的中国革命意义重大。

宣传"大革命"后党的策略和理论

1924年国民党一大召开，第一次国共合作正式建立。孙中山与中共合作意在寻求苏联援助，并在共产党的帮助下改组国民党，扩大宣传并壮大组织规模。中共也希望在同国民党联合打倒军阀和帝国主义的过程中带动更多群众参与这场国民革命的战斗。然而，实际上国民党内部对"联共"事宜早有分歧，敌共情绪强烈。自孙中山去世后，国共关系在微妙的对抗中越发脆弱。从1926年的"西山会议"到蒋介石发动"中山舰"事件，国民党并不止于"分共"，蒋介石还一步步夺取国民革命第一军的军权，大举逮捕共产党人。

1927年，兵权在握的蒋介石发动了四一二反革命政变，发布《清党布告》，开始了全国范围内的"清党"运动。至此，第一次国共合作正式宣告破裂，大革命也走向失败。国民党内部自"分共"到"清党"，不仅用暴力屠杀了大量的中共党员，还对中共的组织机构造成了极大破坏，中国共产党内部出现了极大混乱。据陈立夫回忆，蒋介石的手下于1927年3月捣毁了南昌市党部，继而封闭和解散了中共在各大省市为民族解放事业所培植的"耳目喉舌"——党领导下的各报刊、各民众团体。"据中国共产党统计，仅1927年4月到1928年6月5日，死难的中国工人、农民和党员就达25万人之多，其中中国共产党党员2.6万余人，接近此时党员总数的一半，加之大量党员脱党、叛变，近6万人的党员队伍一度锐减到1万多人，中国共产党领导的工会、农会系统支离破碎，组织系统严重萎缩。"

共产党的有关主义及政策的宣传和鼓动本就是继续向外壮大革命力量，

对内增强党员革命意识、训练智识的必要条件。但由于中共成立不久，对此缺乏足够的重视，再加上国民党的反动行径，致使中共未在第一时间对外公开回应，对内加强引导和反思。因此，"大革命"之后建立一个官方的关于党内策略和理论问题的宣传与探讨平台尤为重要，它是党坚定不移走社会主义道路，坚持反封建军阀豪绅、反帝国主义的政治宣传基地，也是党在遭受国民党叛变后亮明自己身份——真正的无产阶级政党的一面旗帜。

在国民党反动派把持公共舆论、混淆视听的情势下，《布尔塞维克》即时发刊，对外揭露国民党的反动恶行和反动思想，并指出中国最早的革命政党——国民党已经因此而灭亡了，中共对国民党残杀工农群众、迫害中共党人的行为绝不忍让，势必要铲除国贼，推翻豪绅资产阶级的统治，消灭封建式的剥削，领导中国的无产阶级进行彻底的革命。根据中央常委的决议，《布尔塞维克》刊发内容包括：社论、国内政治、外交问题、国际状况、职工运动、农民运动、国民党、中国革命问题、党内问题、理论问题、经济与财政、妇女问题、青年问题、地方通讯以及读者之声。作为一个官方的宣传与探讨党内策略与理论问题的平台，《布尔塞维克》向国民显示了中共作为真正的无产阶级政党的形象，也在公众的注视中努力探索中国革命的出路，一定程度上对"大革命"后党领导的中国革命起到了修复和巩固作用。

"白色恐怖"下的"指明灯"

随着国共合作的破裂，"大革命"也走向失败，蒋介石、汪精卫的叛变使得国民党最终沦为代表地主阶级和买办资产阶级利益的政党，成为破坏中国民主革命进程的暴力机器。蒋介石坐镇南京，把控南京"国民政府"及"中央党部"。汪精卫霸占武汉，西山会议派在上海打着国民党党部的旗帜活动，桂、粤、晋系军阀在南京、广西、广东、山西等地都有着不小的势力，陕西、河南和

陇海铁路一带被冯玉祥占领。此外,四川、贵州、云南也是军阀林立、割据。国民党各派军阀兵戎相见,国内一片混乱,广大的中国群众处于苦难之中,无路可循。

1928年,实现全国短期统一的国民党对内又施行了一系列系统性维护地主阶级和买办资产阶级利益的政策,以蒋介石为代表的一批政府高层,利用军政及经济大权,通过公开勒索、贪污、投机倒把、借款、发行公债和增加税率等手段,对广大人民群众实行榨取和掠夺,中饱私囊。国民党统治下的封建地主也继续剥削和压榨农民,天灾人祸,使得广大农民在生死线上苦苦挣扎。

中国共产党深知中国广大工农的苦难在国民党的统治下日益深重。国民党自"清党"以来毫无依据和章法的滥杀滥捕,又使整个社会都处在惊恐不安之中。为了进一步加强专制,阻挠国民革命事业,国民政府还颁布法令法规,成立审查部门,施行报刊查禁制度。于1928年3月9日颁布《暂行反革命治罪条例》,并在国民党二届五中全会后宣布实施"训政"。"清党运动"演化为全国范围的"白色恐怖",广大革命群众处于严厉的思想控制之中。

在此背景下,《布尔塞维克》发刊后,便面向广大群众对中国革命的形势进行解读、剖析和讨论,这些讨论和论述恰好推动了"大革命"后高涨的革命情绪。于是,共产党人在湖南、江西、广东等地先后举起武装暴动的旗帜,大大小小的革命暴动是对国民党反动统治的有力回击。同时,《布尔塞维克》还发文介绍和歌颂了俄国十月革命,展现十月革命后苏维埃政权下国民事业、人民生活的革新和勃兴,这也让革命群众更加确信中共所领导的无产阶级革命必将走向胜利。《布尔塞维克》就是国民党"白色恐怖"政治下革命群众的"指明灯",它兼具"政治"和"理论"两个方面的重要使命,通过党的地下组织秘密向广大革命群众传播党的主义和党的政策,指导革命群众挣脱国民党专制统治的困境,引领工农联合,夺取中国革命的领导权,为中共所领导的中国革命探索着方向。

促进马克思主义传播中国化

"大革命"的失败使得多数共产党人意识到了这样一个问题,即中国共产党对于马克思列宁主义的思想理论缺乏足够的、完整的、统一的认知,对于马列主义的中国化——即用马克思列宁主义来指导中国革命的实践问题还缺乏成熟理解。对此,中共中央即时召开会议讨论并作出指示,党内的先进知识分子既要对马克思列宁主义进行深入的讨论、学习,又要加强党员群众教育,增强革命群众的政治意识,系统性地传播马克思主义思想理论,并使马克思主义得以进一步中国化。

《布尔塞维克》在国民党的"白色恐怖"的压制下,在严厉查禁马克思列宁主义著作、革命言论、进步报刊的情况下,依然艰难地通过党搭建的地下渠道采用代点零售—预约订购—外埠邮购—伪装封面的模式进行着低价销售,以确保马克思主义在中国的传播。《布尔塞维克》花大量版面介绍了马克思列宁主义相关的书籍及其购买渠道,组织翻译马克思列宁的相关文章,撰写、推送运用马克思主义来探索中国革命理论和实践问题的文章。《布尔塞维克》还对其他相关革命期刊如《新青年》《中国青年》《列宁青年》等进行了介绍,择取重要的文章编辑成册,以此来促进马克思列宁主义在中国的系统化传播。

在传播马克思列宁主义的同时,《布尔塞维克》还努力促进马克思主义的中国化。革命的运动需要有相应的革命理论作为指导,瞿秋白在《〈布尔塞维克〉发刊露布》一文中,运用马克思主义对中国共产党的党性和中共所领导的中国革命的性质作了声明;立夫在《中国革命与共产党的任务》中运用马克思主义理论对中国的无产阶级作了具体的分析,包括中国无产阶级群体的构成、中国无产阶级所面临的处境及其原因等等,并指出:根据马克思主义理论

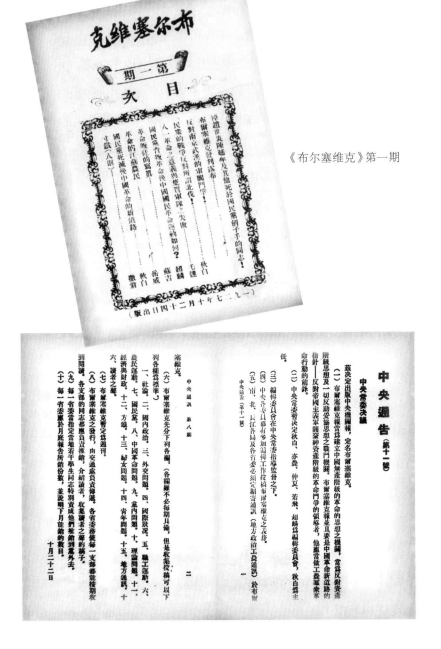

《布尔塞维克》第一期

中共中央决定发行《布尔塞维克》的通告

的指导,面对中国力量不容小觑的反革命群体——封建地主豪绅和城市中的买办资产阶级、富裕商人、银行资本家、一部分手工业主,工人阶级要与中国广大的农民联合起来,共同打倒反革命者和帝国主义势力。

《布尔塞维克》登载了列宁的文章《工人政党土地纲领之复审》,被中国革命党人用来分析"大革命"后中国的主要矛盾,即农民和地主阶级的矛盾。瞿秋白的《中国革命和农民运动的策略》也是马克思主义中国化的产物,在马克思列宁主义的指导下具体性地指出了农民土地革命的重要性。此外,郑超麟、克鲁、问友等人的文章也都是运用马克思主义来分析中国革命的具体问题,这足以见得《布尔塞维克》不仅在促进马克思主义在中国的传播,还注重马克思主义的中国化,注重对中共革命问题的具体分析。

对中国革命路线的探索与反思

中国共产党自成立以来,就积极探索乱世之出路。当时的中国亟须一场能够改变现状的革命,但成立初期党的革命力量与影响力还比较有限,中共在共产国际、联(共)布的指导下决定与国民党进行合作北伐。第一次国共合作仅仅维持了三年,便以国民党右派一系列的"分共""清党"行动而宣告破裂,中国革命走到了危急关头。党内不少人士为此深感忧虑,共产国际与联共(布)也发出指示,要求召开紧急代表会议,对中国革命的路线决策做进一步讨论和调整,于是,这才有了众所周知的一场对于革命甚为关键的"八七会议"。

1927年8月7日,二十多名共产党人齐聚汉口三教街41号(今鄱阳街139号)公寓的二楼会议室,其中包括当时的中央委员、中央候补委员、中央监察委员等,会议由瞿秋白、李维汉两人主持。安排了三项议程:其一,共产国际代表作报告;其二,常委代表瞿秋白作报告;其三,改组中央政治局。"八七会议"确定了土地革命和武装斗争的总方针。方针是明确的,但能够正确指导

革命的理论和决策却不是一蹴而就的,共产党人还需要更多的机会去反思党在"大革命"中的失误,探索中共革命的路线。也是在这样的需求中,《布尔塞维克》继《向导》而发刊了。

《布尔塞维克》是大革命失败后党发展过程的一个缩影,"八七会议"的总方针确定后,早期共产党人继续积极探索中国革命的道路。作为中共中央机关理论报,《布尔塞维克》自发刊以来,上面登载的文章对中国革命做了深入论述。有的文章分析了中国的社会性质,一部分切中要害,一部分也存在着错误;有的文章在马克思列宁主义理论的指导下分析中国革命的对象、任务、动力、前途,得出了有益的结论。在其短暂的五年生涯中,《布尔塞维克》本身也出现过三次"左"倾的错误,但总体来讲它带动了不少优秀的共产党人充分认识中国社会的性质,共同探索中国革命的道路,充分反思自身,为后来真正适用于中国国情的"工农武装割据"思想提供了一个试炼场。

581

(本文发表于2021年5月,图片由作者提供)

一座移动的绝密"档案库"

王　辉

　　在上海公安博物馆展出的馆藏文物中,有一本极其普通的《王云五小辞典》,就是这本小辞典和它的七个附件(《无线电通讯教程》《通讯录》和《简明英文课本》等,见图),在我党的地下斗争中,曾起过重大的、奇特的作用。可以这样说,它曾经是保存中共上海市警察系统工作委员会(以下简称"警委")领导下的472名党员"档案"的移动"档案库"。

　　1927年大革命失败,中国共产党遭受巨大的损失。为了保存力量,继续进行斗争,党的工作在大城市中逐渐转入了地下。1932年1月28日,日本军国主义发动一·二八事变,遭到十九路军顽强抵抗。地下党为了发动群众,反对日军侵华,组织进步华捕同上海各界人民一起,积极募捐,支援十九路军抗日。在全民族抗战爆发初期,上海党组织在巡捕房又有了新的发展。1936年10月,巡捕房中一些地下党员参加鲁迅先生的送葬游行。同年11月,国民

《王云五小辞典》

党逮捕了救国会领袖沈钧儒、邹韬奋等7人,"华捕特支"积极抗议,参加庭审旁听,对华捕进行反帝爱国、抗日救亡的宣传教育。1937年,八一三淞沪抗战爆发,日军大举侵占上海,上海沦陷。"华捕特支"书记刘泮泉,组织领导华捕罢岗,团结进步华捕,取得了斗争的胜利。1944年,邵健同志担任中共警委书记,继续领导抗日爱国斗争,在巡捕房积极发展组织,开展合法斗争,并以各种形式团结群众,帮助群众解决实际生活困难。抗日战争胜利后,国民党统治时期,"警委"继续发动群众,支持工人运动和学生运动,反对国民党的迫害,使党的力量不断发展壮大。至上海解放前夕,中共警委已有党支部11个,党员472人。

　　国民党统治时期,我党地下斗争是非常艰险的,尤其是长期埋伏在敌人心脏进行隐蔽斗争,更是要求党要有严密的组织,严格的纪律,高度的保密观念,才能有效地保存自己,战胜敌人。所以当时党组织实行单线领导,党员之

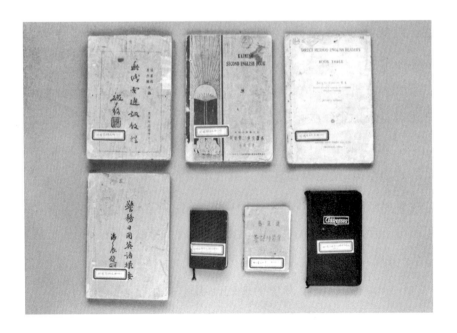

《王云五小辞典》及它的七个附件被评为国家一级文物

间不发生横向联系。由于处在国民党白色恐怖的条件下,党组织不仅不可能建立党员的个人档案,就是连一本简单的党员花名册也不允许编写。中共上海市警察系统工作委员会书记邵健,怎么能够记住这472名党员的姓名和其他基本情况呢? 但他认为这是作为一级党委的书记应该对党对同志负责的大事,于是他苦思冥想,终于以他的聪明才智巧妙地运用英文字母、阿拉伯数字、中文字形编成密码、代号,将1948年至上海解放前夕国民党上海警察局内的472名中共地下党员的警号、入党年月、分布单位等具体情况隐注在《王云五小辞典》(以下简称《辞典》)内。另用2本通讯录分别按警号顺序及分局分布密码和辞典页码作为索引,将外围名单用密码、代号记在《无线电通讯教程》和三本英语读本内,还有一本小摘记本按分局分布记上书籍页码和警号密码作为索引。这样一本普通的辞典,既不会引人注意,而且由于这套编写操作程序只有他一人知道,即使万一落到敌人手中,只要自己坚决不说,敌人休想破译得了。

这本内藏着472名党员"档案"的小辞典,邵健把它看作比生命还重要,他曾多次对他的爱人说:"这本辞典你要帮我保存好,就是自己生命丢了,这本辞典也不能丢。"上海解放后,邵健立即把它"译"成党员名册及基本情况表,及时把所有党员的组织关系,转到上海市公安局党委,使一些优秀的党员,被迅速选拔任命为市局有关处和分局的领导干部,保存了472名党员和外围组织人员的政治生命,从而有力地配合解放军接管上海。

上海解放已经56年,邵健当年创造的密码,今天已经可以大白于天下,他的密码可分三类:一是用英文字母代替警号数字号码。即D是1、K是2、S是3……二是分局和有关单位用阿拉伯数字作代号。即1—普陀区、2—江宁区、3—静安区……三是以汉字方块字形的凸出笔画编写年月顺序代号。上述警号密码、分局代号、年月代号原始记在《通讯录》(即地下名册索引〔二〕)内,查阅方法如下:如《辞典》125页记有"天、DRSF、停、杨、人天甲口"的字样,

即"黄浦分局,警号1538,党籍已停,姓杨,民三十六年(1947)十月入党"。如按分局分布记载的《通讯录》的第1页,有"19、DODS"字样,第1页即普陀分局,19是《小辞典》的页码,警号为1913,参照《小辞典》19页上所注的字,可查出"该人名李(子)余,27岁,江苏无锡人,学生成分,初中文化,民国三十六年(1947)十一月入党"。又如在《外围名册索引(按分局排列)》小摘记簿内左上角记的1(即普陀),16、DOBF,对照《无线电通讯教程》书本16页,可查出"刘姓、30岁、河北大城人、文化程度师范、警号1948"。

这本小辞典(长:15厘米,宽:9.1厘米,厚:3.7厘米)和它的七个附件在解放上海的工作中起到了巨大作用,它具有极高的历史价值与文物价值。1949年5月这本辞典由上海市人民政府公安局保管,后转至市公安局档案处,1999年4月被上海市公安博物馆征集为馆藏,2001年这本小辞典和它的七个附件被国家文物局评为国家一级文物。

585

(本文发表于2006年2月)

周恩来在上海
活动的几处遗址

乔金伯

大革命失败不久,党中央由武汉迁回上海。周恩来于1927年11月也来到上海,参加党中央领导工作,直至1931年12月上旬撤往江西苏区。在上海长达四年之久的秘密工作中,面对险象环生的斗争环境,周恩来以其非凡的胆略和睿智,与敌周旋于洋场之中,展开英勇机智的斗争,为重建和恢复党的组织,壮大党的队伍,指导和支持苏区根据地的建设,作出了重大贡献。笔者在有关老同志的实地指认下勘定的几处遗址遗迹,就是周恩来在这一时期革命实践的历史见证。

西康路松寿里24弄11号:
中央政治局秘书处文书科油印处

自党中央迁回上海后,随着革命形势的发展,党组织的逐步恢复并开展工作和苏区根据地的扩大,党中央与各级组织的文件往来逐渐频繁和增多。文件是党的机密,自然也是敌人搜索的重要目标,因而确保文件安全是攸关党的生命的重大问题。兼任组织部部长的周恩来对此极为重视,他亲自关照有关同志制定文件处置办法,提出区别不同情况整理和保存文件的意见,同

西康路松寿里24弄11号，中央政治局秘书处机关旧址

时实行收发和保存文件严格分开的举措。按照周恩来的指示精神，党组织在1928年下半年期间，在西康路松寿里24弄11号秘密设立中央政治局秘书处文书科油印处，专门负责文件的收发油印。该址位于小沙渡路（今西康路）静安寺路（今南京西路）口的西康路松寿里24弄11号（该址现已拆去，位于南京西路1266号恒隆广场的北侧），是二上二下石库门房屋，位于弄底，大门正对着弄口，弄名原叫遵义里。为了安全起见，窗口处等显眼的地方，常挂有起暗示作用的东西。如有情况，在弄口就可看到暗号，及时转移。周恩来曾和彭湃等同志在这里过组织生活。作为党中央的实际负责人，周恩来经常到这里指导工作，有时在这里直接起草文件，交油印发出。在此工作过的老同志张纪恩还记忆犹新地讲起：当国民党反动派杀害彭湃、杨殷、颜昌颐、邢士贞等革命者的消息传来，周恩来悲愤交加，心情十分沉痛，就在这里亲眼看到他一面流着泪，一面起草《以群众的革命斗争回答反革命的屠杀》的告人民书，

写完即快速油印发出，言语中充满了对国民党反动派的强烈憎恨和对死难同志的无限悼念。

汉口路515号惠中旅馆：
周恩来布置设立党内首座地下电台

自1927年党中央迁至上海，到1929年上半年前，党还没有电台，与中央苏区和各省区党组织的联系，都是靠"交通"跑，联系极为不便。因此，周恩来倡议并亲自负责筹建电台的工作，以尽快冲破敌人的封锁，加强党中央与各红色区域党组织的领导和联系。1928年10月中旬，周恩来在位于市中心的惠中旅馆，接见张沈川同志，安排设立党内电台的工作。惠中旅馆即汉口路515号，坐落于汉口路湖北路口，是一幢朝北四层楼房，建于1925年，外观较新，但在市中心并不十分显眼（该址现已拆建成汇中大厦）。约谈是在惠中旅馆的一楼。这天张沈川前往时，已有六人在座，谈完一个走一个，轮到张沈川是最后一个。周恩来在接见时，首先询问了在什么学校念书，参加过哪些政治活动，何时入党的，是谁介绍的。接着郑重地交代任务说：党内要尽快设立电台，组

秘密电台最初由李强负责机务，张沈川负责收发报。图为李强（左）和张沈川（右）（上海市档案馆藏）

织上决定你学习无线电技术,找到学习的地方,及时告诉组织。遵照周恩来的指示,张沈川考入国民革命军司令部第六军用电台办的上海无线电学校。组织上也资助他购置了一些设备,学习报务技术,另外周恩来还派李强等帮助他。为了尽快培养无线电台技术人员,组织上选调了王子刚、伍云甫、曾三等十多名青年党员,交给张沈川、李强进行个别分散培训;中央还在莫斯科抽调一批留苏学生,送往国际无线电训练班培养。1928年夏,周恩来在由上海赴莫斯科参加中共六大时,对学员毛齐华说:"你们要抓紧学习,国内急需无线电通讯。"1929年底,中央正式决定在极司菲尔路(今万航渡路)福康里9号,一幢三层石库门房子里建立党的第一座秘密电台。1930年初,上海和香港分台实现了通报,从此中央可通过香港分台的转发,同江西苏区进行无线电通报联系。架设电台前后经过了许多复杂的工作,但作为起始点——惠中旅馆是不可忽略,应该写上一笔的。

愚园路庆云里259弄15号:
中华苏维埃代表大会准备会议秘书处

随着苏区根据地的建立和发展,建立一个统一的工农兵苏维埃政权的议题提到了党的议事日程上。1930年春,党中央委派林育南到上海具体负责召开中华苏维埃代表大会的准备工作。为便于开展工作,在今愚园路庆云里259弄15号设立秘书处,由林育南任秘书长,另抽调李平心具体负责起草中华苏维埃代表大会的文件。秘书处对外以住家名义,林育南夫妇住二层,楼上为李平心夫妇住,楼下以会客室陈设布置。为防止意外,三层窗上糊着"十"字条、临窗置放花盆以作警号;一旦有情况,同志们走在东侧和平路上就可看到窗上记号,便当作行人径直走向愚园路或静安寺路(今南京西路)。筹备期间周恩来经常到这里指导文件起草工作,从内容到形式,从总则到条款,都提出了

中华苏维埃全国代表大会中央准备委员会会址：愚园路庆云里31号（今愚园路259弄15号）（上海市档案馆藏）

云南中路171—173号，中共政治局机关旧址（1928—1931）所在地，照片拍摄于1946年8月

具体明确的意见，并同林育南、李平心等一起反复修改，还请瞿秋白、任弼时、邓颖超、何孟雄、李求实等多次来此开会。据当年在这里担任放哨的一位老同志回忆说：周恩来到这里，先敲门三下，但见他穿着长袍、马褂，戴一顶翻卷帽檐的帽子；有时也扮作商人或官僚模样。就在这里，在周恩来的具体领导下，完成了苏维埃代表大会的文件起草工作。1931年11月在江西瑞金召开的第一次全国苏维埃代表大会所通过的《中华苏维埃共和国宪法大纲》《中华苏维埃土地法》《中华苏维埃共和国劳动法》等法令，就是在苏准会秘书处起草的文件草案基础上讨论修改而成的。该址存在时间仅几个月，但在建立共产党领导下的第一个统一的红色政权过程中，也起过重要的作用。

熊瑾玎（1886—1973，湖南长沙人）、朱端绥
（1908—1994，湖南长沙人）夫妇合影（上海市
档案馆藏）

　　云南路171—173号：中共六大后党中央迁回上海，亟待寻觅房屋，供设机
关。1928年4月，熊瑾玎由湖北省委来到上海后，接受任务担任党中央会计工
作，同时负责建立中央政治局开会、办公兼收发文件的机关。经多方查找、周
密考虑和征得党中央同意，1928年秋，最后确定云南中路447号（今171—173
号）二楼作为合适的机关地点。这里是二层楼临街房屋，毗邻天蟾舞台，人声
嘈杂，但反而不易被敌人察觉；楼下是一家私人诊所——生黎医院，上二层可
经汕头路进入后门直接由扶梯上去，不必经过其他层面，与周围没有牵连；二
层三间可供开会、办公用。周恩来安排熊瑾玎、朱端绥夫妇以湖南土布土纱商
人名义租下这里二层楼面，门上挂着"福兴字庄"招牌。临窗或门口以挂篮子

等方式作为联络警示信号。中共中央政治局、中央军委、江苏省委曾多次在这里召开重要会议。到过这里的有周恩来、项英、瞿秋白、李立三、彭湃、杨殷、罗登贤、关向应、邓小平、黄文容、李维汉、李富春、任弼时、邓中夏、张昆弟、温裕成、陈绍禹、秦邦宪等。周恩来作为党中央实际负责者经常到这里召开会议或研究工作。此外，利用"福兴字庄"名义开设酒店、钱庄等，以筹款和作为中央临时开会和接头地点。朱端绶以家属名义协助机关从事洗印、传送文件的工作。据朱端绶回忆，当年她经常把文件放在小孩的尿布里带出去，为此，周恩来特别喜欢她的小孩。1931年4月下旬，中央政治局候补委员、中央特科负责人顾顺章被捕叛变。周恩来获悉这一情报即采取紧急措施，指示党中央秘书黄文容及时通知熊瑾玎夫妇搬离该址，于是这里活动被迫中止。周恩来对这一机关和熊瑾玎夫妇的工作十分满意，评价道："在内战期间，熊瑾玎、朱端绶两同志担任党中央最机密的机关工作，出生入死，贡献甚大，最可信赖。"

（本文发表于2017年12月）

父亲柳中燨与中共

第一部电台

柳和堤　柳和城

《档案春秋》2012年第1期涂胜华文《父亲涂作潮：代号"木匠"》，提到我们父亲柳中燨当年帮助建立中共第一座秘密电台的事。最近，记述解放军通讯史的《历史风云中的红色电波》（张进著，长城出版社2013年10月第1版）一书，又几次提到父亲名字，让我们回忆起父亲生前曾对我们讲过有关他经历的几件往事。

我家来了解放军首长

1951年夏天某日，我们家所在复兴中路永裕里开进一辆吉普车，车上下来一位解放军首长，来到46号，说要拜访柳中燨先生。弄堂里来了解放军吉普车，可是稀罕事，很快围上许多看热闹的邻居。和堤那时十二岁，正与小朋友玩耍，有小朋友告诉他，你们家来了解放军！和堤马上赶回来，只见后门口一位腰挎驳壳枪的警卫员，拦住去路。"这是我家。"和堤回答说。当知道小孩住在此地，警卫员客气地让开道。我们哥俩在客堂间门外探头探脑张望着，想看一看解放军的模样。

来客叫李强，父亲二十几年前就认识他，一起搞过无线电台，此番来访除

年轻时的柳中燨

了看望老朋友外，主要是邀请父亲去北京工作。当时新中国刚成立，亟须各种技术人才，李伯伯了解父亲历史，又知道当时父亲没有正式职业，在为人修理无线电与医疗仪器，希望父亲能到北京工作发挥更大作用。父亲感谢他的好意，但考虑到上有老（当时年迈的祖母尚在）、下有小（我们哥俩尚未成年），母亲又有病，离开上海确有诸多不便，于是婉辞了李伯伯的邀请。李伯伯没有勉强，临别之际留下他在北京的地址，说有事写信找他。不久，父亲与李伯伯通信来往多次。先是为工作问题，按地址给他写了一封信，很快收到回信。李伯伯说已与涂作潮同志联系了，工作问题涂会安排。涂伯伯也是父亲20世纪30年代结识的共产党员朋友，此时正任一机部上海综合试验所副所长，1952年初即招父亲进该所，翌年父亲又转入一机部船舶工业局属下的产品设计室任技师。

父亲1902年出生于浙江鄞县（宁波），六岁时随祖父母来到上海，进徐汇公学求学，毕业后转入大专商科。1923年进法租界工部局报务处当个小职员。他虽是教会学校出身，却笃信科学，对物理、化学尤为喜欢，后来又迷上了无线电技术，经常上博物院路（今虎丘路）大华电器公司（一说"大华科学仪表公司"，一家专营无线电器材兼营外国科技杂志的商店，老板叫陈国平）找外文版无线电书刊。约1929年前后，父亲认识了一位也在那里看书、名叫曾培洪

的常熟籍年轻人。那年轻人就是中共特科四科即通讯科科长、后来担任外贸部部长兼国务院顾问的老革命家李强（1905—1996）。其实李伯伯在书店早就注意到父亲，几次上门聊天，谈得很投机。1928年10月，主管中央特科工作的周恩来指令原留日电机专业硕士蔡叔厚和原东吴大学土木专业的李强研制中共第一部电台。当李伯伯知道父亲正在安装能与国外通报的电台时，很想学到此中门道。从此，父亲与这班共产党朋友有了往来。

李伯伯从父亲那里学到电台实际组装和用紫铜管绕电感线圈等零件制作难点技术。在父亲指导下，蔡、李二伯伯画出收发报机电路图后，又到外国人开的洋行订购元件，有美国RCA公司上海经销部、亚美和明远等公司，实在买不到的，他们就请大华公司工人师傅帮忙制作。永裕里46号一时成为特科无线电器材的供应和隐蔽渠道之一，父亲当了一阵"顾问"角色。现在我们知道，当时蔡伯伯和李伯伯搞电台很不容易，首先地点得常变换，其次经费不足。为了解决后一问题，李伯伯找父亲商量，趁第一部电台正式建立前的间隙，又一起组装了几台收发报机。两人以业余电台名义悄悄拿到上海各码头和大轮船上去卖，赚点钱贴补经费不足之苦。资料显示，中共第一台50瓦功率收发报机建于1929年春，离蔡伯伯和李伯伯接受组织任务组装电台仅仅几个月。

20世纪80年代中期，李伯伯已离休，时任中顾委委员，一次和堤奉父亲之命去看望李伯伯。和堤打听得坐落于北京东交民巷的李宅，经事先安排，李伯伯接见了和堤。他问了父亲近况，又回忆起当年上海大华科学仪器公司认识我们父亲的经过，感慨万分。近六十年时光流逝，李伯伯仍然记忆清晰，没有忘记老朋友。

"你们上级是周恩来吧"

除李强伯伯外，父亲经常提到的还有蔡叔厚（1898—1971）与涂作潮

（1903—1984）两位伯伯，都是经李伯伯关系认识的。蔡伯伯好像联系更多些。他曾与夏衍等赴日留学，先后在东京电机专科学校和东京工业大学电机科攻读。1924年回国，在上海创办绍敦机电公司，研制生产高周波紫光放电机、霓虹灯高压镇流器等，兼营电机修理业务。蔡伯伯参加革命后，调入中共特科，掩护并协助李强等同志试制中共秘密电台。涂伯伯1930年从苏联回国后，在上海中共中央特科任机务员兼机务教员，经李伯伯等认识父亲。胜华老弟根据其父回忆说："在同情革命的党外人士、无线电发烧友柳中燨的帮助下，父亲和我党第一部电台的制作人蔡叔厚、李强一起，研改特科电台，设法降低发射功率，增加接收灵敏度，进而降低暴露的风险。"可知当时父亲还参与帮助地下党改进电台。

柳和堤（右）与涂胜华（左）在涂作潮陈列室柳中燨展板前留影

和城与父亲一直生活在一起，一次和城问道：

"当时你知道他们身份吗？"

"开始不知道，后来看出点眉目，因为他们做事都很神秘，来无影，去无踪的。一次我悄悄问蔡叔厚，'你们上级是周恩来吧？'蔡看了看我，笑笑，没有回答。彼此心知肚明。周恩来名字那时大家都知道。"

"你不害怕？"

"他们都是好人，有本事，肯吃苦。我不参加他们组织，没什么害怕。"不过，父亲也讲起一件"历险"的经历。有一次应约到某处看机器，远远只见几个巡捕房包打听在门外游荡，父亲没敢贸然进去，特地走过又回来，仍见那几个家伙在，于是赶紧回转。第二天得知果然那儿出事了，巡捕房抓走了许多人。年代久远，父亲记不得时间与地址，据我们推测，很可能就是1930年12月17日巡捕房搜捕"福利电器公司"（巨籁达路四成里12号）事件。那天中共无线电训练班20位教员和学员全部被捕，第二天《申报》上有报道。

蔡伯伯的绍敦电机公司后改名中国电工企业公司，父亲曾任厂长兼工程师、顾问工程师等职，两人来往较多。父亲1956年初撰写的《自传》，称1923年后自行研收发报机、试制X光机、人工太阳灯，透视电疗仪等，恐怕都与蔡伯伯有或多或少关系。永裕里建于1925年，父亲是最早的住户之一，上述业余发明大都成于永裕里46号。1931年2月6日凌晨隔壁邻居火灾，殃及我家，三楼父亲工作室焚毁严重，但不久他又重整旗鼓，干了起来。

说到X光机，现在早已不稀罕，可那时国内还很少有。据涂伯伯的回忆说，李强曾偷运进江西苏区一台X光机。1934年10月9日红军即将开始长征，已装箱的X光机又紧急打开，原来陈毅同志战斗负伤，利用这台机器确定陈毅腿伤碎骨位置，然后开刀治疗成功。这台X光机正是由父亲亲手制作的。父亲生前并不知晓此事，我们也只知道他做过多台X光机，要不是涂伯伯晚年不

1930年柳中燨设于永裕里46号的业余电台

忘老朋友的点滴业绩而披露于世,这段小插曲恐怕早已湮没于史海之中了。

为申报馆安装电台

1931年3月23日《申报》有一则关于父亲的新闻,全文如下:

国人发明长距离无线电音机
秀伯峰无线电话机可以收欧洲之电音

柳中燨、金志荣等二十余人,合组上海无线电机公司于本埠河南路四九九号。于两月前筹备竣事,准备装置国人所需之无线电收音发音机。近复发明秀伯峰无线电长距离之收音机,在苏联莫斯科及德国柏林与南洋西贡等处之无线电话,均能直接吸收波音,且甚清晰。柳中燨寓本埠辣斐德路永裕里四十六号,设有五十华脱之无线电话播音台一座,在每次播

音时，可以使江浙两省同时收音。在中国，此项电话机之装置工程，前此大部仰赖于外人，今则可以直接由华人装设。对于秀伯峰长距离之无线电收音机，尤为国人新纪元之发明云。

"秀伯峰"，约属于"洋泾浜英语"。"秀伯"，Super的谐音，即"超级"；"峰"，Phone的谐音，即"声音"。辣斐德路，即今日复兴中路。这则报道说明1931年2月永裕里火灾前，父亲已制作能播音的电台，虽然功率只有50瓦。也许这则报道，引起《申报》总经理史量才先生的注意。恰巧三叔柳中尧（尧章）时在史公馆做音乐教师，经三叔介绍，父亲进申报馆为史公安装电台。

《申报》那时好像与《新闻报》合用一架电台，不自由，史公让父亲在哈同路（今铜仁路）他公馆附近的一座弄堂房子里，秘密搞起了一架50瓦功率的电台。那时原材料很难弄到，父亲几乎将自己的那台机器全搬了过去。史公让他两个亲戚当助手，学习报务。父亲开始利用夜间业余时间帮他安装，常干到深夜一两点钟回家。后来史公正式延聘父亲进入申报馆，并直属史先生督管，每月120元薪水也是史公亲自交给父亲的。前后约一年，父亲记得主要跟东北方面联系不上，或许还因为同行的倾轧，电台没有继续搞下去，他也离开了申报馆。

父亲在申报馆期间，甚受史量才先生器重。其公馆有保镖多人，客访要道道通报，接见与否，由史安排，而父亲却能直进直出。史公对还不满三十岁的无名小辈，谈起话来很随便，没有大人物的架子。但父亲感到史公脾气有点怪，多疑多虑，常担心旁人暗算。有一次谈起防身问题，他问父亲："能不能在汽车上装什么电的东西？"父亲说："用电既能对付别人，自己也很危险，还不如练得手枪百发百中，更为安全。"父亲开玩笑说，别人绑你票，无非想要一点钱，你就给他一点也无妨。他笑笑，对父亲说："你啊，乐天派，不懂世事啊。"几年后，史公被特务暗害的噩耗传来，父亲才领悟到他这番话不无所指。

机器人与电视机

　　父亲有一口玻璃翻门书橱，四格，主要存放外文无线电书刊与当年各国通报朋友们寄来的明信片、印有业余电台标志的卡片，以及"大陆电器厂"（父亲过去代客修理电器时对外名称）发票等纸质文件。我们小时候常常拿出那些外国杂志，翻看其中的照片与图画，明信片上的外国邮票更为我们所钟爱。父亲正式工作后，还经常从那些杂志上寻找有用的资料呢。后来该书橱逐渐腾出一格又一格，陆续归和城使用，外国杂志则装入纸箱，安置于阁楼。"文化大革命"初，父亲怕惹麻烦，统统给烧了。烧毁前，撕下部分有用的给学电子的和堤留存，那口翻门书橱和明信片之类则保存至今，给我们留下弥足珍贵的回忆。

　　全民族抗日战争爆发，上海租界沦为"孤岛"。父亲听从友人忠告，一夜间把能与国外通报的电台整套机器拆散，只剩一副扩大机实在舍不得毁掉，如何隐藏便成了难题。外国杂志上有过会说话机器人的介绍，何不仿制一下呢？据考，机器人历史并不长。1920年捷克斯洛伐克作家卡雷尔·恰佩克在他的科幻小说《罗萨姆的机器人万能公司》中，根据Kobota（捷克文，原意为"劳役、苦工"）和Robotnik（波兰文，原意为"工人"）创造出"机器人"一词。1939年纽约世博会上展出了西屋电气公司制造的第一台家用机器人Elektro，由电缆控制，可行走，会说77个单词，能吸烟，不过离真正干家务还差得远。于是，父亲自己动手，边设计，边制作，花了整整一星期，做成了一尊高二米

柳中燨制造的机器人（1938）

多、圆头方身直腿的铁制机器人。大圆头脸用大号饼干筒制成,双脚利用大沙丁鱼罐头盒改制,扩大机则成了它的"内脏"。手臂和嘴巴、耳朵靠电磁铁启动原理,由音响高低来控制,装只"皮老虎",也能让机器人吸烟。对比照片,我家的机器人虽则没有恰佩克书中的机器人与西屋电气公司的Elektro机器人精致漂亮,无疑在当时中国却是独一无二的。那是1938年的事。

后来太平洋战争爆发,日寇进入租界,查禁极严。一天,一群日本宪兵闯进我家,问我父亲是干什么的。恰逢魔术家华特生有不少魔术道具寄放在我家,父亲指指这些道具,回答道:"是变戏法的。"宪兵将信将疑,上楼到父亲的工作室——亭子间查看。一进门,就见这尊机器人。他们不知那是什么玩意儿,便盘问父亲。父亲按动开关,让机器人表演起来,在叽里呱啦的唱片声中忽儿张嘴忽儿伸手。日本宪兵相信了父亲真是变戏法的,这才悻悻离去。好险啊,亭子间里藏有许多无线电器材,一搜可不得了!父亲打心底里感谢机器人为全家解了围。

华特生是位善于把科学与魔术结合在一起的魔术家。我父亲很早就应他要求,做过一套表演《电美人》节目的机器,用高频电压电流通过表演者身体,点亮霓虹灯管。1942年那回惊险遭遇不久,华特生又想出新节目,借用我家的机器人,在上海金城大戏院(今黄浦剧场)和辣斐大戏院(今长城电影院)演出,让机器人担任报幕,为《猜牌赠奖》和《催眠赠彩》两个节目作内容介绍和赠奖解释,据说轰动一时。这帧仅存的机器人照片,就是当年表演时由我父亲所摄的"剧照",后来成了我家的珍藏。

我们小时候,这尊机器人已被闲置在客堂间一隅,正对着后门,惹得弄堂口的孩子常聚在门口张望,评头品足。一些同学放学后也喜欢往我家跑,来会会机器人,摸摸它的肚子,拉拉它的手,叽叽喳喳,嬉笑一番。尽管"机关"早已拆除,胆小的仍不敢走近它。1958年全民炼钢铁,父亲把机器人送进了废品站。

父亲1952年进综合试验所,工资106.50元。1962年退休时,已属部队科

20世纪60年代中期的柳中燨

研编制，因工龄关系退休金打对折，仅53.25元。和堤读大学，和城因从小腿有残疾，高中毕业后失学在家，生活之艰辛可想而知。母亲前几年去世，保护与照顾和城成了父亲退休后"专职"任务。别的不说，和城能轮流使用至今的两根铁制拐杖，就是父亲用自来水管亲手打造的"杰作"。

父亲闲不住，苦中作乐，又"玩"起了无线电。那时电视机还很稀罕，他就翻出过去装电台剩余的零件，七拼八凑，买了《无线电与电视》之类杂志研读，自己装配调试。他又结识一班年轻朋友，互相交流，不断更新，吸引了众多邻居前来观看，就像当年机器人那样。直到后来条件略有改善，买了台正式电视机，父亲才"息搁"，那些"小电视机"与零件也放进了阁楼。想不到几年后却成了"造反队"的"战利品"。

1966年夏天某日夜晚，我们大哥单位（广播电台）的一群"造反派"突然上门，声称大哥家有"赃物"转移到此地，问父亲是什么人。父亲亮出退休证："中国人民解放军1274部队……"领头的愣了一下，看看眼前这位瘦弱的老头，也许他以为该是"将军"级别的人物吧，没敢放肆真的搜"赃物"，让父亲自己拿出"四旧"。于是父亲把阁楼上那些电视机零件，加上祖辈留下的几个香炉、蜡扦让他们拿去了事。

父亲平凡一生中寓有不平凡。1996年末，他以95岁高寿谢世。

（本文发表于2015年11月，图片由作者提供）

租界里的"新四军印钞厂"

柳　伦

我于1931年出生在上海。全民族抗战期间，正是我上小学、中学学习期间，目睹了父母亲在"孤岛"上海、在日寇残暴统治下的沦陷区、在敌人眼皮底下，舍生忘死、机智运筹，为苏北抗日根据地印制抗币、筹建印钞厂，那惊心动魄的一幕幕，在我心中，留下了永恒的记忆。

被王明开除党籍

我的父亲柳溥庆（曾用名圃青、步青、柳霖），光绪二十六年（1900）出生于江苏省常州府靖江县（今江苏省靖江市）。1912年为助父养家，他到印刷厂做铸字童工，拜画师学画，上夜校学文化。1920年他学习了先进的美国照相制版印技后，被商务印书馆聘为印刷厂影印部副部长；1921年他秘密加入中国社会主义青年团，积极参加工人运动。1923年国共第一次合作时，由共产党员董亦湘、邵力子介绍加入中国国民党，任执委。1924年赴法勤工俭学三年，学习美术与印刷。1926年在巴黎，由沙可夫（陈微明）、徐孝祥介绍加入共产党，任法共海外部中国组宣委。1927年由党组织派往莫斯科中山大学学习，任年级党支部宣委。1928年作为指定代表，参加了在莫斯科召开的中

柳溥庆　　　　　　　　　　周砥

共六大。1929年,他在中山大学参加反对王明宗派小集团错误路线的斗争中,被污蔑为"冒充工人、国民党残余、反党的组织者",于1930年被王明开除党籍。

1931年柳溥庆回国后,王明派人通知他"自谋职业,等待联系",将他拒之于革命大门之外。父亲不悲观,不消极,坚持党性,毫不动摇革命信念,他一边在上海寻职谋生,一边积极找机会为党工作,等待组织召唤。

我的母亲周砥于1906年出生在湖南长沙。她1925年参加革命;1926年毕业于长沙周南女校后,赴苏联中山大学学习;1927年加入共青团;1928年与父亲结婚。1929年因参与反对王明错误路线斗争,也受到王明迫害,被开除团籍。1930年夏回国后在上海红色总工会工作时,由吴福海、谭寿林介绍加入共产党。1931年春被捕入狱。因斗争机智,未暴露党员身份和工作机密,又即将分娩,被取保释放。出狱后五天,生下了我。当时,因单线联系领导人章夷白也被捕,她失去了组织关系,只好和父亲一起在等待组织联系期间,尽力主动为党工作。

20世纪30年代末,父母亲终于盼来了党的召唤。新四军派吴福海同志到上海来了。吴时任苏北行政委员会保卫处督察长,是父母留苏同学,他们有十

多年战友情谊。吴任东北抗日联军政委时,父亲每月从工资中挤出30元替他养家六年。1939年初他们一见面,吴就提出要父亲立即为苏北抗日根据地印制抗币。父亲毫不犹豫,兴奋地接受了任务。不过,这项工作筹备时间短、任务紧急,却是父亲没有想到的。

卢沟桥事变后,国共联手抗战。1937年12月底,先在武汉组建新四军军部,1938年1月6日,迁至南昌,正式宣告成立新四军,叶挺为军长,项英为副军长。同年4月,军部移至安徽歙县。这期间,分散在江南各地的红军集合起来,约一万人。新四军既然成为国民革命军,一切军需理应由国民政府发给。当时国民党万人之师的军饷分甲乙丙三等,每月为20万元、15万元、10万元三种标准。开始时,国民政府给新四军少发、迟发军饷,每月只给5万元(平均每人5元),是其丙等军队的一半。

1938年新四军在苏北有了自己的根据地;1939年初东进到苏州、常州、太仓地区。根据地扩大了,建立了民主政权,要改善人民生活,必须发展生产,繁荣经济;新四军抗日救国,也需要穿衣吃饭。国民党少给军饷,部队得自己筹衣筹粮,自己收税征粮。而华中地区,特别是长江下游,自古以来物产丰富,盛产稻麦棉麻和鱼盐,本是鱼米之乡,不缺吃穿。可此时,国民党为瓦解根据地,不但在所到之处强抢豪夺,设封锁线扼杀根据地经济,而且滥印法币,到根据地大肆抢购掠夺各种物资和生活资料。加上日、伪政权反复"扫荡"根据地,每到一处便用日币、伪币疯狂抢购粮食、棉麻、布匹、煤炭等重要生活物资,导致根据地金融混乱,通货膨胀,军民生活苦不堪言!

要使人民安居乐业,抗日根据地必须有自己的银行、印钞厂和货币。这些,新四军都没有,也来不及等自己建了工厂再印货币。为及时抵制敌伪政权在抗日根据地的经济掠夺,稳定物价,稳定人民的经济生活,发展繁荣根据地的市场经济,巩固、扩大根据地,新四军必须有自己的抗币,而且马上要印出来。

弄堂里印制"抗币"

这时，父亲正受雇于"上海华东兴记印业厂"，任厂长；母亲也在该厂任会计兼保管。面对紧急任务，父亲认为钞票只可以在自己任职的印业厂印制。可是，印厂老板是国民党员，需对他保密；工人中有觉悟不高的，也得保密；工厂坐落在日军包围严密的公共租界黄浦区，是白色恐怖统治的中心地带，巡捕房与印业厂隔街相望，相距只百米。租界里，汉奸与日寇特务也多如牛毛。更何况，当时父母的留苏同学中，有几个回国后叛变革命当了汉奸。他们对我父母亲的政治倾向有怀疑，为监视调查，经常来家"串门"。环境如此险恶，对内对外都必须严守秘密，否则，就有杀头之险！

公开印制，又不能让人知道是新四军的抗币，怎么办？

父亲冥思苦想，周密思考，终于想出了一个好法子——为避免敌人知道是抗币，可以印一种无行名的票券，印成后运至根据地后再加盖行名。他说当时租界里钱庄很多，几乎每家钱庄都有自己专用的印制精美的钱票。这种钱票，父亲工作所在的印业厂就曾印过多种，把印抗币说成是为钱庄印钱票，是顺理成章的。

这办法真是妙极了！可以解除"内忧"，即对印厂老板和工人的顾虑。一旦敌人发难，也有对付"外患"的说头：没有行名，不知道印的是谁家的钞票啊。

于是，印业厂公开接下了印制"钱票"的任务；同时，父亲与他的胞弟、我的二叔柳培庆（我国铜版印刷雕刻专家），夜以继日地设计与雕刻四种面值的票面图案。铜版刻成后，父亲组织全厂职工，按新四军军部的时间要求，加班加点赶印四种不同面额的"抗币"。原先拟定在票面上印制"四达银行"行名；如今没有单位名称，对外说是"无行名流通券"，在票面上谁也看不出有什

么政治意义。

不久，当时年仅8岁的我目睹了"抗币"印制任务提前完成后运出工厂的过程。

当时，"上海华东兴记印业厂"厂址在公共租界黄浦区北京西路成都路相交处的广仁里8号。这是建在石库门弄堂里的一栋朝南的两层大房子。我家就租住在厂旁边一座两层普通小石库门住宅内，与印厂大门只相隔四五米。我家正门朝东，后门朝北，后门与印厂大门斜着相望，其间隔着一条约4米宽、15米长的死弄堂（上海人把断头胡同叫死弄堂）。走出死弄堂便是通着三个出口的大弄堂。死弄堂中没有别的住户，其间只有印厂正门与我家后门相对，平时无人管理，也无别人进出。

为了方便工作和改善印厂条件，父亲早一年就建议厂主，充分利用这个面积约有60平方米的死弄堂。具体做法是：在弄堂上面加个大棚，使弄堂空间有个大屋顶，可防雨；将弄堂底部三面有高墙、约16平方米的空间，隔成单间，作仓库；小仓库前40多平方米，作为工人休息室，中间放一个球桌，工人走出石库门，就可下棋，打乒乓球，以活跃生活；封住死弄堂口，安个坚固可锁的木质大门，门卫设此大门内；门楣上挂上大大的厂名匾牌，既装点门面，又增加气派。如此改建，印厂地盘扩大了，厂名匾牌挂到死胡同口外，美观了，也被来往人们看见了，既安全，又便于进出。

对这个建议，厂主愉快地接纳，工程于前几个月已完工。

这时，改造后的死弄堂像个封闭的大厅，为地下工作提供了很多方便。父母到印厂上下班走后门，外人看不见；利用小仓库存取东西，外人也看不见。小仓库挨着我家后门，印抗币的成吨纸张买回来就放在这个仓库里；后来印刷好的抗币，也暂时存放在这个仓库里。库门离我家后门不到3米，就在家门口，一切动静全由自己掌控。

一天晚上，无行名钞票印制完毕，搬进了我家后门旁的小仓库。工厂不加

607

江南商业货币券壹圆正面

608

夜班，工人们都回家了，我亲眼看到父母的朋友、几位地下"伯伯"来到家里。那时父亲教育我和弟妹们要尊敬他的同学、朋友，男的一律称呼为伯伯，即便较他年轻七八岁的，也不能叫叔叔。只见几位伯伯悄悄将许多切割好的票券，从小仓库经后门，迅速搬进家里；然后用早已裁切好的牛皮纸，将票券包成形似洗衣肥皂的条块状，整齐地码在许多长方形的木制肥皂箱里，上面放两层包装相同的真肥皂，将票券伪装成日用品。几十个箱子里的"货物"忙而不乱地安放妥当后，又从后门经印厂大门装上货车，连夜运到码头。海关关员中有自己人，他是吴福海的胞弟吴寿海，又名吴迪飞，早约定好的，当晚他会以运送生活用品名义，装船送往苏北。

不几天，地下"伯伯"传来好消息：这种票券运到了苏北根据地，换了原定行名，加盖了"江南商业货币券"七个字，就成了当地通用的"抗币"，通过兑换与买卖，成了与敌人斗争的"武器"，迅速将法币和日、伪币挤出了苏区，使根据地的金融经济开始恢复正常。市场物价稳定了，人民生活安定了，苏北抗日根据地的燃眉之急，终于顺利解除了。

受命自办印刷厂

这次任务完成后不久,父母亲又接受了一项更加艰巨的任务——到苏北抗日根据地建厂印钞。

皖南事变后,1941年4月,为巩固华中抗日民主根据地,新四军领导人刘少奇和陈毅决定,军部所辖各师都要印制自己所在根据地的抗币,率先在苏北根据地盐城成立"江淮银行"印钞厂,印制和发行自己的货币,有了经验后,再推及其他根据地。军部还决定将购买建厂设备和首批票版刻制任务,交给我父亲。

这个任务非同一般。父亲接受任务后认为,许多问题只有亲自到苏北根据地与新四军领导共同商讨才能解决。他决定马上动身去盐城。那时敌人严密封锁了上海去根据地的所有通道。担心途中敌伪查询发生意外,父亲改穿长衫,装扮成商人,怀揣一封请朋友写给当时住在苏北兴化的国民政府江苏省主席韩德勤的介绍信,便于在需要时"迷糊"敌人;为防万一,他还特意西行先去兴化,然后向东北绕道转赴盐城。那时苏北城乡村镇被敌伪分割霸占,交通阻隔不便,路途艰险。幸好父亲在一个多月辛苦跋涉后,平安返申,需要解决的问题,也都有了议定。

在苏北根据地,父亲与新四军财经部正、副部长朱毅、李人俊和印厂厂长胡金魁经数日研究商讨后,选定了地处海边东台县(今江苏省东台市)的一个旧仓库作为厂址;并确定了印刷机器和印刷物资的购买数量;确定了招聘哪些印技人员;商定了如何同时在上海设计钞票的票面与钞票铜版的制作,以便苏北印厂建成后就可立即开印投入生产等事项。

为了便于采购和运输,减少外界猜疑,他们又决定在上海和苏北开设"华光印刷公司"作掩护,由父亲任经理,我的二叔柳培庆任副经理,唐之雄(父亲

信任的朋友）、吴迪飞（吴福海胞弟）为襄理。

父亲回到上海，在家门口挂起了"上海华光印刷公司"招牌。而后，三天两头可以看到被我和弟妹们称作伯伯的商人模样的新四军干部，在家里二楼小亭子间，锁着房门，与父亲悄悄谈事。记得常来的有吴福海、李人俊、朱沐、张惠清、胡世沐、林天国等。一般每次只来一人。平时我们称呼伯伯时，前面都有姓，所以至今记得他们的姓名。他们来时，只要我在家，父母亲就会安排10岁的我到门外大弄堂里玩"跳房子"；嘱咐我看到有汉奸来家时，赶紧上楼报告。

为什么会有汉奸经常上门？我又怎么会认识汉奸？前面已经提到，父母亲在苏联中山大学的同学中，有几个回国后叛党叛国当了汉奸，甚至是大汉奸。此前，他们曾多次来家动员我的父母去汪伪政府当什么工业部部长、妇女部部长，被严词拒绝。为此，他们对我父母的政治倾向甚为怀疑，经常上门监视。至今我还记得名叫裘公白、朱照生、江元青、宋三妹的四人，有一度几乎每周都来几次。他们也是吴福海的留苏同学。妈妈说，绝不能让他们在家里相见，那会有杀头之祸的。

父母的留苏同学中，在汪伪政府里级别最高的汉奸名叫李士群，是上海恶名远扬的"76号"特务机关的头子，也是上述汉奸的领导。对这些民族的败类，父母亲痛恨不已，但为了完成党交办的任务，有时不得不与他们周旋。

经李士群调查、倡议，1939年成立了"留苏同学联谊会"。他规定，去苏联留过学又住在上海的几十个同学必须入会，而且规定每月会餐一次，由会员轮流承办，说是加强联系，增进友谊，实际是便于监督。有一次，他兴师动众，突然带了十几个特务，开了几辆吉普车到我家，把三个弄堂口都堵住了。然后大摇大摆地带了几个特务走进我家，楼上楼下东看西看，说是上门拜访，却又气势汹汹。恰好那天那时，别无他客。一次，李士群过生日摆寿筵，邀请了我的父母，还嘱咐带上我去。那时来家的新四军伯伯，都被父母请进亭子间，关着

门密谈。这样的事几乎天天都有,他们个个我都认识,只要我在家,就会主动去门外放哨。在我心里,敌友亲疏,分得清清楚楚。

最危险的一次,汉奸特务们正好在我家聚餐,开"留苏同学联谊会"。此时,戴着礼帽穿着长衫的吴福海恰巧也从解放区到上海工作,径直来我们家了。他一进后门听到楼下客堂里有许多人说笑,赶紧把帽檐往下拉了拉,未进客堂,顺着楼梯上二楼了。妈妈听见声音,走到房门口,见是吴福海伯伯,想到在座的汉奸都认识他,便赶紧回到餐桌前,随口说"是邻居",接着招呼"客人"喝酒;一面暗中示意在旁端碗端盘的我上楼报信。吴伯伯听说遭遇敌人了,随即悄悄下楼,从后门进隔壁印刷厂,再从厂后门离去。后来每每说起此事,大家仍心有余悸,从此,办起事来,更加小心了。

上海解放后,我还听母亲说,敌伪统治时期,那个名叫廖家傅的留苏同学,在1951年的"镇反运动"中,被上海市公安局逮捕了。原来,他曾是日伪特务,后来又成了国民党特务。在狱中他交代,40年代,他每次来我家都暗中带着手枪。他的任务是,一旦发现我的父母亲为地下党工作,不用报告请示,立即枪杀。这个人是特务,当时我们家谁也没有料想到。这一迟到许多年的信息,至今回想起来都觉得特别后怕……

新中国杰出出版家

就是在这样一个外松内紧、处处都得警惕小心的环境中,父母亲把为苏北建厂采购到的印钞机械和物资备齐了,先存放在母亲管理的印刷厂的两个仓库里。招聘的30多位印技人员,凡是觉得他们抗日爱国,能吃苦的,便约到租用的旅馆,一一做通思想工作后,分别安排动身去苏北。需要抓紧制作的钞票铜版,父亲仍秘密邀请二叔柳培庆协助。他俩一起秘密设计出二十元、五元、一元、五角的票面草图,然后带至苏北军部,经领导修改批准后,再由二叔在上

611

海秘密刻制。

在父亲的组织安排下,大家谨慎小心,分工合作,各项工作有条不紊地进行。

经过几个月的艰苦奋斗,印钞用的10台手扳凹印机、8台凸印机、1台切纸机,还有一批油墨、印钞纸张和机器零件等物资和器材,陆续发运。运输过程中,机器化整为零,零部件悄悄装在运粪船里,沉在船底,不让敌人发现。因为那时期没有化肥,上海百姓如厕普遍用的是马桶;每天清晨由粪车至各家收集粪便,然后拉到江边倒进粪船,再运至农村做肥料。这种粪船天天出行,又臭又脏,敌人一见避而远之,怎会想到其中奥妙!印机零件运到目的地,取出洗净,抹上机油,即可组装。印钞纸张易暴露,就裁切八开,包装成练习本、图画纸本,和油墨一起,作为文具商品运出上海;有人查问运到哪里,就说是运到天津。不几日,印刷物资和器材辗转到达目的地。印技人员也已到齐,大家加紧组装。很快,盼望已久的"江淮银行"印钞厂建成了。父亲在上海闻讯,兴奋不已!

没想到,1941年秋,江淮印钞厂在苏北东台县正准备开工试印时,日本鬼子来大"扫荡"了!无奈,大家赶紧将刚装好的机器又拆成了零部件,分别掩藏在水塘里、地洞里。几天后发现这样不行,敌人太多太凶猛了。怎么办?烧、杀、抢、搜,容易暴露,机器来之不易,要保护安全。立即又集中了所有印刷器械零部件,统统搬到东海海边为掩护作准备的几条运输船上,让印厂人员与印钞机械一起漂在海上,躲避敌人。历史记载,这一漂,竟长达半年之久。直到1942年春,我军艰苦卓绝的反"扫荡"斗争取得了胜利,赶走了鬼子,印钞厂同志们才结束了海上苦难艰险的游击生活,向内地转移。好不容易穿过敌人封锁线,在苏北阜宁县城西边的羊寨镇,找到了一个没有和尚、名叫"洪庙"的大破庙,才决定将该庙维修补漏,在这个庙里建厂,安装机器印制抗币。

1941年柳溥庆等在上海秘密筹备印刷新四军江淮银行钞票。这是壹圆钞票
（该钞票凹印原版为其胞弟柳培庆亲自雕刻）

613

　　1942年8月，几个车间的印制机器安装就绪，"江淮银行"印钞厂终于第二次落成，可以开印了。军部决定举行隆重的开工典礼。许多新四军领导人：陈毅、张云逸、饶漱石（代理政委）、黄克诚（三师师长）、张爱萍（副师长）、曾山（华中局组织部部长）等同志，都兴致勃勃地来到了洪庙印钞厂。

　　会上，陈毅军长讲话，向两三百位印厂同志指出了印制抗币的重要意义。开工典礼举行后，陈毅军长在厂房参观视察工人们印制工作时，高兴地拿着刚刚印刷出来的红色钞票，禁不住兴奋热情地赞扬道："同志们在山沟沟里，用陈旧的手扳凹印机，印出了一流水平的钞票，真不简单！"

　　后来的历史记载告诉我们，全民族抗战期间，新四军下辖的七个师，分别在苏北、苏中、苏南、淮北、淮南、浙东、鄂豫皖等地建立抗日根据地，都先后建有自己的印钞厂，七个印厂职工的总数，最多时有三千多人。抗战胜利后，其中几个印厂由分散到合并，建成规模较大的华中印钞厂，该厂在解放战争很不安定的环境中，为了保证生产安全，曾多次搬迁转移，路程依然艰难曲折。

1949年春,解放形势飞速发展,新中国需要大量人民币,北京和上海建起了几个大规模高质量印制人民币的新印钞厂。老根据地印钞厂的历史使命光荣地完成了。印抗币的老同志,大部分被调到新中国人民币印钞厂担当技术骨干。

而我的父亲柳溥庆于1948年在香港从事地下工作时,又按党的指示秘密设计印制过"南方人民银行"钞票。上海解放后,他以印制大量人民币迎接了新中国的诞生。终于,他对党的无比忠诚,得到了组织认可,经中组部批准,撤销了王明给他的错误处分,恢复了他1926年起的党龄。2009年国庆期间,父亲被我国新闻出版印刷界评为新中国成立六十年中22位杰出出版家之一。

（本文发表于2014年10月,图片由作者提供）

上海解放前
中共出版物一瞥

陈超群

1948年底至1949年初，随着中国人民解放军连续取得辽沈战役、淮海战役和平津战役的胜利，国民党反动派一溃千里。中国共产党吹响了"打过长江去，解放全中国"的号角。

1949年3月，毛泽东在中国共产党七届二中全会上指出："从现在起，开始了由城市到乡村并由城市领导乡村的时期，党的工作重心由乡村转移到了城市。"正式确定党的工作重心由乡村转移到城市的战略决策。为了顺利接管上海、南京、杭州等大城市，中国共产党从军事、政治、文化等方面做了精心准备。

1949年4月24日，南京解放后第二天，渡江战役总前委、华东局机关、第三野战军指挥部相继进驻丹阳。中共中央华东局指示在进入上海前要"在全体人员中进行思想教育""加强全体人员纪律性的教育""贯彻接管政策学习计划""整理与健全组织"，即加强"政策教育与思想纪律教育""建立机构，配备干部"。在丹阳集训的"连华野接管军事干部在内全部接管上海干部约五千人"。集训中的一项重要的工作就是给接管干部、军事干部、六十万第三野战军战士下发各种资料、书籍、文件规定，熟悉大城市的工作。中共中央、华东局、第三野战军各自从自己的工作重点出发，编辑出版了有关上海经济、政治、文化、社会、纪律等方面的书籍。

中共中央社会部与《上海概况》

1939年2月，中共中央决定成立中央社会部，负责管理和领导全党的情报保卫工作。10月，中央社会部正式成立。1943年，中央社会部与中央情报部合署办公，副部长李克农负责主持中央情报与保卫的日常工作。中央社会部在负责情报业务工作的一室成立书报简讯科，设书报简讯社。书报简讯社根据各种途径收集的资料，编辑印发情报资料刊物《书报简讯》，提供给中央领导与有关部门阅览参考。1949年4月，为了准备接管各大城市，由各地区的情报部门编辑，以书报简讯社的名义印行了多种翔实、实用价值极高的情报资料，如《南京概况》《武汉概况》《上海概况》，这是中共情报工作在全国解放战争时期的巅峰之作。

《上海概况》就是为接管上海而编印的内部情报汇编资料。《上海概况》有两个版本。一版分上下两编，上编"概论""土地、人口""伪政治机构""军警宪等伪军事机构""反动政党各机构""财经机构及官营事业""官商合办企业及逆产""公用事业""重要工商业"，下编"党派社团""文化事业""社会事业""外侨""其它"，共十四部分。另一版只是将"财经机构及官营事业""官商合办企业及逆产""公用事业""重要工商业"四部分单独列为中编。两个版本皆为32开，664页，机制木浆纸印制，书报简讯社编印，1949年4月版。封面印"非卖品"三个字。前言中交代了本书的资料来源，即经过鉴别选择的"一部分是调查材料外，大部分是根据国民党统治区公开出版的书报杂志编写的"。《上海概况》中收录了有关上海土地、人口、国民党机构、军事警察机构、工商、公用事业、文化、党派团体、外侨、娱乐场所等详尽信息，含各公司机构地址电话、各公司机构人员组成、股权信息及各类金融、贸易表格等。例如第三部分"伪政治机构"中不仅有伪上海市政府的组织结构树状图，包括各处、各

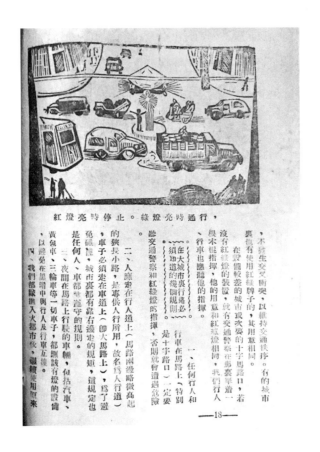

红灯亮时停止。绿灯亮时通行，

四、我们都应该进入大都市俟，继续使用起来，以避免在黑暗中与行人及行车互撞。

三、夜间在马路上行驶的车辆，包括汽车、黄包车、三轮车等一切车子，都应该有灯的设备是任何人、车都应遵守的规则。

是本偎指挥，他的用意和红绿灯相同，行车也应服他的指挥。

二、人愿走在行人道上（马路两边路微高起的狭长小路，是专供人行所用，故名为人行道），车子必须走在车道上（即大马路上），为了避免碰撞，城市里都有靠右边走的规矩，这规定也聪交通警察和红绿灯的措挥，否则就有遭遇危险。

一、任何行人和行车在马路上（特别是十字路口）一定要须知道路的微偿规则，

在大城市里必须须知道在证备较盖的城市或次要的十字马路口，若没有红绿灯的装置，就有交通警察在那里等着一里也有使用红绿牌子的，其用意相同。

《上海概况》中介绍城市生活常识的文字

科负责人的姓名等，而且还有主要负责人的姓名、籍贯、学历、职业履历等；各局则细述其工作职责、办公地点、员工数量、组织及其执掌、重要职员等等。这些都为中共夺取上海政权后的各部门机关提供了重要参考。

华东局社会部与"上海调查资料"

早在1948年冬天，淮海战役捷报频传时，中共中央华东局社会部开始把两淮地区和江南沪宁一带敌情调查工作，列入议事日程。翌年1月中旬，淮海

战役一结束,中共中央即指示华东社会部,配合解放、接管江南城市,做好江南城市的调查和材料工作,并附发了《京(指南京)沪调查提纲》。2月,华东社会部决定由副部长扬帆调集情报、材料干部60余人,先行南下。在部署和开展对江南情报工作的同时,责成由华东社会部一室三科(调研科)科长钟望阳具体负责对沪、宁等江南大城市的调查和材料编写工作。此时中共上海市委也已在华中解放区"工委"成立了一个调研科,集中了一些在上海已经暴露而撤到苏北的地下党员,着手搜集和整理有关上海的材料。扬帆到苏北以后,即与上海地下党驻华中工委的领导取得联系,商定把工委调研科同志所掌握的材料,集中到华东社会部三科的上海组。两方面人员会合后,即开始了整理编写有关接管材料的工作。

1949年3月,中共华东局社会部以"江南问题研究会"的名义,组织编印了《南京调查资料》《上海调查资料》《杭州调查资料》,因其所编写的材料涉及的大城市——南京、上海和杭州等,均处于江南地区,故化名为"江南问题研究会"。

《上海调查资料》的来源主要有两个方面:

一是上海地下党组织通过秘密渠道并冒着生命危险收集、送出来的情报资料;二是华东局社会部将济南战役中和济南解放后缴获的国民党档案,平、津、沪等地的图书、报刊等公开出版物,在收集、阅读、整理上述大量材料的基础上,根据上海等地的特殊情况,分门别类,编写成了《南京调查资料》《上海调查资料》《杭州调查资料》。扬帆派人携带原稿在济南、淮阴等地印刷,印成后在青州发了一部分,其余带到丹阳分发接管上海各个系统的接管专员、部队军以上的领导干部。

《上海调查资料》涵盖了上海政府机构、官办企业、医院、公用事业、金融机构、宗教团体、工商业团体等方面。《上海调查资料》中的工业调查对象不仅包括战后南京国民政府经济部、资源委员会下属的在沪国有工业企业,还涉及

了中央信托局、农林部、交通部、社会局、卫生署、善后事业保管委员会等下属的上海国有工业企业经营状况。

上海市档案馆、上海图书馆等公藏机构及私人收藏的"上海调查资料"共有24册，分别是：《伪行政院分配在沪各单位房屋概况》(特篇之一)、《上海反动政治机构人名录》(特篇之二)、《上海邮电概况》(交通事业篇之一)、《招商局轮船股份有限公司附中国邮轮、台湾航业及中华驳运三公司》(交通事业篇之二)、《上海海陆空交通事业》(交通事业篇之三)、《上海电力公司》(公用事业篇之一)、《上海各种公用事业概况》(公用事业篇之二)、《上海蒋匪军事机关》(军警篇之一)、《上海市警察局》(军警篇之二)、《上海各种宗教团体》(社会团体篇之一)(社会团体篇之二)、《上海各团体》(社会团体篇之三)、《伪上海市政府及各区保概况(附：伪上海市参议会)》(政治机构篇之一)、《伪上海市政府各局》(政治机构篇之二)、《官僚资本各工业单位》(工业篇之一)、《中国纺织建设公司》(工业篇之二)、《上海公私医药卫生事业概况》(卫生事业汇

华东局社会部编"上海调查资料"之《伪上海市政府及各区保概况》

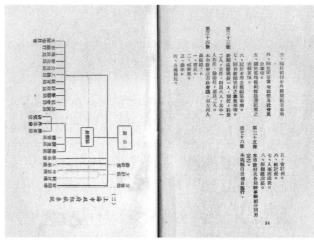

上海市政府组织系统图("上海调查资料")

篇）、《主要官僚资本企业（附：联营公司）》（商业篇之一）、《上海市各医院》（社会事业篇之一）、《上海外侨暨使领馆、联合国、美军驻沪各机构》（外侨篇之一）、《伪中央各院部会驻沪机关（附：伪法院特刑庭及监狱）》（政治篇之三）、《省市银行、小四行、南三行、北四行及农商银行》（金融篇之一）、《证券交易所及其他（附：联合准备会、银行协会、票据交换所、六联印刷公司、联合征信所、四行两局员工联谊会、银行业工会、银钱业同人联谊会）》（金融篇之六）、《上海黄金市场与钱兑、金号、银楼》（金融篇之七）。根据以上封面卷次的目录可以推断，应该还有"政治篇之一""政治篇之二""金融篇之二""金融篇之三""金融篇之四""金融篇之五"，计划应该是编辑30册，可惜这6册今未知见，怀疑在丹阳集训前未能出版。

《上海调查资料》32开，由于前述在各地分头印刷，因此各册尺寸并不完全一致，每册31页至143页不等，机制木浆纸印制，江南问题研究会编印，1949年3月出版。在封面上均印有"对内参考　不得外传"的字样及"编号No"（应为分发登记编号）。

上海是我国重要的金融中心，因此"江南问题研究会"也收集了大量金融机构的情报材料，国民党的四行两局一库都各出了一个专册，分别是《中央银行》（四行二局一库调查资料之一）、《中国银行》（四行二局一库调查资料之二）、《交通银行》（四行二局一库调查资料之三）、《中国农民银行》（四行二局一库调查资料之四）、《中央信托局》（四行二局一库调查资料之五）、《邮政储金汇业局》（四行二局一库调查资料之六）、《中央合作金库》（四行二局一库调查资料之七）。

《四行二局一库调查资料》32开，每册从12至85页不等，机制木浆纸印制，1949年3月出版，江南问题研究会编，在封面上均印有"对内参考　不得外传"的字样及"编号No"（应为分发登记编号）。内容主要是各家金融机构的沿革、地址等基本情况。例如《交通银行》一册44页，主要内容为该行之沿

革、总管理处、分支行处之地址、组织系统、人事配备及业务概况等方面的调查材料。(附录：1. 交通银行三十六年度营业报告；2. 其他各分支处负责人姓名一览。)《邮政储金汇业局》一册12页，主要内容为对该局之沿革、总局及分支机构的地址、组织概况与人事配备、财务概况等方面的调查。(附录：1. 在南京的房地产；2. 行动储汇局。) 由于四行二局一库的总行(总局、总管理处)大部分在上海，其工作重心也多在上海，《四行二局一库调查资料》亦可说为中共华东局为接管上海而作的调查资料；也有一种可能是作为未出版的《上海调查资料》中"金融篇之二""金融篇之三""金融篇之四""金融篇之五"的另一种出版形式。

第三野战军政治部与"革命军人手册"等

1949年2月9日，按照中央军委的命令，华东野战军改编为中国人民解放军第三野战军，陈毅任司令员兼政治委员，下辖4个兵团15个军及一个特种兵纵队。第三野战军组成后，主力于3月中旬进至庐江、无为、滁县、六合、扬州和如皋一线，进行渡江作战的各项准备工作。为了接管上海等大城市，今知见第三野战军政治部为全体指战员编印的有《城市常识》(暂行本)、《入城守则和纪律》、《入城三大公约十项守则》、《华东局颁布入城纪律十二条》等，下发至部队。

《城市常识》(暂行本)，32开，机制木浆纸印制。全书分为三部分，即"城市里的各阶级及各行各业人物""城市生活一般规则""城市各种设备"，十五课，附"上海一般介绍"。第一课为"为什么要学习城市常识"。本书从多个角度对上海市情进行了简明扼要的介绍和解读。例如第三部分"城市各种设备"中介绍电灯、电话、自来水、煤气灶等大城市百姓司空见惯的一些东西，尤其单辟一课"怎样防止触电"，足可见本书对接管人员尤其是普通解放军战士

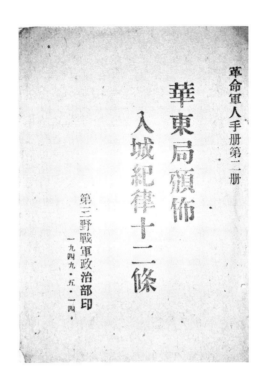

《华东局颁布入城纪律12条》(第三野战军政
治部编革命军人手册第二册)

认识上海、了解上海具有重要的价值。本书的另一个特色是图文并茂,针对广大指战员文化水平不高的特点,配有多幅简单明了的插图。例如第18页的配图"红灯亮时停止,绿灯亮时通行",将大城市司空见惯的十字路口红绿灯以图画的形式表现出来,一目了然,普通解放军战士也容易理解接受。

《入城守则和纪律》,64开袖珍本,6页,中国人民解放军第三野战军政治部印发,1949年3月出版,机制木浆纸印制。内容是:第一实施军管制,保护人民各阶层;第二加强纪律性,服从指挥听命令;第三宣传党政策,人民利益最为先;第四缴获要归公,官僚资本归人民;第五保护工商业,人民生活有利益;第六保护建筑物,这些财产归人民;第七城乡有区别,城市不能比农村;第八头脑要清醒,站稳立场不忘本。本书亦见三野十兵团政治部的翻印本。

《入城三大公约十项守则》，64开袖珍本，15页，中国人民解放军第三野战军政治部编印，1949年4月出版，机制木浆纸印制，封面印有"革命军人手册第一册"。文末有"所有人员每人一份"，书中亦注有"全军所有人员每人一份"的字样。全书除了三大公约、十项守则的基本内容外，还附有对这些公约守则的具体解释。本书亦见三野后勤部政治部翻印本。

《华东局颁布入城纪律十二条》，64开袖珍本，中国人民解放军第三野战军政治部印，1949年5月14日出版。封面印有"革命军人手册第二册"。文末有"所有人员每人一份"的字样。

另见有《卫戍部队在执行职务时处理外侨问题守则》一册，3页，出版时间、出版者不详，似应为第三野战军政治部为接管上海的卫戍部队所编印。

由以上出版物可见，中国共产党为顺利接管上海，从中央到地方，从党务部门到野战部队，都做了大量扎实的情报调研工作。丹阳集训期间，这些通过大量调研出版的书籍为华东局的接管干部、高级军事干部、普通解放军指战员提供了适合自己的了解上海基本情况的读本，为我党顺利地解放上海、接管上海奠定了坚实基础。与此形成鲜明对比的是，抗战结束后，国民党"那些从空中飞来的'接收'大员、从地下冒出来的有功之臣，乘机侵占民财公物，中饱私囊，大发'胜利财'。沦陷区人民对之深恶痛绝，嘲讽这些'劫收'大员是'三洋（捧西洋、爱东洋、要现洋）开泰''五子（金子、车子、房子、女子、票子）登科'"。

这也正是中国共产党为什么会胜利而国民党为什么会失败的一个鲜明对比。

（本文发表于2019年5月，图片由作者提供）

商务印书馆与共产主义思潮的早期传播（上）

周　武

商务印书馆1897年创设于上海，是清末崛起的中国规模最大且最具影响力的现代出版机构，不仅拥有全国一流的编译阵容和一流的印刷设备与技术，而且拥有庞大而健全的发行网络。其鼎盛时期不但在海内外大中型城市设立了40余家分馆和支馆，销售网点1 000余处，还包括一个征集了10万订户的"通讯现购处"，公司职工近5 000人，资本达500万元，成为全国乃至东方文化的中心机关。自创馆以来，商务印书馆一直谨守"在商言商"的民间立场，与现实政治谨慎地保持距离。或许正因为这一点，它跟现实政治互动的一面始终被有意或无意地忽略了。其实，商务印书馆与现实政治谨慎地保持距离，并不意味着它与现实政治绝缘，更不意味着它在现实政治中毫无作为。实际上，它在中国共产党的创建过程中就曾扮演过特殊而又关键的角色。本文讲述的，就是创建时期中共与商务印书馆之间这一段长期以来隐而不彰的尘封往事。

一

创建初期的中国共产党没有自己的武装，可以倚仗和能够倚仗的只有宣传。虽然近代政党无不视宣传为利器，重视并借此宣传鼓吹各自的主义和立

商务印书馆总馆全貌

沈雁冰（茅盾）

场，但中国共产党显然更擅长此道，更坚信"一纸文字，胜于十万毛瑟枪"，因而也更寄望于宣传的威力。这与中国共产党建党领袖和早期党员的职业和身份有关。1920年8月，中国共产党发起组在上海新青年社成立后，先后参加党组织的陈独秀、李汉俊、李达、沈玄庐、陈望道、俞秀松、杨明斋、邵力子、沈雁冰、袁振英、林伯渠、沈泽民、李启汉、李中、施存统、周佛海等人几乎全都具有编辑身份和报刊编辑经历。陈独秀是《新青年》《每周评论》的主要负责人；李汉俊是《星期评论》《新青年》的编辑，又与陈独秀创办了《劳动界》；李达是《共产党》月刊和人民出版社的负责人；邵力子是上海《民国日报》副刊《觉悟》的创办者；沈雁冰是《小说月报》主编；陈望道曾参加《星期评论》《新青年》的编辑工作。其他如沈玄庐、俞秀松、杨明斋、袁振英、林伯渠、沈泽

民、李启汉、李中、施存统、周佛海等人不是报刊的记者、编辑，就是特邀撰稿人。换句话说，他们是清一色的"媒体人"。早期中共党员这种职业和身份的共同性，构成了中国共产党非常重要的一个特色。正因为如此，中国共产党发起组成立伊始，即致力于构建自己独立的宣传载体和传播网络。1920年8月《劳动界》周刊创刊，同时成立新青年社，具体负责党刊及相关书报的编辑、印刷和发行事务；9月，将《新青年》（第8卷第1期起）改为上海共产党的机关刊物；11月7日又秘密创办了《共产党》月刊，并出资在上海辣斐德路成裕里7号（今复兴中路221弄12号）成立又新印刷厂。1921年7月中国共产党正式成立后，又立即创办了人民出版社，并在《新青年》第9卷第5期发布《人民出版社通告》，计划推出《马克思全书》《列宁全书》《康民尼斯特丛书》及其他相关译著。所有这些努力，无不体现出早期中国共产党人的这种自觉。

626

然而，构建自己独立的宣传载体和传播网络，不仅需要资本和人才，而且需要环境和时间。创建之初的中国共产党毕竟势单力薄，单靠自己的力量宣传"主义"，进行广泛而有效的革命动员，显然力有未逮。因此，中共创建之初就已意识到必须借助和"征用"那些已在思想舆论界广有市场和声势的书局和报刊及其传播网络，才能扩大其宣传的有效性和影响力。李达就曾指出："宣传主义最好莫如利用资本阶级的报纸。资本阶级的报纸销路很广，许多都市和僻地的工人和农民，大概都看这类报纸。而且这类报纸说的话，比较上易使人民信用，共产党若能利用这类报纸作宣传，效力必大。"而作为新知识、新思想、新思潮、新文化的"码头"，上海早在清末民初就已集中全国最多最重要的书局和报刊，并建立了覆盖全国乃至整个东亚的知识传播网络和连接世界各地的通信网络，那时上海几乎稍具实力的报馆、书局，都建有自己的网络。借助这个庞大的网络，上海成为当时中国的信息集散之地和新学枢纽之所。笔者以为，这才是早期中国共产党以上海为主要活动场域最重要的原因之一。

　　中共正式成立之前，"具有初步共产主义思想的知识分子"就已在利用上海的报刊、书局宣传马克思主义，如《星期评论》、上海《民国日报》副刊《觉悟》、《时事新报》副刊《学灯》、《改造》等报刊都是当时宣传社会主义思想、马克思主义的重要阵地。中国共产党发起组成立后，除了创办自己的党刊和出版机构外，更自觉地利用上海丰沛的出版资源，为马克思主义在中国传播开道，商务印书馆、泰东图书局、群益书社、上海伊文思图书公司、中华书局等都曾出版过不少传播马克思主义的书籍。

二

　　在中国共产党当年"征用"的书局、报刊及其传播网络中，以商务印书馆的规模最大，资本最雄厚，人才最集中，印刷技术最齐全，发行网络最健全。商务印书馆创立以后，一方面以学制变更为契机，大规模地组织出版中小学教科书及各种辅助读物；另一方面又在"学问饥荒"的年代里组织出版大量的中译西书和普及传播各种新知新学，在清末的时候，就已成为全国首屈一指的"优良教科书的出版大户"和传播新知新学的重镇，甚至被视为"五四之源"。教科书和新知新学书籍之外，商务印书馆还先后创办了一系列著名的刊物，其中"讨论时政、阐明学术者，则有《东方杂志》；研究教育以促进步者，则有《教育杂志》；谋国内学生界交换知识，互通声气者，则有《学生杂志》；谋求增进少年及儿童普通知识者，则有《少年》杂志、《儿童世界》及《儿童画报》等；讨论妇女问题者，则有《妇女杂志》；谋促进学生英语知识者，则有《英语周刊》；研究中外文学者，则有《小说月报》；研究中国自然物及自然现象者，则有《自然界》杂志"。与此同时，商务印书馆高度重视发行网络的构建，据庄俞《三十五年来之商务印书馆》统计，到1918年为止，商务印书馆在全国各地设有分支馆32个，其中香港分馆和新加坡分馆负责海外发行。另在

北京设京华印书局,能够单独印刷、出版书刊。分支馆之外,商务印书馆还设有近千个销售网点,不仅遍布中国乃至东亚,美国旧金山、纽约也有它的销售网点。商务印书馆正是借助这样一个无远弗届的网络,把自己的出版物源源不断地推到各地读者面前,供他们选择、购买、阅读。商务印书馆的成功,至少有一半要归功于它精心构建的这个网络。其实,不仅商务印书馆,上海的优势地位也是靠这样一个不断延伸与拓展的庞大网络支撑起来的。没有这个网络,就没有上海。

商务印书馆强大的文化生产能力、组织能力、发行能力和辐射能力,正是创建时期的中国共产党看重和需要借助的力量。据统计,1919—1922年间,也就是中国共产党创建时期,商务印书馆出版的传播马克思主义的书籍即有21种,具体书目如下:《综合各国社会思潮》(邵振青编著,1920年4月出版)、《马克斯经济学说》(柯祖基著,陈溥贤译,1920年9月出版)、《经济史观》(塞利格曼著,陈石孚译,陶孟和校,1920年10月出版)、《救贫丛谈》(河上肇著,杨山木译,1920年12月出版)、《社会问题详解》(共3卷,高畠素之著,盟西译,1921年4月出版)、《布尔什维主义底心理》(施罢戈著,陈国榘译,1921年5月出版)、《妇女之过去与将来》(山川菊荣著,李汉俊编译,1921年7月出版)、《社会改造之八大思想家》(生田长江、本间久雄著,林本等译,1921年9月出版)、《社会主义之意义》(格雷西著,1921年出版)、《马克思主义与达尔文主义》(派纳柯克著,施存

《东方杂志》五卅事件临时增刊

统译，1922年1月出版）、《女性中心说》（堺利彦编述，李达译，1922年1月出版）、《西洋氏族制度研究》（易家钺著，1922年1月出版）、《公有收入分配论（封面题作"分配论"）》（马沙著，刘秉麟译，1922年3月出版）、《社会主义与进化论》（高畠素之著，夏丏尊、李继桢译，1922年3月出版）、《马克斯学说概要》（高畠素之著，施存统译，1922年4月出版）、《社会主义与社会改良》（伊利著，何飞雄译，陶孟和校，1922年5月出版）、《马克斯派社会主义》（拉尔金著，李凤亭译，1922年6月出版）、《劳农俄国研究》（山川均、山川菊荣著，李达编译，1922年8月出版）、《新俄国游记》（瞿秋白著，1922年9月出版）、《价值价格及利润》（马克斯著，李季译，陶孟和校，1922年10月出版）、《人生哲学与唯物史观》（柯祖基著，郭梦良、徐六几、黄卓共译，1922年10月出版）。这些书籍大致可分为三类：一是马克思的经典著作，如《价值价格及利润》；二是诠释马克思主义的书籍，其中不乏经典，陈溥贤翻译的《马克斯经济学说》，就被誉为"马克思学说最简明且准确的读本"；三是我国早期马克思主义者介绍"新俄国"的著作，如瞿秋白的《新俄国游记》。除了这些书籍外，商务印书馆的期刊如《东方杂志》《小说月报》《学生杂志》《教育杂志》《妇女杂志》等都刊载数量不等的传播马克思主义的文章。虽然，跟同期商务印书馆的出版总量相比，这些书籍和文章仅占极小的比例，而且商务印书馆出版这些书籍也并不代表它对马克思主义有什么偏向，但商务印书馆在不足四年的时间里即出版21种传播马克思主义的书籍，却是同期出版此类书籍最多的出版机构。即使是人民出版社在同一时期也仅出版16种，比商务印书馆还少4种，且多为小册子。就此而言，说商务印书馆是马克思主义在中国初期传播的重镇应不为过。

商务印书馆之成为马克思主义在中国初期传播的重镇，其实并不奇怪。中国共产党在上海发展的最早一批党员跟商务印书馆都有着深浅不同的交集。譬如，李汉俊就曾经常为沈雁冰主编的《小说月报》写稿，而沈雁冰（茅盾）的入党即是李达、李汉俊介绍的。他们当中，陈独秀跟商务印书馆的渊源

尤深。他的第一本书《小学万国地理新编》，就是在商务印书馆出的。那是1902年，陈独秀还在东京留学。五四运动后，陈独秀回到上海，商务印书馆即邀请他担任馆外名誉编辑："陈（独秀）表示月薪不必多（当时商务印书馆招致名流为馆外名誉编辑，月薪有高至五六百元），编辑事务也不愿太繁重，因为他主要工作是办党，愿任商务印书馆的名誉编辑不过是为维持生活。结果说定：月薪三百元，编辑事务不像其他名誉编辑要给商务印书馆审阅稿件，而只要每年写一本小册子，题目由陈自己决定。"后来他被捕入狱，商务印书馆毫不避讳给他寄《东方杂志》，还经常刊登他的稿子。陈独秀去世后，他的很多朋友筹编《陈独秀丛著》，最重要的推手也是商务印书馆。陈独秀跟商务印书馆之间的这种密切关系，当然有助于中共与商务印书馆的合作。事实上，陈独秀不仅自己为商务印书馆撰稿，他的《对于现在中国政治问题的我见》就发表于《东方杂志》1922年6月号上，还经常为商务印书馆推荐书稿，瞿秋白在商务印书馆出版的《赤都心史》就是他推荐的。

三

当然，这只是一个方面，更重要的方面在于商务印书馆，特别是张元济对不同的主义和流派的开放与包容。诚然，张元济从来都不是激进主义者，不赞成"非此即彼"的极端手段，一贯主张和平的渐进改良，未必认同中国共产党所持的主义和立场，但这并不妨碍他去关注和介绍这种主义和立场。这方面的例子可以举出不少。比如，胡适曾为商务拟议出版"常识丛书"，初定选题25种，张元济批注"拟加《布尔什维克》，或仍称'过激主义'"。张元济当然不会信奉"过激主义"，但他认为应当介绍这种主义。再如，1920年7月29日，他在日记中记道："朱绍廉号茂溪、石门人。现在日本使馆任书记，近丁忧回国。前日过访，今日往晤。谈及国内对于俄国共产主义竟无一书。和文书均

经警厅检阅，其紧要处全已删去。必须从俄文译出。余问日人解俄文者多，如有译成之书彼国不能出版者，可否寄来一看。如果有办法，本馆亦可用。"这段日记足见其思想性格上的开明与开放。这种开明与开放的思想性格使商务印书馆始终拥有一种"兼容并包"的气度和与各界沟通的意识及能力。1918年6月，张元济在北京期间一方面认真听取一些新派人物如陈独秀、胡适、钱玄同等人的意见，另一方面又保持跟严复、林纾，以及孙宝琦、董康、傅增湘、章士钊等人的联系。甚至像辜鸿铭

张元济

这样的文化保守主义者，由于他的学问，张元济仍打算出版他的文集。1921年9月，张元济再度赴京，通过郭秉文的介绍，商请当时应邀来华考察教育的美国哥伦比亚大学教育院院长孟罗博士（Paul Monroe）担任商务的顾问。在会晤时，张元济说："二十年改革教育之制，余亦与闻。二十年迄无成效，今世界大势变更，我国教育本未上轨，不能不急图改良。本馆教科书约有七成供全国学生之用，自觉责任甚重，愈觉兢兢。公司董事特嘱我与邝君（邝富灼）特来求教。"后来孟罗并未接受邀请，但由此可见张元济谋求与外界沟通的良苦用心。有容乃大，张元济的沟通和兼容意识使商务印书馆能够广纳百川，对不同的思想体系和不同的学术流派采取宽容的态度和对话的精神。他支持梁启超等人创设"讲学社"，"每年岁助讲学社五千元"，延聘世界著名学者如英国思想家罗素、德国哲学家杜里舒、印度诗人泰戈尔等来华讲学；他对留日学生组织的学术团体中华学艺社和梁启超旅欧归来后发起组织的尚志学会支持和帮助，等等。其目的只有一个，那就是尽己所能地帮助不同学术流派的活跃与发展，为他们创造一个非急功近利但有助于学术发展的良好的精神氛围。商务印书馆成为马克思主义在中国初期传播的重镇，显然与商务印书馆的这种意识和气度密切相关。

四

对创建时期的中国共产党而言，商务印书馆成为马克思主义在中国初期传播的重镇，意义自然非同小可，无须多言。但商务印书馆对中共创建的贡献并不仅限于此，更重要的还在于它为中国共产党在上海立足并开展早期活动提供了一个重要据点和可以依傍的力量。

中国共产党在上海诞生后，最初一直以城市为主要活动场域，走的是以城市武装起义的方式来夺取政权的道路。中共一大通过的关于中国共产党任务的第一个决议就具体而明确地规定：党成立后的中心任务是组织工人阶级，建立产业工会，开办工人学校，提高工人觉悟，开展工人运动。因此，创建初期党的工作重心始终放在发动、组织和领导城市工人运动上。上海是中国产业工人的摇篮，拥有全国最庞大的产业工人大军，据统计，1920年上海工人达56.3万余人，其中工厂工人有18.14万多人；而在500人以上工厂做工的工人占工厂工人总数的59.6%，其人数之多和集中程度之高为全国之首。为了把分散于各产业的工人有效地联合起来，1921年8月11日，中共中央在上海成立了中国劳动组合书记部，作为中国共产党公开领导工人运动的总机构，以张特立（即张国焘）为主任，以李启汉、李震瀛等为干事。它随后发布的宣言预言："将来的世界一定是工人们的世界。"

在上海各产业的工人中，商务印书馆的职工不仅人数可观，1922年，上海总馆（含总务处、编译所、印刷所和发行所）职工已达3 000余人，1925年更增至4 000人；而且多为技术工人，文化素质较高，是"一支有觉悟、有文化、有组织纪律性、有战斗力的产业工人大军"。这正是中共要寻找、动员和依靠的力量。所以，中国共产党一成立就把商务印书馆列为优先发动、组织和领导城市工人运动的"一个重要据点"。考虑到商务印书馆职工以印刷工人占绝对多

数，其中江苏和浙江籍工人又占90%以上，中国共产党成立后不久，即派具有印刷工人经历的徐梅坤到商务印书馆开展"建党工作"。徐梅坤曾在杭州做过排字工人，到上海后负责组织上海印刷工人的工会，同时担任浙江旅沪工人同乡会的理事长。他拿着陈独秀的亲笔信到商务印书馆编译所跟沈雁冰取得联系后，就开始在商务印书馆印刷工人中发展党、团员，筹建工会。后来，茅盾在回忆录中特别提到这件事，以及他与徐梅坤共事的经历：

> 1921年冬，有人拿着党中央的介绍信到商务印书馆编译所来找我。这人便是徐梅坤。他从前在杭州做排字工人，现在到上海，使命是组织上海印刷工人的工会。商务印书馆印刷所，是一个重点。徐梅坤要在这里开展工作，找我商量。当时我主编《小说月报》，常常因为临时改换版面式样，自己到印刷所去（就在编译所的旁边），因此和排字及拼版的工人熟悉了，也认识了技术工人糜文溶和柳溥庆，这两位，文化程度相当高。我把他们介绍给徐梅坤，并商定先在工人中发展党、团员。糜、柳两人随后都入了党。1922年的五一节，徐梅坤、董亦湘（编译所编辑，党员）和我，在北四川路尚贤堂对面空地上，召开纪念五一劳动节的群众大会。徐梅坤作主席，他宣布了开会宗旨后，由我上台讲五一劳动节的由来及其意义（这是预定的讲题）。但是我才开口讲，租界的巡捕就来干涉了。当时在场群众约300余人，大部分是工人（其中以商务印书馆的印刷工人为最多），小部分是中学生，也还有过路人挤进来看热闹的。这是我们第一次组织大规模的群众集会，大家都没有经验，巡捕一冲，大部分群众就慌慌张张逃走，主席台上的人不知如何是好，这个纪念会就此结束。这是一个教训，到会群众必须先组织好，然后大会能够开好。

以此为起点，中国共产党在商务印书馆内部的组织系统迅速发展起来。

633

1921年冬,沈雁冰和徐梅坤首先介绍印刷所影印部技工糜文溶入党,介绍柳溥庆加入社会主义青年团。1922年上半年,编译所字典编辑部编辑董亦湘入党。7月,编译所《学生杂志》编辑杨贤江入党。1923年上半年,董亦湘介绍印刷所外栈房女工黄玉衡入党。1924年,发行所职员恽雨棠入党,编译所职员糜文浩入党。1925年5月,商务印书馆三所一处(即编译所、印刷所、发行所、总务处),建立中共商务印书馆支部,董亦湘任支部书记。1925年上半年,董亦湘和恽雨棠介绍发行所职员廖陈云(陈云)入党。这期间,党支部还在印刷所职工中发展了一批党团员。五卅运动期间,印刷所于6月21日成立工会。8月商务印书馆职工举行了第一次大罢工。罢工期间,发行所成立职工会,总务处成立同人会。罢工结束后,编译所也成立同人会。1925年10月,董亦湘、恽雨棠被党组织派往苏联学习,支部书记由沈雁冰接任。1926年4月,沈雁冰辞去商务印书馆职务离沪,徐辉祖、冯稚芳(冯定)接任支部书记。同年上半年,发行所建立党支部,徐新之担任支部书记。根据各方面资料及老同志回忆,自1921年党诞生后到1927年,商务印书馆内有共产党员、共青团员近200名。后来陈云在谈起自己在商务印书馆工作时颇感自豪地说:商务印书馆党、团、工会组织阵容之强,党、团员人数之多,在上海各产业中居于首位。

(本文发表于2016年8月,图片由作者提供)

商务印书馆与共产主义
思潮的早期传播（下）

周　武

五

正因为如此,中共商务印书馆党支部在中共上海地方执行委员会(稍后改组为上海地方兼区执行委员会)中具有举足轻重的地位。1923年7月8日,根据中央部署,召开上海党员全体大会,成立上海地方兼区执行委员会,选举产生5位执行委员,商务印书馆就占了两席,徐梅坤和沈雁冰入选。在新改组而成的上海地方兼区执行委员会第一次会议上,执委会决定,将全上海分为4个小组,商务印书馆被单独列为第二组,且人数最多。相关情况,茅盾在《我走过的路》中回忆道:

本年(1923)7月8日,中央通知,召开上海党员全体大会,会上由上海出席中共第三次全国代表大会的代表(忘其名)报告第三次全会通过的各项重要决议,如决定国共合作,各地共产党员以个人身份参加国民党等。其中有一条是成立上海地方兼区执行委员会。从前有上海地方执行委员会,第一任的委员长是陈望道,后来陈望道因不满陈独秀的家长作风而辞职。徐梅坤于本年四月间奉命担任委员长。现在上海地方委员会改

为上海地方兼区执行委员会，职权扩大了：除上海市而外，兼管江苏、浙江两省的发展党员、成立小组及工人运动等事务，所以要重新选举。这天会上，选出执行委员5人：徐梅坤、沈雁冰、邓中夏、甄南山、王振一。候补委员3人：张特立（国焘）、顾作之、郭景仁。第二天，新选出的上海地方兼区执行委员会开第一次会议，中央委员王荷波（工人出身）、罗章龙代表中央出席指导，社会主义青年团代表彭雪梅列席。经过讨论，决定邓中夏为委员长，徐梅坤为秘书兼会计，王振一、甄南山为劳动运动委员，我为国民运动委员。全上海分4个小组：第一组（上海大学）共11人，其中有瞿秋白、张太雷、邓中夏、施存统、王一知、许德良、林蒸，以林蒸为组长。第二组（商务印书馆）共13人，董亦湘、徐梅坤、沈泽民、杨贤江、沈雁冰、张国焘、糜文溶、黄玉衡、郭景仁、傅立权、刘仁静、张秋人、张人亚，以董亦湘为组长。这一组中，董亦湘、杨贤江和我在商务印书馆编译所工作，糜文溶、黄玉衡、郭景仁或在商务印书馆印刷厂或在发行所工作。徐梅坤并非商务印刷厂工人，但他曾组织商务的印刷工人成立工会，他是上海印刷工人总会的负责人，所以派在商务一组。第三组（西门）共10人，其中有林伯渠、邵力子、雷晋笙（震旦大学学生）。第四组（虹口）共8人，有甄南山、王荷波等。就此4个组算来，当时上海党员共42人。但是实际上不止此数，因为还有暂时离沪，不知住处或在监狱的，约10人，暂时不编组，有些中央委员也来编入这4个小组。这次会议又决定：指定教育宣传员若干人，轮流到各组或大会（二、三组合开的会）讲演。第一期演讲人及讲题如下：理论及党纲2人，瞿秋白、邓中夏；政治2人，林伯渠、张国焘；经济2人，张国焘、刘宜之；劳动3人，王振一、王荷波、甄南山。这次会议又决定设立国民运动委员会。国民运动委员会有与国民党员合作，发动社会上各阶层的进步力量参加革命工作等任务，事实上是做的统一战线工作，不过当时还没有这个名称罢了；其当前任务为限期使上海全体党员加入

国民党，并指派我兼此委员会的委员长，委员为林伯渠、张太雷、张国焘、杨贤江、董亦湘等8人。此外又设立劳动运动委员会，这个委员会除作工人运动外，还办了劳动夜校，夜校课程有英文、共产主义常识、劳动运动常识，分别由瞿秋白、邓中夏、张国焘、王振一担任，英文教员为许德良。

茅盾平时在商务印书馆编译所的工作就很忙，业余还要写作，现在又担任上海地方兼区执行委员会执行委员兼国民运动委员会委员长，自然就更忙了！他说："因为担任上述的党内职务，我就相当忙了。执行委员会大约一周开一次会，遇到有要事研究就天天开会，再加上其他的会议和活动，所以过去是白天搞文学（指在商务编译所办事），晚上搞政治，现在却连白天都要搞政治了。"

其实不止茅盾，商务印书馆的其他党员和团员如杨贤江、陈云、胡愈之，还有叶圣陶、郑振铎等青年人也都开始"搞政治"，踏上了追求进步的革命之路。在他们的发动、组织和领导下，原本平静的商务印书馆内部"工潮"澎湃，从五卅运动到上海工人三次武装起义，商务印书馆职工不但是参与者，而且是其中的中坚力量，商务印书馆也因此而被视为"革命大本营"。

637

六

宣传和组织之外，商务印书馆从1921年起相当长一段时间里一直是党中央的一个秘密联络点，具体负责全国各地相继成立的党组织与党中央，以及党中央与各地党组织之间的秘密联络工作，这可以说是商务印书馆对创建时期中共的又一贡献。

众所周知，上海不但是中国共产党的诞生之地，中共一大、二大和四大的召开地，而且从1921年至1933年间党中央除了几次较短时间因故迁离外，一

直是党中央机关的驻地,是创建时期中共领导、组织、发动全国红色革命实践的主阵地。尽管当年上海"一市三制"特殊的政治格局为中共中央在上海的组织及其活动提供了一个可以腾挪的制度缝隙和缓冲地带,但当年中共在上海的使命繁重,处境却极其险恶,始终处于租界当局的严密监视之下,并不像有的人想象的那样安全、便利和自由。1920年8月,中国共产党发起组成立时就已被工部局警务处密探盯上。1921年7月中共一大的最后一天会议亦因受到法租界巡捕房的注意和搜查,而不得不临时转移到嘉兴南湖的一艘游船上举行。同年10月4日,刚从广州回上海担任中共中央局书记的陈独秀在渔阳里2号自己的寓所与杨明斋、包惠僧、柯庆施及陈夫人高君曼一起被捕,并被关入法租界巡捕房监狱,后经共产国际代表马林等的多方营救,才得以脱险。1922年8月9日,陈独秀又被法租界当局以"宣传布尔什维克主义"莫名其妙地逮捕,后迫于舆论压力,法租界当局以判罚陈独秀400大洋将其交保释放。可以说,当年在上海的党的各级机关及其工作人员无时无刻不处在危险之中。基于安全上的考虑,当时党的各级机关都以商店、住家、写字间等形式出现,且驻机关人员的公开身份必须与周围环境相适应。一旦被觉察,必须立即从一个秘密地点转移到另一个秘密地点。

中共正式建党以后,各省的党组织次第建立,党中央与各省党组织之间的信件和人员的来往日渐频繁。这是非常危险的。因此,如何确保这种来往的安全,在党中央与各省党组织之间建立一个既隐蔽又可靠的联络点,就成了党中央必须立即解决的要务和急务。考虑到沈雁冰在商务印书馆当《小说月报》主编的合法身份和联系广泛的有利条件,党中央决定让他担任直属中央的秘密联络员,负责处理中央与各省党组织之间的函件往来和人员往来。各地党组织给中央的函件均寄给他,外封面写上海宝山路45号商务印书馆编译所沈雁冰收,内封则另写"钟英"("中央"的谐音),有的也写成"沈雁冰先生转钟英小姐玉展",或"转陈仲甫先生台启",以此方式遮人耳目。沈则每日汇

总后送中央处理。外地有人来找中央，一般也先去找他，由他报告中央，再作后续安排。对沈雁冰而言，这是一段难忘的秘密生涯。晚年他在《我走过的路》中回忆道：

自从渔阳里2号被搜查，陈独秀被捕旋又释放后，就另外租房子作为党中央包括组织、宣传等各部的秘密办公地点。陈独秀仍住渔阳里2号，仍然客人很多，以此来迷惑法捕房的包探。此时，各省的党组织也次第建立，党中央与各省党组织之间的信件和人员的来往日渐频繁。党中央因为我在商务印书馆编辑《小说月报》是个很好的掩护，就派我为直属中央的联络员，暂时我就编入中央工作人员的一个支部。外地给中央的信件都寄给我，外封面写我的名字，另有内封则写"钟英"（中央之谐音），我则每日汇总送到中央。外地有人来上海找中央，也先来找我，对过暗号后，我问明来人住什么旅馆，就叫他回去静候，我则把来人姓名住址报告中央。因此，我就必须每日都到商务编译所办公，为的是怕外地有人来找我时两不相值。

有必要简单介绍一下沈雁冰在商务印书馆的经历：1916年，沈雁冰在北京大学预科毕业后，经商务印书馆北京分馆经理孙伯恒介绍加盟商务印书馆编译所，先后任英文部、国文部编辑。其间他展示出多方面的才华，渐为张元济、高梦旦器重而被委以重任。1920年1月，让他主持《小说月报》新辟的"小说新潮"专栏，即所谓"半改革"。他上任后，果然不负所望，当即撰写了《小说新潮栏宣言》及《新旧文学评议之评议》两篇文章，倡导文学应当"表现人生并指导人生"，读者反响十分强烈。不久，被擢升为主编。从此，《小说月报》面目一新，成为新文学运动最具影响力的文学刊物之一。沈雁冰的才干、思想和文学主张，亦受到陈独秀等人的关注。1920年5月，马克思主义研究会在上

海成立,陈独秀即邀请他参加研究会,并为《新青年》等刊物撰稿。1921年春,经李达、李汉俊介绍,沈雁冰加入共产党早期组织。就是说,1921年7月中共正式成立之前,他就已是中共党员,是中共最早的党员之一。担任党中央秘密联络员以后,他更积极参加党的创建活动,全力以赴完成党交办的任务。用他自己的话说,叫"白天搞文学,晚上搞政治",除每天汇总各地党组织寄来的函件报送中央外,每周他还得参加党中央的支部会议和各种学习会。茅盾在回忆录中写道:

> 这以后,陈定居在法租界环龙路渔阳里2号,我们的支部会议地点就在陈独秀家里。支部会议每星期一次,是在晚8时后开始,直到11时以后。我还依稀记得当时参加渔阳里2号支部的党员有杨明斋、邵力子、陈望道、张国焘,SY(社会主义青年团)书记俞秀松等人,又有共产国际远东局代表魏庭康(原名威金斯基)。讨论事项,大抵是发展党员、发展工人运动、加强党员的马克思主义的学习。除了各人自己阅读外,每星期有一次学习会,时间是下午,从2时到5时乃至6时。学习会采取一人讲解,大家讨论的形式。担任讲解者,李达和杨明斋。杨明斋山东人,刚从苏联回来。他们临时编的讲义有三种:马克思主义浅说、阶级斗争、帝国主义。这都是随编随讲,大家笔记。直到三四年后,杨明斋把他当时的草稿改定付印,书名现在记不起来了。

中共商务印书馆秘密联络点一直维持到沈雁冰1926年4月因军阀追查他的下落而被迫离开商务印书馆为止。有关这个联络点更详细的运作情形,现在已很难稽考。但它的重要性毋庸置疑。1922年7月,沈雁冰因在《小说月报》上发表《自然主义与中国现代小说》一文,点名批判"礼拜六派",遭到他们的忌恨。他们跑去找新任编译所所长王云五,要他对沈雁冰施加压力。沈

雁冰本想就此提出辞职,离开编译所。但陈独秀知道此事后,劝他仍继续留在编译所,理由是他若离开,中央就得另找联络员,而像这样"合式的人"一时半刻找不到。这也反映了商务印书馆秘密联络点的不可或缺。

七

梁启超说:"历史之一大秘密,乃在一个人之个性,何以能扩充为一时代一集团之共性,与夫一时代一集团之共性,何以能寄于一个人之个性。"这话的意思是说,"一个人之个性"扩充为"一时代一集团之共性",少数个人的思想散播为社会思想,地方上的私谊网络发展为全国性的组织,都有一个缓慢而艰难的过程。中共在上海的创建经历,就充分说明了这一点。如前所述,在中共的创建过程中,商务印书馆曾为它提供了多方面的奥援,但从另一个角度看,商务成为它的奥援,又何尝不是中共"运动"的结果!

中国共产党并不是突然出现在上海的,众所周知,近代上海是中国最多元化的一个都市,这种多元性不仅体现在市政管理和城市社会控制上,而且体现在社会构造、城市生活和文化形态上。正是这种多元的城市格局,为中国共产党在上海的孕育与繁衍提供了必不可少的生存空间。而且,上海贫富差距悬殊,存在着一个巨大的边缘社会阶层,理论上为"贫者"代言的中国共产党在这里也比较容易找到自己的同盟者。另一方面,由于上海与世界的联系紧密,特别易受国际思潮的影响。20世纪20年代以后,上海越来越激进化,显然与当时世界范围内的激进思潮有关。夏衍在回顾20世纪30年代上海的左翼思潮时曾分析道:"本世纪二十年代末到三十年代初,不仅在中国,而且在苏联、欧洲、日本都处于极'左'思潮泛滥之中,苏联文艺界有一个'拉普',日本文艺界有个'纳普',后期创造社同人和我们这些人刚从日本回来,或多或少地都受到过一些'左'倾机会主义的福本主义的影响。"实际上,20世纪20年代

末到30年代初,左翼一度席卷整个世界,几乎所有重要的国家都建立了左翼团体,如苏联的俄罗斯无产阶级作家联盟(即所谓"拉普"),德国的德国无产阶级作家联盟(1928年成立),奥地利的奥地利无产阶级作家联盟(1930年成立),美国的约翰·里德俱乐部,英国的罗伯特·特来赛尔俱乐部,日本的全日本无产阶级艺术家联盟,等等,甚至还成立了一个国际革命作家联盟这样的国际性组织。上海的'左'倾化和激进化,就是在这样一个背景下逐步升级的。1927年南京国民政府建立后推行的一系列施政政策并没有使国家走上宪政的轨道,反而使不少激进青年倍感压抑和失望,更强化了上海的激进化和左翼化的趋势。一位曾经亲历过这段历史的作家回忆说:"一般文人,对于政治现状非常失望、烦闷,走向愤激的路;除了极少数'御用'的作家,思想'左'倾已成为必然的共同趋向。"这种说法不免有点过甚其词,但对现实政治的不满确实加剧了上海的激进化和"左"倾化。抗战时期,空前的民族危机在一定程度上掩盖了激进主义的声势,但抗战胜利后国民政府的内战政策,以及由战争导致的经济与社会局势的急遽恶化,使上海各界人士特别是激进青年的离心倾向越来越严重。在这种背景下,他们非常自然地把与国民党对峙的共产党看作是另一种希望。正是借助人心的丕变,中国共产党由革命最终走向执政。

（本文发表于2016年9月）

暗夜火炬：
中共秘密印刷厂在上海

李　红

1921年到1933年初，中共中央机关在上海驻守了近十二年。上海作为中共早期革命的大本营和重要活动基地，留下了丰富的革命遗迹。

上海，是中国近现代出版业的重镇，也是红色出版的起点。在车水马龙的闹市，于简陋幽深的弄堂，中共地下印刷厂从无到有，在险恶形势下，先后搬迁了二十余次，相继印制了《向导》《布尔塞维克》《红旗》等多种党报和著作。这些报刊书籍犹如一柄柄火炬，将共产党的理论和主张传播到大江南北，播撒中国革命的火种和希望。

首家地下印刷厂，机构小牌子大

从理论上说，出版包括编辑、印刷、发行三个环节，印刷从属于出版业。自晚清伊始，上海的出版业开始起步，逐步发展成以商务印书馆、中华书局为代表的一批近代出版企业。到20世纪二三十年代，上海出版、印刷企业共一百余家，在国内独步一时。

中共领导的地下印刷厂不是社会化的机构，但其独秀一枝，印制报刊、书籍等，为中共思想传播提供重要载体支撑。上海是共产党的诞生地，也是早期

毛泽民

振业里口11号,今人民路1025号。上海书
店旧址。这是1923年中共中央在上海设立
的第一个公开的出版发行机构

"共产"宣传读物最重要的生产和传播基地。中共地下秘密印刷厂的传奇经
历,也为近代上海印刷出版事业留下浓墨重彩的一笔。

初始,共产党的杂志和宣传活动都是委托私人印刷所制作,通过指定渠
道或邮递的方式,将刊物专送各地,安全性难有保障。1921年9月,李达创办
了人民出版社,又兼编辑、校对、发行等工作。这是共产党最早的出版机构。
1923年中共三大后,中央局从广州迁至上海,为了扩大宣传,中共中央决定派
罗章龙、徐白民、恽代英等组成出版委员会。同年11月,中共创立上海书店,

第一次集出版、印刷、发行三合一，在南市小北门开业（今人民路1025号），主要出版发行马列著作和革命书刊。书店负责人为中共中央出版部书记张伯简。上海书店不但承担了《新青年》《向导》等中共中央刊物的发行，还秘密印制和发行《前锋》《新建设》等一大批进步杂志，以及《共产党宣言》《资本论入门》《社会主义概论（讲稿）》《社会主义讲义》（讲稿讲义作者均系瞿秋白）等大量革命书籍。1926年，军阀孙传芳势力进入上海，2月3日上海书店被淞沪警察厅以"印刷过激书报，词句不正，煽动工潮，妨害治安"为由而强制封闭。

1925年五卅运动前后，革命高潮迭起。开办地下印刷所，印刷秘密刊物和内部文件提上日程。经过努力，同年6月，中共党员倪忧天等人租下上海北火车站附近香山路（今象山路）香兴里一幢带有边厢房的石库门房子，办起中共第一家地下印刷所——国华印刷所，印刷设备只有一部对开机、一部脚踏圆盘机、一副老五号宋体的铜模和三四号字头的铅字等。为防不测，倪忧天在房外特意挂上"崇文堂印务局"招牌并对外营业，将国华印刷所伪装成崇文堂的工场。

1925年，正在广州农民运动讲习所学习的毛泽民奉命来沪，担任中共中央出版发行部经理，并兼所属公开业务机构上海书店负责人。崇文堂印务局直属中央宣传部，由毛泽民、徐白民、徐梅坤三人领导，委派倪忧天和陈豪为正副负责人，堪称"机构小，牌子大"。

毛泽民化名杨杰，以印刷厂老板为掩护，印行党的外宣刊物和内部文件。为了扩大印刷事业，必须招募一批员工，但这项工作十分特殊，需要素质极高且无比忠诚的人才能胜任。为此，毛泽民专门派人到老家韶山，挑选可靠的人员担任印刷厂工人。中共韶山支部特地推荐了毛岗夫、毛远耀（毛泽东堂侄）等人来沪，配合毛泽民工作。当时，担任上海书店经理的徐白民，负责发行党的公开和半公开进步书刊，毛泽民则是党中央革命书刊秘密印刷发行的负责

人，形成了"印刷、发行比翼齐飞"的良好局面。

同年10月，党员沈选庭送校样时意外受到外国巡捕"抄靶子"（搜身），稿件校样遗失，为了安全起见，国华印刷所不得不紧急转移别处。中共第一家印刷所——崇文堂印务局只运行了几个月。据统计，1925年至1926年，中共中央印刷所合计搬了六次家，中兴路西会文路、闸北青云路青云桥塽广益里、租界泥城桥鸿祥里以及新闸路新康里都留下它的足迹。

即便如此，地下印刷厂仍然发挥出强大的战斗力，它先后承印了共产党和共青团的机关刊物，如《向导》《中国青年》《中国工人》《新青年》及其他一些临时性秘密文件，还印刷了蔡和森的《社会进化史》、布哈林的《共产主义ABC》、瞿秋白的《社会科学概论》以及恽代英、蒋光慈、陈望道、施存统等人的著作，又承印了全国各大进步书店发行的马列主义书刊，把革命思想播撒到民众中去。在技术上，还采用排出铅板压成纸型的办法，将纸型发到各地，以减轻印刷负担，又便于当地从速按样板翻印。

绝对忠诚，吊起脑袋干革命

1927年大革命失败后，上海的中共报刊出版几乎陷于停顿，毛泽民也随毛泽东参加秋收起义。为了重建党的宣传阵地，中央常委会于10月22日通过出版中央机关报的决议，定名《布尔塞维克》，由瞿秋白、罗亦农、邓中夏、王若飞、郑超麟等组成编委会，编辑部就设在上海亨昌路418号（今愚园路亨昌里）。11月初，党中央急调毛泽民回沪，恢复党的出版发行工作。

毛泽民首先在派克路（今黄河路）秘密创立协盛印刷所，这是当时最大的秘密印刷机关，发行党内刊物《中央通讯》和党中央理论刊物《布尔塞维克》等。"明者因时而变，知者随事而制"，为了应对国民党、租界密探的严密搜捕，工友们随机应变，巧妙地给革命刊物装订上各种伪装封面，如《中国文化史》

《中国古史考》《平民》等，有时还用国民党机关刊物《中央半月刊》做封面。为了排印中央重要决议，协盛印刷所曾用《圣经》伪装：封面、内封及开头几页的正文，全照《圣经》文字排。到后面，每排两行《圣经》文字，夹排一行或两行决议文字。这些红色"伪装书"体现了共产党人坚毅卓绝的斗争智慧，是共产党宣传史上的光辉篇章。

钱之光

1928年12月，印刷所遇到开办以来最大的危险。巡捕房密探顺藤摸瓜，找到印刷所的位置，将全体工人集中关押在一间屋子里，又在一家旅馆里扣住毛泽民。得知毛泽民被捕后，周恩来立即组织力量进行营救，幸好当时毛泽民一口咬定，自己只是一位普通商人，真实身份没有暴露，最终交了800银圆的罚款，化解了这场危机。1929年，毛泽民、钱之光奉命前往天津重组地下印刷厂。上海的秘密印刷厂暂停运营。

钱之光是早期共产党员，1929年春他从杭州转移到上海，党中央派熊瑾玎与钱之光接头。熊瑾玎时任中央机关总会计，他租下公共租界云南路447号（今黄浦区云南中路171—173号），作为中共六大后中央政治局机关办公地。为筹集经费和建立联络点，他以商人身份主持开设了酒店和钱庄，同曹子建经营了一个小洋货店，还加入一间大型布店为股东。这些经营收入都用作党的活动经费。熊瑾玎对钱之光说："你的工作，中央已经研究过，听说你对丝绸行业比较熟悉，现在正想在上海筹建一个丝绸厂，作为党中央的联络点，这个工作由你来负责。"钱之光接受任务后，经多方努力，不到半年，这个厂就建成了，并以绸缎向市场销售。熊瑾玎的爱人朱端绶，常到这个秘密联络点取信。

1931年初，中央派遣毛泽民、钱之光回沪续办印刷厂。这期间，毛泽民向党组织请求后，通过地下交通员带信到长沙板仓，终于将毛泽东的三个儿子岸英、岸青、岸龙护送到上海寄养。毛泽民还招募了任弼时的胞妹任培星、何叔

衡之女何实嗣、工运领袖张浩的女儿林肖硖等四五个人一起办厂。印刷厂的工人大部分是烈士后代、党的干部的亲属,有一部分是经过革命锤炼的党员、接近入党条件的可靠分子。

形势复杂险峻,绝对的秘密工作原则被视为共产党生存的基本条件。党内规定:"秘密组织的规律,不容任何轻忽而破坏,秘密机关的地址,绝对只准在工作上必须知道的党员知道。保存秘密文件的数量应当减到最少限度,绝对不容保存党员的名单和地址单,通信上必须用密码的方法。"印刷厂是隐秘之地,一旦暴露,搬迁极为不易。为此,印刷厂执行了更为严密的组织纪律:规定印刷厂人员不能和家人通信,也不能在厂外交朋友、谈恋爱和找对象,要断绝一切社会关系。更不能随意上街,不能到游乐场所,也不能参加集会、结社、游行和其他一些群众性的纪念活动。还规定,外出执行任务要带自卫武器。所谓自卫武器,就是酒瓶、小铁器之类的东西。外出带着它们,一旦遇到叛徒和其他不测,可以用来抵挡一阵子。组织纪律还有一条,外出执行任务一旦被暗探盯梢,就要设法甩掉,否则不能回厂。

屡次搬迁,杂货铺藏"红色"秘密

经过一番辗转,1931年,毛泽民、钱之光将印刷厂落户到齐物浦路元兴里(今安国路口)的两幢楼房里。房子紧紧挨在一起,分上下两层,门牌号是146—148号。印刷厂对外宣称是两家,一边是秘密印刷厂,一边是一家绸布庄,其实是以开设绸布庄作为掩护。瞿云白负责印刷厂的对内工作,而钱之光改名为徐之先,表面上打理绸布庄,实则承担印刷厂的对外联系。印刷厂的选址考虑十分周到,印刷厂前面有个工厂,机器轰鸣声正好掩护印刷厂机器的声音。另外,印刷厂的旁边是一块空地,行人少。旁边是绸布庄,后面是稻田,很少有人注意这里发出的声响。

新中国成立后，钱之光在回忆录中写道："我那时化名徐之先，由毛泽民同志领导。我家住在绸布庄，以夫妻店的形式，经营批发各种绸缎布匹，以掩护印刷厂的内外活动。绸布庄里装有电铃开关，电铃安在印刷间。当外面有人进店铺时，就会按下电铃开关，印刷间的人听到电铃响，就会停止印刷，以免被人听见印刷机的声音。如有突发情况，他们也会根据约定的电铃暗号，通知印刷间采取紧急措施。"

通常，印刷所需纸张都是伪装成绸缎布匹运进绸布庄，然后再送进印刷厂，印好的文件也是经过伪装后，再从绸布庄运出去。印刷厂里住着瞿云白夫妇，房间陈设完全是平常居家的模样。一进房门是个小天井，往里走依次是客堂、后堂和灶间，这其中后堂就是作为印刷车间使用的。要强调的是，所谓印刷厂，最值钱的机器居然只有一台四开的脚踏印刷机。即便如此简陋，大家还是克服重重困难，为党印制了不少文件和报刊。

没过多久，钱之光就发现有个叛徒在印刷厂附近的安国路菜场转悠，党组织决定马上转移。相关人员先分散到几家旅馆，由钱之光再寻落脚点，他很快看中梅白克路一幢新式红砖三层楼房（今新昌路99号），房子位于繁华的闹市后面，外面有一道横拉开关的铁杆门，里面还是一道木板门。钱之光租到后，又加了一道铁栅栏，这三道门就如同三重保险，把印刷厂隐蔽得严严实实。二楼为住房，三楼作印刷、排字和装订车间，底层开了一间烟纸店，钱之光以老板身份作掩护。现在，新昌路99号的建筑是唯一完好保存的中央秘密印刷厂旧址，该处建筑被列入上海市一级保护文物。

钱之光之所以看上这幢房子，是因为不远处是正在建造的国际饭店，机器声、打夯声、号子声整天不绝，加上这里靠近繁华的南京路，交通四通八达，进退十分方便。印刷厂搬过来后，规模越做越大，人员也多起来，国民党特务万万没想到共产党竟在自己眼皮底下摆开这么大的阵仗。落户梅白克路的日子里，印刷厂添置了一台两相电动机，把脚踏印刷机改成半自动的电动印刷

新昌路99号，中共中央秘密印刷厂旧址

机，大大提高了工作效率。印刷厂大量翻印苏区的文件、文章，印制有关宣传形势、罢工斗争情况的传单，同时还曾印制《党的建设》《红旗周报》《布尔塞维克》《实话》等刊物。

地下印刷厂的平静岁月总是短暂的。1931年4月，顾顺章叛变投敌，国民党根据他提供的线索在上海滩展开大搜捕，幸亏内线钱壮飞等人及时通报，党中央提前采取了隐蔽、转移等措施，身份暴露的毛泽民也紧急转移到香港，印刷厂改由左觉农、钱之光等人领导。

1932年夏，印刷厂又搬到麦特赫斯脱路（今泰兴路）386号的三层楼房子里，这几乎是印刷厂存续时间最短的地方，原因是调试机器时，工作人员会到房子周围去测听机器声响，结果发现噪声很大，无法隐蔽。后来才得知，这幢房子是整体设计的钢筋混凝土结构，很容易传声，钱之光等人想尽办法来隔音，但效果都不理想，无奈之下，只好放弃了这个地方。

下一个去处是武定路181弄12—14号的一幢西式洋房，房子质量很好，装饰也很讲究，况且印刷厂搬进豪宅，一般人不大会起疑心。可是印刷厂运转没几天，钱之光就发现新安排的交通员老是擅自行动，尤其是夜里常常外出，很晚才回来，不知道干些什么，让人很不放心。对地下工作者来说，擅自行动是绝对禁止的。为了避免意外，印刷厂不得不再度搬迁。

钱之光回忆，印刷厂是最难隐蔽的部门，因为隆隆的机器声很容易引起怀疑，一旦遭反动军警搜查，笨重的机器和大量印刷品也很难转移或隐藏，所以秘密印刷厂很难在一个地方存留较长时间。险恶复杂的环境中，转移印刷厂是很不容易的事，每次转移时，要先把印刷机和设备搬出来，放到党的地下转运站里寄存，再搬到新的地方，有时要在中途转停几个地方，才能搬到目的地。搬迁时，还得把印刷机拆散装箱，外面用草绳缠好，怕搬运时碰坏了机器，在

《红旗周报》第28期伪装成《平民》

《红旗周报》第30期伪装成《光明之路》周报

木箱上再写上某某商号收的字样,用板车或其他办法运送。工人们将印刷品"隐形"在货物里,甚至藏在网篮、藤箱内带出。

1932年冬,印刷厂搬到北京西路张家宅路73弄48号。这段时间内,根据国内外形势以及苏区宣传需要,厂里印刷了党的文件和《红旗周报》《党的建设》《实话》《布尔塞维克》等机关刊物,还配合了上海工人斗争,印刷宣传册和传单等。1933年春夏之交,考虑到钱之光等人在上海时间较长,熟人太多,容易暴露,党组织将钱之光等人转移到中央苏区。

此后,沪东区大连湾路大连坊26号、扬州路三民坊(今爱民坊)、汇山路(今霍山路)289弄43—45号都曾建立过地下印刷厂。1935年2月,中共上海中央局和江苏省委领导的中央印刷厂,其总负责人于益之被捕,三民坊印刷厂遭到破坏。后来,中央印刷厂在中央苏区、延安等地重建。值得一提的是,其出版、印刷、发行技术,几乎都是由上海输送的技术人员承担的。

1925—1935年,上海、武汉、广州和天津等地都曾设立中共地下印刷厂,以上海存续时间最长。中共地下印刷厂曾多次遇险,但总是不辱使命。散落在上海的印刷厂旧址,镌刻着这座城市的革命印迹。

(本文发表于2017年11月,图片由作者提供)

中共红色传播的
几个"第一"

朱少伟

中国共产党在成立初期,就极其重视报刊出版工作,并以此为"喉舌"积极宣传方针政策,广泛动员群众,推进革命事业。可以说,当年党报党刊的发展历程,既是党史光辉的一页,也是上海近现代新闻史上的亮点。

党创办的第一个通讯社——中俄通讯社

1920年6月,陈独秀、李汉俊、俞秀松、施存统、陈公培等5人在上海环龙路老渔阳里2号(今南昌路100弄2号)开会,决定成立共产主义性质的党组织。会上,起草了相关的文件,确定通过"劳工专政"和"生产合作"达到社会革命之目的。8月,经征询李大钊的意见,正式定名为"共产党"。

上海共产党早期组织成立后,创办了中俄通讯社。1920年7月2日,上海《民国日报》"世界要闻"栏首次发表中俄通讯社的《远东俄国合作社情形》;相隔10多天,又发表《中俄通讯社俄事消息》。从此,中俄通讯社的稿件不断亮相于国内报纸(《新青年》第八卷第二号也曾登出其稿件),颇受各界关注。

中俄通讯社是在来华的共产国际代表维经斯基(化名吴廷康)指导下创办的,由上海共产党早期组织成员杨明斋主持日常事务,设于上海霞飞路渔阳

中俄通讯社旧址

里6号（今淮海中路567弄6号）。那时，这里也是党最早的干部学校——外国语学社和上海社会主义青年团机关（后曾成为中国社会主义青年团临时中央机关）所在地点。包惠僧的《回忆渔阳里》说，渔阳里所设的"通讯社、学校、青年团都是党的事业"。

中俄通讯社的主要任务是向共产国际和苏俄发送通讯稿，报道中国革命消息；同时，向我国人民披露十月革命后苏俄的真实情况，稿源大部分取自共产国际资料和赤塔、海参崴、莫斯科的报刊，少量转译英国、美国、法国的进步书刊。这些稿件类别繁多，包括政治、经济、文教、战事、工运、妇运等方面；形式多样，有长篇专访、连载、讲演稿、革命领袖介绍等，显得丰富而生动。上海社会主义青年团的不少团员都是外国语学社的学生，他们曾积极配合中俄通

讯社开展工作,协助做稿件的收发、抄写、油印和校对。

在20世纪20年代初期,中俄交通尚未完全畅通,两国之间的消息传递比较困难。北洋政府和帝国主义侵略势力为了蒙蔽人民,竭力歪曲十月革命,攻击社会主义制度。那时,我国各地报纸登载的"世界要闻",几乎都得自西方通讯社,而它们对于列宁领导的社会主义国家都抱敌视态度。针对这种状况,中俄通讯社在1921年1月19日发给上海《民国日报》的稿件中,明确指出:"年来各国多注意于俄国之布尔什维克。始而惧,继而研究其主义,终则多发表其主义如此。其中加以主观的意见者,自然不免互相矛盾……吾国人士知其主义者日多一日,然而能知构造新俄之工具究竟如何者尚属寥寥焉。"

为了让我国人民比较全面了解苏俄,中俄通讯社陆续向各报刊提供《劳农俄国之新教育制度》《劳农俄国的实业近况》《新俄国组织汇记》等稿件;为了介绍列宁生平事迹,相继向各报刊提供《列宁与托洛次基事略》《列宁答英国记者底质问》《列宁关于劳动底演辞》《列宁小史》等稿件。同时,中俄通讯社为了让我国人民扩大视野,也先后向各报刊提供《远东政闻》《墨西哥工人求均地产》《意工赤化的运动愈烈》《美工界预防未来战争》《巴黎之妇女演说学校》等稿件。中俄通讯社提供的大量稿件,以无可辩驳的事实抨击了敌人的反动宣传,并成为我国人民了解与研究马列主义的好教材。

李达的《回忆党的早期活动》说:中俄通讯社"牌子是没有挂","在1921年暑期间终止了"。经查,中俄通讯社在上海《民国日报》登出的最后一篇稿件,是1921年5月4日的《俄国贸易之过去与现在》,截止于此,它在该报总计发表新闻稿和电讯稿近70篇。1921年春,由于外国语学社的多数学生被分批派往莫斯科东方大学学习,杨明斋也离沪,中俄通讯社基本停止活动。

还应指出,从1920年11月底开始,上海《民国日报》也出现华俄通讯社(或上海华俄通讯社)的稿件。据考,华俄通讯社与中俄通讯社不能画等号,它是由苏俄直接管理的,如1921年5月17日的《广东群报》(广州共产党早期组

织主办）曾发表《本报记者与华俄通讯社驻华经理之谈话》，文中说："华俄通讯社是达罗德（总社在赤塔）、洛斯德（总社在莫斯科）两个通讯分社合并而成的"；"通讯社成立以来"，"中外报纸都很喜欢登载"其"确实电报"；"中国国民借此可以明了俄国真相，哪些别具目的底宣传政策，恐怕不能再生效力"；"华俄通讯社驻华经理贺德罗夫先生偕同该社职员薛撼岳君从上海来广州"，"打算在广州设立华俄通讯社"，"一俟分社成立，便由粤回申，由申再回北京"。

当年，华俄通讯社不仅在上海有机构，在北京、哈尔滨、奉天（沈阳）等地都设了分社；该社在上海《民国日报》发表稿件，截止于1925年8月1日。可以说，中俄通讯社是党创办的第一个通讯社，继之而起的华俄通讯社则在某种程度上延续了它的一些工作。

第一份党刊——《共产党》月刊

上海共产党早期组织成立后，积极开辟革命理论宣传阵地。李达曾回忆，"当时党的上海小组的工作分两部分：一是宣传工作，一是工运工作。宣传方面，决定把《新青年》作为公开宣传的机关刊物，从八卷一号开始；另行出版《共产党》月刊作为秘密宣传刊物"。

沈雁冰曾回忆："那时，上海共产主义小组正忙着筹备出版一个党刊，李达任主编"，"这党刊后来取名《共产党》。《共产党》是上海共产主义小组成立后出版的第一个秘密发行的党刊"，"它专门宣传和介绍共产党的理论和实践"。

1920年11月7日，《共产党》月刊在沪问世，由李达主编，它成为上海共产党早期组织的理论机关刊物，在全国秘密发行。这份月刊系铅印16开本，封面上方以大号字配以英文"Communist"，开辟"世界消息""国内消息""中国劳动界消息"等栏目，卷首有社论式的千字《短言》。

创刊号的《短言》指出："要想把我们的同胞从奴隶境遇中完全救出，非由

生产劳动者全体结合起来,用革命的手段打倒本国、外国一切资本阶级","建设劳动者的国家","一切生产工具都归生产劳动者所有,一切权都归劳动者执掌"。第五期的《短言》则阐明:"我们共产党在中国有二大使命:一是经济的使命,二是政治的使命";同时,还强调要"用光明正大的态度,挺身出来,硬起铁肩,担当这改造政党、改造政治、改造中国的大责任"。

《共产党》月刊第一次在中国竖起了"共产党"的旗帜,第一次响亮地喊出"共产党万岁"的口号。该刊着重宣传列宁的建党学说和关于共产党的基本知识,介绍国际共产主义运动中建党经验,批驳了社会改良主义和无政府主义思潮,坚定了中国早期共产主义者建立马克思主义政党的信念,探讨了中国革命的理论和实践问题。

在李达主持下,该刊将马克思主义理论研究与政治宣传紧密结合在一起,既发表探讨党的基本理论的文章,也登载《国家与革命》(第一章)和《俄国共产党的历史》《列宁的历史》《美国共产党党纲》等一系列文献;同时,还报道过上海、唐山等地的工人运动,对正在兴起的工人运动进行指导。它不仅向中国早期共产主义者提供必读的教材,也成为中国各地共产党早期组织进行交流的重要平台,所以颇受欢迎,最高发行量达到5 000多份。李大钊组织发起的北京大学马克思学说研究会,曾在一份《通告》中向会员和进步学生推荐该刊;毛泽东在给蔡和森的信中,则称赞道:"上海出的《共产党》,你处谅可得到,颇不愧'旗帜鲜明'四字。"

在《新青年》杂志和《广东群报》上,曾多次登出"《共产党》月刊社"的刊物要目。然而,为了防备遭破坏,《共产党》月刊编辑部地址不公开,它先设于上海环龙路老渔阳里2号,后迁到南成都路辅德里625号(今老成都北路7弄30号,即中共二大会址)。上海共产党早期组织成员为之撰稿、译文,一概不署真名,如李达用"胡炎"和"江春",李汉俊用"汗"和"均",沈雁冰用"P生",施存统用"CT"。

《共产党》月刊

　　当年，李达主编《共产党》月刊冒了很大的风险，如第三期付印前上海法租界巡捕房来干扰，并将重要文章《告中国农民》搜去；他愤怒地在空白页印上"此面被法巡捕房没收去了"，这是党刊以"开天窗"形式揭露和抗议敌人压制言论之始。《共产党》月刊共出版6期，最后一期印着"1921年7月7日出版"，而所载罢工资料则涉及8月的事情，所以它应是在中国共产党成立后才停办的。1922年7月21日，共产国际代表马林在一份报告中曾提及："我们试

着让《新青年》与《共产党》月刊合并为一个刊物。在我离开以前，《共产党》已停止出版。"这说明，《共产党》月刊停办的原因，是曾考虑将它与《新青年》杂志合并。

第一份"政治机关报"——《向导》周报

1922年7月，在沪召开的中共二大曾讨论党报问题。8月，中共中央在西湖会议上决定创办一份权威性的刊物，广泛宣传党的反帝反封建的民主革命纲领。

9月13日，第一份公开发行的中共中央机关刊物《向导》在沪问世，系16开本，刊头下标明为"周报"，总发行机构设于上海老西门肇浜路（今复兴东路）兰发里3号；蔡和森担任主编，参与编辑和撰稿的先后有陈独秀、李大钊、瞿秋白、高君宇、彭述之等，毛泽东、周恩来、李立三等也写过文章。创刊号的《本报宣言》指出："现在的中国，军阀的内乱固然是和平统一与自由最大的障碍，而国际帝国主义的外患，在政治上、在经济上，更是钳制我们中华民族不能自由发展的恶魔"，"本报同人依据以上全国真正的民意及政治经济的事实所要求，谨以统一、和平、自由、独立四个标语呼号于国民之前"。蔡和森发表的《统一、借债与国民党》，则劝告孙中山若要革命成功，"便要一面与民众为亲切的结合，一面与苏俄为不二的同盟"，以反抗帝国主义和封建势力；他还曾在《敬告本报读者》中申明，《向导》是"中共政治机关报"，又是"中国民众的喉舌"，"是真正代表中国民众利益的报纸"，"是中国劳苦同胞的忠实好友"。

蔡和森主编《向导》周报近3年，以顽强的精神克服了经济拮据等困难，坚持出刊150期。该刊开始是每期8页，后增至12页、16页；在编辑方面起初是依照稿件内容排列，后相继开辟"时事评论""寸铁""各地通讯""余录"等栏目。蔡和森自己也动笔撰写了大量政论、时评（仅署名"和森"的便达130

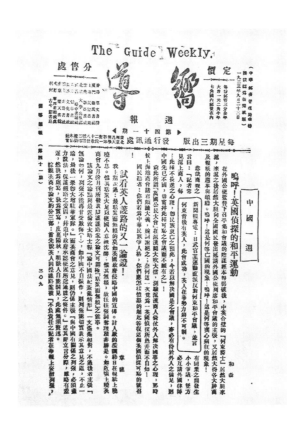

《向导》周报

多篇,另有许多则借用妻子向警予的笔名"振宇"),无论是五六千字的长文,还是数百字的短稿,都能抓住现实中的重要问题或典型事例作具体分析,说理透彻,观点鲜明,颇有说服力。当年,曾负责该刊出版印刷的徐梅坤多次去上海慕尔鸣路(今茂名北路)甲秀里,到他住处取稿件,送往梅白克路(今新昌路)的一个印刷所排字。

蔡和森常去工厂,虚心听取大家的建议和批评;为了及时反映读者的要求和呼声,他特意在《向导》周报增设"读者之声"栏目。该刊积极向民众宣

传党的方针政策,并努力使之深入人心;而民众对该刊的热忱支持,又成为它在困境中坚持出版的坚强后盾。该刊被誉为黑暗中国的"一线曙光"、苦难同胞的"思想向导",发行数从起初的3 000多份,直线上升至2万多份。当年,共产国际代表马林屡次称赞《向导》周报在读者中"影响很大";李立三也给予这样的评价:"《向导》的功绩,正是和森同志在中国革命中表现的极大的功绩。"

由于政治环境所迫,《向导》编辑部几经转移,其间曾迁至北京、广州、杭州;但发行范围却从上海、北京、广州、长沙逐渐扩大到全国各大、中城市,并在巴黎、柏林、东京设立分销处。1925年夏,蔡和森因病离开《向导》编辑部,由彭述之接编,郑超麟承担具体编辑事务;1927年春,《向导》编辑部随中共中央机关从上海迁至武汉,由瞿秋白主编,羊牧之协助编辑,最高发行量曾达10万份,在"七一五反革命政变"发生时停刊,共出版201期。该刊经历第一次国共合作的全过程,见证了此历史时期党的发展。

党创办的第一份日报——《热血日报》

五卅惨案发生后,上海的一些中文大报慑于租界当局的淫威,态度十分暧昧。为了及时揭露帝国主义的暴行,鼓舞群众的斗志,中共中央决定在上海公开出版一份日报。瞿秋白率领相关同志经过紧张忙碌,仅数日就完成了筹备。

1925年6月4日,《热血日报》在沪创刊,由瞿秋白担任主编,沈泽民、何公超和郑超麟等参与编辑工作,社址设于上海北浙江路(今浙江北路)底华兴坊(今华兴路64弄)56号。瞿秋白在发刊词中宣告:"现在全上海市民的热血,已被外人的枪弹烧得沸腾到顶点了……现世界强者占有冷的铁,而我们弱者只有热的血,然而我们心中果然有热的血,不愁将来手中没有冷的铁,热的血一旦得着冷的铁,便是强者之末运。"

　　《热血日报》系4开4版，采用铅印，每期约1.2万字，零售价铜圆一枚。该报政治性、鼓动性较强：第一、二版的"本埠要闻""国内要闻""紧要消息"栏目，多登载各报回避或忽视的新闻；第三版的"国际要闻"栏目，专门报道苏联和各国工人阶级对我国人民同情、支持的消息；第四版的"呼声"副刊，主要发表短评、杂文和文艺作品等，其中既有对错误言论的批判，也有对可耻行径的讽刺。该报从第二期起，连续7天在头版推出"外人铁蹄下之上海"栏目，揭露上海租界巡捕房的血腥罪恶。该报无论是栏目设置，还是稿件内容，都紧密地呼应了五卅运动。

《热血日报》

《热血日报》登载的社论，大多出自瞿秋白之手，如《工商学联合会与上海市民》《上海总商会究竟要的什么？》《谁是敌，谁是友？》《五卅惨案与废除不平等条约》等，针对性都很强，说理非常透彻。此外，他还以"维""维摩""热""血""沸""腾""了"等化名在该报发表过不少文章。

在主编《热血日报》期间，瞿秋白正被上海租界巡捕房"通缉"，但他将个人生死置之度外，废寝忘食地投入办报工作。他的妻子杨之华在《回忆秋白》中谈到：《热血日报》社址是一间客堂，室内陈设非常简陋，中间放一张白木长桌，四周摆着几条长板凳。尽管天气很热，白天瞿秋白在闷人的房内认真撰写文章、编辑新闻和校对、组版，忙得汗流浃背；晚上他还要听取记者们的汇报，并组织写稿。每当发现重大问题，瞿秋白总是深入到工人群众中去，亲自核实材料，然后才见报。那时，他尽管工作非常辛苦，却对妻子杨之华说："这样工作比在大学讲台上讲课要有效得多。"

一天，瞿秋白外出办事，瞧见一个工人在看《商报》，便与之交谈，对方诉苦说："没有适合工人看的报纸，现在报纸都看不懂。"他从中得到启发，在编报时力求文字浅易，注重使用口语或方言；文章的观点开门见山、篇幅能短则短，使工人有空看、看得懂。此外，他还发表了许多民间小调、说唱，如有一首《罢市五更调》词为："一更一点月初升，唱只大新闻，呀呀得而唅。洋人凶得很，枪杀我们中国人，人人恨，同胞起来，救国最要紧，呀呀得而唅，大家睡睡醒。二更二点月上升，学生真热心，呀呀得而唅。演讲街浪行，为仔矮奴杀工人，起祸根，连路演讲，碰着外国人，呀呀得而唅，开枪杀学生……"；有一首《大流血》（泗州调）词为："枪弹一出洞穿腰，五月三十血滔滔，死的人实在不少。哎唷哎唷。死的人，实在不少。此事说起真悲伤，让我细细说端详，劝同胞记在心上。哎唷哎唷。劝同胞，记在心上。矮奴枪杀顾正红，学生爱国怒气冲，南京路结队成群。哎唷哎唷。南京路结队成群。南京路处来演讲，听了泪流满胸膛，英国人看见心慌。哎唷哎唷。英国人看见心慌。帝国主义真凶横，

不许中国民气强，巡捕房就此开枪。哎唷哎唷。巡捕房就此开枪。枪弹虎虎像箭飞，二十多人齐倒地……"它们通俗生动，为群众所喜闻乐见，迅速被大家传唱。

《热血日报》是党创办的第一份日报，在五卅运动中有很大的社会影响。该报曾在启事中透露："出版十期，销数即达三万，投稿通信与亲来接洽者，日以百计。"由于帝国主义和军阀的扼杀，该报于6月27日出版第二十四期后被迫停刊。

第一份党中央直属机关内部刊物——《支部生活》

1927年夏，邓颖超由鄂抵沪。她重返上海是"受命处理党组织由公开转入秘密状态的许多工作，紧急处理中央机关迁回上海"的相关事务。

1928年下半年，随着在沪中共中央机关的逐渐完善，设立了中央直属机关支部（简称"直支"，代号"植枝"），由邓颖超担任书记。那时，因白色恐怖笼罩，加上条件困难，党内读物很少，只有中共中央机关刊物《布尔塞维克》和《红旗》等。邓颖超在听取大家意见后，经与"直支"其他领导成员商量，决定出版一份党刊，由于是"直支"创办的，遂定名为《支部生活》。中共中央政治局常委、组织部部长周恩来对此热忱支持，并通过中央组织部向"直支"正式提出建议："《支部生活》的编辑，必须注重在一般同志所需要所欲求解答的问题作编辑的材料，应将过去的记录汇刊的方式改变过来，以引起同志的兴趣与刊物热烈阅读的情绪，得到实际灌输的收益，同时必须保证定期的出版。"

1929年1月，《支部生活》创刊，邓颖超担任主编。该刊系12开本，以毛边纸印刷，每月出版一两期，每期字数在5 000至1万之间；起初每期印行75册，以后根据需要数量增加。有一次，交通员在送发《支部生活》时，遇到敌

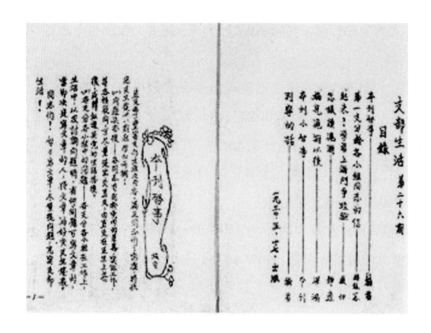

《支部生活》第二十六期目录

人突然搜查,幸好巧妙应变脱身。为了确保安全,此后《支部生活》很注意隐蔽性,如1930年5月17日出版的第二十六期采用了谐音的“志夫新话”伪装封面。

邓颖超主编《支部生活》期间,很重视从多方面了解党员思想状况,以便有针对性地组织稿件。创刊号登载了“直支”干事会(即委员会)的工作纪要,阐明“直支”的任务是:(一)加强政治训练;(二)督促工作;(三)整顿党员的日常生活;(四)讨论参加产业支部工作;(五)讨论秘密工作问题。第三期刊出了“直支”第十七党小组的报告和批评,并有“伍豪”(即周恩来)作的结论;第十五期发表了“伍美”(即邓颖超)的《学习化与研究化》;第三十九期发表了《健全支部生活》《党员为什么要交纳党费》《CPY直支目前应注意的两个问题》等。该刊除登载重要文件和工作纪要外,还介绍上海工人运动和学生运动开展的情况,并发表了许多富有战斗性、建设性的文章,深受党内同

志好评,大家争相传阅。邓颖超曾以"直支"的名义在该刊登载启事,动员大家都来写稿。

当年,周恩来、邓颖超夫妇曾寓居上海北四川路(今四川北路)永安里44号。邓颖超为了完成审稿和编辑,常忙到深夜才休息。在沪期间,她还担任过中央组织部干事参与指导工人运动,并抽空撰写了《怎样在新的革命浪潮中保护党》《秘密工作的几个教训》《对今年"三八"节应有的认识》《准备"五一"中的妇女工作》等文章。

邓颖超后因工作需要离开"直支",但《支部生活》仍按原定宗旨继续印行,现在所见的最后一期为1930年10月1日出版的第三十九期。

(本文发表于2017年11月,图片由作者提供)

沪上早期红色出版机构

朱少伟

众所周知，上海是中国近现代出版业重镇。然而，不少人未必晓得，上海也是中国现代红色出版的源头：在建党前后，沪上五个早期红色出版机构陆续亮相，并首创了"出版社"这个名称。

出版《共产党宣言》的社会主义研究社

党的第一个出版机构，是1920年8月为出版《共产党宣言》而在上海创办的社会主义研究社。

五四运动前后，马克思主义在中国文化界已成为新潮，梁启超、李大钊、张闻天等都在所撰文章中摘译、引用过《共产党宣言》片段，李汉俊等也在报刊上介绍过它的相关章节。当年，上海《星期评论》以研究和介绍社会主义而获盛名，该刊问世于1919年6月，在进步知识分子中影响很大。《星期评论》编辑部深感尽快把马克思主义经典译成中文"已是社会之急需，时代之召唤"，急切希望译出《共产党宣言》全文，进行连载。参与编刊的邵力子想到一位译者人选，那就是多次向自己主编的上海《民国日报》副刊《觉悟》投稿的陈望道，他不仅思想进步、精通日文和英文，而且具有一定的马克思主义学识；于是，

便在《星期评论》编辑部的讨论中提出:"能承担此任者,非杭州的陈望道莫属。"这个建议得到大家的赞同,陈望道被确定为《共产党宣言》译者。

1920年早春,陈望道接受任务后,从杭州回到义乌故里。在分水塘村老宅,他根据《共产党宣言》日译本、英译本,并借助《日汉辞典》和《英汉辞典》,着手进行翻译。为了避免嘈杂干扰和防备敌人搜查,他整天躲在简陋的柴房里。经数十天的艰苦奋战,于4月底基本完成翻译任务。不久,他受邀赴沪,参加编辑《星期评论》周刊;在上海,他对译稿做了整理。经李汉俊、陈独秀校勘,再返由译者改定,原计划在《星期评论》连载,但该刊在1920年6月上旬遭查禁。此时,陈独秀等已开会决定成立党组织,面对此变故,经与俄共远东局代表维经斯基商量,决定建立社会主义研究社,直接出版陈望道译的《共产党宣言》。与此同时,陈独秀在维经斯基帮助下,在上海辣斐德路成裕里12号(今复兴中路221弄12号)建立又新印刷所(名称有"日日新,又日新"之意),印刷工作由郑佩刚负责。

陈望道译的《共产党宣言》由社会主义研究社推出时,标明出版时间为1920年8月;同年8月17日,维经斯基在给俄共(布)中央西伯利亚局东方民族处的函件中,提及《共产党宣言》已出版,所以它的印刷日期应在此之前。该书竖排平装,小32开本,共56页,用5号铅字排印,共印1 000册;封面为浅红色,有马克思半身坐像,印着"马格斯(按:即马克思)安格尔斯(按:即恩格斯)合著""陈望道译"等字样;由于又新印刷所排字工人的疏忽,封面上"共产党宣言"被误印成"共党产宣言",这却为以后鉴别《共产党宣言》初版本提供了依据。同年9月,为了满足读者需求,社会主义研究社推出《共产党宣言》第二版,又印1 000册,并纠正了封面书名的排字差错。

一些学者以为,陈望道译的《共产党宣言》出版后,社会主义研究社就功成身退,所以对它建立和结束的具体时间,几乎未见有研究。经查,1920年6月6日,《星期评论》出至第五十三号遭查禁;6月27日,《俞秀松日记》提及:

又新印刷所旧址

"夜,望道叫我明天送他所译的《共产党宣言》到独秀家去,这篇宣言底原文是德语,现在一时找不到,所以只用英、俄、日三国底译文来对校了。"第二天则记:"九点到独秀家,将望道译的《共产党宣言》交给他,我们说些译书的事,总该忠实精细。"这表明,陈独秀应是在1920年6月下半月着手建立社会主义研究社,并开始实质性运作;这第一个红色出版机构,就设于他的寓所上海环龙路老渔阳里2号(今南昌路100弄2号),陈望道翻译的《共产党宣言》第一个中译本在此完成编辑工作。

为了宣传马克思主义,社会主义研究社计划出版一套"社会主义研究小丛书"。陈望道翻译的《共产党宣言》封面上,标明为"社会主义研究小丛书第一种"。1920年9月,社会主义研究社又出版德国米里·伊·马尔西著、李

汉俊译的《马格斯资本论入门》，作为"社会主义研究小丛书第二种"。这是中国第一本介绍《资本论》的通俗读物，它扼要叙述了马克思学说中关于商品、价格、剩余价值及劳动与资本的关系等问题；他撰的序里感叹："将马格斯（按：即马克思）经济学说，说得这样平易而又说得这样得要领的，在西洋书籍中也要以这本为第一。"此书颇受欢迎，成为各地党组织和团组织成员必读材料；毛泽东等创办的长沙文化书社则将它列入重要书目，数月便售出200册。

1920年9月1日，陈独秀在《新青年》第八卷第一号发表《谈政治》，指出："只有被压迫的生产的劳动阶级自己造成新的强力，自己站在国家地位，利用政治、法律等机关，把那压迫的资产阶级完全征服，然后才可望将财产私有、工银劳动等制度废去，将过于不平等的经济状况除去"；"我承认用革命的手段建设劳动阶级（即生产阶级）的国家，创造那禁止对内对外一切掠夺的政治、法律，为现代社会第一需要"。这篇长文章是陈独秀早期思想历史性跨越的重要标志，在社会上引起很大反响。因而，社会主义研究社很快把它列入"社会主义研究小丛书"，以《政治主义谈》书名出版单行本。

1920年9月30日，沈玄庐在上海《民国日报》的副刊《觉悟》登载《答人问〈共产党宣言〉底发行》，其中说："你们的来信问陈译马克思《共产党宣言》的买处，因为问的人太多，没工夫一一回信，所以借本栏答复你们问的话：一、'社会主义研究社'，我不知道在哪里。我看的一本是陈独秀先生给我的；独秀先生是到'新青年社'拿来的，新青年社在法大马路大自鸣钟对面。二、这本书底内容，《新青年》《国民》——北京大学出版、《晨报》都零零碎碎地译出过几本或几节的。凡研究《资本论》这个学说系统的人，不能不看《共产党宣言》，所以望道先生费了平时译书的五倍功夫，把彼底全文译了出来……"这表明社会主义研究社的出版物，深受广大读者重视。

1920年9月后，因公开的新青年社建立，承担了党的书刊出版工作，社会主义研究社完成使命。作为党的第一个出版机构，该社虽仅存在数月，但它

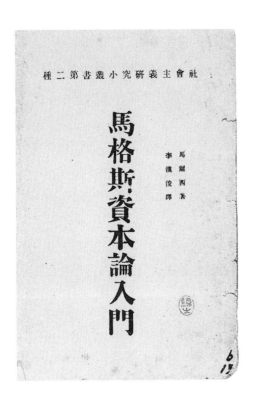

社会主义研究社出版的《马格斯资本论入门》

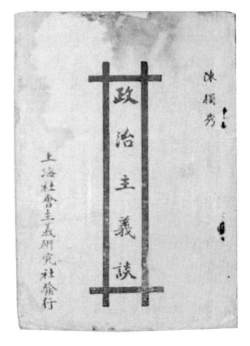

社会主义研究社出版的《政治主义谈》

出版《共产党宣言》第一个中译本的功绩，值得永远被铭记。随着岁月的流逝，该社出版的《共产党宣言》初版本，原知存世仅十一册，上海图书馆、上海市档案馆、中共一大会址纪念馆、上海鲁迅纪念馆各有一册；2020年6月，在上海社会科学院图书馆馆藏中又发现一册，这样全国共保存十二册，上海一地便有五册。

一份文化名刊发展成新青年社

1920年8月，中国共产党发起组成立。不久，决定将《新青年》改版为其机关刊物；而且，建立新青年社，总发行所设于上海法大马路279号（今金陵东路近河南南路处），俗称"大自鸣钟对面"。

陈独秀主编的《新青年》，1915年9月创刊于上海，是中国近现代一份内涵丰富深刻、影响广大深远的杂志，它开启了民智，振奋了国魂。最终，它由文化先锋到革命罗针，是一种必然。

《新青年》在沪进行改版，仅用了一个月，从1920年9月1日出版的第八卷第一号起，它实现了新的跨越，成为中国共产党发起组公开出版的机关刊物，仍为月刊，由陈独秀主编（至年底，他赴广东担任教育委员会委员长，杂志由陈望道负责），总发行所由苏新甫负责；随即，正式脱离上海群益书社，由新青年社运作。

新青年社作为党的早期出版机构，除了出版《新青年》，也负责印行面向工人、店员的《劳动界》和《上海伙友》；1920年8月15日，《劳动界》创刊号出版，封面标明"总经售处上海法租界大自鸣钟对面新青年社"，这是"新青年社"名称初次见诸媒体。

从1920年秋开始，新青年社陆续推出陈独秀主编的"新青年丛书"，书目广告列有近10种，实际付梓8种，其中有李季译、蔡元培写序的《社会主义史》

（"新青年丛书"第一种），陈独秀、李达等撰的《社会主义讨论集》（"新青年丛书"第二种），黄凌霜译、张伯坚校的《哲学问题》（"新青年丛书"第三种），恽代英译的《阶级争斗》（"新青年丛书"第八种）等。

尤其值得一提的是，1920年11月出版的"新青年丛书"第六种《欧洲和议后之经济》（英文书名 *The Economic Consequences of the Peace*，今译《和约的经济后果》），由陶孟和、沈性仁译，著者为坎斯（今译凯恩斯），系20世纪最有影响的经济学家之一，第一次世界大战结束后曾以英国财政部首席代表身份参加巴黎和会。凯恩斯的《和约的经济后果》1919年12月出版后，受到列宁的高度重视，他在1920年7月召开的共产国际第二次代表大

新青年社总发行所旧址

会上作《关于国际形势和共产国际基本任务的报告》时，为了证明资本主义矛盾全面尖锐化，提到凯恩斯的名字二十余次，也多次引用该书相关数据和观点，并指出："如果一方面，群众的经济状况已经到了不可忍受的地步，另一方面，像凯恩斯所证实的那样，在极少数势力极大的战胜国中间，瓦解已经开始而且正在加深，那么，十分明显，世界革命的两个条件都正在成熟。"当年，新青年社出版凯恩斯这部成名作的第一个中译本，给我国读者理解资本主义和帝国主义的本质属性提供了新资料、新见解，有助于马克思主义在中国的传播。

由于新青年社的出版物颇受欢迎，该社总发行所常热闹非凡，大批学生和青年工人屡屡光顾，他们成为早期党刊引领的两大主要受众群体，其中的许多先进分子后投身于革命事业。1921年2月，《新青年》第八卷第六号在沪付排时，上海法租界巡捕房警探以"宣传过激"为由，到印刷厂将全部稿件搜走，又查封新青年社，该社不得不迁往广州。翌年7月，《新青年》休刊。

1923年6月，中共三大作出决议，重新出版《新青年》，作为中共中央理论性机关刊物；6月15日，《新青年》在广州复刊，并另行编号，从原先的月刊改成季刊，由瞿秋白主编。复刊伊始，瞿秋白发表了《〈新青年〉之新宣言》，明确表示："《新青年》的职志，要与中国社会思想以正确的指导，要与中国劳动平民以知识的武器。《新青年》乃不得不成为中国无产阶级革命的罗针。"《新青年》不负使命，继续承担起系统性地宣传马克思主义基本理论的重任。1926年7月，《新青年》终刊；此前，新青年社已于1923年秋先结束业务，其所有存书和各省代售处账款都转给上海书店。然而，直至大革命后期，瞿秋白仍在武汉以新青年社名义，主编并出版了一套"新青年社丛书"，其中有《中国革命问题论文集》《劳动运动史》《共产主义的ABC》《无产阶级之哲学——唯物论》《共产国际党纲草案》《俄国革命运动史》《列宁主义概论》（今译《论列宁主义基础》）等书籍。

"新青年丛书"第一种《社会主义史》

"新青年丛书"第二种《社会主义讨论集》

"新青年丛书"第三种《哲学问题》

675

"新青年丛书"第八种《阶级争斗》

"新青年社丛书"之一种《共产主义的ABC》

"新青年社丛书"之一种《共产国际党纲草案》

曾掩护中共一大会址的新时代丛书社

中国共产党发起组在筹备中共一大期间,李汉俊主动提出将他与胞兄李书城(同盟会元老)的寓所即上海望志路106—108号(今兴业路76—78号)"李公馆"客厅,作为开会的场所。为了掩护中共一大会址,李汉俊、李达等在此创办了新时代丛书社。

1921年6月24日,上海《民国日报》副刊《觉悟》登载《"新时代丛书"编辑缘起》;6月28日,北京《晨报》也登载了此文。《"新时代丛书"编辑缘起》申明:"起意编辑这个丛书,不外以下三层意思:一、想普及新文化运动,我们以为未曾'普及'而先讲'提高',结果只把几个人'提高'罢了,一般人民未必受到益处;我们又相信一个社会里大多数的人民连常识都不曾完备的时候,高深学问常有贵族化的危险。纵有学者产生,常变成了知识阶级的贵族;所以觉得新文化应该先求普及。二、为有志研究高深些学问的人们供给下手的途径,这是和上面说的一层互相关联的,普及两字在别一意义上就是筑根基,各种讲科学讲思想的入门书在现今确是很需要,便是主张'提高'的,这一步也是跨不过。三、想节省读书界的时间与经济,在资本主义的社会里,不但进学校读书的权利不是人人都有,就连看点自修书的时间和经济也不能人人都有的。这个丛书的又一目的,就是希望能帮助一般读者只费最短的时间和最少的代价,去得较高的常识和各科学的门径。"同时,公布"本丛书内容包括文艺、科学、哲学、社会问题及其他日常生活所不可缺之知识;不限册数,或编或译,每册约载三万字";"编辑人(以姓氏笔画繁简为序)"是李大钊、李季、李达、李汉俊、邵力子、沈玄庐、周作人、周佛海、周建人、沈雁冰、夏丏尊、陈望道、陈独秀、戴季陶、经亨颐,其中多为中国共产党发起组成员;通信处为"上海贝勒路树德里一百零八号(按:即望志路108号后门弄堂门牌)转新时代丛书

社"。因新时代丛书社设于"李公馆",自然就由李汉俊具体负责。

1921年7月23日晚,中共一大在"李公馆"客厅开幕。7月30日晚,举行第六次会议。一个陌生的中年男子突然闯入,环视一遍又匆忙退出。在场的共产国际代表马林判断此人是密探,建议立即休会。仅隔10多分钟,上海法租界巡捕房的两辆警车就停在门前,法籍警官厉声质问房主,经李汉俊用熟练的法语泰然应对,这些家伙的气焰才有所收敛,搜查得比较马虎,最终悻悻而归。包惠僧的《中国共产党第一次全国代表大会的几个问题》披露,在巡捕们离开后,他曾前往探视,李汉俊告知:"我对他们说是北大几个教授在这里商量编现代丛书的问题。侥幸的是一份党纲放在李书城写字台抽屉内,竟没被发现。"于是,中共一大化险为夷,已转移的代表们也避免被追踪。

新时代丛书社并非一块空牌子,在1922年1月至1923年12月陆续编译、出版了9种书籍。"新时代丛书"第一种,是日本堺利彦著、李达译的《女性中心

677

新时代丛书社部分书籍

说》，1922年1月出版，"译者序"注明为1921年7月6日所撰；第二种，是日本高畠素文著、夏丏尊和李继桢译的《社会主义与进化论》，1922年3月出版；第三种，是英国派纳柯克著、施存统译的《马克思主义与达尔文主义》，1922年1月出版；第四种，是日本高畠素文著、施存统译的《马克思学说概要》，1922年4月出版；第五种，是英国唐凯司德著、周建人译的《遗传论》，1922年6月出版；第六种，是日本安部矶雄著、李达译的《产儿制限论》，1922年10月出版；第七种，是英国麦开柏著、太朴译的《进化》，1922年12月出版；第八种，是日本山川菊荣著、祁森焕译的《妇人与社会主义》，1923年11月出版；第九种，是瑞典爱伦凯著、沈泽民译的《儿童教育》，1923年12月出版，这些书籍均由上海商务印书馆发行。1922年6月，"新时代丛书"第五种《遗传论》出版时，通信处开始变更为"上海宝山路商务印书馆编译所沈雁冰转新时代丛书社"；因此时李汉俊已赴鄂，但他离沪前，仍于6月6日在上海《民国日报》副刊《觉悟》发表《研究马克思学说的必要及我们现在入手的方法》，介绍了"新时代丛书"第二种《社会主义与进化论》、第三种《马克思主义与达尔文主义》。

如今，上海图书馆仍收藏着整套"新时代丛书"，这些书籍均为32开本。"新时代丛书"具有以下特点：第一，既体现了曾公布的宗旨"增进国人普通知识"，又传播了马克思主义；第二，每册仅数万字，页数不多却内容充实，文字通俗易懂；第三，封面设计既新颖别致又生动体现编辑宗旨，黑体书名非常醒目，中间有地球图案，上标"新时代丛书"五字，那紧握的双手图案象征全世界无产者的联合；第四，相关书籍全部采用"马克思"译名，这与现在的规范译名已一致，而此前出版界则有"马客偲"（见李提摩太、蔡尔康合译的《大同学》）、"玛古斯"（见杜士珍译的《近世社会主义评论》）、"马陆科斯"（见赵必振译的《近世社会主义》）等译名，有些混乱。正因如此，新时代丛书社的书籍绝大多数都曾再版，而《女性中心说》和《遗传论》还曾推出第三版。

第一个人民出版社

中国近代的出版机构，多称"书局""书社""书店""印书馆"等。中国共产党成立不久，为了有系统地编译马克思主义著作，在沪建立第一家人民出版社，由曾参与编辑《新青年》、主编《共产党》的李达负责。从此，"出版社"的名称正式亮相，并逐渐流行。

李达于1920年夏成为中国共产党发起组成员，在中共一大会议中被选为中央局成员、宣传主任。李达在上海南成都路辅德里625号（今老成都北路7弄30号）的寓所，成为人民出版社社址。

1921年9月，《新青年》第九卷第五号登载《人民出版社通告》，阐明其宗旨和任务："近年来新主义新学说盛行，研究的人渐渐多了，本社同人为供给此项要求起见，特刊行各种重要书籍，以资同志诸君之研究。本社出版品底性质，在指示新潮底趋向，测定潮势底迟速，一面为信仰不坚者祛除根本上的疑惑，一面和海内外同志图谋精神上的团结。各书或编或译，都经严加选择，内容务求确实，文章务求畅达，这一点同仁相信必能满足读者底要求。"

1921年11月发布的《中国共产党中央局通告》中，则明确要求："中央局宣传部在明年7月以前，必须出书（关于纯粹的共产主义者）二十种以上。"经李达的具体筹划，人民出版社拟定了内容丰富的出版计划，准备推出"马克思全书"15种，"列宁全书"14种，"康民尼斯特（英文communist的音译，即共产主义）丛书"11种，其他读物9种。由于受经费、人手等方面的限制，最终这批书籍未能全部出齐。

陈独秀在《给共产国际的报告》中提及：仅数月时间，人民出版社已出版书籍12种，各印3 000册。据考，人民出版社实际出版书籍近20种，其中不仅有《工钱劳动与资本》（即马克思的《雇佣劳动与资本》，袁让译）、《劳农会

新青年社出版的《社会主义讨论集》卷首登载的《人民出版社最近出版的新书》

之建设》(即列宁的《苏维埃政权当前的任务》,李达译)、《讨论进行计划书》(包括列宁的《论无产阶级在这次革命中的任务》和《论策略书》,沈泽民译)、《共产党礼拜六》(即列宁的《伟大的创举》,王静译)、《劳农政府之成功与困难》(即列宁的《苏维埃政权的成就与困难》,李墨耕译)最早中译单行本等,还有重印的《共产党宣言》《马克思资本论入门》等,以及《劳动运动史》《俄国革命纪念》《两个工人谈话》《李卜克内西纪念》四种小册子;另外,为了纪念马克思诞辰105周年和声援各地工人群众的革命斗争,先后印制了大量宣传品。

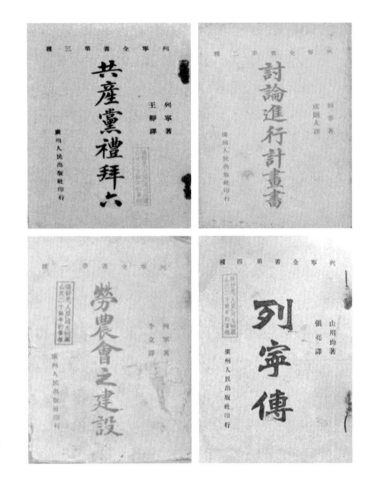

建党初期人民出版社部分书籍

李达在主持人民出版社期间，常废寝忘食地工作，所编印的书籍都通过可靠关系秘密运送到各地。李达在《中国共产党的发起和第一次、第二次代表大会经过的回忆》中提及："'人民出版社'由我主持，并兼编辑、校对和发行工作，社址实际在上海，因为是秘密出版的，所以把社址填写为'广州昌兴马路'。"那时，广州是孙中山领导的根据地，人民出版社为了确保安全，编辑的书籍标明由"广州人民出版社"出版，社址写作"广州昌兴马路二十六号"，使敌人无法以"宣传过激主义"的罪名进行查禁。1922年11月，李达应毛泽东函邀前往长沙，到湖南自修大学工作；翌年夏，人民出版社并入已迁至广州的新青年社。

当年，人民出版社具有以下特点：第一，善于进行编辑策划，在短时间内便拟就"马克思全书""列宁全书""康民尼斯特丛书"这3套丛书的大型出版计划，尽管最终因受条件限制未能全部完成，但已印行不少重要书籍；第二，高度重视编译质量，在推出马列著作时既讲究词语浅显又要求译文准确，译书工作主要依靠有较高外语水平的党内同志（如李达、沈泽民、李汉俊等）；第三，及时打通发行渠道，既利用书店又依托各地党组织，使出版物能迅速送至党内同志和进步青年手中，并达到不小的印数。正因如此，蔡和森在1926年撰写的《中国共产党史的发展（提纲）》中这样评价："人民出版社……为我党言论机关，出版了很多书籍，对思想上有很大的影响。"

海外有分支机构的上海书店

1925年冬，正在广州农民运动讲习所学习的毛泽民（毛泽东胞弟）奉命来沪，担任中共中央出版发行部经理，并兼所属公开业务机构上海书店负责人，他对身边的同志说："上海书店是极要紧的阵地，我们必须把事情做好。"在毛泽民领导下，上海书店在搞好书刊出版的同时，不仅广开国内发行渠道，也放眼于海外市场。

上海书店于1923年11月1日开张，店址设于小北门民国路振业里口11号（后门牌为人民路1025号，现遗址已融入环城绿地），此系沿马路的老式房屋，单开间门面，有一楼一底加弄堂过街楼；门口挂着一块蓝底白字招牌，店堂两侧放置木框玻璃书橱，为了转移鹰犬们的视线，在醒目处特意摆着上海商务印书馆、民智书局、亚东图书馆、新文化书社的出版物。开张的第二天，该店在上海《民国日报》副刊《觉悟》登载广告，阐明宗旨："我们要想在中国文化运动上尽一部分的责任，所以开设这个小小的书铺子。我们不愿吹牛，我们也不敢自薄，我们只有竭我们的力，设法搜求全国出版界关于这个运动的各种出版

物，以最廉价格献于读者之前，这是我们所愿负而能负的责任。"该店印刷、发行的具体事宜，由徐白民（中共上海地委兼区委执行委员）主持；编辑方面的事宜，则由瞿秋白、蔡和森、恽代英等分别承担。徐白民后曾回忆："党在上海本来有一个公开的发行机构，那就是新青年社，社址在法租界大自鸣钟对面。该社自被法捕房封闭后，迁到广州……因此，党决定另起炉灶，在华界找一个适当的地方开一家书店，这就是上海书店。"

上海书店承担了发行中共中央机关刊物《向导》和团中央机关刊物《中国青年》等的任务，还重印了人民出版社的不少读物；而且，陆续出版了不少新书，其中有瞿秋白等的《社会科学讲义》《社会科学概论》《国外游记汇刊》《新社会观》，恽代英等编的《反帝国主义运动》《平民千字课》，施存统的《世界劳工运动史》，李求实编的《革命歌声》，沈泽民译的《恋爱与道德》，杨明斋的《评中西文化观》，蒋光赤的诗集《新梦》等；还陆续推出《将来之妇女》《唯物史观》《马克思主义浅说》《关税问题与特别会议》《青年工人问题》《显微镜下的醒狮派》等六种"中国青年丛书"，《不平等条约》《中国关税问题》《反戴季陶的国民观》《论北伐》等四种"向导丛书"，合计逾30种。该店很多出版物都由党内同志编写，装帧挺讲究，销量比较大，如《马克思主义浅说》屡次重印。为了方便读者，毛泽民四处奔波，不仅在沪西、沪东、沪北开辟分销处，在长沙、湘潭、广州、潮州、太原、南昌、安庆、青岛、重庆、宁波等城市建起支店或代办处，还在香港、海参崴、巴黎设立代售处；这样一来，出版物尚未印刷即能收到一大笔预付款，他得以用这些钱缓解周转资金的紧缺。

毛泽民根据地下斗争的需要，化名杨杰，时而长衫马褂，时而西装革履，以上海书店"老板"身份出入上海的一些报馆、书店、发行所和印刷所联系业务，显示出干练的气质。上海杨浦怡和纱厂工会骨干钱希均经组织安排，到中共中央出版发行部做毛泽民的助手，两人假扮夫妻掩护机关。他一见到这位年轻党员，就语重心长地叮嘱："关于你的工作，除了搞好报纸和书刊的发行外，

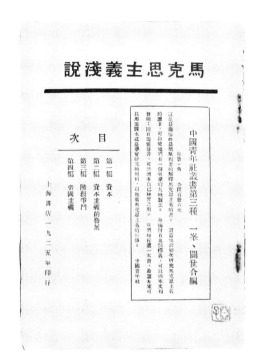

上海书店出版的《马克思主义浅说》

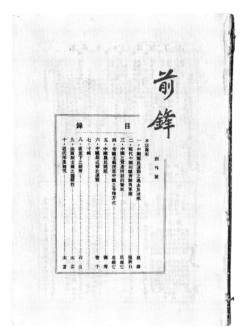

上海书店发行的《前锋》创刊号

还要担任地下交通，要经常去中央机关及一些领导同志的家中联络。这个工作更重要，机密性更强。做好这一工作，一方面要灵活，同时还要严格保密，尽量减少社会关系，少与别人来往……"他们志同道合，在工作中互相关心体贴，翌年两人结婚。钱希均曾回忆，当年中共中央出版发行部机关、印刷厂分别设于上海大通路（今大田路）大通里、斯文里，山海关路的一个作坊则是分发秘密文件的基地。1925年12月至1927年4月，这对革命伉俪一直寓居大通里；1926年11月，毛泽东担任中共中央农委书记，来沪主持制订《目前农运计划》，也住在这里。

随着中共中央机关刊物和各种革命书刊的发行逐渐扩大，上海书店原有印刷能力无法满足需要。毛泽民又在新闸路培德里建起一个印刷所，它直接由中共中央出版发行部领导。

上海书店影响日益扩大，使军阀当局很惊慌，1926年2月淞沪警察厅找借口予以查封。毛泽民很快在上海宝山路、宝昌路口找到新店址（原建筑已在1932年一·二八事变中毁于日军炮火），以宝山书店名义继续发行革命书刊；同年秋，他将上海书店存书全部运往武汉，于11月设立长江书店（由苏新甫负责具体业务），该店所登广告中明确表示"继承上海书店营业"。1927年2月，毛泽民又设立上海长江书店（位于原宝山书店），3月31日在上海《民国日报》登载《上海长江书店启事》："本店现受《向导》社、《新青年》社、《中国青年》社委托为上海总发行所，经售一切关于革命书报。现设总店于本阜（埠）闸北宝山路宝昌路口，分店则设于本阜（埠）南市西门中华路（即共和新影戏院隔壁）。"1927年四一二反革命政变后，上海长江书店被查封。

当年，上海书店具有以下特点：第一，堪称初具"集团"规模，已实现编、印、发"一条龙"，既编辑琳琅满目的书籍，也出版多种有影响的期刊，还设立专门的发行机构和印刷所，并有实力代销其他知名书店的一些质量较好的出版物；第二，出版物品种丰富，除了革命书刊、学术专著，还有文艺作品、通俗

读物,党内同志和普通群众皆能从中挑选所需要的阅读内容;第三,经营管理方面有独到之处,不仅在全国20多个城市筹建分销处,还在海外设分支机构,既出色地完成党赋予的政治任务,也取得了一定的经济效益(如在毛泽民到任一年时,经中共中央机关派会计人员核查,经济上已有可观盈余)。正因如此,论及早期在沪党的出版机构,上海书店尤其受重视,它的机构规模、出版成果、发行业绩均首屈一指。

建党前后,沪上五个早期红色出版机构或敢于创新,或精于策划,或善于开拓,在艰苦条件下形成各自鲜明的编辑特色或成功的管理方式,为向人民群众开展革命宣传、促进马克思主义在中国广泛传播作出了重要贡献。

(本文发表于2021年7月)

上海弄堂里的
中共秘密电台

马长林

1927年四一二反革命政变发生后，原先的国共合作破裂，白色恐怖笼罩着整个上海，共产党组织在上海的活动全部转入地下状态。在上海生存和活动的中共各级党组织，利用对上海情况的熟悉，为反击反动政权的镇压和迫害，推进革命的深入，组织开展了各种秘密活动。在各种秘密活动中，担负着情报和工作指示等信息快速传递的秘密电台，可说是众多秘密活动中最紧张、最曲折、最有风险，但同时也是最重要的。这些秘密电台，大多设在上海普通弄堂里的石库门房子内，曾经为建立上海中央与苏区、上海与延安中央的通信联系作出了可贵的贡献。中共秘密电台的历史，凝聚了共产党人的智慧，反映了共产党人坚贞不屈的革命意志。

最早的地下电台

1928年夏，为了加强中央同各地的通信联络工作，党中央决定建立电台，在特科增设了无线电通讯科（四科），开展无线电通信工作。当时党内还没有这方面的专业人才，中央一方面从莫斯科中山大学的留学生中选派人员到莫斯科和列宁格勒参加国际无线电训练班，学习无线电通信技术，一方面在上海

选派优秀的同志开展此项工作。这年11月,领导特科的中共中央军委书记周恩来派李强、张沈川等人分别研制收发报机器,学习收发报技术。

　　李强此时在中央特科负责秘密交通工作,他原来是学土木工程的,没有学过无线电,因此组织上让他去学电台机务并研制机器。对李强来说,一切需要从头学起,好在他在学校时数、理、化基础知识比较扎实,加上大学里全用英语课本上课,所以他的英文也可以。李强接受任务后,就到街上去买了美国大学用的有关教材,进行系统的自学,除了理论上的学习,他还到上海的无线电工厂偷着学习。在当时博物院路(今虎丘路)上有一家大华科学仪表公司,生产的产品中有发报机,但因那家公司的厂子管得很严,进不去,李强设法把他们的产品搞出来,一面"解剖",一面学习。另外李强还以无线电业余爱好者的

1929年秋中共在上海建立的第一座电台所在地——原大西路(今延安西路)福康里9号

身份,同当时在上海经营美国无线电器材的"亚美公司"和"大华公司"的商人交了朋友,从他们那里购买了制造电台所需要的零部件和材料,以及许多有关无线电技术方面的书刊,然后躲在赫德路(今常德路)的一所房子里,照着《无线电杂志》上的线路图样,同张沈川一起,先组装收报机,再组装发报机。

张沈川是一名1926年入党的老党员,此时正担任中共法南区委所属法租界党支部书记,他看到报纸上刊登了一则老西门蓬莱路有一所"上海无线电学校"的招生广告,感到正好是个学习机会,便用张燕铭的化名去报了名。这个无线电学校的牌子同"国民革命军总司令部第六军用电台"的牌子挂在一起,实际上是电台台长刘鹤年利用电台的房屋和报务员兼教员,对外招学生,收学费,捞外快,所以学生学习都是在夜晚。张沈川一进了无线电学校,组织上就给他买了电键、蜂鸣器、干电池、一个矿石收音机和一副耳机,供他练习。在无线电学校结业后,张沈川在第六军电台当了两个月的实习生。

1929年春末,在公共租界大西路(今延安西路)福康里9号一幢三层楼石库门房子内,李强他们终于成功地组装了第一部电台。这台机器虽然很笨重,功率也只有50瓦,但这可以说是中共拥有的第一台无线电通信设备。深夜他们用业余无线电台的呼号呼叫,得到了其他业余电台的回答。于是张沈川通过这部电台收抄苏联伯力和美国旧金山等台播发的俄文、英文电讯,以此练习抄报技能。

组织上获知他们组装电台成功,便从各地选调了近十名青年党员,来学习收发报,为建立地下无线电台作准备。当时上海白色恐怖十分严重,李强他们便采取上门教课的方式,各人分散居住,单线联系,一个一个上门去教。第一个学生是黄尚英,当时只有十八九岁,她原来在上海基督教青年会学过一些电台业务。此后参加学习的有王子纲、伍云甫、曾三、曾华伦、刘光慧(女)、赵荫祥(女)、蒲秋潮(女)等人。这些学员在学习期间生活非常艰苦,为了保密,一般很少外出,也很少和别人通信,但有时为了防止二房东怀疑这些外地来的年

轻人为什么没有信件来往，又要自己写信从外面投寄到住处。

1929年下半年，李强按照组织上的指示，两次到香港建立电台，1930年1月，香港电台同上海电台正式通报，拉开了中共运用电台进行远距离通信的序幕。1930年春天，受过培训的伍云甫、曾三、涂作潮三位同志从上海到达江西中央苏区。后来在苏区第二次反"围剿"作战中，红军缴获了国民党军队公秉藩师的一部100瓦电台，由此建立了中央苏区同上海党中央的无线电通信。

在白色恐怖笼罩的上海，要使一座秘密电台长期隐蔽下来很不容易，国民党特务同租界巡捕房相勾结，将定向测试电台装在汽车上，每天晚上在马路上兜圈子，侦察秘密电台的方位，据说冯玉祥、阎锡山设在上海的秘密电台都先后被侦破。为了能使秘密电台生存下来，担任秘密电台工作的同志都严格遵守组织纪律，深居简出，基本上断绝了同社会上的联系，一两年才同家里通一次信。他们的收发报都在周围居民入睡后的深夜进行，电台功率只有50瓦。有一次，为了提高工作效率，他们想试用100瓦功率的发报机，但一按电键，只见电灯光闪动，于是马上停止了工作。

1930年2月，福康里电台的隔壁，开设了一家妓院，英国兵每天夜晚来来往往，人员复杂。党组织感到这样不安全，决定另选台址。同年5月中旬，将电台迁到了公共租界静安寺路（今南京西路）赫德路福德坊1弄32号，这里比较僻静，所以比较安全。不久李强又在慕尔鸣路（今茂名北路）兴庆里17号（安吉里11号）、长阳路友邦里东一弄61号、长阳路乾信坊等处分别设立了电台和装配间。

第一所地下无线电训练班

革命活动的发展，需要各级组织和各地之间能有快速的通信联络，特别是苏区和红军急需无线电人才，为此1930年9月，中央决定采用集中办训练班的

方式训练电台人员，于是特科按照中央的决定，创办了第一所地下无线电训练班。特科办的这个地下无线电训练班，位于法租界巨籁达路（今巨鹿路）391弄（四成里）12号，当时为了掩护，对外挂一块"上海福利电器公司工厂"的招牌，样橱里摆放了一些待修理的收音机和零件，楼下有工作台、马达、待充电的蓄电池等，二楼和三楼是学员的宿舍，后楼和亭子间是办公室。训练班由顾顺章领导，实际负责人是李强，张沈川负责报务，吴克坚管组织和财务，方仲如（方廷桢）教电学，并负责学员的政治学习和生活管理。学员是由广东、江苏、湖南、福建省委选派来的。为了应付意外，学员打扮成工人模样，对外称工人，教员对外称经理或工程技术人员。

无线电秘密训练班开办不久，尽管作了伪装，但是由于工厂没有对外业务，没有隆隆的机器声，不进原料，更不出产品，因此没多久就引起了敌人的注意。11月中旬的一天下午，一个穿着工人服装的人进厂，自称是自来水公司检修水管的，他到每层楼都看了一遍。过了几天，又有四个样子像"白相人"的人闯进工厂，送来一张观音菩萨像，说是这里开了新工厂，特来道喜、讨酒钱，这四个人在厂里东张西望，满口流氓帮话。李强出面接待，给了他们四块大洋，他们才离开。一些同志感到可疑，向组织上反映，要求采取措施。这时顾顺章还没有叛变，训练班归他管，第二天他来到厂里，转了一圈后说不要紧，让大家

中共早期无线电训练班旧址——原巨籁达路（今巨鹿路）四成里12号

691

安心学习,没有采取任何措施,由此留下后患。

1930年12月17日下午,天下着蒙蒙细雨,训练班的几个领导开完会后正好外出,19名学员在张沈川、曾华伦两个教员指导下,戴着耳机,正在二楼学习收发报,房间里只听到"嘀嘀嗒,嘀嘀嗒"的声音和铅笔在纸上写的"沙沙"声。突然,六七个侦探,其中还有一个是外国人,推门而入,用手枪指着众人,大叫"不许动!"特务在全厂仔细搜查一遍后,将张沈川等21人全部抓走。在敌人搜查过程中,学员谢小康乘敌人不注意时将二楼前屋窗帘的右角拉开,这是预先约定的暗号,二楼前屋玻璃窗右角上方的窗帘拉开,就表示出了问题。幸亏这暗号亮出,才避免了更多同志被捕。过了几天,特科派人去侦察,见守候在那里的巡捕已经撤走,就把贴在门上的封条揭下,偷偷地把厂里的机器设备、小型发动机等都装上汽车运走。

张沈川等这些同志被押到法租界巡捕房后,立即被引渡到国民党上海市警察局。在那里张沈川他们巧妙地互串了口供,大家改名换姓,一致说是来上海学手艺谋生养家的。任凭敌人施用了各种刑罚及软化手段,大家对党的机密都守口如瓶,用事先编好的口供欺骗敌人。敌人尽管了解一些蛛丝马迹,但没有掌握任何直接的证据,遂将他们转到南京陆军监狱。1931年4月,国民党军事法庭根据所谓"危害民国紧急治罪法",判处其中17人有期徒刑九年七个月,另外3人有期徒刑六年六个月。党的第一所无线电训练班被破坏后,没有被捕的李强、毛齐华、伍云甫、涂作潮等按照组织的指示,仍继续在上海分散培训人员,建立地下电台,开展党中央同共产国际、苏区之间的秘密通信联系。

李白从延安来沪设立的第一个电台

1936年西安事变发生后,第二次国共合作开始,中共中央在上海设立办事处。周恩来派资深的老无线电人员涂作潮来上海筹建电台,接着又派田保洪

李白

秦鸿钧使用过的收发报机

为报务员,来上海负责同延安中央的电报通信。1937年8月,上海办事处改为公开的八路军驻上海办事处,电台由秘书长刘少文领导,报务工作也由从延安调来的李白负责。

根据组织的安排,秘密电台设在贝勒路(今黄陂南路)148号,这是一幢临街的三层楼房子,房屋的主人单志伊曾是国民党高级军官,当过孙中山的秘书兼日语翻译,同情革命,为人正直,同李克农家是世交,四一二反革命政变时曾经保护过李克农,此后经常援助李克农。他的儿子单惠民是个医生,政治上比较可靠,跟李克农是同学。组织上认为由这个家庭作掩护,对设立电台比较有利。李白住进贝勒路148号,为了隐蔽和安全,他把收发报机装在两只皮箱

里,白天放在二楼,同主人家里的皮箱混在一起,到晚上11点后,再拎上3楼,关紧门窗,挂上双层深色窗帘,换上5瓦灯泡,在灯泡周围蒙上一块黑布,然后把机器打开,开始收发报。为了隐蔽,机务员把电台的功率从50瓦改为15瓦,因为上海与延安距离遥远,电台功率改小后信号更加微弱,为了能够清晰地听到党中央的声音,李白每次都工作到凌晨4点。

李白通过电台,及时向党中央报告了日军的配备情况、侵略动向、国民党军队的防御情况、国际上对我国进行抗战的反应,以及上海党组织开辟郊区游击战的进展等,同时也传递了党中央、毛主席的重大决策和重要指示,为革命事业发挥了重要作用。

有一天下午,单惠民和他的儿子从外面回来,突然在楼梯上碰到一个人拎着两只皮箱下来,此人头戴礼帽,身穿绸袍,脚上的皮鞋光亮,手里拎的两只皮箱正好是李白的两只箱子。单惠民一见此情形,暗叫不妙,急中生智,立即上前抓住此人胸襟,啪啪两下给了那人两个耳光,厉声问道:"你是什么人?来这里干什么?"只见那人一下子跪在地上,说是生活困难才来偷东西的。单惠民借机厉声说:"念你未偷成,还不快滚出去!"那人狼狈跑出门外。单惠民立即让人去通知李白不要回来了,接着叫了一辆黄包车,把李白的两只箱子送走。由此李白的电台撤出了贝勒路148号。

1939年初,李白的上级领导刘少文调回延安,由龚饮冰接替。他认为秘密电台应该经常更换地址,并希望有一位女同志与李白做假夫妻,以作掩护,并协助他工作。这年5月,组织上专门调来在丝绸厂做工的青年共产党员裘兰芬担任这一特殊任务,于是李白和裘兰芬(此时已改名裘慧英)以"夫妻"的名义,在蒲石路(今长乐路)蒲石村18号住下,开展秘密电台的工作。1940年冬天,党组织为了让李白能学会自己装修电台,在威海卫路(今威海路)338号楼下开了一家"福声无线电公司"作掩护,由擅长修理的涂作潮出面当老板,李白做账房,还调来一位青年党员作"伙计"。电台设在三楼一间只有4平方

米的阁楼里,李白夜里发报,白天就跟着涂作潮学习机务技术。1942年7月,天气炎热,组织上关心李白,考虑到小阁楼的温度太高,又将电台转移到福履理路台拉斯脱路(今建国西路太原路)口福禄村10号。没想到两个月后,电台被日军侦破。

李白和裘慧英一起被捕。在狱中李白坚贞不屈,一口咬定自己是为阔佬做生意发商业情报。当时此类私人电台在上海确实不少,地下党组织也设法转请党外人士进行营救,加上敌特认为李白电台的功率不具备同延安通报的能力,李白遂于1943年6月被保释出狱。1944年11月,李白受命来到浙江淳安,化名李静安,打入国民党军委会国际问题研究所当报务员,利用敌台为党进行秘密通信工作。

第三国际的秘密电台

"八一三"淞沪抗战爆发后,第三国际根据形势的需要,派秦鸿钧到上海建立秘密电台。秦鸿钧在法租界金神父路(今瑞金二路)148号一幢花园洋房的三楼建立了电台。

为了便于开展工作,有个公开的身份作掩护,秦鸿钧开了一个永益水果公司,具体业务则由经理史长龄负责。一个单身"老板",搞地下电台活动,有许多不便,也容易引起敌人注意,因此秦鸿钧经过党内同志介绍,认识了在小学做教师的韩慧如,同她结为夫妇。从此,每当夜深人静时,秦鸿钧在三楼紧张地收发报,韩慧如则坐在窗口,担任警戒。1939年春末,秦鸿钧接到第三国际通知,撤销了秘密电台,前往哈尔滨,接受新的任务。

1942年年底至1944年3月,第三国际又派刘鹤孔在上海建立秘密电台。1941年12月太平洋战争爆发后,日军进占租界,为安全起见,刘鹤孔将秘密电台转移到拉都路安乐村(今襄阳南路560弄)22号,由范纪曼、彭雅箩掩护。组

织上调北京党组织女党员齐克君来上海协助刘鹤孔工作。不久他们结为夫妇。1942年3月，组织上将范纪曼调到南京工作，刘鹤孔夫妇搬到巨籁达路（今巨鹿路）380弄（采寿里）1号三楼，电台也随之转移。白天刘鹤孔到"大华文具店"工作，深夜则赶到电台处发报。后来因两地奔波很累，在1942年八九月间，他将文具店关闭，在安纳金路（今东台路）283号租了一幢房子。这是沿街二上二下坐西朝东的石库门房子，有一家做丝绸生意的蒋姓房客，住在底层北厢房和北亭子间，刘鹤孔化名李亦鸣，以做五金跑街生意为掩护，以"二房东"身份顶下房子住下，电台就设在楼上厢房他的卧室里。白天刘鹤孔以做五金生意"跑街"作掩护，晚上每当夜深人静时，他紧闭门窗，靠着微弱的灯光，同海参崴联系。

1944年1月，刘鹤孔的上级联系人老陈告诉他要去北平一个月，要刘继续与联络台联系。但尽管刘按规定变换的波段呼叫，都无信息传来，此后再也没有见到老陈。这年3月15日深夜，日本宪兵队突然来搜查，进屋后直奔楼上，翻箱倒柜地搜查，然后将刘鹤孔夫妇和他们一周岁的女儿带走，女儿被关了4天，由刘的妻子齐克君的远房侄子接去，齐克君则在关押4个月后，因敌人找不到证据而被释放。刘鹤孔被捕后，因没有任何同案人，日本宪兵队不知道他的真实身份，在关押了5个月后，以"军律违反"的罪名，判处有期徒刑5年。1945年8月日本宣布无条件投降的当天，刘鹤孔被释放出狱。出狱后不久，刘鹤孔找到上海党组织负责人张承宗等，后由党组织派人护送转移到苏北淮阴解放区。

全国解放战争期间的秘密电台

抗战胜利后，邓国军（化名杜宏）和林影（化名李萍）夫妇按照潘汉年和刘少文的指示，曾在贝勒路148号单惠民家当年李白战斗过的三楼小屋里设立

了秘密电台,1947年春国共谈判破裂,在上海的中共办事处人员全部撤离,邓国军夫妇名义上随办事处人员同时撤回解放区,实际上暗地里转移到虹口溧阳路天潼路口46号,继续地下电台的工作。

在这同时,李白被组织从浙江淳安调回上海,于1945年年底重建电台,建立上海党组织同党中央的通信联系。李白先在黄陆路(今黄渡路)亚细亚里6号设立电台,后又转移到15号。李白在电台建立后把上海党组织情报部门收集的有关国民党军事、政治情报及时发往延安。党组织考虑到李白住处的危险性,特地安排了党员潘子康、何复基夫妇住在楼下作掩护。为了不让敌人测得信号,李白仅用7瓦功率的电台。

1948年7月,国民党特务在李白电台所在地区通过分区停电的办法侦察我地下电台。李白的上级决定李白暂停通报联络,并加紧了筹建预备电台的工作。但随着辽沈、淮海、平津三大战役的展开,全国解放战争进入战略决战阶段,很多重要的军事情报急需及时报告党中央,上级组织决定李白恢复与延安电台的联络。联络恢复后,李白及时将有关敌人海运、各军舰驻地和陆军部署、序列、长江江防计划等许多标有"十万火急"的重要情报发往延安,由于情报量多,发报的次数越来越频繁,时间也越来越长。1948年12月29日深夜,李白正在紧张地工作,国民党淞沪警备司令部稽查处侦察到秘密电台的位置,将李白逮捕。被捕后李白面对敌人的严刑拷打,始终守口如瓶,保住了党的秘密,特别是保护了党的预备电台,使该台与党中央的联系畅通无阻。敌人见从李白口中得不到任何东西,在上海解放前夕秘密将李白杀害。

1940年夏天,秦鸿钧受党组织委派,又重回上海建立秘密电台,承担上海党组织同苏北解放区的中共中央华中局之间的联系。秦鸿钧从哈尔滨来到上海后,住在金神父路(今瑞金二路)409弄(即打浦桥新新里)15号的一间阁楼上。刚开始建台工作不很顺利,与苏北华中局的电讯一直未能接通,为此秦鸿钧多次奔走在苏北、上海之间。1945年抗战胜利前夕,与华中局的通信联系终

于接通。为了保持上海党组织同苏北解放区之间的通畅联系，秦鸿钧几乎每天从深夜工作到黎明，他紧闭门窗，在矮小闷热的阁楼上收发报。为防止灯光外露和减轻发报时发出的电键声，他用双层窗帘遮住天窗，还用好几层纸糊住墙壁的缝隙。

1949年初，国民党政权已面临崩溃，更加紧了对共产党活动的破坏和镇压。3月17日深夜，秦鸿钧夫妇俩被敌人逮捕。

3月19日，电台领导人张困斋前来秦家接头，被守候在那里的特务逮捕。

秦鸿钧被捕后，在狱中受到敌人的严刑拷打，双腿被打断，肺部被辣椒水严重呛损。但他始终坚贞不屈。5月7日上海解放前夕，被秘密杀害于浦东戚家庙。

（本文发表于2010年9月，图片由作者提供）

宝山路红色印痕

朱少伟

上海原闸北区东部的宝山路，呈斜行向，南起天目东路，北迄同心路，沿途多为民居。该马路修筑于1875年至1908年间，长1 756米，宽13.3米至32米，虽不属于繁华街道，但这里曾有受人瞩目的大型出版企业，也有革命旧址。

因"宝山"而得名

一般认为，宝山路在晚清铺成时，因位于宝山县境而得名；但不少年长的本地段老居民则坚信，它的名称寄托着人们对长江口古代大型航标"宝山"的深深感念。

在明代前期，随着进出长江口的船舶不断增多，为了确保航运安全，吴淞口一带亟须醒目的导航标志。于是，在永乐九年（1411），督办海运的陈瑄上疏明成祖朱棣，提出在此"立堠表识"，这个建议很快就得到了批准。

第二年，这座被誉为"宝山"的原始灯塔，便在百姓的急切期盼中诞生了。"宝山"基部以巨木为桩，上垒大量石块和泥土而成，四周树林苍翠、花卉吐艳；顶巅不仅有设计巧妙的用于导航的烽堠，还造了观音殿、龙王庙，春秋时节拾级而上的游人熙熙攘攘，络绎不绝。

永乐年间,三宝太监郑和多次从太仓刘家港启碇下西洋,都经过吴淞口出海,"宝山"也成为其大型船队的重要导航标志之一。宝山路的得名历史因缘悠久。

商务印书馆诸多"第一"

宝山路499弄位置,曾是我国近现代颇为重要的集编辑、印刷、发行为一体的大型出版企业——商务印书馆所在地。

商务印书馆在我国出版印刷史上创下许多"第一",如1900年首次采用纸型印书,1903年首次采用著作权印花,1907年首次采用珂罗版印刷,1912年首次采用电镀铜版,1913年首次采用自动铸字机,1915年首次采用彩色胶版印刷,1919年首次采用机器雕刻字模,1931年创制传真版等。可以说,我国早期的先进印刷设备和技术几乎均由商务印书馆率先引进。尤其值得一提的是,著名学者、作家蒋维乔、杜亚泉、叶圣陶、胡愈之、茅盾、郑振铎、竺可桢、任鸿隽、朱经农、陶孟和、何炳松、周建人、王伯祥、顾均正等均曾供职于此。

陈云早年因家境贫寒,也在商务印书馆工作过,据张行恭的《我推荐陈云进商务印书馆》回忆:"自从当了学徒后,其记忆力之强和做事的谨慎细心,较子宏当年,更为上进。也因为接触外国人直接购货关系,去上夜校补习外语,不到三个月,成绩已斐然。从此,其他各部门,也要他去整理刷新,常常争相调用。"在五卅惨案发生时,商务印书馆成了党领导上海工人运动的重要阵地,陈云毅然投身革命洪流,上海《时报》于8月24日发表报道《职工会委员长之谈话》,其中说:"昨日据该馆发行所职工会委员长廖陈云(即陈云)声称,自前日至今,公司方面虽屡有人来此接洽,但均非正式……工会方面,确认为有组织工会之必要,其理由有二:增进公司与员工之感情;排除公司与员工之种种

隔阂。故先邀公司承认工会,然后再开谈判。"在上海工人第三次武装起义前夕,中共中央军委书记周恩来多次在陈云等陪同下,到商务印书馆召开党员和工会骨干会议。1982年2月,陈云曾怀着激情题词:"商务印书馆是我在那里当过学徒、店员,也进行过阶级斗争的地方。应该说商务印书馆在解放前是中国的一个很重要的文化事业单位。"

1932年1月28日午夜,侵沪日军发动一·二八事变,兵分三路突袭上海闸北一带,十九路军奋起反抗。在日寇的狂轰滥炸之中,商务印书馆总管理处、总厂及编译所等均被毁。

刘少奇领导工人运动

393号位置,是五卅运动期间的上海总工会机关所在地。

1925年5月30日,上海学生在租界内散发传单、发表演说,抗议日本纱厂资本家镇压工人大罢工、枪杀顾正红,呼吁收回租界,被英国巡捕逮捕百余人。大批群众聚集在南京路老闸巡捕房门前,要求释放被捕学生,并高呼"打倒帝国主义"等口号。英国巡捕竟疯狂开枪射击,当场死伤几十人,造成了震惊中外的五卅惨案。中共中央连夜举行会议,决定发动"三罢"(罢工、罢课、罢市)斗争。于是,一场规模空前的反帝爱国运动像火山般爆发了。

6月初,正在青岛领导日商纱厂工人罢工的刘少奇奉命迅速赶回上海。他作为全国总工会副委员长兼上海总工会总务科主任(相当于秘书长),与李立三、刘华等并肩战斗。那时,上海总工会机关设于闸北宝山路宝山里2号(今宝山路393号)。刘少奇夜以继日地忙碌,为了方便起见,他在上海总工会机关旁边租了一个小房间,作为卧室兼办公室。6月20日,刘少奇在宝山里2号主持召开全市各行业工会代表大会,进行紧急部署,60多个基层工会都派人参加,并通过了相关决议。

上海总工会会址：宝山路403弄（宝山里）2号（上海市档案馆藏）

刘少奇在负责上海总工会期间，常深入到工人群众中。据《上海总工会代表会议记录》显示，在7月底至9月中旬，刘少奇曾多次举行企业工人或工会代表会议：第一、二次是华商纱厂工人代表会议，他向大家谈了应采取的策略；第三次是英商电车工会全体代表会议，他针对英国巡捕又在爱多亚路（今延安东路）打伤工人的新情况，提出三点对策即"要联合各界起来抵抗""要求政府提出交涉""对英厂罢工仍坚持下去，并要扩大"；第四次是英商工厂工人代表会议，他严厉谴责帝国主义的暴行，并与大家商讨了下一步行动。在艰巨的斗争中，刘少奇积极依靠各级工会组织，善于将党的原则的坚定性与策略的灵活性正确结合，既沉重打击了敌人，又全力维护了工人群众的利益。9月18日，上海总工会突然被军阀当局查封，刘少奇不顾个人安危，又在别处重建秘密机关，继续坚持开展工作。

在五卅运动中,刘少奇忘我的革命精神受到工人群众赞扬,10月16日出版的《上海总工会三日刊》,发表题为《刘少奇的奋斗》的通讯:"本会总务科主任刘少奇在本会未被封以前,早就患重病在身,但因工人利益要紧,宁肯牺牲个人,抱病工作;自本会被封后,因工作过度,使病势更重。而刘少奇不仅不因病辞工,更日劳不休息片刻,检阅各种稿件,亲往工人群众家中接洽各项事件。昨日刘君与某工友云:'如果真正为工友奋斗,替工人谋利益的人,并不在乎平日工人组织公开的时候,看他的工作如何;而在最紧急的时候,看他努力不努力以为断。'"

工纠队总部叱咤风云

如今的宝山路584号位置,是上海工人第三次武装起义时的工人纠察队总指挥部所在地。

1924年,商务印书馆在位于宝山路的总厂对面建成东方图书馆(前身为涵芬楼)。这是一座钢筋水泥五层大楼,占地约3亩半,堪称"文化宝库",藏书最多时达51.8万册,其中善本古籍近5万册、外文图书8万册、地方志2.5万册(占全国地方志总数80%以上);另外,还有照片、地图、图表、绘画5万余张,以及大量中文杂志和报纸。其收藏之富、之精,当年在我国乃至亚洲均名列第一。

1927年3月21日,上海工人第三次武装起义爆发后,周恩来、赵世炎等在工人纠察队总指挥部直接指挥战斗。南市、虹口、浦东、吴淞、沪东、沪西等6个地区的起义进展比较顺利,最后决战集中于驻沪军阀部队直鲁联军主力所在的闸北。部分敌军强占结构坚固的东方图书馆作为据点,并进行火力封锁。周恩来亲自前往侦察地形,为了使东方图书馆避免受损,便指示对此处可暂时围而不打,以喊话促降。3月22日下午4时许,守敌因援兵久盼不

东方图书馆，属商务印书馆，位于宝山路西首，1924年落成。1932年淞沪抗战时，被日军炸毁（上海市档案馆藏）

至而慌乱，工人纠察队一举拿下该据点。工人纠察队总指挥部很快迁入楼内办公，周恩来叱咤风云，在此下达向直鲁联军头目毕庶澄坐镇的北火车站发动总攻的命令。

那时，直鲁联军第8军军长兼渤海舰队司令毕庶澄（也被委任为淞沪防守司令）虽以北洋"骁将"自居，却色厉内荏地把司令部设在一节火车车厢里，为的是失败时便于从铁路逃跑，不料申城铁路工人根据安排提前罢工，有些铁轨被撬掉，有些车头被掀翻，这个独霸一方的军阀见势不妙立刻逃往租界，于是仅剩的敌垒也被攻克。上海工人第三次武装起义胜利时，曾在工人

纠察队总指挥部前的空场上搭起高台,悼念牺牲的英烈。随后,东方图书馆恢复了平静。

然而,在1932年一·二八事变中,东方图书馆却遭浩劫。1月29日上午10时许,几架日本轰炸机呼啸着飞到宝山路上空,向正在印刷抗日教科书的商务印书馆总厂接连投下6枚炸弹,一街之隔的东方图书馆也被殃及。2月1日上午8时许,日本浪人又闯入东方图书馆纵火,火势迅速蔓延,一直燃烧到傍晚,所有图书资料均被吞噬殆尽;只有5 000册善本古籍因寄存于金城银行保险库,幸免于难。

三德里附近的"血海"

220号至300号位置,是四一二反革命政变中革命群众流血牺牲地点。

上海工人第三次武装起义胜利时,组建了临时市政府。在上海共青团中央宣传部机关工作的陆定一撰写了《破天荒的上海市民政府》,发表于3月26日出版的《中国青年》,其中说:"破天荒的上海市民政府,为中国革命开了个先声。虽然我们不敢断定这次政权究竟能否稳定,或者为帝国主义与反动势力所摧毁,但是我们相信,至少这次市民政府在国民革命中有重大意义。"

然而,蒋介石很快露出本来面目,他采取多种阴谋手段,发动四一二反革命政变。4月12日清晨,一批流氓冒充工人,袭击上海总工会会所;二十六军周凤岐部紧随其后,借口"工人内讧"强行收缴工人纠察队枪械。第二天上午10时,上海总工会举行群众大会,揭露此次事件真相;会后整队游行,赴宝山路向二十六军周凤岐部请愿,要求释放被捕工人,发还工人纠察队枪械。下午1时许,游行队伍行至宝山路、鸿兴路口的三德里附近(今宝山路220号至300号位置),埋伏的士兵按屠杀密令突然用步枪、机枪向群众扫射,当场被枪杀百

余人,伤者无数,这里的马路成为"血海"。

反动军队为了掩盖罪行,从当天下午2时20分起对宝山路"特别戒严",卡车偷偷运走许多尸体,有的受重伤未断气者也遭活埋。

邓中夏寓居宝山里

邓中夏(1894—1933,湖南宜章人)(上海市档案馆藏)

403弄92号南侧,是邓中夏早年在沪旧居所在地。

1923年"二七"惨案发生后,邓中夏从北京秘密抵沪。邓中夏为了应对反动军阀的"通缉",改名邓安石,暂住于宝山路宝山里总弄西侧的一幢石库门房屋(位于今宝山路403弄92号南侧)底层,室内布置非常简陋,仅有一张床、一个写字台、几把椅子。在极其艰苦的环境里,邓中夏怀着对党的无比忠诚和坚定的信念,继续积极开展革命工作。

1923年春,经过李大钊的推荐,邓中夏担任上海大学总务长(后来称校务长)兼历史学教授。上海大学是国共合作创办的高等学府,设于闸北青云路青云里,国民党元老于右任当校长,由共产党人实际领导。邓中夏在上海大学主持行政工作期间,草拟了《上海大学章程》,对课程设置进行了改革,相继聘请了蔡和森、瞿秋白、恽代英、张太雷、任弼时、李达、萧楚女、李立三等一大批共产党人到校执教。在共产党人的努力下,上海大学很快成为名闻遐迩的高等学府,当年社会上有"文有上大,武有黄埔"和"北有'五四'的北大,南有'五卅'的上大"之说。

邓中夏在上海大学工作时还担任中共上海地委兼区执行委员会委员长(即书记),负责上海、浙江和江苏党的工作,他在宝山里寓所常挑灯夜战,忙于

起草文件和阅读各种报告。为了振兴上海工人运动,他曾带领师生到工人集中的地方创办平民夜校,组织工人俱乐部,使学生通过实践加深对社会的认识,更自觉地投身于革命斗争。

1924年春,上海大学迁往西摩路(今陕西北路),邓中夏遂离开宝山里另住别处。他在这里的旧居,已在1932年一·二八事变中被侵沪日军炸毁。

(本文发表于2015年4月)

民厚里前尘往事

祝淳翔

与北京的四合院类似,石库门民居是老上海的标志性建筑。石库门不但是中西合璧的产物,同时也承载了大量精彩的旧闻轶事。作为其中的典型代表,民厚里不得不提。

上海《新民晚报》前身之一《新民报晚刊》1945年11月7日刊登过一篇署名"白猿"的文章:《文坛怀旧录:郭沫若与创造社》,文中讲述了一段民厚里的经年往事:

> 民国十三年(1924)春,上海静安寺路自西摩路至赫德路一带,为绝盛之文化区。时文人群聚于哈同路之民厚南北两里,居北里者有左舜生、田汉诸人,居南里者有创造社诸君子,田汉时有漱瑜女士丧,居恒郁郁,创造中人郁达夫时任教北大,郭沫若居民厚南里,不久又复去日,留守创造社老营者,唯成仿吾耳。

半个世纪过后,等民厚里再次进入大众视野,却是因旧房改造之时。1996年,目睹一片残垣,作家孔海珠撰文《告别民厚里》,发出了第一声叹息;丁景唐、丁言昭父女随之发表了议论文章;学者王观泉耳闻后,呼吁:"留下一

上海安义路63号,1920年毛泽东故居

块青砖,留下一块界碑,留下一份历史。"(《保存八道湾与拆毁民厚里》)香港作家小思女士听说了,著《拣一块砖》接着惋惜:"许多现代文学活动在这里举行。可是,敌不住城市发展的威力,一声令下,史迹就此了结。"如今,偌大的石库门里弄,几乎全为高楼所替代,只剩一处孤零零的老宅,即1920年毛泽东旧居。

如将目光聚焦于20世纪20年代前后的民厚里,在此租住或过访的名人如过江之鲫,尤集中于以毛泽东、左舜生为核心的政治人物和以郭沫若、郁达夫、成仿吾"创造社三鼎足"为核心的文艺青年。他们之间还交相辉映,演绎过许多精彩故事。笔者欲通过抉精探微,尽可能地还原一段段旧闻,以期在脑海里留存少许历史的光影。

民厚里始建于民国初年。姬觉弥《哈同先生兴业记》(载《哈同先生荣哀

录》,1938 年)记有:

> 岁己酉,建爱俪园成,拓地凡二百余亩。入民国,始于园墙西置地建
> 民厚南北里,筑室六百余栋,复于南北里之交置菜场,其路即称哈同路。

当时,民厚北里先造好,还曾在《申报》发布过招租启事(1916 年 12 月 26
日),其中透露了租金、交通等等细节:

> 静安寺路哈同路口民厚北里新造市房住宅共三百余幢,不论单幢、双
> 幢、三幢,皆有亭子间及柏油石子露台,南连小菜场,西接电车路,交通之
> 利便,马路之平坦,胡同之宽阔,院落之宏敞,建筑之坚固,装饰之华美,为
> 沪西独步,于居家最为合宜。现为优待租户起见,除小租不取外,并送第
> 一月租金,计开:三楼三底、前后厢房,每月三十五元;二楼二底、前后厢
> 房,每月念五元;单间石库门连亭子间,每月十元;街房沿安南路者十五
> 元,沿菜场者十二元,民厚街者十元。

从地理位置上看,民厚里这一片石库门里弄,地处静安外国人墓地(今静
安公园)和哈同花园(今上海展览中心)之间,中间被安南路(今安义路)分隔
成南北两部分,周围很远都是花园洋房或大片空地。正好附近有英商上海电
车公司入驻,交通便捷,又兼租金优惠,故此吸引了大量租住客。1987 年,掌故
老人郑逸梅著有《艺林散叶续编》,列数过多位卜居此弄的名人,"如诗人蒋梅
笙,为徐悲鸿之岳丈。朱天目,著《怜心集》,自号'不死先生',刻印'读书千
卷,手挥万金'。画家有朱蓉庄、缪谷瑛、胡汀鹭"。而如果进一步查检可知,
较早租住的名人,还有大画家徐悲鸿与蒋碧薇(1916 年蒋氏父女住民厚南里
50 号)、严复(1919 年租住民厚北里 92 号)、廖仲恺何香凝夫妇及国民党元老陈

民厚里地图,图片来自《老上海百业指南》

仪(1920年陈仪从日本回国,全家暂时定居于此),等等。

少年中国学会友人

回首五四运动之后,神州大地仿佛进入了崭新的时代,各种新思潮应运而生,风起云涌。蔡元培、吴玉章、李石曾等人开风气之先,倡导工读主义。尤其是蔡元培,他曾在《新青年》"劳动节纪念号"上题词:"劳工神圣",同

上海革命历史纪念馆筹备处关于安义路毛泽东旧居内部复原的调查工作报告（1960年10月27日）（上海市档案馆藏）

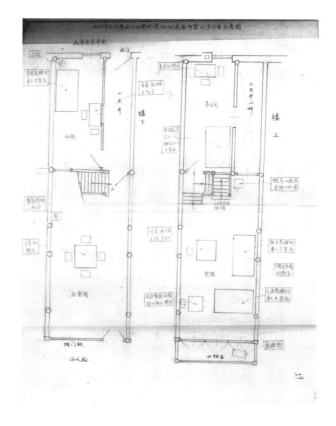

安义路毛泽东旧居复原布置初步方案示意图（1960年10月27日）（上海市档案馆藏）

时还激赏少年中国学会（以下简称"少中学会"）提出的工学互助团，指示"可以到外国去的，就用勤工俭学会办法；不能到外国去的，就用工学互助团方法"。

而毛泽东及友人们正是工读主义的积极奉行者。其中，湖南新民学会的众多学员走上了留法勤工俭学之路。李维汉曾在回忆录里回忆那段难忘的早年生涯："我和张昆弟等于一九一九年九月到上海，和许多湖南学生一起住在静安寺路民厚里，候船赴法。"（《回忆与研究》上册，第12页）他们先在民厚里落脚，再去位于霞飞路的上海华法教育会办理手续，买船票，打听消息，积极准

少年中国学会部分成员

备赴法勤工俭学。

　　1920年5至7月，身兼湖南新民学会、"少中学会"学员多重身份的毛泽东，寓居于民厚南里29号。据统计，毛泽东一生中曾50多次到上海，要说起这次居沪之所以特殊，是因为1936年毛泽东与美国记者埃德加·斯诺在革命根据地延安，亲切地谈起过当年居沪的那段经历，毛泽东说那年曾多次去环龙路老渔阳里2号拜会陈独秀，由此奠定其服膺终身的马克思主义信仰（参见斯诺著、董乐山译《西行漫记》，第132—133页）。随着《西行漫记》的出版和流传，民厚里毛泽东故居的重要性，遂广为人知。

　　众所周知，毛泽东那次居沪主要目的是为了驱逐湖南军阀张敬尧；与此同时，他还发起上海工读互助团，并有所实践。当年，毛泽东在民厚里邂逅过左舜生。今人之知晓左氏，大概主要来自1945年六大参议员的延安之行。实际上左舜生非但是少中会员，1920年还继王先祈之后，任少中执

行部主任，兼《少年中国》月刊主编。此前不久左氏受聘中华书局新书部主任，以后并以书局为阵地，吸收大量少中会友，如张闻天、田汉、余家菊、舒新城等人，编印《新文化丛书》《少年中国丛书》。关于毛泽东、左舜生的碰面情形，在左氏回忆录《近三十年见闻杂记》里留下了珍贵的记录："我和毛泽东第一次的见面，大概在十一二年上海安南路民厚南里口一家商店的前楼，随后又在民厚北里口小菜场边摆过一回龙门阵。"碰面时间容或有误，但此事必定发生过。可彼此究竟谈了些什么，则已无从确证。他们俩是大同乡，又同为少中会友，想来话题不外乎"驱张"和工读互助，因为毛泽东来沪之前先去拜访、联络过南京少中成员，而左氏也正是上海工读互助团的发起人之一。

创造社同仁及文友群

民厚里最活跃，以后也影响了大量青年的，还数郭沫若、郁达夫、成仿吾为首的创造社同仁，以及来此过访的文化人。1921年，郭沫若结识了泰东图书局的经理赵南公，开启三年多的合作。1922年6月下旬，泰东因楼房狭隘，又"添了南公老板的两位亲戚，实在住不下了，他在哈同路民厚南里便顶下了一家一楼一底的房子"（《创造十年》），地址在民厚南里东五弄121号（也即成仿吾，原名成灏的通信地址）。从此，创造社同仁们便与民厚里结下不解之缘。1922年7月20日，郁达夫结束十年留学生活，从神户乘船归国，一度也住在民厚南里泰东图书局新址，主持创造社工作。"那时候肯到寓里来的有张闻天、吴明、汪馥泉诸人，他们当时似乎住在民厚北里，差不多每天都要来一次。来时谈话的对象多是达夫，和我是少有交涉的。文学研究会的诗人朱自清也来过一两次。"

慕名来访的人中间，还有日后声名远播的女作家丁玲。1922年丁玲还

只是一个叫蒋冰之的花季少女,在上海念平民女校。此前她读过郁达夫《沉沦》、郭沫若《女神》,佩服得五体投地。某日,她和几个伙伴以朝圣的心情找到民厚南里,拜访郭沫若、郁达夫等人。当天,郁有事不在,张资平却在场。聊天的时候,当郭、张顺口问及丁玲老师是谁,丁说是沈雁冰,交谈气氛竟萌生出一丝异样。丁玲自始至终都没弄明白两派文士因何发生了不愉快,实际上,此前成仿吾捉出沈的一处英译硬伤(将无神论Atheism误译成雅典主义),早就在文坛闹出轩然大波。

1922年7月,正在清华大学就读的梁实秋因为送母亲回杭州,路过上海,便顺道去哈同路民厚南里,访问郭沫若、郁达夫和成仿吾。这次晤谈,给郭沫若留下良好印象。郭沫若写给闻一多的信,其中有"此次在沪得与实秋相晤,足慰生平"。梁曾多次撰文回忆过那次的过访。

1922年8月郁达夫发起"女神会",纪念《女神》出版一周年。汪静之和应修人等湖畔诗人也受到邀请,查《应修人日记》,应修人收到请柬后,因怕到时没空,又不认识,准备借故不去。而汪静之发来明信片说想去,于是8月5日晚,汪静之、应修人一起前往捧场。会后天色已晚,汪静之还受邀去民厚南里寓所卧谈。几天后,汪静之给友人写信,留下第一手的直观印象:"前夜开《女神》周年纪念会,后至沫若、达夫寓所与沫若抵脚。和他们谈得很有趣。沫若确有大诗人风度,温和而慷慨,冷静而活泼,诚哉满身皆有诗气味矣!"(1922年8月7日夜,参见《汪静之文集·书信卷》)很久以后,汪静之还回忆,那天晚上郭沫若曾对自己坦白说:"达夫是才子,旧诗比我好,小说也比我好。"有意思的是,郁达夫听后,也并不当面否认。8月12日,应修人和汪静之还一同前往郭沫若、郁达夫寓所,"唱诗,读诗,议诗,解诗,快乐而尽情的。想回,留我睡。谈到二点多"。(《应修人日记》)第二天,应修人兴致不减,写成《偕静之夜访沫若、达夫留宿》诗。

1922年10月成仿吾先到泰东编辑所住了半年。1923年4月郭沫若带

715

日本妻子安娜及三个男孩返沪。此时"仍然住在民厚南里,仿吾移住亭子间,把前楼让给了我们"。1923年10月胡适、徐志摩等人路过上海,过访民厚南里郭宅,意在弥合之前的龃龉。关于此事,《胡适日记》有简短记载。而徐志摩在日记中的描写既详细又传神,让郭沫若拖家带口的窘况暴露无遗:"沫若自应门,手抱襁褓儿,跣足,敝服(旧学生服),状殊憔悴。""沫若居至隘,陈设亦杂,小孩羼杂其间,倾倒须父抚慰,涕泗亦须父揩拭,皆不能说华语;厨下木屐声卓卓可闻,大约即其日妇。坐定寒暄已,仿吾亦下楼,殊不话谈,适之虽勉寻话端以济枯窘,而主客似有冰结,移时不涣。沫若时含笑睨视,不识何意。经农竟嗫不吐一字,实亦无从启端。五时半辞出,适之亦甚讶此会之窘。"

此外,施蛰存和叶灵凤也回忆过早年投身文学道路的萌芽时期。巧的是,大约1924年前后,他们都曾住民厚里,都向《创造周报》投过稿,更巧的是他们的处女作品都惜未刊发。

值得一提的是,郁达夫后来还和民厚里发生过关系。1927年王映霞的祖父王二南应哈同花园总管姬觉弥之邀,受聘于群治大学教书,他把一家人搬到了民厚南里880号。"这时郁达夫和创造社的关系并未全断,每天还是在闸北宝山路办公,我在嘉兴二中附小教书,来往于嘉兴上海之间。祖父看他每天来来往往,实在辛苦,就答应了他的请求,让郁达夫暂时搬来和祖父同住。他就住在我们的前楼。"(王映霞《半生杂忆》)

共产党员与国家主义派

1924年,民厚里还活跃着共产党人及左翼学生。据《郑超麟回忆录》,上海大学学生黄仁被害案件发生后,为了防备危险,《向导》编辑部搬至民厚南里两个统楼。蔡和森夫妇住一间楼上,郑氏同彭述之住另一幢楼上。此时,民

厚里的租金已大幅上涨，但好在"民厚里很有名，叫黄包车时，无须说什么路，只说民厚里，大多可以拉到"。更重要的是，鉴于此地处于公共租界和法租界之交（福煦路是界路），上海闲话里素有"大英法兰西，大家勿来去"之说，反映城市管理出现的缝隙，却恰是反政府的异见人士乐于利用的。

郑氏还回忆说："上海大学在西摩路，所以民厚里住了好多上大学生，我们常听见人唱国际歌。"上大学生中，有施蛰存、戴望舒和孔另镜等人，记忆力颇佳的施蛰存晚年曾撰有《怀孔令俊》（即另境）一文，保留了相当多的见闻：

> 1924年暑假（引者按：应为2月22日），上海大学迁入租界，校舍在西摩路。我和望舒就迁居哈同路民厚北里，租住了一个后厢房。搬进去之后，才知道房主人是左舜生，前厢房就是《醒狮周报》社，于是，我们在这里认识了国家主义派的一群人。左舜生的太太脾气很不好，我们在她家里住不到半年，就迁居民厚南里。郭沫若、成仿吾、郁达夫、倪贻德都住在这个里内，一座一楼一底的石库门房子，就是"创造社"了。张闻天也住在这个里内，他那时是中华书局编辑。令俊和张闻天的弟弟健尔很熟，因此，我们由令俊的介绍，认识了健尔，又因此认识了张闻天。

1925年某日，少中学会的共产党员邓中夏、恽代英、刘仁静和杨贤江来左舜生家，同左舜生、曾琦、陈启天等"少中"的国家主义派辩论。双方从清晨谈至深夜，因分歧巨大，最后彻底决裂。临走时，邓中夏甚至还撂下狠话："我们以后在疆场相见吧！"从此，共产党人与国家主义派分道扬镳。

剧作家田汉于1922年9月偕妻易漱瑜回国，经左舜生的介绍，入中华书局编辑所文化部工作，并居于民厚北里。田汉既是少中成员，又是创造社发起人

之一,日后却另立南国社,继而同创造社分道扬镳。分裂的诱因据田汉的说法是因其创作的日记文学《蔷薇之路》遭到成仿吾的点名批评。不过,郭沫若却将矛盾的远因,系于田加入过少中学会,这中间不免夹杂着意气之争的成分。田汉与左舜生确是老友,创造社同仁于日本谋划在沪办文艺刊物时,田即委托了左,得到的答复却几令郭沫若绝望,无奈之下才与泰东合作。至于有人误认田汉是国家主义者,却未必是事实。田的《南国特刊》虽曾附于曾琦主编的《醒狮周报》,但后来田听从林伯渠之劝将其停刊,足证他并非国家主义派的同道。这点值得澄清。

思　索

　　20世纪20年代,各色人物、思潮和主义都在民厚里留下雪泥鸿爪,它们犬牙交错、相互碰撞、裂变,各领风骚;激情和浪漫,欢乐和悲伤,纷繁杂陈。民厚里如果有灵,它想必见证了一切。只是,俱往矣……好在,民厚南里还留有影像资料。陈子善《牛山纯一先生》提及:民厚南里的旧貌,她的全景,她里面的创造社旧址等等,在牛山先生拍摄的郁达夫生平纪录片中都被保存下来了。这是他得知民厚南里即将被拆除的消息后赶到上海抢拍的。

　　至于民厚里的居住环境究竟怎么样?郭沫若将之目为“首阳山”,郁达夫喻之为“鸟笼似的永也没有太阳晒着的自由的监房”;过访的梁实秋称它是“上等贫民窟”;郭博的印象则更为直观,使他倍感困惑的是没有厕所,不能洗澡;附近还常有老鼠出没,可怜三四岁的小郭博还被捕鼠夹夹坏了脚趾……看来,它确实很难适应当代人的居住需求了。

　　即便如此,但是那逝去了的,蕴藏了相当多文化遗存的民厚里,真的注定只剩下拆毁一途吗?要知道,城市面貌的彻底割裂,便意味着文化记忆被抹除。在《什么是现代家居?》一文中,作家冯骥才举了凡·高故居整

旧如旧的经典范例，并引用欧洲人的观点说，老房子如果配上卫生间、自来水、空调等现代设施，便完全可以相得益彰，继续使用。那么转变观念，对上海的石库门里弄也施以现代化改造，是否一样可行呢？虽然改造成本巨大，但是鉴于城市文化构建的重要性，不妨请政策制定者、城市规划师及广大学者们思索……

（本文发表于2016年3月）

上海南京东路
街区的红色记忆

胡 端

地处上海"都市之心"的南京东路街区,涵盖今苏州河以南、金陵西(中)路以北、福建中路以西、成都北路以东地域,为近代上海公共租界中区的主体与法租界一小部分,素以繁华、摩登、物欲横流、"冒险家的乐园"而著称,代表的是裹挟着西方资本主义权力意志的商业文明。在这片极具殖民象征意义的洋场,相对而生的是中华民族觉醒与抗争的历史记忆。自新民主主义革命开篇以来,这里一度成为中共领导爱国民众反抗西方列强压迫、高扬民族主义的前沿阵地;这里也曾是中共早期地下革命活动的隐蔽战线所在,还是抗战时期左翼剧联上演进步影剧的重要舞台。五卅惨案流血处、中共中央秘密印刷厂、中共中央政治局旧址、黄浦剧场、《中国青年》编辑部旧址……一幕幕铁血般的峥嵘往事在此上演,一个个荡气回肠的英雄故事在此传颂,一处处催人奋进的红色遗迹在此闪耀,共同融汇成磅礴厚重的红色记忆。

五卅惨案流血处

南京路在诸多文化内蕴之中,最为世人熟知的莫过于霓虹灯下"十里洋场"之象征,是西方资本主义商业文明在近代上海的典型代表。然而,与之

相对的另一层文化意义相对为人忽视，即它是近代上海民族主义的滥觞地。1919年的五四运动，1925年的五卅运动，都以南京路为主要活动舞台，尤其是1925年的"五卅惨案"，更是将民族主义推向了极点，使这条路所象征的外国殖民主义的统治权力受到极大冲击。

1925年5月15日，上海日资内外棉七厂青年工人、共产党员顾正红遭日人枪击身亡，激发了沪西工人、学生及各界群众大规模的抗议浪潮，但却遭到租界当局的拘捕压迫；此时，上海市民反对公共租界扩张的斗争也正日趋激烈，这两种斗争形势很快呼应汇合，从而点燃了反帝风暴的直接导火线。

5月28日，中共中央和中共上海地委根据形势发展，提出将工人的经济斗争同反帝斗争结合起来，以争取一切反帝力量的援助。同时，通过国民党各党部、学联等组织系统深入发动各界群众，号召到公共租界举行群众性的游行示威活动。这一主张很快得到学、工界的广泛响应。5月30日，上海大、中学校约三四千学生和一些有组织的工人，整装待发，前往南京路等闹市地段集会，宣传演讲，散发传单。关于游行队伍如何前往公共租界的经过，不少亲历者曾留下详细的记录。如当时参与游行的南洋大学（今上海交通大学）学生姜豪回忆道：

> 这一天，学生队伍以南洋大学和上海大学等为主。我校队伍集中后，学生会负责人和上大取得联系，大约在下午两时从闸北向公共租界南行，取道浙江北路向南京路前进。当时租界里的气氛很紧张，巡捕不断地抓捕做宣传活动的工人、学生，同学们的心情非常愤激，但是秩序良好，两人一排，队伍很整齐地前进。每一个人拿了一面写着标语的小旗，一边走，一边喊着"为顾正红报仇""打倒帝国主义""释放被捕工人、学生"等口号。从浙江北路到南京路这一段路程中，虽然遇到过巡捕的阻拦，但是我们坚持整队前进，帝国主义租界当局也无可奈何。走近南京路时，我们等

五卅惨案现场（上海市档案馆藏）

待了一段时候，这时候工人队伍和沿途群众也都涌上来了，因之游行队伍挤满了整条南京路，车辆交通拦断了。

"为顾正红报仇""打倒帝国主义""立即释放被捕工人、学生"的口号声震彻云霄，人们手中的旗子跟着口号声挥舞。

这种在租界范围内策众反帝、直面抗争的示威游行是工部局从未遇到过的事。惊恐之下，即命派巡捕全体出动，驱赶、殴打、拘捕演讲的学生、工人。但学生、工人毫无畏惧，捕一个马上来两个，捕五个来十个，使巡捕捕不胜捕。一时间，位于大马路劳合路的老闸巡捕房后门口竟人满为患，关押了100多人。下午3时许，"时讲演者前仆后继，不稍退却，听讲之群众亦愈来愈众，南京路途为之塞"。成千上万的学生、工人义愤填膺地齐集老闸捕房门前，要求释放被捕的群众，且皆徒手，并无暴动行为。然而，工部局总办竟纵任英捕头目爱霍逊开枪示威，爱霍逊"令各捕向徒手图退之群众开实弹之枪，至四十四

响之多",结果当场打死13人,重伤20余人,南京路上血肉横飞,死伤枕藉,惨状不忍直视,这就是震惊中外的五卅惨案。

五卅惨案激起上海社会各界的强烈反响,反帝运动声势进一步高涨。5月31日,以李立三、刘少奇为负责人的上海总工会成立,成为五卅运动的总指挥,最终在全市范围内掀起了一场大约25万工人、20万商人和5万大中学生参加的"三罢"运动。自6月1日起,"公共租界商店罢业至二十七日,工人罢工者三十余万人,罢工期间延长至两月",声势之大,前所未有。据计,自五卅惨案至6月10日止,租界当局前后9次镇压上海人民,被枪杀者共计60余人,重伤70余人。由此造成各地排英运动风起云涌,不约而遍于全国,英人在华商业,一落千丈,一蹶不振,中国租界势力在民族主义的强大冲击下开始进入衰落期。

中共早期地下革命场所

1927年四一二反革命政变之后,中共中央机关被迫转入地下工作,并从武汉迁移到上海租界。此时期,中共在上海的地下活动曾规定一条原则,即机关社会化,党的各级机关都以商店、住家、医院、写字间等形式出现,住留机关和来往机关人的穿着、语言、活动等,必须符合公开身份的要求。南京东路街区所在的公共租界中区,具有商业繁荣、华洋人口杂处、机构庞杂以及治外法权的特点,为中共党组织时常变换身份、转换住处、进行隐蔽的革命活动提供了绝佳的空间。

位于今云南中路171—173号(原云南路447号)的一幢钢筋水泥结构的两层沿街楼房,曾是中共中央政治局秘密机关地址。中共六大后,当时在上海的中共中央政治局委员李维汉等,把落实中央政治局机关的秘密处所的任务交给了在上海担任党中央会计工作的熊瑾玎。1928年4月,熊瑾玎很快地以

商人身份租得云南路447号生黎医院楼上的三间房间,挂出"福兴"商号的招牌,对外声称经营湖南纱布。当时,这座房子就在繁闹的天蟾舞台后面,东面临街有窗,可以看到福州路、云南路一带;进出则从旁边的汕头路弄堂口一条水泥楼梯上下,比较安全。起初,为了掩护需要,组织上安排熊瑾玎的长沙老乡朱端绶,以老板娘的身份协助承担机关内部事务和抄写与传送中央文件的任务。之后,两人假戏真做,结为夫妻。

1928年夏至1931年4月,这里成为党中央政治局机关办公地,中央政治局、中央军委、江苏省委的领导周恩来、项英、瞿秋白、李立三、彭湃、李维汉、李富春、任弼时、邓中夏、邓小平等经常到这里开会。一些党内问题,如顺直省委、江苏省委问题的解决,中央对各地红军发出的重要指示,中共六届二中全会、三中全会的准备工作,均在此讨论酝酿。据李维汉回忆:

724

> 那时,开会的同志从天蟾舞台西侧云南路的一个楼梯上去,就可以直到开会的房间。房间内朝西的窗下有一张小桌子,开会时,小平就在小桌子上记录。这个机关从建立起一直到1931年1月六届四中全会以后,都没有遭到破坏。后来,大概由于1931年4月顾顺章被捕叛变,中央才放弃了这个机关。

1931年4月26日晨,打入国民党中统内部的中共党员钱壮飞获悉顾顺章被捕叛变后,迅速向中央特科报告,周恩来等中央领导及时采取果断措施,熊瑾玎、朱端绶将中央文件、账簿等转移到别处隐蔽。这里是中共中央在沪期间使用时间最长的一处旧址。1980年8月26日,中共中央政治局机关旧址被上海市人民政府公布为上海市文物保护单位。

位于今新昌路(原梅白克路)99号的一幢坐西朝东、砖混结构沿街三层石库门里弄,曾是20世纪30年代中共中央秘密印刷厂。1931年春,毛泽东之弟、

时任中共中央出版发行部经理的毛泽民与钱之光在齐物浦路元兴里（今周家嘴路998弄146—148号）筹建中共中央秘密印刷厂。同年4月，中共中央负责保卫工作的顾顺章在汉口被捕叛变，秘密印刷厂面临暴露的危险。于是，转移到梅白克路的一幢房子，底楼开设烟纸杂货铺，铺面紧靠街道，可以时刻为楼上秘密印刷的工人提供信息；二楼三个小房间作为钱之光等负责人的住房；三楼则是印刷厂，排字、印刷、装订等设备都隐蔽于此。

中共中央秘密印刷厂的主要领导者为毛泽民，实际负责人是钱之光。为了安全起见，钱之光化名徐之先，以烟纸店老板的身份作掩护开展秘密印刷工作。据钱之光晚年回忆，当时他领导的这个印刷厂，利用周边繁华闹市区的掩护，在极其艰苦的环境下，先后承印了党的许多文件和刊物，在沉寂难耐的子夜，给渴望光明的人们带来了一丝丝光亮。

当时印刷厂从安国路口、周家嘴元兴里转移后，我便找新地方，很快看中了梅白克路的一幢房子（今天新昌路99号，即凤阳路口）。后面不远正在新建二十多层的国际饭店，整天施工，机器声、打夯声、号子声连成一片。这里是繁华的闹市区，附件有电影院，跑马厅；前面是一条横街，左右是弄堂，四通八达，进退十分方便。租金虽高些，但这一切很有利于我们搞秘密印刷厂。这里，我们开设了一个烟纸杂货铺作掩护，还兑换银钱。对于这幢房子，我们也作了合理的安排：第一层是烟纸杂货铺，铺面紧靠大街。一到夜间，两道铁门和木门关上，在木门上开一个小窗口，有人敲门，就打开小窗口探视，是买东西的，就从这个窗口营业；是不三不四的人，我们就采取措施对付。这个地方的地形、环境都较好，印刷厂的规模也比以前大，人员也多些。

在这里，我既是老板，又是二房东，这幢房子是以我的名义全部租下来的，又出租一部分给别人住。这样，印刷厂如果出了什么事，有个缓冲

余地，我这个"二房东"表面上与他们没有关系，出了问题就可以多掩护几个同志，减少损失。

此间，正赶上"九一八"事变和"一·二八"淞沪战争，我们的印刷任务也随着形势的变化加重；我们买来了两台电动机，利用屋里的电灯线路，使脚踏印刷机变成了半自动的电动印刷机，这样就大大减轻了劳动强度，提高了工作效率。

这一时期，印刷厂秘密印制出版了苏区来的文件、文章，印制有关宣传形势、罢工斗争情况的传单，同时还印刷《党的建设》《红旗周报》《布尔塞维克》《实话》等革命刊物。运送印刷品也极为隐蔽。为掩人耳目，印刷厂的工人们有时装成运送货物，有时把印刷品藏在藤箱、网篮内带出。就是在这样周密的掩护下，秘密印刷厂在白色恐怖笼罩的上海，安然无恙。1932年夏，为避免引起邻居怀疑，印刷厂搬至麦特赫斯脱路（今泰兴路），后又转移至武定路、张家宅路。

1933年以后，尽管中共中央机关迁离了上海，但上海仍然是中共进行地下活动的最重要城市。特别是1937年全民族抗战爆发后，中共高层领导人多次乔装化名，秘密来到公共租界，与隐蔽在此的上海地下党组织负责人联络，指示如何冲破国民党封锁，向社会各界宣传共产党抗日救亡运动的主张。最著名的一次，要数1937年周恩来化名"伍豪"，来到贵州路160号中国饭店（今上海铁道宾馆），发布坚持抗战的"七月指示"。

1937年7月，中国共产党为了促进国共联合抗日，派出周恩来、博古、林伯渠为首的代表团到庐山与国民党谈判。途经上海时，周恩来在贵州路160号中国饭店会见潘汉年和中共上海党组织负责人刘晓，作了关于日本全面侵略中国已不可避免，要组成抗日民族统一战线抗日等有关重要指示。具体有以下五点：

周恩来在上海会见地点之一——中国饭店旧址的照片
（上海市档案馆藏）

1935年5月24日,《申报》对《风云儿女》在金城大戏院上映所作的广告

（1）日本帝国主义全面侵略中国已不可避免，日本想侵占上海，形势会发生急剧变化，思想上要有足够准备。（2）局势变化后，国民党的反共本质是不会改变的，我们要依靠群众力量揭露国民党的反动本质，把抗战变成真正的抗战。（3）职工运动、学生运动、妇女运动等都要围绕坚持抗战这个总任务放手发动群众，组织群众，充分开展抗日民族统一战线工作。（4）放手搞群众的工作不能离开隐蔽的原则，要注意保存和积蓄革命力量，注意把公开工作和秘密工作结合起来，既要反对关门主义，也要反对冒险主义。（5）党的组织可以发展一点，但不能操之过急。

中共上海办事处和中共上海地下组织根据周恩来的"七月指示"，决定以文化界为突破口，在上海掀起一场声势浩大的抗日救亡运动。

728

国歌首次唱响之地

1930年8月，以田汉、阳翰笙等为首的"中国左翼剧团联盟"成立，标志着中共领导的无产阶级戏剧队伍的壮大。至1935年前后，由其领导的话剧、电影、歌咏活动逐渐成为文化救亡阵线中的重要一翼。作为上海都市的"心脏"，南京东路街区商业繁荣，消费人口集中，娱乐方式时髦，各种大小影剧院遍布，一度成为左翼剧联上演进步影剧作品、振奋民族士气的重要舞台，为建立文艺界抗日统一战线作出巨大贡献。最著名者莫过于金城大戏院（今北京东路780号的黄浦剧场），它曾是国歌——《义勇军进行曲》首次唱响之地，在上海剧影史上写下了光辉灿烂的一页。

金城大戏院，位于今北京东路780号贵州路口，坐东北朝西南，靠近北泥城桥。历史上，泥城桥周边一带工商繁荣，市面兴盛，为上海闹市中人气兴旺的知名街区。戏院由国华影业公司经理柳中浩、柳中亮兄弟筹资建造，于1934

年2月3日落成开业。观众厅设1 780座,初映电影,偶有演出。当时这里专放国产片,所以被誉为"国产片之宫"。

20世纪30年代,风靡一时的两部电影《渔光曲》《英雄儿女》都是在金城大戏院首映的。特别是1935年5月24日,由电通影片公司出品的故事片《风云女儿》在金城大戏院首映,颇引轰动。这是一部反映国人不甘做亡国奴、坚决反抗日本侵略者的救亡影片。影片由著名电影艺术家田汉、夏衍、许幸之为编剧、导演,由袁牧之、王人美分饰男、女主角。片中由田汉作词、聂耳作曲的主题歌《义勇军进行曲》,是创作完成后首次面向公众唱播的,当时的《申报》用整版篇幅做了广告宣传,报载:"这儿有雄伟的歌——是铁蹄下的反抗歌!悲壮、哀愁、轻松、明朗,使你喜、使你悲、使你感奋、使你知道对祖国的责任。这是初夏中国影坛上的一阕胜利的凯歌!"

金城大戏院不仅是电影《风云儿女》的首映之地,而且也是聂耳的追悼会举行地。1935年7月17日,也就是创作《义勇军进行曲》后的两个多月,为躲避当局搜捕而东渡日本的聂耳,在藤泽市鹄沼海滨被无情的海浪吞噬,年仅23岁。1935年8月16日,上海音乐、戏剧、电影界爱国进步人士二三百人冲破白色恐怖和重重阻力,在金城大戏院举行聂耳逝世追悼会,歌咏团体在会上高歌聂耳的作品,《义勇军进行曲》的悲壮旋律再一次响彻金城大戏院的上空,传遍大江南北,成为激励中国人民抗日斗志的号角。

全民族抗战爆发后的第二年,1938年4月15日,曹禺名作《雷雨》由新华影业公司拍成电影,在此首映。1941年底太平洋战争爆发后,"孤岛"沦陷,影业萧条,戏院以演出京剧为主。1944年,有青协剧团的《夜半歌声》,天祥剧团的《云彩霞》,国风剧社的《秋海棠》《清官怨》《长恨歌》《蔡松坡》在此演出。

上海解放后,金城大戏院由上海市文化局接管,仍以放映电影为主,偶有戏剧演出。20世纪50年代,上海市政府为了扶植传统民族剧种的发展,准备

将金城大戏院改为淮剧专场时,恰逢周恩来总理到上海,在此观看了现代淮剧《海港的早晨》,著名淮剧演员筱文艳提出请总理为剧场改名。总理询问了剧场所在的区域,得知是在黄浦区,便爽朗地说:"那就叫黄浦剧场嘛!"随即舒纸挥毫,题名"黄浦剧场"。1999年5月24日,《风云儿女》首映64周年当天,黄浦剧场被命名为青少年爱国主义教育基地。从2010年起,上海人民滑稽剧团常驻剧场开展曲艺演出,于是这里也挂起了"上海笑天地"的招牌。

红色,是一种彰显激情与活力的颜色,更是一种象征革命与奋斗的颜色。曾经闪耀在南京东路街区这片"都市之心"的红色遗迹,凝聚着中华民族由危亡走向新生继而迈向辉煌的厚重历史,是中华优秀儿女用赤诚与生命书写的国家之爱、民族之光、人民之音。

(本文发表于2017年7月)

山阴路上的红色记忆

惜　珍

　　山阴路是左翼文化史上一个有特殊意义的地方。民国时期，不少左翼文化名人曾在这里安家，许多里程碑式的文化事件在这里发生。由于当年这一带属于"华洋杂处，五方会聚"地带，为那些热血文人带来了相对而言的安全，无形中成了左翼作家的安全港。政府管理的松弛加上便利交通和适中的生活消费，使这一地区成为当时左翼文人的聚居地和地下文化活动中心，创造了一种独特的文化氛围。

　　20世纪30年代山阴路上曾活跃着鲁迅、瞿秋白、郭沫若、茅盾、内山完造等一大批文化名人，见证了近代上海一段风云激荡的历史。

普通民宅里隐匿着的不凡

　　在民居建筑史上有很高价值的山阴路，它的人文价值也一点不逊色。因虹口一度是海派文化的集聚地，而山阴路上的名人故居、历史遗迹又相对集中，所以这条不长的马路成为体现上海文化内涵不可多得的所在。这里的文化名人故居数量在上海首屈一指，原因是这里当时既非英租界那么奢华，也不像老城区那么杂乱，洋房虽多但不张扬，石库门遍布却不嘈杂；这条路幽静又

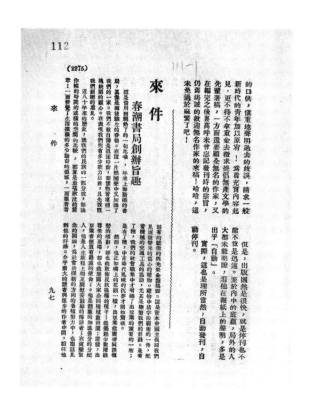

《春潮书局创办旨趣》刊登于《北新》第2卷第21号
（上海市档案馆藏）

不远离生活，非常适宜靠卖文为生的文人居住。

山阴路57弄104号曾是春潮书局旧址。春潮书局创办于1928年10月，出版《春潮》月刊9期，并出版各类马克思列宁的论著和鲁迅、柔石等人的小说，1930年因经济困窘而关闭。建于1905年的恒丰里是三层及假三层砖木结构标准的石库门里弄房屋。1927年，中共上海区委（即江浙区委）机关曾设在该弄弄底的90号二楼，同年成为上海工人第三次武装起义周恩来为首的军事指挥部联络点。

四一二反革命政变后，中共中央决定撤销上海区委，分别成立江苏省委和浙江省委。同年6月26日，中共江苏省委在此召开成立会议，陈独秀之子陈延

年为省委书记。因叛徒告密,当天下午陈延年和郭伯和、黄竞西、韩步先在此被捕,韩叛变,陈暴露身份,7月间,三人先后牺牲于龙华。1942年8月,郭沫若在重庆创办了群益书店,1946年迁至山阴路恒丰里77号。该书店主要出版郭沫若、陈白尘、阳翰笙等人的剧本。这里还曾是郭沫若与夫人于立群及全家于1946年5月8日回到上海的暂住处,郭沫若在这里住了几天就搬到了附近的溧阳路上。

历史上著名的"七君子"领头人沈钧儒,20世纪30年代曾居住在山阴路恒盛里12号。在同一时期,恒盛里还曾居住过三位文学家——方光焘、胡愈之和章克标。当年,他们三人共同租住在恒盛里一幢三层楼房,三人中的方光焘是我国著名语言学家、作家、文艺理论家和文学翻译家,先后留学日本、法国,在留学时参加了"创造社",1931年加入左联。他介绍现代西方语言学理论,建立汉语语法体系以及普通语言学理论。胡愈之则是我国文字改革运动和世界语运动活动家,也是出版家和社会活动家。1920年和郑振铎、沈雁冰共同发起成立了"文学研究会",曾组织编译出版美国记者斯诺的《西行漫记》,并首次编辑出版了《鲁迅全集》。出生于1900年的章克标早年曾是武侠小说泰斗金庸的老师,20岁考入官费赴日留学。后来又考入日本京都帝国大学。1926年他在上海与胡愈之、丰子恺、叶圣陶等人共同轮值主编《一般》月刊,同时与滕固、方光焘等人创办了我国新文学早期著名社团狮吼社。章克标参与创办的时代图书公司后来成为20世纪30年代中国规模最大的出版机构之一。他还是《申报》"自由谈"专栏的主要撰稿人之一,据他后来回忆:他们三人租住的那幢房子里有浴室和卫生设备,前楼后楼分开,当中隔条走廊,朝北的后楼小些。三楼上面还有一间屋顶阁楼,也可以住人,所以住三户人家,并不拥挤。

四达里曾住过当年的左翼文学青年沙汀。沙汀原名杨朝熙,四川安县人。1932年10月,小说集《法律外的航线》出版,始用沙汀笔名。同年迁居山阴路

四达里,并加入了左联。沙汀在四达里住了一年左右,1933年任左联常务会秘书。同年秋,他迁居姚神父路天祥里(今天平路)。1928年9月,由张友松、夏康农创办的春潮书局在四达里104号成立,曾出版过《春潮》月刊和《二月》《小小十年》《小彼得》等书籍。

位于山阴路145弄的花园里是一排灰色拉毛墙的三层建筑。这里的2号曾居住过著名日本友人尾崎秀实。尾崎秀实1901年生于台湾,其父的汉学功力颇深,因此尾崎的中文也很了得。他大学毕业后成为《朝日新闻》社记者,1928年至1932年任该报驻上海特派员。在沪期间,他结识了许多中国左翼文化人士,与鲁迅时有晤面。

山阴路165弄的新式里弄兴业坊是浙江兴业银行于1927年投资建造的,弄内共有4排房子,每幢前面围有半墙,可种花木。1931年1月,左翼戏剧家联盟领导的大道剧社在弄内17号成立。一·二八淞沪战争爆发后,大道剧社全体演员在田汉率领下,奔赴抗日前线,1933年停止活动。

曾直接参与左联筹备工作,左联成立后又主编其机关刊物《大众文艺》的陶晶孙于1937年在山阴路216弄2号居住。20世纪60年代末,著名编辑出版家赵家璧也曾搬入山阴路192弄53号。

文华别墅18号曾是黄炎培次子黄竞武烈士的故居。黄竞武1929年归国投身民主运动,上海解放前夕被国民党特务杀害,年仅43岁,现安葬于川沙烈士公墓。

山阴路末端的343弄是一条名叫"青庄"的里弄,这里曾经是基督教青年会的宿舍。旧时的青庄,围墙是用漆成黑色的竹子编成的篱笆墙,透过竹子间的缝隙,隐约可见里面一片绿色草坪,围着花草树木,颇有田园风情。青庄的3号是宗教界爱国人士、群众歌咏活动的倡导者之一刘良模的旧居。1935年7月,刘良模所领导和担任指挥的"民众"团联合另外七个业余歌团,在精武体育总会举办群众性音乐会,这是群众歌曲第一次出现在公开的音乐会上。

1949年9月第一次政协会议上,他和几个委员联名向大会提出将《义勇军进行曲》定为国歌,被大会采纳。相邻的1号是爱国民主人士吴耀宗的旧居,刘良模和吴耀宗都是20世纪30年代开始便在这里居住的。

大陆新村和东照里

山阴路上名气最响的当数大陆新村了,那里住过鲁迅和茅盾两位文学大师,大陆新村还是鲁迅先生最后的居所,在这里,他度过了生命中最后三年半岁月。

1933年4月11日,鲁迅先生由北四川路的拉摩斯公寓迁到施高塔路大陆新村1弄(今山阴路132弄)9号。大陆新村由大陆银行上海信托部投资,是1932年建成的6条弄堂,共61幢独门进出新式里弄住宅。大陆新村原本是大陆银行给自己职员盖的宿舍,租金十分高昂,几十两黄金也只能买个使用权,每月还得交不菲的租金。鲁迅当时化名周裕斋,以内山书店职员的名义迁入,他是这幢房子的第一位房客。

鲁迅住的是弄内最后第二幢,这是一幢砖木结构、红砖红瓦的三层楼房,现在已按照当时情况复原。推开黑铁皮大门,迎面是一个12平方米左右的方形小天井,左侧西墙下有个小花圃,种着桃树、紫荆、石榴等花木。穿过天井,踏上台阶,进屋便是会客室。中间摆着一张西式餐桌,周围有5把椅子。会客室后面是一间用花玻璃隔扇隔开的小间,里边放着一张广漆八仙桌,这是鲁迅一家人用餐的地方。

通过餐室,沿楼梯拾级而上,二楼前间是鲁迅的卧室兼工作室,南窗下是书桌,桌前一张木头转椅,右侧是一张藤榻,想来,先生写作累了便会靠在上面休息并思考吧。他在藤椅上沉思,许多杂文就在这里诞生。靠东墙是张双人黑铁床,床上的薄棉被、印花枕头,均按原样布置。1936年,重病缠身的鲁迅仍

坚持写作。宋庆龄知道后，语重心长地给他写了封信。后来鲁迅就在这张铁床上不幸逝世。

三楼前间是海婴和保姆的卧室，室内除一张大床外，陈设简单。后间是客房，放着简单的卧具、桌椅和书橱，瞿秋白、冯雪峰都曾在这里避过难。楼上还有一个晒台，可以晾晒衣被，逢年过节，还能燃放烟花。

鲁迅住在这里时，前门平时不作进出之用，除非生客来访才开启，以示隆重，邮件、报纸、杂志等也从后门投递。在这里，鲁迅会见过瞿秋白、茅盾、冯雪峰和史沫特莱、内山完造等人。大陆新村所在地为"越界筑路"区，具有半租界性质，鲁迅便以租界二字的一半命名自己的书斋为"且介亭"，并以此为名编了《且介亭杂文》集。在大陆新村，鲁迅写了许多战斗性杂文，并编辑《译文》杂志，翻译《死魂灵》《俄罗斯童话》等外国文学作品。他提倡木刻版画，还编辑整理了瞿秋白遗著《海上述林》。时至今日，大陆新村鲁迅卧室梳妆台上挂着的一个旧时日历牌还停留在这位大文豪逝世的日子：1936年10月19日，梳妆台上的闹钟指针也静止在那个悲伤的时刻：凌晨5时25分。

大陆新村对面是东照里，为仿日式三层新式里弄住宅。初建于1921年，名日照里，后又改为东照里，沿用至今。东照里之所以出名是因为那里住过瞿秋白，如今弄口墙上还有一块镌刻着瞿秋白故居的铜牌，上面写着山阴路133弄12号字样。

鲁迅与瞿秋白相识于1932年春夏之间，彼此一见如故。1933年2月初，因白色恐怖，瞿秋白夫妇从南市紫霞路到北四川路的拉摩斯公寓鲁迅寓所避难。但鲁迅家也不安全，他便托内山完造租下东照里12号2楼的亭子间，并让瞿用白之的笔名发表杂文。瞿秋白4月初搬入，11日鲁迅也从拉摩斯公寓迁入东照里对面的大陆新村。东照里和鲁迅居住的大陆新村隔路相望，那段时间鲁迅几乎每天都去看望瞿秋白，瞿秋白在东照里居住的短短三个月里完成了《鲁迅杂感选集》编选并写下17 000多字的序言，对鲁迅思想及杂文作了精

辟论述,第一次给予鲁迅中国现代文学史上"无产阶级和劳动人民的真正友人以至于战士"的高度评价。当年,鲁迅曾亲笔题写了对联"人生得一知己足矣;斯世当以同怀视之"赠给瞿秋白。在瞿秋白就义后,他仍坚持抱病为挚友编印《海上述林》,以此表达深切的悼念,同时不断与瞿秋白的妻子杨之华通信,鼓励安慰她。可见鲁迅与瞿秋白夫妇间的深厚情谊。

与鲁迅住处仅一弄之隔的施高塔路大陆新村3弄9号(今山阴路156弄29号)是茅盾住过的地方。1933年4月,茅盾化名沈明甫住在弄内29号,与鲁迅相邻,关系密切,经常来往。两人共同研讨文坛情况,领导左翼文化运动,并肩以《申报·自由谈》为阵地,写下大量抨击时政的杂文。

1933年春节,在北平燕京大学教书的郑振铎回上海过年,顺便来大陆新村看茅盾,商量创办《文学》之事。7月,20世纪30年代上海大型文艺刊物中寿命最长、影响最大的《文学》就由茅盾负责创办了。1934年4月20日,茅盾妻子"方璧来邀夜饭,即与广平携海婴同去"。而鲁迅也常邀请茅盾夫妇来寓所吃饭,两家交往甚密。茅盾在这里住了两年,于1935年3月迁出。其间,他写下了《春蚕》《秋收》《残冬》"农村三部曲";并与鲁迅一起不顾白色恐怖,共同编选了中国现代作家短篇小说集《草鞋脚》。1946年5月,茅盾夫妇从香港来沪,因此时上海的房子已不好找,于是,便住进大陆新村1弄6号(今山阴路132弄6号)朋友欧阳翠家的二楼,和鲁迅的住处在一条弄堂里,只相隔两个门牌号。可惜,鲁迅已在十年前在此仙逝。两个志同道合的朋友再也无缘相聚了。

内山书店和千爱里3号

在山阴路四川北路口的工商银行山阴路储蓄所正门左侧墙上,镶着一块白色碑。1929年,内山完造辞去了书店推销员的工作,并在施高塔路11号即

现在的四川北路2048号增设了内山书店营业部。施高塔路上的内山书店是一幢坐北朝南的砖木结构假三层沿街弄堂房子，楼上为内部用房，底层是营业部。中间是书店入口，店内东西北三面墙和中间摆放着书架，中间书架后面是个小小的空间，中有圆桌和一只日式火钵，四周是一些椅子，顾客可坐在上面休息和漫谈。其中靠书架的一只椅子是鲁迅的"专座"，椅子面朝里，坐在上面，店堂里的人只能看到鲁迅的背部，起到了保护鲁迅安全的作用。夏天，内山书店门口沿街处摆着为行人供应茶水的茶缸。

内山书店是中日文化交流的重要桥梁，现代日本文学830种中译本绝大部分是由内山书店经销的，尤其是由左翼作家翻译的330种书，全都是通过内山书店销售的。鲁迅就曾在内山书店买了1 000册以上的书，内山书店还出售国民党当局禁售的各种进步书籍，因为有治外法权的保护，当局也无可奈何。当时鲁迅的书几乎都被禁了，但在内山书店却依然能买到，而且销路很不错。不过售禁书毕竟有风险，因此这些书并不公开陈列在书架上，熟悉的读者，只要询问店员，店员就会视情况悄悄出售。

内山完造的寓所在施高塔路千爱里3号（今山阴路2弄3号），建于1928年的千爱里是日本式样的砖木结构三层联排花园洋房，弄内有坐北朝南房屋5排45幢，每幢屋前都有低矮的围墙，门前有小铁门，墙内有小花园。岁月荏苒，千爱里清幽依旧，反倒多了点历史积淀的韵味。走进里边，仍可看到日式拉门和适合铺设榻榻米的地板。当年弄内的居住者以日侨为主，除了日本商人及高级职员外，还有许多日本海军高级军官。内山夫妇住在3号的底层，斜直对着临街的内山书店后门。

内山完造四次帮助鲁迅先生避难的故事，是中国文学史上的佳话。

1930年3月19日，鲁迅因参加"中国自由大同盟"等活动被国民党秘密通缉，内山得讯后就让鲁迅住到内山书店的假三层阁楼上，直到4月19日才回到景云里自己的家。1931年1月柔石被捕后，内山怕牵连鲁迅，就安排他全家住

与内山书店隔门相望的内山寓所

到日本朋友开的黄陆路（今黄渡路）30号花园庄旅馆暂避。黄陆路是一条幽静的马路，离拉摩斯公寓很近，鲁迅在那里度过了包括旧历除夕、春节在内的39天避难生活，并在那里写下了有名的七律《惯于长夜过春时》，直到2月28日才回到拉摩斯公寓自己的家。1932年1月30日，为避一·二八战乱，内山把鲁迅一家和周建人的家眷接到内山书店，让他们暂住在鲁迅住过的假三层阁楼上，一周后又派书店的日本店员护送他们住到四川中路的内山书店支店里。内山书店也是鲁迅与外界接触的中介点，由于鲁迅处在被通缉的状态，住处不便公开，一般都是在附近的内山书店与人约会，信件也是通过那里转交的。鲁

迅到内山书店与人碰面时，内山夫妇总是警惕着周围，一旦发现情况，就及时把鲁迅从后门送走。内山书店的掩护和援助，使鲁迅得以安全地度过在上海的十年艰险生涯。

1934年8月23日凌晨，内山书店两名中国店员因参加社会活动被捕。鲁迅在当天下午就因内山完造之邀避难到内山的寓所。鲁迅在那里住了10天，他的房间就在会客室右边朝南的一间。9月18日，两名店员被释放后，鲁迅才回到大陆新村。鲁迅与内山完造相交十年，内山深刻理解鲁迅，也深受鲁迅精神的感染。鲁迅也把内山作为可信赖的朋友，鲁迅逝世前一天，还支撑着写了一封信给内山："……老板，出乎意料，从半夜起，哮喘又发作起来了，拜托你，请你打个电话请须藤先生来。希望快点替我办！"许广平拿了信，急忙赶到书店交给内山。这封信竟成了鲁迅的绝笔，现存放在上海鲁迅纪念馆内。

内山完造在充满日本生活气息的千爱里一直住到1942年，前后达十年之久。当年，这里的房前设有木栅，庭院里植有红松和杉树，并种着各式花草。而今屋前木栅已被砖砌围墙代替，房顶的红瓦上有三角形天窗，所有门窗均配有弯形的木框。不过原先用卵石装饰的外墙面现已改为拉毛水泥装饰，唯有当年种植的两株水杉还在，而且已经长得高过屋顶了。

新中国成立后，内山完造曾多次访华。在参加新中国国庆10周年庆典时，不幸因脑出血在北京去世。根据他的遗愿，将他与1944年在上海去世的妻子美喜子同葬在上海万国公墓。留下内山足迹的千爱里至今犹在，它的面貌虽然已经有所改变，但是仍让不少前来探访的日本朋友流连忘返。

内山完造创设的内山书店一直营业到1945年被国民党封闭为止，原内山书店房屋现已成为工商银行山阴路储蓄所。上海市文物管理委员会于1981年9月，鲁迅诞生百年之际，勒石纪念。1998年10月，山阴路储蓄所扩建营业

大厅,并在二楼设立"内山书店旧址纪念室"。原来的纪念碑从墙上取下,陈列于纪念室内。门口左侧墙上重新镶入了两块白色纪念碑石,一块是上海市文物管理委员会立的"上海市纪念地点"碑石,另一块是虹口区文化局立的,碑石上有鲁迅先生和内山完造先生的塑像。2005年1月,在内山完造诞辰120周年之际,中国工商银行上海市分行对陈列室又进行了装修。

（本文发表于2018年2月）

闪耀着共产党人
思想光芒的红色藏书

翁长松

在中国共产党100周年诞辰的前夕，我情不自禁地想起深藏于我"书友斋"内的几种红色旧平装书。所谓"旧平装书"是指晚清至1949年9月30日之间出版的洋装书，不论精装或平装，皆称谓旧平装书，这是区别于传统线装书的称呼。翻阅这些珍藏多年的闪耀着共产党人信仰和民主人士爱国情怀思想光芒的红色书籍，令我心潮起伏，豪情满怀。这些共产党人和爱国人士以饱满激情撰写和创作的充满革命激情的红色作品，犹如阳光雨露照亮着我的心坎；无数共产党人和革命前辈在党的领导下前仆后继、浴血奋战，为赢得新民主主义伟大胜利和创建新中国作出了卓越贡献。他们闪烁的时代革命红色思想光芒，犹如在漆黑的长夜中放射出一道耀眼的光电，照亮着人们为争取和创造平等自由的人民民主共和国而去战斗，也将激励我国人民为中华民族的伟大复兴作出新贡献。

《赤都心史》：展现共产党人坚定的理想信仰

1921年1月25日，22岁的瞿秋白作为《晨报》记者，经过三个月艰辛旅程终于踏上了苏俄的土地，并在1921年2月16日至1922年3月20日这一年多时

《赤都心史》商务印书馆1924年6月第一版

间里断断续续写下了这本《赤都心史》。

《赤都心史》，商务印书馆1924年6月第1版。全书收有《黎明》《"俄国式的社会主义"》《劳工复活》《"劳动者"》《莫斯科的赤潮》《赤色十月》《中国人》《中国之"多余的人"》《晓霞》《彼得之城》《新的现实》等49篇。卷前有瞿秋白1921年11月26日于莫斯科撰写的序和1923年8月4日写的引言："此本为著者在莫斯科一年中的杂记，继续于《饿乡纪程》之后。《饿乡纪程》叙至到莫斯科日为止，此书叙莫斯科生活中之见闻轶事。"在序中他还写有这样一段话："东方稚儿熏陶于几千年的古文化中，在此宇宙思潮流转交汇的时期，既不能超越万象入于'出世间'，就不期然而然卷入旋涡，他于是来到迅流瀑激的两文化交战区域，带着热烈的希望脆薄的魄力，受一切种种新影新响。赤色新国的都城，远射万丈光焰，遥传千年沉响，固然已是宇宙的伟观，总量的反

映。然而东方古国的稚儿到此俄罗斯文化及西欧文化结晶的焦点,又处于第三文化的地位,不由他不发第二次的反映,第二次的回声。……《赤都心史》将记我个人心理上之经过,在此赤色的莫斯科里所闻所见所思所感。"从上述中可看出瞿秋白对当年十月革命的"赤色新国"俄罗斯充满着新奇和崇敬感,并说"不由他不发第二次的反映",坦诚地表露了他继《饿乡纪程》之后撰写《赤都心史》的心境和目的。

当年瞿秋白之所以不远万里来到莫斯科,对革命成功的苏联进行访问和考察,是为了寻找救国救民的出路和方向。此时中国虽已步入辛亥革命后的第十个年头,然而民国虚有其名,军阀政府当权,哀鸿遍野,知识分子在思考与寻求中国的出路,茫然无所适从,瞿秋白也持有这种心态。当时新兴的潮流是研究共产主义。李大钊创立共产党早期组织,瞿秋白参加了这个组织。随后以《晨报》记者身份访问当时的"赤都",很明显有寻求思想出路的动机,因为当时列宁领导的革命被视为世界革命的灯塔。不过,从《赤都心史》看来,并不见得到了莫斯科瞿秋白就豁然开朗,看到了出路。在《赤都心史》中,瞿秋白叙述了当时大家的思路仅仅停留和集中在这不确定的程度上:"总解决与零解决,改良与革命,独裁主义与自由主义,放任主义与干涉主义,有政府主义与无政府主义"等问题上,即大家在选择中国出路上尚未形成统一的方向,更远谈不上具体主张做些什么事。但也就在那时,他似乎从"赤都"看到了新世纪的阳光,禁不住振臂高呼:"阴沉沉,黑魆魆的天地间,忽然放出一线微细的光明来了。……一线的光明,血也似的红,就此一线便照遍了大千世界。遍地的红花染着战血,就放出晚霞朝雾似的红光,鲜艳艳的耀着。宇宙最大,也快要被他笼罩遍了。"1921年中国共产党的成立,犹如一声春雷,瞿秋白便是拨开云雾见了太阳。1922年2月经张太雷、张国焘介绍,他在莫斯科加入了中国共产党,更加坚定了共产主义的理想和信仰,找到了中国走苏维埃发展道路的方向。瞿秋白在书中记录了他如何由民主主义者转变为共产主义者的思想转变过程。他还

744

以传神的笔墨，叙述了劳工大众假日里往往是在绿树林荫下的沐浴场中休闲和愉悦地度过的，及政府对俄罗斯大文豪托尔斯泰故居的保护举措等，为我们展现了一幅幅新政权治理下社会主义苏联健康发展的社会生活图景。

瞿秋白也是我党见过列宁为数不多的领导人。他在共产国际第三次大会上见到了列宁，作了简短的交谈，其在《列宁杜洛次基》中记述道："列宁出席发言三四次，德法语非常流利，谈吐沉着果断，演说时绝没有大学教授的态度，而一种诚挚果毅的政治家态度流露于自然之中。有一次在廊上相遇略谈几句，他指给我几篇东方问题材料，公事匆忙，略略道歉就散了。"瞿秋白是个资深的中共党员，其回国后，于1925年先后在中共第四、五、六次全国代表大会上当选为中央委员和中央政治局委员，成为中共领袖之一，也是顺理成章的事了。瞿秋白党性强，组织决策能力也强。1927年四一二反革命政变发生后，为了反击国民党右派反共的嚣张气焰，在7月25日召开的中央常委扩大会议上，他也是积极主张发动"八一"南昌起义的领导人之一。在党的八七会议上，瞿秋白又被委任为临时中央政治局常委，并主持中央工作，成为继陈独秀之后，中国共产党第二任最高领导人。八七会议是中国共产党历史上的一个重要转折点，它在中共革命的危急关头，坚决地纠正和结束了陈独秀的"右"倾机会主义错误，确定了土地革命和武装反抗国民党反动派的总方针。1928年5月中旬，瞿秋白抵达莫斯科。6月，他在莫斯科郊外主持召开中共六大。8月26日回到上海。瞿秋白的麻烦也接踵而来。在上海召开的中共六届四中全会上，他被解除中央领导职务。此后瞿秋白留在上海养病，进行文艺创作和翻译，与鲁迅、茅盾来往结下深厚友谊，领导左翼运动。1934年1月7日，奉命离开上海，1934年2月5日，他到达中央革命根据地瑞金，任中华苏维埃共和国中央政府教育部部长等职。红军决定长征后，他被留在即将沦陷的瑞金。1935年2月24日，他在转移途中，在福建长汀被俘，威武不屈，坚持共产党人的信仰，慷慨就义。

《雪山草地行军记》: 展现红军坚忍不拔的长征精神

　　1934年10月, 中央红军主力离开中央革命根据地开始长征; 1936年10月, 红军第一、二、四方面军在甘肃会宁胜利会合, 结束了长征。长征的胜利表明中国共产党和中国工农红军是一支不可战胜的力量, 在整整两年的时间里面, 红军辗转14省, 突破几十万敌军的包围封锁, 唱响战略转移的凯歌, 是人类近现代战争史上, 凡人谱写的英雄史诗, 也创造了人类历史上的奇迹。长征的胜利不仅粉碎了蒋介石扼杀中国革命的企图, 使中国革命转危为安, 也确立了毛泽东同志在党内的领导地位, 也使中国共产党有了稳固的革命根据地, 使抗日战争、解放战争有了稳固的后方。

746

《雪上草地行军记》中原新华书店1949年6月第一版

从小爱听长征故事、爱读长征读物的我，收藏了有关红军长征的书籍。早在20世纪80年代的一个初秋淘书活动中，在徐汇区一个旧书摊上，意外地淘得这本《雪山草地行军记》（中原新华书店于1949年6月版的旧书），如获珍宝，快乐无比。全书为《雪山行军的开始》《草地行军的阶段》《雪山栈道的行军》三大部分，比较系统地描写了红一方面军长征途中经过雪山草地的情景。卷前有作者杨定华1936年6月撰写的长达3页的前言，有较高的史料、文献价值，也是后人研究中国共产党领导下红军长征史不可多见的珍贵史料文献。

作者在前言说："红军中的主要领导人，不用说都是共产党员，甚至在红军中下级干部中，在一般战士中，共产党员青年团员亦占着很大的数量。当然，红军中的兵士和中下级官佐、职员等，亦有不是共产党员者；有许多是贫苦的工人、农民、学生等自动的投入红军者，甚至有许多是原在南京军中当兵任职而被俘虏者。这些被俘虏的人，虽然不是共产主义者，但红军中待遇很公平，即使人觉得精神上的愉快，又因红军的抗日救国主张正确，复使人感到政治上的兴奋，所以很愿留在红军中安心任职。"可见，红军是共产党领导的人民军队，具有革命信仰，官兵平等，团结战斗，能战胜一切艰难困苦的英雄之师。作者杨定华本人是个经历"从江西"到"陕西"翻雪山、过草地的二万五千里长征的亲历者和老红军。所以他笔下对翻雪山和过草地的红军战斗场景写得极为生动和真实感人。例如，在叙述1935年6月红军长征途中翻越阿坝藏族大雪山夹金山时写道："夹金山上每天下午则大雪纷飞，冷气遮蔽着整个天空"，"空气异常稀薄，呼吸异常困难"。重峦叠嶂，危岩耸突，峭壁如削，天气变化无常，当地流传着的一首民谣："夹金山，夹金山，鸟儿飞不过，人不攀。要想越过夹金山，除非神仙到人间！"但面对如此山势险峻，大雪纷飞，缺衣少吃的恶劣环境，身经百战，身穿破旧单衣的红军，却不信这个邪！以坚强的革命意志，不畏冰天雪地严寒的威胁，斗天斗地，团结互助，勇敢攀

登翻越,胜利地渡过了夹金山的天险难关。翻越大雪山仅仅是万里长征第一步。不久红军进入毛儿盖地区后,在上有敌机、后有追兵的严峻形势下,又以惊人的革命大无畏精神,不断击退敌军骑兵的骚扰,并勇敢地闯入了变幻莫测、处处凶险的茫茫大草原,艰难地向前奋进。其道路之艰难和危险,作者作了生动的描绘:"走路时必须小心翼翼,注视着有茸密青草的地方,才敢轻轻地踏步前进。万一不留神,踏破了有草根之地皮,则陷入泥中。地面下之泥浆,其深度很难探得到底,且质甚黏,如胶如漆。骡马陷入其中,若任其自然,则绝对爬不起来;人亦如此,一堕其中,个人亦不易挣扎起来,使你两条大腿此起彼落,结果只好求救于人。"好在有战友在旁,还可克服互救。最难熬的是每天风吹雨打太阳晒,"走了七八十里,到达宿营地时,各人只能找一点草叶子垫着屁股,坐在湿透了的草地上。因为白天行军的疲劳,自然而然地会打起瞌睡,那只好两人或三人背靠背地睡着,不管谁一动弹就一起惊醒。有些人由于肉体的疲劳,倒在地上睡着了,衣服全部湿透了,半夜狂风挟着雪花吹来,冷到寒风刺骨醒来",又饿又冷,冷得直打战和发抖,但他们并不悲观失望,反而异口同声地说:"同志,你已经为独立、自由、幸福的中国尽了最后一口气。"此情此景,让作者也激动地写道:"在这种困难万状的情况下,红色的战士们还依旧有这种不顾死活的斗争气概,确实难能可贵!"展现了党领导下的工农红军个个都是钢铁汉的本色。

当年参加长征的红军队伍中,不仅拥有一大批有理想、有信仰、朝气蓬勃的革命青年,还有年过半百的像董必武、谢觉哉等老同志、老革命。书中记道:"这两个老人都担任红军政治工作,长途登山越岭,渡涉河流,始终保持他们老当益壮的风度。"作者还以热情洋溢的笔墨叙述了在草地行军中的文学家,他写道:"这位文学家是创造社称为三杰之一的成仿吾。这位文学家的著作和翻译的文章,过去虽然看过,但从未晤过他本人。当我看见他时与我平时所想象得的,完全是两样。平常我想这些文学家,定是文质彬彬,潇洒自若的。

然而他却穿着一套兵士一样的军衣,束着皮带,背着干粮袋,还持着一只手杖,仿佛一个普通兵士。他在红军大学当政治教员,如没有人说出他的名字,谁也不知道他是个文学家。"红军是个革命的大熔炉,能把有理想和革命信仰的知识分子和工农兵锻炼成为钢铁战士。其实,作者在这里不仅描绘出红军是一支高素质的军人队伍,还反映出红军是一支人才济济、官兵平等、吃苦耐劳、不怕牺牲,特别能战斗的革命队伍。

《雪山草地行军记》作者杨定华用的是化名,他的真实姓名是个谜。据熟识作者的成仿吾同志说作者杨定华就是邓发。邓发(1906—1946),中国共产党前期领导人之一,1927年参加广州起义,长征中任纵队政治委员,也是红军长征的亲历者。其实,杨定华究竟是谁已不重要了,只要知道他是长征的亲历者即可,这一点我国党史学界已基本形成共识。《雪山草地行军记》最初发表于1936年至1937年期间由中国共产党主办的巴黎《救国时报》上;后他又写了《由甘肃到山西》一文,也在《救国时报》发表。后来,廉臣(陈云)的《随军西行见闻录》和杨定华的《雪山草地行军记》《由甘肃到山西》,在巴黎的《全民月刊》《救国时报》发表后,获得海内外读者的热烈欢迎。《救国时报》编辑部应读者要求,征得廉臣和杨定华同意,决定将《随军西行见闻录》《雪山草地行军记》和《由甘肃到山西》三文合集为《长征记》一书出版。《救国时报》还对该书作了热情推荐和高度评价:"本书虽为笔记体裁,然举凡红军西征时沿途之军事形势,以及山川地形,风物人情,民族习惯,红军之组织与策划,红军克服困难之精神与方法,红军作战经过,红军西征之政治意义,读者皆可于本书中见其大概。中国人民抗日红军为我中华民族之伟大力量,早为中外所共认,故本书不独可作为文艺作品读,且实为珍贵之史料与检阅民族力量之宝鉴。"如今我国党史专家一致认为,廉臣写的《随军西行见闻录》和杨定华写的《雪山草地行军记》《由甘肃到山西》三篇文章,是20世纪30年代最珍贵的长征回忆录,是人们了解、学习和研究红军长征历史的重要文献资料。

《延安归来》: 传播共产党人理想信念和治国理念

1945年夏,为恢复陷于停顿中的国共和谈,中国民主同盟主要发起人之一黄炎培与其他五名参政人员一起飞赴延安访问。毛泽东率领在延安的几乎所有中共领导,赴机场迎接黄炎培一行。在延安,他们受到了中共友人的热诚接待,目睹了解放区崭新的气象和军民的精神风貌,黄炎培深感当时的延安社会现状似乎与他本人理想社会的境界不远了,尤其与毛泽东长达十几个小时的促膝谈话后,对共产党人理想信念和治国理念极为赞赏。所以返回重庆后就督促夫人姚维钧整理他的延安采访笔记,并亲自修订成《延安归来》一书,全书最精彩的是生动记述了至今被人们不时提起、津津乐道的被称作"黄氏周期律"的黄和毛泽东的对话。

《延安归来》国讯书店1945年7月重庆初版。全书由《延安归来答客问》《延安五日记》《诗》等三个部分组合而成。黄炎培在《延安归来答客问》开篇中写道:"这回,我偕褚辅成、冷遹、左舜生、傅斯年、章伯钧五位先生离重(庆)到延安,从七月一日至五日,往返共五日。回来以后,各方面朋友纷纷问我延安的情形。这样,那样,说了一遍,又是一遍,着实应接不暇,怎样办呢? 且把各位所发问题,用一番整理工夫,每问题作一个答案,一个个写在下边,用书面来替代口头,也许可以省却些诸位发问的麻烦吧! 如果要知道我们整个的行程,还有一篇延安五日记。那写得比较详细些,诸位尽可参考。"可见,黄炎培撰写此文是为了回应国民党统治区广大人民想了解红色根据地延安真实情况的期盼。黄炎培没有辜负人民的期望,用手中笔,真实地展现了当年延安在中国共产党领导和治理下,呈现出欣欣向荣的一派社会新气象。

读这本书给人印象最深的是《延安五日记》中黄炎培和毛泽东的一段精辟对话。当访问即毕,毛泽东问他感想怎样? 黄炎培作了如下对答:"我生

《延安归来》国讯书店1945年7月重庆初版

六十多年，耳闻的不说，所亲眼看到的，真所谓'其兴也浡焉，其亡也忽焉'。一人，一家，一团体，一地方，乃至一国，不少单位都没有能跳出这周期律的支配力。大凡初时聚精会神，没有一事不用心，没有一人不卖力，也许那时艰难困苦，只有从万死中觅取一生。既而环境渐渐好转了，精神也就渐渐放下了。有的因为历时长久，自然地惰性发作，由少数演为多数，到风气养成，虽有大力，无法扭转，并且无法补救。也有为了区域一步步扩大了，它的扩大，有的出于自然发展，有的为功业欲所驱使，强求发展，到干部人才渐见竭蹶，艰于应付的时候，环境倒越加复杂起来了。控制力不免趋于薄弱了。一部历史，'政怠宦成'的也有，'人亡政息'的也有，'求荣取辱'的也有。总之没有能跳出这周期律。中共诸君从过去到现在，我略略了解的了。就是希望找出一条新路，来跳出这周期律的支配。"毛泽东答道："我们已经找到新路，我们能跳

出这周期律。这条新路，就是民主。只有让人民来监督政府，政府才不敢松懈。只有人人起来负责，才不会人亡政息。"黄炎培语重心长提出这周期律支配问题，是观今鉴古，综览中外古今无数王朝、世家兴衰得出来的规律，通过访问延安，郑重地提出这个问题向毛泽东请教，如何"找出一条新路，来跳出这周期律的支配"，真是大彻大悟很有见地。对毛泽东的回答他听了也是很赞赏的。黄炎培说："毛泽东的话是对的。只有大政方针决之于公众，个人功业欲才不会发生。只有把每一地方的事，公之于每一地方的人，才能使地地得人，人人得事。把民主来打破这个周期律，怕是有效的。"然而，民主二字要真正地实现，也往往不是那么不容易的。因为有的领导人对与自己相抵触的意见往往不肯轻易接受的，甚至听不进耳，官僚主义横行。所以我党要不断开展马克思主义思想理论教育，发扬民主，反对官僚主义，开展批评和自我批评，牢固树立为民服务、为民执政的使命意识，定能跳出和打破"周期律"历史悲剧的重演。

延安是革命圣地，向往革命是那个时代的主流，尤其是青年知识分子。当年的延安是个苦地方，向往它的青年知识分子都是一群有理想的人，他们多数是放弃了优越的生活条件，为了自己的理想和信仰而去了延安，延安那时是很有吸引力的。延安的吸引力何止是青年知识分子？对一切爱国的进步民主人士也同样具有吸引力！正如黄炎培在《延安去》的诗篇中所吟："问成功有望吗？有！有！团结，杀敌，民主，建国，理同，心同。谁都不为谁，为的是可爱的国家，可恨的敌人，和可怜的民众。"可见，黄炎培一行不顾个人安危，艰辛地来到延安访问，目的是促进国共合作，民主建国。虽然最终没能避免内战，但黄炎培还是将一个真实的、欣欣向荣的红色延安介绍和传播于国统区广大人民的心中，客观上为解放全中国起到思想舆论的先导和宣传作用。

（本文发表于2021年10月）

后

记

　　一百多年前先驱们在上海创建了中国共产党，一百多年来一代代的共产党人践行着伟大的建党精神。今天，我们精选《档案春秋》杂志中党史相关文章汇编成集，抚今追昔，重温党领导人民创造的伟大历史、铸就的伟大精神、形成的宝贵经验，不仅是对中国共产党创建、发展、壮大过程中珍贵人事物的追忆，还是对后来者的激励，在党的旗帜下，先辈的感召下，坚守理想，追求真理，踔厉奋发，艰苦奋斗，赓续红色血脉，弘扬红色文化。

　　本书的编辑，立足弘扬伟大建党精神，充分考虑到近年来党史研究的新观点、新发现，及时补充修正；对于一些首次披露或存疑的细节，反复考证确认，力求达到还原历史、言而有据、真实可信、细节生动的阅读效果。在体例和文字表达上，力争将党史叙事的严谨性、严肃性和普及阅读的通俗性相结合，并请资深党史专家为每册撰文导读，提纲挈领，点睛剖析，深化主题，进一步提升了阅读高度。

　　本书的出版得到了上海市档案局(馆)领导的高度重视和大力支持；得益

于《档案春秋》这个依托丰富档案资源，面向社会大众的历史研究和档案文化传播平台持续多年的耕耘和积累。编纂过程中，学林出版社组织精干力量，以专业精神和丰富经验确保了图书的出版质量，在此致以诚挚的谢意。

最后，编者水平所限，如有错讹不当之处，敬请批评指正。

编　者

图书在版编目（CIP）数据

东方欲晓：新民主主义革命记忆 / 上海市档案局
（馆）编；徐未晚主编. — 上海：学林出版社，2023
ISBN 978-7-5486-1984-0

Ⅰ.①东… Ⅱ.①上… ②徐… Ⅲ.①新民主主义革
命–史料–中国 Ⅳ.①K260.6

中国国家版本馆CIP数据核字(2023)第243917号

责任编辑　李晓梅　李沁笛
特约审校　王瑞祥
装帧设计　姜　明

东方欲晓
——新民主主义革命记忆
上海市档案馆 编
徐未晚 主编

出　　版　学林出版社
　　　　　（201101　上海市闵行区号景路159弄C座）
发　　行　上海人民出版社发行中心
　　　　　（201101　上海市闵行区号景路159弄C座）
印　　刷　商务印书馆上海印刷股份有限公司
开　　本　720×1000　1/16
印　　张　48.5
字　　数　65万
版　　次　2024年5月第1版
印　　次　2024年5月第1次印刷
ISBN 978-7-5486-1984-0/K·243
定　　价　298.00元（全三册）